Ludmilla Assing

Fürst Hermann von Pückler-Muskau

dearbooks

Ludmilla Assing

Fürst Hermann von Pückler-Muskau

ISBN/EAN: 9783954554164

Bei diesem Titel handelt es sich um den Nachdruck eines historischen, lange vergriffenen Buches aus dem Verlag Hoffmann & Campe, Hamburg (1873). Da elektronische Druckvorlagen für diesen Titel nicht existieren, musste auf alte Vorlagen zurückgegriffen werden. Hieraus zwangsläufig resultierende Qualitätsverluste bitten wir zu entschuldigen.

Auflage: 1

Erscheinungsjahr: 2012

Erscheinungsort: Bremen, Deutschland

© dearbooks in Europäischer Literaturverlag GmbH, Fahrenheitstr. 1, 28359 Bremen (www.dearbooks.de). Alle Rechte beim Verlag und bei den jeweiligen Lizenzgebern.

Cover: Foto ©

Fürst Hermann

von

Pückler-Muskau.

Eine Biographie

von

Ludmilla Assing.

Hamburg.

Hoffmann & Campe.

1873

Vorwort.

Zu der vorliegenden Lebensbeschreibung sind mir die reichlichsten Materialien zu Theil geworden. Ich lernte den Fürsten Hermann von Pückler-Muskau bei meinem Onkel Varnhagen von Ense in Berlin kennen, mit dem ihn eine vieljährige und herzliche Freundschaft verband; und nach dem im Oktober 1858 erfolgten Dahinscheiden des Letzteren, übertrug Pückler diese Freundschaft auf mich, und bezeigte mir unwandelbar ein unbegränztes Vertrauen und eine liebevolle Güte, die ich nie vergessen werde. Mündlich und in seinem Briefwechsel mit mir, der bis zu seinem Tode dauerte, wiederholte Pückler oft den Wunsch, ich möchte einst seine Biographie schreiben, was ich ihm gern versprach. Nachdem dies verabredet war, lag ihm nun doppelt daran, daß ich ihn genau kennen lernen, in sein innerstes Wesen eingeweiht werden sollte, und er gab mir hiezu, außer dem Vielen, das er mir bei Lebzeiten anvertraute, einen fast unerschöpflichen Stoff durch seine sämmtlichen vortrefflich geordneten Papiere, die er mir nach seinem Tode bestimmte, und die eine Reihe höchst interessanter und merkwürdiger Tagebücher und Briefwechsel enthalten, deren Veröffentlichung er in meine Hände legte.

Ist nun auch des Fürsten Wille, daß ich seine s ä m m t - l i c h e n Papiere erhalten sollte, nicht ganz erfüllt worden, da einige Personen der Familie seine Nichte und Erbin, Frau Marie von Pachelbl-Gehag, geb. Gräfin von Seydewitz, dringend und heftig im ersten Augenblick nach seinem Tode, um Rückgabe ihrer an den Fürsten gerichteten Briefe bestürmten, welchem Verlangen sie, wahrscheinlich von Schmerz und Trauer überwältigt, nachgab, so wollte doch Frau von Pachelbl, nachdem ich einige Briefe mit ihr gewechselt, der entschieden ausgesprochenen Anordnung des Verstorbenen in der Hauptsache nicht entgegen sein, und lieferte mir die übrigen Papiere aus, was für meine Aufgabe jedenfalls hinreichend war, einmal weil ich das an Andere Zurück= gegebene durch Pückler selbst großentheils schon kannte, zweitens weil es meistens Dinge betraf, die sich ohnehin für meine Darstellung nicht eignen konnten.

Außer dem Pückler'schen litterarischen Nachlaß stand mir aber auch noch der Varnhagen'sche zu Gebot, in welchem sich viele Aufzeichnungen und Notizen meines Onkels über Pückler befinden, die bisher noch nicht veröffentlicht worden, und die mannigfachen mündlichen Mittheilungen meines Onkels vervollständigten mir noch das Niedergeschriebene. Auch hatte Pückler einige seiner Briefschaften meinem Onkel für seine Sammlungen geschenkt, was sich nun alles wieder bei mir vereinigt findet.

Auch die gedruckten Reisewerke Pückler's, die ihn mit Recht in unserer Litteratur berühmt gemacht, habe ich nicht unbenutzt gelassen, und konnte somit seinem Lebenslauf nach allen Seiten und Richtungen folgen.

Pückler's glänzende, bewundernswerthe, eigenthümliche, bei manchen Schattenseiten doch herzgewinnende Erscheinung steht mir lebendig vor der Seele; möchte es mir nicht ganz mißlungen sein, ihn denen, die ihn kannten, zu vergegen= wärtigen, ihm unter denen, die ihn nicht kannten, neue Freunde zu gewinnen.

Florenz, im Oktober 1872.

Ludmilla Assing.

Erster Abschnitt.

Charakter. Originalität. Familie. Ahnen. Großeltern. Eltern. Geburt. Kindheit. Leben der Aristokratie. Mißhelligkeiten zwischen den Eltern. Frühe Leiden. Aufenthalt in der Brüdergemeinde zu Uhyst. Verderbliche Einflüsse. Leidenschaftliche Frömmigkeit. Eine Cousine. Erste Leidenschaft für Gartenanlagen. Das Pädagogium zu Halle. Relegation. Die Kanzlerin Niemeyer. Die Stadtschule zu Dessau.

Der Held dieser Schilderung hat eine europäische Berühmtheit erlangt durch Rang, Stellung und Talente, und vor allem durch die Originalität seines Charakters. Wo er erschien, erregte seine glänzende Persönlichkeit das leidenschaftlichste Interesse, die begeistertste Anerkennung, die höchste Bewunderung, während seine Seltsamkeiten und Launen fortwährend die staunende Neugierde in Spannung hielten. Dabei kannten doch eigentlich Wenige sein wunderbar komplizirtes, aus den verschiedensten Eigenschaften zusammengesetztes, wie in vielfarbig schimmernden Facetten leuchtendes Wesen, das den Stoff zum tiefsten psychologischen Studium bietet, bisher aber für die große Menge meist ein psychologisches Räthsel geblieben ist.

Eine Erscheinung wie die von Pückler gehört allein schon durch die vielen Gegensätze, die sich in ihm vereinigen, zu den größten Seltenheiten, zu den Ausnahmen, wie sie sich kaum wiederholen können, weil auch die Einflüsse der Zeit und Verhältnisse dabei mitwirkten. Er war ein Kavalier

und in allen ritterlichen Künsten Meister, mit allen ritterlichen Tugenden geschmückt, muthig wie Bayard, tollkühn
und abentheuerlich wie die Helden der Tafelrunde, großmüthig,
freigebig und edelgesinnt in einem Grade, wie er beinahe
nur im Alterthum zu finden ist; er nahm 1813 und 1814
am Befreiungskriege gegen die Franzosen Antheil und begleitete noch 1866 als 81jähriger Greis den König von
Preußen in seinem Generalstabe bei dem Feldzuge gegen
Oesterreich. Er war ein unermüdlicher Reisender, dessen
genialer Blick nahe und ferne Länder durchforschte, ein begabter Schriftsteller voll seltenen Talentes in Schilderung
von Gegenden, Sitten und Menschen, voll durchdringendem
Verstand, Anmuth der Bildung, Eleganz der sathrischen
Laune, und graziöser, gewinnendster Natürlichkeit. Er war
strahlend schön in der Jugend, und strahlend schön bis zum
höchsten Alter, den Frauen gegenüber bald sanft und bald
heftig, bald kühl und bald zärtlich, stets liebenswürdig, geistig
angeregt, oft wenn er zu spielen schien, ernsthaft, und wenn
er ernsthaft schien, spielend, stets überraschend und ungewöhnlich, ja oft blendend, ein Don Juan, der überall auf
Eroberungen ausging. Er hatte etwas vom Zauberer Merlin,
und auch ein mephistophelischer Zug fehlte nicht in ihm; er
war in der Unterwelt so gut bekannt als in den höchsten
Regionen, ein raffinirter Weltmann und ein gutmüthiges,
harmloses Kind, ein Wollüstling und Gourmand, der auf
Genuß jeder Art sann, und ein Spiritualist und ein Denker,
der über die tiefsten Geheimnisse des Daseins, über Tod
und Unsterblichkeit Forschungen anstellte; er war ein Einsiedler und ein Lion der vornehmen Gesellschaft; aus un-
fruchtbaren Sandwüsten paradiesische Gegenden hervorzaubernd,
war er der genialste Landschaftsgärtner seiner Zeit; sein
seltener, feinsinniger Schönheitssinn machte sich in allen Regionen des Lebens, in den großen wie in den kleinsten,

harmonisch geltend; er hatte eine Künstlerseele, die den
höchsten Idealen nachstrebte; zugleich war er ein Koch ausgezeichneter als Herr von Rumohr; ja damit ist es noch
nicht genug, denn mit Herrn Reichard im Ballon aufstiegend,
war er auch ein Luftschiffer, und in seinem Alter war er
— auch noch Pair des Preußischen Herrenhauses! — All
dies Verschiedenartige vereinigte sich in seiner Persönlichkeit,
und unter allen diesen Gesichtspunkten muß man ihn betrachten, wenn man ihn richtig beurtheilen will.

Drei verschiedenartige Epochen sind wie drei sich durch-
kreuzende Strömungen in seinem Wesen zu erkennen; erscheint
Pückler in dem Abentheuerlichen und Abentheuer Suchenden,
in dem phantastisch Ungemessenen seiner Natur wie ein fahrender Ritter des Mittelalters, so ist er zugleich ein ächter
Sohn des achtzehnten Jahrhunderts, zu dessen Ende er geboren wurde; diesem Jahrhundert gehörte er an, in seinem
vorurtheilsfreien Sinn, in seinen Humanitätsrichtungen, in
seinem Streben nach Aufklärung, in seinem Suchen nach
erleuchtetem und gemäßigtem Fortschritt, und in jener Ausbildung und vorzugsweisen Beschäftigung mit dem eigenen
Individuum mehr als mit den allgemeinen Weltzuständen.
Aber auch unser gegenwärtiges Jahrhundert machte seine
Einflüsse bei ihm geltend; war er im edelsten Sinne ein
„Menschenfreund" des achtzehnten Jahrhunderts, so hatte
er zugleich eine Byronisch = Heinesche Menschenverachtung,
modernes Raffinement der Auffassung und Empfindung, und
Ironie und Witz, und selbst Sentimentalität wie ein Roman-
held von Eugen Sue oder Balzac. Die Politik stand ihm
eigentlich fern; wie bereits gesagt, das Allgemeine reizte
ihn nur in zweiter Linie; in der Politik interessirten ihn
eigentlich nur Persönlichkeiten; zur „Heldenverehrung" war
er noch weit mehr geneigt als Carlyle; der Erfolg blendete
und bezauberte ihn dermaßen, daß er von diesem zur un=

gemessensten entzücktesten Bewunderung hingerissen wurde. Jede Kühnheit, jede Kraft, jeder Sieg imponirten ihm, auch wenn sie von Personen ausgingen, denen er selbst weit überlegen war.

Niemand vielleicht ist öfter verkannt worden als Pückler; geschieht es doch zuweilen, daß gerade der helle Strahl der Berühmtheit, der auf einen ausgezeichneten Charakter fällt, sein wahres Bild vor den Augen der Menge mehr verbirgt als enthüllt, und die Originalität hat ja ohnehin das Schicksal in der Welt, daß je mehr sie sich der Gewöhnlichkeit unbefangen und natürlich zeigt, sie desto mehr mißverstanden und falsch beurtheilt wird. Wem aber verstattet worden, in Pückler's inneres Leben zu blicken, der wird einer so reich und edel angelegten Natur, so vielen seltenen Vorzügen und Tugenden, die sich trotz der ungünstigsten Einflüsse von Außen siegreich in ihm entwickelten, die begeistertste Sympathie und liebendste Anerkennung nicht versagen können. Es ist nicht nöthig, seine Fehler zu beschönigen, und manche beklagenswerthe Verirrungen, denen er sich überließ, zu verschleiern; das strahlendste Licht überwiegt so sehr in diesem merkwürdigen und in vieler Beziehung einzigen Manne, daß er die abentheuerlichen Schatten vertragen kann, welche dieses Licht zuweilen dämonisch durchkreuzen. Ist ohnehin die Wahrhaftigkeit für den gewissenhaften Biographen eine Pflicht, so ist sie noch zugleich ganz in Pückler's eigenstem Sinne, denn er wollte seine Fehler nicht verbergen und wo er aufrichtig war, war er es ganz, bis zum Aeußersten, bis zu einem bisher unerhörten Grade, wie ein reißender Waldbach, der alle Gränzen und Dämme wild überfluthet, und er sprach selbst das ungescheut aus, was wohl alle Anderen für unsagbar halten möchten. Mit vollstem Rechte konnte er von sich sagen: „Ich bin aufrichtig, im Guten wie im Schlimmen," und dies muß man bei seiner

Beurtheilung festhalten. Nie darf man voraussetzen, daß er seine Fehler verbergen wolle, daß sie schlimmer seien, als er sie schildre; nein, er sagt alles, alles bis auf's Aeußerste. Deshalb war es sein lebhaftester Wunsch, der Welt nach seinem Tode dargestellt zu werden mit seinen Licht= und Schattenseiten, unverfälscht und der Wahrheit getreu. Und so wie diejenigen, die ihn bei Lebzeiten wahrhaft kannten, ihn trotz seiner Fehler liebten und bewunderten, und sich an seinem Genie und seinen Eigenthümlichkeiten erfreuten, so möge dieses sein litterarisches Abbild ihm auch bei der Nach= welt neue Freunde und antheilvolles, ruhmvolles Gedächtniß bewahren.

Hermann Ludwig Heinrich Fürst von Pückler=Muskau ist einer uralten gräflichen Familie entsprossen, die sich in drei Linien theilte, die schlesische, die fränkische von Pückler= Limpurg und die lausitzische, welcher letzteren er angehörte. Laut alter Urkunden sollen die Pückler von dem in den Nibelungen vorkommenden Rüdiger von Bechlarn herstam= men, welcher Name später in Pechlarn, und dann in Pückler umgewandelt worden sein soll. Auch wird hiefür geltend gemacht, daß das Wappenbild der Pückler in vier Feldern die zertheilten Glieder eines Adlers darstellt, welches Symbol sich ebenfalls auf dem Grabmal Pellegrin's, Bischofs von Passau und Erzbischofs von Lorch, aus dem neunten Jahr= hundert, befindet, der ein Nachkomme jenes Rüdiger von Bechlarn gewesen. Pückler's romantischem Sinn gefiel diese verwandtschaftliche Beziehung zu dem Nibelungenliede, zu einer grauen mährchenhaften Vorzeit mit ihren fabelhaften Heldengestalten, und in treuer Familienliebe hegte er lange den Plan, im Parke von Muskau seinem mystischen Ahn= herrn eine Statue zu errichten. Doch kam dies nicht zur Ausführung. Freilich auch ist diese Verwandtschaft von mehreren Genealogen bestritten worden, doch wissen die gründlichsten Historiker am besten, daß die Sage stets sich als eine Schwester — wenn auch eine illegitime, — der Geschichte bewiesen hat, daß beide innig zusammenhängen, und die Gränzen, wo die eine in die andere überfließt, oft schwer zu bestimmen sind, und so wird wohl jene Nibelungenfrage vermuthlich eine offene bleiben.

Hermanns Vater war Ludwig Johannes Karl Erdmann Graf von Pückler auf Branitz, kursächsischer wirklicher Geheimerath, geboren den 12. Juli 1754; seine Mutter, Clementine Kunigunde Charlotte Olympia Luise, war aus der gleichfalls uralten angesehenen gräflichen Familie der Callenberg; geboren den 5. Juni 1770, vermählte sie sich, vierzehn Jahre alt, den 27. Dezember 1784 und brachte ihrem Gemahl die Standesherrschaft Muskau in der Oberlausitz zu, welcher demzufolge den Namen Pückler-Muskau annahm. Hermanns Großmutter, Clementinens Mutter, war eine Französin, Gräfin Olympia von la Tour du Pin. Seine beiden Großväter erreichten ein ungewöhnlich hohes Alter, der von väterlicher Seite wurde 89, der von mütterlicher 96 Jahre.

Hermann erblickte als Erstgeborener den 30. Oktober 1785 an einem Sonntag gegen Mitternacht auf dem Schlosse zu Muskau, das damals noch sächsisch war, das Licht der Welt, inmitten der äußerlich glänzendsten und bevorzugtesten Verhältnisse. Aber die so häufig bestätigte Erfahrung, daß es nicht immer eine Gunst des Geschickes ist, in den höchsten Sphären der Gesellschaft geboren zu sein, machte sich auch hier geltend, und dem lebhaften, eindrucksfähigen und mit den schönsten Anlagen begabten Kinde war eine höchst unglückliche Jugend beschieden. Was halfen ihm seine hohe Geburt, das Ansehen, der Reichthum und der Einfluß seiner Eltern, da er doch alles entbehren mußte, dessen ein junges Gemüth am meisten bedarf!

Ist schon überhaupt die Aristokratie nicht gerade bekannt

als ein Spiegel innigen Familienlebens und guter Sitten, so war noch obendrein in jener Zeit der Leichtsinn förmlich Mode. Ehegatten vergaben sich gegenseitig gar viel, und fanden dennoch oft die so weit gesteckte Gränze des zu Vergebenden überschritten, wo denn nichts als Scheidung übrig blieb, die man damals außerordentlich leicht von den Gerichten erlangen konnte, und gegen welche auch die Geistlichen keine großen Schwierigkeiten erhoben, da sie nichts dabei verloren; denn wenn die Gerichte den Bund wieder auflösten, den jene eingeweiht, so hatten die Prediger zur Entschädigung desto mehr Wiederverheirathungen der Geschiedenen einzusegnen, die oft versuchten, ob sie in neuen und anderen Fesseln mehr Befriedigung fänden als in den alten zerstörten. Sind wir heute im Zeitalter der Eisenbahnen, so war man damals im Zeitalter der Ehescheidungen, die sich wie ein rother Faden beinahe durch alle Lebensverhältnisse hindurchziehen, und von denen auch in diesen Blättern noch oftmals wird die Rede sein müssen.

Auch zwischen Graf Ludwig Erdmann und Gräfin Clementine traten große Mißhelligkeiten ein; die schöne, lebhafte, heitere, aber leichtsinnige Frau, die beinahe noch als Kind geheirathet hatte, und mit fünfzehn Jahren schon Mutter war, konnte sich mit ihrem Gatten nicht vertragen, der, wie es scheint, schwer umgänglich und durchaus nicht liebenswürdig gewesen sein mag. Nachdem die Gräfin ihm noch drei Töchter geboren, Clementine, Bianca und Agnes, entschloß man sich zu einer Trennung, und später zu einer vollständigen gerichtlichen Scheidung.

Durch diese tief eingreifenden unheilvollen Störungen blieb dem armen Hermann das Glück eines harmonischen Familienlebens völlig unbekannt; den wohlthuenden Einfluß, welchen Frieden, Liebe und Eintracht auf ein jugendliches Gemüth hervorbringen, hat er nie erfahren. Sein warmes, zärtliches, liebebedürftiges Herz fand nirgends eine tröstliche Stütze und Anlehnung; vernachlässigt, verwahrlost, ja sogar mißhandelt und von seiner ganzen Umgebung verkannt, war er entweder sich selbst überlassen, oder rohen, gleichgültigen Dienstboten zur Aufsicht übergeben.

Sein Vater war, nach des Sohnes und Anderer Schilberungen, geizig, mißtrauisch und dabei schwach und ohne Urtheilskraft. „Gegen Mißgriffe bin ich zwar am allerärgerlichsten," äußert Pückler einmal in einem Briefe an seine Schwester Clementine vom 2. März 1829, „weil ich mir selbst deren mehr als die meisten übrigen Menschen zuzuschreiben habe — aber bei unserem Vater war die Sache anders. Aufrichtig gesagt, sein ganzes Leben war ein fortlaufender Mißgriff, eine traurige, gehaltlose Existenz, die sich, ohne durch e i n e Idee erwärmt zu werden, in der niederen Sphäre beschränkten Eigennutzes schwerfällig durchwürgte — und hieraus entstand denn freilich, irdisch gesprochen, unsägliches Uebel. Wir Alle blieben zuvörderst o h n e E r z i e h u n g. Durch die unglückliche Ehe der Eltern (stets, meiner Ueberzeugung nach, die Schuld des Mannes, hier aber ganz offenbar) kamen wir auch um das Familienleben, ein früh gesammelter Schatz, der bis zum Grabe ausdauert, Freuden würzt und Unglück tröstet. Durch kleinlichen Geiz kamen wir endlich um die Solidität unseres Vermögens, das n i c h t des Vaters Vermögen war, der wohl viel hier genommen, aber nie etwas hergebracht hat — und somit stehen wir Kinder gleich — ich aber habe dann noch eine ganz andere Rechnung, und warum soll ich nicht sagen, was wahr ist? Nie will ich mir selbst einen besseren Sohn wünschen, als das Kind Hermann war, das aus Feuer, Liebe und Geist zusammengesetzt, in der leitenden Hand eines edeln und würdigen Mannes, die Knospe alles Kräftigen, Guten und Schönen zur vollen Blüthe und Frucht hätte entfalten können. Wie diese Knospe geknickt, das Feuer erlöscht, die Liebe erkältet und der Geist erdrückt worden ist — von diesem Bilde will ich mich lieber ab= wenden — aber selbst von der Zeit, in welcher diese Ope= ration vor sich ging, kann ich wiederum sagen: ich wünsche keinen Sohn, der mich mehr ehrt, mir mehr Respekt bezeugt und bereitwilliger ist mich zu lieben, als ich es gegen meinen Vater gewesen bis an seinen Tod, wo ich freilich weit ent= fernt war, sein Betragen gegen mich völlig beurtheilen zu können. Dies hat erst die Folge erlaubt, und mir das un= umstößliche Resultat gegeben, daß ich nur Einem mich ver= derben wollenden Feinde im Leben begegnet bin, und — dieser Eine war Er!" — Jedes dieser schmerzlichen Worte trägt die Wahrhaftigkeit an der Stirn, und giebt in wenigen Strichen eine Vorstellung von allem, was der Sohn vom Vater zu leiden hatte.

War der Vater geizig, so war die Mutter dagegen in ihrer harmlosen Sorglosigkeit verschwenderisch; nie wußte sie mit dem Gelde umzugehen, nie mit dem auszukommen, was sie hatte, und in allen ihren Briefen an ihren Sohn, von dem ersten an, bis in ihr Alter, begegnen wir immer den= selben Klagen über Geldmangel, demselben Refrain, sie gehöre zur Familie d'Argentcourt, ihre Börse sei leer, sie habe nichts, sie habe Schulden, u. s. w. Ihr munteres Temperament ließ sie aber alle Dinge leicht nehmen, sie lachte immer und über alles. Sie war anmuthig und graziös, lebhaft und gedankenlos, französische Art und fran= zösisches Wesen in ihr vorherrschend, durch ihre Mutter sowohl als durch ihre Erziehung — wenn man die Art, wie man die junge Gräfin aufwachsen ließ, überhaupt Erziehung nennen will. Vor allem war sie aber, als sie heirathete, noch ein Kind, noch ein Kind, als sie ihren Erstgeborenen in den Armen hielt; und so spielte denn auch die Fünfzehn=

jährige mit dem kleinen Hermann, so wie sie noch eben mit ihrer Puppe gespielt hatte, und glaubte ihn auch eben so sorglos wie diese mißhandeln zu dürfen, wenn ihr die Laune dazu ankam. An Urtheil, an Ueberlegung, an liebevolle und umsichtige Fürsorge für das Kind war unter solchen Umständen natürlich nicht entfernt zu denken, und mit Recht durfte Pückler behaupten, daß er niemals eine Erziehung genossen.

Oftmals sah er mehrere Tage lang die Eltern gar nicht, und wenn er sie sah, war er Zeuge ihrer Streitigkeiten. Früh schon faßte der Vater einen entschiedenen Widerwillen gegen Hermann; einmal, weil er in ihm einen ganz von dem seinigen abweichenden Charakter sich entwickeln sah, und dann auch, weil er das eigentlich dem Sohn gehörende Vermögen, das er nur zu verwalten hatte, ganz für sich benutzte, und das Gefühl dieses Unrechts ihm den Anblick desjenigen, dem er es zufügte, zum lebendigen Vorwurf machte. Die Mutter wollte ihn, je nach ihrer augenblicklichen Lectüre, bald nach dem Rousseau'schen, bald nach dem Basedow'schen, bald nach irgend einem anderen System, das gerade Mode war, erziehen, und stellte die seltsamsten Experimente mit ihm an, wurde dann aber schnell aller dieser Versuche müde, und bekümmerte sich auf kürzere oder längere Zeit gar nicht um den Knaben, der demzufolge wieder der unumschränkten Leitung der Dienerschaft anheimfiel.

Vor den Eltern konnte Hermann nur Scheu und Furcht empfinden, war aber so empfänglich für Liebe und gute Behandlung, daß er sich an eine alte Bauerfrau, die Amme seiner Mutter, mit leidenschaftlicher Herzlichkeit und Hingebung anschloß.

Eine der ersten Personen, die Hermann im Leben freundlich entgegentraten, war der berühmte Graf von St. Germain, der zum Besuch auf das Schloß kam, und der schönen Gräfin

beeifert huldigte. Er machte einen großen Eindruck auf
Hermann, nahm den Knaben liebkosend auf den Schoß, und
ertheilte ihm spielend manchen Unterricht in Dingen, die,
wie Pückler behauptete, noch jetzt allen Riesenschritten der
neueren Wissenschaft unzugänglich geblieben seien.

St. Germain hatte feine, milde Züge, alle Liebens=
würdigkeit eines vollendeten Weltmannes, und gar nichts
Geheimnißvolles in seinem offenen und heitern Wesen. Ja
selbst wenn er das Wunderbare berührte und wie Alltäg=
liches behandelte, war es immer mit einer Nüance von Scherz
oder Ironie, die Jedem eine Auslegung nach seinem Sinne
zuließ.

Sich selbst beschreibt Pückler in einem Briefe an die
Gräfin Hahn vom 10. März 1845 als ein hübsches Kind
von lebendigstem Geiste und größter Eindrucksfähigkeit, im
Guten wie im Schlimmen, mit Anlage zu tiefem, schwär=
merischen Gefühl, das sich leicht zur Begeisterung steigerte,
von heftiger Sinnlichkeit, dabei herrisch, gewaltsam, eitel,
und zugleich offen und gutmüthig. Als einziger Erbe einer
großen, damals fast souverainen Herrschaft, von der viele
Tausende abhingen, wurde er allgemein umschmeichelt, ja
man suchte ihn zu verführen und zu verderben. Er wurde
nun wild und ungezogen, und dadurch den Eltern doppelt
unbequem; fünf Jahre alt, wurde er als lästig auf einige
Zeit unter Aufsicht eines Hofmeisters aus dem Hause ent=
fernt, und zwei Jahre darauf, sieben Jahre alt, in die herren=
hutische Lehranstalt zu Uhhst gethan, wo er vier Jahre lang
bis zum elften Jahre bleiben mußte.

Das Kind, das aus dem Hause entfernt wurde in einem
so zarten Alter, wo viele andere Eltern ihre Lebensfreude
darin gefunden hätten, es in ihrer Nähe zu behalten, war
damals schon ausgezeichnet durch seltene Körperschönheit und
einen wunderbar aufgeweckten Verstand, der seine ganze

Umgebung überraschte. Die schlanken Wellenlinien seiner Gestalt, die Anmuth und Kraft seiner Bewegungen, der frische Uebermuth der Knabennatur, die braunen üppigen Haare, die sich in natürlichen Locken ringelten, die großen dunkelblauen Augen voll stets wechselndem Ausdruck von Munterkeit, Zärtlichkeit und Muthwillen, der schöne Mund mit den schneeweißen Perlenzähnen machten ihn zu einer allerliebsten Erscheinung. Und mit diesem Aeußeren verband sich das stürmisch wogende Innere, Geist und Herz, die in der halb erschlossenen Knospe mit heißer Ungeduld nach Befriedigung verlangten.

Und was hätte da wohl weniger angemessen sein können für den armen Hermann, als die trübe, spielerische Frömmigkeit der Brüdergemeinde! In der fremden, eingeschränkten Umgebung ohne jede Freiheit fühlte er sich anfänglich sehr unglücklich; noch in späteren Jahren bemerkte er oft, die „herrenhutische Heuchelanstalt" sei für ihn wie kaltes Wasser auf einen heißen Stein gewesen, wenn auch sein gerader, aufrichtiger Sinn stets der Verstellung unzugänglich blieb. Die ungünstigsten und gefährlichen Einflüsse vereinigten sich in der frommen Anstalt zum Nachtheil der Schüler, in der gewissenlose und verderbte Lehrer die Aufgabe hatten, die ihnen anvertraute Jugend zu erziehen, und diese Aufgabe so schlecht erfüllten.

Nachdem die ersten Schmerzen überwunden waren, ergab sich Hermann, nach Liebe verlangend, mit voller glühender Seele der frommen Richtung, zu der man ihn anleitete. Alles was von Leidenschaft und aufgeregten Gefühlen in ihm war, wandte er dem jugendlichen Christus, dem schönen, liebenden Heilande zu, den naiven Spielereien jener Sekte in allen ihren Ausartungen folgend, während Jesus' Leidensnächten in Thränen zerfließend, und am Tage der Auferstehung jubelnd und beglückt sein Bild küssend.

Dort in Uhyst will auch Pückler gleichzeitig als er den „schönen Heiland" liebte, sich in seine Cousine, die Gräfin Nathalie von Kielmannsegge, der er dort begegnete, verliebt haben. „Wissen Sie wohl noch," schreibt er an dieselbe den 5. September 1830, „car je dois vous l'avoir conté au moins antant de fois que Werther ses amours avec Lolotte à son fidèle Fritz, daß ich schon im siebenten Jahre mich in Herrnhut sterblich in Sie verliebte, als wir noch Beide in religionssinnlichen Entzündungen schwärmten. Sie zerflossen in Thränen, schön wie eine zerknirschte Heilige, und ich in Liebe, süßer noch als zu Christus. Als Sie herausgingen, noch immer weinend, drängte ich mich an Ihr schwarzseidenes Gewand, und, elektrisch getroffen, fühlte ich zum erstenmale, was Wollust sei. — Alles ist mir noch heute so gegenwärtig, als wäre es gestern geschehen, und ich bewundere manchmal, wie ich schon als Kind alt war und als Alter noch Kind geblieben bin. Vous voyez donc, ma chère cousine, que vous et votre taffetas jouent un quand rôle dans ma vie dès mon enfance, et le souvenir m'en a toujours été bien doux, dans quelque époque de la vie qui s'est présenté." Vermuthlich wohl hat die nachträgliche Phantasie den meisten Antheil an diesen Empfindungen.

Gewiß ist aber dagegen, daß bei den Herrnhutern eine andere Leidenschaft in Pückler zuerst erwachte, die in seinem ganzen späteren Leben eine bedeutende Stelle einnimmt, nämlich die Leidenschaft für Gartenanlagen. Das kleine Gärtchen der Anstalt, wo jeder Knabe sein Beet erhielt, war für ihn eine Quelle unablässigen Nachsinnens und Vergnügens; fortwährend war er darauf bedacht, seinem Beete eine neue Form und ein anderes Ansehen zu geben, und so sehr vertiefte er sich in jene Lieblingsarbeit, daß er einmal aus Unachtsamkeit das Unglück hatte, einen seiner Mitschüler,

der sich eben bückte, mit der Hacke so schwer am Kopfe zu
verletzen, daß das Blut des Verwundeten auf die Blumen
strömte, was Pückler die Gärtnerei für lange verleitete.
Jener Mitschüler, ein junger Graf H., erschoß sich später
als vielversprechender Jüngling aus unglücklicher Liebe, und
Pückler wollte in jener blutigen Gartenszene eine Vorbedeutung
dieses traurigen Schicksals erkennen.

Nach vier Jahren, in seinem zwölften Jahre, wurde
Hermann von der Herrnhuteranstalt fort auf das Pädagogium zu Halle gethan. Dort befreundete er sich mit seinem
Mitschüler Ernst Houwald, der in der Folge als Dichter bekannt wurde, und mit dem späteren Schriftsteller Contessa.

Aber auch dort machten sich manche widrige Einflüsse
geltend. Jugendmuth und Jugendmuthwillen sprudelten wild
und ungezähmt in Hermanns Natur. Die Folge seiner
mannigfachen Ausschreitungen war, daß das Pädagogium
ihn relegirte, und in den Annalen desselben wird als Grund
dieser Maßregel angegeben, „weil er nicht zu bändigen gewesen“.

Varnhagen von Ense giebt in einer ungedruckten Aufzeichnung die folgende Aufklärung über ten Vorgang, die er
aus einer mündlichen Mittheilung Pückler's geschöpft:

„Er war auf dem Pädagogium zu Halle, wurde aber
zu 13 Jahren relegirt wegen eines Spottgedichts, das er
mit Anderen auf die lockere Lebensart der Kanzlerin Niemeyer verfaßt hatte. Den Enkel des Fürsten von Hardenberg, Grafen von Hardenberg, traf dasselbe Loos. Viele Jahre
darauf war Niemeyer beim Staatskanzler in Berlin zur
Tafel; jene Beiden setzten sich neben ihn. Nach allerlei
Gesprächen, in denen er dem Schwiegersohn wie dem Enkel
des Staatskanzlers mit ehrerbietiger Beflissenheit sich angenehm zu machen suchte, brachten sie die Rede auf jene
Relegirten, und Niemeyer sprach von ihnen als bösen Buben,

aus denen nichts habe werden können. Wie erschrak er aber, als erst der Eine, dann der Andere sich zu erkennen gab. Er verlor beinahe seine Fassung, doch nicht ganz. ‚Wie sich die Zeiten ändern!' rief er aus; er hätte sagen können: „die Menschen", aber das sagte er nicht, sondern nur: „die Zeiten", und damit gab er Beiden ihre Neckerei zurück! —

Die Kanzlerin Niemeyer war eine kluge, angenehme Frau, doch ihre Munterkeit war allgemein bekannt. Contessa, der mit Pückler zugleich auf dem Pädagogium und sehr befreundet war, stand besonders in ihrer Gunst und in ihrem Vertrauen; er durfte ihre übrigen Liebesabentheuer wissen, in ihren geschriebenen Bekenntnissen lesen."

Nach Hermanns Relegation mußte natürlich der Erziehungsplan wieder verändert werden, und man schickte ihn nun in Begleitung eines Hofmeisters, den sein Vater annahm, ohne auch nur seine persönliche Bekanntschaft zu machen, nach Dessau, wo Hermann die Stadtschule besuchte.

Zweiter Abschnitt.

Rückkehr in das elterliche Haus. Scheidung der Eltern. Wiederver=
mählung der Mutter. Stille Einsamkeit. Jugendträume und Jugend=
gedanken. Muskau's Vorzeit. Wiedersehen der Mutter. Spiel. Tanz.
Liebhabertheater. Die Universität zu Leipzig. Unerfüllte Reisewünsche.
Brescius über die Familie Pückler. Dresden. Eintritt in das Heer.
Kühne Streiche. Abentheuer. Schulden. Abschied als Rittmeister.
Abreise.

Wieder in das elterliche Haus zurückgekehrt, fand Her=
mann auch dort lauter Störungen. Die schon oben er=
wähnte Scheidung der Eltern fand Statt, in äußerlich
gütlicher Uebereinkunft zwar, aber doch die Folge des tief=
sten Risses. Die Gräfin ihrerseits vermählte sich dann an
den Königlich bairischen Generalmajor Grafen Karl von
Seydewitz, der ihr schon in erster Ehe beeifert den Hof
gemacht hatte. Seitdem ist Pückler nie länger als etwa vier=
zehn Tage mit seiner Mutter wieder zusammengewesen, und
auch dies nicht vertraulich allein, noch in gemeinschaftlichen
Verhältnissen, sondern ohne Berührungspunkte fast wie ein
Fremder. Das darf nicht vergessen werden, wenn man
die Beziehung zwischen ihm und seiner Mutter betrachtet.

Er verweilte nun eine kurze unglückliche Zeit allein
beim Vater. Auf dem weitläufigen Schlosse, in den uner=
meßlichen Tannenwaldungen, die es umgaben, überließ er
sich seinen sinnenden Gedanken. Seine jugendliche Phan=

tafie lehnte sich an alle die poetischen Elemente an, die auch dieser Sandgegend nicht fehlten. Wenn er die Bergwerke der Herrschaft besuchte, glaubte er bei dem Duft des Erzes aus den dunkeln Schachten den flammenden Hauch der Gnomen zu vernehmen, und in dem stillen Grün der Forsten, durch die der Wind säuselte, horchte er auf das Geflüster der Dryaden. Er beschäftigte sich mit den romantischen Schicksalen seiner Ahnen, die in lebensgroßen Bildnissen in den Sälen des Schlosses auf ihn herabblickten, ja er ging noch weiter in die graue Vorzeit zurück, wo Muskau, ehemals Muzakow, d. h. Männerstadt, genannt, zur heidnischen Zeit der Sorben ein berühmter Wallfahrtsort war, wo vier Göttertempel in Eichenhainen standen, und das Gnadenbild der alten Zeit, der Gott der Götter Swantewit „das heilige Licht, das heilige Feuer" verehrt wurde. Er suchte die Opferplätze auf, von denen man einen in der Nähe des jetzigen Hermannsbades deutlich erkennen will, wo die Priester die Orakel verkündigten; er betrachtete die Urnen, deren auf dem Muskauer Kirchhof beständig auf's neue ausgegraben wurden. Es geht die Sage, daß nach der Bekehrung der Sorben durch Ludwig den Frommen 1060 der Dienst der Götter sich mehrere Jahrhunderte lang in diesen fastunburchbringlichen Wäldern verborgen und geheim fortsetzte. Das Schloß von Muskau wurde vom Markgrafen Johann, Siegfried's Sohn, als eine Land- oder Gränzveste erbaut. Die Stadt Muskau wurde 1241 in einer furchtbaren Schlacht von den Tartaren ganz verwüstet, so wie das alte feste Schloß bis auf den Grund zerstört; man baute Stadt und Schloß wieder auf, aber dann zerstörten letzteres die Hussiten, und im dreißigjährigen Kriege verbrannte Tiefenbach die sämmtlichen Dörfer umher; Stadt und Schloß wurden von den Kroaten geplündert, und Wallenstein lag 1633 mehrere Tage mit der

Kaiserlichen Armee in der Herrschaft. Kurz nachher ward
der Wald angezündet, der sechs Wochen lang brannte, durch
seinen unheimlichen Feuerschein weithin in der Runde alles
in Schrecken setzend, und durch Vernachläſſigung der Schweden brannte auch das damals neue Schloß ab, welches
darauf ſchöner ausgebaut und anſehnlich vergrößert wurde.
Auch die Stadt Muskau brannte mehreremal ab und
wurde namentlich im Jahre 1766 ganz in Aſche gelegt.

Das iſt die Vorgeſchichte jenes Ortes, den Pückler
ſpäter mit genialer Hand zu einem Sitz des poetiſchſten
Friedens, zu einem Juwel der Landſchafts- und Garten-
kunſt voll Duft und Blüthenſchimmer herrlich umgeſtaltete.

In der umfangreichen Bibliothek des Schloſſes ſuchte
Hermann die alten Chroniken auf, die ihm über jene Vergangenheit Auskunft gaben, aber in ſolcher Lieblingsbe-
ſchäftigung hinderte ihn der unvernünftige Vater, der trotz
aller Bitten nicht leiden wollte, daß er die Bücher daſelbſt
benutze. Ueberhaupt verſtand er die Natur ſeines Sohnes
nicht entfernt, der ſich nach Neuem, nach Außerordentlichem
ſehnte, und vor Langerweile aus Mangel an paſſender
Thätigkeit faſt umkommen wollte.

Er war fünfzehn Jahre alt, als er nach langer Trennung ſeine Mutter als Gräfin von Seydewitz wiederſah,
die eben dreißig, noch in der vollen Blüthe jugendlichen
Liebreizes ſtand, und höchſtens wie zwanzig ausſah. Er
zeigte ein ſo leidenſchaftlich zärtliches Wohlgefallen an der
jungen ſchönen Mutter, daß ſein Stiefvater darüber in die
heftigſte Eiferſucht gerieth. Die muntere Gräfin, die über
alles im Leben lachte, fand das eine ſo ergötzlich wie das
andere, und ſcherzte noch lange in ihren Briefen an den
Sohn ſowohl über ſeine Verliebtheit, als über die Eiferſucht des Gatten.

Da Hermann nirgends für ſein Herz eine Anlehnung

fand, so wurden die zurückgedrängten Gefühle in ihm zur scharfen Ironie, zum zersetzenden Witz. Schon in den Briefen, die er zu jener Zeit an seinen ehemaligen Lehrer Bävenroth schrieb — man wechselte seine Hauslehrer beständig, und einer war schlechter und unfähiger als der andere — finden sich satyrische Anflüge, und eine treffende Beobachtungsgabe, die seinen Jahren weit vorauseilte, neben einer natürlichen, kindlichen Unbefangenheit.

Was das Muskauer Schloßleben ihm von Geselligkeit zeigte, war gerade genug, um die Leichtfertigkeit der Sitten jenes Kreises zu bezeichnen, und den Glauben an das Gute in ihm zu schwächen, wenn nicht ganz zu erschüttern. Er stellte sich über diesen Kreis, indem er ihn verspottete, wobei er auch oft seine Nächsten nicht verschonte, die ihm freilich reichlich Anlaß zum Tadel boten. Eine schmerzliche Bitterkeit, die aus seinen ursprünglich edeln Anlagen hervorging, bemächtigte sich früh dieses jugendlichen Gemüthes. Er suchte nach Zerstreuung, um die schwarzen Gedanken zu bannen. Wie jung schon die Leidenschaft des Spieles ihn ergriffen haben muß, geht daraus hervor, daß er fünfzehnjährig Bävenroth die Versicherung giebt, er sei kein so beeiferter Spieler mehr wie früher, er spiele fast gar nicht mehr, er habe so viel gespielt, daß es ihm zuwider geworden sei. Dagegen spiele er mit Vergnügen Clavier, zeichne, lese lateinisch Ovid's Metamorphosen und nehme Stunden in der Mathematik. Auch einige Vergnügungen boten sich dar. Ein gewandter Tänzer, erschien er auf einer Redoute zu Muskau als Mohr verkleidet, wo er in dem phantastischen Kostüm viel bewundert wurde. Ebenso erwarb er sich Lorbeeren auf dem Liebhabertheater des Schlosses, wo sogar sein Vater, der selbst mitspielte, und der Prediger Brescius, der ihn eben konfirmirt und ihm das Abendmahl ertheilt hatte, ihn um die Wette lobten, und behaupteten,

der berühmte Mattausch, den sie in Berlin dieselben Rollen
hatten geben sehen, habe es nicht besser gemacht, sondern
gerade ebenso. Die Stücke, in welchen er diese Erfolge
errang, waren der junge Baron Reinthal, in der „Komödie
aus dem Stegreif" von Jünger, August, in der „Braut
im Schleier" und Herr von Schmalbruch junior, im „neuen
Jahrhundert" von Kotzebue. „Sie fragen mich", schreibt
er an Bävenroth, „nach dem Schauspiel, und vermuthen,
daß ich einen süßen Herrn gemacht habe, mit einer Lorgnette
u. s. w., aber keines von beiden, denn beides ist nicht mehr
Mode, im Gegentheil sind die jetzigen Elegants mehr grob
als höflich, und eher bitter als süß."

In einem späteren Briefe vom 16. Juli 1801 schreibt
er an Bävenroth: „Wenn Sie mich jetzt sähen, ich zweifle,
daß Sie mich erkennen würden, ich bin sehr gewachsen,
nicht mager, aber auch nicht dick. Mein Gesicht ist zwar
weiß, aber männlicher, und ein satyrischer Zug hat sich
hineingelegt. Bei diesem Brief aber habe ich mich in
Acht genommen, nicht zu satyrisch zu sein, er möchte Ihnen
sonst wieder in zu bittere Lauge getaucht zu sein scheinen.
Indessen kann man sich wirklich der Satyre nicht so ganz
enthalten wie man will, denn die ganze Welt ist ja wirklich
jetzt eine wahre Satyre, und die Menschen geben gar zu
viel Stoff dazu."

Eine Veränderung seines Lebens wurde dadurch bewirkt, daß er 1801 die Universität Leipzig bezog, um sich
der Rechtswissenschaft zu widmen. Immer unter Fremden,
ohne Rath, ohne Anhalt, ohne günstige Leitung ist es nicht
zu verwundern, daß er sich manchen jugendlichen Verirrungen
überließ, spielte, Schulden machte u. s. w., wodurch er den
heftigsten Zorn seines Vaters erregte. Doch wenn er sich
auch zu manchem Leichtsinn fortreißen ließ, so beurtheilte
er doch sich und Andere mit einer Reise des Nachdenkens,

die bewundernswürdig genannt werden darf, und es scheint, daß seine große geistige Ueberlegenheit nicht minder als seine Fehler seinem Vater unbequem waren. Das anschaulichste Bild seiner ersten Jugendjahre, seiner Lage und seiner Verhältnisse giebt Pückler selbst in einem Briefe an seinen Vater aus Leipzig, den wir hier einschalten:

„Wenn es wahr ist," schreibt er, „was man so allgemein behauptet, daß die frühere Erziehung des Menschen den Ausschlag für all sein künftiges Thun und Lassen giebt, so ist es wohl natürlich, daß sie das richtigste Augenmerk sowohl des Erziehers als auch vorzüglich des zu Erziehenden sein muß, und nur, wenn beide zusammen daran arbeiten, kann sie gelingen und gute Früchte bringen. Versteht sich, daß hier nicht von der Erziehung eines Kindes die Rede ist, das noch gar keinen Begriff von dem haben kann, was ihm zuträglich oder schädlich sei, sondern von der Leitung des Jünglings, an dem noch immer gebessert werden kann, was am Kinde verdorben wurde.

Du wirst es mir also verzeihen, lieber Vater, daß ich auch einmal in Hinsicht auf eine Sache, die mich doch immer am nächsten angeht, eine Bitte an Dich thue, die nicht mein Vergnügen, sondern bloß mein Bestes zur Absicht hat. Vorher aber erlaube mir einen kleinen Rückblick auf meine bisherige Erziehung zu werfen, wo mir, und vielleicht mit Recht, nie erlaubt wurde, einen Vorschlag zu thun.

In den frühesten Jahren meiner Kindheit, und kaum mir aus dunkler Erinnerung vorschwebend, finde ich mich in den Händen theils roher, theils dummer Bedienten, die mich ziemlich nach Gefallen behandelten, und unter der Oberaufsicht einer Mutter, die, ohne selbst zu wissen warum, mich bald schlug, bald liebkoste, und oft mit mir spielte wie ein Kind mit seiner Puppe. Du, lieber Vater, warst zu jener Zeit zu sehr mit Sorgen, Kummer und Geschäften

überhäuft, um ein aufmerksames Auge auf ein Kind zu
haben, daß Du bei seiner Mutter gut aufgehoben glaubtest.
Danach sorgtest Du für einen Hofmeister, und warst glück=
lich in seiner Wahl. Gewiß, hätte ich den braven Tamm
behalten können, Vieles wäre jetzt anders; der gute Mann
hatte aber den Fehler, zu sagen, was er dachte; Damen
wollen lieber geschmeichelt sein, meine Mutter konnte sich
nicht mit ihm vertragen, und er — ging. Die häufigen
Reisen meiner Mutter hinderten sie, meine Erziehung selbst
zu übernehmen, ich wurde daher auf's neue einem Manne
übergeben, der unter der Maske des Edelmüthigen die
niederträchtigsten Gesinnungen verbarg, und zugleich in's
Geheim meine bisher ihrem Gemahl wenigstens noch treu
gebliebene Mutter zu verführen suchte. Der Antrag meiner
Erziehung mußte ihm um so lieber sein, da er dadurch
Gelegenheit bekam, seinem Zwecke immer näher zu rücken.
Er behandelte mich wider seine besseren Einsichten, ganz
nach den sich oft widersprechenden Wünschen meiner Mutter,
und führte ihre verrücktesten Gedanken an mir aus. So
erreichte ich mein siebentes Jahr, begabt mit allen Fehlern,
die aus einer solchen oft widersinnigen Behandlung ent=
stehen mußten. Meine Mutter, der ich zum Spielwerk zu
groß wurde, und die meine Erziehung überhaupt zu en=
nuhiren anfing, drang nun darauf, daß ich aus dem väter=
lichen Hause weg sollte, obgleich ich noch nicht acht Jahre
alt war; Du gabst endlich nach, und ich kam nach Uhhst.
Daß gerade dieser Ort für ein Kind meines Temperaments,
und das überdies einer ziemlich unbeschränkten Freiheit ge=
wohnt war, am Wenigsten paßte, erkannten Mehrere,
schwiegen aber weislich, um nicht die Frau Gräfin, die
mich nun einmal absolut forthaben wollte, mit sich unzu=
frieden zu machen. Von hier kam ich im zwölften Jahre
nach Halle. Der Kontrast dieser beiden Anstalten ist zu

groß, als daß ich mich sogleich in diese ganz verschiedene Lebensart hätte finden können; viele widerwärtige Umstände kamen noch dazu, und ich kam auch von hier weg. Du überließest dem Doktor Niemeyer gänzlich die Wahl eines Hofmeisters für mich, und schicktest mich mit diesem, ohne ihn zu kennen, nach Dessau, wo ich die allgemeine Stadt= schule besuchte. Dies, lieber Vater, war nun wohl etwas gewagt, mich mit einem Dir ganz unbekannten Menschen an einen Ort gehen zu lassen, wo zu meiner Bildung nichts weiter als eine öffentliche Stadtschule vorhanden war, und meine Gesellschaft nicht gewählt war. Du warst aber ge= rade damals in einer der unangenehmsten Lagen, indem auf der einen Seite Deine ökonomischen Umstände immer noch schwankend und nicht so befestigt waren, wie sie es jetzt sind, auf der anteren Dein Herz durch die unglaub= lichen Verirrungen Deiner noch immer geliebten Gemahlin zerrissen, und es war unmöglich, daß Du bei diesen Um= ständen und die so häufig dadurch veranlaßten Verdrieß= keiten auch zugleich Deine Aufmerksamkeit auf mich richten konntest, der ich ohnehin abwesend war.

Nach Verlauf eines Jahres, wo die Angelegenheit mit meiner Mutter endlich so ziemlich zu Ende war, ließest Du mich nach Hause kommen, das Beste und Klügste was ge= than werden konnte; denn hier im väterlichen Hause war es, wo ich nach und nach anfing, das zu verbessern, was bisher verdorben worden war, und obgleich Du mich hier mehr nach Deinen jedesmaligen Gedanken als nach einem vorgefaßten Plane behandeltest, so ging es doch besser als es bisher mit Anstalten und Schulen und Hofmeistern ge= gangen war. Von Wäbenroth und Nigmann sage ich weiter nichts, Du kennst sie ja sattsam. Nun noch ein Wort über meine Beziehung der Universität. Ich kann mich hier nicht enthalten, eine Bemerkung zu machen, die

sich sogar jedem Andern, der mich hier leben sah, aufdrang,
und die man sogar oft gegen mich selbst geäußert hat. Wie
kam es, daß Du, bester Vater, dessen bester, aufrichtigster
Wunsch von jeher mein Bestes war, der keine Kosten an
meiner Erziehung gespart hatte, dessen edles Herz und richtigen Verstand ich oft bewunderte, der sich noch neuerlich
so freigebig als großmüthig gegen mich bewies, wie kam
es, sage ich, daß der in einer für mich so wichtigen Sache
so gleichgültig sich bewiesen hat? Wie kam es, daß Du
bei der Wahl eines Mannes, der meinen Eintritt in die
Welt und alle die Betrügereien und Verführungen derselben,
die mir bisher doch nur aus Romanen bekannt waren,
leiten sollte, nicht erst vorher einen gründlich kennen zu
lernen suchtest, um ihm ein so wichtiges Geschäft zu übertragen, sondern gleich den ersten Besten, der Dir durch die
dritte, vierte Hand empfohlen wurde, annahmst, ohne Dich
auch nur im Geringsten bei Anderen nach ihm zu erkundigen, denn sonst würde Dir Jedermann hier in Leipzig
haben sagen können, daß gerade dieser Kretschmer den allgemeinen Ruf eines liederlichen und läppischen Menschen
habe, so wie der Professor den eines Hansnarren der
ganzen Stadt. Es sind nur wenige junge Leute hier, die
einen Gesellschafter als Hofmeister haben, die wenigen aber
sind geprüfte und bewährt befundene Männer, denen es
auch zugleich nicht an äußerer Bildung fehlt, wie zum
Beispiel der Hauptmann Rüdiger bei den Prinzen Schön-
burg, der in jeder Hinsicht ein sehr liebenswürdiger Mann
ist. Ohne unbillig zu sein, bester Vater, mußt Du selbst
gestehen, daß diese Betrachtungen meine begangenen Fehler
sehr verringern, und um so eher wirst Du mir verzeihen,
daß ich mir die Freiheit genommen habe, sie Dir mitzutheilen. Du siehst zugleich daraus, daß ich Dir nicht
schmeichle, um meine Bitte erfüllt zu sehen, sondern bloß

von Dir Gerechtigkeit verlange. Jetzt sind die Umstände anders; ich habe Gelegenheit gehabt, in kurzer Zeit viel, zum Theil schmerzliche Erfahrungen zu machen, und ich kann mir jetzt bei meinem guten Willen recht gut allein forthelfen, ohne wieder in Gefahr zu kommen, meiner Gesundheit und meinem Beutel so wie bisher zu schaden, und Du kannst nun sicher einer froheren Zukunft entgegensehen".

Erfüllt von dem Streben nach größerer Ausbildung, als ihm der Aufenthalt in Leipzig gewähren konnte, sehnte Hermann sich fort, auf Reisen. Er wollte andere Länder, andere Verhältnisse kennen lernen, der mystische Zauber, der hinter den Bergen liegt, zog ihn unwiderstehlich an. In diesem Sinne schrieb er wieder an seinen Vater:

„Du hattest, ehe ich nach Leipzig ging, die sehr gute, doch schwer auszuführende Idee, mich nach Lausanne zu schicken; Du fühltest sehr wohl, daß seine Lebensart und eine genaue Kenntniß der französischen Sprache bei einer Carrière wie die meinige unumgänglich nothwendig und nicht früh genug zu erlangen ist. Sprache und eine angenehme Tournüre sind aber beides Dinge, die man vingt ans passée mit vieler Mühe, und nie vollkommen sich zu eigen macht. Beides besitze ich bis jetzt nur noch in sehr geringem Grade, und obgleich ich täglich und stündlich mich darin zu vervollkommnen suche, so ist dies doch hier nicht möglich. Ich bin jetzt noch nicht achtzehn Jahre, fast noch zu jung zur Universität (wo zu Erlernung trockener aber nützlicher Kenntnisse schon etwas mehr Beständigkeit erfordert wird, als man gewöhnlich im achtzehnten Jahre hat), fast zu alt, um den leichten, gefälligen Takt, die Konversation, angenehme Gewandtheit des Körpers und eine gewisse unumgänglich nothwendige Dreistigkeit in Gesellschaft (die ich, obgleich es zuweilen so schien, wahrlich nicht besitze), mit einem Wort, den guten Ton im ganzen Umfang

des Wortes sich zu eigen zu machen. Ein Jahr ist es
nun, daß ich in Leipzig bin; ich habe wenig gelernt, Sprachen ausgenommen, und viel Geld verthan. Der Grund
davon ist ein unaufhörliches Schwanken meines Charakters,
das Unbestimmtheit in meinen Handlungen hervorbringt;
dies Schwanken aber kommt davon her, daß ich fühle,
nicht das zu sein, was ich zu sein wünschte. Um es zu
werden, ahme ich fast unwillkürlich Jedem nach, der ein
Mann von Welt zu sein scheint, und es ist natürlich, daß
ich über dieses Bestreben oft in Thorheiten verfalle, und
andere Sachen darüber vernachlässige, ohne je zur Gewißheit zu kommen. Alle Tage finde ich mir in Vergleichung
mit Anderen tausend Kleinigkeiten feiner Lebensart fehlen,
deren Mangel mich in Verzweiflung bringen möchte, und
die ich von mir selbst nicht lernen kann. Der hauptsäch-
lichste unter allen ist die Unwissenheit in der französischen
Sprache. Hundert gute Einfälle muß ich oft verschweigen,
weil ich nicht im Stande bin, sie in dieser Sprache vorzutragen.
Das giebt mir natürlich eine große Schüchternheit, die ich
oft umsonst zu verbergen suche, was mich aber auf ganze
Tage und länger verstimmt. Daß ich das nicht Jedem
sage, und im Gegentheil sehr zufrieden mit mir scheine,
um Andere dahin zu bewegen, es auch zu sein, ist kein
Beweis, daß ich es bin, und ich lasse diesen Schimmer
auch bei Dir fallen, denn Du bist mein Vater und bester
Freund, dem ich mich gern, sollte es auch meiner Eigen-
liebe wehe thun, ganz zeige, wie ich bin. Es wäre über
diese Materie noch viel zu sagen, aber ich fühle, daß ich
nicht im Stande bin, meine Gedanken ganz so auszudrücken,
als ich wohl wünschte; ich sage Dir besser nur das, was
ich mir daraus abstrahiren kann, und was gewiß so wahr
ist, als daß die Sonne am Himmel steht. Ich werde nie
im Stande sein, mich den ernsthaften Wissenschaften mit

Festigkeit und so zu widmen, wie man es thun muß, um
darin zu reüssiren, ohne vorher von mir überzeugt zu sein,
den Ton der guten Gesellschaft völlig in meiner Gewalt
zu haben. Es kann dies bei hundert Anderen der Fall
nicht sein, ich fühle es aber deutlich, und bin zugleich über=
zeugt, daß man mit dieser Eigenschaft eher durch die Welt
kommt, als mit aller Gelehrsamkeit, und ohne dieselbe
überall anstößt, besonders ein Gesandter!! dem aber auch
Kenntnisse nicht fehlen dürfen. Dann werde ich auch von
Herzen gern alle Gesellschaft meiden, wenn ich nur nicht
mehr nöthig habe, sie überall aufzusuchen, um in ihr zu
lernen, und dennoch immer mehr unzufrieden mit mir selbst
zurückzukehren. Alle Ambition, die ich jetzt anwende, ein
angenehmes Aeußere zu erlangen, werde ich dann dahin
richten, mir auch nützliche Kenntnisse zu sammeln.

Schicke mich also ein Jahr nach Frankreich zu meinem
Onkel; das ist meine Bitte, und Du kannst wirklich kaum
etwas gegen die Richtigkeit meiner Gründe einwenden; Du
kennst den Grafen als einen Mann, wie er sein muß,
unter seiner Aufsicht werde ich gewiß besser aufgehoben sein,
als unter der, die ich bisher gehabt habe; auch in ökono=
mischer und politischer Hinsicht fahre ich dort weit besser.
Der Aufenthalt bei meinem Onkel auf dem Lande kann
unmöglich sehr kostspielig sein, und für meinen Fleiß in
der Erlernung der französischen Sprache bürgt Dir die
Nothwendigkeit, weil ich sonst gar nicht fortkommen würde.
Vielleicht kann mich der Onkel bei meinem Aufenthalt lieb=
gewinnen, und von wie wichtigen Folgen kann das für uns
sein, besonders bei den jetzigen Umständen, wo meine Mutter
uns sehr starke Striche durch die Rechnung machen könnte.
Und wie groß ist der Nutzen, der meiner eigenen Person
unter der Leitung eines Mannes zufließen muß, der die
Welt gesehen hat, und dessen Erfahrungen ich mir zu eigen

machen kann. Es ist kaum ein Jahr nöthig, um unter allen diesen glücklichen Auspizien nicht alle diese und noch andere dazu gehörigen Kenntnisse zu erlangen. Wenn ich dann nun zurückkomme, bin ich neunzehn Jahre, doch wahrlich kein zu hohes Alter, um auf die Universität zu gehen. Ich lerne dann mit unermüdlichem Fleiß noch einige Jahre, lasse mich examiniren, und kann dann sogleich, wo ich die erworbenen Kenntnisse noch im frischen Andenken habe, in einem Kabinet arbeiten (was jetzt ohne Kenntniß der französischen Sprache unmöglich ist, da die meisten Akten in dieser Sprache abgefaßt werden), und dann entweder reisen, oder mich auch gleich anstellen lassen, weil, wenn ich jetzt ein Jahr in Frankreich bleibe, das Reisen ziemlich unnöthig wird. Daß übrigens nichts hier in meinen Studien unterbrochen werden kann, brauche ich nicht erst zu sagen. Selbst der Magister Demuth hat mir oft gesagt, daß ich das verflossene Jahr ansehen müßte, als wenn ich gar nicht da gewesen wäre, und meine Studien ganz von vorn anfangen.

Bedenke, lieber Vater, daß diese Bitte an Dich nicht die Wirkung einer plötzlichen Laune, oder überhaupt eine Sache zu meinem Vergnügen ist, sondern eine Sache, die meine ganze künftige Carrière genau angeht. Diese wird dadurch beschleunigt, indem das Reisen nicht mehr so nöthig wird; ich selbst habe viel Nutzen davon, was gar nicht ab- zustreiten ist, kann mit mir selber zufriedener werden; Dir kostet es auf keinen Fall mehr, wo nicht weniger, denn ich sehe nicht ein, wie ich in Frankreich, wo alles noch einmal so wohlfeil wie hier ist, auf dem Lande bei meinem Onkel 3000 Francs verthun will, und die Folgen können, wenn ich dem Onkel gefalle, für die ganze Familie sehr vortheil- haft sein.

Wenn Du Deine Erlaubniß giebst, der Onkel wird

mich gewiß gern aufnehmen, und wird sich eher über diesen
Beweis Deines Zutrauens freuen. Zum Ende bemerke ich
noch, daß diese Bitte nicht der Einfall des Augenblicks ist,
sondern daß ich diese Idee schon lange hegte, sie jetzt aber
erst mitzutheilen wage, da ich von der Gewogenheit des
Onkels gegen mich überzeugt bin. Das Glück Deines
Sohnes ist Dir zu theuer, als daß Du nicht wenigstens
über diesen Vorschlag nachdenken wirst, und reiflich über=
legen, ob die Gründe dafür oder dawider wichtiger sind.
Du hast mich so oft Leuten anvertraut, die Du nicht kann=
test, ich glaube, Du kannst es eher mit einem probiren,
von dem Du selbst immer mit Achtung gesprochen hast,
und der noch überdies mein Anverwandter ist. Du hast
mir so oft versichert, daß Dir mein Wohl, das Deiner
Kinder mehr als alles am Herzen läge. Du wirst also
eine Sache, die dies außerordentlich befördern kann, Deiner
Aufmerksamkeit würdigen".

Hermanns Bitten wurden jedoch nicht erfüllt. Die er=
sehnte Reise ward ihm vom Vater abgeschlagen.

Interessant ist aus jener Zeit eine die Pückler'sche Familie
betreffende Stelle, die sich im Tagebuch von Christian Brescius
vom Jahre 1803, Sohn des Superintendenten Brescius in
Bautzen, Bruder des Superintendenten Karl Friedrich Brescius
befindet. Sie lautet: „Der regierende Graf — sein Sohn ist im
Bade abwesend — und seine drei Töchter von circa fünfzehn
Jahren wurden von unseren Damen auf dem Schloß besucht.
Dieser Graf, welcher die einzige Tochter des Grafen Callen=
berg, des eigentlichen Stammherrn der Herrschaft Muskau,
geehlicht hat, ist von seiner Gemahlin, der schönsten ihres
Geschlechts, geschieden, hat aber gewußt die Herrschaft zu=
vor an sich zu bringen, und giebt ihr eine jährliche Apanage
von 6000 Thalern. Sie hat dagegen einen Graf Seyde=
witz, einen Obersten in baierischen Diensten, doch einen

Sachsen von Geburt, geheirathet, mit dem sie eben so
wenig glücklich lebt. Der junge Graf Pückler, als
einziger Sohn, ist in Leipzig auf der Universität, wo er
keinen Ruhm hat und bei einem ruinirten Körper dem Tode
nahe sein soll. Wahrscheinlich werden die üblen Verhält=
nisse der beiderseitigen Eltern bereinst zu harten Prozessen
Anlaß geben, in welcher Rücksicht der gegenwärtig regierende
Graf sehr ökonomisch und dahin bedacht sein soll, die ein=
fließenden baaren Gelder in auswärtigen Banken zu begeben.
Die Herrschaft enthält gegen 9 Quadratmeilen, hat ihr
eigenes Hofgericht, Zölle und dergleichen Regalia mehr;
der jährliche Ertrag der Herrschaft ist in den letzten Jahren
circa 73,000 gewesen, könnte aber bei einer regelmäßigen
Wirthschaft weit höher gebracht werden".

Glücklicherweise irrte sich Brescius, als er dem „jungen
Pückler" einen baldigen Tod prophezeite, da er bis in sein
86. Jahr hinein lebte!

Da Pückler seinen Lieblingswünschen nicht folgen durfte,
so trat er nun in Dresden als Lieutenant bei den Gardes
du Corps ein. Hier zeichnete er sich vor allem in ritterlichen
Uebungen aus, die kühnsten Wagnisse waren ihm die liebsten,
jede Gefahr lockte ihn, und seine außerordentliche Geschicklich=
keit überwand diese meist siegreich. Als vortrefflicher und
unerschrockener Reiter besonders erregte er in seinem Kreise
Aufsehen und Bewunderung. Manche romantische Aben=
theuer, seine Vorliebe für alles Besondere und Auffallende,
seine wirkliche Originalität, seine Schönheit, Liebenswürdig=
keit und kindliche Gutmüthigkeit, erweckten die Sympathie
wie die Neugierde, wo er erschien. Es wird erzählt, daß
er an einem Sonntage, wo die große Elbbrücke und die
Brühl'sche Terrasse mit Spaziergängern gefüllt waren, auf
einem schönen Pferde, selbst in jugendlicher Schönheit leuch=
tend, stattlich und keck daher gesprengt kam, und zum großen

Schrecken der staunenden Menge plötzlich über das Gelän=
der in die Elbe sprang, und unten unverletzt angelangt,
ruhig durch die strömende Fluth dem Ufer zuschwamm.

Als Schütze hatte Hermann kaum seines Gleichen; von
seiner Fertigkeit im Pistolenschießen wurden Wunder erzählt.

Auch als Schauspieler versuchte er sich während seines
Dresdener Aufenthaltes, seiner mündlichen Mittheilung zu=
folge, die von Paul Wesenfeld in der „Gartenlaube“ be=
richtet wird. Es heißt darin: „Einen anderen Scherz er=
zählte der Fürst selbst: ‚Als ich in Dresden diente, hatte
ich eine Menge heiterer Kameraden. Dresden ist sehr schön,
und bot damals schon genug Amüsement; wie es aber in
der Jugend kommt, daß man zu allerlei pikanten Dingen
aufgelegt zu sein pflegt, so ging es auch uns. Nun hatten
wir Kenntniß davon erhalten, daß eine etwas herunterge=
kommene Schauspielertruppe auf einem Dorfe ein paar
Meilen ab gastirte. Wir ritten also eines Tages hinüber.
Da fanden wir denn ein so drolliges Völkchen beisammen,
dem es zwar nicht an gutem Willen, desto mehr aber an
Geld und ausreichenden Kräften gebrach, daß wir mit dem
Direktor einen förmlichen Pakt schlossen, hin und wieder
an gewissen Tagen und zur Aufführung gewisser drastischer
Stücke wiederzukommen, und auf der Bühne thätig mitzu=
wirken hätten. Das geschah auch einigemal. Ich vergesse
diese Stunden in meinem Leben nicht, wie wir inkognito
dort Schauerdramen aufgeführt haben, und dann nach einem
mit den gesammten Thespisjüngern eingenommenen Mahle
des Nachts im besten Frohsinn nach Dresden zurückgeritten
sind‘“.

In leichtsinnigem Uebermuth verschwendete Hermann die
Summen, die er von Hause erhielt, ohne Maß und ohne Ueber=
legung, und als diese nicht mehr ausreichten, machte er
Schulden auf Schulden, worin ihn seine gewissenlosen

Kameraden bestärkten, die ihm beständig vorredeten, sein
Vater sei der reichste Mann in Sachsen, und es sei unver=
antwortlich, daß er dem Sohne nicht reichlichere Mittel
gewähre. Der arme junge Graf gerieth hierauf natürlich
in die schlechtesten Hände. Die nichtswürdigsten Wucherer
mißbrauchten seine jugendliche Harmlosigkeit. Es waren
abgefeimte Subjekte unter diesen, die würdig gewesen wären,
in den Lustspielen von Molière und Goldoni eine Glanz=
rolle zu spielen. Obenan unter ihnen verdient der Uhr=
macher Müller genannt zu werden; um von diesem 100
Louisd'or baares Geld zu bekommen, mußte Pückler einen
elenden alten Wagen und dreißig silberne Uhren in den
Kauf nehmen, und dafür einen Wechsel von 3000 Thalern
unterschreiben. Ohne irgend solche unnütze Beilagen war
fast keine Anleihe möglich; solche bestanden gewöhnlich in
unbrauchbaren Pferden, schadhaften Wagen, einem unvoll=
ständigen Porcellanservice, Hunden u. s. w., die zu einem
zehnmal höheren Werthe berechnet wurden, als beim Wieder=
verkauf zu erlangen war. Zwei jämmerliche abgemagerte
Windhunde, deren ganzer Lebensberuf darin bestand, bei
solchen Anlässen von einer Hand in die andere zu gehen,
mußte Pückler auch einmal zu hohem Werthe annehmen.
Ein Leihbibliothekar verlangte für 163 Thaler Lesegeld!
Die unverschämtesten Forderungen bestürmten den jungen
Grafen.

Der alte Pückler wollte außer sich gerathen, als der
Schwarm dieser Gläubiger endlich bei ihm seine Ansprüche
anbrachte. Er klagte jämmerlich, wo er hinreise, müsse er
sich unter einem fremden Namen verbergen, um nicht von
den wüthenden Kreditoren des Sohnes angefallen zu werden,
und er dürfe nicht einmal wagen seine Töchter, wie sonst wohl,
zum Besuche nach Dresden zu geleiten, ohne sich dem bittersten
Verdruß und den übelsten Widrigkeiten auszusetzen.

Hermann seinerseits litt unterdessen nicht minder von diesen Verlegenheiten, und hatte den Tadel und die Vorwürfe des Vaters noch dazu. Und auch die Bewunderung, die er in seinem Kreise erregte, reichte nicht lange aus, um ihm Befriedigung mit seiner Lage zu gewähren. Er wurde des Treibens bald müde, und sein unruhiger Sinn, sein stets nach Höherem strebender Geist, verlangten nach neuen und gesteigerten Anregungen. Die ewige Plage der mahnenden Gläubiger, und noch mehr der ihm unerträgliche Kleinigkeitsgeist der damaligen sächsischen Stabsoffiziere, machten ihm Dresden vollends zuwider. Er suchte seinen Abschied nach, und erhielt ihn mit dem Grade eines Rittmeisters. Unverzüglich verließ er nun Dresden den 15. September 1804, und rief wie Diogenes, als er aus Synope vertrieben nach Athen ging, seinen theuren Landsleuten zu: „Ihr relegirt mich in die weite Welt, und ich relegire Euch in Eure Häuser!"

Länger ließ er sich nun nicht zurückhalten, und mit unerschütterlichem Eigenwillen faßte er den Entschluß, um jeden Preis weit fortzugehen, eine große Reise anzutreten.

Dritter Abschnitt.

Drohende Enterbung. Vorwürfe der Mutter. Scharfe Antwort darauf. Reise nach Wien. Dem jungen Grafen wird eine Hofmeisterstelle angetragen. Vorwürfe des Vaters. Der Sekretair Wolff. Widersacher, Weiber, Schulden!

Hermanns Vater ging unterdessen ernsthaft mit dem Gedanken um, seinen Sohn für einen Verschwender erklären zu lassen, und ihm die Herrschaft Muskau gar nicht, oder doch nur mit solchen Einschränkungen zu geben, daß er auch nach dem Tode seines Vaters nicht frei darüber verfügen könne; am besten, meinte er, wäre es, wenn Graf Hermann sich nicht in einigen Jahren ganz ändern sollte, die Erbfolge an dessen älteste Schwester Clementine übergehen zu lassen. Diese Pläne verhandelte der Graf gemeinschaftlich mit seiner geschiedenen Gemahlin, und es fehlte wenig, daß sie zur Ausführung kamen, wie der folgende Brief des Grafen Ludwig Erdmann Pückler an den Oberamtshauptmann * beweist, in welchem der Leichtsinn des Sohnes der schärfsten Beurtheilung unterzogen wird.

„Wir wünschten", schreibt er, „zu den Reces noch eine Akte hinzuzufügen, worinnen wir beide erklären, daß es unser Wille sei, unserem Sohn Hermann, wenn er fortfährt, ein Verschwender zu sein, wie er es bis jetzt gewesen, die Herrschaft Muskau nicht zu geben, oder doch wenigstens mit der Einschränkung, daß er nicht frei darüber disponiren

kann, ſondern daß ſolche nach meinem Tode von einem
aus dem Amte dazu zu Ernennenden oder von mir Er=
nannten bewirthſchaftet, und ihm nur der Ueberſchuß der
Revenüen gegeben würde, und ſo, daß er keine Schulden
auf die Herrſchaft machen kann, denn bekäme er jetzt die
Herrſchaft zu ſeiner Diſpoſition, ſo wäre er in Jahr und
Tag, und noch eher, damit fertig, beſonders, da die Herr=
ſchaft Muskau weit eher als eine andere Beſitzung ruinirt
werden kann. Holz iſt die Seele derſelben, dieſes iſt aber,
wenn man es recht wohlfeil weggeben will, leicht zu ver=
kaufen. Bei den jetzigen Geſinnungen meines Sohnes wäre
es gewiß, daß, wenn ein Jude mit 1000 Louisb'or käme,
er ihm den ganzen Wald zur freien Diſpoſition überließe,
und wäre dieſer ruinirt, ſo wäre auch die Herrſchaft auf
immer verloren, die Fabriken gingen ein, viele tauſend
Menſchen, die ohne den dabei vorkommenden Verdienſt
weder leben noch ihre Abgaben entrichten können, gingen
zu Grunde, und ſo ſtürzte ein mit ſo vieler Mühe und
Kummer erbautes Gebäude wieder zuſammen.

Es wäre doch traurig, wenn es Eltern nicht freiſtünde,
da ihr Sohn noch unmündig iſt, ihn, wenn er es ſo ſehr,
als hier der Fall iſt, verdient, das, was man ihm in der
Hoffnung, er würde ein vernünftiger Menſch werden, zu=
gedacht hat, wieder zu nehmen, oder doch wenigſtens ein=
zuſchränken, daß er es nicht muthwillig verthun kann. Denn
nicht allein nähmen wir den Kummer mit in die Erde, daß
unſer ſauer erworbenes Vermögen unter die Juden ver=
than würde, ſondern die Krebitoren, die ihr Geld uns an=
vertraut haben, wo es ſich auch ſo ſicher als in Abrahams
Schooß befindet — könnten durch einen plötzlichen Todes=
fall in Gefahr kommen, denn leider muß ich es ſagen,
mein Sohn erlaubt ſich alles, um Geld zu bekommen, er
hat nicht allein ſchöne Güter, die mir gehören, ſondern

auch einige, die mir nicht gehören, verpfändet; aus der Beilage ist zu ersehen, daß er zur Verbesserung seines im Kottbusser Kreise gelegenen Rittergute Haasow 500 Rthlr. aufgenommen hat. Diese Obligation ist in Dresden gerichtlich rekognoszirt, und das Gut gehört größtentheils einem Herrn von Schöneich, und ein Theil davon meinem Vater.

Als ich neulich nach Dresden fuhr, nahm ich von Dresden einen Lohnkutscher, ich gab mich für einen Herrn von Pannwitz aus dem Kottbussischen aus, da erzählte mir der Kerl, daß er auch auf einem Gut Kiekebusch im Kottbussischen 1000 Rthlr. stehen hätte, es gehöre einem Garde du Corps Lieutenant Graf Pückler. So sind alle meine Güter verpfändet. Er sagte zwar, das hätte nichts zu sagen, dergleichen Obligationen wären 8 bis 10,000 Rthlr. ausgestellt worden, (er wüßte es nicht gewiß), er hatte schon einem Kerle, ich glaube einem Gastwirth oder Weinhändler gegeben, der hatte versprochen, ihm Geld darauf zu schaffen, aber er habe nichts erhalten — Wechsel von 300 Rthlr. Mehrere Louisd'or sind auch in Umlauf. Die, sagte er, hatte er verspielt, nachher aber wieder gewonnen, und vergessen zurückzufordern — er hat mir selbst gestanden, daß, wenn man Leute seiner Art nur zum Spiele ließe, so wäre es so gut, als schenkte man es ihnen, denn er wäre ja nicht mündig, und dennoch hat er, wie aus beiliegendem Wechsel zu ersehen ist — auf seine Ehre versichert, daß er mündig sei — bei diesen Gesinnungen soll ich ihm unbedingt mein sauer erworbenes Vermögen überlassen, seine Mutter, die aus gutem Herzen die Herrschaft zu Gunsten ihrer Kinder abgetreten hat, soll riskiren, wenn ich eher als sie sterbe, ihre Leibrente zu verlieren, und auf ihre alten Tage Noth zu leiden, meine Töchter können gleichfalls ihr aus der Herrschaft zu erhaltendes Vermögen ver-

lieren, und das alles deswegen, weil wir es einem Sohn
zugedacht haben, von dem wir nicht voraussehen konnten,
daß er halb närrisch werden würde; ich dachte, das müßte
doch jetzt, da er noch nicht mündig ist, wenn wir beide
vereint darum bitten, geändert werden können.

Am besten wäre es, daß festgesetzt würde, wenn er sich
binnen sechs bis acht Jahren nicht ganz änderte, die Herrschaft an meine älteste Tochter, — die, wenn er sterben
sollte, ohnedem die Erbfolge hat — fiele, oder wenn er
solche bekommen muß, mit der oben angeführten Einschränkung. Wenn sich mein Sohn durch seine Aufführung der
Herrschaft verlustig machen sollte, und meine älteste Tochter
solche bekäme, muß sie ihm jährlich, so lange er lebt,
4000 Thlr. geben. Lieber wäre es mir aber doch, wenn
die Herrschaft beim Namen Pückler bleiben könnte, und ein
Administrator gesetzt würde, der solche verwaltete, und Hermann über nichts als über die Revenüen disponiren könnte.

Auf alle Fälle aber wollen wir nicht, daß der Kom-
missionsrath Hempel, der sich mit Hesse auch hereingemischt
hat, dabei was zu thun haben soll, dieser muß gänzlich
ausgeschlossen sein, das ist unser beiderseitiger Wille.

Und nun ersuchen wir Sie, theurer Freund unseres
Hauses, mit Zuziehung des Herrn Amtssekretairs Bernauer,
dessen Freundschaft ich mich auch schmeichle, etwas aufzu-
setzen, welches wir beide unterschreiben, und im Amte übergeben wollen, wodurch allen Uebeln vorgebeugt wird, und
wir ruhig leben und sterben können.

Mit dieser Sache muß freilich geeilt werden, weil mein
Sohn schon den 30. Oktober dieses Jahres mündig wird.

L. Graf Pückler.“

Aus diesem Briefe ersieht man, daß Graf Pückler keine
Ahnung hatte von dem, was noch einst aus seinem Sohne
werden würde, und daß dieser, anstatt „den ganzen Wald

für 1000 Louisd'or einem Juden zur freien Disposition zu überliefern," wie der Vater sich aristokratisch ausdrückte, den Wald liebevoll pflegen, und mit seinem Künstlergenie die ganze Herrschaft zu nie vorher gekannter Herrlichkeit und Schönheit erheben würde.

Während solche Gewitter über dem Haupte unseres armen Helden schwebten, machte ihm seine Mutter auch noch Vorwürfe, daß er den sächsischen Militairdienst verlassen, und nun ohne Amt und Stellung in der weiten Welt umherschweifen wolle. Von allen seinen Nächsten als ein ungerathener Sohn behandelt, mit Tadel und Anklagen überhäuft, fühlte er sich um so mehr gekränkt und verletzt, da das Bewußtsein seiner geistigen Kräfte und Begabung ihn die Fluth der Schmähungen, die er erlitt, als das größte Unrecht empfinden ließ. Deutlich spricht sich diese Stimmung in dem folgenden Briefe an seine Mutter aus, der ohne Datum ist, aber in jene Zeit fallen muß.

„Gnädigste Mutter!

Obgleich meine gnädige Mutter mich für einen Pfuscher in allen Dingen hält, so ist mir doch gerade Verstand noch genug geblieben, um durch ein solches Lob nicht eitel zu werden — übrigens muß ich der Wahrheit zu Ehren versichern, daß mein Dasein weder schrecklich noch unthätig ist, schrecklich sind mir aber langweilige Sentenzen, und unthätig möchte ich sein, wenn ich sie beantworten muß; dann bin ich auch zu beklagen, aber nicht beßwegen, weil ich weiter nichts als Titular-Rittmeister bin, ich sehe gar nicht ein, warum ich etwas mehr zu sein nöthig hätte, als Graf Pückler und ein ehrlicher Mann; nur die Leute, die in sich selbst gar nichts sind, glauben, daß Glück und Ehre bloß an fremden äußeren Titeln oder Aemtern hängt, der Weise erfüllt seine Pflicht als Mensch, und dankt Gott, wenn er nicht noch die Pflichten eines Amts auf sich zu

laden nöthig hat; er bescheidet sich gern des eiteln Wun=
sches, dem Menschengeschlecht nutzen zu wollen, weil er die
Schwäche seines Wesens kennt, das die Folgen keiner
Handlung, auch der besten, in seiner Gewalt hat; eine
höhere Macht regiert die Weltschicksale, und wir sollen
uns nur selbst zu regieren suchen; gelingt uns das, so
haben wir mehr gethan als Tausende, die sich für wichtig
halten, und nur lächerlich sind. Braucht jemand zu seiner
Zufriedenheit ein Amt, so bewerbe er sich darum, lebt
aber einer zufrieden ohne dasselbe, so lasse man ihn in
Ruhe, jeder muß am besten wissen, was ihm frommt;
müßig geht deswegen kein Mann von Geist, wer aber
glaubt, daß man ein Amt haben müsse, um beschäftigt
zu sein, der muß geglaubt haben, ohne vorher gedacht zu
haben.

Kann ich im Stande sein, der Frau von Bobenhausen
nützlich zu werden, so thue ich es gewiß, ich erinnere mich
ihrer noch mit vielem Vergnügen, und bedaure sehr ihre
unglückliche Lage; den Bedürftigen zu helfen, halte ich übri=
gens immer für mein Amt.

Ich habe mit der vollkommensten Hochachtung die Ehre
zu sein

meiner gnädigsten Mutter
unterthänigster Sohn
H. Graf von Pückler, Titular=Rittmeister.

Bei den meisten Menschen zeigen sich die Grundlinien
des Charakters und ihre Eigenart schon sehr früh. Auch
in diesem Jünglingsbriefe bekundet sich schon ganz die
geistige Unabhängigkeit und Eigenthümlichkeit, durch die sich
Pückler später auszeichnete.

Ueber so viele Widrigkeiten halfen ihm jedoch Jugend=
frische und Jugendmuth glücklich hinweg. Voll brennender
Reiselust, voll ungeduldigem Drang, die Welt kennen zu

lernen, Neues zu sehen, nahm er zuerst seinen Flug nach
Wien, wo er mit Glanz auftrat, und in der vornehmen
Gesellschaft als eine ausgezeichnete Erscheinung Aufsehen
erregte. Doch fehlte es ihm immer und immer an Geld,
da der Vater ihm bedeutende Abzüge machte, um die un-
geduldigsten unter den mahnenden Gläubigern zu bezahlen.

Da wurde ihm ein gar seltsamer Antrag gemacht!
Sollte man es glauben: ihm, dem Grafen Hermann, wurde
eine Hofmeisterstelle angeboten! Ihm, der sein Leben so
leichtsinnig, mit so rücksichtslosem Uebermuth begonnen, und
bisher durchaus nicht die Eigenschaften gezeigt hatte, die
man von einem weisen Mentor zu erwarten pflegt. Und
nicht etwa von einem Fremden, der ihn wenig oder gar
nicht kannte, kam ihm dieser Vorschlag, nein — von seiner
eigenen sorglosen Mutter, die ihm allen Ernstes anbot,
der Hofmeister seines Stiefbruders, ihres Sohnes Max
aus ihrer Ehe mit Graf von Seydewitz zu werden, nicht
nur dem Titel nach, sondern in Wahrheit, wofür sie ihn
kostenfrei bei sich aufnehmen wollte!

Er antwortete ihr darauf aus Wien den 6. Januar
1807 wie folgt:

        „Ma chère et digne Mère!

J'ai reçu votre aimable lettre du 23; comment
vous peindre tous les sensations diverses que j'ai
éprouvé en la lisant, plaisir, repentir, admiration,
amour, ont tour à tour agités mon coeur palpitant,
j'ai versé les larmes les plus douces, elles étaient
consacrées à la meilleure, à la plus aimable des
femmes. Dieu! quel avenir séduisant daignez vous
me faire entrevoir — je serai toujours avec celle
que je chéris beaucoup plus que moi-même, je pro-
fiterai de ses leçons, de son exemple, je jouirais
continnellement de son commerce agréable et je

deviendrai moi-même tous les jours meilleur en l'imitant — quel serait l'être assez misérable pour ne pas tréssaillir de joie à une pareille perspective. Oh! ma mère, si vous n'avez fait que vous jouer de moi, que Dieu vous le pardonne, vous aurez ajoutée aux malheurs d'un fils qui, croyez-le moi, est bien plus malheureux que coupable, et qui malgré tous ses défauts est encore digne de votre affection.

Vous m'observez que vous ne dépendez pas de vous-même, quelle est la dépendance qui pourrait vous empêcher de demander votre fils auprès de vous? Au reste, cela pourrait facilement s'arranger comme par hazard, et il vaudrait même mieux sous tous les rapports que ça se fisse ainsi; vous n'avez, ma chère mère, qu'à m'indiquer le jour où vous arriverez à Strasbourg (ou quel autre endroit que vous choisirez), je vous y joindrai, et nous aurons tout le temps nécessaire pour former un plan solide pour l'avenir — peut-être que je pourrais encore vous être bon à quelque chose, une voix secrète me dit que vous ne vous repentirez pas de m'avoir choisie pour votre chevalier. Quand à mon petit frère, je suis assez vain de croire que je ne lui serai pas un si mauvais gouverneur que vous le pensez; j'ai fait de tristes expériences, j'ai été jeté de bonne heure dans le monde, et je pourrai lui donner de bons conseils, ayant, quoique jeune, lu de vieux livres.

Si ma proposition vous plait, mandez-le moi an plutôt, mais surtout n'en faites rien transpirer avant le temps, j'ai des ennemis très-habiles, qui ont constamment les yeux attachés sur moi, et qui savent tourner toutes mes actions en mal, mon père avec plus d'esprit que tous ces coquins-là, n'en est pas moins leur dupe, étant lui-même de trop bonne fois pour soupçonner les autres, et avec une singulière méfiance de ses propres lumières, trop ami du repos pour approfondir des cabales, dont la découverte ne manquerait pas de le mettre dans une situation pénible; vous concevez que je dois user des plus grandes précautions pour faire tête à l'orage qui me ménace, et qui est prêt à fondre sur moi; je n'ai même que fort peu d'espérane de lui échapper, cependant je ne veux pas par une étourderie moi-même accélérer ma perte; au reste, tout ira comme il voudra, il me restera toujours la force de quitter la terre, si elle ne m'offre plus rien de désirable — vous! qui en faites un des principaux ornements, daignez me secourir de vos conseils, et laiasez-moi toujours trouver dans votre amour maternel une consolation contre les revers de la fortune.

J'attends avec crainte et impatience votre réponse, elle doit me rendre le plus heureux ou le plus malheureux des hommes. Salut et amitié à Max; le petit présent que je lui ai destiné, la poste de lettre n'ayant pas voulu le recevoir, arrivera avec la diligence. Je suis avec l'attachement et le respect le plus sincère, ma chère mère,

votre très-obéissant serviteur et fils

Hermann Pückler."

Graziös, artig, ja zärtlich! Aber doch mehr nur in der äußeren Form, als aus der Fülle des Herzens! Auch besaß Pückler viel zu viel Takt, um nicht das Bedenkliche und Unpassende dieses Vorschlages zu fühlen, und die falsche Stellung, in die er dadurch seinem Vater gegenüber auf der einen, und nicht minder auf der anderen Seite seiner Mutter selbst, seinem Stiefvater und auch seinem Stiefbruder gegenüber getreten wäre. Vielleicht zweifelte er auch an dem ernsten Willen seiner launenhaften, unzuverlässigen Mutter.

Nachdem bei Hermann der erste Zorn verraucht war, daß sein Vater ihn mit liebloser Strenge als ungerathenen Sohn behandelte, gewannen doch bald wieder Gutmüthigkeit und kindlicher Sinn bei ihm die Oberhand, und er schrieb herzlich an seinen Vater, und schickte ihm noch dazu eine Tabacksdose; dieser aber wollte den Ton der Vorwürfe und Klagen so bald nicht aufgeben, und schrieb ihm wie folgt; aus Muskau, den 14. Februar 1807:

„Lieber Hermann!

Ich danke Dir zwar recht sehr für die schöne Dose. Allein ich hätte lieber gewünscht, daß Du das Geld behalten hättest. Du wirst es brauchen, und ich bin an schlechte Sachen gewöhnt, meine Achtgroschendose thut mir die nämlichen Dienste, indessen verkenne ich Deine gute Absicht keineswegs, und danke Dir nochmals dafür. — Der Mann, der Dir gesagt hat, die Ober-Lausitz zahle keine Kontribution, ist schlecht unterrichtet gewesen, wir müssen 80,000 Rthlr. geben, auf den Görlitzer Kreis kommen 180,000 Rthlr. und von diesem Kreis macht die Herrschaft Muskau ein Drittel aus. Du kannst also denken, wie ich daran bin; mein bischen sauer erworbenes Vermögen ist dahin, und ich bin ärmer als ich war, da ich die Herrschaft übernahm. Dazu kommen nun noch die Folgen Deiner Ausschweifungen (ich will Dir keine Vorwürfe machen, denn es ist leider nicht mehr zu ändern), aber sagen muß ich es doch, denn diese Ausschweifungen fallen jetzt mit Centnerlast auf mich Unschuldigen. Ich erhalte die gröbsten Briefe von Deinen Schuldnern, die mir sagen und vorwerfen, ich gäbe Dir eine große Pension, und nähme daher Theil an Deinen Betrügereien u. s. w.

Hempel, der überall Komplimente gemacht und versichert hat, alles zu arrangiren, wird heruntergerissen wie ein Betteljunge, und darf sich eben so wenig wie ich mehr sehen lassen. Die Noth ist groß, die Leute sind daher ganz desperat, ich fürchte noch eine Inhibition zu bekommen, Dir nichts mehr zu schicken. Nun fangen auch die Kirsten'schen Obligationen an, in Umlauf zu kommen. Vor acht Tagen schrieb ein Advokat an mich, und bat mich, ihm 1000 Rthlr., die Du zur Verbesserung Deines Rittergutes Kiekebusch aufgenommen hättest, zu bezahlen, sonst müsse er bei der Regierung zu Küstrin einkommen, damit das Gut in Sequestration genommen würde: unglücklicherweise kommt dieser Brief meinem Vater in die Hände, Du kannst denken, wie böse er darüber ist. Und ich, der gegenwärtig ist, muß das Bad ausbaden. Täglich fürchte ich mich, daß ein ähnlicher Antrag wegen der Verbesserung, die Du in Haasow gemacht hast, ankommen wird; da wird ein Mordspektakel entstehen. Denn der größte Theil dieses Guts gehört dem Herrn von Schöning, welcher halb närrisch ist, und keine Raison annimmt, also Gott weiß was vornehmen wird. Hempel, der alles auf die leichte Achsel nimmt, wird nun selbst Angst dabei. Denn die Dokumente über die Güter sind alle in bester Form Rechtens ausgestellt, und auf gültige Dokumente kann ein Jeder Geld geben. Denn was hilft's, wenn man auch sagte, der p. L. Graf Pückler ist toll gewesen, als er sie ausgestellt, und der Kirsten ist ein Spitzbube, so antworten sie: der Rath zu Dresden, der die Dokumente rekognoszirte, hat davon nichts gemerkt, und ist Kirsten ein Spitzbube, so haltet euch an ihn, wir müssen aber unser Geld haben u. s. w. und gesetzt auch, wir könnten durch Advokatenkniffe die Sache abmachen, so ist doch der Name Pückler gebrandmarkt. Hempel ist wie ein Arzt, der dem Patienten seine wahre Krank-

heit verhehlt, und nur immer verspricht, seine Wunderpillen
würden ihn gewiß gesund machen, so lange bis alle Hülfe
verloren, und der Patient todt ist. Alle diese schönen
Sachen sind nun schon weltkundig geworden, und da man
glaubt, daß Du nach meinem Tode die Herrschaft Muskau
schlechterdings haben mußt, so ist der Kredit, ohne welchen
Muskau nicht bestehen kann — dahin! Aufgekündigt werden Kapitalien genug, aber borgen thut niemand nicht mehr
auf die Herrschaft, und wie kann man es auch jemanden
zumuthen. Denn sie denken: ein Mensch, der fremde Güter
dem ersten besten Schurken verschreibt, wie wird der es
erst mit seinen machen u. s. w. Daß Du Dich nun
besserst, das glaubt niemand, und ehe sie sich davon überzeugen, ist alles verloren. Ich bin in der schrecklichsten
Lage. Um mich zu retten, dürfte ich Dich nur für einen
Verschwender erklären lassen, wozu überflüssiger Stoff vorhanden ist. Auch hat man mir dazu gerathen. Allein,
wenn nur noch ein Funken Hoffnung, auf eine andere Art
hinauszukommen, vorhanden ist, — werde ich es nicht thun,
denn Du bist mein Kind, und ich liebe Dich herzlich, wie
meine anderen Kinder, bin auch überzeugt, daß Du es be-
reust, mich in dieses Elend versetzt zu haben. Es wäre
auch nicht so weit gekommen, wenn mich nicht der schreckliche Krieg um alle Ressourcen gebracht hätte. Etwas muß
aber gethan werden, um den Kredit wieder herzustellen. Ich
habe meinen alten Freund, den Steuersekretair Schubert,
der mir jetzt schon aus mancher Verlegenheit geholfen hat,
zu Rathe gezogen, er hat mir versprochen, darauf zu denken,
und dann mit Dir zu korrespondiren. Gott weiß, ich habe
nur für meine Kinder gelebt und gearbeitet: wenn aber
der Kredit der Herrschaft nicht wieder hergestellt und dadurch Deine Schulden getilgt und behandelt werden, kann
ich nicht mehr wirken. Wo ich hinreise, muß ich unter

frembem Namen reisen, sonst riskire ich überall von Deinen
wüthenden Gläubigern angefallen zu werden. Einem Mann,
der so wenig als ich dergleichen verdient hat, ist so etwas
doppelt empfindlich. Lebewohl!

Dein treuer Vater Pückler.

Schicke mir nur Deine Adresse, daß Dich die Briefe
sicher finden, weil ich mit verschiedenen Personen sprechen
und Dir den Erfolg melden will."

Heftig und aufbrausend, wie Hermann war, mag er
nun auch seinerseits scharf geantwortet haben, und das Verhältniß wurde dadurch keineswegs besser. Freundliche Stütze
und Anhalt fand er dagegen bei dem Sekretair seines
Vaters, Wolff, einem schlichten, einfachen Manne, durch
viele Jahre pflichttreuen Dienstes bewährt, und dem jungen
Grafen herzlich und aufrichtig zugethan. Wolff scheint in
der That der einzige in diesem ganzen Kreise gewesen zu
sein, der da, wo die Anderen nur Thorheit, Leichtsinn, Ge-
wissenlosigkeit und was noch sonst alles sehen wollten, ein
edles liebenswürdiges Gemüth, einen nach Höherem streben-
den Sinn und ein ausgezeichnetes Naturell erkannte. So
ließ denn auch Wolff keine Gelegenheit unbenutzt, bei dem
alten Grafen Fürsprache für den Sohn zu thun, und nach
besten Kräften für ihn zu wirken. Pückler seinerseits bewies ihm dafür die zärtlichste Dankbarkeit, die seinem
Charakter eigen war, denn man darf wohl behaupten, daß
er in seinem langen Leben in seinen unzähligen Menschen-
beziehungen nie eine ihm erwiesene Güte und anhängliche
Gesinnung unerwiedert gelassen.

Wenn er von niemand sonst aus Muskau Nachricht
erhielt, so schrieb ihm doch stets getreulich der alte Wolff,
und gab ihm Nachricht von allem, was er zu wissen verlangte. Hermann, von dem eine Reihe Briefe an seinen
väterlichen Freund aufbewahrt sind, zeigt sich darin voll

natürlicher Offenheit und jugendlicher Wärme. Er schrieb
ihm den 11. Juli 1807 aus Wien:

„Mein lieber, guter Wolff!

So viele bestürmende Gefühle haben mich bei Lesung
Ihres Briefes ergriffen, daß ich kaum weiß, womit ich
meine Antwort anfangen soll. Wie konnte ich so lange es
vernachlässigen, die Freundschaft des braven Mannes zu
suchen, der vielleicht der Einzige in meiner Vaterstadt ist,
der mit aufrichtiger Anhänglichkeit meiner gedenkt? Ja,
lieber Wolff, alter Freund meines zu früh verstorbenen
Großvaters, seien Sie auch der meinige, von nun an lege
ich mein Wohl in Ihre Hände; vertreten Sie mich bei
meinem Vater, an dessen Liebe ich noch nicht ganz zweifle,
da er Sie gewählt hat, mir den Verlust derselben anzukündigen. Gott weiß es, mir ist es unerklärbar, was
meinen Vater zu solchen Maßregeln hat bewegen können, meine Aufführung in Wien ist von der Art gewesen,
daß ich mir eher hätte Vermehrung als den Verlust seiner
Zuneigung davon erwarten können; ohne die geringste neue
Schuld zu kontrahiren, habe ich vielmehr von den erhalte-
nen 3000 Rthlrn. alte Wechsel von ohngefähr 500 und
etlichen 20 Louisd'or eingekauft, um meinem Vater dadurch
eine Freude zu machen. Der einzige Grund seines Zorns
liegt in einem übereilten Briefe, den ich ihm neulich in
einer der unangenehmsten Stimmungen meines Lebens
schrieb, und dessen ich mich leider gar nicht mehr erinnere.
Freilich müssen zu harte Ausdrücke mir in demselben entflohen sein, da er meinen Vater so aufgebracht hat, aber
er sollte mich doch besser kennen, er sollte wissen, wie wenig
böse eine Sache gemeint ist, die ich im Augenblick der
Leidenschaft sage, und wie wenig sie oft mit meiner wirklichen Denkungsart übereinstimmt. Ich bin, Gott ist mein
Zeuge, wohl unglücklich und bitter gestimmt, aber wahrlich

nicht böse! Keinem Menschen will ich übel, und treffe doch
nur überall auf Leute, die mich verkennen und meinen un=
überlegten aufbrausenden Leichtsinn für Charakterverderbt=
heit halten. Sie können denken, lieber Wolff, wie schreck=
lich mir das jetzt obwaltende Verhältniß mit meinem Vater
sein muß, die gänzliche Entziehung aller Unterstützung wäre
mir weniger schmerzhaft gewesen — nie hätte ich geglaubt,
daß ein Vater seinem Sohn so leicht entsagen könne, und
in welcher Periode? Gerade da, wo er sich zu bessern, seine
gemachten Fehler wieder gut zu machen anfängt, aus dem
einzigen Grunde eines übereilten Briefes, der wohl Strafe,
aber doch keine ewige Trennung verdient.

Können Sie, guter Wolff, des Vaters Herz mir wieder
zuwenden, so seien Sie überzeugt, daß Sie mir nie einen
größeren Dienst erweisen könnten, daß ich bis an den Tod
mich nennen würde Ihren dankbarsten und treuesten Freund

Hermann Pückler.

Ein andermal, lieber Wolff, von Geschäften — in
meiner jetzigen Stimmung ist es mir unmöglich. Antwor=
ten Sie mir bald, und leben Sie wohl mit Ihrer ganzen
liebenswürdigen Familie, der ich mich empfehle, so wie dem
Hofrath Röde und seinem Sohne.

Seit jenem unglücklichen Brief, der mir meines Vaters
Haß zugezogen hat, habe ich sechs andere geschrieben, in
welchen zwei neuerlich eingelöste Wechsel beigefügt waren,
auf die ich alle keine Antwort erhalten habe. Erkundigen
Sie sich doch, lieber Wolff, ob mein Vater sie wirklich
alle erhalten hat? Beiliegenden Brief an ihn bitte
ich ja selbst zu übergeben. Was die Ressource=Weinrech=
nung betrifft, so bitten Sie meinen Vater, sie mir beim
nächsten Quartal abzuziehen, für die Bezahlung des Kochs,
der noch etwas warten kann, will ich bis dahin zu sorgen
suchen, denn wenn mir auf einmal alle beiden Schulden

abgezogen werden, so bleibt mir selbst ja gar nichts zu leben."

Wolff war Pückler's Vertrauter bei seinen ewigen Geld=verlegenheiten und anderen Verwicklungen, an denen es in seiner Jugend nicht fehlte, auf die der Goethe'sche Vers:

„Widersacher, Weiber, Schulden,
Ach! kein Ritter wird sie los!"

als passendstes Motto seine volle Anwendung fand.

Die letzteren ließen ihm auch in Wien keine Ruhe, und er schrieb, er müsse bald von dort abreisen, da er wegen Klagen seiner Gläubiger nicht sicher sei. Er bereue auf=richtig, versicherte er, diese Schulden in seiner jugendlichen Unerfahrenheit gemacht zu haben; doch sei er nun radikal von diesem Fehler geheilt, denn wie ein französisches Sprich=wort sage: je später der Wein ausbraust, je besser. Er macht die besten Versprechungen, und meint, wenn sein Vater ihm in's Herz sehen könnte, er würde nicht mehr so argwöhnisch gegen ihn sein.

Vierter Abschnitt.

Bevorstehender Zweikampf. Abreise von Wien. München. Ungeduldiges Abwarten. Veranlassung der Forderung. Graf Colloredo. Ein neuer Lebensplan. Der Vater bringt auf Rückkehr, und klagt entsetzlich. Neue Vorschläge des Sohnes.

Eines Tages — es war im Herbst 1807 — versetzte Hermann den alten Wolff in nicht geringen Schrecken durch einen Brief, in welchem er damit begann, daß er seinen Schwestern drei Pfund Chokolade schicke, und dann kaltblütig hinzusetzte, er reise in einer Stunde von Wien ab, nach der bairischen Gränze, um sich auf Pistolen zu schießen. Sein Vater dürfe aber davon nichts wissen, denn laufe das Duell gut ab, so sei es unnöthig gewesen, ihn in Angst zu setzen, und werde er todt geschossen, so erfahre man es ohnehin. Nur Geld solle Wolff ihm so rasch wie möglich schicken — dieser besorgte immer die Geldsendungen des alten Grafen an seinen Sohn — damit er nicht vielleicht etwa in Baiern verwundet ohne Mittel liegen bleiben müsse. Uebrigens versichere er ihn zu seiner Beruhigung, daß man diesmal mit Gewalt Händel mit ihm gesucht habe, und daß ein so ernster Zweikampf nicht zu vermeiden sei, ohne die Ehre zu verletzen.

Hermann verließ Wien den 15. September 1807, gerade an demselben Datum, an welchem er drei Jahre zuvor von Dresden abreiste. In München angelangt, wartete er

voll Ungeduld auf eine Entscheidung, die sich jedoch ver=
zögerte.

„Bester Wolff," schrieb er aus München den 14. Okt.
1807, „Ihr Brief freut mich sehr, denn ich glaubte schon,
Sie wären krank oder mein Vater wäre wieder böse auf
mich, und hätte Ihnen gar verboten, an mich zu schreiben;
wenn mein Vater wüßte, wie so sehr viel Gewicht für mich
seine Stimmung hat, und wie schmerzlich es mir ist, in einem
so wenig häuslichen, kindlichen Verhältniß mit ihm zu stehen,
er würde mich wohl liebe= und vertrauensvoller behandeln.

Mein Duell ist noch immer nicht sicher bestimmt, wird
es aber, hoffe ich, in diesen Tagen werden. Zu Ihrer
Beruhigung kann ich Ihnen auf Ehre versichern, daß ich
diesmal ganz unschuldig dazu gekommen bin, und meine Ehre
schlechterdings es unumgänglich macht. Der Antheil, den
Sie an mir nehmen, rührt mich sehr, und ich bitte Sie,
meinen aufrichtigen Dank dafür gütig aufzunehmen.

Noch um Eins muß ich Sie bitten, lieber Freund, lassen
Sie in Ihren Briefen die Titulaturen weg, nennen Sie
mich, wenn einmal ein Titel sein muß, lieber Graf, und
nichts mehr; ich werde es als einen Beweis Ihrer Freund=
schaft ansehen, wenn Sie mein Gesuch erfüllen, denn ich
hasse die Ceremonien, wo sie unnöthig sind, und mache in
jedem Verhältnisse gern der Etiquette ein X für ein U.

Meinem guten Freund und Lehrer, dem würdigen Hof=
rath Röde, empfehlen Sie mich auf's angelegentlichste, und
behalten Sie in gütigem Andenken

Ihren ehrlichen Freund Pückler."

Nach vier Wochen vergeblichen Harrens steigerte sich
Hermanns Unmuth. „Ich kann Ihnen versichern," schrieb
er an Wolff aus München den 15. November 1807, „daß
ich meines Lebens so überdrüssig zu werden anfange, daß
ich den segnen will, der mir auf eine gute Art davon hilft;

ich habe nichts mehr wie Verdruß und Aerger, und auch
Mangel — denn die fatale Affaire, die sich immer noch in
die Länge zieht, hat mir schon so viel Hin= und Herreisen
und Kosten verursacht, die mich (da ich von Hrn. v. Goetz
die baar vorgeschossenen 500 Thaler nicht bekomme) jetzt
schon so ziemlich auf's Trockne gebracht haben."

Den Anlaß zum Duell lassen wir Hermann mit seinen
eigenen Worten berichten, wie er ihn Wolff später mittheilt,
mit dem Auftrag, ihn auch seinem Vater bekannt zu machen.

"Bei einem Duell vor mehreren Monaten in Wien,"
schreibt er aus München den 30. Dez. 1807, "sekundirte
meinen Gegner der Graf von Colloredo, Sohn des Reichs=
kanzlers Fürst Colloredo, ein roher, sehr rüder, aber sehr
reicher junger Mensch. Durch sein und meines Sekundanten
Zureden wurde unser Streit friedlich beigelegt, und da mein
Gegner Geschäfte halber sogleich Wien verlassen mußte, so
bat er mich, ihm wo möglich zu folgen. Es war damals
gerade um die Zeit meines Quartals, und da ich kein Hin=
derniß sah, überdies selbst gern Wien verlassen wollte, ver=
sprach ich es ihm; unglücklicherweise kam mein Geld z w e i
M o n a t später an, als ich es erwartet hatte, und ich konnte
mein Versprechen nicht halten. Einige Zeit darauf begegne
ich dem Grafen Colloredo an einem öffentlichen Ort; er
fängt ohne die geringste Veranlassung Streit mit mir an,
vergißt sich so weit, mich öffentlich zu schimpfen, und endigt
damit, zu sagen, ich sei ein Schurke, der sein Wort gebrochen
habe, binnen 24 Stunden Wien zu verlassen, wie ich ihm
mein Ehrenwort gegeben hätte. Ich gestehe, daß eine so
infame Lüge und ähnliche Beschimpfungen vor vielen Zeugen
mich so erschütterte, daß ich fast die Besinnung verlor;
allein, ohne nur einen Stock bei mir zu haben, gegen ihn
mit zwei Freunden eine Prügelei anzufangen, war unmöglich;
ich antwortete also blos mit ähnlichen Benennungen, und

ging fort. Den anderen Tag ließ ich ihn durch den Prinzen von Hessen-Homburg um Satisfaktion ersuchen. Er antwortete diesem, er könne sie mir nicht geben, bevor ich nicht mich mit dem alten Gegner geschlagen habe, der ihm überdies geschrieben, daß, obgleich er sich mit mir versöhnt habe, er doch unseren Streit noch nicht als ausgemacht ansähe; überdies wiederholte er, was er schon gestern vorgebracht hatte und machte eine niederträchtige Erzählung von meinem über alle Begriffe feigen Betragen auf dem Platz, und wie ich beinahe fußfällig meinen Gegner um Vergebung gebeten hätte, nur um vom Duell loszukommen. Alles dieses suchte er noch denselben Tag durch seine Freunde in ganz Wien auszubreiten.

Es blieb mir nun nichts übrig, als ihn zu prügeln; ich suchte ihn einige Tage vergebens, bis ich hörte, er reiste ab; ganz allein warf ich mich auf ein Miethpferd (denn kein Wiener hätte gewagt, mich gegen einen Grafen Colloredo, der vornehmsten Familie in Wien, zu begleiten), ritt ihm nach, und holte ihn in der Wiener Vorstadt Mariahilf noch ein, wo er mit zwei Freunden in seinem Wagen sehr schnell davonfuhr. Ich ritt heran, rief ihm zu, ob er vielleicht abreise, ohne mir Genugthuung geben zu wollen, und da er dies mit höhnischer Miene bejahte, hieb ich ihn mit der Reitpeitsche aus Kräften über den Buckel. Er ließ halten, schimpfte und fluchte nebst seinen Freunden (wovon einer der sächsische Graf von Loeben war, der in österreichischen Diensten und eine Kreatur des Grafen Colloredo ist, der ihm oft Geld und zu essen giebt), da er mir aber nichts anhaben konnte, fuhr er fort. Ich mußte nun abreisen, theils der Folgen wegen, theils um den Prinzen L., meinen alten Gegner, aufzusuchen, um mit ihm meine alte Sache auszumachen, die er, wie der Graf Colloredo behauptet hatte, als nicht beendigt ansähe; ich hörte, er sei in Stuttgart.

Nachdem ich meinen Kammerdiener verabschiedet hatte, reiste
ich (auf meine Ehre!) mit der ordinairen Post ganz allein
mit 80 Dukaten, die mir der Sekretair vorschoß, denn ich
hatte nichts, bis Braunau, von wo ich äußerst ermüdet
Extrapost nahm, und meinen Weg nach Stuttgart fortsetzte.
Einige Stationen vor dieser Stadt begegnete mir ein bai-
rischer Offizier, der nach seiner Garnison Augsburg zurück-
reiste, von dem ich höre, daß der Prinz L. dort und von
Stuttgart zurück ist. Ich kehrte also wieder mit ihm um,
und erhielt in Augsburg vom Prinzen, der von allen Lügen
des Grafen Colloredo nichts wußte, eine schriftliche Erklärung, die dem Grafen das Dementi gab, jedoch wurde
sie so gestellt, daß der Prinz den Grafen Colloredo nicht
namentlich angriff, weil er ihm 4000 Florin schuldig, und
in Furcht ist, daß aus Rache der Graf Colloredo an seinen
Vater schreiben möchte, mit dem er ohnehin schon in keinem
guten Vernehmen steht. Nun ging ich nach München, mit
nun noch weniger Dukaten; zum Glück kannte die Wirthin
im Adler meine Mutter, und gab mir Kredit. Da ich nicht
wußte, daß meine Reisen ihrem Ende so nahe wären, so
nahm ich wieder den Bedienten an, ließ mich bei Hof vorstellen, und in alle Gesellschaft einführen, und hoffte nach
der Erklärung des Prinzen L., die ich nach Wien geschickt
hatte, würde der Graf Colloredo mir bald Ort und Zeit
unseres Duells bestimmen. Aber seit beinahe vier Monaten,
die ich hier zubringe, habe ich nichts von ihm erfahren
können, bis ich vorgestern den infamen Brief voll Schimpfwörter und Betheurungen, es möchte gehen wie es wolle,
er schlüge sich nicht mit mir, erhielt. Ich lasse daher jetzt
die ganze Geschichte zu Rechtfertigung meiner Ehre, und
Widerlegung aller der Verläumdungen, die über mich durch
den Grafen Colloredo und Konsorten in Wien ausgebreitet
worden sind, in die Frankfurter Zeitung setzen, wovon ich

Ihnen einige Exemplare zuschicken werde, aus welcher Sie
die ganze Sache weitläufig lesen können. Sie werden ein=
sehen, daß ich jetzt unumgänglich abwarten muß, was der
Graf Colloredo auf meine Erklärung in den Zeitungen ant=
worten wird, worauf ich wieder (jedoch dann zum letzten=
mal) antworten muß, wenn er darauf beharrt, sich nicht
zu schlagen. Aus obiger Erzählung wird es sowohl Ihnen
als meinem Vater, dem ich den ganzen Brief mitzutheilen
bitte, einleuchten, daß ich an dieser Geschichte völlig un=
schuldig bin, und daß ich der elendeste, feigste Schuft sein
müßte, wenn ich ruhig dabei geblieben wäre, und daß meine
Ehre und Namen unumgänglich fordert, daß ich sie so
öffentlich als möglich mache, und bis an's Ende verfolge,
es mag daraus werden was wolle; meine Erklärung in den
Zeitungen wird allerdings das äußerste Aufsehen machen,
sie ist aber sowohl nach meinem als nach dem Urtheil
Aller nothwendig.“

Unterdessen reifte in Pückler's Phantasie ein abentheuer=
licher Plan. Er war es müde, seinen Lebensunterhalt von
dem stets klagenden Vater zu erhalten, der diesem schon
viel zu viel dünkte, und mit dem der vornehme, elegante
Kavalier doch nicht einmal auszukommen wußte. Unter
4000 Thalern jährlich, behauptete Hermann, könne er seinem
Stande angemessen in der Fremde nicht leben; nun aber
wollte er versuchen, unter fremdem Namen sich in der Welt
einige Jahre durchzubringen, wozu ihm ein sehr geringer
Zuschuß seines Vaters genügen sollte; 1200 Thaler jährlich,
meint er, würden hinlänglich sein, und dieses Dasein wolle
er fortsetzen, bis seine Schulden getilgt wären. Ohnehin
sei es ganz unnöthig, daß er zum Arrangement seiner
Schulden nach Muskau zurückkehre, da sein Vater allein die
geldgierigen Wucherer weit besser abfinden könne, als wenn
er selbst gegenwärtig sei. Auch könne man nicht wissen,

meint er, welches Glück sich ihm unverhofft in der Welt
darböte; „der Gedanke, vielleicht einmal unvermuthet meine
eigene Lage verbessern zu können," schreibt er an Wolff,
„macht mich heiterer, als ich wahrlich seit langer Zeit gewesen bin, denn ich gestehe es Ihnen aufrichtig, bis jetzt
bin ich wahrlich, ungeachtet des äußeren Scheins, meines
Lebens noch wenig froh geworden, und habe oft den Tagelöhner um seinen frohen Muth beneidet — so gewiß ist es,
daß äußere Güter nur dann zum Glück des Menschen beitragen können, wenn man zu ihrem weisen Gebrauch vorbereitet worden ist."

Der alte Graf nahm die romantischen Vorschläge des
Sohnes sehr wenig liebenswürdig auf; er glaubte nicht an
den glänzenden Erfolg dieses kühnen Glücksritterthums und
an die schönen Gaben Fortuna's, die auch ihm daraus er-
blühen sollten. Diesen unsicheren Träumen gegenüber sah
er als nackte Wirklichkeit die Gläubiger von nah und fern,
die sich persönlich und schriftlich in Muskau meldeten, um
ihre Rechte geltend zu machen. Er verlangte daher, sein
Sohn solle ohne Verzug nach Muskau kommen, mit den
Kreditoren einen Vergleich treffen, und mit 1000 Thalern
jährlichem Taschengeld dort ruhig und eingezogen leben, bis
alle Schulden getilgt worden. Zugleich klagt der Vater gegen
Wolff, damit dieser es dem Sohn berichte, er selbst sei in
der drückendsten Verlegenheit, alle Zweige der Einnahmen
seien verstopft, die Hämmer wegen Mangel an Absatz in
einem Rückstande von 8000 Thalern, die Holzhändler, die
nach langverflossenen Terminen schuldig, könnten nicht zahlen,
der Alaundebit sei unterbrochen, der Fischpächter, der seine
Pacht zu entrichten habe, beweise die Unmöglichkeit der
Zahlung in dem noch völligen Bestand seiner Fischerei, und
die Unterthanen blieben mit ihren Abgaben zurück. Er habe
Anleihen negociirt zu ansehnlichen Summen, und anstatt

des erwarteten Geldes erfolgten Unmöglichkeitsbeweise. Kurz, alles stocke in diesen drangvollen Tagen, und doch müßten die Zinsen und der letzte Theil der Kriegskontribution pünkt= lich entrichtet, und die nöthigen Bedürfnisse der Herrschaft bestritten werden.

Hermann war der Gedanke an eine Rückkehr unter den gegebenen Verhältnissen geradezu entsetzlich, die er als die traurigste Gefangenschaft fürchtete, und die auch Wolff nicht umhin konnte, als eine solche zu betrachten. Wenn seinem Vater in seinen jetzigen traurigen Umständen, schrieb er, 1200 Thaler jährlich ihm zu geben, zu viel dünkten, so wolle er sich auch mit 1200 Gulden, und wenn es durch= aus nicht anders sein könne, auch mit noch weniger begnügen, und ihm mit keiner Bitte mehr jemals beschwerlich fallen, „nur mit dem Zuhausekommen soll er mich verschonen; könnte meine Gegenwart meinem Vater etwas nützen, oder ihn nur amüsiren, ich würde alle anderen Rücksichten fahren lassen, aber ich bin vom Gegentheil überzeugt. Er ist traurig und mißvergnügt, ich müßte mir den schrecklichsten Zwang an= thun, wenn ich vergnügt scheinen wollte, die geringste kleine Unüberlegtheit oder ein scherzhaftes Wort, was den Stempel auch der unschuldigsten Satyre trüge, und das mir leicht einmal entwischen könnte, würde ihn aufbringen, und da seiner Geschäfte wegen er meine Gesellschaft außer bei Tische nur überlästig finden würde, so müßte ich die übrige Zeit wie bei meinem letzten Aufenthalt in Muskau, wo mir sogar aller Bitten ungeachtet der Gebrauch der Bibliothek versagt war, vor Langerweile unsinnig werden; jeder Brief eines Schuldners brächte mir neue Qual, täglich müßte ich meine Existenz auf dem mir verhaßten Amthause verwün= schen, und würde nur die wenigen freien Augenblicke haben, wo ich von meinem wahrhaft geliebten Vater einmal in guter Laune freundschaftlich und mit Vertrauen behandelt

würde. 1200 Gulden jährlich können doch meinen Vater
nicht inkommodiren, und der Vogel hungert ja lieber, als
daß er sich im Käficht satt frißt. Leben Sie wohl.

Ihr betrübter Freund H. P."

Er wollte seinen Willen durchsetzen, und er setzte ihn
durch. Sein Vater versprach endlich die 1200 Thaler jähr=
lich, wobei Wolff's Vermittlung wesentlich einwirkte.

Fünfter Abschnitt.

Abreise. Sekretair Hermann. Ausflug in die weite Welt. Ulm. In der Pfauengasse beim Kartenmacher. Der junge Reichsgraf putzt sich selbst die Stiefel. Ernst und Zurückgezogenheit. Geldmangel. Einladung der Mutter; ihre Pläne. Bittere Antwort. Die Colloredo'sche Sache.

Der neue Lebensabschnitt, den Hermann nun begann, hatte trotz seiner Beschwerden und Entbehrungen doch etwas ungemein Reizendes für ihn. Die Lust an romantischen Ereignissen, der Drang nach Abentheuern und Schicksalen, die überhaupt der Jugend eigen zu sein pflegen, waren in ihm besonders stark, und er durfte um so mehr ihre Befriedigung hoffen, wenn er eine bescheidene Verkleidung annahm, sich einfach Sekretair Hermann oder Herr Pückler nannte, in Mansarden wohnte, und mit dem selbstgetragenen Bündel beschwerliche Strecken zu Fuß zurücklegte, und dadurch auch Lebenssphären und Verhältnisse kennen lernte, in die er sonst, seiner gesellschaftlichen Stellung nach, nicht eingedrungen wäre. So ließen ihn frisches Leben auf der einen, Unabhängigkeitsgefühl und Trotz gegen seine Familie auf der anderen Seite, seinen kühnen Vorsatz mit leidenschaftlicher Heftigkeit zur Ausführung bringen.

Da Graf Colloredo sich einmal durchaus nicht schlagen wollte, trotz der Behandlung, die er von Hermann erfahren hatte, so entschloß dieser sich denn endlich, den 16. Januar

1808, dem zwecklosen Warten ein Ende zu machen, und München zu verlassen. Er hatte nur 50 Dukaten in der Tasche, die ihm nach Berichtigung seiner Ausgaben und dortigen Schulden übrig geblieben waren. Und dabei hatte er alle Werthgegenstände, die er besaß, seine goldene Uhr mit Petschaften, seinen Galanteriedegen, seine Pistolen, sein schönes goldenes Achselband, eine Kassette mit wohlriechenden Essenzen, Pulvern und Pomaden, und eine Pariser Tasse nebst Reiseetui zu Gelde gemacht. Und nach all den Opfern doch nur 50 Dukaten!

Auf der ersten Hauptstation verabschiedete der junge Reichsgraf die Extrapost, in der er abgefahren, sowie seinen Bedienten, um, wie er mit edlem Selbstgefühl seinem Vater schrieb, „meine Reise in dem mir wirklich angeborenen Stande, dem eines einfachen Menschen, ohne erborgten fremden Prunk, frei und all das meinige mit mir tragend", fortzusetzen! „Deine Güte," setzt er hinzu, „schützt mich reichlich gegen allen wahren Mangel, und wenn meine un= angenehme Geschichte mit dem Grafen Colloredo beendigt wäre, so würde ich mich nie glücklicher und zufriedener ge= schätzt haben. In meinem nächsten Briefe werde ich Dir meine neue Adresse, und den einstweiligen Ort meines Auf= enthalts, bis obige Unannehmlichkeit vorbei ist, melden. Vielleicht setzt das launenhafte Glück mich einmal in den Stand, lieber Vater, die Fehler meiner Jugend wieder gegen Dich gutzumachen, auf jeden Fall kannst Du sicher darauf rechnen, daß Deine Ruhe nie mehr gestört werden soll, und kein Verdruß Dir verursacht durch Deinen Dich innig liebenden Sohn H. Pückler." In der Nachschrift sagt er: „Noch ein Wort kann ich mich nicht enthalten zu sagen. Du schreibst, lieber Vater, daß Du mich für einen schlech= ten Menschen halten müßtest, wenn Du mich nicht noch mit Leichtsinn entschuldigen wolltest, weil ich mich wundere,

daß Du so böse auf mich bist. Ich gestehe, daß dieser
harte Ausdruck mir in meiner jetzigen Lage Thränen aus-
gepreßt hat; ich glaubte, da ich einmal Deine Verzeihung
erhalten und keinen neuen Anlaß gegeben hatte, auf mich
böse zu sein, daß die Folgen des alten Fehlers mir nicht
Dein Herz von neuem abwendig machen könnten, wenn sie
Dir auch leider Verdruß machten. In dieser Voraussetzung
schrieb ich so an Hempel'n, wie ich geschrieben habe, und
meinte es nicht übel."

Auch dem alten Wolff dankte Hermann gerührt für seine
ihm bewiesene Anhänglichkeit. „Auch Ihnen bin ich viel Dank
schuldig," schreibt er ihm den 15. Januar 1808 aus München
vor der Abreise, „für die Freundschaft, mit der Sie sich
für mich interessiren, und mir ein so treuer Fürsprecher bei
meinem Vater sind; die Güte, mit der Sie mich an die
Erhaltung meiner Gesundheit erinnern, ist mir theurer als
ihr Gegenstand; über fünfzig Jahr sind wir doch alle todt,
was kann ein Unterschied von so wenigen Jahren für einen
Werth für den denkenden Menschen haben; das Leben ist
ein Augenblick, der Tod ist auch nur einer, sagt Schiller;
ich fühle ganz die Wahrheit dieses Wortes."

Ein Brief von Püdler aus jener selben Zeit an den
Prediger Brescius in Muskau ist hier noch nachzutragen,
da er nach anderer Richtung hin Hermanns damalige Stimmung bezeichnend schildert. Er lautet:

„München, Mitte Januar 1808.

Lieber Brescius!

Ein Brief von mir wird Ihnen unerwartet kommen,
sein Inhalt wird es vielleicht noch mehr, aber Sie verstehen
mich allein. Sie waren zum Theil der Lehrer meiner Jugend,
und ich fühle das Bedürfniß der Mittheilung gegen einen
Mann, den ich schätze. Eine Veränderung ist mit mir vorgegangen, die, obgleich ich sie wohl begreife, doch so plötzlich

mich wie Zauber überrascht hat. Der charakterlose, dem
schwankenden, von jedem Hauch bewegten Rohre gleiche
Jüngling ist in einem Augenblicke zum Manne geworden.
Eine heitre, nie gefühlte Ruhe erfüllt meine Brust, und mit
Bedauern übersehe ich die vergangene nichtige Zeit. Wohl
immer seit ich denken lernte, fühlte ich unbestimmt, daß mir
etwas fehlte, was keine sinnliche Freude mir ersetzen konnte;
oft in stiller Einsamkeit vertieften sich meine Gedanken über
das Räthselhafte unserer Existenz, über den Zweck der Welt
und über die ewige Nacht, in der wir endlos tappen.
Schrecklich schienen mir Lessing's Worte:

> Der Mensch, wo ist er her,
> Zu schlecht für einen Gott, zu gut für's Ohngefähr?

Auf einem solchen einsamen Spaziergange war es, wo, voll
düsteren Sinnens in dem Anblicke der untergehenden Sonne
verloren, es plötzlich wie ein Schleier von meinen Augen
gezogen wurde, und wie von der Wahrheit selbst mir auf-
gedeckt, fühlte ich auf einmal im Innersten der Seele in
seiner ganzen Kraft, was meinem Ohr bisher nur Schall
gewesen war; zwei Pflichten giebt es nur für den denkenden
Geist:

> Verehrung dem unendlichen, dem unfaßlichen Wesen, das aus
> der flammenden Sonne wie aus dem Sandkorne zu uns spricht;

> Wohlwollen gegen alle unsere Mitgeschöpfe, das große Wort
> Humanität.

Worte, wie einfach, und doch wie tiefen Sinnes! wie oft
hört' ich euch, ohne euch zu verstehen. Wohl ist es wahr,
was Schiller sagt:

> Die Tugend, sie ist kein leerer Schall.

Ich fühle es, man kann sie lieben um ihrer selbst willen,
unbekümmert, ob das sich bewußte Leben auch noch über das
Grab hinausreichen wird. Es liegt ein natürliches Bedürfniß in uns, ein bestimmtes Bewußtwerden unserer Pflicht,

selbst zu erringen, und eher können wir unmöglich ganz ruhig werden. Drum denke jeder nach, und sinne und erwäge; wahrlich, wird einst die Welt nur aus solchen Menschen bestehen, denen die göttliche Fackel der Philosophie leuchtet, das Menschengeschlecht wird glücklicher dadurch werden, als alle Religionen von Confuzius bis auf Mahomet es haben machen können.

Leben Sie wohl, und antworten Sie mir nicht als Prediger einer Sekte, sondern als Mensch und als Freund.

H. Pückler."

Hermann bat den treuen Wolff, daß er seinen Vater veranlasse, ihm in Dresden einen Kabinetspaß ausfertigen zu lassen für einen Herrn Hermann nach Baiern und Frankreich, vom bairischen und französischen Gesandten unterschrieben. So sollte das Incognito vollständig sein, und der junge Graf Pückler einstweilen vom Lebensschauplatz verschwinden. Er bat Wolff, den Paß ihm unter seiner Münchener Adresse zugehen zu lassen, da er mit der Wirthin im Goldenen Adler ausgemacht, daß sie ihm die Briefe überall nachschicke.

Denn wohin? das wußte er ja selbst noch nicht. Er ging eben in die weite Welt, und das war gerade das Reizende, das Bezaubernde für ihn. —

Das Leben in der „weiten Welt" begann damit, daß er sich Ulm zu seinem ersten Aufenthaltsort wählte, wo er den Ausgang der Streitsache mit Colloredo abwarten wollte, die er zu seiner Rechtfertigung in den Zeitungen zu veröffentlichen gedachte. Sein Geld war bei seiner Ankunft, den 17. Januar, nun schon auf 30 Dukaten geschmolzen, und er sollte doch damit bis Ostern auskommen! —

Er nahm sich also eine „Poetenstube" im dritten Stock in der Pfauengasse bei einem Kartenmacher, dessen lärmende

Beschäftigung ihn oft beim Lesen und Schreiben störte. Dazu wurmstichige, verfallene Möbel, nicht die geringste Bequemlichkeit, jämmerliche Kost für 12 Florin monatlich, und zur Aufwartung eine ungeschickte Magd für 2 Florin monatlich, deren bäurisch-schwäbische Mundart er sich vergeblich anstrengte zu verstehen. Er selbst reinigte sich die Kleider, und putzte sich die Stiefel. Brennholz konnte er sich so wenig kaufen, daß er oft, um sich zu erwärmen, in dem ungewöhnlich strengen Winter in's Freie hinauslief, und wilde Spaziergänge in Schnee und Eis unternahm. Wenn die Witterung hiezu zu schlecht war, bestieg er den Thurm des Domes, oder wandelte unter dessen majestätischen Bogengängen auf und nieder.

In solcher Weise lebte er, zurückgezogen und voll Entsagungen trotz seiner Jugend, den Leichtsinn plötzlich mit dem Ernst vertauschend, das Leben eines Weisen, ohne andere Gesellschaft als die seiner Bücher, sich fleißigem Studium hingebend, und dem forschenden Nachdenken über sich selbst überlassend. Die Einsamkeit war ihm für eine Zeitlang eine neue unterhaltende Wollust, und seine stets thätige Phantasie malte ihm aus, daß wenn er katholisch wäre, was er bedauerte nicht zu sein, es ihm erwünscht sein könnte, ein Mönch zu werden. — „Sie werden vielleicht lachen," schreibt er den 1. März 1808 an Wolff, „aber es ist mein völliger Ernst — der Philosoph gedieh schon oft unter der Kutte, und eine Narrenkappe müssen wir doch einmal tragen, es sei nun eine katholische, protestantische, kalvinistische oder türkische. Sapienti sat."

Neben solcher Befriedigung hatte er noch die andere in kindlicher Lust am Komödienspiel, alle seine Briefe in die Heimath als Sekretair Hermann zu unterzeichnen, und eifrigst anzuempfehlen, daß auch die an ihn gerichteten Briefe ja ebenso an ihn adressirt würden. Seine poetische Seele formte so gern die Wirklichkeit zu einer Dichtung, zu einem Roman um.

Als aber Ostern herannaht, und der ersehnte Wechsel von seinem Vater noch nicht da ist, da schreibt er voll Sorge an Wolff, wenn er das verheißene Geld nicht rechtzeitig erhalte, so müsse er verhungern oder für Tagelohn arbeiten, da er hier unter fremden Menschen niemand habe, der ihn aus der Verlegenheit zu reißen vermöge.

Unerwartet erhielt er einen Brief seiner Mutter, die ihn zu sich nach Paris und Neumarkt einlud, wo des Grafen Seydewitz Regiment damals stand. Letzterer Ort war nur drei Tagereisen von Ulm entfernt; Pückler aber widerstrebte es, auf Kosten des Grafen von Seydewitz leben zu sollen, auch fand er es allzu demüthigend, in seinem damaligen Aufzug dort zu erscheinen. Er wollte sein Vaterland lieber niemals wiedersehen, als in nicht standesgemäßen Verhältnissen, obgleich seinem klaren Urtheil keineswegs entging, was es mit dem inneren Werth solcher Rangverhältnisse auf sich hat. Er lehnte daher unter mancherlei geschickten Vorwänden die Einladung der Mutter ab.

Die Gräfin scheint dies übel genommen zu haben, und wollte den Sohn nun bereden, wenn er nicht zu ihr komme, doch in die Heimath zurückzukehren, und etwa die diplomatische Laufbahn einzuschlagen.

Er antwortete ihr darauf aus Ulm den 11. März wie folgt:

C'est dans ce moment que je reçois votre lettre de Strasbourg, qui me remplit d'étonnement. A peine suis-je d'accord avec mon père que ma mauvaise fortune, par votre moyen, recommence à me désespérer. Il semble que vous ne cessez de me prendre pour l'enfant de six ans qui jadis vous servit de poupée.

Quelle est donc, je vous prie, cette fureur de vouloir me tirer par les cheveux dans un pays où chaque objet que j'envisage ne peut me présenter que des souvenirs odieux? Voulez-vous m'en dédommager en me faisant sécretaire de légation, poste à-peu-près égal à celui d'un valet de chambre, au moins en Saxe, car les sécretaires de légation de Vienne et de Munic, que j'ai connu n'étaient guéres autre chose que les premiers sécretaires de leurs ministres! J'ai pris même huit jours le dernier pour un laquai. J'avoue que je ne me sens aucune disposition pour un emploi pareil, d'autant plus que pour avoir dans la suite, si jamais l'idée m'en prend, la place d'un envoyé, il n'est pas du tout nécessaire d'avoir été auparavant sécretaire de légation. Pourvu qu'on ait beaucoup de fortune et un peu de savoir-faire, c'est tout ce qu'il faut. Moi, dont le sort est de vivre des bienfaits d'autrui — je serai bien inconsidéré de vouloir embrasser une pareille carrière. Quand à ce que vous dites de mon éducation, vous devez savoir mieux que personne, que, grâce à dieu, je n'en ai reçu quasi aucune, et il me semble qu'il est un peu trop tard d'y penser à-présent. Vous parlez ensuite des grands plans, que vous aviez formés autrefois pour mon bonheur, et qui ont échoués par ma faute. C'est avec confusion que je confesse ici l'infidélité de ma mémoire. Le seul plan, dont je puis me souvenir, est celui que vous formiez d'accord avec mon père de reprendre ce que vous m'aviez autrefois donné, et je pense que ce plan-là vous a passablement bien réussi. De quoi vous plaignez-vous donc, ma chère Maman?

Votre histoire de Wolff et de ses 500 écus est pour moi un énigme, dont je ne suis pas assez heureux

d'avoir la clef. Tout ce que je sais, c'est qu'au lieu
de mille écus que j'attendais, on m'en envoyait 500,
il y a quatre mois, qui suffisait à peine pour payer
les frais de mon séjour à Munic, de manière que quand
je quittais cette ville, je n'avais plus que 50 ducats
en poche, desquels j'ai vécu fort misérablement depuis
— tout le reste de votre anecdote m'est incompré-
hensible. Je vous rends bien des grâces de la bonne
opinion que vous avez de ma tête, mais elle n'est
cependant pas assez bonne pour apprécier dignement
toute l'excellence de vos conseils, en raison de quoi
je vous supplie de m'excuser si je ne puis entrer
dans aucune de vos vues.

J'ai l'honneur d'être avec le plus profond respect,
Madame

Votre très-humble et très-obéissant serviteur et fils
H. Comte de Pückler.

Monsieur Schmidt, votre confident, doit avoir eu
des visions, quand il m'a vu à Munic, car il y a près
de trois mois que je ne sors presque pas de ma
chambre, qui est à côté d'un grénier dans la plus
mauvaise baraque qui se trouve à Ulm.

Ce 13 mars 1808.

En relisant aujourd'hui ce que j'ai écrit avant-hier,
je m'aperçois que le chagrin m'a fait écrire avec un
peu trop d'emportement, mais pourquoi aussi me parler
de retourner en Saxe, et me faire des reproches qui
n'ont aucun fondement? Je me tais à présent, mais si
vous l'exigez, il me sera facile de vous convaincre
de la justesse de ma cause. En attendant je n'ajou-
terais que quelques mots sur votre projet diplomatique.
Il n'y a aucune place de cette sorte qui pourrait me
convenir, excepté celle d'un attaché à la légation à

Paris. Si mon père était en état de me continuer ma pension de 4000 écus, je ne balancerais pas un moment à embrasser cette carrière, pour vous obliger, quoique ce serait à regret, aimant mieux à voyager. Mais actuellement, où mon père, qui a enfin consenti à payer mes dettes, est hors d'état de me donner plus de 200 louis par an — il serait folie d'y penser. Laissez-moi donc, ma chère mère, parcourir le monde quelques années sous un nom emprunté — rien au monde peut m'être d'une plus grande utilité, et plus conforme en même temps à ma situation. En attendant, mes dettes sont payés, et quand je reviens en trois ans, je ne trouve plus aucun obstacle à retourner à Dresde pour y solliciter la clef de chambellan, et le poste d'un sécretaire de légation à Paris etc. Ça ne me menera pas fort loin, à la vérité, car ma fortune apparemment ne me permettra jamais à me pousser davantage, mais au moins j'aurai en le plaisir de remplir vos volontés.

Je vous demande pardon des ratures, mais considérez que c'est au lit que je vous écris, et que je ne puis faire le brouillon, le papier étant trop cher. Je crains même de me voir bientôt réduit à ne pouvoir plus faire les points sur les i, malgré les 500 écus que vous avez la bonté de me faire envoyer par Wolff."

Die tiefe Bitterkeit, die aus diesen Zeilen spricht, zeigt, wie viel er in seinen intimsten Familienbeziehungen zu leiden hatte. Le papier étant trop cher, sollte eine harte Demüthigung für die lustige verschwenderische Gräfin von Seydewitz sein, die ihren Sohn in solcher Bedrängniß ließ.

Auch die Colloredo'sche Sache fuhr fort, Hermann Verdruß zu machen, da sogar seiner Veröffentlichung des Her=

gangs sich Schwierigkeiten in den Weg stellten. Die Censur wollte Dinge dieser Art nicht passiren lassen, und einen Buchdrucker dahin zu bringen, heimlich den Druck zu übernehmen, wäre eine ansehnliche Belohnung erforderlich gewesen, zu der er nicht die Mittel besaß. Bezeichnend für die damaligen Zustände ist es, daß der Redacteur der Augsb. Allg. Zeitung außer den Druckkosten ein Douceur von 30 Dukaten für sein Risico verlangte. Endlich gelang denn doch, den heimlichen Druck zu bewerkstelligen. Wir theilen hier das Schriftstück mit. Es lautet:

„Ayant trouvé des difficultés à faire insérer l'exposé suivant dans les papiers publics, je me sers de la voie présente pour ne pas en retarder plus long tems la publication.

Etant sur le point de quitter l'Allemagne, je me vois obligé de donner à mes amis et à tous ceux qui ont la bonté de s'intéresser à moi, une exposition exacte des faits suivans touchant un événement qui, étant très répandu, pourrait être dénaturé par des personnes ou mal instruites ou mal intentionnées. Il y a à-peu-près neuf mois qu'ayant eû a Vienne une altercation avec M. le Pr. de L....*) nous convinmes de la vuider en nous battant au pistolet; cependant nos deux seconds, M. le Comte Ferdinand de Colloredo Mansfeld de la part de M. de Prince de L...., et M. le Comte de S...**) de la mienne, tâchèrent, surtout le premier, de terminer le différend à l'amiable, et réussirent enfin à nous réconcilier. M. le Prince de L.... étant obligé de se rendre sur le champ à M...***), désirait que je l'y suivisse pour éviter tous bruits équivoques

---

*) Löwenstein.
**) Saer.
***) Munic.

au désavantage de l'un ou de l'autre, que le départ précipité d'un seul aurait pu causer; comme c'était d'ailleurs ma route pour aller en France, je n'hésitais pas à le lui promettre; cependant je fus retenu à Vienne, de semaine en semaine par des empêchemens imprévus. C'est de là que M. le Comte F. de Colloredo, sans la plus legère provocation de ma part, se permit envers moi des propos aussi bas qu'insultans, me rencontrant tout seul dans un endroit public, lui étant avec deux de ses amis; quoique nullement accoutumé à un langage aussi vil, je tâchais cependant de répondre à M. de Colloredo en termes analogues aux siens, et le lendemain je lui fis annoncer, que j'en exigais la satisfaction qu'un homme d'honneur doit en pareil cas — combien m'étais je trompé en regardant comme tel le Comte de Colloredo — il me répondit qu'il ne saurait m'accorder ma demande, avant que j'eusse vuidé mon précédent différend avec M. le Prince de L....; sentant cependant, à quel point ce subterfuge était absurde, ayant lui-même en qualité de second du Prince, contribué le plus à notre accommodement, il ajouta que M. le Pr. de L.... lui avait écrit plusieurs fois, qu'il se répentait infiniment de s'être réconcilié avec moi, en cédant à mes prieres!!, mais que malgré cela il ne regardait pas l'affaire comme terminée. Poussé à bout par une calomnie si odieuse, je n'hésitais plus à qualifier publiquement le Comte de Colloredo du titre seul convenable en pareille occasion, et ne pouvant vaincre sa répugnance pour les armes, je résolus de le traiter selon ses mérites; sur ces entrefaites on vint me dire qu'il partait pour ses terres, je montais aussitôt à cheval pour le suivre, et je le joignis dans le Faubourg de Maria-Hilf, étant dans sa voiture escorté de deux amis; je l'apostrophais en lui demandant, s'il s'imaginait de partir sans avoir satisfait à ma juste prétention, et persistant dans sa négative, je lui fis lire ma réplique par les épaules. Furieux, il fit arrêter sa voiture, et après s'être beaucoup répandû en injures et malédictions, il prit le parti de continuer sa route, protestant toutefois que jamais je ne lui ferai accepter mon défi. J'attendis encore quelques jours à Vienne pour voir ce que son courage lui dicterait, mais en vain — je partis donc pour A... dans l'intention de m'éclaircir avec M. le Prince de L...., qui fort surpris de tout ce qu'il entendit, ne manqua pas de me donner sur le champ la déclaration suivante, dont je tiens l'original et dont voici la traduction:

(1) A la réquisition de M. le Comte Armand de

(1) Auf Ansuchen des Herrn Grafen Hermann von Pückler bezeuge ich hiermit schriftlich, daß derselbe (wegen der in Wien gehaltenen nachtheiligen Reden und Aeußerungen, daß unsere alte Streitsache nicht ausgemacht sei) mich hier aufgesucht hat, um dieselbe schon beigelegte Affaire noch einmal durch ein Duell auf Pistolen mit mir auszumachen: ich habe Ihm erklärt, daß ich mich zur Zeit dazu ganz außer Stand befinde, nachdem ich hier auf Festung sitze, und durch mein Ehrenwort an den Stadtkommandanten gebunden bin, mich, so lang meine Strafzeit dauert, in keine Art von Duell einzulassen: sobald diese Hindernisse gehoben sind, werde ich Ihm, wenn Er ferner darauf bestehen sollte, auf alle Art und Weise zu Diensten stehen. Demohngeachtet kann ich nicht umhin, zu erklären, daß ich unsere alte Streitsache in Wien als vollkommen beigelegt betrachte, indem sie damals von beiderseitigen Secundanten selbst, als allen Gesetzen der Ehre gemäß geschlichtet, und anerkannt worden ist, weswegen daher jedwede nachtheilige Gerüchte darüber von den Secundanten widerlegt werden müssen.

A...*) den 23. September 1807.   C...n. P. v. L.... W....**)

*) Augsbourg.
**) Constantin Prince de Löwenstein-Wertheim.

Pückler, j'atteste par la présente, écrite de ma main, qu'il est venu me chercher pour se battre au pistolet avec moi, à cause des propos tenus à Vienne, qui tendaient à faire croire que notre différend n'eut pas été entièrement terminé. Je lui déclare qu'en ce moment j'en suis hors d'état, étant détenu à la forteresse, et lié par ma parole d'honneur au Commandant, de ne pas accepter aucun duel durant ma détention; ces obstacles levés, je serai toujours aux ordres de M. le Comte de Pückler, s'il y persiste. Néanmoins je ne puis m'empêcher de déclarer que quant à moi, je regarde ce différend comme entièrement terminé, ayant été dans le tems, accommodé par nos seconds selon toutes les loix de l'honneur, et réconnu pour tel, de manière que c'est du devoir des seconds eux-mêmes, de réfuter tout rapport nuisible concernant cette affaire.

A.... le 23 Septembre 1807.

Signé C...n, P. de L.... W....

Le Comte de Colloredo recevant un démenti aussi formel, et voyant son subterfuge entièrement anéanti, on aurait crû qu'il s'empresserait d'effaçer, par des procédés plus nobles la honte de sa conduite passée; cependant je n'ai pu avoir pendant trois mois aucune réponse à mes lettres multipliées, que j'ai eu la délicatesse d'écrire à Vienne à ce sujet.

Ce n'est qu'hier enfin, que j'ai reçu à Munic une lettre de M. de Colloredo digne de son auteur, et dont le contenu plus qu'impertinent m'a forcé à ne plus avoir le moindre ménagement avec une telle espèce d'homme. Son écrit étrange n'est autre chose qu'un tissu d'injures et de mensonges impudens; entre autres il ne rougit pas d'avancer que, mon affaire avec le

Pr. de L.... étant accommodée, j'avais donné ma parole d'honneur à lui Comte de Colloredo, et au Comte de S. (le même dont il est fait mention plus haut et qui a quitté Vienne, il y a long tems, pour se rendre dans sa patrie) de sortir de Vienne dans les vingt quatre heures!!!, assertion trop absurde pour daigner seulement y répondre; il finit par protester de nouveau que rien ne l'engagera à se battre en duel avec moi, qu'il ne faisait que mépriser mes poliçonneries (Buben= ſtreiche), c'est ainsi qu'il appelle très plaisamment le coup de fouet qu'il ma forcé de lui appliquer, d'autant plus, dit-il, qu'il n'a reçu l'outrage que par derrière. Quoique un ennemi pareil ne soit guéres à atteindre que de ce côté, je crois cependant que ne l'ayant frappé qu'après lui avoir parlé et qu'après avoir eû sa réponse, on ne peut pas me taxer de l'avoir attaqué à l'improviste ni en traitre, comme il s'exprime. Au reste M. le Comte de Colloredo, s'imaginant, à ce qui parait, qu'un coup de fouet n'est conséquent, qu'autant qu'il est appliqué à travers la figure, fait parfaitement le pendant du Gascon, qui se trouvant dans le même cas que lui, dit à son ami qui l'exhor- tait à la vengeance: Mon cher, on voit bien qué tu né connais pas lé vrai couragé, moi jé me suis fait la loi de né jamais m'occuper d'une chosé qui sé passe derrière moi.

M. le 26 Dec. 1807.　　　Armand Comte de Pückler.

A mon grand regret, l'impression de cet exposé a été rétardé près de trois mois, par la négligence d'un Imprimeur de M.... que j'en avais chargé."

Pückler vertheilte nach allen Seiten die Exemplare, und bat Wolff, die Schrift auch in den norddeutſchen Zeitungen abbruden zu laſſen.

Seiner Mutter schrieb er barüber aus Ulm ben 19. März
1808 wie folgt:

„Vous me témoignez votre étonnement de l'opiniatreté
avec laquelle les gazetiers s'opposent à insérer
mon exposé dans leurs feuilles; je m'empresse de faire
cesser votre étonnement en vous informant qu'il leur
a été défendu par un ordre formel du gouvernement,
à ne rien insérer de relatif à cette histoire dans les
gazettes qui paraissent en Bavière. Le Redacteur du
Journal de Francfort m'a répondu qu'il n'osait pas,
et celui de Mannheim, qu'il ne pouvait pas se charger
de la publication d'une affaire si éclatante. Mr. de
Mongelas, outre cela, a défendu aux imprimeurs de
Munic très précisément l'impression de mon Exposé,
que j'y avais envoyé à cet effet, et ce n'est que par
un hazard bien singulier que je suis parvenu à le
faire imprimer claudestinement dans un autre endroit
qui n'en est pas fort éloigné. Si vous persistez, après
cela, dans votre étonnement étonnant, je suis bien
fâché de ne pas être en état de le calmer.

Quand aux reproches que vous me faites, de ne
pas avoir communiqué cette affaire à Mr. le Comte
de Pückler, qui, à ce que j'entends, réside à Neuenberg,
je vous prie de me pardonner cette faute. Tout
ce que je pourrais rapporter à mon excuse, c'est que
jusqu'ici j'ai parfaitement ignoré l'existence de ce
bon homme, mais je conçois que j'aurai dû la deviner.

Je vous supplie de ne pas augmenter les frais du
port en joignant à votre lettre un régistre imprimé
des qualités du bain de Neumarkt. Je n'en doute
aucunement, mais comme ce n'est pas seulement pour
me laver que je veux prendre les eaux, vous trou-

verez bon que je préfère ceux de Pfeffers, qui jouis-
sent d'une haute réputation pour toute l'Europe, et
qui seuls peut-être seront en état de me rendre ma
santé, qui de jour en jour devient plus mauvaise.

J'ai l'honneur d'être avec respect,

Madame et très-chère Mère

Votre très-humble et très-obéissant serviteur

et fils

Hermann P."

Sechster Abschnitt.

Briefwechsel Hermanns mit seiner Mutter.

Aus dem Briefwechsel Hermanns mit seiner Mutter mögen hier noch einige Blätter folgen, um die Anschauung seines Wesens zu vervollständigen. Er selbst that einmal in späterem Alter die Aeußerung, daß der Charakter und die Fähigkeiten eines Menschen beinahe immer schon im zehnten Jahre entschieden auftreten, und für den aufmerksamen Beobachter sichtbar sind. Bei ihm selbst war dies gewiß der Fall. Schon das Kind und der Jüngling zeigen den späteren Pückler. Die nachfolgenden Briefe sind gewiß als die eines Dreiundzwanzigjährigen merkwürdig, und zeigen zugleich in der Grazie und Sathre der Ausdrucksweise jenen französischen Esprit, der ihm als Erbtheil der französischen Abstammung seiner Großmutter zugefallen sein mag.

Pückler an seine Mutter.

Le 26 mars 1808.

Votre esprit à son tour l'emporte sur ma mauvaise tête — un je ne sais quoi de gracieux et de puissant dans vos lettres m'a tellement enchanté, que je ne saurai qu'à me rendre à discrétion. Que ne puis-je venir moi-même solliciter mon pardon! Mais hélas!

Pluton et Esculape se sont tous les deux conjuré
contre moi. Une maladie opiniâtre me retient dans
mon triste réduit, et quand par hazard mes regards
languissants se tournent vers ma bourse, trois ducats
bavarois sont les seuls objets qu'ils découvrent; cependant mon oreille attentive entend qu'on gratte à
la porte. — C'est l'hôte implacable, qui le compte à
la main, demande à voix basse ses vingt-cinq florins
Ah! direz-vous, tant qu'on fait des vers, on n'est pas
encore si mal — au contraire, combien de poétes ne
devons-nous pas à la faim! Et d'ailleurs, c'est le
chant du cygne.

Écrivez-moi que vous m'aimez, et tous mes maux
me paraitront légers.

Votre fils repentant Hermann P.

Apostille. J'ai commis une erreur en vous parlant
ce matin de mon hôte implacable, il faut lire „l'hôte
ennuyeux“, dans implacable il y a une syllabe de
trop, et mon hôte, au reste, est réellement beaucoup
moins implacable qu'ennuyeux. Je ne serais pas bien
étonné si vous me trouviez l'un et l'autre, c'est la
mauvaise compagnie qui me gâte, car je n'ai d'autre
que la mienne, et j'ai tous les jours le chagrin de
m'ennuyer moi-même, aujourd'hui c'est vous qui êtes
la victime, et, ma foi, il est temps de vous faire
grâce.

Mes respects al Signor Maximo.

Pückler's Mutter, Gräfin Clementine von
Seydewitz, an ihren Sohn.

Neumarkt, le 28 mars 1808.

Il vaut mieux se repentir tard que jamais, mon
fils, et je vous pardonne. Étant hors d'état de guérir

votre double maladie, celle du corps et de la b o u r s e, je vois bien qu'il faudra renoncer au plaisir de vous voir ici, la mienne étant aussi bien malade, au moins très-faible, après tous les voyages qu'elle a été obligée de soutenir; ce n'est qu'à la St. Jean prochaine, que j'ai espoir de la guérir, en lui rendant quelques forces — car mon quartier de Pâques est assigné pour payement à Paris. Si ce n'était que les 25 fl. de votre hôte, je pourrais bien le satisfaire, mais cela ne suffirait pas, ainsi changeons de discours, denn das ift unſere ſchwache Seite. — En vers je ne saurais vous répondre, mais où la rime manque, la raison y est quelquefois, ainsi cela sera en prose que je vous écris. Où trouverez-vous les moyens pour entreprendre le voyage de Pfeffersbad, ne pouvant faire le trajet à Neumarkt, qui n'est qu'à deux journeés d'Ulm? J'ai attendu d'un jour à l'autre, avant de partir pour la Saxe, croyant toujours vous voir arriver, mais cet espoir me trompait, le coeur d'un fils ressemble peu à celui d'une mère. — Je vous envoye f r a n c d e p o r t la description des qualités de notre bain, faites-en part à votre Esculape, peut-être qu'il changera d'avis, et vous enverra ici, au lieu à Pfeffersbad, alors nous serions ensemble à mon retour de Saxe; il est sûr que vous ne trouveriez pas beaucoup de société, mais — quand on est vraiment souffrant — on ne l'aime guères, et les soins d'une bonne mère en dédommagent bien, je le serai, si vous vouliez, mon cher fils, c'est tout ce que j'ambitionne, d'être aimé de mes enfants.

Votre fidèle mère.

Je n'ai pas encore de nouvelles de Seydewitz, et avant je ne le suivrais pas.

Pückler's Mutter, Gräfin Clementine von Seydewitz, an ihren Sohn.

Neumarkt, le 29 mars 1808.

L'ennui qui vous dévore vous prive aussi de la raison, je crois, car vous m'écrivez souvent des folies. Je reçois tout-à-l'heure votre apostille du 6 mars, ainsi elle n'a été que presque un mois en chemin d'Ulm ici. — Pauvre Hermann, que vous êtes à plaindre, ayant tout ce qu'il faut pour être heureux, vous ne l'êtes pas. C'est que vous ne choisissez pas les vrais moyens pour le devenir. Croyez-en votre vieille mère, l'occupation seule chasse l'ennui, et rend le calme et le repos si nécessaire dans notre vie — souvent orageuse, si l'âme n'est tranquille. Ce n'est qu'avec une conscience pure qu'on brâve les coups du sort, non mérités. — Depuis que mon coeur ne me reproche rien, que je sais m'occuper, je suis bien plus heureuse, et je voudrais que ce temps de la raison soit déjà venu pour mon cher Hermann, alors — plus d'ennui, plus de plaintes, un jour de la vie se passe comme l'autre, le calme est dans notre âme, et le repos dans notre coeur. — Des jouissances qui durent sont le choix de la raison, et non les passions qui déchirent le coeur, sans donner le bonheur; — ne croyez-pas, mon cher fils, que ce sont des phrases, non, c'est la vérité que je tiens de l'expérience, faite quelque fois à mes dépens. — Mais, ce temps est passé, après l'orage suit le beau temps, il a purifié l'air, et ne gronde plus que de loin.

Max vous embrasse tendrement, il se rappelle toujours encore du nom de Purzelchen, que vous lui donniez à Meissen, il y a plus de quatre ans, c'était la dernière fois que vous ait vu   votre mère.

Pückler an seine Mutter.

C'est avec bien du plaisir que j'ai reçu votre lettre du 28; je ne puis vous en dire autant du livre y joînt, mon empressement de vous répondre ne m'ayant pas donné encore le temps de le lire, mais je ne doute pas qu'il ne soit aussi instructif qu'amusant, d'ailleurs il y a un proverbe arabe qui dit: geschenkter Essig ist besser als gekaufter Wein, par conséquent etc. Vous me conseillez d'en faire part à mon médecin, je prétends non seulement lui en faire part, mais même le lui offrir pour payement. Vous me pardonnerez cet usage profane d'un présent que je tiens de vous, vû que l'article des finances est, comme vous dites fort bien, mon côté debolissimo. Tout ce que vous avez la bonté de me dire au sujet de mon voyage à Neumarkt, est si flatteur pour moi, que je ne saurais vous décrire combien j'en suis touché; vous me feriez certainement uu tort bien sensible, si vous puissiez croire sérieusement que le coeur d'un fils ne ressemble pas à celui d'une mère; cependant je dois avouer que cette expression m'a fait un peu sourire, je me rappelais involontairement les vers de Boufflers:

„Si les coeurs des jeunes garçons étaient faits
comme ceux des filles,
Que deviendraient les familles.“

J'attends mon quartier de Paques en 15 jours, et si ma santé le permet, je me rendrai aussi-tôt à Pfeffers; mais si par hazard à l'arrivée de mon argent vous brillez encore sur l'horizon de Neumarkt, c'est sur cet endroit charmant que je porterais mes pas sans différer. En attendant je suis un peu en peine comment je me tirerais d'affaire n'ayant plus sur ma parole d'honneur qu'un seul ducat en poche, et six ducats de dettes. Tout ce que je sais, c'est que jamais de ma vie je n'oublierai le carnaval que j'ai passé à Ulm, car si cette ville détestable n'est pas l'enfer lui-même, c'est au moins le purgatoire. Je vous prie d'embrasser Max de ma part.   H.

Pückler an seine Mutter.

Ulm, le 1 avril 1808.

Melodie: Pour Marie Madelaine
Je pleure ces frédaines.

Ciel! quelle veine poétique tout d'un coup s'est emparé de vous! Quelles tirades échappent à votre plume! J'ai le malheur de mettre un 6 pour un 26, aussitôt l'orage gronde, l'air se purifie, le beau temps survient; coups du sort, conscience, reproches, ennui, jouissances, passions, raison combattent, et la dernière incapable de résister à tant d'ennemis à la fois, cherche son salut dans la fuite. Pauvre Hermann, que vous êtes à plaindre, ayant tout ce qu'il faut pour être heureux, vous ne l'êtes pas! Pauvre Hermann est parfaitement bien dit, car il serait difficile d'en trouver un plus pauvre que moi, mais le reste est une invention ingénieuse ad modum Goldoni. Vous m'obligerez sensiblement en m'indiquant ces moyens que je dois avoir pour être heureux. Je suis malade, je n'ai pas d'argent, je n'ai pas plus d'esprit qu'il n'en faut pour m'apercevoir que je ne suis qu'un sot, je suis très-négligé de la nature en fait de figure et tout mon extérieur, je manque de raison, à ce que vous dites, et malgré cela, j'ai tout ce qu'il faut pour être heureux!! Je ne suis pas malheureux parceque la divine philosophie, le seul trésor que je possède, m'en

garantit, mais de bonheur je n'en connais guères
d'autre que celui de pouvoir me nommer

votre fils

H.

Salut et amitié à Max Burzelchen. Me rappelant
que c'est aujourd'hui le premier d'avril, je devine
à présent que vous avez voulu me donner un poisson
d'avril.

Siebenter Abschnitt.

Hermanns wiederholte Klagen über seine Gesundheit waren nur allzusehr begründet; er fühlte sich sehr schwach und kränklich, hatte alle Abend Fieber, und sehnte sich darnach, in ländlicher Stille und unter mildem Himmel sich durch eine ernste Frühjahrskur wieder herzustellen. Auch dürstete er, nachdem er in Ulm den stillen Karneval des Weisen genossen, nach neuen Anregungen; Natur und Kunst, hofft er, sollen sich nun fortan in vereintem Bunde in sein Leben theilen, und es durch den edelsten Genuß beglücken. Zum Anfang sinnt er sich den Plan zu einer Reise in die Schweiz aus, deren nahe Berge schon lange seine Phantasie magisch angezogen hatten. So verließ er Ulm im Anfang des April.

Kaum unterweges, fand er seine frohe Laune, seinen guten Muth sogleich wieder.

In Stuttgart machte er die Bekanntschaft des berühmten Bildhauers Dannecker, in dessen Werkstatt er den Kopf Schiller's und die schöne Ariadne bewunderte, die damals noch nicht in Marmor ausgeführt, sondern nur erst in Gips gegossen war. Auch den verdienten Kupferstecher Müller lernte er kennen und sah dessen berühmten Stich der Madonna della Sedia. Mit liebevollem Antheil und feinsinnigem Urtheil gab sich Hermann all diesen Eindrücken hin.

Er lebte dabei einfach wie ein Volkskind. In Hechingen bestieg der elegante Grand Seigneur zum erstenmale in seinem Leben eine Diligence, und reiste in bunter Gesellschaft auf engem Platze zusammengedrängt. Er war heiter und jugendfrisch, und das glich alle Unbequemlichkeiten aus; aber gewiß haben wenige Touristen die Schönheiten der Schweiz mit mehr Beschwerden und weniger Mitteln bewundert, als der junge Reichsgraf, dem noch vor kurzem Golconda's Schätze nicht genügt hatten. Er erdachte sich ein geniales Sparsystem mit einem finanziellen Talent, das viele Finanzminister sich zum Muster nehmen könnten. Natürlich reiste er zu Fuß, kaufte sich Alpenschuhe, und einen kleinen Mantelsack, in welchem er seine Sachen selbst trug, und wählte sich von Zeit zu Zeit „Sparstationen", wie er sie nannte, Orte, wo er liegen blieb, zehn oder vierzehn Tage, um mit seinem Gelde von einem Quartal zum anderen auszukommen. So verweilte er vierzehn Tage in Tübingen, um die Kosten für seine Kur zusammenzusparen. So war er genöthigt, um die Ausgabe für seinen Reiseanzug wieder einzubringen, in Konstanz am Bodensee andere vierzehn Tage zu warten, die Alpen sehnsüchtig betrachtend, die geheimnißvoll leuchtend auf ihn niederblickten, und mußte, wie er an Wolff den 19. Mai 1808 schreibt, „nach den Früchten schmachten, die vor mir liegen, die ich aber nicht erreichen kann. Ich sehe wohl," setzt er hinzu, „daß meine Reisen auf diese Art sehr langsam gehen werden, und viel kostbare Zeit verschwendet werden wird, um Geld zu sparen. Hätte ich armer Teufel 400 Thaler vierteljährlich, so wäre ich ohne Sorgen, aber das sind wohl pia desideria. Ich hoffe zu Gott auf einen Kreditbrief auf ein Jahr, der den 1. Juli in Bern ankommen wird, denn länger kann ich ungeachtet aller Oekonomie nicht auskommen, und wenn ich Brot und Wasser essen wollte." Uebrigens that die reine, frische Bergluft, die herrliche Natur, die einfache Lebensart ihm wohl, und er fühlte sich heiter und gestärkt. Er reiste nun als Herr Pückler.

Den Gedanken, das Bad in Pfeffers zu gebrauchen, giebt er als zu kostspielig wieder auf. Aber noch bevor er in Bern anlangte, wo er seinen Quartalstag im Gasthof auf Kredit abwarten wollte, hatte er das Mißgeschick, zu Luzern zu erkranken.

Er hatte eine seiner Fußreisen mit dem Bündel auf dem Rücken über den Gotthard nach den italienischen Seen bis nach Mailand ausgedehnt. Die Anstrengung war zu groß. Märsche von zehn bis vierzehn Stunden täglich im Gebirge waren für ihn zu stark, und noch schlimmer beinahe war es, daß er sein Gepäck in der brennenden italienischen Sonne oft zwei bis drei Meilen lang allein fortschleppen mußte. Im Augenblick ließen ihn Aufregung und Freude den Nachtheil weniger empfinden, aber als er zurückkehrte, litt seine Brust; Husten, Blutspeien und Schmerzen in der linken Seite stellten sich ein. Er mußte sich deshalb entschließen, das weitere Vordringen nach Italien aufzugeben, und beschloß, nach dem mittäglichen Frankreich zu gehen, um sich in Ruhe und in mildem Klima wiederherzustellen, auf's tiefste bedauernd, daß er die brennende Reiselust für diesmal nicht weiter stillen konnte.

In ruhiger Fassung schrieb Hermann seinem alten Freund Wolff über das Leiden, das ihn betroffen, und erwähnte auch dabei stets liebevoll seines Vaters. „Sehr krank bin ich," schrieb er an Wolff den 8. Juli 1808 aus Bern,

„hier in Bern eingetroffen, und habe Ihre beiden traurigen Briefe, und auch das Geld hier vorgefunden. Ich bitte Sie, meinem geliebten Vater meinen innigsten Dank dafür zu bezeigen, und ihm zu versichern, daß ich, weit entfernt, um eine Zulage zu bitten, da die Umstände so trostlos sind, lieber alle Kräfte anstrengen will, um auch mit weniger auszukommen. Er soll sich nur die bösen Zeiten nicht gar zu sehr zu Herzen nehmen, Vermögen und äußere Güter sind ja doch am Ende nur elende Zufälligkeiten, der innere Werth allein bleibt ewig gleich kostbar, und niemand kann ihn rauben; an diesem ist ja mein guter Vater so reich, warum soll er sich so sehr vom Unglück niederschlagen lassen."

Gegen seine Mutter ließ er dagegen mit einer Art von Wollust seiner Erbitterung freien Lauf, und schildert ihr seine Krankheit mit den schwärzesten Farben.

„Voilà enfin," schreibt er ihr, „ma chère Maman, mon sort décidé. Complétement étique, crachant du sang, prêt à rendre le dernier soupir, les médecins ont eu la bonté de m'assurer que je n'avais plus que quelques années tout au plus à vivre. — Ce n'est pas un prognostic fort amusant, sans doute, mais on ne dira jamais que Henri Louis Armand Comte de Pückler a pu être effrayé par l'aspect de la mort. Voilà, Madame, à quoi sert la philosophie, dont vous faites si peu de cas, j'espère que vous lui ferez réparation d'honneur en vous apercevant du peu d'altération que mon humeur a souffert d'une maladie douloureuse, et de la conviction d'une mort prochaine. Ce qui me divertit, c'est qu'ayant vécu en prodigue, je meurs par économie; ne pouvant faire face aux dépenses d'un voyage à cheval ou en voiture, je fus obligé d'aller à pied, le sac sur le dos, depuis Lucerne jusqu'à Milan, et de revenir de même, en franchissant les hautes Alpes du Simplon et du Grimsel. Peu accoutumé à une pareille fatigue, et par la faiblesse de ma santé hors d'état de la supporter, à peine fus-je de retour à Lucerne que j'en ressentis les suites. Une inflammation de poitrine commença bientôt à se manifester, je vomis du sang comme le monstre dans Phèdre, dont vous savez bien qu'il est dit le flot qui l'apporta recule épouvanté. A la fin l'inflammation à force de remêdes se calma, mais il fut impossible d'arrêter entièrement les crachements de sang, et ils durent toujours. Dès que j'aurais recouvert un peu de forces, je partirai pour le midi de la France d'après l'avis des médecins, qui espèrent que peut-être le séjour de Montpellier me fera du bien. C'est là où je vous prie d'adresser votre réponse, à Mr. Pückler, poste restante.

J'aurais été assez tenté de vous faire un récis de mes courses au St. Gotthart, aux Isles Boromées, à Milan et au Grimsel, surtout comme ce seront apparemment mes dernières, mais heureusement pour vous j'ai réfléchi que je ne saurai rien dire ni de nouveau ni d'amusant à une dame qui a tant vu, et dont les connaissances s'étendent encore bien au delà de ce qu'elle a vu; par conséquent je vous fais grâce de mes extases sur le haut des montagnes, de mes douces rêveries dans les bois solitaires, et de toutes ces sortes de choses-là, qui paraissent nécessairement devoir figurer dans un voyage en Suisse.

Si j'osais encore former des voeux de bonheur dans ce monde, je me flatterais peut-être que vous viendrez cet hiver faire l'inspection de votre terre l'Alex, pour voir en passant votre fils mourant, avant qu'il soit dépêché pour l'autre monde — mais je crains que ça ne vous paraîtra pas en mériter la peine. Je suis, Madame la Comtesse et très chère Maman,

Votre très obéissant
H. P."

In solcher Stimmung überraschte ihn nicht wenig der Rath Wolff's, sich eine reiche Frau zu suchen. Pückler's originelle Anschauung über diesen Vorschlag geht deutlich aus seiner Antwort hervor:

„Mit Verwunderung, lieber Wolff," schreibt er, „lese ich Ihre Ermahnung, eine reiche Frau mir bald zu suchen, um damit meine Umstände zu verbessern. Wie können Sie es für möglich halten, daß ich in der jetzigen eingezogenen und abgesonderten Lebensart, die mir meine Verhältnisse nur mehr als zu nöthig machen, Gelegenheit finden soll, eine reiche Heirath zu thun; nein, da hat man mir zu viel zugetraut, wenn man das erwartet hat, eben so gut könnte man von einem Menschen, der in einen Sack eingenäht ist, verlangen, daß er über das Weltmeer schwimmen soll. Soll ich eine reiche Parthie machen, so muß nothwendig mein Vater für mich freien, ich werde mit seiner Wahl immer zufrieden sein, wenn das Mädchen nur nicht allzu häßlich, und vor allen Dingen gut ist. In Wien versicherte mich ein genauer Bekannter des Grafen Breßler, daß dieser geäußert hätte, er würde sich sehr glücklich schätzen, mich zum Schwiegersohn zu haben. Der alte Breßler ist ein Parvenu und ein eitler Thor, der gewiß gern ein sacrifice machen würde, um eine seiner Töchter in eine alte und vornehme Familie zu bringen. Die Eine soll hübsch und artig sein; wenn er ihr 100,000 Rthlr. mitgiebt, so könnte uns das vielleicht helfen. Meinem Vater wäre es leicht, den Grafen Breßler hierüber zu sondiren. Vielleicht giebt

es in der Lausitz auch noch andere Parthieen, man könnte
sich ja näher darnach erkundigen lassen. Wenn die Prinzeß
in Sagan noch nicht versprochen ist, so sehe ich nicht ein,
warum mein Vater nicht anfragen möchte, ob er Hoffnung
haben könne, daß eine Parthie mit seinem Sohne, wenn
ihr seine Person gefiele, ihren Absichten entsprechen könnte.
Vielleicht würde auch meine Mutter in diesen Angelegen=
heiten etwas für mich zu thun im Stande sein. Handeln
muß man freilich, wenn etwas werden soll, und sich nicht
erst lange vor einer abschlägigen Antwort fürchten, bis
ein Anderer weniger Scheuer die Beute davonführt. Uebri=
gens ist ein Korb ja auch gar nichts Schmähliches und
Entehrendes, mir wenigstens würde er immer sehr gleich=
gültig sein.

Enfin, on fera ce qu'on voudra, ich für meine Per=
son bleibe viel lieber in meiner philosophischen Einsamkeit
bis an meinen Tod, der wahrscheinlich nicht mehr sehr
entfernt ist, und entsage eben so willig allen zeitlichen
Glücksgütern, als dem Leben selbst.

Ihr alter treuer Freund H. P."

Phantasieen einer romantischen und idealen Jugendliebe
waren in der Seele des jungen Grafen inmitten der Welt
des Leichtsinns und der Verderbniß, die er bisher gesehen,
noch nie erwacht; Genuß, Zerstreuung, Unterhaltung, geist=
reiches Spiel, Theatereffekte und Theateremotionen, mehr
hatte er bisher von seinen vielen Beziehungen mit Frauen
nie verlangt, aber trotzdem war er seiner innersten Natur nach
viel zu edel, als daß er in eine jener rohen und egoistischen
Geldspekulationen hätte einwilligen können, wie sie grade
in den aristokratischen Kreisen so oft vorkommen, wo man
zwar mehr Geld besitzt als in den unteren Sphären, aber
dessen auch in weit größeren Massen zu bedürfen glaubt.

Pückler dagegen ging auf den Vorschlag ein, weil ihm eine Brautfahrt gelegen kam als eine Reconvalescenten= zerstreuung, und noch mehr, weil sie ihn reizte wie ein Turnier, wie eine Jagd, wie jedes andere kühne Wagstück. Er kam sich vor wie ein Ritter der Tafelrunde, der nach dem heiligen Graal auszieht, oder der gefahrvolle Aben= theuer besteht für ein fernes Königstöchterlein, das er nur in Träumen gesehen, und so lockte eine ihm noch ganz unbe= kannte Prinzessin, die er nie erblickt, seine bewegte Einbildungs= kraft noch weit mehr als eine bekannte. Darum war er auch zufrieden, daß sein Vater für ihn wählen sollte, er, der sonst so unabhängig, launenhaft und eigenwillig nur seinen eigenen Neigungen und Eingebungen folgte.

Doch wie er selten sich ganz in einem Gedanken kon= zentrirte, so beschäftigte er sich gleichzeitig mit anderen Planen; er schrieb an den Buchhändler Arnold in Dresden, in der Absicht, aus seinen Tagebüchern eine Reisebeschrei= bung zu machen, und herauszugeben. Damals zuerst regte sich in ihm die Lust zur Schriftstellerei.

In Genf konsultirte er, noch immer leidend, den berühmten Doktor Jurine, der eines großen Rufes genoß. Dieser machte ein ernstes Gesicht, und sagte ihm nach sorgfältiger Untersuchung, ganz würde er nie zu heilen sein, doch wenn er sich sehr schone, so wäre sein Leben für jetzt für den Augenblick außer Gefahr. Daß Hermann ein Alter von beinahe 86 Jahren erreichen würde, scheint der berühmte Arzt nicht geahnt und für möglich gehalten zu haben. Daß auch die Gelehrten sich irren können, ist immer ein Trost für die Unge= lehrten! —

Hermann war wenig erschüttert von diesem Ausspruch. Damals wünschte er sich nichts anderes, als fern von der großen Welt, von Rang, Aemtern und äußerem Glanze, in stiller Häuslichkeit und friedlicher Einsamkeit zu leben, beschäftigt mit dem forschenden Anschauen der Natur, die er mit Innigkeit liebte.

Vielleicht dachte er sich dabei auch die unbekannte Prinzessin als zärtliche Lebensgefährtin dazu!

Sollte das alles nicht lange dauern, so war er auch mit einem frühen Tod zufrieden.

————

Achter Abschnitt.

Eine Lebensgefährtin noch nicht, wohl aber ein Reisegesellschafter war Hermann vom Geschick einstweilen beschieden.

Zufällig begegnete er in Genf einem jungen Herrn Alexander von Wulffen aus Sachsen, der sich ihm als willkommener Gefährte anschloß, und da seine Kasse in nicht viel blühenderem Zustande war, als die Hermanns, so hofften beide die Kunst des Sparens gemeinschaftlich nur besser ausführen zu können. Auf einer Fußtour von etwa 120 Stunden erreichten die beiden jungen Edelleute denn auch endlich glücklich Marseille; sie machten Tagereisen von sechs bis acht, oder auch zehn Stunden, wobei sie mitunter wieder ihr Bündel selbst tragen mußten, was Hermann in Lunel

zwischen Nismes und Montpellier einen Rückfall seines Blut-
speiens zuzog. Die ganze Reise dauerte sechsundzwanzig
Tage, worein beide sich willig fügten, da sie stets mehr
Zeit als Geld hatten.

In Marseille sollte nun eine lange Ruhestation gemacht
werden, welche die beiderseitigen Finanzen nothwendig er-
heischten. Dort begann Hermann mit Eifer sein Reisejournal
auszuarbeiten, und beschrieb in heitrer Laune, wie er, ganz
wie es einem Autor gezieme, dem Himmel näher als der
Erde wohne, nämlich 99 Stufen bis zu seinem Stübchen,
und die Schwelle desselben sei die hundertste. Den Tag
über las und schrieb er, lebte zurückgezogen und beinahe
ganz ohne Bekanntschaften wie eine Eule in ihrem Nest,
und nur Abends ging er mit dem gutmüthigen Wulffen
spazieren, wo ihnen die Stadt, der Hafen, die umliegenden
Anlagen tausend neue Eindrücke gaben. Beide erwarteten dabei ungeduldig Wechsel von zu Hause, nach denen
sie wie nach fernen Sternbildern seufzten, und Hermann
klagte oft, daß seine Kasse noch schwindsüchtiger sei als sein
Körper. Zuweilen besuchten sie den Exdirektor Barras auf
seinem reizend am Meer gelegenen Landgute, wo er die
jungen Leute mit liebenswürdiger Gastfreiheit empfing. Er
war ein schöner Mann von einnehmenden Gesichtszügen, in
seinen besten Jahren, und ein angenehmer Gesellschafter.
Zu seinem Lieblingsstudium hatte er sich nun, den politischen
Stürmen fern, die Naturgeschichte gemacht. Ein zahmer
Wolf und ein zahmer Fuchs waren seine Hausthiere, und
der letztere lief schmeichelnd wie ein Hund um seinen Tisch
herum.

Auch der ehemalige König von Spanien hielt sich mit
seiner Gemahlin und einem großen Hofstaat — unter dem
sich auch 300 Maulesel befanden — damals mehrere Wochen
in Marseille auf. Man sah ihn täglich mit vier sechs-

spännigen Wagen spazieren fahren, zur Unterhaltung der neugierigen Menge, die ihn stets umbrängte; zu Fuße war er schlecht, und ließ sich immer von dem jüngeren Godoi, dem Bruder des Friedensfürsten, der ihn begleitete, führen; auch stand er in dem Ruf, daß er seine meiste Zeit mit Essen und Schlafen zubringe.

Pückler hat einen Theil seiner damaligen Erlebnisse sehr anmuthig und lebendig in seinen „Jugendwanderungen" aufbewahrt, während andere noch ungedruckte Reiseschilderungen hier in der Folge mitgetheilt werden.

Endlich, als Pückler gerade den letzten Dukaten in der Tasche hatte, langte der ersehnte väterliche Wechsel an, und da der angehende Schriftsteller unterdessen auch zwei starke Bände fertig gemacht hatte, mit deren Druck er aber nach längerer Ueberlegung bis nach seiner Rückkehr in die Heimath warten wollte, da er Censurschwierigkeiten fürchtete, so dachte er nun daran, seine Reise fortzusetzen.

Wir sehen ihn mit Wulffen zu Fuß nach Nizza wandern, und beide hatten Ursache, diese Reiseart, so beschwerlich sie in der Hitze war, zu preisen, als sie hörten, daß in einer öden bergigen Gegend, durch die sie kamen, vor einigen Tagen die Diligence geplündert worden sei. Die ersten Oliven-, Granaten- und Orangenhaine begrüßten die Reisenden, und der blaue Himmel und die strahlende Sonne ließen sie die Nähe Italiens empfinden. Eine nicht geringe Verlegenheit war, daß sie von Antibes an bis Nizza, stattgehabter Ueberschwemmungen wegen, alle Brücken abgebrochen fanden, so daß sie die größten Umwege machen mußten, und oft gezwungen waren, im Kreise herumzugehen. An einer Stelle waren, um die fehlende Brücke zu ersetzen, zwei schwankende schmale Balken von 40 Fuß Länge von einem Ufer des Var bis zum andern gelegt. Wer hinüber mußte, kroch ängstlich den gefährlichen Weg

auf allen Vieren hinüber, aber Pückler, der durchaus keine
Anwandlung von Schwindel kannte, ging festen Fußes kühn
und sicher hinüber; als die Umstehenden die hohe schlanke
Gestalt, die sich im Flusse spiegelte, aufrecht und rasch über
den schwankenden Balken einherschreiten sahen, der unter
seinem jugendlichen Tritte zitterte, waren sie außer sich vor
Erstaunen und riefen: „C'est un marin! c'est un marin!"

Gefahren waren immer für Pückler so anziehend wie
süßer Blumenduft, wie der Zauber einer hellen Mondnacht,
wie das Lächeln schöner Frauen, und so war es ihm gewiß
nur angenehm, daß auf dem Wege nach Genua das kleine
Schiff, das ihn und Wulffen aufgenommen, von einem englischen Korsaren angegriffen wurde, der erst eine Tartane
von 3 bis 400,000 Ladung vor ihren Augen nahm, und
dann sie mit einer Masse Flintenkugeln begrüßte, von denen
mehr wie fünfzig in die Segel ihrer Feluke fuhren, so daß
nicht viel fehlte, sie zu zwingen, anstatt nach Genua, nach
Malta oder England zu segeln. Die Engländer riefen ihnen
spottend nach: Come here! und drei bis vier kleine Boote
ruderten ihnen eiligst nach; sie aber erreichten noch gerade
glücklich den Spielraum der Landbatterie Saint-Maurice,
und waren somit vor dem Feinde glücklich geborgen.

In Genua vergaß Pückler nicht neben der Bewunderung
des Hafens, der Kirchen, Gemälde und Paläste die an-
geregten Heirathsplane. „In Genua," schrieb er den 14.
Dezember 1808 an Wolff, „wäre etwas in Heirathssachen
anzufangen gewesen, wenn ich meinem Stande gemäß auftreten könnte; seit kurzem sind fünf äußerst reiche Parthieen
von zum Theil sehr unbedeutenden Männern gemacht worden, weil es an Epouseurs fehlt. Noch jetzt sind drei
Mädchen da, die mit großem Vermögen täglich auf Freier
warten, und wovon die eine sehr hübsch sein soll."

Die drei Genueserinnen, die auf Freier warten, waren

für Pückler ein reizendes Bild wie ein Mährchen von Grimm
oder Perault, das seine stets thätige Phantasie sich wohl
weiter ausmalte, wenn er die anmuthigen Mädchengestalten
in ihren weißen Schleiern, mit dem Fächer in der Hand,
in den engen Straßen der Stadt an sich vorübergleiten sah,
und ihre dunkeln Sammetaugen lieblich fragend den Blick
des schönen jungen Fremden trafen.

Die anstrengendste Reise, die Hermann jemals gemacht, war
die von Genua nach Rom, die er wieder beinahe immer zu
Fuß zurücklegte. In der ganzen Lombardei bis Florenz
fußhoher Schnee und schneidende Kälte; nirgends Oefen,
zuweilen nur schlechte, rauchende Kamine. Dann Regen
und alles durchbringende Nässe, so daß er, da auch die
Betten nur leichte Sommerdecken hatten, in drei Wochen
nicht einmal völlig warm wurde, und sich zuweilen nach den
heimischen nordischen Bauerhöfen sehnte, trotz aller Poesie
und Liebe zum Reisen. Weil ihm ein Vetturino einen zu
hohen Preis forderte, ging Pückler zwischen Livorno und
Florenz — diesmal wieder allein, da er sich von Wulffen
auf kurze Zeit getrennt hatte — in stockfinstrer Nacht und
schrecklichem Wetter allein auf so ungangbaren Wegen, daß
er mehrmals stehen blieb oder hinfiel. Die letzte Station
vor Florenz nahm er endlich Extrapost, und fuhr im Galopp
voll Freuden in Dante's Vaterstadt ein, wo er in dem schon
damals berühmten Schneider'schen Hotel wieder mit seinem
Freunde Wulffen zusammentraf.

In Florenz besuchte Pückler Raphael Morghen, der
gerade mit seiner Transfiguration beschäftigt war. Dieser
Künstler sagte ihm, daß er das Original seines berühmten Abend-
mahls nie gesehen, sondern nur nach einer Zeichnung gearbeitet habe. Pückler meinte, dies erkläre die Unbedeu-
tendheit des Christusgesichtes auf diesem Kupferstich. Eine
halbvollendete Platte nach der Fornarina erfüllte ihn dagegen

mit wahrem Entzücken. Die herrlichen Galerieen von Floren;
wurden gleichfalls von Pückler mit aufmerksamer Liebe betrachtet, doch fehlte damals die Venus von Medici, die
man, um sie zu sichern, nach Sizilien schicken wollte, und
die unterwegs von den Franzosen aufgefangen wurde.

Nach so vielem Aufenthalt und so vielen Beschwerden
sehen wir unseren Helden endlich mit klopfendem Herzen
über den Ponte Molle in Rom einfahren, wo er bald in
allem schwelgte, was Natur, Kunst und Alterthum nur darzubieten vermögen. Rom erschien ihm noch immer wie die
erste Stadt der Erde. Er wandelte den Tag über mit
einem Freund unter den großartigen Ruinen, und erfreute
sich an dem mannigfaltigen Reiz der Landschaft mit ihren
dunkeln Pinien, die er nicht wie der Franzose About pro-
saisch mit aufgespannten Regenschirmen, sondern mit weit
gewölbten, in der Luft schwebenden Lauben verglich, an den
rauschenden Springbrunnen, an den ernsten großartigen
Linien der Architektur und dem magischen Glanz der Beleuchtung. Es war ihm, als höre er die Geschichte selbst
zu sich reden, und die Vergangenheit trat mit den klaren,
deutlichen Farben, die in festen Umrissen sonst nur die
Gegenwart zu besitzen pflegt, vor seine Seele.

Auch die Reize der höheren Gesellschaft, die er so lange
geflohen, und der er in Rom nicht länger ausweichen konnte,
schlangen wieder ihre schillernden Netze um ihn. In den
schattigen Gärten der Villa Borghese begegnete er unerwartet
dem Prinzen Friedrich von Sachsen-Gotha, dem Bruder des
damals regierenden Herzogs, mit dem er schon von Wien
her befreundet war, und dessen dringende Einladungen er
nicht auszuschlagen vermochte, wie er ihm auch vertraulich
und unverholen seine bedrängte Lage auseinandersetzte. Der
Prinz, der in Rom ein großes Haus aufmachte, und viele
Personen von Rang und Auszeichnung um sich versammelte,

hatte manches höchst Sonderbare in seinem Benehmen, das oft mehr weibisch als männlich erschien. Er begeisterte sich sehr für Kunst, in der er selbst wunderlich genug dilettantisirte; er hatte die Schwäche, sich für einen großen Sänger zu halten, und veranstaltete Konzerte, in denen er mit den ersten Künstlern Duette sang, und dabei so krähte, daß Pückler sich oft nicht des Lachens enthalten konnte, und die ernste Haltung der Musiker dabei bewunderte.

Kaum in diesen Kreis eingetreten, wurde Pückler überall gesucht; seine schöne, originelle Erscheinung, seine frische Natürlichkeit und Güte, sein Geist, all diese Vereinigung glänzender, ja bezaubernder Gaben machten ihn zum Helden der bunten internationalen Gesellschaft, die damals wie jetzt ihren beständigen Sitz in Rom aufgeschlagen hatte.

Häufig erschien er in dem Salon der Gräfin Schuwaloff und ihrer Tochter, der Fürstin Dietrichstein, welche selbst Künstlerin und seit kurzem Mitglied der Malerakademie geworden war, deren Präsident, der schöne Ritter Camuccini, von allen Damen gefeiert wurde. Bei dem geistreichen Prinzen Poniatowsky, dem Neffen des Königs von Polen, sah Pückler die bekannte Schriftstellerin Friederike Brun mit zwei hübschen Töchtern. Der Verkehr mit ihr wurde dadurch erschwert, daß sie an Taubheit litt, doch war sie sehr mittheilend und gefällig, und so unterrichtet über die römischen Kunstschätze, daß man alle Reisebücher in ihrer Gesellschaft entbehren konnte; ihre Sentimentalität dagegen konnte zu manchem Lächeln Anlaß geben, und Pückler erzählte, daß sie, als er sie das erstemal sah, um auszudrücken, daß es regne, mit trübem Blicke nach dem Fenster schauend, sagte: „Ach, der Himmel weint wieder über die Sünden der Erde!" —

Bei Mad. Brun begegnete Pückler dem dänischen Dichter Oehlenschläger, den er als einen hübschen jungen Mann

beschrieb, der aussehe wie ein Held seiner eigenen Trauer-
spiele, nämlich nicht allzukräftig.

Gern gedachte Pückler der vielen schönen Frauen der
römischen Gesellschaft, der sanften Fürstin Cerevetri, der
feurigen Duchessa Lenti, der in Diamanten strahlenden Ban-
quiersfrau Mad. Markoni, neben denen die alte Herzogin
von Chablais, welche nur durch ihre riesigen Perlen die
Blicke auf sich zog, wie die Hexe von Endor erschien. Im
Hause der Prinzessin Chigi, wo der Abbé Guidi jeden Abend
eine Pharobank legte, ergab sich Pückler einmal wieder ganz
der Leidenschaft des Spieles; er und sein Landsmann Graf
Schulenburg waren dort die stärksten Ponten von Allen,
was viel sagen will. Beinahe vor ihren Augen sahen sie
an dieser Bank eine alte Fürstin B. bei einem ungeheuren
Verlust vom Schlage gerührt werden, und mit verzerrter
Miene niedersinken, was jedoch die eifrigen Spieler, kaum
daß die Sterbende nach Hause gebracht worden, nicht hinderte das Spiel fortzusetzen.

Auch bei Karoline von Humboldt, der Gattin Wilhelms
von Humboldt, der damals preußischer Gesandter in Rom
war, verkehrte Pückler häufig; von Künstlern sah er die
Bildhauer Thorwaldsen, Canova, Rauch, den Landschafts-
maler Reinhard, den Portraitmaler Guttenbaum und noch
viele Andere. Auch bei dem reichen Banquier Torlonia sah
man Pückler zuweilen erscheinen, und er besuchte die glänzenden Feste, welche der General Miollis, der Präsident der
römischen Staaten, und zugleich ein gelehrter Alterthums-
kenner, in seiner Wohnung im Palast Doria gab, wo in der
prächtigen Bildergalerie Tafeln von mehr als hundert Gedecken
aufgestellt waren. Der Pabst hatte den Karneval verboten, aber
auch dieser Pius lebte unter napoleonistischem Druck, und
der General, weit entfernt, des geistlichen Befehles zu

achten, gab erft recht ein großes Feft, bei dem er den Pabft
ohne Umftände entführen ließ.

Vorher aber war Pückler dem Pabft Pius dem Siebenten
noch vorgeftellt worden und hatte ihm die Hand geküßt, was
ihn wie jede Befonderheit höchlich amüfirte. Er fchildert
diefe Szene in den „Jugendwanderungen" wie folgt: „Er
(der Pabft) faß wie ein Bild hinter feinem Stuhl, während
ich meine drei Genuflexionen machte, ftand aber auf, als
ich ihm die Hand geküßt hatte, und unterhielt fich nachher
fehr herablaffend mit mir, wobei er von der römifchen Ge=
fellfchaft vortrefflich unterrichtet fchien. Zuletzt gab er mir
fogar den angenehmen Auftrag, der Gräfin Schuwaloff ein
Gefchenk anzuzeigen, das Seine Heiligkeit ihr beftimme. Es
war die Kopie der drei großen Obelisken Roms in rosso
antico. Beim Abfchiede fanden nicht mehr Zeremonieen als
bei jedem Privatmanne ftatt, und der heilige Vater begleitete
mich bis an die Thür. Als die feltfamfte Figur bei der
ganzen Präfentation erfchien mir der päbftliche Kämmerling,
der halb wie ein Prälat und halb wie ein Kunftreiter an=
gezogen war."

Neunter Abschnitt.

Lebensweise in Glanz und Entbehrung. Ein Ball im Palast Doria. Ausbruch des Vesuvs. Plötzliche Reise nach Neapel. Besteigung des Vesuvs. Gräfin Julie Gallenberg. Leidenschaft für sie. Der Erzbischof von Tarant. Herr von Bibikoff. Mad. Filangieri. Mad. Sessi. Mad. Battaglini. Paesiello. Die Brüder Micheroux. Graf Thurn. Prinzessin Belmonte. Bildhauer Schweigelt, ein moderner Leander. Rückkehr nach Rom. Verzweiflungsvoller Brief an die Mutter. Neues Gesellschaftsleben. Sorgen. Erkrankung des Vaters.

Niemand vielleicht von denen, die damals mit Pückler umgingen, hatte eine Ahnung von der Lebensweise, welcher sich der gräfliche elegante Lion heimlich unterzog. Er verdeckte mit größter Sorgfalt seine Armuth, und ersann oft hundert Ausflüchte, um sich Besuche abzuwehren, damit er nicht in seiner Behausung überrascht werde, die er einem Hamsterloch verglich. Und wenn er Abends zu Fuß die glänzenden Soireen besuchte, in denen er einer der leuchtendsten Sterne war, so suchte er bei schlechtem Wetter mit der Laterne in der Hand durch die dunkeln Straßen wandelnd, sich ängstlich die großen Steine aus, um sich die Schuhe und seidenen Strümpfe nicht zu beschmutzen, wobei er zugleich Acht gab, jeden Augenblick die Laterne zu verstecken, um nicht von den vorbeifahrenden Bekannten bei dem hellen Lichtstrahl erkannt zu werden. Jeder neue Anzug, den er mußte machen lassen, war für ihn eine bedenkliche Ausgabe.

Wo das Verbergen seines Geldmangels nicht mehr möglich war, sann Pückler auf andere Listen. „Ich helfe mir damit,“ schrieb er an Wolff, „daß ich vorgebe, mit meinem Vater brouillirt zu sein, wobei ich mir dann selbst mit vornehmem Anstande die Schuld gebe, zum Beispiel sag’ ich so: Es ist wahr, mein Vater ist etwas genau, aber ich kann ihm eigentlich seine Strenge nicht sehr verdenken, da er schon 50,000 Rthlr. Schulden für mich bezahlt hat, und ich ein paar Jahre darauf wieder eben so viele gemacht hatte. Jetzt aber, setz’ ich hinzu, habe ich es à tâche genommen, vernünftig zu werden, und da ich die Extreme liebe, so macht es mir Vergnügen, von einem auf das andere zu fallen, und, enfin, ruf’ ich mit komischem Pathos aus, il est un temps pour la folie, mais il est un pour la raison. Auf diese Art erhalte ich mir so ziemlich das Relief, das der Reichthum in der Welt giebt, und erspare die Kosten dazu.“

Da kam es denn leicht, daß ihm zuweilen wieder das Bild der unbekannten reichen Braut vorschwebte. „Noch eins,“ schrieb er den 25. Januar 1809 aus Rom an Wolff, „die reiche Parthie in Sachsen, von der ich neulich meinem Vater schrieb, und deren Namen ich nicht wußte, ist das Fräulein Leibnitz in Friedersdorf, sechs oder sieben Meilen von Muskau. Sie ist das einzige Kind, und ihr Vater hat wenigstens 300,000 Thlr. im Vermögen. Das Mädchen ist jung, ziemlich hübsch, ländlich erzogen, und soll gut sein. Ich bitte meinen Vater recht sehr, sich nach ihr zu erkundigen, denn es scheint der Mühe werth zu sein.“ Bei allen solchen Anlässen erklärt aber Pückler zugleich, wenn die Braut nicht ganz seinen Wünschen entspräche, so wolle er nicht seine Freiheit für sie aufgeben.

Unterdessen eilte er, all diese Pläne und Gedanken in sich verschließend, von Fest zu Fest, feierte glänzende gesell=

schaftliche Erfolge, die seiner Eitelkeit schmeichelten, und die
ihm so leicht wurden durch die ungeheure Ueberlegenheit,
die er den meisten dieser eleganten Vornehmen gegenüber
in sich empfinden mußte. Dazu machte er überall den Damen
den Hof, magnetisirte sie mit seiner Liebenswürdigkeit, und
spielte mit ihren Herzen mit einer Virtuosität wie ein
Künstler, der seine Violine oder sein Klavier beherrscht.
Wäre nicht die ewige Geldverlegenheit gewesen, er hätte
sich herrlich amüsirt!

Eine unerwartete Episode gewährte seinem die Abwechslung
liebenden Sinn noch dazu neue Befriedigung. Ein großer
vom Gouverneur gegebener Ball im Palast Doria nahte sich
eben seinem Ende, der Morgen nahte, und die Kerzen waren
niedergebrannt; man hatte sich müde kokettirt und müde
getanzt; nur die nordischen Fremden, und unter ihnen vor
allen Pückler, die später erschöpft sind als die Südländer,
facevano l'amore ohne Unterlaß mit den schönen, in Dia=
manten und Perlen prangenden Italienerinnen, deren dunkle
geheimnißvolle Augen wie schwarze Sonnen leuchteten, deren
süßes Lächeln bezauberte. Da trat ein Fremder, der grade
von Neapel angekommen war, mit der Nachricht ein, der
Vesuv sei eben in vollem Ausbruch.

Das war ein unwiderstehlicher Magnet für Pückler;
alle Sparpläne waren vergessen; er mußte das seltene
Phänomen sehen, für dessen Dauer es keine Bürgschaft
gab, weshalb die größte Eile geboten war. Auf der Stelle
entschlossen sich einige Ballgäste zur Reise, und die Sonne
war noch nicht aufgegangen, als Pückler sich schon in einem
bequemen Wagen mit Extrapost in Gesellschaft einer Gräfin
Weh und seines Freundes Wulffen auf der Straße nach
Albano befand. Der Weg ging über Terracina und Gaeta.

Es war noch dunkel, nämlich fünf Uhr Morgens, als
die Reisenden in Neapel anlangten. Viel zu ungeduldig,

sich auszuruhen, erwarteten Pückler und Wulffen, während die Gräfin im Gasthofe blieb, auf dem Molo di Chiaia, wo das aus dem Krater des Vesuvs hervorzuckende Feuer mitunter magisch die Gegend erhellte, den Anbruch des Tages, der ihnen das herrliche Schauspiel dieser wunderbaren Gegend enthüllte, das sie mit innigem Entzücken betrachteten.

Der Tag entschwand wie ein Traum; am Abend um elf Uhr machte man sich zur Besteigung des Vesuvs auf den Weg. Die Gesellschaft wurde noch durch den geschätzten deutschen Bildhauer Schweigelt, und durch die schöne Gräfin Julie Gallenberg, eine Wienerin, vermehrt, die Pückler hier zum erstenmal erblickte, und deren Bekanntschaft bedeutungsvoll für ihn wurde, da sie ihn für sich einzunehmen wußte, wie wenn etwas von der glühenden Lava des Vesuvs in sein Herz gefallen wäre. Beim Schein der Fackeln und des Kraters, und dem einer erwachenden Leidenschaft doppelt angeregt, genoß Pückler mit seiner Gesellschaft das großartige Bild bis zum Morgen, wo man in Lacrime Christi auf die Gesundheit Pluto's und aller Götter des Tartarus trank, und dann noch, aller gehabten Anstrengungen vergessend, Pompei besichtigte.

Die Zeit seines Aufenthaltes in Neapel brachte Pückler fast immer im Hause der Gräfin Gallenberg zu, die dort mit ihren beiden Kindern lebte, und abwechselnd seine Neigung befriedigte, oder seine Eifersucht rege machte. Daß sie verheirathet war, kümmerte ihn wenig, ja machte ihn nicht einmal unglücklich. Was ging ihn das an! Wenn er nur ihre Gunst erlangte, so hatte er alles, was seine Sehnsucht begehrte. Die Ehemänner im Allgemeinen war er gewohnt, nur als eine Art komischer Dekorationen anzusehen, die zu betrachten ihn zuweilen belustigte, die er aber nie als in den zu spielenden Roman eingreifende Personen

anerkannte; oder auch erschienen sie ihm wie gleichgültige
Toilettenstücke seiner Freundinnen, die diese nach Belieben,
so gut als ihre Koiffüren und ihre Fächer, ablegen oder
tragen konnten. „In diesen Dingen habe ich gar kein
Gewissen," sagte Pückler noch im späten Alter mit einer
Art von naivem Stolze.

Solche Ansichten behielt Pückler als ein Ergebniß seiner
Zeit, und besonders der Grundsatzlosigkeit der vornehmen
Gesellschaft. Und so fand er denn überall Hunderte, die
dachten wie er, und die, von gemeinerem Stoffe als er,
nicht einmal so viel Gefühl, Phantasie und Gemüth in
ihre Vergnügungen mischten, als er, dessen gutes Herz und
poetischer Sinn sich nie ganz verläugneten.

Nie darf man vergessen, wenn man Pückler gerecht beurtheilen will, in welcher Epoche und in welchen Umge-
bungen er aufgewachsen war. Hat ohnehin schon die höhere
Gesellschaft sich stets durch eine unsterbliche Leichtfertigkeit
ausgezeichnet, so war überhaupt im Anfange unseres Jahrhunderts die Sittlichkeit, von der die Prinzessin in Goethe's
„Tasso" so schön sagt, daß sie „wie eine Mauer" das
„zarte, leichtverletzliche Geschlecht" umgebe, anderen entgegengesetzten Auffassungen gewichen, und die Mauer meist
in ein dünnes Spinnweb umgewandelt, das beim geringsten
Anstoß zerriß. Die getreuen Lotten waren selten geworden,
und sahen ihre Alberte nicht als Hinderniß an, anderen
Neigungen zu folgen, und die Jerusaleme und Werther
hatten deshalb nicht mehr nöthig, sich umzubringen. Helden-
verehrungen und Seelenbrautschaften waren in den verschiedensten Gestalten und Variationen sehr weit verbreitet.
Die Regel sah verdutzt und betrübt sich zur Ausnahme
herabgedrückt, und die Ausnahmen triumphirten in über-
müthiger Lustigkeit als Majorität: Alles lernte Pückler
kennen in buntem Wechsel der Verhältnisse und Ereignisse,

nur kein beglücktes Familienleben, und wenn er ihm etwa auf seinem Wege irgendwo begegnete, so mag er, trotz all seines Scharfblickes, den echten Edelstein zwischen so vielen falschen nicht erkannt haben.

Unter den Personen, die Pückler sonst in Neapel kennen lernte, sind noch der Erzbischof von Tarant, der russische Gesandte Herr von Bibikoff, Mad. Filangieri, die berühmte Sängerin Mad. Sessi, Mad. Battaglini, Paesiello, die beiden Brüder Micheroux, Graf Thurn und Prinzessin Belmonte zu nennen, so wie der schon oben erwähnte Bildhauer Schweigelt, der sich besonders durch seinen Amor großen Ruf erworben, und von dem Pückler die Besonder= heit erzählt, daß er einmal neben dem Boote, das seine Geliebte trug, von Neapel bis Capri, acht Seestunden weit, schwamm, ein Kraftstück der Muskeln und der Liebe, das auch Leander Ehre gemacht haben würde.

Pückler erhielt die Aufforderung, sich auch dem Hofe vorstellen zu lassen, an dem man einen so ausgezeichneten Fremden mit Vergnügen gesehen hätte, aber so gern er dies sonst gethan haben würde, so nahm er einen Vorwand, es abzulehnen, da er die dabei unausweichlichen Kosten scheute.

Mitte April sah sich Pückler genöthigt, nach Rom zu= rückzukehren, um dort seine Angelegenheiten mit Torlonia zu ordnen, doch hoffte er in vierzehn Tagen wieder bei der schönen Gräfin Julia in Neapel zu sein, und den Sommer etwa in der Nähe ein Seebad zu gebrauchen, um Meeres= kühle und Liebesfeuer zu verbinden.

Den 15. April 1809 schrieb er aus Rom wie folgt an seine Mutter:

„Theuerste Mutter. Eben komme ich von Neapel zurück, und finde auf der Post Deinen liebenswürdigen Brief, der mich tief bewegt hat. Ja wohl, meine gute liebe Mutter, dann fühlt man den unschätzbaren Werth eines Gutes erst in

seiner ganzen Größe, wenn man nahe daran gewesen ist,
es zu verlieren. Ich habe dessen wahrlich nicht nöthig,
um meiner guten Mutter ganzen Werth zu kennen — aber
desto stärker mußte mich die schreckenvolle Nachricht angrei=
fen. O Gott! wer wird mich denn noch lieben, wenn Du
nicht mehr bist! von mir ist ja längst schon alles abgefallen.
— Die Unglücklichen liebt niemand, dem Glücklichen nur
schließt jedes Herz sich auf, er nur pflückt die herrlichen
Blüthen des Lebens. Ich habe bittre Thränen geweint —
zum erstenmal seit langer Zeit nicht über mich allein; selt=
sam haben mich die Schauer jener allmächtigen Liebe durch=
bebt, die nur der süßen Kinderjahre Antheil sind; schrecken=
voll hat das Bewußtsein der finstern Gegenwart mich auf=
geschreckt, und in wilder Verzweiflung habe ich das Pistol
ergriffen, das stets geladen an meinem Bette liegt. Darf
ich es Dir sagen? ich hab' es losgedrückt, und unbegreiflich
bleibt mir noch — der Schuß versagte — ein schlechter
Flintenstein entschied über mein Leben. Aus Schwäche, aus
elender Schwäche, machte ich keinen zweiten Versuch — ich
bequemte mich feig zum neuen Schmerz und Leiden, da,
wo ein kühner Augenblick der ganzen verächtlichen Existenz
ein ersehntes Ende machen konnte. Mein Körper und mein
Geist siechen schon längst langsam und schleichend dem
Grabe zu, wer soll mir wehren, über die letzten Stufen
einen raschen Sprung zu thun.

Ich lebe, seit ich in Italien bin, wieder in der großen
Gesellschaft, und mache, was Vielen unglaublich scheint,
keine Schulden, weil jede Demüthigung mir gleichgültig ist,
weil kein Vergnügen mich reizt, weil ich die ganze Welt
und mich verachte. Mancher hält mich für glücklich, weil
man mich immer lustig, krampfhaft ausgelassen sieht, wäh=
rend innerlich ein tobender Schmerz in meiner Seele
wüthet, dem ich gleich einem Rasenden zu entfliehen suche,

der aber immer wüthender die grausen Krallen in seine
zitternde Beute schlägt. Wenn ich allein bin, trösten mich
zuweilen Thränen, wenn ich Leute um mich sehe, kann ich
nur lachen und reden, immer sprechen, mich betäuben, ohne
mehr zu wissen was ich sagte, wenn ein Augenblick ver=
gangen ist. Alles ist mir so gleichgültig, daß ich mich ge=
wundert habe, wie Dein Brief, die Gefahr, in der Du
geschwebt hast, mich so hat rühren können — ich glaubte
schon für alles abgestorben — der Mutterliebe wird
man's nie.

Ich lebe in der Gesellschaft meines Gleichen, weil ich
es nicht mehr ertragen konnte, nur mit Kutschern und
Gastwirthen umzugehen, und weil die ewige Einsamkeit
manchmal dem Unglücklichen unerträglich wird. Es sind
hier zwei Personen, die Dich kennen, die ich viel sehe, und
die mir viel Empfehlungen an Dich aufgetragen haben.
Der Prinz Friedrich von Sachsen=Gotha und die Marchesa
Massimi, Tochter des Prinzen Xaver von Sachsen; die
Letztere hielt mich, weil ich so alt geworden bin, für Deinen
Mann, sie will noch jetzt nicht glauben, daß ich Dein Sohn
bin. Gewöhnlich giebt man mir 40 Jahre, Du selbst wirst
mich vielleicht nicht gleich erkennen — besser ist es, wir
sehen einander nie wieder.

Von der Verdorbenheit der Menschen habe ich kürzlich
wieder ein neues Beispiel erfahren. Ich hatte, ich glaubte
einen Freund zu haben. Mein Vater schickte mir ein Ge=
schenk, mein Freund war in Verlegenheit, ich borgte ihm
die Hälfte — er reiste heimlich damit fort. So sind sie
alle, wehe dem, der Einem traut, aber nur mich macht
Schaden niemals klug. Es war mir wenig um das Geld,
was ich zur Nothdurft brauche, hab' ich doch — die un=
dankbare Schlechtheit war es, die mich schmerzte.

Lebe wohl, geliebte Mutter, küsse Deinen Max, und

hörst Du, daß ich ausgerungen habe, so denke: er war zum Glücke nicht geboren, wohl ihm, daß er gestorben.

Dein treuer Sohn."

Diesen seltsamen Brief darf man wohl als eine Ausgeburt der äußersten Uebertreibung ansehen; Pückler's rastloser Phantasie gefiel es, ein dunkles Nachtstück zu komponiren, mit dem er seine Mutter um so lieber erschreckte, da ihm die Vernachlässigung und Lieblosigkeit, die er im elterlichen Hause erlitten, oft bitter in's Gedächtniß kam. Daß Pückler sich seiner Mutter als so alt geworden schildert, daß man ihn für ihren Gemahl, für einen Vierzigjährigen halten kann, ist um so sonderbarer und um so weniger glaublich, da er mit fünfzig Jahren noch wie ein Dreißigjähriger erschien.

Mag nun seine Stimmung, als er seiner Mutter schrieb, gewesen sein, wie sie wolle, so stürzte er sich auf's neue in das heitre römische Leben, besuchte Feste und Gesellschaften, und vergaß auch vielleicht schon etwas seine Leidenschaft für Gräfin Julie, wie denn auch die Briefe der schönen Frau ihm seine Kälte vorwerfen, und die Befürchtung aussprechen, daß er sie, kaum aus den Augen, auch aus dem Sinn verloren habe. Jedenfalls möchte es schwer sein, die Mischung von Eifersucht, Koketterie und wirklicher Leidenschaft, die beide Theile empfanden, chemisch zu sondern.

„Wenn ich gesund wäre," schreibt Pückler den 20. Mai 1809 aus Rom an Wolff, „und Geld hätte, so würde ich hier wie im Elysium sein, hier, wo alles sich vereinigt — reizende Natur, hohe Erinnerungen und Denkmale des Alterthums, die höchsten Werke der bildenden Kunst, ein göttliches Klima und himmlische Weiber, um das Leben in lauter Lust und Wonne, in süßem Rausche wegzuträumen. Alle diese Vorzüge dienen jetzt nur dazu, meinen Kummer

zu vergrößern, indem sie mir wie dem Tantalus die goldenen Früchte wohl zeigen, wenn ich aber begierig darnach
greife, stets mit grausamer Hand wieder zurückziehen."

Beunruhigend war es für Pückler, daß oft mehrere
Monate verstrichen, ehe er Briefe von zu Hause empfing,
und auch die ersehnten Wechsel blieben oft lange über die
festgesetzten Termine aus, so daß er Wolff im Juni schrieb,
wenn sein Osterquartal nun noch nicht komme, so müsse er
verhungern oder borgen; und in der That ließ er sich endlich nach großen Spielverlusten, und nachdem er in Neapel
der Gräfin Gallenberg aus einer Verlegenheit geholfen,
vom Abbé Guidi, dem geistlichen Hazardspieler, 150 Dop-
pien leihen.

Den Plan zur Fortsetzung seiner neapolitanischen Liebes-
idylle gab er nun vollständig auf, um so mehr, da er die
Nachricht von der Erkrankung seines Vaters erhielt, die
ihm große Sorge machte, und auch die Zeitumstände fortwährend zu mancher Beunruhigung Anlaß gaben. Er hoffte
jedoch, daß der Krieg seinem Vater diesmal keinen großen
Schaden gethan, und die Oesterreicher nicht nach Muskau
gekommen seien.

„Ach Gott," schreibt er aus Rom den 20. Mai 1809
an Wolff, „was für unglückliche Zeiten sind über unsere
Familie verhängt! Ich glaube, daß ich mir nächstens eine
Pistole vor den Kopf schieße, weil mir aller Lebensgenuß
versagt ist.

Sie beunruhigen mich entsetzlich mit Ihren Erzählungen
von meines Vaters Kränklichkeit; ich hoffe, daß es nur
Verdruß und Mißmuth ist; heitern Sie ihn doch auf, so
viel als es nur möglich ist, ich kenne meinen Vater, und
weiß aus eigener Erfahrung, (denn ich gleiche ihm darin
vollkommen jetzt), wie sehr er an seinem Kummer saugen
kann, und sich ganz von ihm daniederschlagen, ohne an

irgend etwas mehr Freude zu haben. Gott helfe uns, ich bin wahrhaftig ganz trostlos.

Meiner Mutter habe ich geschrieben, grüßen Sie meine Schwestern, ich werde ihnen antworten, so bald meine Stimmung etwas heiterer geworden ist. Meinem guten Vater tausend, tausend Grüße. Wenn nur mit meinen Schulden erst ein Arrangement gemacht ist, so komme ich zu ihm, und will ihn pflegen und warten und aufheitern, so viel ich kann. Es geht jetzt schlimm, aber vielleicht wartet doch noch uns Allen eine freundliche Zukunft. Nur nicht seinem Gram nachhängen soll mein Vater. Er soll gut essen, gut trinken, sich mit seinem Mädchen und der Jagd amüsiren, und übrigens wie mein Großvater gegen alles gleichgültig sein, das erhält die Gesundheit am besten, und ist die gescheidteste Philosophie. Er muß sich recht zwingen, seinen Grillen und allem Verdruß die Ohren zu verschließen, damit er seine theuren Tage für uns Kinder schont, die wir gewiß gern Alle unser Leben für das Seinige geben.

Ich schreibe nicht selbst an ihn, weil wir beide zu melancholisch sind, und unsere Korrespondenz nur wieder mit einer glücklichen Begebenheit anfangen soll. — Leben Sie wohl, guter Wolff, und grüßen Sie herzlich von mir Frau und Kinder."

Zehnter Abschnitt.

Rückreise. Fußwanderung nach Ancona. Venedig. Neuer Geldmangel. Straßburg. Arrangement mit den Gläubigern. Abneigung gegen die Rückkehr. Plan als Freiwilliger nach Spanien zu gehen. Erneuter Vorschlag der Mutter. Soldat oder Mentor. Neue Erkrankung des Vaters. Plan in das bairische Regiment Taxis einzutreten. Entscheidung des Vaters: nach Muskau! Reise nach Paris. Rückkehr. Herzenseinsamkeit. Tröstung.

Es war nun Zeit für Hermann, Italien zu verlassen und sich wieder der Heimath zuzuwenden. Er verließ Rom, und nahm seinen Rückweg über Ancona, wohin er, wieder zu Fuß, in fünf und einem halben Tage ganz allein mitten durch die Appeninen wanderte, und zwar gerade durch die Gegenden, wo die Räuber am ärgsten hausten; aber erstens liebte er ja die Gefahren, und dann — „die Briganten sind mein geringster Kummer, denn wo nichts ist, läßt sich nichts nehmen," schreibt er lustig an Wolff.

Aber sein Geldmangel wurde immer bedenklicher. „Da ich von Ihnen seit vier Monaten keine Nachricht mehr habe," schreibt er den 6. August 1809 aus Venedig an Wolff, „so scheint es, daß man gar nicht mehr sich erinnert, daß ich noch existire. Hätte ich nicht zum Glück einen Freund in Rom gefunden, der für diesen Augenblick Verwandtenstelle bei mir vertreten hat, so würde es jetzt nicht zum Besten mit mir stehen, denn mit einem Wechsel von 300 Thalern vierteljährlich hat man bei einem adreſſirten Banquier nicht allzuviel Kredit, und Torlonia hat mich durch ſein Betragen oft bemüthigend an meine ſubordinirte Rolle erinnert.“

Den 6. Oktober langte er in Straßburg an, und da er noch immer nichts von zu Hauſe erfuhr und nur noch einen Dukaten übrig hatte, ſo ſchrieb er endlich den 28. d. M. an Wolff wie folgt:

„(Ich bitte, daß dieſer Brief unter uns bleibt.)

Wie iſt es möglich, daß man mich ſo vergißt? Mein Quartal iſt noch nicht angekommen, und hätte ich das hier Vorgefundene, wie ich ſchon auf dem Punkt war, nach Rom geſchickt, ſo wäre ich in einer töbtlichen Verlegenheit. Ein Freund hat mir in Rom ohne Intereſſe 600 Thaler geborgt, die ich ihm wiederbezahlen ſoll nach meiner Bequemlichkeit, und wenn ich ein eigenes Vermögen beſitze. Ich könnte dieſes Geld ſehr füglich behalten, und es wäre ſogar in jeder Hinſicht vortheilhaft, aber alles was Schuld heißt, iſt mir ſo zuwider, daß ich, ſobald mein Michaelisquartal ankommt, es hinſchicken will, und im nächſten halben Jahr auch das Uebrige abtragen. Dieſes Uebrige, 300 Thaler, habe ich in Neapel weggeſchenkt, und es reut mich nicht, ja, ich würde es noch thun, wenn ich mich in demſelben Fall befände. Denken Sie ſich, lieber Wolff, eine liebens= würdige, vortreffliche Frau, die für das ſchönſte Weib in Neapel gilt, eine Wienerin, eine Gräfin Gallenberg, kam durch die Tollheiten ihres Mannes und die kritiſchen Zeit= umſtände, die ihr alle Reſſourcen aus ihrem Vaterlande abſchnitten, in eine töbtliche Verlegenheit um eine Summe von 50 Louisd'or. Wenn ich je die Leidenſchaft einer wahren Liebe gekannt habe, ſo empfand ich ſie für dieſe Frau, die meine Empfindungen theilte. Ich habe einige ſehr glückliche Monate mit ihr verlebt, und ihre Großmuth, ihr edles Herz, die Feſtigkeit und Standhaftigkeit ihres Charakters hat ihr meine wärmste Freundschaft auf ewig erworben. Da Sie mein einziger Freund sind, dem ich ganz traue, so will ich auch kein Geheimniß vor Ihnen haben, und schicke Ihnen, um meine Freundin besser beurtheilen zu können, ihren vor= letzten Brief an mich mit. Diese Frau also, selbst immer bereit zu helfen wo sie konnte, verbarg mir auch ihre trau= rige Lage nicht — wir waren zu innig miteinander ver= bunden, um einer falschen Delikatesse so unter uns Raum zu geben. Ich war trostlos, ihr nicht helfen zu können, da fand sich jemand in Rom, der mir auf meine Bitten be= jahend antwortete, und mir die 50 Louisd'or vorstreckte, die ich nun gleich damals mir vornahm am Mund abzusparen, um sie ihm wiederzugeben. Derselbe borgte mir nachher, da mein Wechsel nicht ankam, noch 800 Thaler, um meine Reise antreten zu können.

Jetzt wissen Sie also auf's genaueste meine Umstände, und Sie sehen daher, wie nöthig mir Pünktlichkeit in Schickung meiner Quartale ist, und wie schwer mich jeder Abzug drückt, den ich doch fast bei jedem Quartal erleiden muß.

Ich verlasse mich, lieber Wolff, auf Ihre Diskretion, den Brief von der Gräfin heben Sie mir auf, bis ich ein= mal selbst nach Muskau komme.   H. P."

Endlich kam das ersehnte Geld, und Wolff fügte zugleich die glückliche Nachricht bei, daß der alte Pückler mit der Arrangirung der Schulden seines Sohnes beschäftigt sei, wodurch denn seiner Rückkehr nichts mehr im Wege gestan= den hätte.

Aber das stille Muskau und noch dazu die väterliche Aufsicht standen Hermann wie ein Schreckgespenst vor Augen; er beeilte sich daher auch nach Hause zu schreiben, es schiene ihm, die Abfindung seiner Gläubiger würde am leichtesten von Statten gehen, wenn er nicht gegenwärtig, und diese jeden Augenblick seinen Tod gewärtigen könnten. Er schlägt deshalb vor, sein Vater möge ihm die Erlaubniß geben, mit den sächsischen Truppen als Freiwilliger nach Spanien zu gehen. Das war eine Unternehmung, die seinen Ehrgeiz und seine Phantasie lockte: ein fernes Land, Kriegsleben, Gefahr, Abentheuer! er konnte sich nichts Besseres ausdenken. In einem Jahre, meinte er, wolle er denn auch wiederkommen, und dann in Muskau bleiben.

Je mehr er daran dachte, je mehr brannte er darauf, den spanischen Plan zur Ausführung zu bringen, den er mit Eifer betrieb. Sein Vater sollte für ihn die nöthigen Schritte thun. Der König von Sachsen war gerade in Paris; Pückler wünschte, man möchte ihm rasch von Dresden her Empfehlungsschreiben an den sächsischen Gesandten und andere angesehene Personen, die den König begleiteten, verschaffen. Käme der König aber früher schon zurück, so möge sein Vater diesen persönlich ersuchen, seinem Sohn zu erlauben, als Freiwilliger sich seinen Truppen anzuschließen, und in Spanien die Uniform des Regimentes tragen zu dürfen, in dem er früher gedient habe. Er war schon so verliebt in diese Vorstellung, daß er sich bereits bei Wolff erkundigte, ob diese Uniform seitdem Veränderungen erlitten habe, und sich wie ein Kind auf seine Equipirung freute, die, wie er versicherte, nicht über sechshundert Thaler kosten solle, und die ihm sein Vater immerhin als Vorschuß geben könne, da er während des Krieges in Feindesland wenig brauchen würde. Auf die Sache, um die es sich handelte, kam es ihm dabei weit weniger an; er ließ sich kaum Zeit, über sie nachzudenken, der abentheuernde fahrende Ritter suchte sich eben einen neuen Schauplatz, um alles auszulassen, was von übersprudelnder Kühnheit, keckem Heldenmuth und Durst nach Gefahren in ihm lochte.

Um seinen Vater seinem Sinne geneigter zu machen, schrieb er an Wolff: „Von ängstlichen Gedanken soll sich mein Vater nicht abhalten laſſen, denn wenn mir zu ſterben beſtimmt iſt, ſo kann ich eben ſo gut in Straßburg am Fieber, als in Spanien an einer Kanonenkugel ſterben, und in den jetzigen Zeiten iſt es in meiner jetzigen Lage gewiß, ich wiederhole es, ſehr zweckmäßig, dieſe Demarche zu machen. Sie ſtimmt übrigens mit meinen Wünſchen überein, und ich bitte meinen Vater recht inſtändigſt, ſie mir zu gewähren."

Seine Mutter bot ihm damals wieder an, bei ihr als Hofmeiſter ihres Sohnes umſonſt zu leben. Auch dieſen Vorſchlag theilt er ſeinem Vater mit; aber natürlich war er mehr für den erſteren, da es ihn ungleich mehr reizte, Soldat als Mentor zu werden.

Während dieſes Hinundher der Erwartungen und der zu treffenden Entſcheidungen vertrieb er ſich in Straßburg die Zeit mit mehreren gleichzeitigen Liebesverhältniſſen verſchiedener Art, die ihn in beſtändiger dramatiſcher Spannung erhielten, und die er ſich zugleich dadurch noch pikanter zu machen ſuchte, daß er drei dieſer Beziehungen der Gräfin Julie, mit der er ſeinen Briefwechſel fortſetzte, lebendig ſchilderte, und zwar in einer freien Sprache, die an die Zeiten des vierzehnten und fünfzehnten Ludwig erinnert. Niemand vielleicht iſt in ſeinem Leben an Liebes- und Freundſchaftsbriefen fruchtbarer geweſen als Pückler; es iſt erſtaunlich, was er alles in dieſem Fache geleiſtet hat; es war das eine Erholung, eine Schriftſtellerei, ein Spiel der Gedanken und der Phantaſie für ihn, zu dem er ſtets bereit war.

Die Gräfin Seydewitz, die mit Pückler das gemein hatte, daß ſie liebte ſtets unterweges und auf Reiſen zu ſein, befand ſich eben in Paris, und da ſie ihren Sohn ſo nahe wußte, und doch verlangte, ihren „Erſtgeborenen", wie ſie ihn gern nannte, einmal wiederzuſehen, ſo kündigte ſie ihm an, ſie wolle ihn in Straßburg beſuchen, und dann mit ſich nach Paris nehmen. Aber Pückler widerſtand ſogar der Lockung, die für ihn ungeheuer war, dieſe in ihrer Art einzige Stadt zu ſehen, weil er glaubte, daß es ſeinen Vater nicht angenehm ſein könne, wenn er der Einladung folge, und auch weil er ſelbſt nicht recht wußte, wie er ſich gegen den Herrn Stiefvater benehmen ſolle.

„Aprésent," ſchreibt er ſeiner Mutter aus Straßburg den 4. Nov. 1809, „que je suis sur le point de me séparer, au moins pour très-longtemps, de ma famille je veux bien vous avouer que dès l'époque du changement étonnant de mon sort, qui excite la pitié de tous les étrangers, mais qui toucha si peu mes proches que pas un seul individu d'entre eux n'ait seulement daigné m'en témoigner de la peine, je fis le voeu solennel de ne jamais revoir dans cette vie aucun de mes parents. Négligé, maltraité et méconnu de presque tous, je n'ai du ressentiment contre personne, je ne demande rien à personne, mais je m'en éloigne, et je crois avoir le droit de le faire. Tyrannisé dès ma plus tendre enfance, les domestiques et les Herrnhuter se sont ensuite partagés mes premières années — encore tout jeune ou m'a envoyé dans une ville étrangère avec un imbécille d'instituteur qu'on ne connaissait seulement pas, qu'on n'avait jamais vu! — Comme on ne voulut payer un gouverneur plus cher qu'un valet, ou était obligé d'en changer comme de chemises, et on tombait toujours de pire en pire. Enfin ou m'envoyait à l'université, je commencais à entrer dans un age plus mûr, le moment était propice pour corriger ce qu'on avait gâté jusqu'ici — point du tout, ou me confiait encore à un précepteur à dix écus par mois, et continua à me traiter comme une bête, à laquelle ou commande sans lui expliquer pourquoi il

faut qu'elle obéisse. La même farce à peu de change-
ments près se repète durant mon séjour à Dresde,
ce n'était enfin que quand ou fut forcé de m'abandonner à moi-même, que je pus moi-même aussi tra-
vailler à me réformer et réparer en quelque sorte les
tristes suites d'une éducation aussi négligée, faible et
ridicule, qu'arbitraire, insensée et soutenue sans énergie
et caractère. Cependant mon père est un brave homme,
un homme d'esprit même — vous, ma mère, vous
avez beaucoup d'esprit aussi, le coeur très-sensible,
et même un penchant à la sentimentalité — je le vois
bien, il n'y a que moi qui suis à blâmer, si j'avais
été un imbécille j'aurais fait le meilleur fils du monde,
si j'avais beaucoup plus d'esprit que je n'en ai, et
avec cela un peu de fausseté, je le serai encore, ou
je le paraîtrai au moins, ce qui revient au même,
mais comme j'ai le malheur de ne tenir justement au
milieu de ces deux extrêmes, il faut bien que je reste
tel que je suis, et c'est tant pis — aussi je m'en
punis, je vous quitte tous, et je renonce à tous vos
bienfaits; que n'ai-je de la fortune pour vous rendre
jusqu'à la dernière obole ce que je vous ai jamais
couté — on me l'a souvent reproché comme de l'argent mal employé, hélas, on avait raison, il a été
vraiment très-mal employé.

Je suis avec le plus profond respect

ma chère mère

votre très-humble serviteur et fils

Hermann P."

Bittere Worte sind das, die aber aus dem Innersten
seiner Seele kamen, und gewiß auf tiefster Wahrheit be-
ruhten, denn undankbar war Pückler nie.

Gegen Weihnachten 1809 mußte Pückler anstatt einer

Entscheidung über den spanischen Plan durch Wolff erfahren, daß sein Vater ernstlich erkrankt sei. Daburch waren die Verhältnisse nun freilich geändert, und es schien für ihn nicht angemessen, sich in so weiter Ferne zu binden.

„Ich gestehe," schreibt er den 26. Dezember 1809 aus Straßburg an Wolff, „daß ich bei solchen Umständen mit Zagen an das spanische Projekt gehe — es bietet sich in bem Augenblick auch noch ein anderes bar, das vielleicht die Vortheile bes spanischen und des muskauer verbindet. Meine Mutter benachrichtigt mich nämlich, baß die erste Escabron im bairischen Regiment Taxis für 8000 Fl. (ohngefähr 4000 Thaler) zu kaufen ist, und da ich schon den Rittmeisters= charakter habe, so würde es für mich keine Schwierigkeiten machen, sie zu erhalten. Es ist wahrscheinlich, daß ich mich in den jetzigen Zeiten bald poussiren würde, am ersten in Baiern, wo ich schon bie Königliche Familie persönlich kenne, und auf allerlei Protektion rechnen dürfte. Nähme ich biese breist an, so könnte ich in Friedenszeit oft auf Urlaub nach Muskau kommen, und die bortigen Geschäfte besorgen helfen, und mir eine Uebersicht bavon verschaffen, auch einen Mann auslesen, bem ich in einem unglücklichen Fall, welcher, wie ich inbrünstig zu Gott bete, noch recht lange entfernt sein mag, die Geschäfte statt meiner übertragen könnte. Auch wäre ich bann bei einer bestimmten Carriere sicher, wenn die Sachen auch noch so schlecht tournirten, boch wenigstens für die Noth gesichert zu sein.

Ich überlasse jetzt meinem Vater bie Entscheidung, aber was geschehen soll, muß bald geschehen. Soll ich nach Muskau kommen, so bitte ich nur wegen dem Druck meines Buches bis zum nächsten Quartal damit warten zu bürfen. Soll ich nach Spanien gehen, so bitte ich meinen Vater; sogleich bei bem Kriegsministerium für mich um die Erlaubniß anzuhalten, ben sächsischen Truppen nach Spanien zu folgen, und dabei die Uniform des Regiments zu tragen, in dem ich ehemals gedient habe; zugleich könnte man wohl sich an den Kriegsminister selbst wegen eines Empfehlungs= schreibens an den sächsischen kommandirenden General wenden. Alles dieses hat mehr Gewicht, wenn mein Vater darum anhält, als wenn ich es thue. Soll ich die bairische Escadron kaufen, so kann das gleich geschehen, und ich brauche nur nach München zu reisen. Also bitte ich jetzt um schleunige und bestimmte Antwort, um sogleich an= fangen zu können, meine Arrangements zu nehmen.

Tausend Grüße und Wünsche für seine Gesundheit an meinen Vater, Empfehlungen an's Amthaus, an Hempel, Versicherungen meiner Freundschaft an Ihre liebenswürdige Familie, u. s. w. Jeder meiner Schwestern einen Kuß.

H. P.

Ich sage Ihnen noch einmal, daß ich durchaus keine Einwendungen gegen die Entscheidung meines Vaters machen werde, sondern ihr blindlings gehorchen. Adieu.

Hermann Pückler.

Wird für Spanien entschieden, so bitte ich Sie, mir genauer anzugeben, was Sie von Dresden her erfahren können, welche Veränderungen die Garde=du=Corps=Uniform erlitten hat, damit ich sie eben so machen lassen kann."

Diesmal hatte sich Hermann schon im voraus als ge= horsamen Sohn erklärt, und mußte der väterlichen Entschei= dung folgen. Diese kam. Aber ach! sie lautete nicht Spa= nien, nicht einmal Baiern, sondern: Muskau! — Gut denn! Das Opfer mußte gebracht werden! Aber nun wollte er wenigstens noch Paris sehen, gewissermaßen um sich dafür zu belohnen, daß er vorher die Einladung der Mutter dahin nicht angenommen hatte. Er schrieb deshalb aus Straßburg den 22. Januar 1810 an Wolff:

„Lieber Wolff!

Mein Vater sollte eigentlich nicht darüber zürnen, wenn er mich lieb hat, daß ich noch etwas von der Göttergabe des köstlichen Leichtsinns übrig behalten habe, denn ohne sie hätte ich längst der Welt und ihrem Kummer freiwillig Valet gesagt. — Wenn mein Vater meine melancholische Gestalt in Muskau wird herumschleichen sehen, wenn er bemerken wird, wie ich an nichts mehr lebhaften Antheil nehme, wie ich der menschlichen Gesellschaft überdrüssig nur die Einsamkeit aufsuche, und seitdem ich selbst alle Eigenschaften eines angenehmen Gesellschafters verloren habe, nur noch Vergnügen im Umgang mit meinen Büchern finden kann — wenn, sag' ich, mein Vater mich so kennen lernen wird, könnte er vielleicht noch meinen alten frohen und lustigen Leichtsinn an mir zurückwünschen.

Die Entscheidung meines Vaters wegen der drei von mir gemachten Vorschläge ist so wie ich sie erwartet, und eigentlich im Grund des Herzens gewünscht habe. Alles ist dafür, nur zwei Dinge sind dagegen, erstens, die Schwierigkeiten, welche dieser Schritt in Hinsicht auf die Bezahlung meiner Schulden erregen wird, zweitens, daß ich vielleicht mehr Gefahr für meine Person in Muskau, als in Spanien, zu befürchten habe, doch dieser letzte Grund kommt in gar keine Betrachtung, da es mich nur persönlich angeht.

Jetzt habe ich aber noch eine Bitte an meinen Vater, von der ich im voraus überzeugt bin, daß er zu gnädig und liebevoll gegen mich gesinnt ist, um sie mir abzuschlagen. Ich reise jetzt seit drei Jahren, und habe Paris noch nicht gesehen — man hat in unseren Tagen nichts gesehen, und keinen richtigen Maßstab für alles andere, wenn man diese Hauptstadt der Welt nicht kennt. Ich renoncire gern (weil es nicht anders sein kann), Paris in gesellschaftlicher Hin=

ficht kennen zu lernen, aber so nahe dabei zu sein, und seine
Merkwürdigkeiten, Meisterstücke und Kunstschätze jeder Art
nicht einmal gesehen zu haben, wäre in der That unver=
antwortlich, und ein Regret für mich, der mir meinen Auf=
enthalt in Muskau immerwährend verbittern würde. Ich
gedenke nicht länger als einen Monat in Paris zu bleiben,
weil ich aus Erfahrung weiß, wie viel man in kurzer Zeit
sehen kann, wenn man will; da ich aber in einem so kurzen
Zeitraum alles zusammenfassen muß, so brauche ich noth=
wendig eine Remise und Lohnbedienten, welches mit den
verschiedenen anderen Ausgaben, Trinkgeldern u. s. w. der
Hinundherreise mich in dem einen Monat wohl so viel kosten
wird, als eine ganze Quartalsumme beträgt. Ich ersuche
daher meinen guten Vater, mir noch 600 Thaler, oder zwei
Quartale übermachen zu lassen, bis ich nach Muskau komme,
wo ich Ende Mai einzutreffen gedenke, um die Muskauer
nicht im April mit meiner Ankunft in den April zu schicken.
Da die Zeit kostbar ist, und ich die Antwort auf diesen
Brief einen Monat lang hier erwarten müßte, so werde ich
(in der sichern Hoffnung, daß mein Vater mir eine so ver=
nünftige Bitte, die einzige nach einer dreijährigen, mühe=
und kummervollen Wanderschaft, und vor einer gänzlichen
Entsagung auf alle weiteren Reise= und andere Projekte,
nicht abschlagen wird), sogleich mit der nächsten Diligence
nach Paris abgehen. Den ersten März bin ich wieder in
Straßburg, wo ich aber ohne einen Pfennig Geld ankommen
werde, und daher hoffe, daß ich welches hier vorfinden werde,
wofür ich meinem geliebten Vater im voraus dankbarlichst
die Hände küsse.

Eine Stelle in Ihrem Brief hat sonderbare Empfin=
dungen in mir erregt: „Ihr Herr Vater ist seit langer Zeit
zum erstenmal wieder allein auf's Amthaus gegangen." —
Kennen Sie die Fabel von dem Vögelein, das wie bezaubert

der Schlange mit dem offenen Rachen in den Hals kriechen muß? — Gott gebe, daß die Fabel nie zur Wahrheit wird — ich habe Dinge vernommen, die mich mit Staunen und Schreck erfüllt haben, aber wehe denen, die schuldig sind.

Leben Sie wohl, alter Freund, und behalten Sie mich immer lieb.

Ihr treuer H. Pückler."

„Die Göttergabe des köstlichsten Leichtsinnes" hatte Hermann diesmal gerathen, sich in die Diligence zu setzen, und Paris zuzufliegen, noch ehe ein Verbot des Vaters eintreffen konnte, und so sich den Genuß dieser Reise auf alle Fälle zu sichern, aber verschiedene Bedenken hielten ihn denn doch von der übereilten Ausführung ab, erstens weil er wahr= nahm, daß er nicht Geld genug dazu habe, zweitens weil er sich doch nicht getraute, ohne seines Vaters Erlaubniß hinzugehen, und endlich — weil anmuthige Rosenketten ihn in Straßburg festhielten.

Als später die Erlaubniß seines Vaters wirklich mit einer Geldsendung begleitet eintraf, war er doppelt froh. Das Befinden seines Vaters schien einstweilen keine Gefahr darzubieten; dagegen wurde ihm der Tod seines Großvaters väterlicher Seite, des Grafen Pückler, gemeldet, der den 9. Februar 1810, 89 Jahre alt, starb. Hermann eilte nun nach Paris, und sah dort in drei Monaten alles, was man sehen kann, mit der Unermüdlichkeit seiner Natur, mit der Unersättlichkeit der Jugend.

Dann trat er den Heimweg an. Außer dem alten Wolff hatte er niemand zu Hause, der ihn liebte, der ihm wohl= wollte, und nirgends eine Seele, die ihn verstand, die sich in Liebe und geistigem Verständniß mit ihm verschmolz. Hatte er seine Reise oft mit mehr Entbehrungen als ein Handwerksbursche gemacht, trotz seines hohen Standes, und des Reichthums seines Vaters, so darf man auch behaupten, daß er trotz der glänzenden und einnehmenden Gaben, die er in so seltenem Maße besaß, seine ganze erste Jugend wie in einer Einöde des Herzens verlebte; und wenn er manchmal im späteren Leben für kalt und egoistisch gehalten wurde, so möchte weit eher die Tiefe des Gemüths in ihm hoch-zuschätzen sein, das trotz einer Umgebung und eines Kreises, der beinahe jede edlere Regung des Gefühls zu vernichten suchte, sich diese besseren Seiten unverwüstlich bewahrte.

So eindrucksfähig wie er war, konnte er sich mit fort-reißen lassen in tausend Verirrungen, deren sich die elegante Gesellschaft ohne Scheu rühmte, aber immer stand er zu-gleich hoch über diesem Treiben wie Prinz Heinrich über Falstaff, und das Erforschen des Höchsten, und das Streben nach demselben, die begeisterte Liebe für die Schönheit in all ihren Kundgebungen erfüllte immer neben den Thor-heiten des Tages seine Seele. Alles was er besaß, was ihn auszeichnete, verdankte er sich selbst; niemand hat ihn erzogen, niemand auf seine Bildung eingewirkt, aber die Kunst und die Natur trösteten ihn, und die Grazien hatten das Mitleid mit dem schönen, verwahrlosten, gemißhandelten Menschenkinde, welches die Mitmenschen und selbst seine Nächsten nicht mit ihm gehabt hatten, sie nahmen es bei der Hand und blieben seine Begleiterinnen, es durch alle Labyrinthe des Lebens liebevoll hindurchführend.

Elfter Abschnitt.

Muskau. Der Vater. Der alte Wolff. Die politischen Zustände.
Berlin. Tod des Vaters. Antritt der Standesherrschaft. Rede
beim Regierungsantritt. Vorsätze. Pläne. Thätigkeit. Liebesver=
hältnisse. Ein Seelenverwandter von Don Juan, Jupiter und —
Mephistopheles.

Nach so vielen Fahrten und bunten Erlebnissen befand
sich Hermann wieder in der nordischen Heimath, auf dem
ernsten Schlosse des Vaters, und anstatt auf die südliche
Vegetation des Südens blickte er wieder auf die riesigen
Eichen und dunkeln Tannen, unter deren Schatten er seine
ersten Knabenträume geträumt hatte.

Zu Hause fand er alles, wie er es erwartet hatte;
nichts war besser und tröstlicher geworden. Dort veränderte
sich nichts, konnte sich nicht verändern, unter den gegebenen
Verhältnissen. Der Vater blieb ihm fremd, er hatte keine
inneren Anknüpfungen mit ihm, keine Sympathie, keine
Geistesverwandtschaft. Am herzlichsten begrüßte ihn der alte
Wolff mit seiner würdigen, vortrefflichen Gattin; ihn hatte
die Liebe zum jungen Grafen scharfsichtig gemacht, so daß
er sein Wesen besser als die Anderen zu begreifen wußte,
und beim Wiedersehen konnte er sich der Freudenthränen
nicht erwehren.

Auch die politischen Zustände waren traurig. Das
Vaterland fand Hermann unter dem Joch der napoleonistischen

Frembherrschaft, und da er entschlossen war, der französisch=
sächsischen Regierung nie zu dienen, und nirgends ihre Gunst
suchte, so bezeigten ihm manche einflußreiche Personen Kälte
und Abneigung.

Wenn es Hermann allzu beklommen und einsam auf
dem Schlosse wurde, ging er zuweilen nach Berlin, wo
aber wieder seine Geldmittel ungenügend waren für das
elegante Leben, dem er sich dort nicht gut entziehen konnte.

Der junge Reichsgraf wurde dort natürlich überall in
die ersten Kreise eingeführt, bei Ministern und Gesandten,
wozu er Diener, Lohnbediente, Wagen und Luxus jeder
Art bedurfte. Da aber sein Vater fortfuhr, ihn äußerst
knapp zu halten, so kam es vor, daß er seinen fünfund=
zwanzigsten Geburtstag mit nur einem einzigen Reichsthaler
in der Tasche feiern mußte.

Hermann befand sich eben in Berlin, als ihn die Nach=
richt von dem am 10. Januar 1811 erfolgten Tode seines
Vaters betraf. Diese Wendung seines Geschickes machte
einen tiefen Eindruck auf sein Gemüth. Als Erbe der
Standesherrschaft Muskau und der anderen bedeutenden
Güter, die sein Vater ihm hinterließ, eröffneten sich ihm neue
Aufgaben, neue Pflichten, ein umfassender Wirkungskreis. Den
16. Januar succedirte er seinem Vater, den 19. Januar
betrat er als Standesherr von Muskau das Schloß.

Noch nicht 26 Jahre alt, ohne Rath, ohne Unterstützung,
nur auf sein eigenes Urtheil und seine eigene Einsicht an=
gewiesen, fand er sich plötzlich und unvorbereitet in eine
bisher ihm ganz unbekannte Sphäre versetzt.

Pückler war nun gleichzeitig Standesherr von Muskau,
Baron von Grodith und Erbherr zu Branith. Muskau und
Branith schlossen allein 45 Dörfer in sich ein. Zum ersten=
male traten große und ernste Aufgaben an ihn heran, und
er hatte den eifrigsten, redlichsten Willen, sie zu erfüllen.

Er wünschte die ganze ihm nun untergebene Bevölkerung in glücklichem Wohlstande aufblühen zu sehen. In der Rede, die er bei seinem Regierungsantritte hielt, wo seine sämmtlichen Offizianten sich ihm verpflichteten, und die uns aufbewahrt geblieben, spricht sich lebhaft wahre Menschlichkeit und Streben nach Fortschritt und Aufklärung aus; sie lautet:

„Meine Herren Geistlichen, mein Hofgericht, meine übrigen Beamten, der Rath dieser Stadt, und alle meine treuen Diener, die ich hier um mich versammelt sehe.

Sie haben so eben eine feierliche Handlung begangen, zu der ich kaum hoffen mochte, kaum fürchten konnte, Sie so bald um mich versammelt zu sehen. Als Sohn des Verewigten, dessen irdische Hülle noch vor wenig Tagen hier den letzten wohlverdienten Zoll der Thränen empfing, ersparen Sie meinem Herzen jede zu schmerzliche Erregung! Er schlummere in Frieden! — Mir ist nun diese Herrschaft zugefallen — das Leben, das immer fortschreitet, duldet keinen Stillstand, und seine Geschäfte wollen ununterbrochen verwaltet, mit Gleichmuth gethan sein, gleichviel, was Jeder in seinem Inneren verberge. So ich; so jeder von Ihnen in seinem Hause daheim. Ich wünsche Ihnen Allen, Jedem in dem Kreise der Seinigen, alles Glück, welches die Gottheit überhaupt den Erdbewohnern ertheilt hat. Das muß jene ertheilen! Ich kann es Ihnen allein nicht geben; ich kann es Ihnen nur sichern und schützen.

Aus Vorsehung, aus Bestimmung finden wir uns als Lebensgenossen an demselben Ort vereinigt zu wirken. Sie wollen das Gute in meinem Kreise thun, und wollen Ihr Dasein an das Meinige anschließen. Sie haben dies angelobt, Sie werden es halten. Es ist mir nicht niederschlagend, daß Nützliches beinahe zum Ermüden viel hier zu thun sein wird, es ist mir im Gegentheil höchst erfreulich

— denn des Menschen Leben ist Arbeit; und so Großes oder Kleines, viel oder wenig hier zu thun sei, so kann es g u t gethan werden. Und so sei es auch Ihnen erfreulich, wir wollen nicht müde werden, ich will alles gern hören, alles gern thun, was irgend möglich ist, und Sie, meine treuen Diener, sollen die schöne Bestimmung haben, mir beizustehen, Menschenwohl zu befördern. Aber hören Sie mich jetzt, hören Sie mich, und merken Sie es. Ich hoffe, daß Jeder sein ihm obliegendes Geschäft treu und eifrig versehen und verwalten werde. Und ich erkläre es laut, daß ich gegen einen Treulosen und Nachlässigen ohne Schonung verfahren, und ihn aus unserem Kreise verstoßen müßte. Ich wünsche dies nicht, ich fürchte es nicht. Aber aussprechen mußte ich es. Dagegen soll Jeder mein Freund sein, und Theil an meinem Herzen haben, der in seinem Fache das Seine treu und redlich thut, der meinen Unter= thanen leutselig begegnet, der sie mir hilft zu Menschen er= ziehen, der mir den Zweck zu erreichen erleichtert, wozu die Vorsehung sie mir zur Leitung anvertraut hat.

Es giebt einen Höheren über uns, der jeden von uns mit unsichtbaren Banden an sich hält, ihn durchschaut, und in ihm wirkt. Nicht allein an mich — an diesen Höheren, an das Gute, an das Gesetz haben Sie sich verpflichtet, und daß Sie dem folgen wollen, und in dem Gebiet, dem ich vorstehe, es treu und unverdrossen ausüben wollen, darauf haben Sie Ihre Hand erhoben und geschworen, dazu geben Sie mir nun auch Herz und Seele.

Und das gelobe auch ich, und nehme Sie zu Zeugen!"

An das Konsistorium.

„Sie, meine Herren, bedeute ich, auf den Geist der Zeit, auf den Gang der Bildung, außerhalb unserer Grän= zen wohl Acht zu haben. Wir leben, wir wirken alle zu einem Ganzen, zu einem Ziel, es soll gut auf der Erde werden, daran arbeiten alle Sekten der Christen, ja selbst unwissend Mahomedaner, Feuerdiener und Heiden. Wohin wir gelangen sollen, das kann uns nur die Außenwelt lehren. Ziehen Sie also das Gewonnene, das Geförderte von daher in unseren Wirkungskreis, bequemen Sie es für die Unsrigen, hindern Sie wenigstens nicht die Aufklärung, und üben Sie Toleranz, dulden Sie Alle, wie Alle uns dulden, und so wird uns der gnädig sein, der uns Alle duldet, erzieht, und uns Alle liebt — der droben.

An das Hofgericht.

Ihnen, meine Herren, kann ich nur wenig insbesondere sagen. In der allgemeinen Krisis, in welcher sich unsere ganze Verfassung befindet, kann ich Ihnen nur andeuten, an Humanität anderen Gerichtshöfen nicht nachzustehen. Man muß auf das Vergehen, aber auch auf den Menschen, der sich vergeht, Rücksicht nehmen. Die Strafe sei das Medium, die Vermittelung zwischen Gesetz und Menschen. Prozesse wünsche ich so viel als möglich vermieden. Der ist der beste Arzt, welcher mit gelinden Mitteln Krankheit vorbeugt. Und Vergehen durch Belehrung, Haß und Feindschaft durch Versöhnung zuvorkommend, werden Sie mir und anderen sehr löbliche Richter und werthe Männer sein.

An den Stadtrath.

Von Ihnen, dem Rathe dieser Stadt, erwarte ich, daß die Stadt in Ordnung gehalten, und gute Polizei streng beobachtet werde. Was geboten ist, darf nicht vernachlässigt werden, nicht einschlafen. Dazu ist es geboten, gehalten zu werden. Die Bürgerschaft, höre ich, soll in mannigfacher Unruhe und Zwiespalt sein. Lassen Sie die Bürger versammeln; sagen Sie ihnen: ich lasse sie freundlich begrüßen; sie sollen sich verständigen was sie wollen; es soll mir vorgelegt werden, und es soll mir lieb sein, ein mir und ihnen billiges Abkommen zu treffen, damit Jeder sein Gewerbe und Geschäft von nun an fleißig, wie es einem ruhigen Bürger geziemt, treibe. Dafür sorgen Sie.

Zu Allen gewendet in die Runde.

Von Ihnen Allen aber insgesammt fordere ich Eintracht, Willfährigkeit und Freundschaft untereinander. Denn Sie dienen Alle einem Herrn; was Jeder werth ist, soll er mir werth sein.

Scheelsucht und böser Leumund sei fern von Ihnen. Nur die Wahrheit soll gelten, denn sie ist das Gute, und das soll mir immer in Ehren sein.

Und nun segne uns die Gottheit. Sie segne uns und unsere Arbeit; sie segne die, welche unter uns arbeiten. Wenn es in ihrem Rathe ist, so bewahre sie uns vor allem, was Menschen, und dem, was ihnen gehört, verderblich ist, sie leite es ungekannt an uns vorüber wie ein schweres Gewitter. Dagegen gebe uns die Gottheit, was gedeihlich ist! Mögen wir zur glücklichen Stunde unser Leben und unser Werk begonnen haben, zu welchem ich sie hiermit einweihe, zu welchem ich Ihnen Glück wünsche, daß wir Alle recht lange und zufrieden mögen beisammen sein."

Diese Rede, die der schöne jugendliche Graf mit Wärme und mit bewegter Stimme hielt, gewann ihm die Herzen der Zuhörer, die in den neuen Herrn die freudigsten Hoffnungen setzten.

Aber noch andere Pläne keimten in Pückler's hochfliegender Seele: nicht nur das Gute, auch das Schöne wollte er schaffen, und seinem künstlerischen Sinne schwebten bezaubernde Landschaftsbilder vor, die seine Phantasie ihm vormalte. Diese in seine Heimath zu verpflanzen, und mit den ihm von der Natur gegebenen Stoffen harmonische Wirkungen hervorzubringen, wie sie Claude Lorrain und Ruisdael gelungen, das erschien ihm eine anziehende Aufgabe, zu der er Kraft, Geschmack und Talent in sich fühlte. Um so mehr wünschte er alle anderen Zweige der verwickelten Verwaltung geordnet und neu organisirt zu sehen, um dann mit ganzer Leidenschaft sich ungestört dieser Lieblingsbeschäftigung widmen zu dürfen.

Einstweilen bedurfte es geraumer Zeit, um in die schwierigen und oft verwickelten Geschäfte gründlich einzubringen, und sich nach allen Seiten die nöthige Kenntniß und Uebersicht zu erwerben. Auch wurde Pückler hin und wieder zerstreut durch den Umgang mit schönen und liebenswürdigen Frauen. Der Kranz der mannigfaltigsten und seltsamsten Liebesromane, der sein Leben durchflicht, kann hier nicht in allen Einzelheiten wiedergegeben werden. Es genüge nur im Allgemeinen anzudeuten, daß er als wahrer Don Juan allen Frauen Liebe schwor, dem Wahlspruch getreu, daß „Jupiter des Meineids der Verliebten" lache, und mehr Liebesverhältnisse hatte, als Don Juan und Jupiter zusammengenommen. In seinem weiten Herzen fand eine wahrhaft demokratische Gleichberechtigung Raum. Diademgeschmückte Fürstinnen, Prinzessinnen, Gräfinnen, Hoffräulein, Künstlerinnen, bürgerliche Kleinstädterinnen und elegante Weltdamen, Zofen und Mädchen aus dem Volke, Schöne und Häßliche, Alte und Junge lockte er gleichmäßig in seine Zaubernetze, und zwar zu allen Zeiten seines Daseins vom Beginn seiner Laufbahn als junger glänzender Offizier, so wie als Alter vom Berge mit dem Silberhaar. Viele dieser Beziehungen waren für ihn nur eine Art Spiel, wie das Schachspiel, und wie so manche Schachspieler ihre Lieblingsparthieen haben, die sie immer wiederholen, wie das Gam-

hyt= oder das Bauernspiel, so spielte er auch oft dasselbe
Spiel, verfolgte denselben Kriegs= und Eroberungsplan mit
den Töchtern Evas, und kaltblütig wie beim Schachspiel
beobachtete er, in wie weit die geistigen Liebestränke, die
er ihnen mit überlegter Schlauheit zubereitet, bei ihnen
mehr oder weniger ihre Wirkung thaten. Natürlich impo=
nirten ihm diejenigen Frauen am meisten, — ach, wir
dürfen nicht hoffen, daß es die Majorität war! — die sich
nicht von ihm berücken ließen, und ihm die Parthie ab=
gewannen; diese staunte er an mit einer naiven Verwun=
derung und Ehrfurcht, und blieb ihnen am treuesten ergeben.
Daß die Zahl der Anderen, die nicht das zum Siege füh=
rende strategische Genie eines Moltke im Kampfe der Liebe
und Koketterie besaßen, groß, ja ungeheuer groß war, das
bezeugen die sorgfältig von ihm aufbewahrten und geord=
neten Briefwechsel, die eine ganze Bibliothek bilden, und
man kann es oft kaum begreifen, was alles sich die zarten
und anmuthigen Wesen, die ihm auf Rosa= und Spitzen=
papier ihre Gefühle aussprachen, und denen er ihre Be=
kenntnisse entlockte, sich von ihm gefallen ließen, denn bei
aller Sympathie für einen so originellen und ausgezeichneten
Mann kann man oft nicht anders als sich mit Abscheu ab=
wenden von dem Abgrund der dunkeln Entsetzlichkeiten, die
er seinen Freundinnen in seinen Briefen auszusprechen
wagte, die er mit dämonischer Freude in Abschrift den em=
pfangenen Briefen beizulegen pflegte, und sorgfältig als
psychologisches Material aufbewahrte. Der Don Juan, der
Jupiter, konnte auch zum Mephistopheles werden! — Aber
auch bei diesen Nachtseiten seines Wesens gingen Herzens=
güte, poetische Gefühle und geistige Anflüge nicht ganz ver=
loren, und der Sinn für das Edle und Gute war sogleich
wieder bei ihm lebendig, wo er kräftig angeregt wurde.

Zwölfter Abschnitt.

Zwei Selbstschilderungen.

Um das Bild Pückler's auch nach anderen Richtungen hin deutlicher zu zeichnen, mögen hier zwei merkwürdige und in vieler Beziehung sehr treffende Selbstschilderungen von ihm ihren Platz finden; die eine ist aus seinem Reisejournal von 1808, wo er, nachdem er sein Abentheuer mit dem Fürsten Colloredo erzählt, wie folgt fortfährt:

„Hatte ich nicht Recht zu sagen, die Begebenheit sei einzig in ihrer Art? So unangenehm sie immer für den Graf Pückler bleibt, so glaube ich doch, daß man sein Benehmen diesmal billigen muß. Sonderbar ist es allerdings, daß nur ihm beständig dergleichen Dinge arriviren. Der Grund liegt aber in seinem seltsamen Charakter, der dem Menschenbeobachter, welchem kein Gegenstand, der ihn in der Kenntniß des menschlichen Herzens weiterbringen kann, zu gering scheint, manche merkwürdige Eigenheit darbietet; ich wenigstens muß gestehen, daß die durch öftere Nachahmung verkrüppelte, durch Erziehung und Umstände irregeleitete, und mit sich selbst in Widerspruch gebrachte Originalität dieses Menschen mich immer lebhaft interessirt hat. Oft konnte ich in einem Tage die Wirkungen der entgegengesetztesten Eigenschaften an ihm bemerken; bald hitzig, bald phlegmatisch, hörte ich von ihm Aeußerungen des verdorbensten Charakters und sah Züge eines edlen Herzens,

Wallungen der Weisheit und der reinsten Natürlichkeit, die den Augenblick darauf der geschmacklosesten Unnatur und den Handlungen des größten Thoren Platz machten. Wie Frau von Genlis vom Ritter Ogier sagt, fand ich ihn immer zur warmen Verehrung der Tugend gestimmt, aber das Laster gefiel ihm und besiegte ihn, wenn es seine Verdrehung unter einer originellen, geistvollen Form verbarg."

„Stets muthig gegen seines Gleichen, oft tollkühn in einzelnen Wagestücken, habe ich ihn zuweilen furchtsam gegen Geringere gesehen, wo er sich kaum mit Anstand tant bien que mal aus der Affaire zog; er selbst gestand diesen Umstand, indem er hinzusetzte, daß er nicht gewiß sei, die Kraft zu haben, einen wehrlosen Menschen mit kaltem Blute, blos weil es das Phantom der konventionellen Ehre erheische, todtzustechen, wenn er sich auch selbst entehrender Schimpfwörter gegen ihn bedienen sollte; um daher diesen äußersten Fall zu vermeiden, leide er lieber geduldig, daß ein solcher Mensch die schuldige Achtung gegen ihn etwas aus den Augen setze, und ziehe sich zurück, ehe er es so weit kommen lasse, sich auf der letzten Alternative zu befinden, besonders wenn er Unrecht habe, wie denn wohl gewöhnlich der Fall sein müsse, sobald ein Geringer den Höheren zu beleidigen wage. Ohngeachtet dieses scheinbaren Gefühls von Billigkeit weiß ich, daß er oft nach vollkommen entgegengesetzten Prinzipien gehandelt hat, und in der Stimmung das Leben eines Menschen nicht sehr hoch angeschlagen haben würde, aber, wie gesagt, dieser junge Mann hängt gänzlich vom Augenblick ab, das letzte Buch, das er liest, die letzte Unterredung, die letzte Begebenheit, vielleicht nur der Gewinnst oder Verlust im Spiel, macht ihn muthig oder furchtsam, hart oder mild, klug oder dumm."

„Diese außerordentliche, von jedem fremden Eindruck maitrisirte Weichlichkeit des Geistes und Körpers ist sein charakteristischer und sein Hauptfehler; er ist daher keiner anhaltenderen Unternehmung fähig, obgleich er bald diese, bald jene mit der größten Leidenschaft ergreift, aber immer halb vollendet liegen läßt, um einer neuen Caprice nach- zujagen; er wünscht beständig, sobald er aber seinen Wunsch erreicht hat, scheint ihm die Sache nicht mehr wünschens- werth."

„Ein zweiter Fehler, oder vielmehr eine beklagenswerthe Disposition, die ihn selbst sehr unglücklich, und für Andere langweilig macht, ist der unaufhörliche Widerspruch, den auf der einen Seite eine weitgetriebene Eitelkeit, und auf der anderen noch weiter getriebenes Mißtrauen zu sich selbst in seinem unruhigen Gemüthe erregt. Dies ist die Ursach, daß er selten etwas à propos sagt oder thut; er war zum Beispiel, da ich ihn noch genauer kannte, eben so lieberlich als schwärmerisch, aber beide Eigenschaften wurden stets verkehrt angebracht; so lange er auf der Schule und Uni- versität war, machten ihm die Wissenschaften Langeweile, als er aber Offizier wurde, fing er an zu studiren, lernte aber von seinem Fach nie mehr als höchstens nöthig ist, um auf die Wache ziehen zu können; jetzt ist er auf Reisen gegangen, und hat damit angefangen, sich anderthalb Jahr in Wien niederzulassen. Es fehlt ihm nicht an Verstand, aber er zeigt ihn gewiß nur eben wo es besser wäre ihn zurückzuhalten, ist er aber nöthig, so verliert er ihn durch das Mißtrauen in seine eigenen Kräfte, welches der ent- scheidende Augenblick meistentheils in ihm zu erwecken pflegt. Er ist satyrisch und greift gern an, oft nicht ohne Erfolg, erhält er aber eine treffende Antwort, so vergeht ihm ge- wöhnlich die Sprache, und erst nach einer Viertelstunde fällt ihm ein, was er hätte erwiedern sollen, er hat, um mich mit dem Abbé Voisenon auszudrücken, ein Schwert zum Angreifen, aber kein Schild zur Vertheidigung."

„Man kann sich denken, wie schmerzhaft solche Szenen
für seine Eitelkeit sein müssen, die jede Rolle unnütz und
nicht der Mühe werth hält, die nicht unter die ersten gehört,
während sein Mißtrauen und die wenige Lebhaftigkeit seines
Verstandes, die seltsam mit der Leidenschaftlichkeit seines
Temperaments und seines übrigen Charakters kontrastirt,
ihn oft unter den letzten zurückläßt. So ziehen ihn Menschen von großer Liebenswürdigkeit im Umgang durch eben
jene Eigenschaften, die ihnen fehlen, eben so sehr an, als
sie ihm imponiren, obgleich er ihnen vielleicht an wahrem
Verstand nicht weit nachsteht; in der Unterhaltung mit ihnen
scheint ihm alles, was sie äußern, so vortrefflich, und alles
was er selbst beitragen konnte, so unwürdig neben dem
ihrigen zu figuriren, daß er aus Furcht etwas zu Unbe-
deutendes zu sagen, lieber gar nichts sagt, und, weil er
sich nicht traut, so viel auf die Anderen Achtung giebt, daß
er darüber sich selbst vergißt, und am Ende keiner zusammenhängenden Gedanken mehr fähig ist. Daher kommt es,
daß solche Leute ihn oft weniger vortheilhaft beurtheilen,
als er es verdient, denn au bout du compte, mögen unsere
Pedanten der Jugend noch so sehr das Schweigen anrathen,
ein junger Mensch, der dasitzt ohne den Mund aufzuthun,
wird immer wenigstens für sehr untergeordnet gehalten
werden. Leute, die er zu übersehen glaubt, bringen aus
verschiedenen Gründen oft dieselbe Wirkung auf ihn hervor,
nämlich daß er ebenfalls schweigt, weil er mehr im einsamen
Nachdenken, als im Gespräch mit ihnen zu gewinnen glaubt,
welches ihm Langeweile verursacht. Er muß sehr bekannt
sein, um ganz unbefangen zu sprechen, und es giebt viele
Menschen, mit denen er nie aus den Gränzen des Fremd-
seins heraustreten kann, denen er folglich nie in seiner
wahren Natürlichkeit erscheinen wird.“

„Alle diese Gründe vereinigen sich, ihm die Gesellschaft

überhaupt größtentheils zuwider und langweilig, und die gewöhnlichen Unterredungen derselben unerträglich zu machen, weil er sich zum Reden verbunden fühlt, ohne hoffen zu können, weder selbst etwas Interessantes zu sagen, noch irgend einen Nutzen oder Vergnügen aus dem eben so eitlen Geschwätz der Anderen zu ziehen, und überdies gewiß ist, sich nicht nur unvortheilhafter, sondern wirklich anders zu zeigen, als er ist. Alles dieses leidet jedoch oft Ausnahmen, deren Grund man in den natürlichen Gegensätzen seines Charakters suchen muß."

„Seit einiger Zeit pikirt er sich Philosoph zu sein, und ich muß ihm die Gerechtigkeit widerfahren lassen, daß er wirklich damit angefangen hat, sich selbst zu bessern, wiewohl, aufrichtig gesagt, bis jetzt noch mit ziemlich schwachem Erfolg. Da er indeß die Tugend als die höchste sittliche Schönheit, die man um ihrer selbst willen lieben muß, erkannt zu haben scheint, und wenigstens sie zu erreichen strebt, da er zur Kunst und den Wissenschaften mehr Liebe trägt als je, so ist es wohl noch möglich, daß wenn er auf diesem Wege bleibt, er einst, von der Welt zurückgezogen, in der Gesellschaft einiger ausgesuchten gebildeten Freunde die ruhige Zufriedenheit findet, die ihn bis jetzt so weit geflohen hat."

An anderer Stelle, nämlich im vierten Bande der „Tutti Frutti" S. 142, macht Pückler in der Gestalt des Herzogs von Hohenburg ein anderes etwas späteres Selbstportrait seines Charakters. Es lautet:

„Von der Natur nicht stiefmütterlich begabt, gesund und im kräftigsten Mannesalter, seit acht Jahren Besitzer der großen Herrschaften, die ihm ein früh verstorbener Onkel hinterlassen (und eben jener Vetter vergebens streitig machte), unabhängig und frei, führte er (der Herzog) ein eigenthümliches, oft romanhaftes, immer unruhiges Leben, das Wenige

nachzuahmen weder Luft noch Fähigkeit gehabt haben würden.
Denn wir müssen gestehen: es war ein wunderlicher Hei=
liger, dieser Herzog! Seine eigenen Besitzungen nur höchst
selten besuchend, so daß er dort fast am wenigsten bekannt
war, irrte er fortwährend, bald da, bald dort, in der Welt
umher. Von allem hatte er etwas versucht, bei nichts war
er geblieben, und trotz aller Welterfahrung und Beobachtungs=
gabe konnte man dennoch mit Recht von ihm sagen: daß er
nur in der Phantasie wirklich lebe, in der Wirklichkeit
aber blos phantasire, weshalb er sich auch nie recht in
diese zu finden wußte. Aus dem nämlichen Grunde mochte
es wohl kommen, daß er selten selbst genau angeben konnte,
was er wolle, und Andere also noch weniger aus ihm klug
zu werden vermochten. So viel ist gewiß, daß nie bei ihm
der Fortgang seiner Handlungen mit irgend einiger Sicher=
heit voraus zu bestimmen war; und nicht leicht war es
wohl einem Menschen gegeben, der mobiler sich in sich selbst
umzuwandeln fähig gewesen wäre. Heute noch stolz, sar=
kastisch und übermüthig, kaum etwas in der Welt zu hoch
für seinen Angriff haltend, und alles mit bitterem Spotte
höhnend, sah man ihn vielleicht morgen schon mit schwär=
merischer Gluth und innigstem Enthusiasmus einem Beispiel
hoher Tugend huldigen, ja mit schüchterner Demuth selbst
geringerem Verdienste sich willig unterordnen. Begegnete
man aber demselben Menschen einige Tage später, so konnte
es wohl sein, daß man in ihm nur einen phantastischen,
leichtsinnig unbesorgten, weltlichen Wüstling wiederfand, der
nie für einen ernsten Gedanken, für einen tiefen Eindruck
empfänglich gewesen zu sein schien."

„So machten ihn diese ewigen Kontraste zu einem Räthsel
für Alle, abstoßend für Viele, verführerisch aber auch und
unwiderstehlich anziehend für Manche! Denn neben den
düstern Stellen gab es auch helle Lichter — und wer sich

an das Edle in seiner Natur vertrauend zu wenden wußte, fand wohl einen tiefen, erfrischenden Quell in seinem Gemüth, der nie versiegte, wenn er gleich öfters zugeworfen schien."

„Seine größte Schwäche war Eitelkeit — und um so mehr, da sie, gegen bessere Erkenntniß, durch eine ganz eigenthümliche Anomalie, ihre Nahrung nur in äußeren Zufälligkeiten und wahren Lappalien suchte, hinsichtlich des inneren, ächten Werthes, das heißt in Bezug auf moralische und intellektuelle Eigenschaften aber gar nicht zu existiren schien."

„Im Ganzen, glaube ich, scheute man ihn mehr, als man ihn liebte, doch nicht seine Freunde, die fest an ihm hielten. Daß es deren nur wenige gab, kam wohl großentheils auch daher, weil es bei ihm so schwer ward, auf den eigentlichen Kern zu bringen, und niemand der flüchtigen Bekanntschaft jederzeit offner, dem engeren Freundschafts= bündniß dagegen tiefer verschlossen war."

„Reiche und vornehme Leute machen überhaupt immer schlechte Erfahrungen über menschlichen Werth, und nehmen daher leicht eine bittere Geringschätzung der Massen an, die sich nachher nur schwer zu Ausnahmen entschließt, und eine Geistesstimmung hervorbringt, welche oft den Verstand auf Kosten des Herzens ausbildet."

„Seit einigen Jahren hatte indeß unser Herzog, der viel gesehenen Welt schon ziemlich müde, jene heterogenen Eigenschaften bedeutend zusammengeschmolzen, obgleich Gutes und Uebles noch immer so rüstig in ihm stritten, daß ein vollkommener Sieg des einen oder des anderen fortwährend sehr hypothetisch blieb. Um nun diesen zu beschleunigen (denn es war ihm selbst ernstlich um Besserung zu thun) und dem Guten in ihm einen der mächtigsten Gehülfen zu geben, den dieses im Leben zu finden vermag — eine zweite

Seele, die abwechselnd sich in die unsere versenken, oder uns in die ihrige aufnehmen kann — war jetzt seines Herzens Wunsch lebhaft auf eine baldige Vermählung gerichtet. Man kann sich leicht denken, daß ein Mann wie er, für jeden Genuß so empfänglich, und nicht übertrieben gewissenhaft über die Natur desselben, bei seiner gewinnenden Persönlichkeit und seinen vielen Mitteln, mannigfache Eroberungen in dem Lauf seines bunten Lebens gemacht haben mußte. Doch hatte er bei diesem schnellen Wechsel nie jenes andauernde, auf Legitimität in der Liebe allein sicher zu gründende Glück finden können, das sein scharfer und feiner Geist, und sein ursprünglich edles Gemüth, vielleicht ihm selbst unbewußt, immer mit vager, schmerzlicher Sehnsucht gesucht hatten."

„Es trat ihm aber bei diesen guten Vorsätzen sehr viel in den Weg, und am meisten ohne Zweifel die seltsamen Mittel, die er selbst zu ihrem Gelingen einschlug, sowie jene schon erwähnte Unstätigkeit, die bald wollte, bald nicht wollte, oft vor dem Erlangten wieder erschrak, und nie etwas Wirkliches zu finden im Stande war, was jenen ihm stets Gesellschaft leistenden Idealen der Phantasie hätte gleich kommen können."

„Hochmüthig durch Geburt und Erziehung, und liberal durch Nachdenken und Urtheil, wollte er sich zwar im Anfang nie durch niedrigen Stand abschrecken lassen, fühlte aber, näher rückend, doch immer einen unwillkürlichen Schauder bei dem Gedanken an eine totale Mesalliance, der ihn definitiv zuletzt immer zur Flucht trieb. Vornehme Damen dagegen fand er meistens zu verwöhnt oder unnatürlich, und da er abwechselnd eben so avantageus als demüthig war, so erschien ihm oft Eine, die an keinem jener ihn abschreckenden Fehler litt, nur deshalb wenig wünschenswerth, weil eben nicht ein einziger Nebenbuhler sie zu begehren schien;

eine Andere aber gar nicht zu entamiren, weil schon so viele Würdigere als er ihre Augen auf sie gerichtet hatten."

Man muß zugeben, daß Pückler in beiden Bildnissen sich nicht geschont hat, und weit entfernt sich zu schmeicheln, mit merkwürdig klarem psychologischen Blick sich richtig beobachtete, und wenn auch nicht die Schatten zu stark, doch gewiß die Lichter nicht hell genug aufsetzte.

Dreizehnter Abschnitt.

Gräfin Julie von Kospoth. Gräfin von Schönburg-Lüttichau. Eine junge Großtante. Mimi von Oertel. Ausflug nach Weimar. Adele Schopenhauer. Der Befreiungskrieg. Schritte Pückler's, um am Kampfe theilzunehmen. Erkrankung. Waffenstillstand. Die Franzosen in Muskau. Verhaftung in Bautzen. Generaladjutant des Herzogs von Weimar. Kriegszüge. Antwerpen. Kassel. Brügge. Nach dem Frieden Reisen nach Paris und London.

Zu den Neigungen Pückler's in den ersten Monaten nach seinem Regierungsantritte gehörte auch die schöne, liebenswürdige Gräfin Julie von Kospoth (geb. von Poser-Näslitz) auf Halbau, die mit seiner Schwester Agnes befreundet war, und die er in Muskau, wo sie mit ihrem Gatten und einem sechsjährigen Knaben zum Besuch erschien, so wie bei Ausflügen in die Nachbarschaft häufig zu sehen Gelegenheit hatte. Er war ganz bereit, mit dieser zweiten Julie, wie mit der ersten, einen leidenschaftlichen Liebesroman anzuspinnen; er schickte ihr Blumen, er schrieb ihr, bekannte ihr seine zärtlichen Gefühle, und glaubte wahrzunehmen, daß sie nicht glücklich in ihrer Ehe sei, worauf er große Hoffnungen setzte, wie er denn auch Fragen in diesem Sinne that. Doch er irrte sich hierin, und die edle Frau gehörte zu den früher erwähnten Ausnahmen: sie widerstand den Verlockungen, und ein Brief von ihr aus Halbau vom 8. März 1811 weist ihn in einfachem,

natürlichem Tone sanfter und herzlicher Freundschaft zart
in die Gränzen zurück, die ihrem treuen und aufrichtigen
Sinne die einzig möglichen erschienen. Sie sagte ihm, daß
sie glücklich mit ihrem Gatten sei, und kein anderes Glück
wünsche als dieses. „Noch eine Bitte habe ich an Sie,
werden Sie mir sie erfüllen?" schließt ihr Brief. „Ich
wünschte, Sie schrieben mir nicht mehr; legen Sie es mir
nicht für Kälte oder Gefühllosigkeit aus, allein ich kann
das offene, unbefangene Betragen gegen meinen Mann
nicht behaupten, so bald ich etwas vor ihm verbergen muß,
und es würde nun öfterer geschehen, daß ich mich von der
Gesellschaft entfernen müßte, um Ihnen zu antworten, und
dann müßte ich immer ein Geschäft vorgeben, das nicht
wahr wäre; wollen Sie, daß ich meinen älteren Freund
belügen soll, gegen den ich nie Unwahrheiten sprach? Nie
soll er, dies Versprechen habe ich Ihnen schon in Muskau
gegeben, erfahren, daß Sie mehr als Freundschaft für mich
gefühlt haben, ich halte es gewiß. Bleibt Ihnen noch
etwas übrig, was Sie mir sagen möchten, dann finden Sie
gewiß Gelegenheiten, wenn ich Sie einmal wiedersehen
werde. Ich werde mich immer Ihres Wiedersehens freuen,
obgleich um Ihretwillen ich es nicht wünschen kann. —
Sie sprachen in Muskau von Immortellen; hier folgt
eine zum Dank für die schönen frischen Blumen von Ihnen,
mein theurer Freund, sie sei das Bild unserer Freund=
schaft, sie wird von meiner Seite unwandelbar — perpetuell
sein. Dies gelobet Julie."

Pückler bewahrte ihr eine liebevolle Erinnerung; Julie
ging an seinem Leben vorüber wie ein schöner Stern, an
dessen mildem Glanz er sich nur aus der Ferne erfreuen
durfte.

Mit der Gräfin von Schönburg=Lüttichau wechselte er
in demselben Jahre graziöse französische Billette. Auch

einer jungen Großtante, die im Alter nicht sehr von dem
seinigen verschieden gewesen sein kann, macht er in französischen Briefen den Hof, schickt ihr Ortolane, die er für
sie geschossen, und erbittet sich die Erlaubniß, ihr zuweilen
Früchte aus seinen Treibhäusern schicken zu dürfen, deren
hoher Wärmegrad nur mit dem Grade der Zuneigung und
hohen Achtung zu vergleichen sei, die er für sie empfinde.

Einen deutschen Briefwechsel führte er mit Frl. Mimi
von Oertel auf Carolath, der auch auf Kunst und Litteratur
einging. Einem Brief Pückler's an diese junge Dame
verdanken wir eine Schilderung eines Ausfluges, den er
1812 nach Weimar machte. Warum lebt Adele Schopenhauer nicht mehr! Sie könnte hier lesen, was bisher wohl
die Wenigsten wußten, und vielleicht sie selbst nicht einmal,
daß sie Pückler so begeisterte und ihm so wohl gefiel, daß
er wünschte, seine künftige Frau möchte ihr treues Ebenbild sein. Und die Wahrheit solches Wunsches wird dadurch noch doppelt verbürgt, daß Pückler ihn nicht gegen
die Betreffende, sondern gegen eine andere Frau, eben
gegen Frl. Mimi von Oertel aussprach.

„Also Weimar hat auch das Verdienst, Ihre Geburts-
stadt zu sein," schreibt Pückler an Frl. von Oertel im
November 1812; „wahrlich, ein Grund mehr für mich, es
zu lieben, wie ich schon aus vollem Herzen thue. Die
Damen, die sich nach der „lieben, klugen und guten Mimi"
mit so lebhaftem Interesse erkundigten, (bemerken Sie,
liebenswürdige Mimi, daß klug vor gut gesetzt wurde, ein
Beweis, daß Ihr Zünglein in sarkastischem Rufe stehen
mag) gehören zu den seltensten Erscheinungen in dieser lang-
weiligen und verkehrten Menschenwelt. Es sind die Hofräthin Schopenhauer und ihre herrliche Tochter. Ich bin
unverdienter= und ungesuchterweise in ihrem Hause mit
einer Güte aufgenommen worden, von der ich wohl sagen

kann, daß sie mir eben so unvergeßlich bleiben wird, als
der Genuß, den mir die kurze Bekanntschaft dieser Damen,
so wie ihres braven, gemüthlichen und gehaltvollen Freundes,
Herrn Müller's, gewährt hat. Von diesem letzteren bin
ich so frei, ein Buch beizulegen, was Sie, wenn es Ihnen
nicht schon bekannt ist, gewiß innig anziehen, erschüttern
und rühren wird. Frau Hofräthin Schopenhauer ist die
angenehmste Frau, die ich je sah, ihre Unterhaltung voller
Interesse, und doch von der seltenen Art, die weit weniger
zu glänzen, als Andere in das vortheilhafteste Licht zu
setzen, und das Ganze leise und unmerklich zu beleben sucht.
Auch sie ist in der litterarischen Welt durch mehrere sehr
gelungene Arbeiten bekannt; ihre Tochter Adele ist eines
von den weiblichen Wesen, die entweder ganz kalt lassen,
oder tiefes, unwandelbares Interesse erregen müssen. Was
meine eigene Individualität angeht, kann ich nicht mehr
über sie sagen, als daß ich wünschte, meine künftige Frau
möchte ihr treues Ebenbild sein; ihr Aeußeres gefällt mir,
ihr Inneres ist eine schöne Schöpfung der Natur. Diese
Unbefangenheit und wahre Unschuld des Gemüths, diese
kindliche Naivetät bei so seltener, ja ich möchte fast sagen,
schauerlichen Tiefe, diese natürliche Gewandtheit im Um=
gange bei der brennendsten Einbildungskraft, diese stille
Herrschaft über sich selbst bei der bewundernswürdigsten
Leichtigkeit sich jedes Talent zu eigen zu machen, und bei
so vielen Anlässen zur Eitelkeit diese aufrichtige, ungezwungene
Bescheidenheit — bilden ein Ganzes, dem wenig Mädchen
unserer Zeit gleichen werden. Gestehen Sie, Fräulein
Mimi, daß ich Sie selbst für eine der vorzüglichsten halten
muß, da ich es wage, Sie mit einer so langen Lobrede auf
eine Ihrer Schwestern zu unterhalten. Wenn Sie mir
Ihr Versprechen halten, mich zu besuchen, werde ich Ihnen
ausgeschnittene Phantasieen von dieser Adele zeigen, deren

Anblick mir noch immer den reizendsten Genuß gewährt, aber aus den Händen gebe ich sie nicht."

„Die dritte Dame, mit der ich das Vergnügen hatte, von Ihnen zu sprechen, ist Frau von Spiegel, in deren Hause ich ebenfalls viele vergnügte Stunden verlebt habe, und die Ihrer mit vieler Freundschaft gedenkt. Goethe war diesmal abwesend, welches ich, wie Sie denken können, sehr bedauert habe. Ich hatte indeß schon früher vor zwei Jahren das Vergnügen, ihn in seinem Hause kennen zu lernen. Er mochte mir die aufrichtige, herzliche und folglich unbefangene Verehrung und Liebe, die ich zu ihm trage, in den Augen lesen, und so wohl selbst freundlich gegen mich gestimmt werden, denn er gönnte mir eine recht lebhafte Unterhaltung von mehr als einer Stunde. Sie wissen, bei großen Herren, und also mit noch mehr Recht, bei großen Männern, wird man durch eine so lange Audienz schon ganz stolz."

Daß Pückler früher bereits Goethe persönlich in Weimar kennen gelernt hatte, ist in dem vorhergehenden Briefe schon gesagt. Pückler bewunderte ihn aufrichtig, und schilderte mit Wärme den Eindruck, den Goethe's Erscheinung auf ihn gemacht hat. Dieser fühlte auch große Sympathie für Pückler, bestärkte ihn in seiner Liebe zur Natur, und regte ihn an zu seinen späteren Parkschöpfungen, von denen er einige kleine Proben mit Freude gesehen hatte. „Verfolgen Sie diese Richtung," sagte ihm Goethe beim Abschied, „Sie scheinen Talent dafür zu haben: die Natur ist das dankbarste, wenn auch unergründlichste Studium, denn sie macht den Menschen glücklich, der es sein will."

Es war dies zugleich auch wie eine persönliche Prophezeihung für Pückler, denn die Natur bereitete ihm weit mehr Freude im Leben, als die Menschen es thaten! —

Hatte Pückler bisher inmitten all dieser Anregungen

seinen Blick weniger auf die allgemeinen Zustände gerich=
tet, so kam nun die Zeit heran, deren bewegte Stimmung,
deren gemeinsame Begeisterung und deren nationaler Auf=
schwung ihn nicht unberührt lassen konnte. Der deutsche
Befreiungskrieg war es, der wie ein segensvoller Sturm=
wind alle edlen Gefühle der Nation aufrüttelte. Auch
Pückler's ritterliches Herz wurde tief ergriffen von der all=
gemeinen Bewegung; er brannte darauf, mit in den Kampf
zu ziehen, und fühlte sich zugleich als Haupt einer der
ersten Familien des Landes, und als erster Standesherr
der Lausitz doppelt verpflichtet, als ein Beispiel für die
Anderen dazustehen. Als der glänzende Ausgang des russi=
schen Krieges neue Hoffnungen in Deutschland erweckte, und
die Russen in Berlin einzogen, eilte Pückler dorthin, um
dem Schauplatz der Ereignisse näher zu sein; er übergab
dem General Czernitscheff ein Schreiben an den Kaiser
Alexander von Rußland, in welchem er ihm den Vorschlag
machte, er wolle ein Freikorps in der Lausitz errichten, und
hiezu um seine Genehmigung und öffentliche Autorisation
nachsuchte. Vergebens aber sah Pückler wochenlang der
Antwort entgegen; endlich des Wartens müde, konnte er
seine Ungeduld nicht länger bezwingen, und bat den General
Grafen Wittgenstein, ihn als Freiwilligen in seiner Suite
aufzunehmen. Doch auch dieser Plan sollte sich nicht er=
füllen, denn wenige Tage vor Wittgenstein's Abreise wurde
Pückler vom Nervenfieber befallen, an dem er mehrere
Wochen darniederlag. Noch kaum hergestellt, wollte er
eiligst in das Hauptquartier der Verbündeten abreisen, als
er auf seinen Gütern, durch die sein Weg ihn führte, schon
wieder die Franzosen fand, und wenige Tage später die
Schlacht von Bautzen ganz Sachsen von neuem Napoleon
unterwarf.

Er war nun auf tausend Arten in seinen Besitzungen

in Anspruch genommen, die für den Augenblick zu verlassen beinahe unmöglich erschien, da sie überall seine Fürsorge und Hülfe erforderten. Während des Waffenstillstandes schickte ihm der General Berthier 4000 Mann Würtemberger unter den Generalen Normann und Döring, mit dem Befehl, nicht aus der Gränze der Herrschaft Muskau zu gehen; diese Truppen vernichteten muthwillig alles, was sie vorfanden, auf viele Jahre hinaus. Zu all dem Unglück kam noch das furchtbare Nervenfieber, das die Landleute zu Hunderten dahinraffte, und die Dörfer traurig verödete. Pückler sah dem Ruin seines Vermögens entgegen.

Als der Krieg neu begann, ging er daher nach Bautzen, um den schwer gedrückten Muskauern einige Hülfe zu verschaffen, traf aber dort den Kaiser Napoleon, der ihn verhaften, und wegen seiner Berliner Beziehungen scharf verhören ließ. Man behandelte ihn wie einen Missethäter, und führte ihn von einer Militairbehörde zur anderen, bis er endlich dem General Radet, damals Grand Prévost der Armee begegnete, den er von früher kannte, und der ihn auf die Fürsprache der Landesältesten bis auf weitere Untersuchung freiließ.

Die folgenden Weltereignisse veränderten die Situation, und sogleich nach der Schlacht von Leipzig eilte Pückler, auf's neue dem Vaterland seine Dienste anzubieten. Er bat den General Thielemann, ihn in einer Art als Freiwilligen anzustellen, wo er sogleich in Thätigkeit treten könne. Gleichzeitig schlug ihm der Generalgouverneur von Sachsen, Fürst Repnin, vor, eine Abtheilung Landwehr bei sich zu errichten; da er aber durch die Folgen des Krieges und eine ungeheure Schuldenmasse in eine Lage versetzt war, die ihm die Auftreibung der hiezu nöthigen bedeutenden Geldmittel ganz unmöglich machte, und ohnehin gewiß sein mußte, nach den entsetzlichen Verheerungen des Nerven-

fiebers auf seinen von jeher nach ihrem Umfang unverhält=
nißmäßig gering bevölkerten Besitzungen nur wenig Dienst=
fähige zu finden, und da er andrerseits fürchtete, mit lang=
samer Organisation im Lande viele Zeit zu verlieren, wäh=
rend seine Landsleute sich täglich mit dem Feinde schlugen,
so zog er es vor, die Stelle eines Generaladjutanten beim
Herzog von Weimar anzunehmen, wo er schneller in's
Feuer zu kommen hoffte.

Man rückte nun nach den Niederlanden vor, wo sich
für Pückler Gelegenheit darbot, sich durch Waffenthaten
sowohl als entschlossene Thätigkeit auszuzeichnen. In dem
Bülow'schen Armeekorps focht er in mehreren hitzigen Ge=
fechten bei Antwerpen; mit den Engländern war er bei
dem Sturm auf das Dorf Merxen, mit den Russen machte
er unter General Geismar alle die glänzenden Affairen
mit, bei denen dieses Korps engagirt war. Bei dem Ge=
fecht von Kassel, wo ein Major Namens Borge an Pückler's
Seite erschossen wurde, und von sechs Offizieren, die sich
mit ihm an der Spitze der sächsischen Schwadron befanden,
nur er selbst und ein Herr von Schellerstein unverwundet
blieben, entwickelte er eben so viel Umsicht als Tapferkeit.
Einem französischen Husarenobersten, der weit vor die Fronte
vorgekommen war, ritt er ganz allein entgegen, den ange=
tragenen Zweikampf unbedenklich annehmend, während die
beiderseitigen Truppen ruhig zuschauten. Eine Zeitlang
kämpfte Pückler mit ihm, zuletzt stürzte sein Gegner vom
Pferde, und Pückler verfolgte ihn nicht weiter. Bei der
Affaire von Kassel wurden sechs Kanonen erobert, die
Pückler allein durch die feindlichen Haufen glücklich nach
Tournay brachte.

Später, als er nicht mehr als 120 Pferde bei sich
hatte, wurde er von 700 Mann und 4 Kanonen ange=
griffen, wo er sich so lange gut hielt, bis mehrere Gegen=

stände, worunter eine bedeutende Summe Geld, das für
die Verbündeten erhoben war, glücklich gerettet werden
konnten, dann aber, als er von allen Seiten plötzlich abgeschnitten, und vom Korps des Generals Maison umgeben,
schon für gefangen angesehen wurde, gelang es ihm, durch
einen wohlberechneten forcirten Nachtmarsch sowohl die
120 Pferde mit dem geringen Verlust einiger Gebliebenen
und Verwundeten, als auch die neuangeworbenen und noch
sehr wenig eingeübten 500 Jäger wohlbehalten zum Haupt-
korps zurückzubringen.

Als Pückler mit seiner Beute in das Hauptquartier
des Herzogs von Weimar zurückgekehrt war, wurde er mit
einer preußischen Escadron von dem Generallieutenant von
Borstell nach Brügge geschickt, um während der Verwaltung der Niederlande durch den Herzog von Beaufort das
Departement de la Dyle als Militair- und Civilgouverneur
so weit zu organisiren, daß es militairisch benutzt werden
könne, und wo möglich eine freiwillige Bewaffnung daselbst
zu beginnen. In wenig Wochen gelang es ihm, nicht nur
die vielfach gestört gewesene Ordnung wiederherzustellen,
sondern auch ein Freikorps von 500 Jägern anzuwerben,
das er größtentheils durch freiwillige Beiträge einkleidete
und bewaffnete. Ein Ehrengeschenk von tausend Napoleons,
das ihm in gerechter Anerkennung seiner Verdienste die
Stadt Brügge aus Dankbarkeit machte, überschickte er
großmüthig dem General von Borstell zur Vertheilung
unter seine Division.

Pückler empfing für seine Waffenthaten mehrere Orden,
worunter der Wladimir, und wurde zum Oberstlieutenant
befördert.

Nach dem Frieden von 1814 sandte ihn der Herzog
von Sachsen-Weimar als Kourier nach Paris an den

Kaiser Alexander. Darauf trat er aber wieder in die Freiheit und Unabhängigkeit des Privatlebens zurück, befriedigte vorerst seinen Wunsch, England zu besuchen, das er nach allen Seiten hin gründlich studirte, und kehrte im April 1815 wieder nach Muskau zurück.

Vierzehnter Abschnitt.

Seltsamkeiten. Luftschifffahrt. Mitternächtlicher Besuch in der Familiengruft. Heirathsgedanken. Reichsgräfin Lucie von Pappenheim; ihre Tochter Adelheid; ihre Pflegetochter Helmina. General-Konsul Sigismund Dehn. Verlobung mit Lucie.

Immer größer wurde das Aufsehen, welches Pückler überall durch seine Persönlichkeit erregte, durch seine geistige Bedeutung sowohl, die ihn den Ausgezeichnetsten und Besten verknüpfte, als auch durch seine Sonderbarkeiten, um derentwillen die Menge ihn anstaunte. Er liebte Aufsehen zu erregen, und er that dies durch seine Kleidung, durch seine tollkühnen Reiterstücke, durch tausend Ungewöhnlichkeiten. In Berlin sah man ihn zuweilen in einem Wagen mit vier Hirschen bespannt, die er sich im Muskauer Park gezähmt hatte, die Linden entlang fahren. Er that alles, was ihm beliebte. Plötzlich ließ er an einer Straßenecke den Wagen still halten, und vertiefte sich stundenlang in das Lesen eines Buches, ungestört um die Menge, die sich um ihn versammelte, und mit neugierigen Blicken seine phantastische Kleidung musterte.

Einen muthwilligen Streich führte Pückler gegen einen Geistlichen aus. Er fuhr einen ehrwürdigen Prediger im Muskauer Park spazieren, als ein unerwarteter Platzregen beide gänzlich durchnäßte. Pückler war hiegegen sehr gleichgültig, aber der Prediger seufzte und klagte. Da erklärte

Pückler, er wolle Rath schaffen: er fuhr bei einem seiner Förster vor, und überredete seinen Begleiter, er solle, um seine Gesundheit zu schonen, die nassen Kleider ablegen, und während man diese am Feuer trocknete, und da kein passender männlicher Anzug vorräthig sei, das Sonntags= kleid der Frau Försterin anziehen. Als diese Umwandlung stattgefunden, meinte er, sie wollten nun in der wieder warm und freundlich scheinenden Sonne ein wenig weiter im Park umherfahren, wo es ja so einsam sei, daß nie= mand ihnen begegnen werde. Der geistliche Herr willigte ein. Kaum waren sie aber eine Strecke von dem Förster= hause entfernt, als Pückler den Pferden die Zügel schießen ließ, und aller Bitten seines Begleiters ungeachtet, mit diesem in die Stadt hinein und einigemale um die Kirche herumfuhr, wobei die Straßenjugend erstaunt der komischen Maskerade zujauchzte. Dann ging es von der anderen Seite wieder aus der Stadt hinaus, und auf Umwegen nach dem Försterhause zurück, wo dann die Sachen in der That getrocknet waren, und die Försterin ihren Staatsan= zug, und der Prediger sein geistliches Kleid zurück erhielt.

In Weimar führte Pückler einen anderen Streich aus. Es fand dort ein Hofball statt, zu dem er nicht eingeladen war. In der kleinen Residenz ging es einfach her. Viele der Gäste stellten sich bei dem schönen Wetter zu Fuß ein. Da bricht ein Gewitter los. Der Regen ergießt sich in Strömen, und es ist kein Ende abzusehen. Die Damen treten in ihrer leichten, eleganten Toilette aus dem Korri= dor in die Säulenhalle. Man ruft nach Miethskutschen, deren mehrere bereit stehen. Die Kutscher aber antworten nicht auf den Ruf. Man ruft zum zweitenmal, angstvoll und dringend. Da lautet die Antwort von allen Seiten: „Besetzt!" und wie ein Echo tönt es wieder: „Besetzt! Besetzt!" — Pückler hatte alle Wagen für sich miethen lassen.

Den 9. Oktober 1816 stieg er mit dem Luftschiffer
Reichard in dessen Luftballon auf, noch kaum von einer
schweren Krankheit genesen. Reichard gab seinen Ballon
her, Pückler bestritt die Kosten, die sich auf 600 Thaler
beliefen. Er hatte so viele Menschen kennen gelernt, sagte
er, nun wolle er auch einmal das Reich der Adler sich betrachten. Es war ein wolkenloser Herbsttag. Halb Berlin
lief zusammen auf Plätzen und Straßen, um den Grafen
Pückler aufsteigen zu sehen. Er hat später in den „Tutti
Frutti" eine Beschreibung seiner Fahrt gemacht, mit der
ganzen Meisterschaft, die ihm für Naturschilderungen zu
Gebote stand. Er giebt uns darin eine genaue Vorstellung
von dem seltsamen Gefühl der Einsamkeit, das ihn ergriff,
so fern von der Erde, in der geheimnißvoll lautlosen Natur,
eingetaucht in ein Wolkenmeer, das ihn wie dichte Schleier
umgab, durch welche die Sonne nur wie der Mond schien,
eine „Ossianische Beleuchtung," wie er es nennt.

Nach dieser phantastischen Wolkenreise sehen wir ihn
einsam auf dem Stammsitz seiner Ahnen über die Geheimnisse des Todes nachsinnen, und nachdem er sich in die
Lüfte erhoben, in die Tiefe des Grabes hinabsteigen. Trotz
eines unwillkürlichen Grauens ließ er sich die Fallthüre
aufschließen, die mitten in der Kirche zu Muskau zu seiner
Ahnengruft hinabführte, und entschlossen, jede Furcht zu
besiegen, schickte er herzhaft den Küster fort, und stieg um
Mitternacht allein hinab, nachdem zuvor auf seinen Befehl
drei Särge geöffnet worden waren. Er erkannte sogleich
zuerst seinen Großvater, dann sah er das Gerippe eines
Landvogtes, der Feldoberst im dreißigjährigen Kriege gewesen, und eine Frau, die im Leben die schöne Ursula genannt wurde, und nun gar abschreckend aussah in ihrem
Mantel von feuerfarbener Seide mit Goldfranzen, der bei
der ersten Berührung in Staub zerfiel. Was bei diesem

Anblick in Pückler's Seele vorging, das vermögen seine eigenen Worte am besten auszusprechen: „Es war eine unbeschreibliche Stimmung, in der ich mich befand. Nein, es war nicht Furcht, es war nicht Grausen noch Entsetzen, es war nicht Wehmuth — aber als sei alles dies in mir zu einem unerklärlichen Zustande zusammen gefroren, als sei ich selbst schon ein Todter — so war mir zu Muthe. — — Ich setzte mich hin, und betrachtete die lange Reihe Särge, und die aufgedeckten Todten lange in dumpfer Betäubung; dann fiel ich auf meine Kniee und betete, bis das Eis in meiner Brust in schmerzlich süße Thränen verschmolz. Was von Furcht, Grausen und allen unheimlichen Gefühlen in mir gewesen, es verschwand vor Gott, und stille, sanfte Wehmuth blieb allein zurück. Ich küßte ohne Abscheu meines guten alten Großvaters kaltes Haupt, schnitt eine spärliche Locke von seinem ehrwürdigen Scheitel, und hätte er in diesem Augenblick sich empor gehoben und meine Hand gefaßt, ich hätte mich nicht davor entsetzt." — Dann dachte Pückler an seinen eigenen Tod, an sein eigenes Begräbniß. Er wollte sich nicht von seinen Vasallen, sondern von den guten rüstigen Wenden, denen er das Leben leidlich erhalten, indem er ihnen Arbeit gab, hinaustragen lassen auf die Berge, dahin, wo seine liebste Aussicht war, was ihnen als zehnfacher Arbeitstag angerechnet werden solle, und sich dort einsenken lassen. Damals schon hegte er den Wunsch, den er stets beibehielt, seinen Leichnam verbrennen zu lassen. „Dürfte ich dort in Feuer aufgehen, noch besser," ruft er aus, „aber ich glaube, die Kirche gestattet es nicht. Sie verbrennt nur Lebende; freilich auch diese schon lange nicht mehr, aber unsere Schuld ist dies, ihre gewiß nicht. Den Schein der Fackeln will ich auch nicht, sondern Sonne, aber Musik darf nicht fehlen; nur keine traurige, lieber moderne Kirchenmusik von Rossini aus Graf Ory zum

Beispiel, oder, wie ich neulich, nach eben eingeführter neuer Agende, das Jägerchor aus dem Freischützen recht brav von der Schuljugend ausführen hörte. — Warum auch Trauer? Gott lebt ja noch, wenn w i r auch todt sind, und also ist eigentlich kein Ende, sondern nur ein neuer Anfang — kein Tod, sondern nur eine Geburt zu celebriren."

Doch glücklicherweise haben wir uns noch lange nicht mit dem Tode unseres Helden zu beschäftigen, dem das Geschick ein langes Leben beschieden hatte, sondern vielmehr mit — seiner Heirath!

Ja, der Augenblick rückte heran, wo Pückler sich zu vermählen gedachte!

Er hatte in Berlin die Bekanntschaft der Reichsgräfin Lucie von Pappenheim, der Tochter des Staatskanzlers Fürsten von Hardenberg gemacht. Sie war geboren den 9. April 1776 zu Hannover, und vermählte sich 1796, zwanzigjährig, zu Anspach mit dem Reichsmarschall und regierenden Grafen Karl Theodor Friedrich zu Pappenheim, einem schönen stattlichen Kavalier, dem sie auf seine Besitzung Pappenheim folgte. Sie schenkte ihrem Gemahl zwei Töchter und einen Sohn, von denen die beiden letzteren jedoch bald starben. Die Ehe, die glücklich begann, scheint später getrübt worden zu sein, denn nach Verlauf von sechs Jahren, im November 1802, verließ sie Pappenheim, und trennte sich für immer von ihrem Gemahl.

Nun lebte die Gräfin mit ihrer einzig lebenden Tochter Adelheid, die 1797 geboren, damals neunzehn Jahre zählte, und ihrer Pflegetochter Helmina in Berlin.

Die Gräfin Lucie war in ihrer Jugend eine schöne Frau gewesen; eine helle Blondine, mit ausdrucksvollen großen blauen Augen, schön gewölbten Augenbrauen, fein geschnittener leicht gekrümmter Nase, einem besonders lieblichen kleinen Mund, und sehr schöner Gesichtsfarbe. Mit den Jahren nahm sie an Körperfülle zu. Noch jetzt, als Pückler ihr begegnete, war sie eine stattliche Erscheinung.

Außerordentlich geübt in dem Talent, mehreren Damen gleichzeitig den Hof zu machen, brachte Pückler beeifert der Gräfin, ihrer Tochter, und ihrer Pflegetochter seine Huldigungen dar. In Gräfin Lucie fand er eine vollendete Weltdame, mit der tausend Beziehungen der Gesellschaft ihn verknüpften. Sie war neun Jahre älter als er, vierzig Jahre; ein reiches und bewegtes Leben lag hinter ihr; neben vielen Anderen hatte der General Bernadotte, der spätere König Karl Johann von Schweden, der sie zu Pappenheim auf dem Gute ihres Gemahls kennen gelernt, und später im Laufe der Kriegsereignisse in Hamburg und Altona wiedergesehen hatte, eine warme Freundschaft und leidenschaftliche Liebesneigung für sie gefaßt, die sie nicht ohne Erwiederung ließ. Gegenwärtig war sie befreundet mit Johann Baptist Sigismund Dehn, der früher als Banquier in Altona, dann als Königlich Schwedischer Generalkonsul in Berlin lebte. Dehn war von jüdisch-portugiesischer Abkunft, ein Mann von Intelligenz und Bildung, der den Frauen zu gefallen wußte, und befreundet mit dem Staatskanzler Hardenberg, mit General Tettenborn, dem Philologen Friedrich August Wolf und Anderen. Er verwaltete die Geldangelegenheiten der Gräfin, und war ihr zugleich ein geistreicher und antheilvoller Gesellschafter.

Lucie hatte ein vornehm aristokratisches Wesen, voll Feinheit und Formengewandtheit, Adelheid konnte gefallen durch ihre blühende Jugend, Helmina war eigenthümlich anziehend durch liebliche Schönheit und Anmuth.

Alle drei Damen waren angenehm beschäftigt und geschmeichelt durch den Verkehr mit dem schönen, liebenswürdigen und bereits berühmten jungen Grafen. Man erzählte sich in Berlin, Pückler habe eines Tages einige Freunde befragt: was wohl mehr Aufsehen machen würde, wenn er die Mutter, oder wenn er die Tochter heirathe? Und als er zur Antwort erhielt: die Mutter, habe er am folgenden Tage um die Mutter angehalten.

Ob diese Erzählung auf Wahrheit begründet war, möge dahingestellt bleiben, so viel aber ist gewiß, daß er sich am 20. November 1816 mit Lucie verlobte. Eine Heirath aus Neigung konnte das freilich von Pückler's Seite nicht im entferntesten genannt werden; der unbekannten Prinzessin, deren geträumtes Bild ihn als angenehmes Phantom auf seinen Reisen begleitet hatte, glich sie nicht im geringsten, und Adelen Schopenhauer eben so wenig, auch von den beiden Julien war sie ganz verschieden. Pückler hat oft und wiederholt erklärt, es sei eine reine Konvenienzheirath gewesen, die er eingegangen, und eine zu große Aehnlichkeit ihrer beiderseitigen Charaktere habe das Glück des Zusammenlebens zuweilen gestört. Er vertraute einer Freundin, wenn er nicht eine merkwürdig elastische Natur besessen hätte, sich in alles heiter zu finden, was nicht zu ändern ist, so würde er in seiner Ehe bodenlos unglücklich geworden sein, „denn,“ sagte er, „meine Frau und ich hatten genau dieselben Fehler und Mängel, sie aber noch die Verstellung und Diplomatie vor mir voraus. Das war alles so übel als möglich, und doch liebte sie mich nach ihrer Weise sehr, und ich sie auch aus Dankbarkeit dafür, die ich als Pflicht ansah, und aus Gewohnheit, die viel Macht auf mich ausübt, was man kaum glauben sollte, aber der Mensch bleibt auch sich selbst ein Räthsel, und scheint manchmal aus zehn Anderen zusammengesetzt.“

Einer anderen Freundin vertraute Pückler: „Als wir uns heiratheten, war sie zwar, aufrichtig gestanden, etwas verliebt in mich, ich aber nicht im geringsten in sie, und sagte es ihr auch unumwunden, daß ich unsere Verbindung nur als eine Konvenienzheirath ansähe, und mir jede Frei=heit vorbehielte. Im Verlauf der Jahre haben wir aber, wie ich wohl sagen darf, uns gegenseitig so sehr achten und lieben gelernt, daß unser Bund für Freundschaft und Vertrauen unauflöslich geworden ist."

Gegen eine dritte Freundin äußerte sich Pückler in den letzten Jahren seines Lebens wie folgt: „Solcher Art (Kon=venienzheirath) war meine frühere Heirath, und ich habe alle Ursach gehabt, damit zufrieden zu sein. Wir sind immer, bis der Tod uns trennte, die besten Freunde ge=blieben, und selbst unsere Scheidung war eine gemein=schaftliche Konventionssache, die uns nicht im geringsten trennte. Mein ganzes Leben enthält überhaupt viel Origi=nelles, und so hatte auch meine Heirath das Eigenthüm=liche, daß nicht ich bei meiner nachherigen Frau um sie anhielt, sondern sie bei mir um mich. Sonst hätte ich auch schwerlich je geheirathet."

Alle diese Mittheilungen, wenn sie auch in Einigem von einander abweichen, sind gewiß ganz aufrichtig, und bezeich=nen nur bald mehr die eine, bald mehr die andere Stim=mung der Gefühle Pückler's für seine Gattin. Ohnehin war er eine so sensitive Natur, daß in allen seinen Be=ziehungen ein beständiges Mehr oder Weniger, eine fort=während Ebbe und Fluth herrschte.

Daß Lucie vom Beginn ihrer Bekanntschaft an, großes Wohlgefallen an Pückler fand, kann nicht bezweifelt werden. Aber an ein großes Herzensfeuer, das all ihr Wesen in Gluth versetzte, ist auch wohl von ihrer Seite nicht zu glauben, denn sonst würde sie unter solchen Bedingungen, wie sie Pückler angiebt, grade wenn sie ihn geliebt hätte, nicht eingewilligt haben, die Seine zu werden, denn sie konnte sich darüber keinen Augenblick täuschen, daß sie keine

ausschließliche Liebe — wie wahre Liebe sie verlangt —
von ihrem künftigen Gatten zu erwarten habe.

Ein günstiges Bild von Luciens Erscheinung entwirft
Rosa Maria, die sie 1814 in Altona kennen lernte, in
einem Briefe an ihren Bruder Varnhagen aus Altona, den
24. Oktober 1814, in dem es heißt:

„Die Bekanntschaft mit der Gräfin Pappenheim kann
mir in der Folge manche Freude gewähren, ich habe sie
bis jetzt zwar nur wenig und beinahe gar nicht allein ge=
sehen und gesprochen, so daß ich wenig mehr als ihr äußeres
Wesen beobachten konnte; sie hat einen äußerst feinen Ton,
spricht schön Deutsch und Französisch, und scheint mir sehr
fein, klug, unterrichtet, und durch Umgang äußerst polirt
und abgeglättet; sie lebt von ihrem Manne getrennt, wel=
cher, glaube ich, in bairischen Diensten ist. Ich habe eine
sehr gute Meinung von ihr, denn daß Herr Dehn sie rühmt,
und daß sie seine Freundin ist, spricht für sie, so wie auch,
daß sie ihre Kinder, eine eigne und eine Pflegetochter, sehr
gut erzieht. Ob ich in ein näheres Verhältniß mit ihr
kommen werde, weiß ich noch nicht, doch kann es auch
ohne dies ein angenehmer, freundlicher Umgang für mich
werden. Bei solchen Menschen, die so ganz den Weltton
inne haben, kömmt beinahe immer der Verstand eher zum
Vorschein, als das Gemüth, ich habe dieses auch an Dehn
erfahren, von dessen Verstand ich gleich eine sehr hohe
Meinung bekam, ehe ich· wußte, was ich übrigens von ihm
halten sollte, erst später hatte ich Gelegenheit, seinen wahr=
haft liebenswürdigen Charakter und sein Gemüth zu er=
kennen.“

Ueber Dehn urtheilt Rosa Maria in einem früheren
Briefe aus Altona vom 26. März 1810, gleichfalls an
Varnhagen, wie folgt:

„Von Herrn Dehn habe ich noch immer eine sehr hohe Meinung, alles, was er sagt, ist gut und sinnvoll, noch nichts Fades, Flaches habe ich von ihm gehört, das Meiste, worüber ich bis jetzt mit ihm gesprochen habe, ist über Bücher, worüber wir aber oft nicht übereinstimmen, jedoch mag er für sich Recht haben, wie ich für mich; über Goethe und Schiller urtheilt er recht gut, besonders sagt er über Schiller viel Wahres, der „Faust" ist ihm von Goethe's Stücken das Vorzüglichste, und ich glaube, er weiß ihn beinahe auswendig. Ueberhaupt aber scheint mir Dehn ein Mann, bei dem der Verstand mehr zum Vorschein kommt wie das Gemüth, und dies Gepräge haben auch seine Urtheile über Bücher, und wie es scheint, auch über Menschen. Einige wollen ihm Arroganz Schuld geben, ich habe aber bis jetzt noch nichts an ihm bemerkt, was ich so nennen möchte, es ist vielleicht vielmehr seine gewiß unläug= bare Ueberlegenheit über Viele, die Manche empfunden und so genannt haben, auch würde ich es ihm allenfalls ver= zeihen, wenn er sich etwas mehr einbildete, als Recht ist, da er wirklich alles durch sich selbst, alles durch eigene Kräfte erlangt und sich erworben hat, Vermögen sowohl wie Kenntnisse. Ein großer Hang zum Spott ist hervor= stechend in ihm, und dieser, glaube ich, ist auch mit Schuld daran, daß ich eine gewisse Furcht vor ihm bis jetzt noch nicht überwinden konnte. Im äußeren Betragen besitzt er eine außerordentliche Gewandtheit, und recht, was man guten Ton und feine Lebensart nennen kann, worüber sich jedoch nicht zu wundern, da er mit vielen Menschen aus den höheren Ständen in Berührung kommt. Du wirst diese Schilderung sehr unvollkommen finden, denke aber, daß ich ihn noch nicht drei Wochen kenne. Herr Dehn hat vielleicht gute und schlimme Seiten, die ich vielleicht gar nicht im Stande bin, zu erkennen; ich will überhaupt nicht

gesagt haben: so ist es, sondern vielmehr: so kommt es
mir bis jetzt vor."

Bevor Lucie zu einer ehelichen Verbindung mit Pückler
schreiten konnte, mußte ihre Ehe mit dem Grafen Pappen=
heim aufgelöst werden; aber, wie schon früher bemerkt, der=
gleichen war in den damaligen Zeiten leicht zu erlangen.
Zugleich hegte sie den Wunsch, ihre Tochter zuvor an den
Fürsten Heinrich von Carolath zu vermählen, der sich
früher um zwei Schwestern von Pückler vergeblich beworben
hatte, so daß eine Scheidung und eine Heirath — und die
letztere zu Stande zu bringen, bot beinahe mehr Schwierig=
keiten dar, als die erstere — Luciens Bund mit Pückler
vorausgehen sollte.

Fünfzehnter Abschnitt.

Muskau. Landschaftsanlagen. Der Park. Eigenthümliche Bräutigams-
briefe. Verschönerungsplane für Muskau. Ausgaben. Wunsch nach
Orden. Wunsch wieder als Student zu reisen. Wunsch wie Graf
von Gleichen zu leben. Heirath.

Als Verlobter kehrte Pückler nach Muskau zurück, wo
er schon längere Zeit sich mit Leidenschaft der landschaftlichen
Verschönerung seiner Besitzungen gewidmet hatte, wozu ihm
der Aufenthalt in England doppelte Anregung gegeben, und
die er nun um so eifriger betrieb, da er seinen Ehrgeiz
darein setzte, daß seine Gemahlin einen guten Eindruck von
denselben empfangen, Schloß und Gärten in bestem Zustande
finden sollte.

In der That hatte Pückler's schöpferischer Geist in
Muskau Wunder geleistet; der Park war unter seiner leitenden Hand ein wachsendes, rauschendes, blühendes, duftendes
Gedicht geworden, und übertraf nach der Aussage aller
Kenner alles, was Altengland in solcher Art darbietet, alles
was Deutschland besaß. Und bei diesem eigenthümlichen
und genialen Wirken hatte Pückler auch alle die Geduld
und Beständigkeit, die ihm bei Anwendung so mancher seiner
anderen Gaben fehlte, und scheute keine Anstrengungen und
Mühen, um seine Schönheitsideale zu verwirklichen. Varnhagen spricht in einem Briefe von Muskau mit den Worten
über Schloß und Gärten: „wo jeder Schritt über die

Schwelle zu Laubengängen, zu Blüthensträuchern und Wiesen=
teppichen führt, die reizendsten Nah= und Fernsichten den
Blick anziehen, jede Stimmung ihre Gegend, jede Richtung
ihre geschmückte Bahn findet, der Raum sich für jede Be=
wegung reichlich erstreckt, und überall auch die Wildniß
Ordnung und Pflege verräth, wie gastlichen Schirm anbietet."

Zugegeben, daß Pückler ein Sonderling, ein Libertin, ein
Roué sein konnte, daß die Verderbniß der Gesellschaft ihn
zuweilen in ihre Tiefen hinabzog, aber wenn er vom frühen
Morgen bis zum späten Abend in der Natur verweilte, in
Gärten und Wäldern seinen Arbeitern Anleitung gab, seine
dichterisch künstlerischen Eingebungen auszuführen, da konnten
nur gute, edle Gedanken und Gefühle sein Herz und seinen
Geist beherrschen, da gehörte er, geläutert von dem Feuer des
Schönen, zu den Besten, zu den Höchsten, zu den Genialsten.

„Manchmal denke ich auch," schrieb Pückler einmal an
Varnhagen über seine Landschaftsarbeiten, „es sei Schade,
wenn die Umstände (Verhältnisse, schlechte Zeiten u. s. w.)
mir nicht erlaubten auszuführen, was im Reich der Phan=
tasie schon ziemlich als ein Ganzes vor mir steht, denn
meine Pläne sind groß, das wenigste davon erst anschaulich,
obwohl viel vorbereitet, und die Undankbarkeit des Lokals
in vieler Hinsicht würde, völlig überwunden, ihnen vielleicht
nur zur besseren Folie dienen — aber solcher Gedanke ist
nur eine menschliche Eitelkeit! Die Natur selbst giebt uns
hierüber die beste Lehre. Sie schafft ewig fort, setzt aber
keinen Werth auf ihre Werke. Was eine Kraft vielleicht
noch nicht vollendet, zerstört schon die andere wieder, ja ihre
höchsten Schönheiten stellt sie oft im Verborgenen aus, und
unter dürren Sand verdeckt sie ihr Gold. Es genügt ihr,
fort und fort immer neu zu schaffen, nur das große Kunst=
werk, das All, bleibt beständig. So im geringeren Maß=
stabe geht es wohl auch dem Künstler. Nicht um des Ge=

winnstes, nicht um Dank, nicht um der Eitelkeit willen, ja nicht einmal um den Besitz arbeitet er. Es ist das Werk selbst, das ihn begeistert. Wie oft kann er nie den Raum gewinnen, es in äußerer Erscheinung ganz nach Wunsch zu verwirklichen, und ist es vollendet, entschwindet es vielleicht auf immer seinen Blicken — aber in seinem Gemüthe lebt es dennoch fort mit heiligem Genuß, und begeistert zu neuen Schöpfungen. So viel ist gewiß, es giebt nur zwei Dinge auf dieser Welt, die etwas werth sind: aus sich selbst etwas schaffen, oder in seltneren seligen Momenten seine Individualität verlieren im Allgemeinen, in Gott — sich auflösen in Liebe. Hier berührt der Mensch die entgegengesetzten und doch zusammenhängenden Pole ewiger Thätigkeit und unendlicher Ruhe."

Pückler hatte bei seinem Werk alle die Schwierigkeiten zu überwinden, die durch jahrelange Vernachlässigung und durch die wenig günstige Gegend, sowie durch das nordische Klima, hervorgebracht wurden.

Lucie beinahe täglich von seinen Arbeiten in Muskau brieflichen Bericht abzustatten, ließ sich Pückler eifrigst angelegen sein, und diese unerschöpfliche Mittheilungslust ihres Bräutigams durfte ihr schmeicheln; aber konnte sie dieselbe dafür entschädigen, daß er ihr zwar alle liebenswürdigen Rücksichten eines Ritters, aber nichts von der Zärtlichkeit eines Liebhabers bezeigte?

Wie Pückler sich in allen Dingen als ein seltsames Original erwies, so auch in seinen Bräutigamsbriefen. Alles ist darin eher zu finden als Liebe. So schreibt ein leidenschaftlicher Gärtner, Forstmann, Baumeister, Küchenmeister, Tapezier, Wagner, Koch, aber kein Liebhaber. Diese Briefe sind eine psychologische Merkwürdigkeit, die einzig in ihrer Art ist. Man sollte oft glauben, wenn man sie liest, der Zweck seiner Heirath sei nur, mit Lucie zusammen, der er

beständig Aufträge an Kaufleute und Handwerker giebt:
Schloß und Gärten von Muskau in Stand zu setzen; man
sollte oft glauben, es sei ein Intendant, ein Geschäftsführer
des Grafen Pückler, nicht er selbst, der an die Gräfin
Pappenheim schreibt. Es war das Gegentheil von: une
chaumière et son coeur: ein Schloß und kein Herz! —
was er ihr bot. Was er ihr daneben Persönliches mittheilt, ist eine Reihe von Untreuen, die er ihr mit bewundernswerther, bis zum Aeußersten getriebener Aufrichtigkeit
in furchtbarer Ausführlichkeit beschreibt. Schwerlich konnten
Lucie einige graziöse Artigkeiten, wie etwa die folgenden,
hiefür entschädigen.

„Votre charmant billet, trop aimable Lucie," schreibt
er ihr einmal, „est écrit de manière à me rendre cent
fois plus amoureux que vous ne le serez jamais. Je
ne saurais vous exprimer combien je suis touché de
votre excellent coeur, de l'amabilité de votre esprit,
et des grâces de votre caractère, qui est bien plus
original que le mien."

An einer anderen Stelle heißt es: „Laß mich Dir wiederholen, beste Freundin, daß Du auch nicht das geringste
Unrecht gegen mich abzubüßen hast, und daß ich im Gegentheil der undankbarste aller Menschen sein müßte, wenn ich
so viel Liebe und Güte nicht auf immer nach meinen besten
Kräften erwiedern wollte."

Konnte es ihr angenehm sein, wenn er ihr sagte:

„Une belle femme est un bijou,
Une bonne femme est un trésor!"

und damit andeutete, daß er sie doch nur zu den letzteren
rechnete? Und wenn er ihr schreibt, er bilde nach Möglichkeit an den Muskauer Damen, um sie tafelmäßig für
seine Gemahlin zu machen, so mochte wohl Lucie, nach den
Bekenntnissen, die sie früher von ihm empfangen, leicht

fürchten, er bilde mehr an ihnen als nöthig sei. Da war ihr denn vielleicht noch lieber, wenn er sich für Park und Ameublement begeisterte, und sie von diesen, von Wagen, Pferden, Silberzeug u. s. w. unterhielt. Läugnen läßt sich übrigens nicht, daß er auch auf alle diese Dinge seinen künstlerischen Schönheitssinn übertrug, und sie dadurch veredelte. Es schwebte ihm stets ein harmonisches Ganze vor, das er um jeden Preis, auch die größten Kosten nicht scheuend, erreichen wollte. An wahrem Geschmack konnte ihn keiner übertreffen, kaum jemals ein Anderer erreichen. Mehrmals lud er den Baumeister Schinkel aus Berlin zu sich ein, um den Rath des genialen Mannes zu vernehmen, der seinerseits den Schöpfungen Pückler's Bewunderung zollte.

Ziemlich blasirt für Menschen, schwärmte er im Reich der Phantasie für die Ausführung seiner Pläne. Er wollte einen herrlichen Saal mit in Paris angefertigten Gipsabgüssen der berühmtesten antiken Statuen einrichten lassen, die inmitten von schönen Gewächsen und Blumen auf grünem Blätterhintergrund sich sanft abheben sollten. Auch dachte er daran, von Dannecker, dessen Ariadne ihn einst in der Werkstatt des Meisters so entzückt, sich eine zweite Ausführung dieses Kunstwerkes zu bestellen. Alle fremden und einheimischen Künstler sollten nach Muskau hingezogen werden, durch eine Sammlung von seltenen Werken, wie sie kein anderes Schloß darböte. Aber auch in Wunderlichkeiten gefiel er sich: neben dem Künstler wollte auch der Sonderling sein Recht haben: so nahm er eigens einen Mann in Dienst, der im Park den Einsiedler spielen, und eine Kutte tragen mußte. Eine englische Chaise und einen englischen Kutscher betrachtete er als größtes Labsal des Lebens, wie es überhaupt auffallend ist, daß Pückler an standesgemäßem Glanze und vornehmem Luxus eine kindliche Freude hatte, wie sie sonst weit mehr die Parvenues als die wahrhaft Vornehmen zu haben pflegen. Vielleicht kam das aber dadurch, daß er sich noch der Zeit erinnerte, wo er als Sekretair Hermann sich selbst die Stiefel putzen mußte!

„Nie habe ich mich auf etwas mehr gefreut," schreibt er an Lucie, „als auf die Gläser aus Voppart. Ich fühle bei dieser Gelegenheit ordentlich wieder kindische Regungen in meinem veralteten body, und beschwöre Dich, ja diese Gläser keinen Augenblick aus dem Gesichte zu verlieren."

„Lasse mir ja die Fenster nicht im Stich," schreibt er den 27. Mai, „das würde mich tief betrüben."

Dabei gab er natürlich das Geld mit vollen Händen aus; in zwei Monaten allein verbrauchte er 36,000 Thaler. Hundert Thaler verwandte er täglich allein für den Tagelohn der zweihundert Arbeiter, die er in den Anlagen beschäftigte, ohne die Ausgaben für die nöthigen Materialien von Holz, Steinen u. s. w. mitzurechnen. Wenn die Ausgaben bis auf eine schwindelnde Höhe stiegen, wurde er wohl auf einen Augenblick bedenklich.

„Im Uebrigen," schreibt er an Lucie, „bestelle an Silber, Porzellan, Meubles und dergleichen ja nichts mehr, da wir schon mehr als zuviel haben und im Grunde doch alles das Zeug wenig bleibenden Genuß gewährt. Ich habe es mein ganzes Leben hindurch leider gefühlt, wie man sich das ganze Leben verbittert, wenn man immer den Zuschnitt größer macht, als das Zeug reicht. Man will alles haben, und hat dann gar nichts, da hingegen, wenn man sich einen Grad geringer stellt als man könnte, man eine unbezwingliche Schildwache vor jeden Genuß stellte, die Sicherheit genannt, ohne die keine Freude denkbar ist, wie schon das Schwert des Dionisius beweist. Dehn hat also sehr recht, und im Herzen habe ich ihm auch immer Recht gegeben, wenn er uns warnt. Ich spreche wie ein Philosoph, und habe bisher gehandelt wie ein Narr. Dies war auch von seiner eigenthümlichen Seite betrachtet wieder recht gut, so lange ich ein lustiger Narr war. Da ich aber nun ein trauriger Narr zu werden anfange, so ist es rathsam zu versuchen, ob ich nicht durch das Streben nach Weisheit den verlorenen Frohsinn am sichersten wieder erreiche."

Solche Bedenklichkeiten dauerten aber eben nur einen Augenblick, da die unwiderstehliche Schaffenslust ihn wie eine Syrene auf ihrer Bahn weiterzog. Die Anlage von Muskau kostete, wie er einmal sagt, nahe an 50,000 Thaler, und würde bis zu ihrer Vollendung noch einmal so viel kosten. Etwas später bekennt er, daß er auf den Park allein bereits 200,000 verwandt habe.

Wie großartig seine Bauplane für Muskau waren, geht daraus hervor, daß er im Jahr 1817 im Juni an Lucie schreibt, daß er in diesem Jahre bauen müsse, und bereits gebaut habe:

1. Einen großen Bauhof, mit zwei Bauschuppen und dem Hause für den Bauvogt.

2. Einen hohen Ofen und Eisenhammer.

3. Die Hälfte der Gebäude bei der neuangelegten Glashütte.

4. Eine neue Scharfrichterei.

5. Ein Gärtnerhaus im Park über der Neiße.

6. Ein Malz= und Brauhaus.

7. Eine neue Ziegelei.

8. Eine herrschaftliche Schmiede im Park.

9. Ein langer Zaun mit Pfeilern um den Küchengarten.

10. Ein Flügel des Schloßvorwerks im Park.

11. Die Dekorirung und Veränderung des Stalles.

12. Die Reitbahn.

13. Die Wagenschuppen.

14. Dekorirung und Veränderung des alten Schlosses, oder Amthauses.

15. Dekorirung und Veränderung des Gewächshauses.

16. Veränderung des alten Malzhauses zu einem Orangeriekonservationshaus.

17. Veränderung und Dekorirung der Mühle.

18. Eine Brücke über die Neiße.

19. Bauten verschiedener Art am Schloß.

20. Eine eiserne Brücke über den Schloßteich.

21. Die Schleuse am Kanal aus der Neiße.

22. Ein Badehaus.

23. Eine alte Warte im Park.

24. Eine alte gothische Kapelle im Park.

25. Drei oder vier bedeckte Ruhesitze.

26. Eine Cottage für uns auf englische Art.

27. Drei Gartenwächterhäuser.

28. Dekorirung und Veränderung des Jagdhauses.

29. Zwei Zaunwächterhäuser.

30. Dekorirung und Veränderung des Concordienhauses.

Die Einrichtung bestand als er heirathete aus folgendem Hauspersonal:

1 Haushofmeister
1 Offizier } macht vier Personen in Civilkleidung.
2 Kammerdiener

2 Jäger } vier Personen in Livrée.
2 Bediente

Außerdem ein Koch, welcher zugleich Tapezierarbeiten machte. Zwei Kutscher und eine Menge Stallleute. Die Gräfin hatte vier Dienerinnen, einen Kammerdiener und einen Portier.

Den 17. Mai 1817 schrieb Pückler hierüber an Lucie:

„Ich empfehle Dir die vorhin aufgestellte Regel: que les gens d'esprit ne s'occupent pas des sottises qu'ils ont fait. Wir werden zweifelsohne noch einige machen, meine Ahndung, die untrügliche, sagt mir aber, es wird alles vom Himmel zum Besten gekehrt werden. Wir sind beide zu vornehm geboren, um arm zu sterben, und unsere Art der Verschwendung macht zu viele Menschen froh, als daß die Nemesis uns strafend ereilen sollte."

Daß Muskau einen glänzenden Eindruck bei ihrer Ankunft auf Lucie mache, war ihm eine Lebensfrage, wie wenn sie nur um Muskau's willen heiratheten, wie wenn alles übrige nebensächlich sei. Er suchte auch deshalb in seinen Briefen darauf hinzuweisen, sie solle sich keine zu großen Vorstellungen machen, damit die Wirklichkeit sie nicht enttäusche; es könne mit der Zeit schön werden, noch sei aber alles verfallen und vernachlässigt. Er dachte sich aus, sie solle zuerst nach dem Jagdhaus kommen, und Abends dann das ländliche Fest und die Illumination in Muskau stattfinden. In seinem englischen Wagen, dem Curricle, mit vier Pferden bespannt, die er selbst lenken wollte, sollte Lucie von ihm bei Fackelschein nach dem Schlosse gefahren werden, im Triumphe eingeholt, während Schloß und Park in täuschender feenhafter Beleuchtung ihr entgegenglänzten. Den anderen Tag, fürchtete er, würde ihr dann freilich beim Erwachen alles schaal gegen das zauberische Nachtbild abstechen, welches das Unvollkommene gütig bedeckte. Aber der erste Eindruck sei wenigstens gewonnen, und das bleibe denn doch die Hauptsache.

Als Vorbereitung für dieses Fest setzte er seine Generalproben fort, indem er die Nachbarschaft zu sich zu Bällen und Theatervorstellungen einlud, immer kokettirend, immer in tausend Spiele der Neigung, des Wohlgefallens, des Scherzes und der Neckerei verflochten. Ein anderes Spiel, das seine Phantasie beschäftigte, war der Wunsch nach einem Schwedischen Orden, den, wie er hoffte, Lucie durch ihre

Beziehung zu Bernadotte ihm verschaffen sollte. Dann wieder, von der Sehnsucht nach Einsamkeit und Einfachheit ergriffen, ließ er sich einen Paß als Leipziger Student ausstellen, um allein eine Fußreise in den Spreewald zu machen, und er war sehr betrübt, als die dringenden Geschäfte im Schlosse ihn an Ausführung dieses Planes verhinderten.

Ueber seine Familie hatte er sich bitter zu beklagen, er schreibt an seine Braut: „Die Verbindlichkeiten, die ich meiner Mutter in Ansehung meines Vermögens habe, sind keineswegs so, als sie es darzustellen sucht, da ich leider unwidersprechliche Beweise habe, wie ich (nur die arme Bianca ausgenommen) von meiner ganzen Familie auf eine wahrhaft niedrige Weise beneidet werde, und heute, wenn sie mich in ihren Händen hätte, verloren wäre, denn nicht das trockene Brodt würde man mir lassen, und an Fallstricken, die man mir gelegt hat, ließ man es nicht fehlen. Ich kann wohl sagen, daß ich nur mir selbst, und dem Gegensatz von Pusillanimität in meinem Charakter meine Erhaltung zu verdanken habe. A la tête des feindlichen Phalanx steht meine älteste Schwester; meine Mutter, die sanfte Agnes (wer sollte es glauben!) und der junge Max folgen in geschlossener Reihe hinten nach. Du wirst nun ahnden, daß ich Dich von jedermann lieber als von meiner Familie entourirt sehe, besonders bei Deiner entsetzlichen Bonhommie, die alles auf's Wort glaubt.“

Unterdessen war Adelheids Heirath mit Carolath noch immer nicht zu Stande gekommen. „Wie schade ist es, daß wir nicht in der Türkei leben,“ schrieb Pückler hierüber an seine Braut, „ich nähme Euch beide, und die Verlegenheit der Wahl hörte dann wenigstens auf, und ein zweiter Gleichen, hausten wir fröhlich in Muskau.“ Dieser Gedanke, wenn auch im Scherz ausgesprochen, konnte Lucie wenig lächeln. Aber das schlimmste war, daß er jeden Ort, wo er war, zur Türkei umwandelte, daß er überall wie ein Türke lebte, ohne sich um europäische Satzungen zu kümmern. In der That, als die Carolath'sche Heirath endlich festgesetzt war, hörte Pückler's Phantasie, als ein zweiter Graf von Gleichen zu leben, durchaus nicht auf, und er goß ihn nur in eine andere ihm noch weit wohlgefälligere Form, indem er Helminen an die Stelle von Adelheid setzte. „Daß Helmine nicht mit auf's Jagdhaus kommt, ist schade," schrieb er an Lucie; „sie würde Dir die Einsamkeit, die Du nicht wohl ertragen kannst, doch in etwas variirt haben. Soll denn nun meine sanfte Mimi nun gar nicht herkommen? Ich glaube, die arme Kleine fürchtet mich wie eine Vogelscheuche." Helmine wurde fortan Pückler's Traum; sie zog ihn magisch an wie ein milder Stern, ihr Bild erweckte sehnsüchtige Wünsche in seinem Herzen, und ihre mädchenhafte Jugend gefiel ihm im Grunde weit besser als Adelheids mit bacchantischer Lebhaftigkeit gemischte Liebenswürdigkeit.

Wie er über seine Heirath mit Lucie dachte, darüber sprach er sich gegen sie selbst folgendermaßen aus: „Deine Idee, uns hier auf dem Jagdhause trauen zu lassen, gefällt mir sehr. Es ist hier in der Nähe auf einem meiner Dörfer ein höchst lächerliches Subjekt von Pfarrer, den ich alle Woche zweimal herkommen lasse, um ihn zum Narren zu haben. Pour la rareté du fait müssen wir uns von diesem trauen lassen, denn um Gotteswillen nichts Lugubres bei dieser Zeremonie, sonst laufe ich davon, denn auch hierin bin ich wie ein Mädchen, und habe von jeher vor dem Heirathen eine gewaltige Angst gehabt. So aber werden wir Mühe genug haben, uns das Lachen zu verbeißen. Ueberhaupt werde ich Dir hier mit lauter Karikaturen aufwarten, um Dir die Einsamkeit erträglich zu machen."

Diese Art Humor nahm aber in Pückler's Stimmung ab, je näher sein Hochzeitstag rückte. Immer verstimmter und melancholischer wurde er, und es gab Augenblicke, wo ihm alles zuwider wurde, sogar Muskau mit dem von ihm geschaffenen Glanz und seinen Anlagen. Den 28. Juni 1817 kann er sich nicht erwehren, seiner Braut zu schreiben: „Uebrigens bekommen wir eine ganz ungeheure Haushaltung zusammen. Ich dächte, in einem Jahre bekehrten wir uns sowohl christlich als auch ökonomisch, jagten alles zum Teufel, wo es hingehört, und reisten zur Frau von Krüdener. Mich ekelt der Luxus, die Sünde und das ganze Leben an." Dann einsehend, wie sehr er Lucie mit solchen Aeußerungen betrüben müsse, fügt er die Nachschrift hinzu: „Mein Gemüth ist krank, ich öffne aber den Brief wieder, weil es mich schmerzt, Dir, die so gut und liebevoll ist, Kummer zu machen. Verzeihe mir, ich weiß nicht, welche sonderbare Stimmung mir die Freude an allem benimmt, und mich mit Ueberdruß und Mißmuth erfüllt."

Den folgenden Tag, den 29. Juni, läßt ihn seine außerordentliche Aufrichtigkeit deutlicher über seine Stimmung Rechenschaft geben. „Für's erste," schreibt er, „ist die Ursach derselben gewiß körperlich, aber viel trägt auch, aufrichtig gestanden, eine gewisse Schwäche dazu bei, die mich unbeschreiblich besorgt macht, durch das immer mit einer Art von heiliger Scheu angesehene Heirathen den größten Theil einer über alles geschätzten Freiheit (nicht zu verlieren, denn so leicht lasse ich sie mir nicht nehmen), aber doch in ihrer Ausführung mannigfach und unbequem gestört zu werden. Die weiblichen Waffen sind in dieser Hinsicht äußerst gefährlich, und so gut und liebevoll Du bist, so zweifle ich doch auch bei Dir nicht an Voltaire's: ce qui plait aux femmes."

Diese Antipathie gegen das Heirathen voranstellend,

knüpft er nun noch eine ganze Reihe von Lehren an, wie Lucie sich nie seinen Einfällen widersetzen, besonders ihn nie an zwei seiner Lieblingspläne verhindern dürfe, eine Reise in andere Welttheile zu unternehmen, oder den ersten Krieg einer europäischen Nation gegen die Türken als Freiwilliger mitzumachen. Dabei hat er kleinere Nebenreisen im Sinn, eine nach England, die er Lucie als unerläßlich und sogar ökonomisch darstellt, und eine nach Aachen, um für seine Gesundheit die Bäder zu brauchen. „Verspreche mir also," schreibt er, „nie Dich meinen Einfällen so zu widersetzen, daß ich es merke. Ich bin sehr unbeständig, und gebe leicht Dinge, die ich am lebhaftesten gewünscht habe, wieder auf, sobald ihre Erfüllung nahe, oder keine Schwierigkeit mehr zu besiegen ist. Auch vollkommenem, unüberwindlichem Widerstande weiche ich sogleich, aber solcher Widerstand, dessen Besiegung ich für möglich halte, bringt auf mich immer das entgegengesetzte Resultat hervor. So habe ich zum Beispiel zwei Lieblingspläne. Der eine ist eine Reise in andere Welttheile, der andere, den ersten Krieg einer europäischen Nation gegen die Türken als Volontair mitzumachen. Beide Pläne werden vielleicht nie von mir realisirt werden, wolltest Du sie aber einmal bekämpfen, so würde ich glauben, nicht mehr ohne ihre Erfüllung leben zu können. Mißbillige frei alles, was Dir nicht gefällt, nimm Dir kein Blatt vor den Mund, wie man sagt, aber gieb nichtsdestoweniger de bonne grâce und freudig nach, wenn ich es wünsche. — Ich kann Dir dagegen keineswegs dasselbe gegen Dich versprechen, das ist einmal die leidige Thrannei der Männer! Hier fällt mir etwas Komisches ein, nämlich, ich glaube, wir werden uns von unserem gefährlichsten Fehler, nämlich dem der Verschwendung, durch das Schrecken, welches wir uns gegenseitig dadurch einflößen werden, beide kuriren, wie in der

Komödie die zu hitzige Frau dadurch geheilt wird, daß sich ihr Mann noch zehnmal hitziger anstellt, oder der Vater den Sohn dadurch von der Leidenschaft des Spieles zurückbringt, daß er an unterrichtete Freunde vor den Augen des Sohnes selbst sein ganzes Vermögen zu verspielen scheint. — Im Uebrigen mußt Du mir aber unbedingt folgen, das heißt en gros, Deiner weiblichen Feinheit bleibt es immer überlassen, mich unsichtbar zu leiten, so daß mein Wille mir unbewußt nur immer von dem Deinigen hervorgebracht wird."

Lucie scheint durch all dies nicht erschüttert worden zu sein. Sie sah wohl, daß er die Furcht vor dem Zwang der Ehe kaum überwinden konnte. In der That, als alles in Muskau zu dem Empfang seiner Gemahlin fertig, und er durch die Thätigkeit nicht mehr freudig erfüllt war, hätte er beinahe nicht übel Lust gehabt, ein umgekehrter Werther, sich das Leben zu nehmen, nicht weil seine Lotte einem Anderen gehörte, sondern grade, weil er selbst sie heirathen sollte.

Jedoch, so wie Lucie vom Grafen von Pappenheim geschieden war, kam sie nach Muskau, wo sie den 12. Juli 1817 eintraf, und drei Monate später, am 9. Oktober, feierte sie ihre eheliche Verbindung mit Pückler.

Sechzehnter Abschnitt.

Die Hochzeitsfeste waren glänzend gewesen. Lucie, deren
Geschmack und Schönheitssinn mit denen von Pückler wett=
eifern konnten, hatte ganz das künstlerische Auge, um seine
Arbeiten in Muskau zu würdigen. Nachdem das neue
Ehepaar sich hiemit lange beschäftigt, reiste es auf einige
Monate nach Paris, um dort neue und glänzende Eindrücke
in sich aufzunehmen.

Aber welches Verhältniß wäre ohne Schatten und Stö=
rungen? Auch den Neuvermählten waren deren beschieden,
und Jeder hatte andere Prüfungen zu bestehen, durch welche
jene Pariser Reise vielfach beunruhigt wurde. Ob Lucie
die erwachende Neigung Pückler's für ihre Pflegetochter
früher nicht beachtet, sie nicht für so ernsthaft angesehen,
wer weiß es! Dachte sie, durch die Entfernung sie aus
der unbeständigen Seele ihres Gatten zu verbannen, so
irrte sie gänzlich. Als Pückler sich um die Nähe des an=
muthigen Wesens gebracht sah, gab er sich erst vollends

einer sehnsüchtig leidenschaftlichen Stimmung hin, die er seiner Gattin ganz und gar nicht verbarg. Luciens klarer, prüfender Blick mußte erkennen, daß es sich hier um einen hartnäckigen, aufgeregten Eduard handelte, der stürmisch nach seiner Ottilie verlangte, und der es für ganz richtig und natürlich fand, ein zweiter Graf von Gleichen, mit zwei Frauen zu leben. Mochten die Anderen sich christlich gesellschaftlich einrichten, er wollte wie ein Sultan durch die Welt gehen! — Ja, dieser Eduard war nicht wie der Goethe'sche plötzlich und wie unbewußt von seiner Liebesschwärmerei überrascht worden, sondern er hatte seine Ottilie gewissermaßen schon im voraus, noch ehe er seine Ehe einging, in Bereitschaft! Das war zu viel, mochte Lucie auch mit noch so weltlich leichtem Sinn und resignirter Reflexion in ihre Ehe getreten sein!

Ernste Störungen konnten nicht ausbleiben. Sie suchte Helminen zu verheirathen, aber so wenig Pückler auch bei seiner Denkungsart solche Bande als ein Hinderniß für seine Wünsche zu betrachten pflegte, so wollte er dies für Helminen doch nicht zugeben, oder ihr höchstens einen alten und recht widerwärtigen Gatten, der ihr Widerwillen einflöße, verstatten.

Mehrere Verbindungen, die Lucie für Helminen zu betreiben suchte, kamen nicht zu Stande, und so blieb einstweilen alles unverändert, und nach Rückkehr von der Reise mußte sich Lucie zuweilen dazu verstehen, Helminen nach Muskau kommen zu lassen.

Im folgenden Jahre sehen wir Pückler nach dem Aachener Kongreß sich begeben; er suchte die Gunst seines Schwiegervaters, des Staatskanzlers, zu erlangen, stieß aber auf manche Schwierigkeiten hiebei, und sein leicht verletzter Ehrgeiz läßt ihn beständig klagen, daß Hardenberg kalt sei, ihn abweisen lasse, ihm fremd bleibe, auf eine Weise, daß es auffalle und ihm schade. „Dein Vater behandelt

mich so übel," schreibt er an Lucie, „daß ich nur noch
etwas mehr abwarte, pour lui montrer les dents." Aber
dazu konnte er sich denn doch nicht entschließen, sondern
fuhr hartnäckig fort, in seinen Versuchen, dem Staatskanzler
sich zu nähern. Er träumte von einem Gesandtschaftsposten,
den ihm dieser verschaffen könnte, von Auszeichnungen aller
Art; er that Schritte um den Wladimirorden, das Kreuz
der Ehrenlegion, und einen Schwedischen Orden zu erlangen.

Koreff, der damals beim Staatskanzler viel galt, suchte
für den Plan zu wirken, daß Pückler den Gesandtschaftsposten in Konstantinopel erhielte. Vier Gelehrte sollten
der Gesandtschaft mitgegeben werden. Wie ein Kind schwelgte
Pückler in dieser Vorstellung: die arabischen Pferde und die
morgenländischen Sitten standen lockend vor seiner Phantasie. Dazu die prachtvollen türkischen Shawls, die er für
Lucie aussuchen wollte! „Und wie interessant ist es, von
daher zurückzukommen!" rief er. Er verglich sich mit
Bonaparte, der nach Egypten ging.

Auch an einen spanischen Gesandtschaftsposten dachte
er, und das entflammte seine Phantasie nicht minder. Aus
allem machte er sich ein poetisches Bild, im Vorgenuß
schwelgend, der oft den Genuß selbst nachher überflüssig
machte. Es war die Rede davon, daß er Bartholdy und
den Schriftsteller Hofmann nach Spanien mitnehmen solle.
Von dort hoffte er einen Abstecher nach Marocco und zu
den Barbaresken machen zu können.

Pückler ließ sich den Herrschern vorstellen, und legte einen
solchen Werth auf den Succeß in diesen hohen Kreisen,
daß er an Lucie schrieb: „Le Roi, à ce qu'on dit, don-
nera un bal dimanche, j'espère qu'il m'invitera, sinon,
je me ferai passer pour malade, pour ne pas en
avoir le démenti." Aber mit diesem weltlichen Streben
ging doch stets auch Weltverachtung bei ihm Hand in Hand,

und er fügt hinzu: „Comme tout cela est plat et ridicule, et quels sots que les gens du grand monde! Quelles petitesses et quels bassesses! Fuyons les cours et les grands, et goûtons dans un plus heureux climat les douceurs du repos et de l'indépendance!"

Und wieder steigt Helminens Bild vor ihm auf, und er erklärt Lucien, daß ihm das Mädchen zu seinem Glücke nothwendig sei, daß sie es ihm nie ganz entziehen dürfe, da er sie beide auf verschiedene Art, aber einzig in der Welt liebe. „Ich kann nicht mehr allein stehen," schreibt er an Lucie, „Ihr beide seid mir nöthig wie Wasser und Luft. Versuch es nur nie, mich von ihr zu trennen, und um Gotteswillen, verheirathe sie nicht — glaube mir, es wäre um mich geschehen! Von Dir hängt alles ab, Glück und Ruhe, oder hundertfaches Weh! Doch was red' ich! Kenne ich nicht Dein Herz und Deine Liebe? — In wessen Händen kann mein Glück und mein Schicksal besser liegen, als in den Deinigen!" —

Mit beiden Frauen den Winter in Italien oder dem südlichen Frankreich zuzubringen, ist um so mehr sein sehnlichster Wunsch, da ihm Muskau durch einen verlorenen Prozeß, und durch die Verwaltung Dehn's, der viele Einschränkungen verlangte, um die zerrütteten Finanzen wiederherzustellen, für den Augenblick etwas verleidet war. „Ich fühle es ganz bestimmt," schrieb er an Lucie, „und nun, da es einmal ausgesprochen ist, ist es mir wie ein Stein vom Herzen. Dies ist der einzige Plan für die Zukunft, der mir Frohsinn und Ruhe wiedergeben kann. Ich verlange wahrlich nicht zu viel, denn Du sollst nur mich mit einer Anderen theilen, und ich soll auf Deinen Wunsch die Andere ganz entbehren. Das kann ich nicht, und es wäre unendlich hart von Dir, es zu verlangen, drum noch ein-

mal, Herzensschnucke,*) sei gut, gewähre, und klage nicht.
Wir können in Marseille, Bordeaux oder einer italienischen
Stadt mit 12,000 Thalern jährlich vortrefflich leben, und
ohne die ewige Sehnsucht nach dem Mädchen, die mich
keine Freude genießen läßt, werde ich auch froh sein können,
und Du wirst mich selbst viel liebenswürdiger und besser
finden. Glaube mir, mit jedem Tage, den Du früher
kommst, erhältst Du mir einen Monat meines Lebens, denn
ich leide wahrlich Qual. Es ist vielleicht ein Spiel meiner
Phantasie, aber darum eben gewinnst Du ja viel mehr
dabei, daß die Wirklichkeit mich entzaubert, und das Ori=
ginal mir hundertmal gleichgültiger wird, als das Bild,
das jetzt, alles in meinem Inneren verdrängend, gewaltsam
herrscht. Sonst war ich anders, jetzt bin ich aber so, und,
beim Himmel, es ist unmöglich, mich zu ändern, ohne mein
Herz zu brechen. Sieh einmal, gute Schnucke, Dir allein
vertraue ich, von Dir, weiß ich, kann nur Segen für mich
ausgehen, meine süße Schnucke; von jeder Liebe, die Du
mir beweist, bleibt ein tiefes Merkmal in meiner Seele,
und der beste Theil meines Herzens und meines Ichs ge=
hört unabänderlich Dir an. Eile in meine Arme, bringe
sie mit, und nie werde ich Dein edles Opfer vergessen.
O Gott! wäre der Augenblick nur schon da, und die wüste
Zeit vorüber, die noch dazwischen liegt."

Aber er mochte Lucien das südliche Klima mit allen
seinen Reizen im rosigsten Lichte, seine glühende Dankbar=
keit gegen sie mit den brennendsten Farben schildern, sie
schien doch nicht auf eine solche Zukunft zu Dreien eingehen
zu wollen.

„Du bist ungerecht," schrieb er wieder an Lucie, „mir

---

*) Schnucke war ein Scherzname, den Pückler seiner Gattin bei=
nahe immer zu geben pflegte.

über Erwähnung Helminens Vorwürfe zu machen. Soll ich Dir nicht aufrichtig schreiben, so kann ich gar nicht schreiben, denn hierin liegt die Essenz unserer Korrespondenz und unseres ganzen Verhältnisses, und eine Empfindlichkeit, die Du selbst als mal à propos ansiehst, mußt Du auch besiegen, sonst untergräbst Du am Ende dadurch unser kindlich aufrichtiges und harmloses Zusammenleben, so nahe wie entfernt. — Noch eine Bemerkung: Es ist wahr, hättest Du auch neben allen Deinen übrigen Vorzügen die Jugend und die Schönheit in dem Grade, wie Du sie einst besaßest, so würde ich Dich vielleicht in jeder Hinsicht mit Leidenschaft lieben, vielleicht auch nicht, vielleicht nur einseitig. Wer kennt des Menschen Herz! Setze aber nun den Fall, wie er ist, und wie er sein kann. Du bist mir fast alles in der Welt, nur in Einem liebe ich eine Andere, Du wünschst mir alles Glück, uneigennützig, willst Du also nicht lieber mir das, was mir noch fehlt, durch eine Andere geben, als mich dessen ganz berauben? Sei also konsequent, das heißt, ganz gut, und ich werde für das, was mir die Andere giebt, und Du nicht geben kannst, weil nichts auf der Welt vollkommen ist, doch nur Dir dankbar sein. Liebe, Güte und Klugheit weisen Dir alle denselben Weg."

Es wird nöthig sein, hier ausführlicher von Helmina zu reden. Ueber dieser Pflegetochter Luciens schwebt ein geheimnißvolles Dunkel; ihr Geburtsjahr ist nicht bestimmt festzustellen. Varnhagen giebt es nach ihm gemachten Mittheilungen Luciens und ihrer Tochter Adelheid als 1799 an. Manche sagten, sie sei aus dem Volke entsprossen, ihre Mutter sei die Tochter eines Kutschers des Grafen Pappenheim gewesen, und Lucie habe das hübsche kleine Mädchen als Gespielin ihrer Tochter Adelheid auf das Schloß genommen, und sie bald so lieb gewonnen, daß

sie gänzlich für ihre Erziehung sorgte, und sie bei sich be=
hielt, wie sie denn auch Helminen später als ihre Pflege=
tochter in der großen Welt einführte. Andere dagegen
wollten wissen, daß Helmina sehr hohen Ursprungs sei, und
daß nicht ein Kutscher, sondern ein Mann, den später eine
Königskrone schmückte, ihr Vater gewesen sei. Sind dies
nur Gerüchte, so ist es dagegen gewiß, daß ein König ihr
huldigte, denn König Friedrich Wilhelm der Dritte wollte
sie — bevor er sich mit der Fürstin Liegnitz vermählte —
zu seiner morganatischen Gemahlin machen, und ihr zugleich
den Titel einer Fürstin von Breslau verleihen. Doch
zerschlug sich dieser Plan, Einige sagen, weil Helmina nicht
einwilligte, Andere geben andere Ursachen als Hinderniß
an. Der König bewahrte dem schönen Mädchen aber stets
ein besonderes Wohlwollen, und machte sie zu einem Fräu=
lein von Lanzendorf, wodurch sie hoffähig war, und dadurch in
der Aristokratie, deren Hochmuth und Rangstolz sich meist
weit mehr auf den Schein als auf die Sache bezieht, über=
all bereitwillig aufgenommen wurde.

Pückler machte in einem vertrauten Briefe, als er be=
reits ein alter Mann war, eine Schilderung von Helminen,
ohne sie zu nennen. Auf ihn und seine Aufrichtigkeit kann
man sich immer verlassen, nur die Daten sind wohl nicht
ganz genau, da so viel Zeit dazwischen lag.

„Sie war," schrieb er, „ein sechzehnjähriges Mädchen,
und ich 32 Jahre alt, als diese Bekanntschaft begann. Sie
dauerte fünfzehn Jahre, und in der Mitte dieser Zeit
mußte sich das Mädchen verheirathen, unsere Kamerabschaft
blieb aber dieselbe. Mehr kann ich über diese Verbindung
nicht schreiben, denn es ruht mehr als ein wichtiges Ge=
heimniß darüber. Nur so viel kann ich noch hinzusetzen,
dies sylphidenartige Geschöpf war eine Hebe Raphaels, und
später das Ebenbild der berühmten knieenden kleinen Venus".

Unterdessen wurde Pückler immer mehr in die bunten Kreise des Aachener Kongreßlebens hineingezogen. Er sah die Könige und Kaiser, Hardenberg bezeigte sich endlich freundlicher, er verkehrte mit Metternich, Bernstorff, Wellington, Capo d'Istria, Castlereagh, mit den Generalen Maison und Benningsen, und hörte den vielbewunderten Gesang von Mad. Catalani.

Von Damen war die berühmte Mad. Recamier anwesend, die ihn aber nicht sonderlich anzog, und der er jeden Geist absprach, dagegen sah er dort die ehemals sehr von ihm angebetete Frau von Alopäus aus Berlin wieder, mit der er nicht umhin konnte, sich in neue anmuthige Koketterie vorübergehend einzulassen, die nur durch die rasche Abreise der liebenswürdigen Dame unterbrochen wurde. Pikant und anziehend wurde ihm die Bekanntschaft der begabten Schriftstellerin Mad. Sophie Gay, deren Roman „Anatole" sehr geschätzt wurde. Die lebendige, elegante, graziöse Französin beschäftigte ihn auf das angenehmste. Ihre glänzenden Toiletten zeigten den besten Geschmack, und jedes ihrer Worte war voll Witz und sprühender, aber nie boshafter Satyre. „C'est une femme de beaucoup d'esprit, de beaucoup de savoir faire, et qui, sans être de la première jeunesse, est encore très capable de plaire," schrieb er an Lucie. Dabei gestand er ihr zu, daß sie die schönsten Augen von der Welt habe. Die Gesellschaft ihrer schönen Töchter, Delphine und Isaure, von denen die Erstere gleichfalls später in der Litteratur berühmt wurde, und ihrer Freundin, der Mad. Gail, Verfasserin der „deux jaloux", machte den Umgang nur noch anziehender und mannigfaltiger. Hier war der Schauplatz gefunden, einen kleinen Roman aufzuführen, den sich Pückler nicht entgehen ließ; er spielte den Schmachtenden bei Mad. Gay, und suchte sie aufzuregen und zu beunruhigen, indem er ihr vertraute, daß eine andere unglückliche Neigung sein Herz erfülle.

Durch so viele Anregungen heiter gestimmt, schrieb er an Lucie: „In diesem Augenblicke steht alles wohl:

1) Schnucke liebt mich, und gönnt mir jedes Vergnügen.

2) Dein Vater und seine Umgebung sind sehr verbindlich.

3) Je suis bien vu dans la société, et quelques femmes me cajolent.

4) Mein englischer Groom ist wieder besser.

5) Alle meine Pferde sind gesund, und die brillante Equipage ist wieder im Gange.

6) Ich selbst befinde mich wohl, und habe wieder Hunger.

7) Sehr oft mache ich gute und sogar recherchirte Diners.

8) Mein Logis ist charmant.

9) Es fehlt mir weter an Geld noch Ansehen.

Mit diesen guten Auspizien schließe ich diesen Brief. Wer weiß, wie es morgen aussieht, denn der reizbare Himmel meines Inneren ist wie Sonne, Sturm und Wetter im April."

In dieser kurzen Zusammenstellung giebt Pückler gewissermaßen ein Spiegelbild seines Charakters. Ein anderes lieferte die berühmte Mlle. Lenormand, die von Paris hergekommen war, und Pückler wie folgt wahrsagte: „Personne n'est plus vif que vous; cependant vous savez être bien calme et paraitre fort doux, si vous voulez. Vous n'êtes pas exempt d'ambition, mais vous débitez trop la gêne, pour pouvoir vous y livrer avec constance. On vous croit généralement tres-heureux et très-décidé. Cependant vous ne l'êtes pas autant

qu'on l'imagine, et vous avez souvent une sorte de
timidité, qui vous paralyse. Vous n'aimez pas beaucoup la supplique, et pourtant vous en faites, parceque vous changez bien souvent de projets, et que
vous êtes si inégal, que souvent qui vous voit le
matin et qui vous revoit le soir, ne croit pas avoir
vu la même personne. Vous êtes très-léger, mais
vous êtes quelquefois capable de beaucoup de té-
nacité. Vous avez été amoureux plusieurs fois, mais
vous n'aimez pas les femmes à vous y abandonner
entièrement. Elles ne vous maîtrisent pas. Vous
allez dans le monde par air et par ton, mais vous
ne l'aimez guère, un petit cercle d'amis d'après
votre choix est ce que vous préférez. Vous ne manquez pas de courage, et vous porterez encore deux
fois les armes. Vous servirez avec honneur, mais
vous n'y ferez pas une fortune brillante. Vous con-
naitrez la diplomatie, et si une certaine affaire tourne
à votre avantage, ce qui est très-vraisemblable, vous
jouerez un rôle marquant dans le monde. A l'âge
de trente-neuf ans, votre sort va souffrir une crise.
Une femme y aura beaucoup d'influence. Vous avez
un ami très distingué, sur lequel vous pouvez compter,
et une femme vous aime bien tendrement pour vous-
même. Elle vous sauvera à l'âge de 37 ans environ
la vie ou l'honneur dans une occasion remarquable.
Vous courerez quelque dangers, entre autres sur mer,
et vous serez arrêté pendant quelque temps. Vous
avez beaucoup d'ennemis, et il y en a de très-mar-
quants, mais comme vous ne manquez ni de finesse,
ni de fermeté, et que vous êtes fort-défiant, il parait
qu'ils ne vous feront pas beaucoup de mal, d'ailleurs
vous aurez l'oreille d'un homme puissant. Vous irez

en Asie (retenez-bien cela, dit-elle,) et vous trouverez une chose, qui fera l'admiration de beaucoup de monde. Votre fortune peut s'améliorer sans devenir extraordinaire, vous mourrez âgé dans une habitation entourée d'eau. Vous êtes bon physionomiste, tenez-vous toujours à la première impression qu'une personne vous fera, et vous ne vous tromperez jamais. Je vous recommande deux choses, dont vous aurez besoin, beaucoup de précaution et beaucoup de discrétion. Ne jouez pas, car les grands coups de hazard ne vous sont pas favorables."

Pückler war nicht abergläubisch genug, um an die magische Begabung der Wahrsagerin zu glauben, aber es war ihm doch angenehm, dergleichen als ein halb ernstes Spiel zu betreiben. Und da er an Einer Pythia nicht genug hatte, ließ er sich auch von Mad. Gail wahrsagen, die eine kluge Frau, aber gewiß keine Zauberin war.

Inmitten des Aachener Glanzes machte Pückler einen Ausflug nach Brüssel, unter dem Namen eines Herrn von Westheim, mit der Diligence, ohne Bedienten und mit nur einem Mantelsack, um zu versuchen, ob er auch noch wie ehemals ohne die vielen künstlichen Bedürfnisse leben könne, und genoß zum Besten erst die ungewohnte Einfachheit des Lebens, dann den wiedergewonnenen Luxus.

Auch der Aachener Spieltisch blieb Pückler nicht gleichgültig; Glück und Unglück erprobte er wechselsweise. An einem einzigen Abend verlor er 1900 Franken. Dann gewann er wieder, was er dadurch erklärte, daß er naiv erklärte, der Himmel habe ihn dafür belohnen wollen, daß er Lucie das Gelübde gethan, nie mehr als 30 Louisd'or an einem Abend zu verspielen.

Als der Kongreß zu Ende ging, kehrte Pückler reich an neuen Bekanntschaften und Anknüpfungen nach Muskau zurück. Mit dem Kongreß war er zufrieden, erstens, weil er dadurch mit Hardenberg und seiner Familie auf's beste bekannt geworden, ferner, weil er viele. intereſſante Bekanntſchaften gemacht, und endlich, weil er drei Affairen in gutem Gange habe, den Geſandtſchaftspoſten nach Konſtantinopel, den Wladimir um den Hals, was durch General Schöler betrieben wurde, und das Ludwigskreuz, das der Geheime Legationsrath Schöll in Paris verſchaffen wollte.

Pückler nannte dergleichen ſeine Spielzeuge. Er wußte, was dieſe nichtigen Aeußerlichkeiten werth ſind, aber er wußte auch, daß man mit ihnen der nichtigen äußerlichen Menge imponirt, und da er einmal in dieſer Sphäre lebte, ſo wollte er in ihr mit Glanz jeder Art auftreten.

Siebzehnter Abschnitt.

Verwaltung. Raftlofe Thätigkeit. Spiel. Gelbverlegenheit. Reiter=
kunftftücke. Erhebung in ben Fürftenftand. Der Staatskanzler Har=
benberg. Seine Umgebung. Entlaffung Humboldt's und Beyme's.

Zu ber Freude eines ftillen, befriedigten Landlebens kam
aber Pückler auch auf feinen Befitzungen niemals. Immer
befchäftigt, auch im Einzelnen die Ausführung aller feiner
Pläne felbft zu leiten, hatte er fortwährend alle Hände voll
zu thun; nach allen Seiten hin wurde feine Thätikeit er=
fordert. Außer bem Park zwangen ihn Vorftellungen an
die Stände, zu führende Prozeffe, Hypotheken= und Pacht=
angelegenheiten, die Alaunbergwerke, Flößgefchäfte und Holz=
verkauf, die Oekonomie, Bierbrauerei und Spiritusbrennerei,
das Jagdwefen, die nie ruhenden Bauten, die Anftellung
von Beamten unermüdlich wie ein Gefchäftsmann zu ar=
beiten, und zwar wie einer, ber anftatt einer, hundert
Branchen zu verwalten hat. Alle Augenblicke mußte er in
ber einen ober anderen diefer Angelegenheiten nach Berlin
reifen, wobei auf ben fchlechten Wegen Wagenumwerfen ober
Pferdeftürzen nicht zu ben Seltenheiten gehörte. Der geniale
Mann, der am liebften im Reiche der Phantafie feinen
Idealen von Schönheit nachging, verfchmähte es auch nicht,
mit ben anderen märkifchen Landjunkern ben Berliner Woll=
markt zu befuchen, um feine Wolle zu verkaufen, deren
Preife er feiner Lucie mit der merkwürdigen Genauigkeit

mittheilte, die er sich im Kleinen wie im Großen zu eigen
gemacht. Als wenn das alles noch nicht genug wäre, be=
kümmerte er sich auch um alle häuslichen Einkäufe, die sich
nicht nur auf Wagen, Pferde, Mobilien, Teppiche, Lampen,
Porzellan, auf Luxus= und Toilettengegenstände, sondern
auch auf Tressen, Federbüsche und Knöpfe der Livréen, auf
Oel, auf Papageienfutter u. s. w. erstreckten. Er übertraf
in jeder Beziehung die vollkommenste Hausfrau. So hatte er
niemals freie Zeit, niemals den ungestörten Genuß und die
Ruhe, die das romantische Schloß von Muskau inmitten
seiner Gärten den Bewohnern zu versprechen schienen.

Da aber seiner Thätigkeit sorglose Verschwendungslust
zur Seite ging, die von Lucie getheilt wurde, bei welcher
das unbedachte Geldausgeben bis zu ungeheuren Summen
gewissermaßen ein Familienerbtheil war, so konnten die
Finanzen des gräflichen Paares sich nicht bessern, sondern
wurden stets bedrohlicher. Wenn Pückler nach Berlin hin=
über kam, wohin ihn seine tausend Geschäfte alle Augenblicke
riefen, so ließ er sich auch wieder von der alten Leidenschaft
des Spieles verlocken, und wenn er dort in Gesellschaft
seiner aristokratischen Freunde war, denen er in keinem Fall
nachstehen wollte, so verlor er oft an einem Abend 30 bis
50 Louisd'or, zuweilen mehr als die Geschäfte, um derent=
willen er gekommen war, ihm einbringen konnten. Hatte
er mitunter Glück im Spiel, so war der Gewinn doch nur
eine augenblickliche Hülfe, wie zum Beispiel einmal, wo er
3000 Thaler gewann, und nun meinte, er müßte undankbar
gegen den lieben Gott sein, wenn er die erlangte Unter=
stützung nicht demüthig erkennen wollte. Oft klagte er bitter=
lich über seine Verlegenheiten, die ihn um alle Freiheit, um alle
Unabhängigkeit brachten. Luciens Schmuck, ein großer Theil
ihrer kostbarsten Diamanten und Perlen, mußten verkauft werden.

„Ueberhaupt sieht es elend mit uns aus," schrieb er an

Lucie, „und ohne einen deus ex machina sehe ich nicht recht ein, wie wir uns wahrhaft helfen wollen, denn alle die sanguinischen Projekte für Muskau sind höchst wahrscheinlich glänzende Chimairen." Dann sehnt er sich nach geordneteren Verhältnissen, und seufzt: „Ruhe und Sicherheit des Vermögens, nicht vieles Vermögen, wünsche ich mir am meisten. Der Himmel gebe dazu seinen Segen." Nach erneuten großen Spielverlusten schrieb er an seine Frau: „So lange ich meine Lucie habe, fürchte ich nichts, denn würden wir auch arm, so kochte mir Lucie Eierkuchen, wir beziehen ein romantisches Bauerhaus in den Thälern des Brünig, und sind vielleicht glücklicher als jetzt."

Wenn Pückler noch so verstimmt war, so genügte aber jeder neue frische Eindruck, ihn plötzlich wieder froh und zufrieden zu machen.

Eines Tages hatte er in Berlin eine Zahnoperation bestanden, und litt an Zahnschmerzen und heftiger Migraine mit Fieber. Dennoch ritt er nach dem Thiergarten, wo die Offiziere der Garnison eine Jagd hielten. Graf Arnim stellte den Hirsch vor, andere die Jäger, Hunde u. s. w. Graf Putbus und die beiden Brüder Biel begleiteten Pückler, der, als sie zusammen ausritten, so schwach war, daß er sich kaum auf dem Pferde halten konnte. Bald begegneten sie dem alten Blücher, Gneisenau und allen Prinzen, nebst einer Horde Offiziere. So kamen sie an den Kanal, damals Schafgraben genannt, und einige Offiziere thaten so, als wenn sie hinüberspringen wollten, ihre Pferde weigerten sich aber. Pückler's Ehrgeiz erwachte, und er nahm einen Ansatz. Es ging jedoch nicht glücklich; sein Pferd sprang zwar, aber zu kurz, und fiel mit ihm bis an den Hals in's Wasser, dann aber am jenseitigen Ufer sprang es kräftig hinaus. Aergerlich über dieses Mißlingen versuchte der waghalsige Reiter siebenmal herüber und hinüber denselben Sprung, der allerdings beinahe unmöglich war, und der immer mit demselben gezwungenen Bade endigte. Hierauf wollten Graf Arnim und einige andere Offiziere denselben Sprung machen, fielen aber auch sämmtlich in's Wasser. Der alte Blücher, der mit seinem scharfen Blicke, trotz des Mißerfolges, Pückler's Muth und Reitergeschicklichkeit zu würdigen wußte, sah sehr vergnügt seinen Anstrengungen zu, rief mehrmals: Bravo! und wollte ihn auch sogleich für die Kavallerie engagiren. Darauf sprang Pückler, noch ganz naß, auch über den großen Schlagbaum an der Fasaneriebrücke und über das Stacket beim Hofjäger glücklich hinweg, und bedauerte nur, daß er hiebei nicht so viele Zuschauer hatte als vorher; darauf galoppirte er durch einen Sumpf, bekam aber solche Stiche im Kopf, daß er es nicht mehr aushalten konnte, und seine letzten Kräfte anwenden mußte, um nach Hause zu gelangen. Die gewaltsame Kur war natürlich für seinen Zustand sehr unvortheilhaft, bildete aber in Berlin mehrere Tage das Stadtgespräch.

Da war er denn sogleich wieder guter Laune. Als er aber sogar die Wette glänzend gewann, in 30 Minuten mit seinem Pferde Spritlh von Zehlendorf bis an das Berliner Thor zu reiten, und das Hurrahgeschrei von einigen tausend Menschen, in Gegenwart aller Königlichen Prinzen, ihn begrüßte, da ließ ihn sein heiterer Sinn alle Sorgen vergessen, und er war froh wie ein Kind.

Noch glücklicher war Pückler, als er im Sommer 1822 in den Fürstenstand erhoben wurde, eine Auszeichnung vor der Welt, über die er gegen seine vertraute Lucie jubelnd eine kindlich naive Freude äußerte. Pückler hatte auf mehrere erhebliche Vorrechte seiner Stellung verzichtet, auch durch das Uebergehen seiner Besitzungen von Sachsen an Preußen manchen Schaden erlitten, so daß ihm die neue Würde gewissermaßen als eine Entschädigung ertheilt wurde.

Als er Lucien die frohe Nachricht mittheilte, schloß er seinen Brief: „Ich küsse Dich, mein Herzensschnuckchen, und bin zum Erstenmale Euer Durchlaucht ganz devotester Lou." Es war ihm die angenehmste und wichtigste Spielerei, nun die Fürstenkrone auf Livrée, Equipagen und Wappen anzuordnen. Seine Phantasie hatte vollauf zu thun, das neue Fürstenwappen zu ersinnen, das alle seine Hauptleidenschaften, „die Parkpassion, die Baupassion, die Pferdepassion, den Raufsinn, das Phantastische, den Farbensinn", versinnbildlichen sollte. „Ich bin des Glückes so wenig gewohnt," schrieb er, „daß ich das Gelingen einer Sache fast immer mit Furcht ansehe, als wenn eine bittere Folge gleich dahinterbrohte! Auf schlüpfrigem Boden stehe ich immer."

Allerdings fehlten der glänzenden Standeserhöhung nicht die Schatten, die ihr zur Seite gingen, denn neben ihr machten sich die stets zunehmenden Geldverlegenheiten fühlbar, da für die neue Würde auch neuer Aufwand und neue Ausgaben erforderlich waren.

Am 26. Juni 1822 schrieb er an Lucie: „Gott gebe, daß das Glück oder meine Industrie bald wieder eine neue Quelle öffnen, sonst weiß ich nicht, wie wir aus dem Hause kommen. Jordan hat wohl Recht gehabt, wenn er sagte: „Da sind ein Paar zusammengekommen, die gut zu wirthschaften verstehen!" Das Geld ist wirklich bei uns wie Wasser auf einen heißen Stein. Wasser und Brot wird wohl am Ende allein auch übrig bleiben. Qu'importe, vogue la galère." Aber wie wenn es der Spielerei noch nicht genug wäre, trachtete er zugleich wiederholt nach Erlangung der ersehnten Orden; Jordan bearbeitete er wegen des sächsischen Militairordens. „Schaffst Du mir nun noch den kleinen gelben schwedischen," schrieb er an Lucie, „so verschmerze ich das Mißlingen in Petersburg, und werfe den russischen ganz weg. Du siehst, dem Kind bleibt noch

Spielwerk genug übrig, aber auch das Solide versäume ich
nicht." Nie aber ging ihm bei allem diesem Treiben die
Selbsterkenntniß verloren, und es muß wiederholt werden,
daß er stets über seinen Fehlern und Schwächen stand.
„Hier unter allen Intriguen verderbe ich vollends," schließt
er seinen Brief, „und erkenne meine Schwäche, die so wenig
der Versuchung widersteht. Denn alle die Heuchelei, Falsch=
heit der Welt, die ich malgré moi theile, ekelt mich an,
und beunruhigt die timorée gar sehr."

Daß er am Hofe kalt aufgenommen wurde, kränkte seine
Eitelkeit; sein rastloser Ehrgeiz stachelte ihn, den Mittel=
mäßigkeiten, die ihm vorgezogen wurden, vorauszukommen.
Auch in der Gunst des Staatskanzlers fühlte er sich nicht
so befestigt, als er gehofft hatte, da die Umgebung desselben
manche schwierige Elemente darbot, die jeden anderen Ein=
fluß als den ihrigen zu bekämpfen suchten. Der Arzt
Doktor Koreff, Mlle. Hähnel, nachher mit Herrn v. Kimsky
verheirathet, Schöll und Helwig waren seine tägliche Ge=
sellschaft. „Ränke und Selbstsüchtigkeiten um den alten
Mann her!" sagt mit Recht Varnhagen hierüber. Lucie
selbst stand ihrem Vater nicht so nahe, wie dies von der
einzigen Tochter natürlich gewesen wäre. Der große Staats=
mann, dem Preußen so viel verdankt, war damals in po=
litischer und persönlicher Beziehung in schwieriger Lage.
Politisch war er bereits außerordentlich gehemmt in seinem
Streben für den Fortschritt; die Reaktion, die nach den
Befreiungskriegen ihr Haupt allmählig wieder erhob, war
schon mächtig: Hardenberg, vielfach bedrängt, griff zuerst
die liberalen Gegner an, und nachdem er diese geworfen,
entbehrte er ihres Beistandes gegen die Ultra's. Die Ent=
lassung Wilhelms von Humboldt und Beyme's war ein
Schritt weiter in dieser Richtung gewesen. Eine Aufzeich=
nung Varnhagen's von Ense hierüber lautet wie folgt:

„Die Entlassung Humboldt's und Beyme's aus dem Mini=
sterium war beschlossen, Hardenberg hielt sie aber noch auf,
und hoffte, jene würden einlenken, oder einer von ihnen.
Ich war vom Kanzler her unterrichtet, daß er die Königliche
Entscheidung in der Hand habe, und sie unfehlbar gebrauchen
würde. Rother eröffnete dies vertraulich an Humboldt, der
aber die Sache nicht recht glaubte und sie jedenfalls nicht
achten wollte, sondern im Trotz beharrte. Ich ging zu
Beyme, um ihn zu benachrichtigen, wie die Sachen stünden,
er sollte es wenigstens voraus wissen und überlegen, allein
auch er blieb fest, obwohl er überzeugt war — wozu ich
ihm keinen Anlaß gegeben hatte — ich käme als Beauf=
tragter des Kanzlers, ihn noch zuletzt zu warnen. Ich war
am 30. Dezember bei Beyme, am 1. Januar 1820 empfing
er und Humboldt ihre vom 31. Dezember datirten Ent=
lassungen, beide höchlich überrascht, denn so schnell hatten
sie die Sache nicht erwartet; Humboldt bekannte dies offen;
Beyme vergoß einen Strom von Thränen. Humboldt sagte
auch sogleich zu seiner Frau: „Heute über's Jahr wird alles
anders stehen." — Er irrte sich aber, es stand alles noch
in derselben Richtung, und er und Beyme kamen auch nach
Hardenberg's Tode nicht mehr in das Ministerium.

Das Ausscheiden war für die Staatsverwaltung ein
großer Schaden. Hardenberg, nachdem solche Stützen der
freisinnigen Richtung ihm entzogen und Gegner geworden
waren, konnte nun diese Richtung nur immer weniger ein=
halten, mußte täglich mehr dem Hofeinflusse nachgeben, den
Männern des Absolutismus und der Aristokratie, die ihm
alten Haß hegten, und die nun das Gewicht der Namen
Humboldt und Beyme gegen ihn gebrauchten, obschon sie
diese nicht minder haßten als ihn!"

Achtzehnter Abschnitt.

Mittheilungen über den Staatskanzler Hardenberg, von Varnhagen niedergeschrieben. Reise nach Teplitz. Trennung Hardenberg's von seiner Frau. Frau von Kimsky. Hardenberg's Reise nach Italien. Sein Tod in Genua. Aufzeichnung von Varnhagen darüber. Brief Pückler's.

Ueber Hardenberg's persönliche Verhältnisse geben die folgenden merkwürdigen Blätter den getreuesten Aufschluß, die von Varnhagen niedergeschrieben und bewahrt wurden.

Aus mündlicher Mittheilung der Fürstin von Pückler, geschiedenen Gräfin von Pappenheim, geb. Freiin von Hardenberg.

„Der Vater Hardenberg's war hannöverscher Feldmarschall, ein redlicher, biederer Mann, von alter Treue und Ehre. Mehr als dieser wirkte jedoch auf Hardenberg's Jugend ein Oheim, Bruder seines Vaters, bei Herrenhausen wohnhaft, der auf die Entwickelung seines Geistes und Herzens, auf seine Studien und Neigungen den wohlthätigsten Einfluß hatte.

Hardenberg und ein Herr von Busch besuchten gemeinschaftlich ein Jahr hindurch die gewöhnliche Bürgerschule zu Hannover, als die einzigen ihres Standes. Die Sache machte Aufsehen. Hardenberg meinte, von daher kenne er vieles, was ihm sonst verborgen geblieben wäre; seine Ansichten über Volk, Stände u. s. w. behielten von dieser Zeit her durch sein ganzes Leben eine demokratische Vorliebe.

Er studirte in Göttingen, war ein glänzender Jüngling, überall gut aufgenommen, geliebt, bewundert. Viel Munterkeit und Leichtsinn.

Reiste dann mit seinem Vater nach England. Auch dort viel persönliche Annehmlichkeit. Von den Engländern sehr eingenommen; ihre Denkart, Sitte, Freimüthigkeit, Großmuth wirkten tief auf ihn ein. Auch diese Richtung blieb ihm zeitlebens.

Er reiste nach Frankreich, Italien. Hielt sich dann längere Zeit in Regensburg auf, in einer damals bedeutenden und gebildeten Welt. Eine schöne Dame, mit der er in vertrautes Verhältniß kam, vollendete seine Bildung, wie er noch spät dankbar anerkannte. Er gefiel aber nicht blos dieser, sondern allgemein Frauen und Männern.

Als er nach Hannover zurückgekehrt war, wählte seine Mutter für ihn die reiche Erbtochter Gräfin Reventlow, mit deren Mutter sie sehr bekannt gewesen, zur Gattin. Das fünfzehnjährige Mädchen — ihrer Entwickelung nach fast noch Kind — willigte, nachdem sie ihn gesehen, sogleich ein: „Ja, den will ich haben!" War überaus schöne Blondine, zart, fein, vornehm, verwöhnt und verzogen; ungemein reich.

Hardenberg verstand sie nicht zu leiten, war selbst jung und leichtsinnig; seine Mutter wußte gegen die Schwiegertochter nur streng zu sein, ohne Liebe und Klugheit, stets zum Tadeln geneigt, arge Richterin jedes Benehmens; sie wurde gefürchtet, und gemieden; bald, bei erwachtem Gefühl ihrer Selbstständigkeit, bei so großem Reichthum, unter so vielen Schmeichlern und Bewerbern, achtete die junge Frau der unangenehmen Schwiegermutter nicht mehr, Hardenberg selbst gab das Beispiel des Leichtsinns und muntern Weltgenusses. Zwei Kinder. Er machte der Gattin allerlei Untreue, und hegte eine wachsende Liebesneigung zu Fräulein von Lenthe, einer hinreißenden Schönheit voll Anmuth und Innigkeit.

Reise nach England (1780 oder 1781). Wohnten im Park von Alt-Windsor; die Königliche Familie kam häufig zum Besuch dahin, Georg der Dritte ganz familiär mit Hardenberg's, die überall wohl aufgenommen und begünstigt waren. Der Prinz von Wallis (jetzt König Georg der Vierte,) faßte eine Leidenschaft zur Baronin Hardenberg; seine Bewerbungen machten um so leichter Eindruck, als die junge Frau ihren Gatten schon durch andere Neigung sich entfremdet sah. Der Prinz machte den Plan, sie sollte ihren Mann verlassen, in England bleiben, ihm angehören, die schönste und herrlichste Zukunft erwarten. Ihre Einbildungskraft wurde durch solche Vorschläge befangen, sie ging darauf ein. Die Königin, Mutter des Prinzen, erfuhr die Sache, und verrieth sie heimlich Hardenberg'en. Dieser nahm die Geschichte wie ein beleidigter Edelmann*), forderte den Prinzen zum Zweikampf, und traf, gewarnt und durch höhere Befehle gedrängt, Anstalten zur Abreise. Nahm seinen Abschied aus hannöverschen Diensten und trat in braunschweigische.

Inzwischen wuchs die Leidenschaft zur Lenthe; diese liebte gleichfalls heftig; die höchste, innigste, gegenseitigste Herzensgluth, die wahrste, ächteste Empfindung fand hier statt. Die Scheidung von der Reventlow wurde betrieben — die versuchte Ausgleichung und versöhnte Wiedergenossenschaft hatte nicht Stand gehalten — das Urtheil fiel gegen die Frau aus, das große Vermögen wurde dem Manne zugesprochen;

---

*) Anmerkung von Varnhagen. Hardenberg traf den Prinzen in flagranti bei seiner Frau im Schlafzimmer, zog den Degen, und verfolgte den Fliehenden mehrere Zimmer hindurch; am Ende mochte er ihn doch gern unblutig entwischen lassen.

der Stiefvater der Reventlow, Herr von Thienen, ein harter, böser Mann, trug sogar darauf an, daß die Geschiedene irgendwo auf den Gütern in Dänemark eingesperrt würde. Die Sachen standen so, als Hardenberg, der Scheidung schon gewiß, und voll Ungeduld der neuen Verbindung zueilend, noch vor der Ausfertigung des Scheidebriefs heimlich in Hamburg die Lenthe heirathete. Dies wurde verrathen, und gab der Gegenparthei die Oberhand. Das Vermögen der Reventlow wurde nun, bei Hardenberg's offenbarem Fehl, ihm wieder abgesprochen. Er gerieth in die unglücklichste Lage. Dies war im Jahre 1789 (?). Ein Jude in Braunschweig, Herz Samson, schoß ihm großmüthig die beträchtlichsten Summen vor.

Die Reventlow starb in Regensburg, 33 Jahr alt. — Trotz allem Vorgefallenen behauptete sie stets, sie habe zu niemanden solch Vertrauen, wie noch immer zu Hardenberg.

Hardenberg hatte seine Tochter zu einer Verwandten gegeben, seinen Sohn auf das Pädagogium zu Halle (auch zu Kopenhagen war derselbe eine Zeitlang zu seiner Ausbildung); um beide kümmerte er sich fast gar nicht. In Ansbach als Minister etablirt, hatte er seine Tochter wieder bei sich, die sich mit der Stiefmutter sehr gut vertrug. Die Liebe der beiden Gatten dauerte fort, erlitt aber große Störungen; Hardenberg gab Anlaß zu vielfacher Eifersucht, die sich heftigst erging.

Hardenberg's Tochter war schon mit Graf Pappenheim verheirathet, und zum Besuch in Ansbach, als die Stiefmutter ihr vorschlug, Hardenberg in Frankfurt am Main, wo er politischen Geschäften seit längerer Zeit oblag, zu überraschen. Beide Damen reisten dahin. Hardenberg hatte hier eine Maitresse, eine Sängerin, verheirathete Langenthal, Mutter mehrerer Kinder, ihr Mann gleichfalls Akteur. Die Gräfin Pappenheim sah sie das erstemal auf der Bühne

in der Rolle der Papagena. Das Verhältniß ließ sich nicht
verbergen, Hardenberg bekannte dasselbe endlich seiner Frau
ganz offen, er könne nicht ohne diese Neigung leben, er
verspreche alles anzuwenden, um sie in der Folge zu besiegen,
nur jetzt nicht u. s. w. Es gab schmerzliche, arge Auftritte.
Dreijährige Leiden voller Bewegung und Unruhe, in allem
Wechsel der Stimmungen, Verhältnisse. Die Lenthe, schön
wie ein Engel, hinreißend liebevoll, anschmiegend und zart,
wurde umworben und umschmeichelt, aber ganz vergebens;
unter so vielen französischen Emigranten, die es darauf
eigens anlegten, die von ihrem Manne aufgegebene Frau
zu trösten, konnte keiner ihre Gunst gewinnen, und es waren
die schönsten, einnehmendsten Männer unter ihnen. Aber
eine Emigrantin wurde ihre Freundin und Gefährtin. Diese
wußte in kurzem den Sinn der zarten, feinen, empfindungs=
vollen, aber exaltirten Frau ganz umzustimmen. Sie redete
ihr die Nothwendigkeit vor, einen Liebhaber zu nehmen, und
zwar, damit es kein Aufsehen mache, aus niederem Stande;
Genuß, Rache, Zerstreuung, Erhebung über Vorurtheil, alles
wurde geltend gemacht. Die arme Frau, um ihre Einsamkeit
zu erfüllen, hatte Sprachen getrieben, Malerei, Musik; der
Lehrer der letzteren wurde zuerst berufen, sie entschiedener zu
trösten; als die schöne, vornehme, hochgeehrte Frau es über
sich gewann, ihm zuerst ihre Gunst anzukündigen, fiel er in
Ohnmacht, so groß war seine Ueberraschung, so herrlich
erschien ihm sein Glück. Sie wurde schwanger. Hardenberg
mußte sich nun abermals scheiden lassen; die Sache hätte
im Stillen abgethan werden können, aber Hardenberg's Fa=
milie machte unnöthigen Lärm, behandelte alles hart und
plump, und der Skandal hatte keine Gränzen. Die Lenthe,
über alle Scheu nun hinaus, fiel immer tiefer; nach vielen
Abentheuern lebte sie zuletzt in Neapel, wo sie wahrscheinlich
gestorben ist. Die wahre Liebe, die sie für Hardenberg ge=

fühlt, zeigte auch späterhin noch ihre Wirkung, auch behielt
Hardenberg für sie, trotz alles Vorgegangenen, stets ein gün=
stiges Gefühl.

Die Langenthal ließ sich scheiden, nahm ihren Familien=
namen Schönemann wieder an, und folgte Hardenberg als
seine offenbare Maitresse nach Berlin, wo sie mit ihm wohnte
und aß. Er forderte mit Ernst und Nachdruck, daß seine
Geschwister und Kinder seine Geliebte freundschaftlich sähen;
er konnte sehr hart werden, und gewaltig zürnen, wenn
darin nicht alles nach seinem Sinne ging. Die Frau war
unaussprechlich gemein und roh, und machte die Familie viel
leiden. Hardenberg war ihr nicht treuer, als den anderen;
daraus entstanden abscheuliche Vorwürfe und Zänke.

Im Jahre 1807 auf der Flucht in Preußen hatte ein
Postmeister die Schönemann, welche Postpferde verlangte,
arg beschimpft, und unter anderen gesagt, an solcher Minister=
maitresse sei gar nichts gelegen, die könne bis zuletzt warten.
Als sie mit Hardenberg wieder zusammenkam, klagte sie ihm
den Vorfall. Voll Entrüstung und Mitleid sagte er, das
solle nicht wieder vorkommen können, er wolle sie zu seiner
Frau machen. Sie fiel ihm aus freudiger Dankbarkeit zu
Füßen.

Nach dem Frieden von Tilsit ging Hardenberg mit seiner
Frau nach Grohnde zu seinem Bruder, wo er blieb, bis
die Einleitungen zu seinem Wiederantritt preußischer Staats=
dienste ihn von dort abriefen.

Seine dritte Frau hat ihm das Leben noch mehr ver=
bittert, als die beiden ersten. Eifersucht auf Frau von Be=
guelin; gemeine Zänkereien, Maulen. Sie schaffte sich auch
Liebhaber an, untergeordnete, rohe. Eine arge Wirthschaft!

Koreff, dessen Einfluß begann, seitdem er von Frankfurt
am Main im Jahre 1815 auf der Rückreise von Paris nach
Berlin sich zum Kanzler in den Wagen gesetzt — die ersten

Stationen war die Gräfin Pappenheim mit ihrem Vater
gefahren, dann setzte sie sich wieder zu ihren Töchtern ein,
und Koreff nahm ihren Platz — war auch ein Liebhaber
der Fürstin Hardenberg. Er hatte die Mlle. Hähnel am
magnetischen Baquet, wo sie unter vielen Anderen dem Kanzler
aufgefallen war, zu ihrer nachherigen Rolle ausersehen, und
sie zur Gesellschafterin der Fürstin gemacht. Der alte Kanzler
wurde von diesen Dreien nun ganz geleitet. Die Tochter
des Kanzlers wurde ganz fremd gehalten; sie sah denselben
oft in drei, vier Wochen nicht, vertraut und allein gar nie.
Indessen fühlte die Hähnel bald sich stark genug, die Anderen
zu entbehren. Die Fürstin und Koreff sahen sich aus Hardenberg's Haus entfernt. Beide kannten in ihrer Wuth
keine Gränzen; die Fürstin drohte mit Enthüllung arger
Dinge, Graf Pückler gab dem Kanzler davon nach Troppau
Nachricht, dieser besuchte nun bei der Rückkehr von Troppau
seine Tochter in Muskau, fiel ihr um den Hals, beklagte
sein Unglück, bekannte, daß er gegen sie sehr gefehlt habe,
daß er ihr so lange fremd gewesen u. s. w. Ihn begleiteten die Hähnel und Schöll. Es ergab sich der Auftrag
für Pückler, nach Teplitz zu reisen, und mit der Fürstin ein
völliges Abkommen zu treffen, was auch geschah und gelang;
Koreff wurde dabei, so sehr er sich bei der Fürstin bemühte,
nicht berücksichtigt.

Mit der Fürstin Pückler und dem Fürsten reiste Hardenberg ohne die Hähnel nach Hannover zur Hochzeit seines
Bruders. Auf dieser Reise erschloß sich sein Herz auf's
neue zärtlichst gegen seine Tochter; alle Nachmittage entzog
er sich der großen, ihm doch meistentheils fremdartigen Gesellschaft, und brachte mehrere Stunden mit ihr vertraulich
zu; oft sehr gerührt und reuig über so manches Vorgegan-
gene. Er hatte sich der Hähnel sehr entwöhnt, und es
kostete ihm einige Ueberwindung, sie wieder um sich zu sehen,

doch war bald das alte Verhältniß hergestellt. Die Wirth=
schaft war jetzt gemeiner als je; die Hähnel besoff sich,
schimpfte u. s. w. Die Sachen wurden immer ärger, der
Kanzler trug seine Fesseln schon mit größtem Widerwillen.
Erzählung des Geh. Raths Rust von den letzten Tagen in
Genua.

Hardenberg hatte drei Brüder, der älteste war Ober=
hauptmann in Grohnde, der zweite Deutscher Herr (war in
Ostindien, starb etwa in den Dreißigen), der dritte Ober=
landjägermeister in Ansbach. Von dreien Schwestern hei=
rathete die älteste einen Herrn von Münchhausen, sie war
nur ein Jahr jünger als Hardenberg, und seine innigste
Vertraute bis zu seiner dritten Heirath; die zweite den
Grafen Flemming, die dritte den Grafen Seckendorf.

Man warf Hardenberg häufig vor, daß er zu sehr in's
Detail gehe, zu vieles selbst durchsehe und durcharbeite.
Sein Bruder rief ihn einmal von der Arbeit an, sie hatte
schon sehr lange gedauert, und Hardenberg wollte dennoch
mehrere Sachen noch selbst ausfertigen. Der Bruder warf
ihm seine zu große Sorgsamkeit vor, dergleichen, meinte er,
müsse man den Räthen überlassen. Da nahm ihn Harden=
berg freundlich bei der Hand, drückte sie ihm herzlich, und
fragte ihn liebevoll: „Nun hör' 'mal, wenn's nun Deine
Sache wäre, würde Dir's lieb sein, daß ich sie den Räthen
nur so überließe?" Und er beendigte erst sein Tagewerk,
ehe er mit dem Bruder ging.

Hardenberg war besonders in seiner früheren Zeit von
Personen, denen er sein Vertrauen geschenkt, vielmals hin=
tergangen worden. Einst wegen seines zu leicht geschenkten
Zutrauens gewarnt, sagte er: „Das Gefühl, Vertrauen zu
geben, ist so herrlich, daß ich lieber noch hundertmal betrogen
werden will, als ihm entsagen!"

Er ging sehr auf den ersten Eindruck, den Personen

ihm machten, und meinte, derselbe habe immer Recht be=
halten. Von einem Manne, den er als seinen ärgsten Feind
und Beschädiger in seinem ganzen Leben habe erkennen müssen,
sagte er, derselbe sei die Freundlichkeit selber gegen ihn ge=
wesen, und doch, als er denselben zuerst erblickt, sei ihm
gleich „von der Scheitel bis zur Sohle kalt geworden."
(Dies soll sein Stiefschwiegervater, Herr von Thienen, ge=
wesen sein.) "*)

Es ist in Vorstehendem schon der Reise Erwähnung
gethan, die Pückler im Auftrage Hardenberg's nach Teplitz
machte, um mit der Fürstin zu unterhandeln. Er brachte
zur Zufriedenheit des Staatskanzlers eine Uebereinkunft zu
Stande, deren zufolge die beiden Gatten in Zukunft getrennt
leben wollten. So schied sich Hardenberg auch von seiner
dritten Frau, wie von den beiden ersten! —

Er gewann aber damit noch keine Freiheit, denn er blieb
dafür um so ausschließlicher unter dem unheilvollen Einfluß
der Frau von Kimsky, die von Varnhagen in gleichfalls
noch ungedruckten Notizen folgendermaßen charakterisirt wird.

„Frau von Kimsky, geb. Hähnel, war eine Bäckerstochter
aus Neu=Brandenburg. Gesellschafterin der Fürstin von
Hardenberg. Verschmitzte, eigennützige Betrügerin, als Som=
nambüle in Koreff's Händen, betrügt sie den Fürsten mit
Koreff im Einverständniß, und dann den Arzt selber. Sie
wurde darauf des Fürsten Pflegerin, — Geliebte kann man
es nicht nennen. Doch war sie ihm in seinen letzten Stun=
den ganz verhaßt.

Bereichert aus Hardenberg'scher Beute — man schätzte
sie auf 50,000 Thaler — heirathete sie einen unbedeutenden
Herrn von Kimsky, mit dem sie nach Rom ging.

---

*) Vorstehende mündliche Mittheilungen erhielt Varnhagen von der
Fürstin Pückler am 28. Dezember 1827; die Anmerkung auf S. 198
erhielt er jedoch aus anderer Quelle.

Hier wurde sie katholisch, und stand bald bei mehreren Kardinälen, besonders aber beim Pabst Gregor dem Sechzehnten in größtem Ansehen. Sie unterstand sich sogar, dem Könige Friedrich Wilhelm dem Dritten in der Streitigkeit wegen des Erzbischofs von Köln ihre Vermittlung beim Pabst anzubieten!"

Auch Pückler, der anfänglich noch einige gute Eigenschaften in Frau von Kimsky voraussetzte, haßte sie, nachdem er ihren Charakter erkannt hatte, wie einen bösen Dämon.

Die letzten Lebenstage des Staatskanzlers bestätigten nur zu sehr diese Anschauung.

Hardenberg reiste in Begleitung seines Arztes, des berühmten Doktor Rust, nach Italien ab, um sich nach dem Kongreß von Verona zu begeben. Pückler's Wunsch, ihn dorthin mitzunehmen, lehnte er ab. Dagegen widerstand er nicht den dringenden und heftig anstürmenden Bitten der Kimsky, ihm nachfolgen zu dürfen, und so kam sie ihm mit ihrem Gatten dahin nach, und beide begleiteten ihn weiter nach Mailand und Genua. An letzterem Orte verschlimmerte sich das Befinden des Staatskanzlers, und er starb daselbst den 26. November 1822.

In Varnhagen's Nachlaß befindet sich über Hardenberg's letzte Augenblicke die folgende Angabe: „Als Hardenberg (in Genua, 1822) im Sterben lag, und der Geh. Rath Doktor Rust den Puls ihm fühlend nach der Uhr blickte, um die Stunde zu bestimmen, bis wie weit die Agonie wohl sich erstrecken dürfte, richtete der Sterbende unerwartet mit letzter Kraft nochmals das gesenkte Haupt empor, öffnete die Augen, und blickte heiter und mild, mit himmlischer Freundlichkeit rings die Umstehenden an, gleichsam jeden einzeln grüßend und von ihm Abschied nehmend; als aber sein Blick auf Frau von Kimsky fiel — erst am Vormittage, nach einer heftigen Zank- und Aergerszene mit ihr, hatte

sich der Anfall des Schlagflusses wiederholt — so verzog
sein ganzes Antlitz sich in das Bild des gräßlichsten Wider-
willens und Abscheues; selbst die Hände erhoben sich krampfhaft abwehrend, und nach diesem Blicke des tiefsten Un-
willens und der innersten Empörung, mit welchem gewissermaßen die irdische Last der Täuschung und Verführung, die
Bande des bösen Reizes und des magnetischen Zwanges
abfielen, sank er auf's neue dahin, und verschied.

Der Geh. Rath Rust hat diesen Vorgang so an den
Geh. Staatsrath Stägemann, und an die Fürstin von Pückler
berichtet; beide haben mir in verschiedener Zeit diese Erzählung auf ganz übereinstimmende Weise wiederholt."

Pückler schrieb darüber an Lucie aus Berlin: „Eben ist
der Jäger Ritter aus Verona gekommen, und hat mir merkwürdige Details über Deines armen Vaters Tod gebracht.
In Mailand, wo sich seine Krankheit angefangen, hat man
ihn in einem Tage auf den Mailänder Dom 400 Stufen
hoch steigen lassen, und dann den Abend in sechs Theater
nacheinander gehen, so daß er erst um 1 Uhr ganz erschöpft
zu Haus gekommen ist. So ist die Reise fortgesetzt worden.
Früh halb fünf abgereist, und ganz spät angekommen bis
Genua. Dort ist ausgestiegen worden, und zu Fuß erst
nach dem Hafen und Leuchtthurm gegangen, Kimsky und
seine Frau voraus, und der Fürst allein hinterherlaufend,
so daß er sich schon krank und schwach von neuem erkältet,
und kaum im Gasthof angekommen, ihn auch nicht wieder
verlassen hat. Seine Besinnung soll er bis fast zum Augenblick des Todes gehabt haben, und nachdem er den Kopf
auf die Brust gesenkt, in tiefem Schweigen versunken lange
gesessen (denn er ist auf dem Stuhle sitzend gestorben), erzählt Ritter, habe er sich mit einemmal hoch aufgerichtet,
und einen so furchtbar drohenden Blick auf die Kimsky geworfen, daß ein Schauder die ganze Gesellschaft ergriffen

hat, und sie ohnmächtig hingesunken ist. Vielleicht hat in diesem Augenblick sein Geist zu spät die Wahrheit eingesehen! Sobald er todt war, hat sich alles voll Abscheu von diesem Paare gewendet, und keine Gemeinschaft mehr mit ihm gehabt, sondern sie allein abreisen lassen. Man weiß nach dieser Erzählung kaum was man denken soll, und ob man den armen Alten nicht am Ende absichtlich hingeopfert hat. Rust's Schwäche, sich nicht besser opponirt zu haben, ist höchst tadelnswerth, aber zu entschuldigen, wenn man die Gewalt kannte, welche der feindliche Dämon über Deinen Vater und alles was ihn umgab ausübte.

Sollte die Kimsky die Frechheit haben, zu Dir nach Muskau zu kommen, so hoffe ich, daß Du sie gehörig abweisen wirst. Schaumann schreibt, sie habe noch zuletzt dem Fürsten seine Geldbörse gestohlen, und sei von ihm auf die härteste Weise behandelt worden, jedoch unter dem Vorwande, es sei ein Geschenk des Fürsten, den Raub festgehalten.

In Glienicke hat man Staatspapiere in ihrer Kommode gefunden, kurzum der Spektakel über diese Kreatur ist gränzenlos. Ich bin sehr begierig auf Rust's Ankunft, den man allgemein sehr tadelt, und wegen seiner Unthätigkeit verantwortlich macht. Es ist jetzt wirklich ein Glück, daß ich nicht dabei war!

Was das Majorat betrifft, so sind außer Hellwig, der es gemacht hat, alle Advokaten, auch Stägemann, der Meinung, daß es unhaltbar sei. Kann es aufrecht erhalten werden, so bist Du so gut wie enterbt, und erhältst gar nichts. Es ist aber nicht denkbar.

Unsere 20,000 Thaler sind heute endlich gezahlt, und schon an Beneke überwiesen. Die Hälfte davon ist aber leider schon hin. Indessen, wenn es gut geht, und Gott hilft, so bringt uns das andere Geschäft bald wieder einige Fonds.

Von der Erbschaft werden wir wohl vor mehreren Jahren nichts zu sehen bekommen, aber ich zweifle nicht, daß wir am Ende 100,000 Thaler davon lösen, obgleich Deine légitime nur den sechsten Theil des ganzen Vermögens ausmacht.

Dein einziger Lou.

Eben schickt mir Rother einen Bericht von Rust, den ich beilege."

Neunzehnter Abschnitt.

Sorgen. Hoffeste. Die Braut des Kronprinzen, Elisabeth von Baiern. Das Hermannsbad. Muskau. Der Park. Gartengenie. Petzold über Pückler. Die Hermannseiche. Die Schwestereneichen. Die Thoreichen. Eine Tannengruppe. Ein Weihnachtsbaum. Blumenbeete. Plan zu einer Grabstätte.

Nach des Staatskanzlers Tode verschlechterten sich Pückler's Finanzverhältnisse noch immer mehr. „Uebrigens ist es allerdings ein Unglück," schrieb er den 19. Februar an Lucie aus Berlin, „daß wir beide geborene Verschwender sind, und dies ist der eigentliche Abgrund, nicht Muskau. In keiner einzelnen Sache ist es zu suchen, in allem zusammen. Wir haben ungeheure Summen verthan, das ist nicht zu läugnen, das zeigen unsere Sündenregister. Wir schieben es uns, so viel wie möglich, einer dem anderen zu, au bout du compte wird wohl keiner dem anderen viel vorzuwerfen haben, und ob wir werden recht sparsam sein können, ohne durch die größte Noth dazu gezwungen zu werden, ist auch noch ein Problem für mich." Es war schon so weit gekommen, daß Pückler sein letztes Reitpferd verkauft hatte.

Immer wieder reiste Pückler nach Berlin, in der Hoffnung, seine Angelegenheiten dort in einer oder der anderen Art zu fördern. Bei den Festlichkeiten zur Vermählung des Kronprinzen, und nachmaligen Friedrich Wilhelms des

Vierten, verfehlte er nicht zu erscheinen, obgleich er manche Last davon hatte. Obgleich in voller männlicher Schönheit strahlend, erst 38 Jahre alt, waren seine Haare doch früh ergraut, und er fand es gut, sich dieselben zu färben, eine widerwärtige Arbeit, über die er seufzte und klagte, da sie ihm jedesmal acht Stunden wegnahm, und alle Monate wiederholt werden mußte. Auch Schnupfen und Erkältung holte er sich dabei, die bei den Hoffesten im kalten Schlosse, wo Schuhe und Strümpfe erforderlich waren, sich nur vermehrten.

Die Braut des Kronprinzen, Elisabeth von Baiern, machte Pückler den besten Eindruck. „Die Prinzessin ist meines Erachtens nach," schrieb er an Lucie den 29. November 1823, „recht sehr hübsch, und vollkommen graziös, und zeigt beim ersten Blick eine weit bessere Erziehung, als sie hier üblich ist. Der Einzug soll imposant gewesen sein, ich habe leider nichts davon sehen können. Die Illumination Abends war ganz mesquin, und solche abgeschmackte Polizeieinrichtungen getroffen, daß alle Straßen versperrt waren, und bei der neuen Brücke eine Menge Menschen verunglückt sind." Den 2. Dezember fügte er hinzu, „die Kronprinzessin habe ich nun zweimal gesprochen, und finde sie außerordentlich liebenswürdig, und dabei sehr hübsch, besonders schöne Augen und Zähne."

Während Pückler's Abwesenheiten beschäftigte Lucie sich damit, in der Nähe von Muskau ein Bad anzulegen, das den Namen Hermannsbad erhielt, und von den Doktoren Rust und Hermbstädt eifrigst empfohlen wurde. Moor- und Mineralbäder fanden sich hier in der lieblichsten Umgebung. Längs dem Ufer der Neiße zog sich der Weg nach dem Bade hin, das in einem Thale belegen, von bewaldeten Höhen und Feld- und Wiesenfluren umgeben war. Herrliche Blumenparthieen bildeten einen heiteren Gegensatz zu dem ernsten Tannengrün, und neben dem Musikchor des Kurhauses hörte man das ferne Hämmern der Bergleute des Allaunwerkes. Lucie wollte zeigen, daß sie im Talent für landschaftliche Anlagen mit Pückler wetteifern könne, und es gelang ihr.

Es war dies eine Sympathie zwischen Hermann und Lucie, daß sie in dem Geschmack für die künstlerische Gestaltung der Gärten sich begegneten. Es war dies eine ideale Welt, in der sie ihre beste Erholung und Zuflucht fanden, im Gegensatz zu den Bitterkeiten des Weltlebens. Lucie ging in Pückler's Gedanken liebevoll ein, sie lernte von ihm, jeder neue Plan wurde besprochen, verhandelt, und wenn sie zuweilen ihm mit gutem Rath zur Seite ging, so freute er sich neidlos ihres Talentes, und zollte ihm begeisterte Lobsprüche.

Muskau war Pückler's Dichtung, sein Lieblingskind, und mit richtiger Bezeichnung sagte er einmal zu Bettina von Arnim, der Park sei sein Herz, wer sein Herz kennen lernen wolle, müsse den Park sehen. Darum auch, wenn er noch so sehr zum Sparen veranlaßt sein mochte, für Muskau konnte er sich nicht entschließen, zu sparen; es schien ihm eine schöne Pflicht, den Sitz seiner Väter zu verherrlichen.

Und wie sehr war ihm dies gelungen, wie sehr hatte er ihn umgewandelt, seit er ihn übernommen! Die wendische Kiefernhaide, die Neiße, welche die Thallandschaft durchströmt, die Hügelreihen, welche sie umschließen, die hochbelaubten Rieseneichen, die als ein Vermächtniß der slavischen Vorzeit den schönsten Schmuck der Gegend bildeten, waren die einzigen Anhaltspunkte für sein Verschönerungswerk.

Was Pückler auf seinen Reisen in Frankreich, in Italien, und besonders in England in Bezug auf Gartenkunst gesehen, war für ihn höchst wichtig, aber er ahmte keinen der fremden Style sklavisch nach, dazu war er zu eigenthümlich, zu genial. Seine Verdienste auf diesem Gebiet waren so außerordentlich, daß sie reichliche Anerkennung und Bewunderung finden mußten. Mit Recht sagt der geschätzte Parkinspektor Petzold in Muskau, der unter der Leitung Pückler's als junger Mann seine Studien als Gärtner gemacht, und sich später durch seine wissenschaftliche Ausbildung und seine Begabung, so wie durch mehrere verdienstvolle Werke über die Gartenkunst vortheilhaft auszeichnete, daß, so wie Goethe als der Altmeister der deutschen Dichter genannt werde, so sei Pückler seit vielen Jahren schon als Altmeister der deutschen Gartenkunst bezeichnet worden.

Pückler's Wirken in dieser Hinsicht kann nicht besser anschaulich gemacht werden, als durch die Worte seines ebenso liebevollen als einsichtigen Schülers. Petzold schreibt in einer biographischen Skizze, die er nach Pückler's Tode erscheinen ließ*):

„Das ganze Geheimniß seines Stils beruht auf dem Studium der Natur, und auf einem hohen Verständniß derselben. Er studirte die Eigenthümlichkeiten jedes Terrains, brachte die Vorzüge desselben zur Geltung, und ließ sich niemals beikommen, die Natur neu schaffen zu wollen. Auf diese Weise erhielten seine Anlagen bei aller Einfachheit stets das Gepräge des Natürlichen und Großartigen — einen großen Zug — dem man es sogleich ansah, daß hier ein und derselbe Geist gewaltet habe. Aus der Natur hat er stets seine Motive entnommen, wie es auch bei jedem bildenden Künstler sein muß, denn das ist ja, wie Goethe sagt, das Große in der Natur, daß sie so einfach

---

*) Fürst Hermann von Pückler-Muskau in seinen Beziehungen zur bildenden Gartenkunst Deutschlands. Eine biographische Skizze vom Parkinspektor E. Petzold in Muskau.

ift. Nirgends darf sich die Kunst verrathen; wo dies aber nicht zu vermeiden ist, muß dieselbe ungezwungen, sich gleichsam von selbst ergebend sein, und das Nützliche stets in schöner Form erscheinen."

Das Studium der Natur und das Zurückführen auf ihre Gesetze war es auch, um derentwillen Pückler den englischen Landschaftsgärtner Repton so hoch verehrte, und dessen berühmtes Werk mit liebevollem Eifer studirte. „Repton bleibt der Heros unserer Kunst, die wahre Bibel der Landschaftsgärtnerei," schrieb Pückler an Petzold. Auch ließ er 1822 den Sohn Repton's eigens auf seine Kosten nach Muskau kommen, um sich mit ihm über einige Anlagen und Veränderungen zu berathen. Neidisch, eifersüchtig auf Andere, war Pückler nie; die reinste Freude erfüllte sein Herz, seine ächte Künstlerseele, wo er anerkennen, ja bewundern konnte. Er dürstete nach Schönheit, und war dankbar, entzückt, begeistert, wo er sie fand. Ein germanischer Christ war er nicht, in europäische Sitten konnte er sich nicht finden, und daraus entstanden seine Verirrungen; aber in der griechischen Schönheitswelt, im Olymp wäre er an seiner Stelle gewesen, und hätte würdig den anderen Göttern zur Seite gestanden.

Doch kehren wir vom Olymp zur deutschen Gartenkunst zurück.

Auch über das Buch Petzold's „Die Landschaftsgärtnerei"*) freute sich Pückler ungemein, nicht bloß, wie Petzold bescheiden sagt, „weil darin die Repton'schen Grundsätze

---

*) Die Landschaftsgärtnerei. Ein Handbuch für Gärtner, Architekten, Gutsbesitzer, und Freunde der Gärtnerei. Mit Zugrundelegung Repton'scher Prinzipien, von E. Petzold, Park- und Garteninspektor Sr. K. H. des Prinzen Friedrich der Niederlande in Muskau. Leipzig 1862.

zur Geltung kommen," sondern weil er das Werk in allen seinen Verdiensten zu würdigen wußte.

Sehr lebendig und klar schildert Petzold in der oben erwähnten biographischen Skizze die Art, wie Pückler arbeitete.

„Wenn der Fürst ein neues Terrain zur Anlage bestimmt hatte," heißt es darin, „so waren es zuerst die Wege, welche er absteckte, und gleich und so weit planiren ließ, daß sie auch begangen und befahren werden konnten. In Führung der Wege war er ein großer Meister. Mit Recht behauptete er, sie seien die unsichtbaren Führer, welche den Beschauer unbemerkt auf die schönsten Punkte leiteten, und es komme alles darauf an, wie eine Gegend oder auch ein Gegenstand in derselben gezeigt werde. Ihre Führung war eine ungezwungene, gleichsam sich von selbst ergebende, und ihre Bauart je nach ihrer Bestimmung als Fahr- oder Fußwege bequem und zweckmäßig. Das „Zuviel" hat er hierin stets vermieden; jeder Weg mußte seinen bestimmten Zweck haben, und dieser stets in die Augen springen. Nur vorhandene oder geschaffene Hindernisse waren bestimmend für die Biegung derselben. Zu viel Wege haben keinen Zweck, sie durchschneiden das Terrain unangenehm und verkleinern es scheinbar; nebenbei vertheuern sie die Unterhaltung. Um den Charakter der Größe nicht zu beeinträchtigen, ließ er auch die nothwendigen Wege so wenig als möglich sichtbar werden, und immer nur da, wo dieses Sichtbarwerdenlassen zur Charakterisirung der Umgegend nothwendig war."

„Nachdem die Wege bestimmt waren, ging der Fürst an das Abstecken der Pflanzungen, zuerst der größeren Massen derselben, um erst das Bild in seinen großen Umrissen und Grundrissen gewissermaßen festzustellen, dann an die Profilirung des Bildes durch Aufstellung einzelner, namentlich gleich großer Bäume und Baumgruppen, welche übrigens auch, wo nöthig, gleich in die Pflanzung vertheilt wurden, und an die kleineren Parthieen; zuletzt kamen die Planaben und Rasenflächen."

"In der Anlage und Benutzung des Wassers hat er Großes geleistet und ein hohes Verständniß gezeigt, sowohl in Anlage von Seen und Teichen, als in der landschaft= lichen Benutzung von Flüssen und Bächen. — — Wie genau der Fürst diese Verschiedenartigkeit, in welcher die Wasserfläche in der Landschaft auftritt, studirt hatte, und wie meisterhaft er dieselbe für seine Schöpfungen zu ver= werthen verstand, zeigt die Behandlung der Ufer des den Park von Muskau durchströmenden Neißeflusses, und die Anlage der Brücken, so wie die bis in die kleinsten De= tails gelungene Leitung eines Armes derselben, den er als "kleines Flüßchen" durch die Anlagen geführt, und zur Bildung des Schloßsees und des Eichsees benutzt hat. In wahrhaft großartigem Stile ist sie ausgeführt, überall ein tiefes Verständniß der Natur bekundend. Als Muster eines künstlichen Teiches kann die Wasseranlage im Jagdschloß bei Muskau gelten. In dem das Jagdschloß umgebenden Ur= walde ist das Wasser eines unscheinbaren Grabens in ein Becken gesammelt, umgeben von riesigen Rothtannen, Kie= fern und Eichen, welche aus niederem Gebüsch hervor= treten. Das verschiedenartige Grün dieser Umgebung im Verein mit dem dunkeln Spiegelbilde, und die tiefe Ruhe des Waldes geben diesem Orte einen wahrhaft poetischen Reiz." — —

"Was die Werke des Fürsten ganz charakterisirt, ist die Entschiedenheit in der Form, welche sich überall kundgiebt, und diese Entschiedenheit tritt namentlich hervor in seinen Pflanzungen." — — —

„Den Blumengarten, in welchem die landschaftliche Gruppirung immer eine Hauptsache ist, und mit dem Ganzen zusammengehen muß, bepflanzte er ausschließlich mit den edelsten Bäumen und den feinsten Gehölzen; er betrachtete denselben als eine Erweiterung der Wohnzimmer, und ließ, wie in jenen, so in diesem, seiner Laune, was die Ausschmückung mit Blumen, Vasen, Statuen u. s. w. anlangte, freien Spielraum."

So weit Petzold. Wer jemals den Park von Muskau gesehen hat, wird die Richtigkeit dieser Schilderung bestätigen, wer nicht dort war, sich wenigstens ein ungefähres Bild von Pückler's Schöpfungen machen können.

Mit größter Liebe pflegte und schonte Pückler die herrlichen Bäume, die seine Herrschaft schmückten, und ließ außerdem jährlich mehre hunderte alter Bäume pflanzen. Manchen der schönsten gab er besondere Namen. Die „Hermannseiche" trägt seinen eigenen Namen, ein uralter Baum von einem Umfang, wie man deren selten findet, sowohl was den Stamm als das ungeheure Blätterdach anbelangt, das allein schon einen schwebenden Wald bildet. Drei andere zusammenstehende Eichen benannte er nach seinen drei Schwestern, Clementine, Bianca und Agnes, die Schwestereichen. Zwei Eichen, die nebeneinanderstehend, gewissermaßen ein natürliches Thor bildeten, nannte er „die Thoreichen", einmal, weil sie wie ein Thor aussahen, zweitens, weil sie an den alten Gott Thor erinnerten, dem hier in der Vorzeit geopfert wurde, und endlich, weil, wie er humoristisch hinzusetzte, „ich so ein großer Thor bin, all mein Geld für Muskau auszugeben!"

In Verzweiflung war Pückler, als einmal sein Fasanenwächter von einer prachtvollen Tannengruppe, die sich in der Nähe des Schlosses befand, alle Kronen abhauen ließ, weil auf diese sich leicht die Raubvögel niederließen, welche

die Fasanen bedrohten. Pückler konnte sich gar nicht zufrieden geben, daß ihm die Aussicht aus den Schloß-
fenstern so verdorben sei. Dann ersann er sich ein Aus-
kunftsmittel. Er ließ nämlich künstliche Wipfel auf die
Tannen befestigen, die man so lange darauf ließ, bis die
Natur den Schaden ersetzte. Es mögen dies wohl die
einzigen Bäume sein, die jemals eine Art von Chignon
getragen haben. Uebrigens sieht jene Tannengruppe noch
heute dadurch ungewöhnlich aus, daß sie durch das Abhauen von Oben außerordentlich in die Breite gewachsen ist.

Die majestätische Riesentanne, die vor dem Jagdschloß
stand, ließ der Fürst einmal zu Weihnachten ganz mit
Lichtern und Geschenken behängen, und fuhr mit Lucie, die
nichts davon ahnte, am Weihnachtsabend, nach eingebroche-
ner Dunkelheit dorthin, ihr den größten Weihnachtsbaum
bescheerend, den je die Welt gesehen, dessen blendender
Lichterglanz von der magischsten und poetischsten Wirkung war.

Ein andermal überraschte er Lucie damit, daß sie, als
sie Morgens aufstand, und hinausblickte, vor ihren Fenstern
ein Blumenbeet fand, in dessen Mitte ein aus Rosen ge-
bildetes S. sich anmuthig hervorhob. Die Leute im Schlosse
wußten nicht, was der Buchstabe bedeuten solle; aber Lucie
wußte es: es hieß: „Schnucke", seine Schnucke, wie er
Lucie immer nannte, wenn er sie herzlich und vertraulich
anredete. Sie war die Schnucke, er der Wolf, der „Lou",
eine Spielerei, die er in hundert Variationen scherzhaft
wiederholte.

Hermanns eigener Namenszug war auf einem anderen
Beete angebracht, ein von purpurrothen Geranien geformtes
H., das sich wie Feuerflammen von dem smaragdgrünen
Rasen abhob.

Lange hatte Pückler die Absicht, sich in der ernsten Stille
des Hochwalds an einem hoch und einsam gelegenen Platze

seine Grabstätte zu errichten. Er wollte dort ganz allein mit seinem treuen und geschickten Gärtner, dem Park-inspektor Rehber, der 1817 in seine Dienste getreten war, ruhen, zu dem er oft sagte: „Wenn die Leute dann vorbeigehen, werden sie sagen: ‚Hier liegt der Fürst, und der alte Rehber‘.“

Es zeigt sich auch hierin, wenn die Sache auch nicht zur Ausführung kam, die Liebe Pückler's zur Gartenkunst, und so sehr er sich über den Fürstentitel gefreut hatte, so lag ihm doch noch weit mehr daran, ein Gärtner als ein Fürst zu sein.

Zwanzigster Abschnitt.

Lucie. Vorschlag zur Ehescheidung. Erwägungen. „Eine reiche
Surrogatfrau." Gegenseitige Herzlichkeit der Gatten. Ehescheidung.
Neue Brautfahrt. Abreise nach England. Schmerzlicher Abschied
der geschiedenen Gatten.

Lucie war nun sechs Jahre verheirathet; ihre Anhäng=
lichkeit und Freundschaft für Pückler war in dieser Zeit
nur gewachsen, und wenn sie auch manches durch ihn ge=
litten hatte, so fand sie dafür auch wieder Entschädigung
durch die Grazie seines Geistes und seines Herzens, durch
die vertrauensvolle Hingabe, die er ihr stets bewies, durch
die frische, kindliche Liebenswürdigkeit und Gutmüthigkeit,
die der raffinirte Weltmann sich stets bewahrt hatte, und
die ihn mit einer unwiderstehlichen Anmuth bekleidete.

In diesen sechs Jahren hatte Lucie Zeit gehabt, Pückler
ganz kennen zu lernen; und nach reiflicher Ueberlegung mußte
sie sich sagen, daß die Lage, in der er sich befand, weder seine
Wünsche, noch seinen Ehrgeiz befriedigen könne. Wie anders
wäre es, sagte sie sich im Stillen, wenn er, anstatt sie, die
ältere Gattin zur Seite zu haben, seinen Fürstentitel, seine
Besitzungen, die von ihm so wunderbar verschönten, eigenen
Kindern hinterlassen, kurz, wenn er eine junge, schöne, reiche
Erbin, etwa in England, sich zur Frau wählen, und mit
deren Vermögen neue große Schöpfungen unternehmen
könnte. Damit wären auch alle Geldverlegenheiten gehoben,

die ihm so peinlich waren, die wie ein beständiger Alp auf
ihm lasteten. Es wäre ihm die Unabhängigkeit wiederge=
geben, nach der er schmachtete. Und Muskau, dieses
Muskau, das beide Ehegatten sich gewöhnt hatten, als die
Hauptsache, als ihren eigentlichsten Lebenszweck zu betrach=
ten, konnte glänzend vollendet werden! Bei den Lebens=
auffassungen, die beiden gemeinsam waren, mußten sich bei=
nah solche Gedanken aufbrängen, und um die ersehnten
Zwecke zu erreichen, bot sich jenes Mittel dar, das, wie
schon früher erwähnt worden, damals so oft gebraucht wurde,
um die aus eingegangenen Heirathen entstandenen Schwie=
rigkeiten zu entwirren: die Ehescheidung!

Pückler's Eltern waren geschieden, eben so die von Lucie,
ihr Vater, der Staatskanzler, sogar dreimal, sie selbst war
es bereits von Pappenheim; und aus reinster, großmüthig=
ster Liebe war sie bereit, sich Pückler zum Opfer zu bringen.
Ja, es scheint, daß sie wie eine Art von Geburtstagsgeschenk
ihrem Freund diesen Vorschlag machte, wie dies folgende
Blatt beweist, das vom 31. Oktober, den Tag nach seinem
Geburtstag datirt, ihm ihren Entschluß darlegt.

„Todesurtheil der Aermsten auf Erden.
Muskau, den 31. Oktober 1823.

Es ist Zeit, den Entschluß in's Leben treten zu lassen,
den ich, mein über alles theurer Freund, wie Du weißt,
schon längst gefaßt habe. Er heißt Trennung — und
Trennung von Dir aus zärtlichster Liebe. So sehr Du
alles entfernt hast, um mich jemals den Abstand unserer
Jahre fühlen zu machen, so ist dennoch der Unterschied der=
selben zu groß, und nimmt durch meine Kränklichkeit noch
täglich zu. Mit einem Wort, die Form unserer Ver=
bindung lastet auf Dir, da sie jene Glückseligkeit
ganz von Dir entfernt, welche doch die höchste und gehalt=
vollste bleibt, und die das eigentliche Verlangen Deines

Herzens ausmacht; während außerdem alle Deine Verhältnisse auf's günstigste zusagen, um Dich an der Seite einer
jungen Frau, umgeben von eigenen Erben, Familienfreuden
und häusliche Zufriedenheit finden zu lassen.

Indem ich also Dir Deine Freiheit zurückgebe,
und bestimmt erkläre, daß ich von Dir geschieden zu sein
verlange, bezeuge ich Dir nochmals: daß ich Dir das höchste,
das einzig wahre Glück meines Lebens verdanke — Dein
geistreicher, liebenswürdiger Umgang, Dein fester, männlicher und doch so sanfter Charakter, haben es mir
gewährt, und noch mehr als alles Dein tiefes, edles
Gemüth, Dein gutes, weiches Herz!

Daß Deine Gesinnungen der Art sind, daß kein Wechsel,
kein Ereigniß sie zu verändern und aufzulösen vermag, das
glaube ich, und nur in dieser festen Ueberzeugung fühle ich
die Kraft, Dir ein Opfer zu bringen, das mir zwar unendlich schwer wird, ohne welches ich aber doch keine
Beruhigung mehr finde. Gott segne es — und
leite davon für Dich das reinste, ungetrübteste Glück herab;
Deiner mütterlichen Freundin aber bleibe das Bewußtsein
der treuesten Hingebung und Ergebenheit bis im Tode für
das Theuerste und Geliebteste, was sie in dieser
Welt besaß.

Deine Lucie.

Dasjenige, was zu dem Schritt erforderlich wird, den
ich entschlossen bin zu thun, das bitte ich Dich wie die
Bestimmungen über meine künftige Lage, nach meinen Wünschen und Deinem Willen so festzusetzen und einzuleiten,
daß ich nur darin, wo es unvermeidlich wird, davon höre,
und darein eingemischt werde."

Pückler war gerührt und ergriffen von Luciens Hingebung, und konnte sich anfänglich nicht entschließen, das
Opfer anzunehmen. Er zögerte, er schwankte. Er meinte,

er wolle mit seiner alten Schnucke, die ein treuer Engel für
ihn sei, leben und sterben, es komme, was da wolle. Aber
dann überlegte er auch, daß die Freundschaft zwischen ihm
und Lucie auch in jedem neuen Verhältnisse ihre Rechte
bewahren würde; immer konnte sie, wenn nicht mehr seine
Frau, doch seine mütterliche Freundin, seine innigste Ver=
traute und Seelenverwandte sein. Und das war für beide
die Hauptsache. Auch käme es ja Lucie mit zu Statten,
wenn die zerstörten Finanzen, die den Untergang drohten,
einem neuen großartigen Reichthum Platz machten.

Und so gewöhnte sich allmählig seine Phantasie daran,
sich eine junge, schöne, reiche Braut vorzustellen, die er sich
erobern wollte. War es die unbekannte Prinzessin seiner
Jugendtage? Nicht ganz. Sie hatte etwas realere Um=
risse. Der Reichthum war Hauptbedingung, denn wenn
die Holzgeschäfte und der Alaunverkauf u. s. w. nicht nach
Wunsch gehen wollten, so sagte er sich, daß nur das große
Loos, oder eine „reiche Surrogatfrau" ihm noch helfen
könne. Das Widerstrebende eines solchen Planes wurde
ihm halb verdeckt durch die Beispiele, die er rings um sich
her in Fülle wahrnahm, denn der ganze Kreis der abligen
Kavaliere spekulirte auf reiche Erbinnen, und sprach laut
und offen davon wie von einer Jagdparthie, deren man sich
eher zu rühmen als zu schämen habe.

Bei einem längeren Aufenthalt in Berlin fing er an,
etwas, wenn auch nicht eifrig, sich nach der neuen Lebens=
gefährtin umzusehen, doch ohne eine seinem Sinn recht
Entsprechende zu finden. Er war nicht froh dabei. „Ach,
Schnucke," schrieb er im Mai 1824 an Lucie aus Berlin,
„Deine Stimmung kann nicht schlimmer sein als die meine.
Wie ein gehetzter Hirsch flüchte ich vor meinen eigenen
Gedanken, und d e r Gedanke mich, wenn auch nur for=
mell, von Dir, die mich so lieb hat, und die so willig ihr

schweres Opfer bringt, loszureißen, ist immer dennoch vor meiner Seele mit brennender Pein! Und doch ist kein Ausweg als Entsagung unsrer bisherigen Existenz, Herabsteigen in eine ganz andere Sphäre, und dennoch auch dort nur eine Existenz, die nach Deinem Verlust mir nichts übrig läßt, als Dir freiwillig zu folgen oder zu betteln. Welche verzweiflungsvolle Alternative! Ich grüble bei Tag und bei Nacht, aber immer vergebens, die Antwort des unerbittlichen Schicksals ist immer dieselbe. Bei alle dem sind doch eigentlich nur zwei Sachen, vor denen ich schaudre, nicht Ehescheidung, nicht Armuth, nicht Tod selbst — nur diese: Verringerung Deiner Liebe in einem neuen Verhältniß, oder ein ewiger nagender Kummer in Deinem Herzen, der Dir nicht einmal mehr so viel trauriges Glück ließe, als Du an meiner Seite genossen hast. Wäre ich über diese beiden Sachen beruhigt, so wäre alles gut, ich könnte frisch von neuem in's Leben hineingehen mit dem Muthe, der jetzt so gänzlich von mir gewichen ist. Daß meine Gesinnungen für Dich dieselben nicht nur bleiben, sondern nach der Eigenheit meines Charakters sich noch steigern müssen, da Du ein unsichres Gut für mich wirst, steht felsenfest, das fühle ich auf's Tiefste in meinem Herzen; denn wer der guten Schnucke Liebe so wie ich empfunden und gekannt, der kann sie auch nicht mehr entbehren, so lange er lebt und denkt, und wer wird mich je wieder so verstehen wie Du — meine einzige treue Schnuckenseele. Ach Schnucke, seit ich Dich, wenn gleich nur dem Namen nach, verlieren soll, bin ich komplet verliebt in Dich."

Es war die volle, innerste Wahrheit, was Pückler hier aussprach. Daß Lucie bereit war, ihn großmüthig aufzugeben, kettete ihn auf ewig an sie; sein Gemüth blieb stets gerührt von diesem Opfer, wie er überhaupt von nichts

mehr gerührt wurde, als wenn er wahrhafte Liebe wahr=
nahm. Er empfand beglückt, daß er an ihr ein Herz habe,
auf das er mehr als auf sein eigenes zählen könne.

Unter solchen Gefühlen schritten die beiden Gatten zur
Ehescheidung, bei der sie sich weit mehr liebten, als bei
ihrer Hochzeit.

Pückler bat sich von Lucie aus, daß er mit ihr noch
einmal zusammen in Muskau sein wolle, und grade zu dem
Zeitpunkt wo die gerichtliche Trennung erklärt wurde; vier=
zehn Tage vorher wollte er anlangen, und vierzehn Tage
nachher abreisen, um eine größere Reise anzutreten, wo er
seinen Zweck verfolgen könnte. Mit Muskau ging es ihm
ähnlich wie mit Lucie, es kam ihm nur um so begehrens=
werther vor, da er es verlassen sollte. „Ach, warum gönnt
uns der Himmel das herrliche Glück in Muskau nicht,"
schrieb er an Lucie, „wie gern wollte ich der Welt ent=
sagen, wie gern! und mit Dir für unser Muskau leben
und sterben!"

Er versuchte möglichst heitern Sinnes zu sein. „Be=
ruhige Dich wegen des Bades"; schrieb er an Lucie, „eine
Thorheit mehr oder weniger verschlägt nichts, und ausge=
badet muß das Bad nun werden, cela va sans dire.
Vielleicht bringt es auch künftig etwas ein, Hoffnung ist
immer besser noch wie Wirklichkeit, und ich habe mir vor=
genommen, von nun an alle Sorgen zu allen zehntausend
Teufeln zu jagen, und mir schönere Chateaux en Espagne
zu bauen, als irgend jemand noch ausgeführt hat."

Zu diesen Chateaux en Espagne gehört denn auch,
daß er, kaum geschieden, mit seiner Schnucke inkognito rei=
sen, und ihr die Welt zeigen wollte.

Aber daß die Scheidung stattfinden müsse, darin be=
stärkten die beiden Gatten sich immer mehr, unter bestän=
digen zärtlichen Herzensergießungen, und Versicherungen

ihrer unwandelbaren Anhänglichkeit. Und so seltsam hatten
sie sich ihre Begriffe und Anschauungen zurechtgerückt, daß
sie sich beide einredeten, daß sie eine edle Handlung be=
gingen; nicht nur Lucie glaubte sich für Pückler zu opfern,
indem sie ihm entsagte, freilich nur der Form nach, da sie
die Ehe selbst nur als eine Form ansehen wollte, sondern
auch Pückler glaubte sich für Lucie zu opfern, indem er sich
die Ungelegenheit einer mühsamen und anstrengenden Hei=
rathsjagd auferlegte, um ihre beiderseitigen Geldverhältnisse
zu verbessern. Und wie sein kindliches Gemüth früher den
lieben Gott anrief, ihn im Spiel gewinnen zu lassen, so
rief er ihn jetzt nicht minder eifrig an, ihm eine reiche
Erbin zu verschaffen, zu seinem und Luciens Wohl! —

Gleichzeitig thätig in allem was er unternahm, betrieb
Pückler in Berlin die Scheidung, und war zugleich uner=
müdlich in Besorgungen, schickte Lucien schottische Zeug=
proben, um ihre Droschke damit zu füttern, engagirte Kell=
ner für das Muskauer Bad u. s. w.

Endlich war alles geordnet; mit liebender Fürsorge hatte
Pückler dabei alle nothwendigen Dokumente zu Luciens Un=
abhängigkeit und Sicherstellung eingerichtet; das erste Auf=
sehen, das die Bekanntmachung der Scheidung hervorbrachte,
war überwunden, und Pückler reiste nach England, dem
Peru der reichen Erbinnen ab. Lucie gab ihrem Freunde
das Geleit bis Bautzen, wo sie am 7. September 1826
unter tausend Küssen, Thränen und Umarmungen einen er=
schütternden Abschied von ihm nahm.

Einundzwanzigster Abschnitt.

London. Erfolg als Schriftsteller. Kein Erfolg in der Brautwerbung. Ein Zeitungsartikel von Eduard Gans. Toiletten eines Dandy. „Une fière médecine." Viele Mißgeschicke. Eine nicht gelungene Geburtstagsfreude. Neue Hoffnungen. Vergebliche Sysiphusarbeit.

Pückler's Aufenthalt in London ist bekannt durch seine Briefe, jene berühmten „Briefe eines Verstorbenen", die in der Litteratur ein so außerordentliches Aufsehen erregten, und die außer daß sie Sitten, Gewohnheiten, Charaktere, Landschaften, Schlösser und Parks in England mit wunderbarer Schärfe und Klarheit schilderten, und in anmuthsvollster, natürlichster Darstellung dem Leser die Anschauung eines ganzen Landes gaben, auch zugleich die merkwürdige und anziehende Originalität des Verfassers selbst in all ihrem Zauber entfalteten. Der Glanz und Ruhm dieser Autorschaft war das damals für Pückler selbst noch unsichtbare Ergebniß seiner Reise, ein Ergebniß allein schon, um das ihn Tausende beneidet haben würden, und auf das später zurückzukommen sein wird.

Aber wie gesagt, dieser strahlende Wiederschein seines Aufenthaltes in England konnte sich erst später zeigen. Was dagegen den eigentlichen Zweck desselben betraf, so scheiterte er gänzlich. Während zahllose Mittelmäßige heirathen — und gewiß wird, verheirathet zu sein, nicht als ein Zeichen geistiger Bedeutung gelten dürfen — konnte der schöne, vornehme, liebenswürdige, ausgezeichnete, ja hinreißende Fürst Pückler, für den die Herzen der Frauen in Liebe und Anbetung überflossen, in ganz England keine Frau finden! So seltsam spielt oft das Schicksal!

Aber es waren auch sonderbare Einflüsse, die hiebei mitwirkten. Erstlich verlangte Pückler von seiner Zukünftigen Herzensgüte, Jugend und ein ungeheures Vermögen; die Langsamkeit, mit der man in England in die Familien einbringt, ließen ihn dazu viel Zeit verlieren. Eine Art von Schüchternheit hinderte ihn oft daran, im voraus genügende Erkundigungen einzuziehen. Dabei machte seine Hamletsnatur ihn schwanken, und zu keinem raschen Entschlusse kommen, und vor allem — mochte er auch in seine Heirathslogik bald Cynismus, bald Religiosität, bald Humor mischen — so mußte er doch zuweilen im Innersten seiner Seele fühlen, daß eine Geldheirath seiner nicht würdig sei. Den Gemeinen gelingt das Gemeine, sie sind dabei in ihrem Fahrwasser, in ihrer Heimath; den Edlen, wenn sie auch so weit hinabsteigen wollen, gelingt das Gemeine nicht! Und in so fern gereicht es Pückler zur Ehre, daß sein Plan scheiterte.

Dabei verglich er jedes Mädchen, auf die er seine Augen gerichtet, mit Lucie, und wie sie sich zu dieser stellen könnte. Die Dankbarkeit für seine geschiedene Gemahlin stand in erster Linie, sein Plan erst in zweiter. Die Schwierigkeit wurde dadurch nur noch vergrößert. „Ueberhaupt leidet mein Stolz bei dieser Frausucherei gar sehr," schrieb er an Lucie aus Brighton, den 22. Februar 1827, „und ich fürchte, dies unüberwindliche Gefühl wird mir noch sehr hinderlich sein. — C'est pour moi un bien ennuyeux manége, par lequel je suis obligé de passer maintenant, s'il en vaut réellement la peine, de qui je

ne puis encore suffisamment juger." Und nachdem er
oft erklärt, für weniger als 50,000 Livre Sterling würde
er sich nicht weggeben, schreibt er in heitrer Zärtlichkeit an
Lucie, den 5. März 1827: „Ach, meine Schnucke, hättest
Du nur 150,000 Thaler, ich heirathete Dich gleich wieder.
Cela suffirait de nous maintenir, et je ne demauderai
davantage. Ach, meine Wünsche werden alle Tage be-
scheidener — Sicherheit ist das Einzige, was der Mensch
nicht entbehren kann."

Ein anderes Hinderniß, das sich unerwartet seinen Plänen
entgegenstellte, war ein Zeitungsartikel. Eduard Gans
hatte in der Allgemeinen Zeitung scherzhaft des Gerüchts
erwähnt, der Fürst, nach Reichthum begierig, bewerbe sich
um die Hand der Wittwe Christophs, der schwarzen Kaiserin
von Hahti, die sich gerade in England aufhalte, und große
Schätze besitze. Was half es, daß die interessante Wittwe
nichts weniger als reich, und damals gar nicht in England,
sondern in den Niederlanden war, eine Pariser Zeitung
wiederholte den Artikel, auch die englische Presse bemäch=
tigte sich des pikanten Stoffes, und die vornehmen Töchter
Albions wurden dadurch tief verletzt, fanden es „extremely
shocking" an die Stelle dieser Schwarzen zu treten, und
manche angesponnene Beziehung zerriß dadurch für immer.

Zuweilen empfand auch Pückler, daß der leichte Sinn
und das Aussehen der Jugend von ihm gewichen sei. So
schrieb er an Lucie den 2. November 1826: „Eine wahre
Qual für mich ist auch das Haarfärben in dreifacher Hin=
sicht. Erstens ist es eine langsame Vergiftung, zweitens
eine höchst unangenehme Operation, drittens eine so be=
müthigende Erinnerung, daß ich alt bin, und nur gezwungen
noch den Jungen spiele, um ein Ziel zu erreichen, was an
sich selbst vielleicht eine Plage mehr sein, oder gar nicht
erreicht werden wird."

Seiner Schwester Bianca schrieb er: „Mit meiner Ge=
sundheit geht es leidlich, auch hält man mich noch immer
für 32 Jahre; dies kostet aber Toilettenkünste. So bald
ich indeß verheirathet bin, mache ich mich alt, damit man
nicht sagt: „Voilà le ci-devant jeune homme!" sondern:
„Was für ein gut konservirter alter Mann!"

Und später den 29. Mai 1827 schrieb er: „Ach Schnucke,
jetzt naht ein schwerer Moment, das verfluchte Haarfärben!
Es ist an sich unangenehm im höchsten Grade, und dann
erinnert es mich so sehr an alle meine Noth, denn bin
ich einmal unter der Haube, so soll mich kein Mensch mehr
dazu bringen, meine ehrwürdigen Silberlocken in ein schwar=
zes, naßkaltes Gewand zu kleiden. Adieu, liebe Schnucke,
ich muß zum Werke schreiten. Himmel, was ist der Mensch!
Erst war ich ein Rappe, jetzt bin ich ein Schecke, und bald
werde ich ein Schimmel sein!"

Auf seine Toilette legte Pückler die größte Sorgfalt. Es
amüsirte ihn, und war sein Stolz ein Dandy, ein Fashio=
nable zu sein. Die folgende Beschreibung giebt zugleich
eine Vorstellung der damaligen Mode.

Bei Morgenvisiten, deren er an manchem Tage über
fünfzig machte, und deren er in acht Monaten 1400 ver=
brauchte, trug er: die Haare schön schwarz gefärbt, einen
neuen Hut, ein grünes Halstuch mit bunter seidener Schleife,
eine gelbe Kasimirweste mit Metallknöpfen, einen oliven=
farbenen Froccoat und eisengraue Pantalons. Eleganter
und fashionabler, mehr comme il faut, konnte man nicht
sein.

Bei einem Piquenique im Traveller's Club trug er:
schwarze Pantalons, grau und schwarz melirte, durchsichtige
Strümpfe, eine orange und blaue Sammetweste, weiße
Unterweste, schwarzes Halstuch, blauen Rock, eine feine,
mit goldenen Rosen durchbrochene Uhrkette, die mit dem

unteren Ringe im Westenknopf befestigt war; dazu die Uhr
in der Westentasche, und eine Lorgnette mit breitem Bande
um den Hals. Ein himmelblaues Taschentuch mit gelb
und rothem Rand. So beschrieb er sich Lucien selbst, und
fügte hinzu: „C'est Lou dans son nouvel habit, ein-
gewickelt in einen ganz leichten Mantel von wasserdichtem
schottischen Zeuge von nußbrauner Farbe mit schwarzseidenem
Kragen und Quasten."

Ein andermal, den 11. April 1827, giebt er Lucien
das folgende Bild: „Ich muß mich einmal wieder beschreiben, die Toilette betreffend. Also Lou erscheint in einem
dunkelbraunen Rock mit Sammetkragen, der Backenbart
etwas breiter und länger als sonst, ein weißes Halstuch
mit einem Kettenknoten, in dem die dünne goldene Uhrkette
mit eingebunden ist, die unten aus der Weste wieder her-
auskommt, und bis zur Westentasche, worin die Uhr ist,
sichtbar wird. Die Weste ist mit Ueberschlagkragen von
cramoisie Seide und goldnen Sternchen, die Unterweste,
weißatlassenes Zeug mit goldenen Blumen; schwarze, weite
Pantalons, spinneweben schwarzseidene Strümpfe, und eckig
abgekuppte Schuhe. Dazu ein runder Schwammhut, den
man in die Tasche stecken kann. Von den Westen lege ich
eine Probe bei.

Früh olivengrüner Froccoat, grünes Halstuch, oder
buntes; seidene Shawlunterweste, bunte Umschlageweste darüber, grau und weiß melirte weite Sommerhosen, und
schwarze Sporen. Gefalle ich Dir gut?

Eine andere Abendtoilette gleich fashionable ist ein
blauer Rock, kurzes Halstuch mit einer kleinen Schleife,
schmaler und langer Busenstreifen, blaue Sammetweste,
oder braune mit rothen Punkten, und das Uebrige wie
oben."

Er gefiel gewiß, aber die Damen gefielen ihm nicht

sehr, wenn er sie sich als seine Braut vorstellen wollte. Immerfort klagte er über das „Trauerspiel", das er selbst aufsuchen müsse. „Meine Schönen sah ich heute alle," schreibt er an Lucie, „und fand sie widerwärtiger als je. C'est une fière médecine," rief er, „que je suis obligé d'avaler tôt on tard. Als Bild geht alles das leicht herunter, aber in der Realität erweckt es schreckliche nauséen." Dann meint er wieder: „So lange es irgend angeht, keine Uebereilung. Ist es Matthäi am Letzten, nun dann muß es sein, und ich werde mich immer über das trösten, was Gottes Wille ist." Oft sehnt er sich von London weg, und erklärt, er könnte diesen Wunsch selbst in der Bastille nicht lebhafter empfinden. Doch will er Muskau triumphirend, oder gar nicht wiedersehen.

Eine Widrigkeit folgte auf die andere. „In diesen letzten Wochen ist viel über mich verhängt worden," schrieb Pückler an Lucie den 22. Juli 1827. „Zuerst habe ich mich in Folge einer Reihe von erbärmlichen Gesellschaftsbegebenheiten, Klatschereien u. s. w., die zu unerträglich langweilig zu erzählen wären, und sich fast nur mündlich mittheilen lassen, mit der hauptfashionablen Gesellschaft hier total brouillirt. Obgleich ich nicht zugeben kann, unrecht zu haben, so mag doch wohl die Callenberg'sche Natur ein wenig daran Schuld sein. Enfin, Unglück war immer genug dabei.

Zweitens habe ich meinen ganzen Gewinnst im Spiel verloren (800 Pfund in einer Woche)!

Drittens bin ich krank geworden; und

Viertens habe ich eine Art Korb bekommen.

Il y a de quoi décourager 4 personnes, und ich armer, ohnehin schon nervöser Lou muß alles allein tragen."

Aber er ließ sich noch nicht entmuthigen! Er hielt es

zuletzt auch als eine Art von Ehrensache vor Lucie, der er
mit wahrhaft kindlicher Naivetät alle seine etwanigen Bräute
schilderte, endlich zum Ziel zu gelangen, auch zugleich damit
die großen Kosten der Reise nicht umsonst dahin seien. Zu=
letzt wünschte er beinahe mehr um Luciens willen als um
seiner selbst, daß die Sache zu Stande käme. Charakteristisch
ist es daher, daß er in einem Briefe aus London vom
27. Oktober, nachdem er Lucien geklagt, daß immer noch
nicht gelingen wolle, was sie so sehnlich wünschen müßten,
daß ein ungünstiger, diabolischer oder menschlicher Dämon
geschäftig sei, ihm Steine, ja Felsen in den Weg zu werfen,
über die seine Kräfte nicht hinaus könnten, mit dem Ausrufe
schließt: „Es ist fatal — ich hatte mich so gefreut, Dir
vielleicht an meinem Geburtstage unerwartet eine große
Freude machen zu können, der 30. Oktober will mir aber
kein Glück bringen. Wir müssen ihn wieder in der Sorge
verleben, obgleich er uns nicht muthlos findet.“

Den 8. November 1827 schon verkündet er eine neue
Aussicht. „Mein homme d'affaires und ich,“ schreibt er,
„haben manchen Schweißtropfen darüber vergossen, und
Gott im Himmel gebe sein Gedeihen! La fortune est
immense — et si je l'obtiens — (was nun freilich da=
hinsteht), so ende ich ruhmvoll. Indessen mache ich mir
gar keine Illusionen.“

Für den Fall des Gelingens bittet Pückler in seiner
Gutmüthigkeit schon im voraus Lucie, sie möge die Person,
die er heirathe, und der sie denn doch beide Dank schuldig
seien, da sie Beide rette, recht liebevoll und ohne Vorurtheil
aufnehmen.

Aber auch diese Hoffnung schlug fehl. Offenbar war
Pückler in England von seinen Feinden viel geschadet wor=
den. Man breitete aus, er sei eine Art von Glücksjäger,
und zugleich ein Blaubart, der seine Frau höchst unglücklich

gemacht. Auch nahmen viele englische Damen Anstoß an seiner Scheidung, und wollten sie nach englischen Begriffen nicht gültig finden, wenn nicht eine Untreue von Seiten der Frau stattgehabt, weil nur nach solchen Vorkommnissen eine Ehescheidung in England möglich war. Andere hinwiederum wollten in seiner Trennung von Lucie nur einen leeren Schein, eine Spiegelfechterei sehen, da sie ihm doch die Liebste, und ja auch in Muskau geblieben sei, und alle seine Güter und Angelegenheiten verwalte. Wenn er eine zweite Frau suche, so wolle er also in einer Art von Bigamie leben.

Wie sehr er Lucie liebte und ehrte, konnte und wollte er selbst gar nicht verbergen, und wer ihn besuchte, fand ihr Bild, das sie ihm geschickt, auf seinem Tische aufgestellt.

Pückler wurde selbst die „Sisyphusarbeit" herzlich müde, er vergleicht sich bei dem Suchen nach der Braut mit dem ewigen Juden, der den Tod immerfort sucht, ohne ihn finden zu können, und meinte, wenn es nicht um Luciens willen wäre, so würde er die Sache aufgeben, und keinen Schritt mehr zur Verbesserung seines Schicksals thun, und sie solle ihm nur keine Vorwürfe machen, daß sein Streben nicht gelungen. Seine Schuld sei es ja nicht, daß er nicht einmal eine Frau bekommen könne, da er doch am liebsten ein reicher Pascha mit hundert Weibern wäre, anstatt eines armen Christenhundes, der sich vergeblich anstrenge, eine Einzige nach seinem Sinn und seinen Bedürfnissen zu finden. Mit allem Aufwand von Liebe und Herzlichkeit suchte er seine Schnucke zu trösten, und sie zu versichern, wie ihr Lou am Ende auch in einer Hütte mit ihr glücklich sein könne. So trug er auch in die verirrte Richtung die schönsten und besten Seiten seines Gemüthes hinein, die ihn Allen lieb machen mußten, die ihn wahrhaft kannten.

Zweiundzwanzigſter Abſchnitt.

Henriette Sonntag. Liebe. Glückliche Tage. Gedanke an eine Hei=
rath aus Liebe. Ein Verhängniß des Schickſals. Reiſe nach Wales
und Irland. Die Briefe eines Verſtorbenen. Schriftſtellerruhm.

Da aber trat ein holdſeliger Genius in Pückler's Leben,
der ihn von dem falſchen Wege abzog, welcher ſeiner beſſeren
Natur nicht entſprach, und ihn mit ſanfter Hand von dem
Abgrund entfernte, in den er zu ſtürzen drohte. Dieſer
Genius war Henriette Sonntag.

Es war im Frühjahr 1828, als die ſchöne, berühmte
Sängerin nach London kam. Sie ſtand damals auf dem
Gipfel ihres Ruhmes; ſie wurde gefeiert, angebetet, auf
Händen getragen; ihre Triumphe umgaben ſie wie mit einem
Strahlenkranze, wie mit einem magiſchen Lichte; ihre Kunſt
entzückte die Kenner, ihre Nachtigallenſtimme flötete ſich in
die Herzen hinein, während ihre Anmuth und friſche Jugend=
blüthe das Auge erfreute. Auch in England war der En=
thuſiasmus für ſie ohne Gränzen. Für eine Loge zu einer
ihrer Vorſtellungen bezahlte die Londoner vornehme Geſell=
ſchaft die höchſten Preiſe. In Pückler's Nachlaß befindet
ſich das Billet zu einer ſolchen Loge zu „Madame Sonntag's
night" im King'stheater für den 29. Mai 1828, auf welches
er die Bemerkung geſchrieben, die Loge habe ihn ein Dia=
mantſchloß gekoſtet, das er für ihren Preis, 80 Livres
Sterling, verkauft.

Pückler bewunderte Henriette Sonntag nicht nur auf der Bühne, sondern begegnete ihr in der Gesellschaft. Inmitten der englischen Welt, die ihn umgab, war es ihm wohlthuend und anziehend, eine deutsche Landsmännin zu finden, mit der er alle Verhältnisse der Heimath traulich und harmlos besprechen konnte, und es entspann sich dadurch schneller als sich vielleicht sonst der Anlaß dazu geboten hätte, eine freundschaftliche Beziehung. Je mehr er sie kennen lernte, je mehr mußte er wahrnehmen, daß das holde Mädchen, dessen Stirne schon so früh das Diadem des Ruhmes schmückte, bei allen Erfolgen sich die einfachste Natürlichkeit, Anspruchslosigkeit und Bescheidenheit bewahrt hatte. Er war wie bezaubert von ihrer lieblichen Erscheinung, er ahnte, daß sie ihm ein Glück gewähren könne, wie es seine kühnsten und seligsten Träume überflügelte. Er, der so wenig eingebildet war, der so leicht Mißtrauen setzte in die Aechtheit der Zuneigung, die ihm von den Frauen bezeigt wurde, durfte zugleich entzückt wahrnehmen, daß die Liebe, die er fühlte, von der lieblichen Künstlerin erwiedert wurde, und der Gedanke stieg in seinem Herzen auf, welche Seligkeit ihm zu Theil werden könne, wenn er anstatt der beabsichtigten Geldheirath eine Verbindung aus Liebe einginge. Nun war er erst ganz wieder er selbst, dieses edle Feuer erhob seine Gefühle wieder zu jener hohen Sphäre, zu der seine Seele geschaffen war; er liebte Henrietten mit den edelsten Kräften seines Herzens.

Jeder Mensch, auch der am meisten vom Unglück Verfolgte, hat Tage im Leben, die duftig wie Rosen, strahlend wie Diamanten, belebend wie Meeresfrische, und erwärmend wie Frühlingslüfte von ihren dunkleren Gefährten abstechen. Solche Tage waren es für Pückler, als er mit Henrietten in Maiwetter und Sonnenschein von Morgen bis Abend im Park von Richmond spazieren ritt, und den folgenden

Tag eben so mit ihr bis zur Dunkelheit in Feld und Wald von Greenwich umherstreifte. Alle Weltrücksichten waren von ihm gewichen, an die „reiche Surrogatfrau" dachte er gar nicht, oder nur mit Widerwillen, wenn er auch Lucien neben dem halben Bekenntnisse seiner Gefühle versicherte, daß er über dieselben das „Geschäft" nicht versäume. Er gab sich unbefangen, innig, aufrichtig hin wie er war; in anmuthiger, ja jugendlicher Befangenheit und Schüchternheit erröthete und erblaßte er, indem er die gemüthvolle und unschuldige, zärtliche und jungfräuliche Geliebte voll beglückter Rührung betrachtete. Die Liebe erleuchtete ihn, machte ihn über sich selber klar, indem sie ihn erhob.

„Geld wird es auch nicht thun, das habe ich hier recht lebhaft gefühlt. Ich glaube, mir fehlt nur Liebe," schrieb er an Lucie, „die Mutterliebe meiner Schnucke, und die einer Geliebten, welche wie ich Dein Kind wäre. Warum kann das nicht sein! Das allein würde am Ende meinem Herzen Ruhe, Beschränkung, Begnügung, Zufriedenheit und Glück lehren und geben. Habe ich mich wohl selbst wie alle anderen Menschen bisher verkannt? Habe ich nach Seifenblasen gejagt, nach Spielwerken, die erreicht zerbrochen werden, und ihren Werth verlieren, und nicht geahndet, daß die Möglichkeit einen größeren Schatz zu heben in meinem eigenen Herzen läge? Ach, der Tod wird wohl alle Räthsel lösen."

Und in der That, wie glücklich wäre Pückler geworden, wenn das Geschick ihm die Erfüllung dieses Wunsches gewährt hätte. Wie glücklich, und auch — wie gut! Dann wären alle herrlichen Kräfte und Anlagen seiner wunderbar ausgezeichneten Natur zur sonnigsten Blüthe, zur edelsten Vollendung gelangt. Mancher innere Widerstreit hätte eine sanfte Beschwichtigung gefunden, sein ganzes Wesen sich idealisch verklärt. Wie gut und liebend, wie wohlwollend und ohne Bitterkeit wohl überhaupt die Menschen würden, wenn sie als vollste Befriedigung das ächte, wahre Herzens- glück erlangten, das unter Hunderten kaum Einem von den Sternen verliehen wird! — Ach, auch die Tage, die Pückler mit Henrietten zubrachte, waren nur wie ein kurzes Gedicht, während dessen er der Wirklichkeit entrückt war.

Er hatte Lucien schon erklärt, daß er sich nicht ent- schließen könne, sein besseres Selbst zu opfern, indem er eine Verbindung eingehe, die ihn anwidere, daß er dagegen einen Engel gefunden, der die Träume von einem Ideal erfülle, wie es für ihn geschaffen sein müsse; da — trat die Gewalt der Verhältnisse unabänderlich trennend zwischen ihn und Henrietten.

Es scheint, daß die schöne Künstlerin, der alle Welt huldigte, der unzählige Verehrer zu Füßen lagen, den Werth Pückler's und seine innige Liebe wohl zu schätzen wußte, und den Zauber seiner Nähe empfand wie er den der ihrigen. Dann aber erinnerte sie sich, daß sie durch frühere Bande schon gefesselt sei, denen treu zu bleiben sie für eine Pflicht ansah. Sie hatte sich fortreißen lassen durch Sympathie und Zuneigung, aber nach innerem Kampfe ihre ganze Selbst- beherrschung und Charakterstärke noch zu rechter Zeit wieder- gewinnend, sagte sie eines Tages zu ihrem Freunde: „Ich habe mich von einem Gefühl hinreißen lassen, das mich seltsam verblendet hat. — Ich habe einen Augenblick ver- gessen können, daß unauflösliche Pflichten mich binden, ja daß ich einen Anderen wahrhaft und innig liebe, wenngleich die Zeit der Leidenschaft für ihn vorbei ist. Ich bin aus einem Traum erwacht, und nichts kann mich von nun an wieder dahin zurückführen. Wir müssen von diesem Augen- blicke an für immer vergessen, was geschehen ist." — „Das waren ihre Worte," schrieb Pückler an Lucie, „und noch vieles mehr. — — Dabei war sie blaß, kalt wie Eis, eine

Ruhe und Hoheit über sie verbreitet, die ich fast unheimlich nennen möchte — so ganz ein völlig anderes Wesen, daß während mein Herz blutete, meine Phantasie vor ihr schauderte."

Der arme Pückler war tief erschüttert, und noch viel später bekannte er, daß sein Liebesfieber für Henrietten ihn von dem Dasein von Liebestränken überzeugen könnte. Daß er sie nie vergessen, ist gewiß; er hielt sie fest in seinem Herzen; auch ließ er, um ihr holdseliges Bildniß stets vor Augen zu haben, ihre vergoldete Büste, von Ludwig Wichmann verfertigt, in seinem Park unter Rosenlauben aufstellen, wie sie noch in Branitz zu sehen ist.

Pückler trat nun seine Reise nach Wales und Irland an, suchte dann wieder etwas, doch traurig und nachlässig, und nicht sehr ernsthaft, nach einer Zukünftigen, gab aber bald den Plan auf, und entschloß sich darauf endlich zur Rückreise. Seine Stimmung spricht sich vollständig in einem Briefe an Lucie aus Holyroad vom 15. Dezember 1828 aus. „Abends um 1 Uhr," heißt es darin, „verließ ich Dublin in einer Postchaise, bei einer schönen, hellen Mondnacht, die Luft lau wie im Sommer. Du kannst Dir vorstellen, daß ich Stoff zu vielfachem Nachdenken hatte — denn nun erst eigentlich war es entschieden, daß das Opfer zweier Lebensjahre, einer kummervollen Trennung, und der Aufwand einer großen Summe Geldes — umsonst gewesen sind — dieser Gedanke war freilich melancholisch! Indessen, ich ließ mich nicht ganz dadurch niederbeugen. Hat doch Parry dreimal vergebens nach dem Nordpol segeln müssen, Napoleon zwanzig Jahre lang Siege auf Siege häufen, um in Helena zu verkümmern, und wie Wenige im Allgemeinen sind es, deren Pläne ganz nach Wunsch gelingen! Etwas Nutzen fällt doch immer mit ab, und auch ich habe viel in diesen zwei Jahren in anderen Rücksichten profitirt — ich bin in

Vielem klarer und fester geworden, habe mir viel neue Er=
innerungen gewonnen, bin ein perfekter Gärtner geworden,
und habe ziemlich fließend Englisch sprechen und schreiben
gelernt. — Nur meine arme Schnucke hat zu Hause kümmern
müssen, und keinen anderen Trost gehabt, als daß sie mich
sehr lieb hat! Dafür kömmt ihr Lou aber auch gerade so
wieder wie er gegangen — älter zwar, fürchte ich im Aus=
sehen, aber mit einem so jungen Herzen als je, und statt
melancholisch zu sein, wozu er Ursache genug hätte, macht
ihn die Freude, seine Schnucke bald wiederzusehen, au fond
heiter und vergnügt."

Ueber Pückler's Aufenthalt in England wäre noch viel
zu sagen, wenn er ihn nicht selbst so meisterhaft in seinen
„Briefen eines Verstorbenen" geschildert hätte, deren frischer,
ursprünglicher Reiz nur dadurch vergrößert wurde, daß sie
bei ihrem Entstehen nicht für die Oeffentlichkeit bestimmt
waren. Mit Recht sagt Varnhagen von Ense von ihnen:
„Mit solcher nichtberechnenden Offenheit und Freimüthigkeit
schreibt man nicht, wenn man auch nur entfernterweise an
das Publikum denkt, solche Unbefangenheit des Sinnes be=
wahrt man nicht, solcher Zufälligkeit der Gegenstände und
der Stimmungen folgt man nicht, außer im sichern Erguß
einsamen Vertrauens, und mit solcher Hingebung an das
Augenblickliche kann nur der Augenblick selber sprechen. Diesen
ungezwungenen Lauf der Feder, der in seiner behaglichen
Lässigkeit Eile und Fülle vereinigt, in geistreicher Unter=
haltungssprache bequem das Gewöhnliche mitnimmt, dich=
terisch groß hinwieder das Auserlesene und Vollkommene
mit Leichtigkeit und Klarheit, mit Reiz und Tiefe vor Augen
stellt, dann es zu mühsam findet, den kleinen vermeidlichen
Schwierigkeiten der Sprache und des Vortrags aus dem
Wege zu gehen, — dieses aus dem Stegreif schreiben er=
dichtet man nicht." Und in dieser ungezwungenen Form hat

Pückler das englische Volks= und Staatsleben, die Gesell=
schaftswelt und großartige Naturszenen, Persönlichkeiten und
Zustände, Kunst und Theater, und die mannigfachsten Ver=
hältnisse treu und vorurtheilsfrei geschildert.

Varnhagen von Ense und Rahel, die gerade während
Pückler's Aufenthalt in London bei Lucie zum Besuch in
Muskau waren, die ihnen vertraulich seine Reisebriefe mit=
theilte, erkannten die Bedeutung und den Werth derselben,
und ihrer Einwirkung ist es hauptsächlich zuzuschreiben, daß
er sich zur Herausgabe entschloß. Und der Erfolg war ein
allgemeiner, ein glänzender. Dem Lobspruch der Freunde
folgte der Lobspruch Goethe's, und die ganze Presse, und
die ganze Gesellschaft schlossen sich begeistert an. Pückler
wurde der Löwe des Tages, er wurde Mode nicht nur in
Deutschland, sondern in ganz Europa, alles interessirte sich
für ihn, wollte ihn sehen, ihn kennen. Die „Briefe eines
Verstorbenen" machten ihn plötzlich zu einer Berühmtheit.
Ihm, der so oft an sich gezweifelt, zeigte sich siegreich die
Wirkung seines Geistes, seines Talentes, seiner Begabung,
seiner Originalität.

Was im Leben verfehlt und vergeblich scheint, ist es
oft nicht. So brachte Pückler freilich die Reise nach England
nicht die Zukünftige, die er gesucht, aber den Lorbeer des
Schriftstellerruhmes, den er nicht gesucht, und der nun für
immer seine Stirne kränzte.

Druck von Otto Wigand in Leipzig.

Fürst Hermann

von

Pückler-Muskau.

Eine Biographie

von

Ludmilla Assing.

Zweite Hälfte.

Berlin,

Wedekind & Schwieger.

1874.

Dreiundzwanzigster Abschnitt.

Rückkehr nach Muskau. Wiedersehen mit Lucie. Landschaftsgärtnerei. Verwaltung. Regierungsrath Grävell; sein Verkehr mit Pückler. Leopold Schefer. Aufenthalt in Berlin. Frau von Alopäus. Varnhagen. Rahel. Ludwig Robert und Friederike Robert. Stägemann. Schinkel. Rauch. Bettina von Arnim. Pückler und Bettina. Die Julirevolution. Erscheinen der „Briefe eines Verstorbenen". Ruhm und Erfolge.

Es war den 10. Februar 1829 als Pückler von seiner englischen Reise wieder in die Heimath und in in sein Stammschloß zu Muskau zurückkehrte, in den Park, dem zu Liebe er eigentlich die ganze vergebliche Brautfahrt unternommen hatte. Er herzte und küßte Lucien, seine „treue Schnucke", wie ein Sohn seine Mutter, und genoß mit kindlicher Freude und innigstem Gemüth den Augenblick des Wiedersehens.

Wie er überhaupt niemals mit unnützen Klagen über das Vergangene sich das Leben verbitterte, wandte er sich nun wieder sogleich mit frischem Blick den Interessen der Heimath und seinem nächsten Kreise zu. An rastlose Thätigkeit gewöhnt, boten ihm hiezu Schloß und Park der Standesherrschaft reichen Stoff. Die Erfahrungen, die er in England in der Landschaftsgärtnerei gemacht, kamen ihm nun zu statten, zu neuem Schaffen, nicht zum nachahmenden, sondern zum originellsten. So genoß er den Frühling frohen Herzens inmitten seiner rauschenden Waldungen. „Ich habe übrigens", schrieb er aus Muskau den 2. Mai 1829 an Graf Heinrich Redern, „auf dem Lande in meinem schönen Eigenthum Ge-

sundheit und Kraft wiedergefunden. In England war ich
wirklich seelenkrank, weil ich dort einen Zweck verfolgen sollte,
der mich im Grunde des Herzens anwiderte, gab zu viel auf
das Gerede der Leute, war mit einem Wort: nicht mehr ich
selbst. Le temps, grâce à Dieu, est changé en tout pour
moi. I am myself again.“

Dasselbe Gefühl sprach er schon früher aus, als er
seiner Schwester Clementine aus Dublin schrieb: „Aber
täusche Dich nicht, ich ziehe die Heimath tausendmal
allen diesen fremden Schönheiten vor, und nur Noth=
wendigkeit entfernt mich von jener. Die poetischen Schil=
derungen sind nur ein Trost, den ich mir selbst einrede, eine
Gabe, die ich der Phantasie abfordere, und indem ich
der geliebten Seele, die zu Hause weilt, den Genuß male,
den ich hätte haben können, empfinde ich ihn erst selbst.“
Mein Schaffen in Muskau ist das einzige Streben meines
Lebens, das ich mit vollem Gemüth umfaßt habe. Es ist
aber nur eine Skizze, weit, unendlich weit zurück hinter
dem Kunstwerk, das in meinem Geist vollendet steht.“

Außer dem Park nahm auch das Muskauer Alaunwerk
Pückler's Aufmerksamkeit sehr in Anspruch, das damals eines
der bedeutendsten auf dem Kontinent war. Es fabrizirte
jährlich 8000 Centner, und Pückler hoffte, daß diese Zahl
mit geringer Kostenvermehrung leicht verdoppelt, ja vervier=
facht werden könne, da seine Erzgruben unerschöpflich waren.

Pückler hatte so oft Lucien erklärt, er wolle Muskau nur
triumphirend, oder niemals wiedersehen, und nun fand er
doch so viel Befriedigung unter dem Schatten seiner hei=
mischen Eichen, im Leben mit der Natur, als liebevoller, ge=
nialer Gärtner.

Mit Lucie gemeinsam nahm er alles in Augenschein,
was in seiner Abwesenheit gearbeitet worden, mit ihr be=
sprach er Vergangenheit, Gegenwart und Zukunft. Da er
keine neue Lebensgefährtin mitbrachte, so hatte die Scheidung

gar keinen Grund mehr, und so lebten die geschiedenen Ehe=
gatten auch vor der Welt wieder wie ungeschieden, indem ihr
Verhältniß sich immer mehr wie das zwischen Mutter und
Sohn gestaltete.

Während Pückler's Abwesenheit, im Jahre 1828, hatte
der Regierungsrath Maximilian Karl Friedrich Wilhelm
Grävell, der späte Reichsminister von 1848, als sein Ad=
ministrator und Bevollmächtigter die Standesherrschaft Muskau
zur Verwaltung übernommen, und gab sich große Mühe, sie
von der ungeheuren Schuldenlast, die auf ihr ruhte, zu be=
freien. Besonders auf Bitten der Fürstin, die er als eine
Tochter des Staatskanzlers hoch verehrte, übernahm Grävell
das schwierige Amt, dem er sich mit Eifer, Gewissenhaftig=
keit, Redlichkeit, Talent, und so weit die schwierigen Verhält=
nisse es gestatteten, auch mit Erfolg widmete. Er war auch
darin pflichttreu, daß er Pückler stets mit vollem Freimuth
die Lage der Dinge auseinandersetzte, und der Fürst war
viel zu unpartheiisch und gerecht, als daß er die Verdienste
des braven Mannes so wie seinen guten Willen nicht hätte
anerkennen sollen; aber da jener immer auf Ersparungen
bringen mußte, während dieser darauf brannte für die Ver=
wirklichung seiner Lieblingsidee neue Ausgaben zu machen,
so entstanden daraus mitunter einige Reibungen. Aehnliches
geschah früher zwischen Pückler und Dehn, als jener die
Verwaltung hatte. Pückler sah in jenen Vorstellungen Grä=
vell's eine lästige Einmischung und Bevormundung, während
Grävell bei seinem Freisinn und seiner unabhängigen Den=
kungsart trotz aller Liebe und Verehrung für Pückler, doch
eifersüchtig darüber wachte, fern von jeder dienstbeflissenen
Unterthänigkeit zu bleiben, wie Andere sie dem Fürsten nur
allzu reichlich bezeigten.

Die folgende Stelle eines Briefes von Grävell an
Pückler ist nicht nur bezeichnend für ihr Verhältniß, sondern
auch ehrenvoll für beide. „Sie, mein Fürst," schreibt Grä=

vell, „haben mir einigemal unnöthigen Verdruß gemacht, der gewiß unterblieben wäre, wenn Sie mich besser gekannt hätten und weniger rasch gewesen wären; aber nichtsdestoweniger weiß ich die trefflichen Eigenschaften, welche Ihnen die Natur verliehen hat, mir lebhaft zu vergegenwärtigen und zu lieben. Erziehung, Gewohnheit, Stand, Lebensgewohnheit und Lebensansicht haben zwischen Ihnen und mir einige Verschiedenheit erzeugt, deren Ecken sich getroffen haben. Aber ich sage mir oft, wie groß die Güte der natürlichen Anlage gewesen sein muß, welche sich unter so vielen, an ihr zerrenden Umständen behauptet hat; ich sage mir selbst oft, was Sie geworden sein würden, wenn Sie in meiner Stelle geboren worden wären und Ihre größeren Kräfte hätten üben und ihnen eine bestimmte Richtung hätten geben müssen, wie ich meinen viel geringeren Fähigkeiten.“

Ein andermal schreibt er ihm: „Welch ein Argwohn plagt Sie, mein bester Fürst? Ich ehre Ihren Kunstsinn aufrichtig, und freue mich der schönen Schöpfungen, die Sie hervorrufen. Ich bin gewiß sehr darauf bedacht, für diesen Zweck alles zu thun, was in meinen Kräften ist. Bei der Ausführung selbst bin ich zwar in zwei Dingen nicht ganz Ihrer Ansicht, indem

1) ich für den Zweck die Mittel zu erhalten suche, wohl wissend, daß ein solcher Park nur von einem reichen Manne behauptet werden kann, daß also dem Ertrage bedeutende Einbußen zufügen indirekt den Park zerstören heißt, und daß

2) ich für die Ausführung mancher Idee Aufschub wünsche, um sie mit geringeren Opfern zu realisiren, da der Park groß genug ist, um an anderen Enden desselben zu schaffen.

Allein auch hier beschränke ich mich auf Einwendungen, Andeutungen, Mahnungen. Wollen Sie nicht darauf achten, hat der Minister das Seinige gethan, und dem Fürsten steht die Verfügung zu. Gerade weil Sie Künstler sind, und Ihr Kunstwerk wie ein einziges Kind lieben, ist es für mich ein schwieriges Geschäft, dem Vater öfter zu verstehen zu geben, daß ihm die Vorliebe für sein Kind nicht die Augen verschließe vor dem, was die Zukunft heischt und gebietet Denken Sie wenigstens dabei, daß es aus freundschaftlicher Theilnahme bei mir kommt, wenn es Ihnen auch verdrießlich ist. Auch ich bin Gärtner, und zwar Ihr Gärtner. Mein Garten ist Ihre ganze Standesherrschaft. Wenn ich nun da mit großer Mühe mir eine Pflanzung gemacht habe, und der Herr kommt und wirft sie mir theilweise wieder um, da jammert mich auch die vergeblich aufgewendete Arbeit und sein Geld. Also haben Sie nur dabei auch Geduld mit mir."

Auch in der Ordnung der Geldangelegenheiten des Fürsten der Landschaft gegenüber war Grävell ihm sehr nützlich, und die fünf bis sechs Jahre, während deren er Pückler's Geschäfte führte, setzte er alle seine Energie darein das Beste zu leisten.

Hier sei auch endlich der Anlaß ergriffen, von Pückler's Jugendgenossen, Leopold Schefer, zu sprechen, dessen erste pseudonyme Gedichte Pükler herausgab, und der sich in der Litteratur durch sein „Laienbrevier" und seine Novellen vortheilhaft auszeichnete. Ein Jahr älter als Pückler, war auch er zu Muskau geboren, wo sein Vater Arzt, seine Mutter die Tochter eines Geistlichen war. Von frühester Zeit schloß er sich an Pückler an, machte manche Ausflüge mit ihm zusammen, studirte eifrig fremde Sprachen, und vollendete seine Schulbildung in Bautzen. Der Tod seiner Mutter rief ihn aber nach Muskau zurück, und von da an verwuchs er ganz mit der Pückler'schen Familie. Während Pückler im Kriege war, verwaltete Schefer die Standesherrschaft. Später gab ihm Pückler die Mittel, um seine Reiselust zu befriedigen; er besuchte nun England, hielt sich längere Zeit in Wien auf, wo er musikalische Studien betrieb, und dann ging er weiter nach Italien, nach der Türkei und Griechenland. Mit diesem Vorrath zu neuem schriftstellerischen Schaffen kehrte

er 1820 nach Muskau zurück, wo er sich bald darauf glück=
lich verheirathete, und in einer selbstgebauten Villa lebte.
Er verkehrte täglich auf dem Schlosse, und nahm an allem
Antheil, was sich dort zutrug.

Pückler ging von Zeit zu Zeit nach Berlin, wo er außer
mit dem Hof mit seiner schönen Freundin, der Frau von
Alopäus, mit Varnhagen, Rahel, Ludwig Robert und seiner
schönen Frau Friederike Robert, die Heine eine Cousine der
Venus von Medicis nannte, mit Stägemann, Schinkel und
Rauch verkehrte. ⊹ Auf Varnhagen's Geist und Urtheil legte
Pückler so viel Gewicht, daß er bei Herausgabe der „Briefe
eines Verstorbenen", wie auch bei seinen späteren Werken
stets diesen um seinen Rath anging, worüber Lucie eifer=
süchtig wurde, und Varnhagen sein „Orakel aus der Mauer=
straße" zu nennen pflegte. Von Rahels Eigenthümlichkeit
wurde Pückler lebhaft angezogen, er bewunderte sie auf=
richtig, und empfand es zugleich wohlthuend, daß sie, die
auch die Eigenthümlichkeit Anderer so gut zu begreifen wußte,
die seinige erkannte und schätzte. Heine, der auch in diesem
Kreise verkehrte, lernte Pückler zufällig nicht persönlich kennen,
aber Varnhagen, der stets so gern seine Freunde in eine
gegenseitig fördernde Beziehung brachte, knüpfte die Fäden
der Sympathie und Theilnahme zwischen beiden, so daß später,
als sie nach langen Jahren in Paris sich begegneten, sie wie
alte Freunde sich begrüßten.

Bei Varnhagen und Rahel war es auch, wo Pückler
die Bekanntschaft Bettinas von Arnim machte, die mit dem
ganzen Strahlenfeuer ihrer Begabung und ihrer Sonderbar=
keiten sich seiner ausschließlich zu bemächtigen und ihn in
ihre Zauberkreise zu ziehen suchte. Denn so wie Varnhagen
seine Freunde einander zu nähern suchte, so strebte Bettina
die ihrigen von einander zu entfernen, und stellte zu diesem
Zwecke die ergötzlichsten aber doch oft auch recht störende
Intriguen an. Das Verhältniß zwischen ihr und Pückler

war reich an Blumen, aber auch an Dornen. Beide hatten das miteinander gemein, daß sie lieber in der Phantasie als in der Wirklichkeit lebten, aber da ihr Verkehr nicht bloß von der Laterna Magica ihrer selbstgeschaffenen Mährchenwelt, sondern doch auch zuweilen von der hellen Sonne des Tages beschienen wurde, so konnte es an grellen Mißtönen nicht fehlen. Bettina mit ihrem begeisterten Herzen faßte eine Art Leidenschaft — eine ihrer vielen Leidenschaften — für den schönen genialen Mann voll sanfter, graziöser Milde im Umgang, der Voltaire'schen Witz mit Byron'schem Weltschmerz verband, und außer dem Zauber der liebenswürdigsten Persönlichkeit durch Rang, Stellung und Titel so ausgezeichnet war, Eigenschaften, die Bettinen auch stets imponirten. Pückler sah verwundert auf die Huldigungen, welche die seltsame Frau ihm darbrachte, indem sie zugleich seine Psyche darstellen wollte. Er glaubte nicht ganz an den Ernst und die Wahrheit dieser Bezeigungen, doch ließ er sie sich als ein Spiel gern eine Zeitlang gefallen. Er verglich sich Bettinen gegenüber einer kaltblütigen Eidechse, die einem immerfort aus den Händen föhrt, der nähere Berührung wie Eis bedünkt, und die nur fascinirt, wenn sie, ihre Farben in der Sonne schillernd, mit diamantenen Augen lebendig funkelt, und graziös umherschwänzelt, oder unbeweglich im Gebüsche auf Beute lauert. Was von dem Briefwechsel zwischen Pückler und Bettina aufbewahrt worden, genügt wenigstens um einige Einblicke in ihre gegenseitige, merkwürdige Beziehung zu geben.

Verliebt war Pückler in Bettina nicht, und so war es natürlich, daß ein Bruch entstand, als Bettina auf dem Schlosse von Muskau erschien, und der Fürstin gegenüber beinahe gewaltsam die Rolle einer angebeteten Geliebten Pückler's spielen wollte, die sie nicht war. Es gab heftige Szenen und peinliche Störungen; doch stellte sich später eine freundschaftliche Beziehung wieder her, wozu erstens Pückler's leicht versöhn liches Gemüth, zweitens Bettinens Geschicklichkeit gehörte, die sich mit Recht rühmen durfte, daß sie auch verkehrte Lagen des Lebens zu durchtanzen verstehe, ohne den Boden der Gemeinheit zu berühren, und endlich gehört noch Varnhagen's treue Gutmüthigkeit dazu, der sich alle Mühe gab Pückler mit Bettinen wieder in gutes Vernehmen zu bringen.

Neben den gesellschaftlichen Beziehungen mußten auch in jener Zeit, was lange nicht geschehen war, die politischen Ereignisse Geist und Sinn in Anspruch nehmen. Die Julirevolution in Frankreich fand in Deutschland den mächtigsten Wiederhall, und auch Pückler war freisinnig genug, der neuen Bewegung seine Theilnahme zu schenken.

„Eine herrlichere Revolution, wie diese zweite französische", schrieb er begeistert an Lucie im August 1830, „kann es nicht geben! Welche Kraft, welche Einheit, welche Mäßigung, welche weise Maßregeln! Die Staats-Religion hat aufgehört — nun ist kein Hinderniß mehr in Frankreich, welches das Rad der Aufklärung aufhalten könnte, und schnell werden die Franzosen die erste Nation der Erde werden. Die erste Revolution hatte mit Blut gedüngt, die zweite trägt die Frucht."

Einige Tage später schrieb Pückler an Lucie über die Stimmung der höheren Kreise in Berlin: „Die Politik fährt noch immer fort alles zu absorbiren, und ich höre manchmal mit einer Art tragischem Entsetzen die jüngeren Generale und andere Offiziere in der Umgebung unserer Prinzen accurat so sprechen, mit denselben Ausdrücken und Mienen, derselben Factance und Geringschätzung des Feindes, wie ich es vor 1805 in Dresden von den dorthin kommenden Generalstabsoffizieren hörte. Nach meiner Ansicht könnte Preußen nur mit Frankreich, nie gegen dasselbe gewinnen. Auch ist Preußens Rolle nur an der Spitze der Intelligenz, nicht dagegen, mit Erfolg zu spielen. Doch, fürchte ich, wird alles ganz anders kommen."

Pückler war der Ansicht, daß die Staaten nun alle kon=
stitutionelle Regierungsformen annehmen müßten, weil ohne
Einheit nichts lange bestehen, und man nicht mit einem
langen und mit einem kurzen Zügel fahren könne. Uebrigens
tröstete sich Pückler bei den bedrohlichen Wolken, die am po=
litischen Horizont aufzogen, mit der „auf manches Reelle ge=
gründeten historischen Ahnung, daß Preußen noch bestimmt
sei, als einer der mächtigsten Hebel in die Weltgeschichte ein=
zugreifen", eine Prophezeihung, die sich seitdem so glänzend
bestätigt hat.

Trotz der vielfach absorbirenden Weltereignisse wurden
die ersten beiden Bände der „Briefe eines Verstorbenen", die
unterdessen erschienen, mit äußerster Beeiferung im Publikum
aufgenommen. Pückler genoß seinen Triumph mit kindlicher
Freude, Goethe's und Varnhagen's Lob, das ihn an der
Schwelle seines Eintritts in die Litteratur empfing, der Bei=
fall so vieler Anderen, neben dem einige tadelnde Stimmen
nur den pikanten Reiz des Erfolges vergrößerten, der Streit
über den anonymen Verfasser, als den man doch allgemein
sogleich Pückler bezeichnete, die Stimmen der auswärtigen
Presse, all dies war für Pückler eine ganz neue Unterhaltung
und Anregung. Besonders freute er sich dessen um Luciens
willen, die sehr ängstlich über die öffentliche Aufnahme ge=
wesen war. „Hast Du die Rezensionen von Varnhagen und
Goethe gelesen?" schrieb er, nach Muskau zurückgekehrt, den
10. Oktober an Lucie, die sich in Berlin befand. „On me loue
trop, das sage ich mit Ueberzeugung, und eben deßhalb
macht mich dieses Lob mehr timide, als es mich wahrhaft
erfreut. Nur der äußeren Eitelkeit schmeichelt es, aber
Deinetwegen freut es mich am meisten." Den 14. Ok=
tober schreibt er wieder an Lucie: „Hast Du denn mit Varn=
hagen über mein Buch gesprochen, und Goethe's Rezension ge=
lesen? Was sagst Du denn dazu? J'avoue, que ce petit
triomphe me fait plus de plaisir, qu'aucun que j'ai

remporté, puisque je le dois uniquement à moi-même. Im Konversationsblatte und im Hesperus sollen auch schon Rezensionen stehen. Suche mir sie doch zu verschaffen. Vor allem aber habe mich lieb; denn einen besseren Lou wie ich für Dich kriegst Du doch nicht wieder. Du kannst ihn nie verlieren, heirathete ich auch noch so viel Weiber, als der Großsultan hat. En attendant cependant, je ne suis marié qu'avec mon livre, dessen dritter Theil nun völlig korrigirt und gerundet ist, was eben so viel Zeit weggenommen hat, als ihn zu machen. Morgen beginne ich den letzten und schwersten, weil er die englische Gesellschaft, das Theater u. s. w. behandeln soll, eine zu ernste Arbeit, um mich sehr dabei zu amüsiren. Diesen denke ich aber durchaus nicht hier fertig zu machen, sondern mich nur ein wenig in die Materie hineinzuarbeiten. Der dritte schließt mit der Park-reise mit Rehder, wo ich hoffe, daß der Warwick-Artikel einen guten Glanzpunkt abgeben soll. Freilich sind manche Wiederholungen nicht zu vermeiden, und ich gebe das Manuskript diesmal an Varnhagen, um zu streichen, was ihm beliebt. Deine Kinder triumphiren jetzt beide, Adelheid in der großen Welt, ich in der noch größeren litterarischen."

Den 23. Oktober schreibt er aus Muskau mit heiterem Sinne an Lucie: "Schicke mir doch das Blatt der Staats-zeitung, und auch wenn feindliche Rezensionen kommen oder Propos, verheimliche sie mir nicht. Ich bin für alles das gewaffnet, und macht man mir's zu arg, so werde ich ein Türke. Meine Elastizität kann nichts Irdisches, nur der Tod unterdrücken. Der Geist ist stark, wenngleich das Fleisch schwach ist, und wenn man die Welt so sehr aus dem großen allgemeinen Gesichtspunkte zu betrachten gewohnt ist, so verliert das Einzelne die Wichtigkeit und affizirt nur im Moment. Fürchte also durchaus nie für mich, und suche selbst ein wenig mehr Kühnheit hervor. In ihr ruht in der Welt noch die beste Sicherheit."

Diese wenigen Worte schildern in kurzen, meisterhaften Strichen das innerste Wesen unseres Helden. Auch als die ängstlich besorgte Freundin in liebevoller Uebertreibung ihm mittheilt, daß er sich in Berlin außer Bewunderern auch viele Gegner und Feinde gemacht, steigerte sich beinahe nur seine rosige Laune und vergnügte Heiterkeit. „Tausend Dank", schreibt er den 1. November 1830 aus Muskau an Lucie in Berlin, „für alle Deine schönen und lieben Wünsche zu meinem fünfundvierzigsten. Deine Aengsten sind aber komisch, und ich werde wohl müssen mich auf die Socken machen, to comfort you. Es ist gut, daß Du mir die Alternative stellst, entweder mit 1000 Thalern, oder mit 300 Thalern, oder mit nichts zu kommen. Nur unter der letzten Bedingung, und zwar à la lettre, kann ich kommen, aber ich werd' es, et vogue la galère. Ich fühle den leichten Sinn junger Jahre wieder in mir, und vielleicht hält er aus. Mittwoch oder Donnerstag werde ich in dem alten englischen Wagen abreisen, also Freitag kannst Du mich spätestens erwarten, vielleicht schon Donnerstag, denn ich halte mich unterwegs nicht auf. Gleich nach meiner Ankunft werde ich die Runde bei den Prinzen machen, und alle Visiten, pour voir quelle contenance ou prendra vis-à-vis de moi. Ich bin nie so gern nach Berlin gegangen, denn „Nacht muß es sein, wo Frielands Sterne funkeln", et je ne crains rien que les indifférents. Dies ist die Waffe, die mich am Entmuthigendsten trifft. Um mir diese zu ersparen, habe ich einen guten Schritt vorwärts gethan, und das war alles, was ich wollte. Leider gab mir das Schicksal noch keine rechte Gelegenheit im Ernste aufzutreten; es blieb also nichts wie der Spaß übrig dazu. Ein bittersüßer Spaß, wie er mir eigen ist, un peu à la Méphistophle".

Vierundzwanzigster Abschnitt.

Litterarischer Triumph. Gegner: Börne, der Minister Gustav von Rochow. Geselligkeit. Die „Freundschaftsliebe" zu Lucie. Erscheinen der Cholera. Tod von Ludwig und Friederike Robert. Tod des alten Wolff. Pückler als Kommandeur in Görlitz. Notre-dame de Paris, von Victor Hugo. Der Saint-Simonismus. Werk über die Landschaftsgärtnerei. Tutti Frutti. Schlimme Lage der Gutsbesitzer. Schuldenlast. Brief an Lucie. Vorschlag Muskau zu verkaufen oder zu heirathen.

Wie Pückler nach Berlin kam, fand er, daß die „Briefe eines Verstorbenen" das Ereigniß des Tages waren. Am Hofe wurden sie vorgelesen, die Blätter waren voll davon, die Gesellschaft riß sich das Buch aus der Hand, und die erste Auflage war rasch vergriffen. Englische und französische Uebersetzungen wurden vorbereitet. Zu einem vollständigen Triumph in der Litteratur gehört aber auch nothwendig, daß man einige Feinde, einige Gegner habe, wodurch das Interesse der Masse zunimmt, die Freunde sich leidenschaftlicher erklären, und wodurch ein Kampf entsteht, dem auch die Friedfertigsten wenigstens gern zuschauen. Auch dieses Glück wurde Pückler zu Theil: Ludwig Börne trat gegen ihn auf in der Oeffentlichkeit, er schrieb in seinen Briefen aus Paris vom 14. Februar 1831: „Keine Hoffnung, daß Deutschland frei werde, ehe man seine besten lebenden Philosophen, Theologen und Historiker aufknüpft, und die Schriften des Verstorbenen verbrennt." Dieser barocke Satz konnte Pückler nichts schaden, wohl aber noch mehr die Blicke auf ihn ziehen.

Ein anderer Unzufriedener war der Minister Gustav von Rochow, der sich durch die in dem Buche enthaltenen Ausfälle gegen seinen Stiefvater Fouqué und gegen seine Mutter Frau von Fouqué einigermaßen beleidigt fühlte; er sagte zu Pückler in einer großen Hofgesellschaft mit scharfer Bedeutung, es sei recht schade, daß der Autor sich im Dunkel halte, und man nun nicht wisse, wen man eigentlich zur Verantwortung zu ziehen habe. „Was das betrifft," erwiederte Pückler schneidend, „so kann es Ihnen an dem rechten Mann gar nicht fehlen! Der Verstorbene hat mir aufgetragen, in allen Fällen seine Vertretung zu führen, und ich bin jederzeit dazu bereit!" Rochow meinte, das sei ihm lieb zu erfahren, und drückte dem Fürsten stark die Hand, was dieser ebenso erwiederte. Doch weiter erfolgte nichts!

Viele Briefe der Zustimmung erhielt Pückler von ihm ganz unbekannten Personen, unter anderen von Damen, die ihm schwärmerische Verehrung bezeigten, auch von Ungenannten die dem Drange nicht widerstehen konnten, ihm ihren Dank auszudrücken.

So wurden denn Luciens Bedenken und Befürchtungen von allen Seiten widerlegt, und so sehr sich einst Pückler mit kindlicher Lust an dem Fürstentitel gefreut hatte, so war er doch weit stolzer darauf ein Gärtner und nun auch gar noch dazu ein Schriftsteller zu sein.

Lucie kam nun auch häufig nach Berlin, und die Geschiedenen machten gemeinschaftlich ein glänzendes Haus, mit dem Geschmack, der ihnen beiden eigen war; der Glanz bildete nur das Beiwerk zu dem geistigen Leben, das sie um sich verbreiteten, und zu sich heranzogen, so wie der prächtigste goldene Rahmen doch immer nur bescheiden zurücktritt gegen ein edles kunstvolles Gemälde, das er umschließt. Feine Formen, Güte, Takt und Liebenswürdigkeit hatten in ihrem Hause einen Mittelpunkt gefunden, in denen die ausgezeichnetsten Persönlichkeiten Berlins gern verkehrten.

Pückler behandelte Lucie stets mit der verehrungsvollen Beeiferung, die man für eine ältere Freundin, für eine Mutter hegt; er heuchelte keine Gefühle, die er nicht hatte, aber er zeigte die, welche er aus tiefstem Herzen empfand, aufrichtig und wahr. Es giebt Beziehungen im Leben, die in keine bestimmte Klasse oder Rubrik der herkömmlichen Gesellschaftsformen passen, unter keinen derselben angehörigen Titel zu bringen sind, und zu diesen Ausnahmen gehörte die seinige zu Lucie, die Varnhagen einmal als eine „Freund= schaftsliebe" bezeichnet hat. Man kann Pückler freilich nicht als das Muster eines Gatten aufstellen, als Vorbild für die= jenigen, die vor den Altar treten wollen, aber man thäte ihm sehr Unrecht, wenn man nicht anerkennen wollte, daß seine edelsten, vortrefflichsten, hingebendsten, zärtlichsten, gutmüthig= sten und herzgewinnendsten Eigenschaften in seinem Verhält= niß zu Lucie sich ausprägten, und in der Reihe langer Jahre sich unwandelbar treu bewährten.

Pückler machte in einem Briefe an eine ihm sehr be= freundete Engländerin eine Beschreibung seines Bundes mit Lucie, und ihrer Scheidung aus Liebe. „Dies geht gewiß über Deinen Horizont," bemerkte er, „aber wir Deutschen sind odd people. Lucie lebt jetzt noch in Berlin, wo wir erst diesen Winter, obgleich divorced, ein Haus zusammen gemacht haben, in dem die höchste Gesellschaft sich zur Ehre rechnete, aufgenommen zu sein. Dies Beispiel ist übrigens neique, und so weit habe ich mein Berliner Publi= kum und all seine Prüden durch Beharrlichkeit gebracht, weil ich sie nach und nach daran gewöhnt habe: einem Original wie ich einmal sei, alles zu gestatten, sans conséquence pour les autres. Der König selbst hat sich so über mich ausgedrückt, et c'est tout ce que je voulais."

Die Erscheinung der Cholera im Jahre 1831 brachte manche Störungen in die geistigen Strömungen der Zeit, konnte sie aber doch nicht bewältigen, und heitrer Verkehr

und reicher Gedankenaustausch forderten unbeschränkt ihr
Recht auch inmitten der Todesgefahr, welche die heranschlei=
chende Seuche mit sich brachte. Sehr betrauert wurde der
Tod von Ludwig und Friederike Robert, die beide als Opfer
derselben in Baden=Baden dahingerafft wurden. Ein anderer
Todesfall, der Pückler sehr bekümmerte, war der seines alten
Freundes Wolff, der im 81. Jahre zu Muskau an Alters=
schwäche dahinschied. Der vortreffliche Mann war schon zu
Zeiten des Grafen Callenberg, des Großvaters des Fürsten,
in Dienst, zuerst Sekretair wurde er später Intendant, hatte
die gesammte Schloßverwaltung, und er und seine Gattin
wurden in der ganzen Pückler'schen Familie mehr als Freunde
wie als Diener behandelt. Am meisten von allen aber war
ihm der Fürst zugethan, der sich stets erinnerte, wie liebevoll
Wolff ihm in seinen Jugendjahren beigestanden.

Pückler mußte zu seinem großen Mißvergnügen als
Kommandeur des zweiten Aufgebots in Görlitz einem schweren
Dienst vorstehen, Rekruten zurechtstutzen, Züchtlinge bewachen,
Ersatzmannschaften für den Choleracordon nach Posen aus=
wählen und abschicken, und den halben Tag auf dem Büreau
zubringen.

„Wozu heut zu Tage die Freiwilligen und umsonst
Dienenden nicht alles gut sind," schrieb er darüber an seinen
Vetter, den Reichsgrafen Sylvius von Pückler, „eine Batterie
zu nehmen wäre leichter — hier verdiene ich mir aber ohne
Zweifel Gottes Lohn und eine Bürgerkrone, wenn auch kein
irdischer Vortheil mich belohnt."

Nur Sonntags erholte sich Pückler in Muskau, und las
den eben erschienenen Roman von Victor Hugo, „Notre-
dame de Paris", der damals großes Aufsehen erregte, und
über den er lebhaft mit Varnhagen und Rahel korrespondirte.

Nicht minder wurde Pückler vom Saint=Simonismus
angezogen, dessen Schriften er mit Eifer in sich aufnahm.
Eine soziale und religiöse Umgestaltung erschien ihm noch

weit wichtiger als eine politische. Er war entzückt davon. „Dies ist allerdings eine neue Lehre", schrieb er den 5. Februar 1832 an Varnhagen, „und die klare Erkenntniß einer beginnenden neuen Zeit, wenn auch diese nur ganz langsam sich entfalten sollte in Jahrhunderten. Uebrigens steht sie uns noch weiter, und bleibt blos als ein fernes Meteor zu beschauen, wenn man nicht nach Spandau wandern will."

Neben allen diesen Anregungen beschäftigte sich Pückler noch mit seinem Werk über Landschaftsgärtnerei, zu dem er in England bereits den Grund gelegt hatte, und das er nun weiter ausarbeitete. Auch wurden von Wilhelm Schirmer dazu Illustrationen angefertigt, um den Text zu erläutern, und um die darin ertheilten Lehren anschaulicher zu machen.

Gleichzeitig begann Pückler seine „Tutti Frutti" zu schreiben, in die er viel Selbsterlebtes hineinarbeitete. Nicht nur daß er sich selbst darin unter dem Namen „Mischling" einführte, sondern auch die anonymen Personen, die darin vorkommen, sind größtentheils Portraits, und ebenso die Begebenheiten der Wirklichkeit entnommen. Er ergötzte sich daran eine Menge Satyren einzuflechten, die besonders auf das preußische Publikum berechnet waren. So lieferte er in dem Kammerjäger Schuldmann ein burleskes Bild des Ministers Schuckmann, und unter der von ihm lächerlich gemachten Regierung war die Liegnitzer verstanden. In der „Flucht in's Gebirge" schilderte er Schlesien, Preblau war Breslau, und die Behörde, die er persiflirte, war die Generallandschaftsdirektion, über die er Grund zu bitterer Klage zu haben glaubte; deren Chef, den Grafen Dhyrn, verspottete er unter dem Namen des „alten Schlendrian".

Pückler war damals allein auf dem Schlosse zu Muskau, da Lucie gerade verreist war. Da gab er sich denn ganz seiner Neigung hin, die Nacht zum Tage zu machen. Er schlief bis drei Uhr Nachmittags, aß um acht Uhr Abends zu Mittag, und um Mitternacht zog er sich zurück, um zu

arbeiten. Sieben aneinanderstoßende Gemächer ließ er dazu
glänzend erleuchten, und ging in ihnen auf und nieder, bald
an einem Sekretair, bald an einem Stehpult schreibend.
Selten hörte er vor sieben Uhr Morgens mit der Arbeit
auf, die ihm die angenehmste Gesellschaft leistete, und ihm
die Einsamkeit reizend und anregend machte.

Aber auch die materielle Frage wachte wieder auf, und
trat mahnend in den Vordergrund. Die Zeitumstände waren
für die preußischen Gutsbesitzer nicht günstig, große Abgaben
lasteten auf ihnen, die sie zu erdrücken drohten. Unter solchen
Umständen konnten Pückler's Finanzen sich nicht heben, und
er sah ein, daß er sein Dichterleben verlassen, und einen
entscheidenden Schritt in der Wirklichkeit thun müsse. Zu
Einschränkungen hatte er sich schon vielfach entschlossen, und
ertrug sie auch leicht, wo es nicht auf äußere Repräsentation
ankam. Am meisten aber vermißte er ein Reitpferd, das
er seit seinem zehnten Jahre nicht entbehrt hatte.

Da schrieb er denn eines Tages — es war den 14.
April 1832 — an die bestürzte Lucie, die eben ruhig und ver=
gnügt sich in Berlin aufhielt, den folgenden Brief, der ihr
seine Lage und seine Pläne klar vorlegte:

Meine gute Lucie, meine geliebte Freundin!

Nachdem ich nun mich genau von allen Umständen unter=
richtet, und das Resultat eigener Ansicht und Ueberzeugung
aus den verschiedenen Rapporten gezogen, bin ich leider unum=
stößlich überzeugt, daß ohne eine Generalreform wir keine
zwei Jahre mehr zu bestehen im Stande sind.

Die Schuldenmasse ist nun, nachdem man alles, auch
die Steuerreste und Kassenscheine, die eingezogen werden,
oder vielmehr eingelöst werden mußten, mit berichtigt, durch
die ungeheuren Kosten der Bepfandbriefung u. s. w. wie
durch die verschiedenen Schulden aller Art des Rentamts

schon über 500,000 hinausgerathen, so daß der Kredit auf pupillarische Sicherheit bereits völlig erschöpft ist, und keine neue Anleihe mehr möglich, ausgenommen vielleicht einige tausend Thaler Regulirungskostengelder, die noch aufge= nommmen werden, aber nicht weit mehr reichen können."

„Es stehen nun zwei Sachen fest. Die erste, daß wir so nicht mehr fortleben können, die zweite, daß, so lange wir zusammen ein Haus halten, die Möglichkeit der Ein= schränkung höchstens in der Theorie da ist, aber nicht in der Praxis."

. „Was hilft es sich zu täuschen, bis am Ende einer weichlichen, gegenseitigen Schonung und ängstlicher Rück= sichten, unser beider Untergang die Folge ist!"

„Gute Schnucke, sieh hierin nichts Bitteres, sondern betrachte es und lies das Folgende mit Liebe und auch mit Gerechtigkeit."

„Sage Dir also, daß Du mir tausendmal versichert hast, daß Du mich über alles liebst, und daß Dein sehnlichster Wunsch, Dein Hauptglück darin liege, mich in einer gesicher= ten, in einer wünschenswerthen Lage zu sehen."

„Du hast mir die größte Liebe bewiesen, indem Du Dein ganzes Vermögen mir hingabst, aber habe ich seitdem etwas davon zurückgelegt, oder haben wir es nicht gleich, zu= gleich mit dem meinigen genossen?"

„Du hast mir ferner, meine Schnucke, einen noch größeren Beweis von Liebe gegeben, als den der Hingabe Deines Ver= mögens, indem Du in die Scheidung von mir einwilligtest, und dadurch mit dem größten Opfer das hingabst, was Dir theurer als Geld und Gut war. Glaube nicht, daß ich das je verkannt habe, noch vergessen kann; aber — wie nöthig es zu unserer beider Erhaltung und sicher gestellten Existenz gewesen ist, tritt uns jedes Jahr mit Riesenschritten näher, und wäre ohne die Bepfandbriefung durch meinen mißlun= genen Versuch in England schon in Erfüllung gegangen."

„Der Verkauf Muskau's, oder eine Heirath können uns allein wahrhaft sichern. Selbst der Tod meiner Mutter würde nur eine Erleichterung, keine Radikalkur sein."

„Der Verkauf ist aber, obgleich hundertmal das Wün= schenswertheste, auch das bei weitem Unwahrscheinlichste, und im Hintergrunde droht doch immer noch der Verkauf mit einer unheilschwangern Wolke."

„Es bleibt nun die Heirath zu beleuchten. Auch sie ist schwer; aber nach dem natürlichen Stande der Dinge sehe ich doch nicht ein, warum ein Mann von 47 Jahren, der gut konservirt ist, und einige Eigenschaften für die mangelnde Jugend bieten kann, überdem hohen Rang und einen fürst= lichen Besitz (wenigstens dem Anschein nach) in die Waag= schale legen mag, nicht eine Frau mit 300,000 Thalern Vermögen bewegen sollte können, ihn zu heirathen. Weniger kann mir freilich nichts helfen, und das bloße egoistische Vergnügen eine junge, schöne Frau zu haben, opfere ich Dir und unsrer zu ernsten Lage."

„Nach allem diesen ist es klar, daß es der vernünftigste, ja der einzige Rath für mich ist, nochmals und zwar durch den früheren mißrathenen Versuch in vieler Hinsicht gewitzigt, einen zweiten zu machen, zu welchem natürlich nothwendig gehört, daß ich suche, denn sonst kann ich nicht finden."

„Nun aber, liebe Schnucke, muß ich es sagen, daß sowohl meine eigene Erfahrung, als das einstimmige Urtheil aller derer, die darüber eine Aeußerung machen durften, dahin geht, daß, so lange wir noch wie Mann und Frau zusammenleben eine zweite Heirath eine völlige und unerreichbare Chimäre bleibt. Ganz anders wäre es meiner Ansicht nach, wenn ich wieder verheirathet wäre, und die neue Frau dociler Art und von Dir zu ertragen wäre. Aber ehe sie heirathen wird, wird jede, und noch mehr ihre Familie, sich an unser Verhältniß stoßen, und es ist keinem Zweifel mehr unter= worfen, daß selbst bei meiner englischen Reise dieser Umstand im voraus ihren Erfolg fast unmöglich machte, wie er denn auch bei der, der einzigen, wo es zu ordentlichen, ernsten Unterhandlungen kam, daran scheiterte."

„Es ist also, glaube ich, unumgänglich nöthig, wenn ich heirathen soll, daß wir unseren Aufenthalt vor der Welt in sofern trennen, daß wir nicht dieselbe Haushaltung führen, was gegenseitige Besuche auch jetzt nicht ausschließt, und später, wenn der Zweck erreicht ist, einen neuen Lebensplan, wenn Du nur willst, gewiß gestattet; denn was könnte mir dann lieber sein, und alle meine Wünsche mehr erfüllen! Glaubst Du das nicht, so liebst Du mich auch nicht mehr wie sonst, und giebst einem Gefühle der Bitterkeit gegen mich Raum, das ich nicht verdiene, und das auf mein halb ver= zweiflungsvolles Spiel noch hinzusetzen zu müssen, mich sehr unglücklich macht! Ja, prüfe Dich deshalb, und wenn Du fühlst, daß Deine Liebe für mich aufhören muß, wenn ich wieder heirathe und wir nicht mehr ein und dasselbe Haus führen, so will ich freiwillig allen ferneren Plänen dieser Art entsagen, und unser endliches Schicksal dem Himmel und der Nothwendigkeit anheimstellen. Es kann sich vielleicht auch so, allen Berechnungen und Wahrscheinlichkeiten zum Trotz, noch ganz anders gestalten, wie wir erwarten, und ich habe Muth und Schnellkraft noch genug im Geiste, um auch das Aeußerste zu tragen, Du aber bist im schlimmsten Noth= falle durch Deine Rente wenigstens vor Mangel gesichert."

„Entscheide also darüber ganz frei und ohne Rücksicht auf mich; denn es mag geschehen, was da will, so werde ich Dich doch immer als meinen ange tutélaire auf dieser Welt an= sehen, und kein Verhältniß kann dies ändern. Ich würde ohne Deine Liebe, ja selbst nach Deinem Tode, wenn ich nicht die Ueberzeugung hätte, daß Du mich mit aller Liebe gesegnet, nie wieder glücklich, selbst im Genusse aller Schätze, sein können. Dies ist wahr, und aus dem tiefsten meines besten Selbsts geschrieben, also wenn Du dieses letzte, wie ich glaube,

für unfer beider irdifches Wohlfein und Sicherheit nothwen=
dige Opfer nicht aus Liebe und mit Liebe bringen kannft,
fo fei diefes Thema auf immer zwifchen uns abgebrochen.
Fremd zwifchen uns würde ein Schlimmeres fein, als
feindlich bei Anderen, wenn man fo wie wir zufammen
gelebt hat. Du mußt alfo diefe neue Lebensart durchaus
nicht als die geringft= größere Trennung unferer Wefen und
Perfonen, fondern nur unferer äußerlichen Verhältniffe anfehen;
ja vielleicht wird bei unferer jetzt fo gedrückten, und folglich
gereizten Lage, wie überhaupt bei den Eigenthümlichkeiten
meines Karakters ein noch milderes Verhältniß eintreten, und
einer noch größeren Sehnfucht nach Dir bei mir Raum gegeben
werden. Und würde ich, wenn ich Dich auffuche, nicht mit
offenen Armen und alter Liebe mich aufgenommen finden,
fo würde für mich zwar ein Stachel im zarteften Lebenskeime
zurückbleiben, aber auch Deine Liebe keine ächte, fondern
nur am Eigenthum hängende gewefen fein."

„Ich habe mich nun ganz und fo offen ohne alle Be=
mäntelung im Dir Unangenehmen wie Dir Lieben fo wahr
ausgefprochen, daß nichts darüber hinzuzufetzen bleibt."

„Nun laß mich aber nochmals wiederholen, befte, liebfte
Schnucke, daß Du die Herrin bift zu entfcheiden, und ich
mich in eins wie das andere finden will, auch Dir fchwöre,
daß von nun an, wenn Du diefe Vorfchläge verwirfft, kein
Vorwurf irgend einer Art, wenn es fpäter übel gehen follte,
mir entfchlüpfen foll, überhaupt die beftimmte Gewißheit
für eine oder die andere Seite die bisherige launige und
trübe Gewitterftimmung gänzlich befeitigen foll; denn diefen
unmännlichen, und ich möchte faft fagen, unwürdigen Zuftand
ewiger Ungewißheit bin ich feft entfchloffen ganz aufhören
zu laffen. Was nun entfchieden wird, bleibt keinem längeren
Zweifel unterworfen."

„Vor allem aber mache mich nicht weich durch Trauer
und kummervolle Ausbrücke, die ich nicht ertragen kann."

„Ich fühle mit der heiligsten Gewißheit in mir, daß meine Liebe zu Dir selbst mit dem Verluste der Deinigen, was ich sonst wohl geglaubt, doch nie aufhören würde, denn Du würdest in mir immer fortleben, so wie Du warst, als das mir ergebenste Wesen, das ich gekannt, und dasjenige, dem ich am vollständigsten, ja fast übermenschlich vertraut, und das ich nach meiner freilich nicht sehr empfindsamen Art, allein eigentlich von allen einzelnen Menschen liebe."

„Also glaube nicht, daß theilweise Entfernung und Auf= hören des häuslichen Zusammenwirkens meine Liebe zu Dir um das mindeste verringern können, wohl aber konnte bisher gerade dies letztere, verbunden mit eigentlich gezwungenen Verhältnissen, diese innige Ergebenheit wenn auch nicht schwächen, doch oft temporair verdunkeln, besonders wo Sorge und Bedrängniß und das Gefühl, daß wir beide vereint nie in ökonomischer Hinsicht ganz vernünftig zu handeln fähig sein würden, fortwährend Beunruhigung in unser tägliches Brod mischte."

„Doch alles dieses letzte wird in beiden Fällen Deiner Entscheidung ebenfalls schwinden; denn wenn man einmal seine Parthie bestimmt, und unwiderruflich ergriffen hat, so gewinnt auch das Nachtheilige eine andere Seite, wenn dessen Nothwendigkeit sich fest im Bewußtsein eingeankert hat."

„Was mich selbst nun betrifft, so hebe ich im Fall des neuen Arrangements die Haushaltung hier ganz auf, lasse den Park fest auf seinem alten Etat, richte für die Admi= nistration es so gut ein, als ich kann, übergebe Rother'n die Oberaufsicht, und versuche dann mit den Mitteln, die übrig bleiben, mein Heil von neuem, jedoch so, daß ich mich keines= falls weder auf eine unanständige, noch unheilbringende Art verkaufe."

„Also, Schnucke, beherzige alles, was ich Dir gesagt, nimm es, wie es ist, und sieh es nicht mit schwarzer Brille an, und entscheide frei nach Deinem Gefühl. Habe mich aber nur lieb — es gehe im übrigen, wie es wolle, denn ich wiederhole es als mein eigentlichstes Motto:

„Am letzten Ende kann ich alles entbehren, nur Deine Liebe nicht."

„Immer werde ich Dein Lou bleiben, gehörte ich nebenbei auch noch zehn Anderen an, Du nur wirst meine Seele, mein volles Vertrauen ewig besitzen. Nun genug von diesem Kapitel."

„Es ist sonderbar, daß, sowie ich Muskau betreten, meine Gesundheit wieder ganz schlecht geworden ist; also diesmal ist es nicht der Aerger, den Du, arme Schnucke, mir gemacht. Mangel an Appetit und der größte Mißmuth beherrscht mich, ja selbst die Anlagen haben keinen rechten Reiz mehr für mich, und zur Autorschaft bin ich nicht aufgelegt."

„Es ist hier kein Aufenthalt mehr für mich, und der Gedanke, Muskau nie wiederzusehen, hätte auch nicht das geringste Abschreckende mehr für mich, im Gegentheile, ich möchte es mit allen Erinnerungen gern begraben, und einen neuen Grund wo anders legen. Demohngeachtet kann ich, so lange ich es habe, mich auch nicht mit dem Gedanken versöhnen, mein Werk unvollendet zu lassen."

„Ich habe diesen Brief, krumm zusammengezogen im Bette geschrieben, eine Anstrengung, die mich jetzt so unwohl macht, daß ich aufhören muß."

„Lebe wohl, sei gut und milde, nicht traurig, aber liebevoll."

„Dein Lou."

Es ist hier eine seltsame Umstimmung in Pückler wahrzunehmen; er verfiel von einem Gegensatz in den anderen. Muskau, das herrliche Muskau, für das er einst leben und sterben wollte, dem er mit Lucie vereint, die größten Opfer brachte, wie einem geliebten Kinde, wurde ihm plötzlich zuwider! Er fühlte sich beklommen und unheimlich dort. Aber dies war keine bloße Laune. Der Ruin, von dem er seine

Verhältnisse bedroht sah, konnte mit Recht den ruhigen Genuß eines idealen Landlebens stören.

So war denn das Wort: Verkauf von Muskau zum erstenmale ausgesprochen; freilich nur als ein Gedanke, als ein Nebelbild, als ein Wort, aber das einmal ausgesprochene Wort hat eine dämonische Kraft, und sucht oft gewaltsam sich in That zu verwandeln.

In die andere Seite der Waagschale legte er wieder den früheren Plan: Heirath. Das sollten die beiden Rettungsanker sein, um ihn aus der bedrängten Lage zu reißen, die ihn gefesselt hielt.

Fünfundzwanzigster Abschnitt.

Erwägungen und Berathungen. Neue Arbeiten in Muskau. Das Jagdhaus. Reise nach Hamburg. Angenehmes Leben dort. Hoffnung auf Alaun-Stabholz und Potascheabsatz. Das zu bezahlende Beefsteak. Ein Liebesroman. Ein Virtuose beim aus dem Wagen Fallen. Reise nach Leipzig. Pückler und Lucie, Philemon und Baucis.

Kaum hatte Pückler seinen Brief an Lucie abgeschickt, so beunruhigte ihn die Furcht, er möchte sie zu sehr betrüben, und er schrieb ihr auf's neue herzlich und liebevoll, sein Schicksal ganz in ihre Hand legend; ja, so sehr stand ihm Luciens Befriedigung über der eignen, daß er ihr erklärte, er wäre sogar bereit, um ihr Freude zu machen und für immer einen Riegel gegen alle Rückfälle seiner Phantasieen vorzuschieben, sich wieder mit ihr zu verheirathen, und möge die Welt auch immerhin ein wenig darüber lächeln. „Ich bin nie, meine Schnucke," schrieb er ihr, „zärtlicher für Dich gestimmt gewesen, das glaube mir, ja, ich finde mehr Gefühl, mehr Bedürfniß Deiner jetzt in mir, als ich selbst geglaubt habe, und das macht mich selbst im Schmerze glücklich, wie es Dich beruhigen muß, und Dir Kraft geben."

Luciens Antwort ist nicht mehr vorhanden; so viel ist aber gewiß, daß sie traurig und resignirt war; bei dem englischen Plane hatte sie sich opferfreudig gezeigt; nachdem dieser mißglückt, dachte sie nun, daß nicht zum zweitenmale so schwere Anforderungen an sie gemacht werden könnten. In ihrer Antwort kam die Stelle vor: „Denke an mich, als an die Seele, die Dich am meisten liebte, und es am treusten

mit Dir meinte." Pückler war tief erschüttert. „O mein
Gott! Wäre dem so und es bliebe nicht Deine Liebe zu
mir dieselbe in jeder Gegenwart, so möchte ich nicht länger
leben", schrieb er an Lucie den 29. April 1832. „Zerreiße
mir also durch solche Worte das Herz nicht unnützerweise,
es trägt wahrlich ohnedem nicht wenig, und mehr, weit mehr
vielleicht, als Du mir zutraust! Aber was soll ich noch
sagen. Hätte ich nicht geglaubt, es uns Beiden schuldig
zu sein, ich hätte Dir gewiß diesen Kelch erspart. Aber
selbst der treueste Freund muß rathen das Bein abzunehmen,
wenn sonst der ganze Körper zu verderben Gefahr läuft.
Glaubst Du es anders, so beschwöre ich Dich nochmals: auf
alles, was ich geschrieben, keine Rücksicht zu nehmen, und
wie auf ein Evangelium darauf zu bauen, daß kein Vor=
wurf deshalb meinen Lippen weder, noch, was mehr ist,
meinem Herzen, entgehen wird. Ich werde sagen, meine
Schnucke ist schwach, aber aus zu großer Neigung zu mir,
und was auch komme, wir werden es liebend tragen können.
Ich leide jetzt am Herzen — ach, es ist eine traurige, trau=
rige Welt! und ich bin ihrer oft todtmüde." —

Nach allem Ueberlegen und Berathen fanden beide,
Pückler sowohl als Lucie, den ehemals schon vorwaltenden
Auffassungen gemäß, es besser, und von zwei Uebeln das
kleinste — sich für eine Heirath zu entscheiden, die ihnen
erstens leichter zu ermöglichen schien, als im dermaligen
Augenblick der Verkauf der Standesherrschaft, und dann auch,
weil, so bedrückend der Anblick von Muskau Pückler gegenwärtig
auch war, es seinem künstlerischen Schaffenstrieb doch sehr
schmerzlich gewesen wäre, sein Werk unvollendet zu lassen.

„Bedenke, was ohne diese (seine Anlagen) mein Leben
gewesen wäre und zurückließe," schrieb er an Lucie den
8. November 1838. „Ein Nichts — während ich jetzt schon,
und noch mehr bei weiterer Vollendung in späterer Zeit,
mit dem beruhigenden Gedanken sterben kann, nicht wie ein

Kohlstrunk vegetirt zu haben, sondern zurückzulassen, was meinen Namen Jahrhunderte lang vielleicht mit Ehre und Liebe nennen lassen wird. Das gleicht gar viele Irrthümer aus; denn die erste aller Pflichten ist Thätigkeit, nach Gottes Ebenbilde etwas zu wollen, etwas zu schaffen."

Und in diese Thätigkeit stürzte er sich auch jetzt, schrieb an seinem Gartenwerk und den „Tutti Frutti", arbeitete und pflanzte in romantischer Einsamkeit am Jagdhaus, wo er sich weit wohler und noch zurückgezogener fühlte als im Schlosse.

Aber nun sollte doch auch Ernst gemacht werden wegen der Heirath. Jeder Schritt hiezu war Pückler widrig, und er that ihn nur lässig. Doch machte er sich Ende Februar auf die Reise nach Hamburg. Die berühmte blühende Handelsstadt schien für seine Absichten ganz geeignet; unter den Bürgern der kleinen Republik waren viele wegen ihres außerordentlichen Reichthums bekannt und beneidet.

Es gefiel ihm dort ungemein; der schöne Jungfernstieg mit der blauen Alster, der Wohlstand und das lebhafte Geschäftstreiben, die anmuthigen Villen an der Elbe, die Einladungen, mit denen er von den Diplomaten und den ersten Kaufleuten der Stadt überschüttet wurde, die vortrefflichen Diners und guten Weine, die Huldigungen, die man dem Verstorbenen, dem Fürsten, dem liebenswürdigen geistvollen Manne erwies, die Breiferung schöner und freundlich gesinnter Damen, alles versetzte ihn in die heiterste Stimmung.

Um so weniger Lust hatte Pückler an das „Geschäft", wie er es nannte, zu gehen. Und da ihm der preußische Konsul, Herr Oswald, Aussicht machte, unter vortheilhaften Bedingungen seinen Alaun, sein Stabholz und seine Potasche abzusetzen, so dachte er vielleicht im Stillen, daß es mit der Braut noch keine so große Eile habe. Eine reiche Erbin, der man ihn vorstellen wollte, verweigerte er entschieden kennen zu lernen, damit man nicht glaube, daß er sich um sie bewerben wolle.

Er theilte Lucie die gute Aussicht auf den Absatz der Muskauer Produkte mit, fügte aber hinzu: „Im Uebrigen lasciate ogni speranza, et l'impossibilité git en moi-même. On ne peut pas aller contre nature, et l'homme le plus fier et le plus haut ne peut pas flatter la canaille, ni encore moins solliciter de qui que cela soit sans la plus grande répugnance, et avec la rage dans le coeur. Es ist nur eine Möglichkeit für solche Geschäfte, wie ich Dir schon gesagt — sie einen Dritten ganz allein abmachen zu lassen. Findet sich eine solche Gelegenheit, gut, wo nicht, muß man daran gar nicht denken." Traurig klagt Pückler, daß er kein freier Mann sei, sondern ein armer Sklave an der Kette, die er fortwährend hinter sich klirren höre, und wohl nicht anders als mit dem Leben loswerden würde.

Pückler besuchte in Hamburg häufig ein Haus, wo, wie damals in vielen Hamburger Familien, die Unsitte herrschte, daß die Dienerschaft sehr auf die Trinkgelder der Gäste angewiesen war; die Herrschaft bekümmerte sich bisweilen ganz merkbar um dies Verhältniß, und sprach von den Gaben, machte den Gästen, welche zu wenig schenkten, eine Unehre daraus. Abends nach dem Essen, welches gewöhnlich in nur Einem Gericht, sehr oft in einem Beefsteak bestand, begleitete der Wirth den Fürsten hinaus, und gab Acht, wem und auch wohl wie viel er Trinkgeld gab. Einesmals war das Pückler allzu mißfällig, und als unter den Augen des Wirthes vier Bediente zugleich sich zur Hand des Fürsten drängten, stand er plötzlich still, wandte sich zu dem Wirth und fragte mit liebenswürdigster Unschuld: „Sagen Sie mir doch gütigst, welchem von diesen Leuten soll ich denn mein Beefsteak bezahlen?" Der Wirth erblaßte, und stotterte Entschuldigungen. Pückler besuchte das Haus nun nicht mehr.

Dagegen nahm ihn ein romantisches Ereigniß in Beschlag; eine junge, schöne, liebenswürdige Frau in Hamburg verliebte sich heftig in ihn. Sie war verheirathet, und schien in jeder Weise gebunden; aber Leidenschaft und Sympathie wollten sich hierein nicht finden; der spannende Roman rückte rasch vorwärts, und die Abentheuerlichkeit und Schwierigkeit desselben zogen Pückler an. Es war von einer Entführung, von einer Scheidung und dadurch zu ermöglichenden Verbindung die Rede, und auf diesem Umweg hätte sich ja zugleich ungesucht die von ihm beabsichtigte Heirath gefunden. Aber die Sache ließ sich nicht durchführen, und wurde, wenn nicht von beiden Seiten, doch gewiß von einer aufgegeben.

Auf der Rückreise geschah Pückler das Ungemach, daß er mit seinem schwerbepackten Wagen auf dem elenden Wege bei Lauenburg umgeworfen, jedoch nur wenig beschädigt wurde. Durch die nicht weniger jämmerlichen Sandwege in der Lausitz war er nämlich schon so oft umgeworfen worden, daß er für diesen Anlaß sich große Uebung und eine wahrhaft seltene gymnastische Geschicklichkeit erworben hatte, in der er für einen Virtuosen gelten durfte, wobei ihm auch seine unerschütterliche Kaltblütigkeit zu Hülfe kam. Er behauptete, wenn der Wagen umstürze, so müsse man nicht, wie es die Meisten im Schrecken unwillkürlich thun, sich nach der entgegengesetzten Seite wenden, sondern gerade nach der niederstürzenden, weil da der Gegenprall die Gewalt des Stoßes mildere. Wahrscheinlich wird wohl Pückler der letzte Vertreter dieser seltenen Kunst gewesen sein, da das Wagenumwerfen glücklicherweise jetzt, wo man auf Eisenbahnen reist, zu den Seltenheiten gehört.

Er machte nun noch einen anderen Ausflug nach Leipzig, der aber auch kein Ergebniß lieferte, gewiß weil er sich immer selbst nicht ernst entschließen konnte. Er verglich sich dabei humoristisch mit dem ewigen Juden, der den Tod immerfort sucht, ohne ihn finden zu können.

Nun kehrte er nach Muskau zurück, wo es sich ergab, daß es mit dem Alaunverkauf durchaus nicht günstig stand; da wollte er denn wieder heirathen. Er schrieb an Lucie: so lange er mit ihr in Muskau lebe, werde ihm jede neue An= knüpfung höchst schwierig gemacht, da man dann seine Scheidung nicht recht für Ernst ansehen möchte.

Das war für die arme Lucie höchst betrübend; hatten sie sich doch beide gewöhnt, Muskau für das Paradies, und sich selbst darin als Adam und Eva zu betrachten! Nun sollte sie allein diesem Paradies entsagen, noch weit unglück= licher als ihre Stammmutter, die doch den Gatten wenigstens mit sich nehmen durfte, als der Engel mit dem Schwert sie verjagte! — Es ist immer verhängnißvoll, wenn Wünsche sich bis in ihre letzten Tiefen erfüllen: Pückler hatte seit seiner Verlobung mit Lucie nur immer das Bestreben, daß ihr Muskau gefallen, daß es sie entzücken solle, zur Haupt= sache gemacht: es war ihm vollständig gelungen! Um so größer war aber nun ihr Kummer und Gram. „Das sei erst sein wahrer Scheidebrief“, antwortete sie schmerzlich klagend.

Luciens Betrübniß wirkte tief auf Pückler zurück. Diese beiden Wesen, sie mochten sich noch so oft streiten, waren durch unauflösliche Bande mit einander verbunden. Nun klagte auch Pückler laut und bitter. „Was wird mein Loos sein,“ schrieb er an Lucie, „entweder hinausgestoßen aus dem Garten, den ich bewohnte, in die Wüste der Armuth, oder genöthigt, selbst den Garten in einen Sumpf der Gemeinheit zu verwandeln; denn was wird am Ende eine solche Heirath anders sein? Bei dieser kummervollen Alternative hatte ich einen Trost, eine treue Freundin, ein anderes Ich, die mit mir leidet, mit mir hofft — ach, und ein paar Zeilen, von Verdruß und Jammer schroff gemacht, von der Noth ausge= preßt, können Dir als der wahre Scheidebrief solches Bundes erscheinen? Es ist blutig traurig! Behüte Dein Gewissen, meine gute Schnucke, denn so könntest Du mich leicht um= werfen, und die Reue käme zu spät, wiewohl es vielleicht am besten wäre, wenn ich, der alle diese Unruhe anstiftet, nicht mehr wäre. Ich bestrafte mich, wie ich's vielfach verdiene, und befreite Andere."

Die unendliche Güte, die in Pückler's Herzen wohnte, wallte hoch auf, wie ein wogendes Meer, und er ergoß sich gegen seine Freundin in den naivsten, beredsamsten Liebesbetheurungen, wie sie nur wahres Gefühl eingiebt. „Gott sei mein Zeuge", fuhr er fort. „Schaffe uns nur 12,000 Thaler jährlichen sicheren Ueberschuß, ohne welchen wir, wie wir und die Umstände einmal sind, dort nicht existiren können, und ich will mit Jubel meine alte Schnucke wieder, heirathen und alle Riesenpläne meines Lebens aufgeben, in Deinem Glücke auch das meinige findend. Aber in Elend und Noth, wie kann es uns da frommen!" —

Und sein dankbares Herz fügte noch hinzu: „Wenn ich Dir dadurch vergelten könnte, ich wollte gern sterben; wirst Du nun glauben, daß ich für so viel Liebe Dir mit Undank lohnen könnte, so wirst Du mich tödten. Du kennst mich nicht, und ich fühle jetzt, daß ich mich selber nicht kenne. Es ist viel eiskaltes Krystall um mich her krystallisirt, aber im tiefsten Mittelpunkt liegt ein himmlisches Feuer, das, wer es zu lösen versteht, die härtesten Rinden wie flockigen Schnee zerschmilzt. Dies Feuer zu Tage zu bringen, hat Deine Liebe gearbeitet; aber der letzte Brief, der Brief, war eine zu schmerzliche Sonde. Ich fühle jetzt erst so recht eigentlich, was Du mir oft von Deinem Kummer und Schmerz sagtest, und bedaure Dich und mich."

Zuletzt suchte er noch seine Lucie zu trösten und aufzurichten. „Schnucke," schrieb er, „ich bin mit Dir so verwachsen, wie mit einem meiner Glieder. Ist einmal das Ziel erreicht, so hoffe ich zu Gott, daß wir beide es genießen wollen, und dann kann vielleicht das Muskauer Paradies, das mir jetzt eine Hölle ist, mir noch wahrhaftigen Genuß, ohne die furienartige Sorge gewähren, die jetzt ihre Fleder-

mausfittige aller Orten über uns hält, und mit einer Todten=
fratze uns anstarrt. Ach, Schnucke, sei vernünftig, sei liebe=
voll, habe Mitleid mit uns beiden, sonst gehen wir zu
Grunde."

Alle Quellen von Pückler's Gemüth öffneten sich in An=
hänglichkeit und Schmerz. „Was ist am Ende", schrieb er
an Lucie in einem späteren Briefe, „das ganze Leben? Tand!
Nur das Innere ist etwas Wirkliches. Wie gänzlich todt
war für mich die Natur, alle meine Lieblingsspielereien in
diesen schweren Tagen! Es hatte alles aufgehört etwas zu
sein, weil mein Sinn, der es allein belebt, abgestorben war,
und es noch ist. — Welche schreckliche Existenz muß es sein,
wenn die Seele von einem solchen Kummer erst ganz ge=
sättigt und durchdrungen ist, wie es mir gegangen sein
würde, wenn ich nach einem solchen Briefe Deinen Tod er=
fahren, und auch Dir vielleicht wären diese meine letzten
Zeilen. — Ach, das Leben hat schaurigere Geheimnisse, als
die Phantasie sie auffinden kann! Manches geht vorüber,
manches vielleicht nie! — Nur an der Liebe, an der wahren,
darf man nicht sündigen. Alles andere wiegt zu leicht, jenes
kann niemand verzeihen, sich selbst nicht, wenn es zum
Wiedergutmachen zu spät ist."

Und wie sollte Lucie ihren Lou nicht weiterlieben. „Ich
kann meine Schnucke so wenig entbehren als sie mich," schrieb
er ihr den 21. Juli 1833, „dies ist nun unser Evangelium
für ewige Zeiten; wir glauben daran so fest, als an ein
höchstes Wesen über uns, es ist unsere andere Natur ge=
worden, und nur in dieser können wir frei leben und
athmen."

Um dieses merkwürdige Verhältniß ganz zu bezeichnen,
möge hier noch ein Wort von Pückler stehen, wunderbar
treffend, mit dem Scharfblick seines genialen Herzens schlagend
ausgedrückt: „Wenn unsere Nachkommen einst unsere Korre=
spondenz in der Bibliothek finden, werden sie sie nicht so

uninteressant wie wir die Callenbergischen finden, aber ver=
wundert oft ausrufen: „Das waren sonderbare, leidenschaft=
liche Hechte, aber doch eine Art Philemon und Baucis!"

Ja, eine Art von Philemon und Baucis, und es wäre
ihnen ganz gemäß gewesen, wenn ihnen Jupiter wie diesen,
vergönnt hätte, am Ende ihres Lebens sich in zwei Bäume
zu verwandeln, deren Kronen sich liebend ineinanderranken,
und somit noch nach ihrem Tode mit zum Schmucke des
Parkes von Muskau beizutragen, und ihn nie zu verlassen.

Sechsundzwanzigster Abschnitt.

Rahels Tod. Freundschaft mit Varnhagen. Abschied als General. Erscheinen der „Tutti Frutti". Verschiedene Stimmen darüber. Das schlesische Schloß und die Familie von Lieres. Oberst Kurssel. Plan einer Reise nach Amerika. Aufenthalt in Paris. Aufnahme am Hofe und in litterarischen Kreisen.

Das Jahr 1833 brachte für Pückler außer diesen inneren Stürmen und Kämpfen auch noch andere Schmerzen und Störungen. Sehr erschüttert wurde er durch den am 7. März erfolgenden Tod Rahels. Er hatte sie schon früh kennen gelernt; in der ersten Zeit, als er von seiner romantischen Jugendreise nach der Heimath zurückkehrte, war er ihr in Berlin mehrmals begegnet. Am Neujahrstag von 1820 traf er sie einmal, bei Stägemann's, worüber Rahel in ihrem Tagebuche bemerkte: „Graf Pückler war dort, ich fand ihn klug, gesammelt, gehalten: und traurig."

Besonders aber in den letzten Jahren waren sie sich herzlich und freundschaftlich nahe getreten, wodurch der unerwartete Verlust ihm nur um so schmerzlicher wurde.

Die liebevolle, zarte und wahrhaft freundschaftliche Art, mit welcher er Varnhagen in seinem tiefen Kummer zusprach, zeigte wieder ganz das warme Gefühl, das ihn beseelte, wie denn überhaupt sein ganzes Verhältniß zu Varnhagen und der Briefwechsel beider ein edles Zeugniß ist, daß Pückler auch der reinsten Männerfreundschaft fähig war, und nicht bloß, wie Manche behaupten wollten, nur ein Herz für Freundschaften mit Frauen besaß.

Auch die früher erwähnten Verdrüsse mit Bettina, ihr verhängnißvoller Besuch in Muskau fielen in jene Zeit. Ein anderer Aerger war für ihn, daß er ungesucht seinen Abschied in der Armee als General erhielt. Der Generalstitel entschädigte ihn nicht für das, was er als eine persönliche Kränkung und Ungunst betrachtete; er äußerte gegen seine Freunde, den lächerlichen schwarzen Strich, welchen in der preußischen Armee die Uniformen der verabschiedeten Generale aufweisen, wolle er nie tragen, und lieber von nun an nicht mehr am Hofe erscheinen; was um so besser sei, da er damit zugleich allen lästigen Zwang los werde.

Das Erscheinen der ersten beiden Theile der „Tutti Frutti" im Februar 1834 führte ihn wieder auf den litterarischen Kampfplatz, auf dem es diesmal heiß hergehen sollte. Die Neugierde, die Spannung des Publikums konnte ihm niemals mehr fehlen. Die erste Auflage war schon bestellt, bevor sie ausgegeben wurde, so daß vor ihrem Erscheinen bereits der Druck der zweiten angeordnet werden mußte. Varnhagen war nicht so begeistert von den „Tutti Frutti" wie von den „Briefen eines Verstorbenen", lobte jedoch auch an ihnen die freie Weltanschauung, den hellen, durchdringenden Verstand, die Anmuth des Scherzes und die Kühnheit und Eleganz der satyrischen Laune; er verglich das Buch mit schäumendem Champagner, der freilich kein alter Johannisberger sein könne und wolle. Alexander von Humboldt las die „Tutti Frutti" in einem Zuge, und pries den Witz, die Laune, den Geist darin. Bei Hofe ließ der König sie sich nach dem Thee vorlesen, und so wurde auch jener hohe Kreis, in welchem man sich sonst meist zu langweilen pflegte, durch scharfe und lebendige Elemente angeregt. Die Frommen waren unzufrieden. Auch das war amüsant. Die Juden dagegen waren ihm dankbar, daß er vorurtheilslos und mit Wärme ihre Sache vertrat. Er pries ihre Emanzipation in England als ein glorreiches Zeichen des Fortschritts, als

einen schönen, endlichen Sieg der Menschheit und Gerechtig=
keit, der Welt zum Beispiel aufgestellt. Er erklärte, daß, seit
er zu Verstande gekommen, er nie einem gebildeten Juden
begegnet sei, ohne sich gewissermaßen vor ihm zu schämen,
indem er lebhaft fühlte: „daß nicht wir zur Verachtung
seiner Glaubensgenossen, wohl aber er zur Verachtung der
unserigen ein Recht habe."

Varnhagen schrieb den 13. März 1834 aus Berlin
an Pückler: „Der Eindruck des Buches ist im Ganzen, wie
er zu erwarten war, pikant. Wer aber pikirt ist, der lobt
den Stachel nicht, ja er möchte den Honig läugnen. Dagegen
wird der Pikirte selber eine Süßigkeit, denn die Schaden=
freude ist ja —". Hier wurde der Schreiber unterbrochen.

Doch noch ein anderer Vorgang sollte sich an dieses Buch
knüpfen. Pückler hatte im zweiten Bande die Beschreibung
eines verfallenen Schlosses gemacht, das er in Schlesien besucht
hatte, und an das er zugleich eine romantische Erzählung,
eine vollständige dichterische Erfindung knüpfte, von einer
Familie, der es gehörte, und die viele wunderliche Schicksale
gehabt, unter anderen, daß eines ihrer Mitglieder ein Räuber
geworden u. s. w. Diese Familie hatte Pückler auf gut
Glück: von Bork getauft, und die Burg, die Königsberg hieß:
die Königsburg.

Da fand sich das Sonderbare, daß der Zufall auch den
Romandichter machen wollte, denn jene Burg war das Be=
sitzthum einer Familie von Lieres gewesen, und mehrere Um=
stände, die Pückler sich erfunden, konnten, ohne daß er es
ahnte, auch auf diese Familie bezogen werden. Ein Oberst
Kurssel aus Aachen, dessen Frau eine geborne von Lieres
war, ließ vereint mit einem Lieutenant und einer Dame eine
Anzeige in die „Augsburger Allgemeine Zeitung" einrücken,
in welcher der Verfasser der „Tutti Frutti" der „schändlich=
sten Verläumdung" angeklagt wurde.

Pückler las diese Anzeige mit dem größten Staunen in Karlsbad, wo er sich gerade auf einem Reiseausflug befand, denn, seiner gewöhnlichen Art nach, nie lange hintereinander bei einem Plane zu verweilen, und wenn auch nichts ganz loszulassen, doch auch nichts ganz festzuhalten, hatte er die widrigen Heirathspläne ruhen lassen, Lucie wieder nach dem geliebten Muskau berufen, und war selbst davongeflogen, um sich an neuen Orten und Eindrücken zu erfrischen. Als in Karlsbad zufällig er die Anzeige Kurssel's las, war sie beinahe einen Monat alt, und vom Präsidenten Rother aus Berlin erfuhr er, daß Kurssel, der ein Jugendfreund von diesem war, ein durchaus achtbarer Mann sei. Natürlich ließ es Pückler an einer scharfen öffentlichen Erwiederung nicht fehlen. Die Sache drohte zu einem Zweikampf zu führen, dem Pückler, so unschuldig er sich auch fühlen mußte, auf keinen Fall ausweichen wollte.

Pückler ging unterdessen weiter nach Bamberg, wo er durch die Krankheit seines Dieners länger aufgehalten wurde. Er machte dort die Bekanntschaft des amerikanischen Konsuls, der ihm sehr freundlich begegnete, und ihm sagte, in den Vereinigten Staaten sei kein Kind, das ihn nicht kenne, und wenn er dorthin käme, so würde er empfangen wie Lafayette.

Wie Lafayette! Diese Worte fielen wie ein zündender Funken in Pückler's Phantasie. Es stand nun plötzlich fest: er wollte, er mußte nach Nordamerika. Nur der Handel mit dem Oberst Kurssel mußte vorher abgemacht werden, denn, ein Edelmann im wahren Sinne des Wortes, ging ihm die Ehre über alles, auch über seine liebsten Wünsche.

Langsam fing er nun an seine gute Lucie auf diesen neuen Stoß vorzubereiten. Er schrieb ihr aus Bamberg den 1. Juli 1834, daß er einstweilen nach Paris gehe, zum nächsten Frühjahr spätestens oder Anfangs des Sommer wieder in Muskau sein wolle. „Bis dahin mußt Du Dich schon gedulden, Schnücklein," fügte er hinzu, „denn ehe ich voll

Fünfzig bin, muß ich noch etwas von der Welt sehen, sonst
habe ich später gar keine Ruhe mehr. Also darin störe mich
nicht! Desto freudiger werden wir uns dann wiederfinden,
und desto mehr werde ich Dir zu erzählen haben."

Schon vierzehn Tage später mußte er sich entschließen
Lucien gleichzeitig den wahrscheinlich bevorstehenden Zweikampf
mit Kurssel und zugleich die beabsichtigte Reise nach Amerika
mitzutheilen, vielleicht hoffend, daß die eine Sorge den Stachel
der anderen schwächen würde.

„Würzburg, den 14. Juli 1834."

„Meine herzliebe Schnucke!"

„Ich habe mich vor dem heutigen Briefe immer ein
wenig gefürchtet; aber es hilft doch nichts, ich muß ihn
schreiben; und wenn Du nur ein bischen vernünftig und
standhaft sein willst, so kann er Dich weder ängstigen noch
betrüben."

„Du weißt es ohne Zweifel schon durch die nimmer ru=
hende Fama, daß der Oberst Kurssel, wahrscheinlich von
Uebelintentionirten aufgehetzt und schwach am Geiste, einen
Artikel in die Allgemeine Zeitung hat setzen lassen, den ich
mir hinsichtlich der Albernheit nicht besser wünschen konnte,
der mich aber doch g e z w u n g e n hat (denn daß Dein Lou
als ein Poltron in der Welt angesehen werde, kannst Du
doch unmöglich wünschen) so zu antworten, wie ich geant=
wortet."

„Es ist damit noch keineswegs gesagt, daß ein Duell
zwischen uns unvermeidlich sei; aber es ist allerdings jetzt
leicht möglich. Ich selbst gehe dazu wie zum Tanze, und
habe gar keine Idee, daß es schlecht für mich ablaufen könnte.
Du giebst viel auf Ahnungen, also thue es auch diesmal.
Uebrigens ist es Thorheit, sich über Dinge zu grämen, die
erstens ungewiß, und zweitens noch gar nicht einmal da sind.
Wende alle Deine Liebe für mich an, mir gutes Glück zu

wünschen, und mein Betragen zu billigen, wie es verdient — dies wird mir ein größerer Beweis Deiner Liebe sein, als nutzloses und eitles Klagen und Jammern."

„Der zweite Punkt, liebes Herz, ist Amerika."

„Bedenke, daß es mir ein wahres Bedürfniß ist, ehe ich zu alt werde, noch fremde Länder zu sehen, und daß, thue ich es nicht, nur Mißvergnügen zu Hause mich erwartet. Wie reich werde ich dadurch in der Erinnerung zurückkommen, und Du, mein Schnücklein, wirst diesen Reichthum auch theilen."

„Uebrigens ist es bei dem Verfolgungsgeist, der jetzt an einigen Orten gegen mich herrscht, vielleicht recht gut, ihnen eine Weile aus den Augen zu gehen. Schreiben aber werde ich häufig, und auch von Dir erwarte ich jeden Monat einen Brief in New=York, den Rother besorgen wird."

„Ein schönerer Reiseplan kann nicht existiren als der meinige, und zum Herbst 1835 bin ich wieder in Muskau. Da ich allein ohne Diener reise, werden auch die Kosten nur sehr mäßig sein. Zurück gehe ich über Teneriffa und Madeira, Lissabon, Madrid, Valencia, Marseille oder Paris."

„Sei also gut, lieb und vernünftig. Ich bin jetzt wohl, rüstig und in bester Stimmung. Verdirb sie mir nicht, sondern erhöhe sie zehnfach, denn n u r Du kannst das eine und das andere."

„Ich küsse Dich von ganzer Seele, mein anderes Ich, bleibe mir t r e u, sei heiter, denn der Mensch kann viel durch den festen Willen, sieh das Angenehme statt des Uebeln, hoffe statt zu fürchten, und denke, daß ächter Liebe keine Entfernung, ja selbst vielleicht der Tod nicht — etwas anhaben kann."

„Dein Lou."

Ja, wie zum Tanze ging er zum Duell, so kühn, so gefaßt, und mit Recht durfte er von sich rühmen, daß er sich fest vorgenommen habe, überzeugt zu sein, daß es gar nichts Unangenehmes auf der Welt gäbe, und daß sein Geist eine Schnellkraft besäße, der alles möglich sei. „Die Oktaven meiner Seele haben einen ungeheuren Umfang," schrieb er seiner Lucie. „Sie kann die schwächsten und die stärksten, die tiefsten und die höchsten Töne angeben."

Durch solchen Zuspruch suchte er die betrübte Lucie zu trösten; auch wegen Amerika bestrebte er sie zu beruhigen, und meinte, wenn er einen schönen Ort dort fände, so holte er sie nach, und sie wollten dann Europa und seine Melancholie für immer verlassen.

Varnhagen vertraute er freudig schon den ganzen Reiseplan: wie er zuerst in die Bäder von Saratoga gehen wolle, wo er die Crême der amerikanischen Aristokratie finde, dann nach dem Hudson und Niagarafall; in Washington werde er dem Kongreß beiwohnen, in der besten Jahreszeit New-Orleans und Havanah sehen, hierauf im Frühling zurück zu Lande durch die ganzen Vereinigten Staaten, Urwälder u. s. w. bis New-York, und dann weiter nach Teneriffa und Madeira, um über Lissabon, Madrid und Paris nach Muskau zurückzukehren.

Doch die Ouvertüre zu der Reise mußte das Duell sein. Er fuhr daher mit der großen Diligence in drei Tagen und vier Nächten von Frankfurt nach Paris, ohne aus den Kleidern zu kommen, ohne sich einen Augenblick ausruhen zu können, was er trotz der furchtbarsten Julihitze bestens ertrug. In Paris hoffte er seinen Gegner zu treffen, da er ihn dort hinbestellt hatte, aber jener, durch Dienstverhältnisse abgehalten, konnte nicht kommen, und bat Pückler, er möge sich nach Aachen zu ihm begeben.

Um die Zeit des Abwartens auszufüllen, ließ sich Pückler am Hofe des Königs Louis Philipp vorstellen. Der berühmte Fremde wurde dort mit Artigkeiten überhäuft. Der König unterhielt sich vorzugsweise mit ihm, und zeichnete ihn auf jede Weise aus; die Königin bot ihm bei einem Diner, zu dem er eingeladen war, den Arm, um sich zur Tafel führen zu lassen. Die Prinzessin Adelaide und die jungen Prinzessinen bezeigten ihm gleichfalls die größte Freundlichkeit, sowie die Herren Guizot und Dupin, und General Athalin, die der König ihm vorstellte. Herr Fontanes, einer der ersten Architekten Frankreichs, zeigte Pückler im Auftrage Louis Philipps alle königlichen Villen, Gärten und Stallungen. Seine alte Freundin Sophie Gay empfing ihn mit treuer Herzlichkeit; sie hatte sich ihren heiteren Geist, und dadurch auch ihre Anziehungskraft für ihre Freunde bewahrt; ihre Tochter Leontine sah er als Mad. de Girardin wieder, und in ihrem Salon lernte er eine Reihe der interessantesten litterarischen Persönlichkeiten und anderer Berühmtheiten kennen. Er machte die Bekanntschaft von Beranger, Balzac, Alfred de Musset, des Marquis de Custine, Rossini, L'Herminier, Sir Sidney Smith, der Herzogin von Abrantes, der Frau von Chezy, und vieler Anderer. Heine sah er wieder nicht, durch gegenseitiges Verfehlen. Dagegen besuchte er einigemal Mad. Recamier, wo er Chateaubriand zum erstenmale begegnete, der lebhaft seine Bekanntschaft gewünscht hatte. Die französischen Journale sprachen beinahe täglich von Pückler, und in den Gesellschaften drängte sich alles in seine Nähe. Dazu Theater und Ausfahrten; kurz, einige Wochen vergingen bei diesem Leben auf das angenehmste.

Aber dicht neben der Heiterkeit stand der Ernst.

Die Verhandlungen wegen des Duells wurden fortgesetzt. Die Generale Exelmans und Gourgaud lieferten Pückler einen Sekundanten in der Person des Obersten Caron, einem alten Soldaten, der unter Napoleon gedient hatte.

Pückler, um nicht den Anschein zu haben, daß er gewaltsam auf das Duell bringe, hatte dem Obersten den Vorschlag gemacht, es solle von beiden Betheiligten eine Erklärung in den Zeitungen erscheinen, und zwar so, daß auf der ersten

Spalte der Oberst seine frühere Anzeige zurücknehme, und auf der zweiten Pückler ebenfalls wie billig seine Antwort. Hiezu aber wollte der Oberst sich nicht verstehen.

Man verabredete nun, daß der Zweikampf an der preußischen Grenze, sechs Meilen von Verviers, stattfinden sollte. Pückler drang um so mehr auf Eile, da er fürchtete der Verzug möchte ihn verhindern in der geeigneten Jahreszeit die Reise nach Amerika antreten zu können.

Siebenundzwanzigster Abschnitt.

Abreise von Paris. Herzliche Abschiedsworte an Varnhagen. Brief an Lucie. Zweikampf mit Oberst Kurssel an der preußischen Gränze. Verwundung des Gegners. Rückkehr nach Paris. Abreise nach den Pyrenäen, um nach Afrika und Asien zu gehen.

Den Tag vor seiner Abreise, den 1. September 1834, schrieb Pückler noch einige herzliche Worte an Varnhagen, ihn benachrichtigend, daß dies vielleicht der letzte Brief sei, den er ihm schreibe, da er ein ernstes Duell mit dem Obersten Kurssel zu bestehen habe, das übrigens zu vermeiden er alles gethan habe, was seine Ehre erlaube. „Sonderbar ist es immer," schrieb er, „und fast romantisch, daß ich beim ersten Blick, mit dem ich den Oberst Kurssel sehen werde, ihn viel= leicht todtschießen muß, und so vice versa. Geschieht das letzte, so bitte ich um ein freundliches Andenken." — Am Schlusse fügte er noch mit Innigkeit hinzu: „Sie wissen: im Leben, hier oder wo anders, bleibt geistiger Zusammenhang, denn wir fallen nie aus der Welt, und ist auch der unsere, einmal gewesen, ewig. Freundlich und herzlich noch einmal meinen Dank, und ist es nicht zum letztenmal, desto besser! Ganz der Ihrige, H. Pückler."

An Lucie schrieb er für den Fall seines Todes den folgenden Brief: „Meine gute, alte, treue, liebe Schnucke. Wenn Du diesen Brief erhältst, bitte ich Dich innig und mit dem liebendsten Herzen, vernünftig zu sein. — Ich sage es Dir vorher, der Brief enthält eine sehr schlimme Nachricht, eine, die Dich sehr tief erschüttern wird, aber wozu hätten

wir die Vernunft, wenn wir sie nicht gerade in jenen Augen=
blicken gebrauchen wollten, wo wir sie am nöthigsten haben,
und glaube mir: das Schlimmste selbst hat doch auch noch
seine vortheilhaften Seiten, nur eins macht eine schreckliche
Ausnahme — wenn der, den wir lieben, seine Seele oder
seine Ehre gebrandmarkt hat. — Selbst wenn ich, zum
Beispiel, zehn Jahre früher wie Du sterben müßte, so
denke, gutes Schnücklein, daß bei unserem Glauben an
Seelenwanderung dies das einzige Mittel ist, wie, entweder
hier auf der Erde noch, oder in einem anderen Stern, das
umgekehrte Verhältniß, was uns in diesem Leben an einem
vollkommenen Glücke gehindert hat, in's Rechte gerückt
werden, und ich dann erst die wahre, ganz glückliche Ehe
mit Dir führen kann. — Ferner würden auch für die Zeit,
die Dir hier übrig bleibt, unsere Affairen sich für Dich
allein mit Hülfe eines treuen Freundes und durch das all=
gemeine Interesse, was Du einflößen mußt, nebst den Er=
innerungen der Dankbarkeit für Deinen Vater, zu endlicher
Ruhe und Sicherheit besser gestalten, als es vielleicht jetzt
möglich ist. Du aber würdest eine sanft tröstende Be=
schäftigung darin finden, meine Pläne, die Du alle kennst,
weiter zu führen, und für die Erhaltung dessen zu sorgen,
was bereits geschehen. Die Ueberzeugung daneben, daß nie=
mand sich untereinander treuer geliebt als wir, niemand sich
gegenseitig inniger und rücksichtsloser vertraut — daß ich
dieses Leben nur mit heißem Dank und tiefster Liebe für
Dich verlassen habe, müßte selbst Deinem größten Schmerz
noch eine süße Beimischung geben! Dann denke: per aspera
ad astra, jene Devise aus Deinem alten Buche: Durch Un=
glück geht man in den Himmel ein! Sei also, meine treue
Seele, gefaßt, wenn das Schicksal eine große Trauer über
Dich verhängen sollte. Es ist möglich — ich darf es Dir
nicht verbergen, wäre es aber nicht hundertmal schlimmer,
wenn ich aufgehört hätte Dich zu lieben, oder Du mich ver=

achten müßtest! — Der Tod selbst ist wie jene Reise nach Amerika oder dem Orient — ist für Seelen, die sich einmal gefunden, nur eine zeitliche, keine ewige Trennung. Ewig aber ist die Sympathie, die ohne irdisches Interesse die Geister bindet. — Der meinige wird Dich umschweben, und ein Kuß Dich rufen, wenn Du mir folgen sollst."

„Dein bis im Tode treuer Lou."

„Vergiß mein nicht!"

„Es ist meine feste Ueberzeugung, im Moment des Todes augenblicklich wieder in den Keim eines neuen Lebens über= zugehen, und wer würde nicht gern wieder jung, wem gönnte es ein liebendes Herz nicht mit Freuden! So sieh es an, meine Schnucke, und fühle in Deinem eignen Herzen die Ge= wißheit des Wiederfindens. Wer weiß, wie oft wir uns schon so getrennt haben, ohne eine Ahndung davon zu be= halten. Noch einen Kuß im Geiste, und Ade für diesmal. — Wir sehen uns wieder, bis dahin lebe in der Erinnerung, auch diese ist süß, und banne thörichten Schmerz. Nicht mehr als recht ist."

„Noch ein Wort, mein Herz:"

„1) Heirathe nie wieder. So absurd Dir dies vielleicht jetzt klingt, es könnte doch eine Zeit kommen, wo Du anders darüber dächtest, dann denke meines Wunsches."

„2) Trage Zeitlebens eine halbe Trauer für mich. Ich habe es verdient, und dies sei das Zeichen Deiner uner= schütterlichen Treue für den Todten, der Dir vielleicht liebend jetzt schon nahen darf."

„Dein Lou."

„Ich küsse und segne Dich."

Was deutlich aus diesem Briefe hervorgeht, ist, daß Pückler vor allem daran dachte, Lucie im Fall seines Todes zu trösten und zu beruhigen, und daß er dabei mehr an sie als an sich selbst dachte.

Glücklicherweise war unserem Helden vom Geschick ein langes Leben beschieden, und er bestand auch diesen Zwei= kampf — es war sein achter — unversehrt.

Als Pückler auf dem Kampfplatz erschien, zu dem ein freier Rasenplatz ausgewählt worden, sah er, wie Augen= zeugen berichten, außerordentlich stattlich und jugendlich aus; obgleich er sich denselben Morgen wegen heftiger Zahn= schmerzen einen Zahn hatte ausziehen lassen, fühlte er im Eifer und der Lebhaftigkeit des Augenblickes nichts von Nervenschwäche, und seine Hand war fest und sicher. Er war niemals froher und kaltblütiger, als wenn es Gefahren galt. Als Talisman trug er auf der Brust eine Rose, die ihm seine Schnucke beim Abschied geschenkt hatte.

Sobald Oberst Kurssel Pückler erblickte, zog er mit freundlichem und unbefangenem Gruße den Hut, was Letzterer erwiederte, indem er sich ihm näherte.

„Mein Herr," versetzte Pückler, „es würde vielleicht un= passend sein, wenn ich behauptete, es freue mich, Ihre Be= kanntschaft zu machen, aber Sie sehen wenigstens, daß ich mich nicht geweigert habe, zu diesem Behuf Ihnen hundert Lieues entgegenzukommen."

Kurssel verbeugte sich und erwiederte: „Ich bedaure, Ihnen die Mühe gemacht zu haben, aber es giebt Fälle, wo der Mann von Ehre nur von seinem Gefühl Gesetze annehmen kann."

„Nicht mehr als billig," sagte Pückler, „und so können wir anfangen."

Die Sekundanten maßen die Schritte, und man lud die Pistolen, während ein starker Regen auf das hohe Gras niederströmte.

Die beiden Gegner sollten der Abrede gemäß im Avan= ciren schießen; auf Pückler hatte aber die ganze Erscheinung des Obersten Kurssel, eines bejahrten Mannes, der Gatte und Vater war, und dessen offene Züge Redlichkeit und

Heiterkeit wiederspiegelten, den günstigsten Eindruck gemacht; er sah, daß der Oberst sich in jedem Sinne ritterlich und wie ein Ehrenmann benahm, ja selbst ohne alle sich deckende Vorsicht ihm frei, mit voller Brust, wie ein sicheres Opfer entgegenschritt, und während die Freunde Pückler's auf dessen außerordentliche Geschicklichkeit im Pistolenschießen bauten, vergaß er ganz sich selbst, und wurde von einem Mitleid ergriffen, das ihm jedes mörderische Zielen unmöglich machte, um so mehr, da er an demselben Tage zufällig erfahren, daß der Oberst gar kein gewandter Schütze sei.

In diesem Gefühl zielte Pückler nach Kurssel's Schulter, aber auch dies nur einen Augenblick lang. Er traf ein paar Zoll höher den Hals. Fast in derselben Sekunde hatte der Oberst losgedrückt und gefehlt.

Kurssel erklärte sich sogleich für verwundet, und nunmehr völlig zufriedengestellt. Der Arzt, der den Verband auflegte, that den Ausspruch, daß die Wunde nicht lebensgefährlich sei, obgleich zwei Linien tiefer sie doch tödtlich gewesen wäre.

Pückler seinerseits, indem er seine Freude bezeigte, daß sein Gegner nicht gefährlich verletzt sei, meinte doch darauf bestehen zu müssen, daß er nicht eher zufriedengestellt sei, bis der Oberst die Veröffentlichung jenes Widerrufs, wie er sie ihm früher vorgeschlagen, wörtlich genehmige.

Hierein willigte nun der Oberst, und sie schieden als gute Freunde. Die Erklärungen wurden in den öffentlichen Blättern abgedruckt.

Da nun die Gefahr so glücklich überstanden war, schrieb Pückler an Lucie heiter aus Verviers den 9. September 1834: „Meine sehr gute Schnucke! Diesmal war es Dir nicht bestimmt, Wittwe zu werden", und berichtete ihr ausführlich den guten Ausgang. Einen zweiten Brief schrieb er an seinen Freund Varnhagen. Auch diesem theilte er später, im ersten freien Augenblick, den ganzen Hergang genau mit.

„Uebrigens ist es mir in dieser Zeit merkwürdig geworden,"
fügte Pückler hinzu, „wie gleichgültig mir das Leben ist, ob=
gleich ich es doch auch wieder recht sehr liebe. Ich bin aber
in Wahrheit schon seit langer Zeit so fromm, das heißt, ich
lebe so im All, in Gott, daß mir der Tod ganz indifferent
erscheint, und nur zwei Seiten hat, die Eindruck auf mich
machen — der Seelenschmerz derer, die mich lieben, und der
Körperschmerz, der für mich selbst damit verbunden sein
kann. Doch den einen tröstet die Zeit, und den anderen
muß man früh oder spät ertragen, so ist einmal das Gesetz
der Natur! Geburt und Tod sind Krisen, wie andere Krank=
heiten, und wieder jung nachher zu werden ist auch eine sehr
tröstliche Aussicht, um derentwillen man schon etwas leiden
mag. — Ich fühle wohl, daß diese Seelenstimmung einen
Menschen ohne Gutmüthigkeit, formidabel machen kann.
Ich aber bin ein Kind. Gottlob! — Sie sehen, theurer
Freund, ich schreibe Ihnen auch mit der Aufrichtigkeit eines
solchen, eben so wie ich an Rahel geschrieben haben würde,
die so gut die Seelen verstand! Beurtheilen Sie immer die
meine mit Liebe und Nachsicht."

Die Aufregung des Zweikampfes war nun vorbei, und
Pückler sehnte sich sogleich nach einer neuen. Er empfand,
nach Paris zurückgekehrt, eine Art von Leere, daß nun nichts
Besonderes mehr vorging, was ihn beschäftigte. Obendrein
war es nun in diesem Jahre zu spät, um nach Amerika zu
gehen.

Doch an die Stelle des einen Planes stellte er schnell
einen anderen. Die Reiseleidenschaft war einmal in seinem
Gemüth in den Vordergrund getreten. Heirathslustig war
er dagegen für den Augenblick nicht mehr. So beschloß er
denn, einen Blick auf die Pyrenäen zu werfen, und dann über
Marseille nach Algier zu gehen und weiter nach Aegypten.
Afrika und Asien lockten ihn wie Tausend und Eine Nacht.
Nichts konnte ihn zurückhalten. An Lucie schrieb er, sie

möge vernünftig sein, und recht gut und liebevoll, ihn nicht zu verhindern suchen, ihn mit Vorwürfen und Predigten verschonen, die ihn tödten würden, und sich einstweilen damit begnügen, zu wissen, daß niemand in der Welt sie lieber habe als ihr ewigtreuer, unwandelbarer Lou. Aber reisen müsse der Lou, es ginge nicht anders.

Und so reiste er ab mit einem wie in seinen Jugendtagen vor Freude und Ungeduld klopfenden Herzen.

Achtundzwanzigster Abschnitt.

Reisefreude. Neue Selbstschilderung. Aufenthalt in den Pyrenäen.
Die Polizei glaubt den Abbé von Lammenais zu überwachen. Ab=
fahrt auf dem „Crocodill" nach Afrika. Algier. Jussuf. Expedition
nach Buffarik. Ausflug nach dem Gipfel des Hammal, dem höchsten
Berge des Atlas. Nachtmusik der Schakals und Panther. Bougie.
Bona. Expedition mit den französischen Truppen. Sauhetze. Jagd=
lorbeern. Ein Frühstück mit Lämmergeiern. Ein Löwenpaar. Utica,
und ein Toast auf Cato's Gesundheit. „Es giebt keine heißen
Länder!" Hitze. Leben ohne Tische und Stühle. Reisetagebuch.
Die Ruinen von Carthago. Gazellenjagd und Fischfang. Wüste.
Wüstentoilette. Ehren und Auszeichnungen. Liebesverhältnisse. Das
rinfresco des Bey von Tunis. Schriftstelleransehen. Malta. Qua=
rantaine. Der fünfzigste Geburtstag.

Reisen, auf der Landstraße sein, war für Pückler stets
eine Vergnügung, die ihn heiter und froh machte. Er war
nun den Fünfzigen nahe, aber niemand hätte es ihm ange=
sehen. Im ersten Bande von „Semilasso's Weltgang" giebt
er ein Bild von sich gerade aus jener Zeit, das wir hier
einschalten, denn in Betreff Pückler's kann es niemals einen
unpartheiischeren Zeugen geben als Pückler selbst.

„Es war ein Mann von hoher Statur," heißt es darin,
„dem Anschein nach reichlich bei der Hälfte seines Lebens an=
gelangt, eine schlanke, wohlgeformte Gestalt, die jedoch physisch
mehr Zartheit als Stärke, mehr Lebhaftigkeit und Gewandt=
heit als Festigkeit verrieth. Eine nähere Betrachtung zeigte
dabei auf den ersten Blick, daß bei dem vorliegenden Indi=
viduum das Cerebralsystem besser als das Gangliensystem

ausgebildet sei, und die intellektuellen Eigenschaften die so=
genannten thierischen überwogen. Ein Phrenolog würde
sogar bald daraus geschlossen haben, daß diesem Sterblichen
vom Schöpfer etwas mehr Kopf als Herz, mehr Imagination
als Gefühl, mehr Rationalismus als Schwärmerei zugetheilt,
und er folglich nicht zum Glück bestimmt worden sei. —
Jeder aber, dem einige Weltkenntniß eigen, mußte erkennen,
daß der Fremde in demjenigen Stande geboren und erzogen
sei, den man übereingekommen ist den vornehmen zu nennen.
Seine Züge, ohne schön und noch weniger regelmäßig zu
sein, waren dennoch fein, geistreich und auffallend, so daß
man sie, einmal gesehen, nicht leicht wieder vergaß. Wenn
sie einen Reiz ausübten, so lag dieser besonders in ihrer
außerordentlichen Beweglichkeit. Bei wenig Menschen waren
die Augen ein treuerer Spiegel der jedesmaligen Seelen=
stimmung, und man konnte sie in Zeit weniger Sekunden
matt, abgestorben, farblos werden, und dann plötzlich wieder
mit dem Glanz der Sterne funkeln sehen. Der permanenteste
Ausdruck dieser Züge war jedoch eher leidend zu nennen,
ein sonderbares Mittelding zwischen schwermüthigem Nach=
denken und sarkastischer Bitterkeit, das selbst dem Doctor
Faust nicht übel anzestanden haben würde. Doch glauben
wir, daß unser Freund mit diesem nicht allzuviel Aehnlichkeit
hatte, vielmehr ein großer Theil weiblichen Elements in ihm
vorherrschte, daher er auch weichlich und eitel, und dennoch
großer Selbstüberwindung und Ausdauer fähig war. Sein
größtes Glück lag in den Freuden der Einbildungskraft, in
den Kleinigkeiten des Lebens. Der Weg, nicht das Ziel,
war sein Genuß, und wenn er kindlich Bilder zusammensetzte
und mit bunten Seifenblasen spielte, war er am liebens=
würdigsten für andere und am genußreichsten für sich selbst."

„Während wir den Gegenstand unserer Aufmerksamkeit
ohne daß er es ahnt, so scharf analysiren, hat er sich eben
recht graziös zurückgelegt, und schaut mit seiner Lorgnette

in den Wald, als wenn er uns dort entdecken wollte. Sein nicht mehr allzuvolles schwarzes Haar (böse Zungen behaupten, es sei gefärbt) dringt unter einem rothen tunesischen Fez hervor, dessen lange blaue Quaste lustig im Winde flattert. Um den Hals ist nachlässig ein bunter Cashemir=shawl geschlungen, und die hohe, weiße Stirn, das blasse Gesicht, passen gut zu dieser halb=türkischen Kleidung. Ein schwarzer military frockcoat mit reicher Stickerei von gleicher Farbe besetzt, Pantalons von Nankin, und leichte Stiefeln, deren Lack wie polirter Marmor glänzt, vollenden die etwas pretenziöse Toilette — und nun ist es wenigstens unsere Schuld nicht, wenn unsere reizenden Leserinnen sich nicht die deutlichste Vorstellung von dem Weltgänger machen können, der auf ihre Begleitung hofft."

Im zweiten Bande von „Semilasso's Weltgang" vervollständigt Pückler seine Selbstcharakteristik, indem er sich selbst folgendermaßen anredet: „Jeder Mensch hat zwar, mehr oder weniger, zwei verschiedene Naturen in sich vereinigt, bei Dir sind sie aber zu heterogen, um verstanden werden zu können. Man sollte meinen, guter Freund, in Dir sei Mephistopheles in die Seele eines sechzehnjährigen Mädchens gefahren! Ich weiß es ja recht wohl, Du machst Dir im tiefsten Herzen aus nichts mehr viel, weder aus dem Leben noch aus dem Tode, weder aus Glück noch Unglück, weder aus Reichthum noch Armuth, ja ich glaube selbst, Gott verzeih' mir's, weder aus Ruhm noch Schmach — Du stehst allein, Du hast Dir isolirte Grundsätze geschaffen, nach denen Du handelst, die Dein einziges unwandelbares Gesetz sind, und Dir einen festen Halt geben, obgleich sie in einem allgemeinen Codex der Moral, der Religion und vollends der guten Sitten eine wunderbare Rolle spielen würden. In diesem etwas engen Kreis ruht Dein Gewissen. Wie steht es aber mit der Erregbarkeit des Augenblicks? Mein Gott, Du bist ein Kind in dieser Hinsicht, der impressio=

nabelste aller Menschen! Habe ich Dich nicht hundertmal
erblassen sehen bei Anlässen, die der Schüchternste nicht be=
greifen kann, und eben so oft erröthen über Dinge, welche
die junge Frau am Hochzeitmorgen nicht anfechten würden?
Habe ich Dich nicht Tage lang über den Tod eines Hundes
weinen sehen, ohne von Menschen zu sprechen, Dich opfern
für einen Feind, bloß weil ihm Unrecht geschah, und einen
Freund mit grausamer Härte behandeln, bloß weil er Deine
Eitelkeit gereizt? Spielst Du nicht von Morgen bis Abend
mit Puppen, und siehst zu ihrem großen Aerger die ernst=
haftesten Leute dafür an? Schreist Du nicht, sobald Dir
ein Spielzeug zerbrochen wird, und läufst gleich darauf einem
anderen nach? Wahrlich, Du bist ein Kern von Eisen in
Eiderdun gehüllt, der sich bald dahin, bald dorthin verschiebt.
Schlimme Natur! Denn beide können sich nicht durchdringen;
man trifft auf eins oder das andere, und trifft man's ver=
kehrt, so leidest Du oder der Andere."

Doch begleiten wir unseren Helden auf die Reise. Er
nahm seinen Weg durch das südliche Frankreich nach den
Pyrenäen, wo ihn überall die schönen Gegenden entzückten.
„Les 50 ans commencent à se faire sentir," schrieb er
an Lucie, „malgré le jeune coeur, qui ne vieillit guères."
Dieses junge Herz malte ihm dann aber auch sogleich wieder
tausend reizende Bilder vor, und er meint, das Honorar,
welches ihm die vier Theile seiner Reisebeschreibung ein=
bringen sollten, möchte vielleicht hinreichen, um für sich und
seine Schnucke ein Schloß in den Pyrenäen zu kaufen, denn
irgendwo außer Muskau müßten sie eine Hütte haben.

In Tarbes machte er einen stillen Aufenthalt von sechs
Wochen, um aus seinen Tagebüchern die beiden ersten Theile
seines Reisewerkes zusammenzustellen. Diese geheimnißvolle
Zurückgezogenheit war ihm wohlthuend, und, von der Welt
entfernt, schenkte er sich auch eine Zeitlang das lästige Haar=
färben, von dem er oft klagte, daß es sich wie ein schwarzer

Faden durch sein Leben ziehe, und er sah nun, wie er selbst an Lucie schrieb, „schlohweiß wie ein Gletscher" aus.

Dabei empfand er einmal wieder recht, wie wenig er für seine eigene Persönlichkeit zu seiner Zufriedenheit bedürfe, und daraus folgte, daß er den Gedanken eines Verkaufs von Muskau wieder aufnahm. Er erklärte Lucien, er sei überall sicher, vergnügt und angenehm zu leben, wo er ein zu Hause und ein kleines Grundstück habe, mit dem er sich beschäftigen könne. Wenn er von seiner Reise zurückkehre, wollten sie sich da ansiedeln, wo es ihm am besten gefiele. „Kommst Du nicht mit," fügte er hinzu, „so geh' ich allein, und hole mir eine Andere."

Lucie mag, da sie den Unbestand der Wünsche ihres Freundes kannte, den Verkauf von Muskau kaum als eine ernstliche Möglichkeit in's Auge gefaßt haben, um so mehr, da es nicht leicht war, einen Käufer für einen so großen Besitz zu finden.

Während Pückler in Tarbes sich in seine Schriftstellerei versenkte, wurde er, was er erst viel später erfuhr, von der französischen Polizei, der seine ungewöhnliche Lebensart auffiel, sorgfältig überwacht, da sie ihn für den Abbé von Lammenais hielt.

Von der Großartigkeit der Pyrenäen fühlte sich Pückler wahrhaft beglückt. Er erklärte die dort zugebrachte Zeit für ununterbrochene Festtage seines Lebens.

Den 11. Januar 1835 endlich segelte Pückler mit dem „Crocodil", dem Dampfschiff der Regierung, nach Algier hinüber, wo er den 14. Januar an's Land stieg. Die ganze fremdartige Umgebung bezauberte ihn. Das weiße Algier, das einem ungeheuren Marmor= oder Kalkbruch ähnlich, mit seinen Minarets ihn schon vom blauen Meere aus begrüßte, und hinter dem links der schneebedeckte Atlas ernst und majestätisch hervorragte, fesselte ihn durch die mit den französischen bunt sich mischenden afrikanischen Elemente, durch

die hunderte in weiße Burnous eingehüllten schwarzen und
bräunen Gesichter, auf das lebhafteste. Die Moscheen, die
Caſſuba, die ehemalige Wohnung des verjagten Dey, die
Kaffeehäuſer, alles zog ihn durch Frembartigkeit und Selt=
ſamkeit an. Eine beſondere Vorliebe faßte er für den durch
ſeine Schönheit und Tapferkeit, ſo wie durch ſeine roman=
tiſchen Schickſale ausgezeichneten Juſſuff, den Kommandanten
der franzöſiſchen Spahi's in Bona, deſſen Bekanntſchaft er
in Algier beim Gouverneur machte, und den er in ſeinen
Schriften vielfach verherrlicht hat.

Die Natur vor allem berauſchte ihn. Die erſten Worte,
die er an Lucie aus Algier ſchrieb, waren: „Hier iſt es
göttlich! Ein Paradies, alles neu, wunderlich, primitiv,
des moeurs épouvantables autant qu'on veut, ſchöne
Menſchen, die größte Natürlichkeit, ein Klima ſchon jetzt wie
der ſchönſte Sommer; als Unkraut Aloe, Caktus und gelber
Jasmin, die ewigen Schneeberge des Atlas im Hintergrund —
je me retrouve de nouveau jeune ici."

Und zu der Poeſie der Schönheit fügte ſich auch noch
für Pückler die Poeſie der Gefahr, um ihn vollends zu be=
glücken. Er begleitete eine Expedition von 2000 Mann, die
General Rapatel anführte, zwölf Lieues in's Innere, nach
Buffarik, dem Atlas zu, wo die Kabylen hauſten. Pückler
beſtand dabei alle Anſtrengungen wie ein Jüngling, er ſaß
achtzehn Stunden beinake ununterbrochen zu Pferde, früh=
ſtückte mit ſeinen Genoſſen, ländlich ſittlich, mit den Händen
eſſend, und den Wein dazu aus lederner Taſſe trinkend, und
ertrug geduldig die glühenden Sonnenſtrahlen.

Wenn er die mauriſchen Villen betrachtete, die in großer
Anzahl Algier umgeben, wünſchte er ſich hier anzukaufen,
und meinte, es ſei ein Unſinn im preußiſchen Sande zu
leben, wenn man ſolche Herrlichkeit erblickt habe. Er be=
ruhigte die beſorgte Lucie, ſie möge ſich nur keine falſche
Vorſtellung von dem „guten, lieben Afrika" machen, das ihm

weit beſſer gefalle als Europa; die Mühſeligkeiten und Ge=
fahren ſeien lange nicht ſo groß als ſie ſich vorſtelle; auch
ſeien dieſe ja einmal ſein eigentliches Leben: von dem Tage
erſt, wo er keiner Gefahr mehr ſich auszuſetzen Willen und
Muth habe, von dem Tage erſt müſſe ſie für ihn fürchten.

Dieſer Tag war freilich noch nicht erſchienen, und er=
ſchien niemals in Pückler's Leben.

Eine kühne Unternehmung machte er nach dem Gipfel
des Hammal, einem der höchſten Berge des Atlas, allein in
Begleitung eines Adjutanten der Regierung, einem Syrier
Abaibi, der ihm als Dolmetſcher diente, eines belgiſchen
Majors, eines Banquiers aus Algier, ſeines Sekretairs
und etwa zwanzig wohlbewaffneten Arabern, während die
Franzoſen ihn warnten, ihm werde gewiß der Hals abge=
ſchnitten werden, und ihm erklärten, ohne zweitauſend Mann
Truppen ſei eine ſolche Expedition unmöglich. Aber Pückler
der vergebens auf eine militairiſche Expedition gewartet hatte
der er ſich anſchließen könne, und dem nun die Ungeduld
des Reiſenden keine Ruhe mehr ließ, wurde dadurch nicht
abgeſchreckt, und als Beduine gekleidet, fünf Piſtolen im gold=
geſtickten Gürtel, einen Dolch, Säbel und Flinte außerdem
tragend, überblickte er ruhig und vergnügt von der Höhe des
Hammal den fremden Welttheil, der wie eine Landkarte vor
ihm ausgebreitet lag.

Die Araber wurden von dem ehemals berühmten Räuber
Ali Ben Khasnadſchi, der nun vom Gouverneur von Algier
zum Caïd der Stämme von Beni=Muſſa gemacht worden,
und dem Caïd von Chraſchna angeführt, und beide waren
in reiche arabiſche Tracht gekleidet. Das war denn freilich
eine durch ihre Neuheit anziehende und weit amüſantere Ge=
ſellſchaft für Pückler als die Berliner Sandvipern, wie er
ſie nannte, als alle europäiſchen Junker und Hofſchranzen,
deren Reden er im voraus auswendig wußte!

Pückler selbst trug einen den beiden Anführern ähnlichen
Anzug, und ritt ein mit dem schönsten orientalischen Schmuck
verziertes feuriges Streitroß, welches ihm der französische
Oberst Marey freundlich für die Expedition angeboten hatte.
Fünf Nächte schlief man im Freien, unter Regen, Sturm, und
einmal unter einem furchtbaren Gewitter, unter improvisirten
Hütten, während die Schakals und Panther zu Hunderten in
der dunkeln Nacht ihr unheimliches Geheul vernehmen ließen,
welches aber Pückler gewiß für die schönste Musik nicht her=
gegeben haben würde. Der ganze Ausflug lief glücklich ab;
er erregte aber nicht nur in Algier großes Aufsehen wegen
seiner Waghalsigkeit, sondern auch die Umgegend des Hammal
wurde in Unruhe versetzt durch die Erscheinung unbekannter
Fremden, deren Kommen die Araber sich nicht zu deuten
wußten.

Den 25. März verließ Pückler Algier, und schiffte sich
auf dem Regierungsdampfschiff le Brasier nach Bougie und
dann weiter nach Bona ein. Er machte es sich nun bequem,
trug türkische Kleidung und ließ seinen Bart wachsen. Ueberall
boten sich neue interessante Aufregungen dar. Von Bona
schloß er sich einer französischen Expedition gegen einige re=
bellische Stämme an, und machte später zum erstenmale in
Gesellschaft der Araber eine Sauhetze mit, in einer durch
Berge eingeschlossenen Ebene, durch Sumpf und Lehm oder
hohe Binsen reitend, wobei er den Ruhm genoß, daß er
allein das größte Schwein, ohne daß die Hunde noch die
Araber in dem Augenblick ihm zur Seite waren, mit seiner
Pistole erschoß, und ein anderes, welches ein einziger Hund
festhielt, vom Pferde springend, mit seinem Säbel erstach.
Pückler's Sekretair erlegte sogar vier Schweine, und die
Fremden, die ohne Uebung mit solchen Jagderfolgen auf=
traten, wurden deshalb von den Arabern vielfach bewundert.
Das Frühstück wurde Pückler dadurch gewürzt, daß an dem
Felsen, an dessen Fuße man sich gelagert hatte, vier Lämmer=

geier, größer als die stärksten Steinadler, horsteten, und die
Gesellschaft fortwährend umkreisten. Die Leichname der er-
legten Säue, welche die Araber liegen ließen, fand man am
folgenden Tage verschwunden, und im weichen Boden erkannte
man die Fährte eines enormen Löwenpaares, welches die
Beute aufgefressen hatte. Freudig kündigte Pückler seiner
Lucie an, er wolle ihr nun bald einen Löwen schießen, dessen
Fell sie vor ihr Bett legen könne.

Er setzte dann froh seine Reise weiter nach Tunis fort,
nachdem er auf dem Wege dahin in Utica in den von Disteln
und Nesseln überwachsenen Ruinen auf Cato's Gesundheit
getrunken hatte, die sich nicht minder romantisch ausnahmen,
als die Palmen und Blumenmeere auf den Wiesen und
Weiden, welche ihn entzückten. Dabei ertrug Pückler die große
Hitze, von der seine Gefährten litten, vortrefflich. „Glauben
Sie mir," schrieb er später aus Dongola an Varnhagen, „es
giebt keine heißen Länder, dies ist nur ein Vorurtheil unserer
Vorfahren. 35—38 Grad Reaumür im Schatten des Zeltes
(denn seit 72 Tagen wohnte ich in keinem Hause mehr) sind
unsere gewöhnliche Temperatur bei Tage, die Nächte immer
frisch, oft kalt."

So ließ er sich denn auch selbst in den Sommergluthen
nicht abhalten, nach den Anstrengungen des Tages, die das
beständige Nomadenleben mit sich brachte, Abends regelmäßig,
während seine Umgebung erschöpft ausruhte, auf der Erde
liegend — denn den europäischen Luxus der Tische und
Stühle mußte man entbehren — sein Tagebuch zu schreiben.

Wiederholt machte er Ausflüge in's Innere; er besichtigte die Ruinen von Carthago; von Sfax aus ergötzte
er sich mit Gazellenjagd und Fischfang. Die Wüste wurde
seine Freundin, obgleich die Märsche in ihr zuweilen vierzehn
Stunden dauerten, ohne Schatten, an Kaktushecken vorbei,
durch die der heiße Wind, der Simum, ihre kleinen Stacheln
in der Luft umherstreute, und bei dem Geschrei der Heu-

schrecken, welches die Stimmen der heimischen Drosseln an Stärk übertraf. Einigemal drohte den Reisenden ein Gefecht mit den räuberischen Horden von Constantine, doch lief alles noch glücklich genug ab.

Haben wir früher die Toiletten des cidevant Dandy beschrieben, wie er in England im high life Londons Furore machte, so möchte es wohl auch angemessen sein, unseren Helden auch in seiner Wüstentoilette vorzuführen. In weiter, bequemer Mameluckentracht erscheint er malerisch in einen schneeweißen Burnous mit himmelblauen Frangen, aus Tunis, gewickelt. Die Stickerei seines Gürtels ist eben so kunstvoll als kostbar, und von nicht minderem Werth ist der Schmuck seines Pferdes, das von Silber und Gold in der Sonne schimmernd, unermüdlich caracolirt, und knirschend das Gebiß mit Schaum bedeckt.

Dann sehen wir ihn wieder auf einem munteren Maul-esel reitend, in weiten Pantalons von weißgestreiftem Sommerzeug, Weste und Jacke von demselben Stoffe, mit Band-tressen und Schnüren besetzt und mit karmoisinrothem Taffet gefüttert. Die Aermel weit aufgeschlitzt, und gleichfalls mit karmoisinrothem Taffet gefüttert. Eine seidene Schärpe von derselben Farbe als Gürtel, und eine eben solche lose um den Hals geschlungen. Darüber ein feiner, weißwollener Burnous mit karmoisinrothen Frangen, Faltenstiefeln von derselben Farbe mit arabischen Sporen, gleich denen der alten Ritter, und auf dem Kopf eine rothe Mütze mit blauer Quaste, und darüber ein Strohhut, groß wie ein Regen-schirm, ganz mit schwarzen Straußfedern belegt, und oben mit Gold gestickt, unten mit Grau und Karmoisin streifenweise gefüttert. Eine Schnur mit goldenen Trobdeln hielt diesen Hut unter dem Kinn fest. Die Wüstentoilette wurde voll-endet durch einen Dolch und einige Pistolen, die im Gürtel steckten; dazu in den Taschen eine blaue Brille, Cachoubüchse, Uhr, Börse, Kamm, ein lederner Becher und eine Brieftasche.

Neben allen fremdartigen Zuständen fand Pückler doch auch immer hin und wieder gebildete Europäer, und wurde von diesen, wie vom Bey von Tunis und allen Behörden überall mit der größten Auszeichnung aufgenommen. Der Bey gab ihm überall seine Leute und Pferde mit, und befahl allen Gouverneuren der Provinzen, den fremden Fürsten wie ihn selbst aufzunehmen, und erwies ihm Ehren wie noch kaum zuvor einem anderen Europäer. Pückler's Reise glich einem Triumphzug, und er freute sich unendlich, auch im Auslande gewissermaßen Mode zu sein. Im neuen Welt= theil wie im alten mit den Frauen kokettirend, hatte Pückler auch in Tunis zwei Liebesverhältnisse mit zwei schönen Damen der Gesellschaft, die ihm bei seiner Abreise heiße Thränen nachweinten, und von denen die eine auch seinem Herzen wahrhaft lieb und theuer wurde.

Als Pückler Tunis verlassen wollte, bot ihm der Bey die Ueberfahrt auf einer seiner Corvetten an, welche er nach Konstantinopel schickte, und als Pückler dies ablehnte, wartete der Kapitain eines Schiffes der belgischen Marine drei Tage mit seiner Abfahrt auf ihn, um die Ehre zu haben, den be= rühmten Reisenden auf seinem Schiff nach Malta zu bringen. Der Bey aber übersandte Pückler ein verbindliches Schreiben, und unter dem Namen eines rinfresco für die Reise als Geschenk: 4 Ochsen, 20 Schafe, 100 Hühner, 6 Bockshäute voll feinem Oel, 4 Fässer Butter, 500 Eier, 300 Bródte, 2 Centner Zucker, 1 Centner Mokkakaffee, 2 Centner Reis, 2 Wagenlasten Gemüse aller Art, 2 große Körbe mit Wein= trauben, 100 Melonen, 100 Wassermelonen und 6 Kisten mit Confitüren, welche reichen Schätze dann Pückler groß= müthig an die Mannschaft des Schiffes vertheilen ließ.

Nicht seinem Rang, sondern seinen schriftstellerischen Er= folgen legte Pückler die Huldigungen bei, die ihm überall zu Theil wurden, und er freute sich dessen am meisten, da er diese sich selbst seinem Geiste und seinen Talenten, und nicht der zufälligen Bevorzuzung von Rang und Geburt verdankte. Aber sein dankbares Gemüth ließ ihn hiebei auch Varnhagen nicht vergessen, der ihn auf seiner litterarischen Laufbahn so liebevoll und treu ge"örbert und unterstützt hatte, und er äußerte dies anerkennend in einem Briefe an Varnhagen, indem er ihm seine Reisebegegnisse schilderte. Wenn Pückler gegen Lucie beständig die hohen Honorare pries, die er für seine Bücher empfing, und die in der That beinahe hin= reichten, um seine Reiseausgaben zu bestreiten, so war der befriedigte Stolz hiebei entschieden für ihn die Hauptsache; er betrachtete sie als ein sichtbares Zeichen des Erfolges, der Anerkennung, und es 'reute ihn, damit vor Lucie zu glänzen, und ihr zu imponiren, so wie ihr die Nothwendigkeit seiner Reisen, die Wichtigkeit seiner Schriftstellerei herauszustreichen, welche in der That für den Augenblick die „reiche Surrogat= frau" überflüssig machte. Pückler konnte sich im Scherz gegen Lucie auch wohl so stellen, als wenn er nur des Geldes wegen schriebe, und diesen Scherz heiter und humoristisch in mannigfaltige Formen kleiden. Wer ihn aber nur irgend kannte, muß überzeugt sein, daß ein Mann wie Pückler sich zu einer bloßen Schreiberei um Geld nie hergeben konnte. Auch hat er in seinem ganzen Leben nur immer gethan was er gern that.

In Malta gelandet, mußte Pückler eine vierzehntägige Quarantaine aushalten, die er sich aber bestens mit Lesen und Schreiben verkürzte — er machte dort wieder einen ganzen Band fertig — und in welcher er den 30. Oktober, seinen fünfzigsten Geburtstag feierte.

Neunundzwanzigster Abschnitt.

Glänzende Aufnahme der Engländer. Zweimal in Lebensgefahr. Griechenland. Der classische Boden. Patras. Kanaris. Schwur am Styx. Kloster Megaspileon. Schmeichelhafte Aufnahme in Athen. König Otto von Griechenland. König Ludwig von Baiern. Bengalische Beleuchtung der Akropolis und des Parthenon. Herr von Prokesch=Osten und seine Gattin Irene. Herr von Kobell. Weitere Bekanntschaften. Goethe's „Faust". Ein Liebesroman. Kühne Ausflüge. Beschwerden. Nomadenleben. Entzücken. Fürst von Kyparissia. Pückler als Spartaner. Wunsch lieber die Welt zu bewohnen als Muskau. Parkplan für Kyparissia. Kandia.

Nachdem die Quarantaine überstanden war, blieb Pückler noch etwas länger in Malta, wo die Engländer ihn um die Wette fetirten; es amüsirte ihn dies um so mehr, da, wie er behauptete, diese Nation erst begonnen hätte ihn zu schätzen, seitdem er sich über sie lustig gemacht habe.

Zweimal übrigens gerieth er dort in Lebensgefahr. Er machte nämlich einen Ausflug nach der Insel Gozo. Auf dem Wege dahin, als er einen steilen Berg hinanfuhr in einem jener schweren, zweirädrigen mit einem Pferde bespannten Karren, wie sie in jener Gegend üblich sind, verlor das Pferd plötzlich Kräfte und Athem, und da es den Karren nicht mehr halten konnte, begann dieser zurückzurollen, gerade auf einen wenigstens dreißig Fuß tiefen seitwärts liegenden Abgrund zu. Pückler, sogleich die drohende Gefahr wahrnehmend, sprang mit ebensoviel Behendigkeit als Kaltblütigkeit rasch aus dem Wagen, und warf einen großen Stein vor das Rad, worauf es dann ihm mit dem Kutscher vereint gelang, den Wagen zum Stehen zu bringen, als derselbe nur noch vier Zoll vom Fallpunkt entfernt war.

Noch Schlimmeres hatte Pückler aber später zu bestehen. Trotz des wüthendsten Sturmes bestand er darauf, als er an der Küste angelangt war, nach der etwa eine deutsche Meile entfernten Insel Gozo unverzüglich überzusetzen. Nur mit Mühe und um hohen Preis wurde ein Fischer gewonnen, der seine kleine Barke dem aufgeregten Meer anzuvertrauen wagte. Man legte zur Vorsicht schwere Steine hinein; Pückler, sein Diener Mustapha und ein junger Kapuziner, der in sein Kloster nach Gozo zurückkehren wollte, so wie ein Fischer zum Steuern und zwei andere zum Rudern bestiegen das schwache, winzige Fahrzeug. Die Ueberfahrt war aber furchtbar. Die Reisenden konnten sich bei dem entsetzlichen Schwanken nicht aufrecht erhalten, sondern kauerten sich auf dem Grund zusammen. Der Kapuziner rief verzweifelt die heilige Jungfrau an, Mustapha wandte sich leidenschaftlich an Mahomed, die Fischer zankten sich; nur Pückler blieb gefaßt, und dachte philosophisch nach über diese bunte und sonderbare Welt. Als das Boot in Gozo landete, wurde es mit größtem Erstaunen von den Einwohnern empfangen, die es zwischen den zackigen Felsen und den thurmhoch aufzischen= den Wellen mehrmals schon für verloren angesehen hatten.

Den 21. Dezember 1835 verließ Pückler Malta, um nun nach Griechenland sich einzuschiffen, aber Neptun war ihm wieder nicht günstig, und seine Ueberfahrt nach Patras dauerte fünf Tage und fünf Nächte bei unaufhörlichem Sturm. Wohl begeisterte ihn sogleich nach der Ankunft der classische Boden, und er beschrieb lebendig die Gegend von Patras, die einst als eine zusammenhängende hellgrüne Fläche mit 50,000 Olivenbäumen, Tausenden von Orangen und Hunderten alter Platanen geschmückt war, als einen nun leeren, wüsten Anger, die aber im Ganzen durch die Form der Berge, Felsen und Inseln wunderbar und erhaben sei.

Dabei war aber das Klima und das überall verbreitete grie=
chische Fieber eine große Schattenseite. Von der schlechten
Luft, der Kälte und dem beständigen Einathmen der Kohlen=
feuer litt Pückler lange Zeit an Kopfschmerzen, bis er sich
acclimatisirt hatte. Das Alterthum, die Besichtigung der
Gegend, und auch die Erinnerung an seinen Liebling Byron
beschäftigten vielfach seinen Sinn. In dieser neuen Umge=
bung begann er das Jahr 1836.

In Patras machte Pückler die Bekanntschaft des berühm=
ten Kanaris, eine Art griechischer Garibaldi, den er auf
dessen Corvette besuchte. Einer seiner Offiziere diente als
Dollmetscher. Kanaris, in die Uniform der griechischen Marine
gekleidet, erzählte mit vieler Lebhaftigkeit von seinen zwei
verunglückten Expeditionen, die, wie Pückler bemerkte, ihn
mehr zu schmerzen schienen, als ihn seine Erfolge befriedig=
ten, wie er denn überhaupt die größte Bescheidenheit zeigte.

Trotz des Winters konnte Pückler nicht widerstehen einen
Ausflug in das Gebirge des Peloponnes zu machen; freilich
warnte man ihn, die Räuber seien in den Bergen, in Rume=
lien daure das Morden der Frauen und Kinder fort, und
von dort aus würden sogar die Küsten Morea's bedroht;
er war wieder zu ungeduldig, zu reisedurstig, und ließ sich
nicht zurückhalten. Dafür errang er sich aber die Befriedi=
gung, seiner Schnucke den 26. Februar 1836 einen Brief
zu schreiben, der datirt war „Am Styx unter dem Berge
Khelar's,“ und begann: „Die Alten schworen beim Styx ihren
heiligsten Eid, und fürchteten die Rache der Götter, wenn
sie falsch schworen. Ohne Furcht schwöre ich jetzt bei seinen
todtbringenden Gewässern, daß ich niemand auf der Welt
lieber habe als Dich.“ Bis zu diesem siegreichen Augenblick
galt es aber harte Anstrengungen. In dem berühmten Kloster
Megaspileon mußte er drei Tage eingeschneit liegen bleiben,
in der wildesten und schauerlichsten Gebirgsgegend. Die
Beschwerlichkeiten dieser Reise hat Pückler später anschaulich

in den „Griechischen Leiden" beschrieben. Es war ein eigenes
Geschick, daß so, wie er Afrika in der heißen Jahreszeit
durchreiste, er die Gebirge Griechenlands im strengsten Winter
durchwanderte.

In Athen dagegen umgab ihn wieder großstädtisches
Leben. Dort empfing er auch aus der Heimath sein Garten=
werk[1]), das endlich erschienen war, und von allen Sachver=
ständigen nach Verdienst anerkannt wurde. In Athen fand
er auf's neue die schmeichelhafteste Aufnahme von allen
Seiten. „Uebrigens überzeuge ich mich täglich mehr," schrieb
er an Lucie, „daß es heutzutage nur noch dreierlei Art der
Auszeichnung giebt. Ein großer Redner, ein großer In=
dustrieller oder Banquier, oder ein beliebter Schriftsteller zu
sein. Die Auszeichnungen, welche mir überall in Afrika wie
Malta, und nun wieder in Griechenland deshalb zu Theil
werden, übersteigen allen Glauben. Es liegt eine sonderbare
Schickung in allem diesen, denn benahm ich mich nicht so
ungeschickt bei Deinem Vater, so wäre ich in die Staats=
geschäfte mehr oder weniger gerathen, und nie ein Skribler
geworden. Dann aber wäre ich in der Foule mitgelaufen,
während ich jetzt wirklich ein europäischer Karakter geworden
bin; und wenn ich bedenke wie, so steht mir der Verstand
still; denn ich habe zu viel von diesem, um nicht einzusehen,
wie wenig es ist, was so wunderbar gewirkt hat."

Pückler traf zwei Könige in Athen, den König Otto und
auch den König Ludwig von Baiern, die ihn beide mit Artig=
keiten überhäuften, und das dortige diplomatische Corps lud ihn
um die Wette zu Diners und Soupers ein. Die Anwesenheit
des Königs Ludwig gab den Anlaß, daß die Akropolis und das
Parthenon mit bengalischem Feuer beleuchtet wurden, in welchem
magischen Schimmer Pückler zuerst diese herrlichen Bauwerke
mit Entzücken erblickte. Das neue Athen gefiel ihm dagegen

---

[1]) Andeutungen über Landschaftsgärtnerei.

sehr wenig; er fand es geschmacklos gebaut und die Natur kahl und ohne Frische.

Eine interessante Gesandtschaft machte er an dem öster= reichischen Gesandten, Herrn von Prokesch=Osten, den er als Schöngeist, Gelehrten und Weltmann rühmte; mit Vergnügen besichtigte er dessen Sammlung ägyptischer Alterthümer, Zeichnungen aus dem Orient u. s. w. Von Frau von Prokesch, Irene, entwirft Pückler ein anmuthiges Bild in wenigen Strichen: „Frau von Prokesch ist schön und liebt ihren Mann", sagt er von ihr in den „Griechischen Leiden", „aber sie ver= steht ihn auch — ein noch glücklicheres Loos für Beide!" Mit dem bairischen Gesandten, Herrn von Kobell, mit der Armannsperg'schen Familie, den Fürsten Demetrius und Alexander Cantacuzeno, Graf Lusi und mit einigen vornehmen englischen Damen hatte Pückler gleichfalls angenehmen gesell= schaftlichen Verkehr.

An einem Abend bei Prokesch las man mit vertheilten Rollen den Goethe'schen „Faust" vor, und Pückler entwickelte als Faust sein auch in Europa vielfach bewundertes Vorleser= talent, mit dem er oft die Männer gefesselt, die Frauen mag= netisch angezogen hatte.

In einer glänzenden Assemblée beim Staatskanzler Armannsperg, in welcher die beiden Könige erschienen, lernte Pückler auch den griechischen Feldherrn Kolokotroni und Nikitas, den „Türkenfresser" kennen, mit denen er sich vor= trefflich unterhielt, indem er sie von ihren Kriegsthaten erzählen ließ. In Athen spielte Pückler auch wieder einen bewegten und gefühlvollen Liebesroman mit einer schönen und liebens= würdigen Dame der Gesellschaft, der ihn angenehm beschäftigte.

Nachdem er all dies freudig genossen, ging er nun seinen Weg weiter, bald des Helden Odysseus, bald des Dichters Byron Spuren folgend. Weder die Fieber, noch die Räuber konnten ihm etwas anhaben, obgleich die letzteren vor und nach seiner Expedition Reisende angefallen hatten, aber nur

Griechen, denn der Schrecken war so groß, daß Fremde sich gar nicht auf so bedenkliche Ausflüge wagten. Beschwerden fand er dabei auf jedem Schritte, saß wieder täglich zehn bis zwölf Stunden zu Pferde, auf Wegen, so schlecht, wie man sie in Europa gar nicht kennt, an Abgründen hin, und nachdem er früher von der Kälte gelitten, brachte nun die Julisonne eine fast afrikanische Hitze mit sich.

Er schlief oft mehrere Wochen in keiner Stube mit Fenstern, und blieb häufig lange ohne jeden erfrischenden Trunk. Doch die Poesie entschädigte ihn für die Schattenseiten der Wirklichkeit. „Der Naturgeist waltet großartig um uns", schrieb Pückler den 12. Juli 1836 aus Olympia an Lucie, „und die Trümmer vergangener Größe sprechen zu uns mit hundert beredten Zungen, und die Freiheit, die köstliche Göttin, hält ihren Hof in den Bergen." Und den 22. Juli 1836 schrieb er ihr aus Zante: „Schnuckerle, komm nach dem Süden, das Leben ist so reich hier, daß man nur wie an ein Gefängniß an unser Land zurückdenkt, und es einem ordentlich lächerlich vorkommt im Königreich Preußen zu leben."

So fühlte er sich wohl, glücklich und jugendlich bei seinem Nomadenleben, und durchstreifte die Morea und Maina.

Nun aber kam noch ein neues Interesse für ihn hinzu. Der König Otto von Griechenland hatte ihm nämlich eine große Besitzung nicht weit von Sparta auf Kyparissia zum Geschenk angeboten, mit der Verpflichtung, wenn er sie annähme, 30,000 Drachmen darauf zu verwenden. Lustig schrieb Pückler den 3. September 1836 aus Patras darüber an Lucie: „Während dieser Zeit ist auch mit mir eine Veränderung vorgegangen. Ich bin Fürst von Kyparissia geworden, einem der elysischsten Punkte der Erde, den mir König Otto geschenkt, und wohin ich Dich einlade, sobald ich mit Rehder, für den heute meine Instruktionen abgehen, ein wenig Dein Lager daselbst weich gemacht habe. Schnucke, ich bin jetzt ein Spartaner, und erscheine nächstens in Preußen ohne Hosen, aber nicht als Sansculotte, sondern als legitimer Grieche in der schlohweißen Justinelle, das himmelblaue Sammet= wams mit Silber gestickt, jugendlicher als je. Zur Strafe Deines heillosen Stillschweigens sollst Du Dich in mich ver= lieben, und ich werde dann den Grausamen spielen, wie Du jetzt. — O Schnucke, wäre ich nicht so weit, ich würde jetzt donnern wie Jupiter, daß Du in Todesbangigkeit zu Kreuze kröchest, mais je suis trop bon Prince de Kyparissia, denn dies ist künftig mein Titel. Pückler klingt furchtbar gemein, und Muskau sollte eigentlich nur eine alte Wäscherin heißen, die keine Zähne mehr hat. Was hilft mir übrigens Muskau, von dem ich keinen Groschen mehr beziehe, und mich selber wie ein Tagelöhner erhalten muß?"

Unter solchen Anregungen überkam ihn immer mehr das Gefühl, daß ein Besitz wie seine Herrschaft eigentlich eine Last sei, und er meinte, er wolle lieber die Welt bewohnen als Muskau, und der liebe Gott habe ihn zum Wandern bestimmt. Aber ein phantastisches pied-à-terre wie Kyparissia entsprach all seinen Träumen. Mit einer Kriegsgoelette, die ihm die griechische Regierung zur Verfügung gestellt hatte reiste er den 16. Oktober von Athen ab, um die Cycladen zu bereisen, und er freute sich schon im voraus darauf, seinen Geburtstag in der Höhle von Antiparos zu feiern. Er brachte ihn anstatt dessen in der Festung Monembasia, die hoch auf dem Felsen am Meere liegt, zu, wo er Luciens Gesundheit in feurigem Cyperwein trank. Dann ging es nach Kyparissia. Schon in Mistra wurde Pückler, als man seine Ankunft erfuhr, mit lautem Jubel begrüßt, und ein großes Gefolge begleitete ihn nach Kyparissia. Wir glauben die Schilderung, die Pückler von dort entwirft, unseren Lesern nicht vorenthalten zu dürfen; er schrieb an Lucie den 1. November 1836 aus Sparta: „Heute aber war der wichtigste Tag in meinen Annalen, denn ich steckte zum ersten=

mal seit drei Jahren wieder ab, und zwar in Kyparissia,
von neuem erstaunt über die wunderbare, romanhafte Schön=
heit dieses bezaubernden Ortes. Wenige tausend Thaler
werden hier solche Wunder wirken, wie bei uns nicht Mil=
lionen zu Wege bringen könnten, und ich freue mich im
voraus in zwei Jahren auf Dein Entzücken darüber, wenn
ich nur erst einige Wege gemacht, die Du passiren kannst,
und die Landstraße von Athen hieher fertig ist, an der nur
noch 10 Meilen fehlen, wo Du dann ganz bequem hinfahren
kannst. Ganz Lakonien ist entzückt über meine Ansiedlung,
und von allen Seiten sucht man mir alles leicht zu machen.
Doch wird es wohl in Athen noch Weitläufigkeiten geben.
Die armen griechischen Beamten, die mir heute beim Abstecken
ex officio folgen zu müssen glaubten, trauten ihren Augen
nicht, wie sie mich, den die Absteckpassion wieder zwanzig
Jahre alt gemacht hatte, wie eine Gemse die Klippen hinan=
fliegen, und in die Schluchten hinabspringen sahen, wo sie
keuchend und schwitzend mir vergebens zu folgen versuchten.
Aber griechische Arbeiter habe ich mir heute schon leidlich
abgerichtet, und sie sind eben so intelligent als unsere Wenden.
Auch hier werde ich nach und nach den Schönheitssinn in
ihnen wecken, obgleich sie jetzt noch nicht recht begreifen
können, warum ich ein gut bebautes Feld ans meinen Gränzen
auslasse, und dafür sorgsam einen kahlen Felsen mit ein
paar überhängenden alten Bäumen auswähle. Kyparissia
hat jetzt den schönsten jungen, frisch sprossenden, grünen
Rasen, denn im November wird hier eine neue Blumen= und
Grasvegetation, wie bei uns im Frühjahr. Adieu, mein
Herz, ich präsentire einen Absteckepfahl als Dein treuer Spar=
taner. P. S. Ich taxire den Umfang des nur für mein
Gut bestimmten Terrains auf 1500 bis 2000 unserer Morgen,
halb so groß ziemlich als der Muskauer Park. C'est un
divertissement, et cela sera peut-être un refuge."

Unter solcher Beschäftigung brachte Pückler mehrere Tage zu, und entwarf Pläne, wie sein Besitzthum durch Wein- und Olivenpflanzungen zugleich einträglich zu machen sei. Den Tag vor seiner Abreise erhielt er eine solche Masse Hammel, Truten und andere Thiere, so wie riesige Melonen und Weintrauben zum Geschenk, daß zwei eigends dazu gemie-thete Maulthiere die Last kaum fortbringen konnten.

Ehe Pückler Mistra verließ, hielt er um das dortige Bürgerrecht an, dessen Diplom er in Kairo zu erhalten hoffte, als eine besondere Gunst, da angesehene Persönlichkeiten, die sich des spartanischen Namens wegen darum bewarben, es nicht erlangen konnten.

Er hatte unterdessen seinen Parkplan für Kyparissia schon fertig, obwohl er sich nicht verschwieg, daß die Aus-führung ungewiß sei, entweder, wie er sich ausdrückte, „eine bunte Seifenblase, die mich eine Weile amüsirt hat, oder ein in der Lotterie gewonnenes großes Loos". Das ganze Unternehmen blieb denn freilich das erstere, und kam nie zu Stande, hauptsächlich durch Armannsperg's bald darauf erfol-genden Sturz. Pückler hatte nämlich an die Annahme der Besitzung Bedingungen geknüpft, die Armannsperg vorläufig gewährte, denen aber noch die offizielle Bestätigung fehlte, die nachher nicht erfolgte.

Er setzte seine Reise unterdessen fort. In Kandia wurde er mit 18 Kanonenschüssen, und mit der Aufziehung der Flagge Mehemed Ali's begrüßt, und von den Behörden glänzend empfangen. Man behandelte ihn dort ganz als einen Sou-verain; er bewohnte die ganze Zeit seines Aufenthalts, einen Monat lang, den Palast des Seriaskers, dessen zwanzig Diener, dessen Stall und dessen französische Küche zu seiner Verfügung standen, und wo er in jeder Weise fürstlich bewirthet wurde. Der Pascha ließ es nicht genug mit dieser Gastfreiheit sein, sondern bot ihm bei seiner Abreise noch ein prachtvolles Geschenk an, was Pückler jedoch ablehnte.

Dreißigster Abschnitt.

Aegypten. Alessandria. Besson-Bey. Bogos-Bey. Cairo. Palast von Baki-Bey. Der Nil und die Pyramiden. Ein von Pückler gegebenes Fest. Mehemed Ali. Freundschaft und Auszeichnungen von demselben. Gegenseitige Bewunderung. Ibrahim Pascha. Eine vergessene Pfeife. Aegyptische Gartenkunst. Reise nach Nubien und Sudan. Auf Luciens Gesundheit! Die Wüste. Die Pyramiden. Theben. Ritte auf dem Dromedar. Der heiße Chamsin. Nubische Jagdvergnügungen. Hitze und Staub. Berlin behält den Vorrang. Nomadenleben. Nähere Bekanntschaft mit Krokodilen, Hyänen, Schlangen, Nilpferden und Löwen. Aethiopische Ruinen.

Das Jahr 1837 sah Pückler in Aegypten anbrechen. Eine neue Szenerie, ein neues Gemälde umgab seinen jugendlich frischen Forscherblick. Auch hier wurde er mit den schmeichelhaftesten Ehrenbezeigungen überhäuft. Als Pückler in den imposanten Hafen von Alexandria einfuhr, und die stolze Stadt mit ihren weißen Palästen, ihren hohen Wällen, und der Säule des Pompejus sich seinen Augen darbot, erschien auch schon der General-Major der Flotte, Besson-Bey, der durch den Seriasker Kandias von des fremden Fürsten Ankunft unterrichtet war, ihm auf dem Schiffe seinen Besuch abzustatten, und nöthigte ihn, in seinem Palast abzusteigen. Besson, ein geborener Franzose, und ehemals französischer Kapitain, war ein höchst einflußreicher Mann; von ihm hauptsächlich wurde die Marine geleitet, und bei dem Vizekönig Mehemed Ali stand er in großer Gunst. Auch der erste und vertrauteste Minister desselben, Bogos Bey, beeilte sich, Pückler seine Aufwartung zu machen. In Alexandria lernte Pückler auch den französischen Konsul Lesseps kennen, der später so allgemein bekannt geworden. Pückler beschreibt ihn als einen „Elegant in der Wüste", und rühmt seine Anmuth und Liebenswürdigkeit, die ihm auch die Gunst Mehemed Ali's verschaffte.

In Kairo mußte Pückler auf Befehl des Vizekönigs in dem prachtvollen Palast des Generals Baki=Bey wohnen, einem der ersten Minister, dem Mehemed Ali den Auftrag ertheilte, daß er Pückler die Honneurs mache, wobei er sich noch entschuldigen ließ, daß er ihm keinen Pascha sende, weil grade alle diese auf fernen Expeditionen begriffen seien.

Der Palast Baki=Bey's gränzte mit seinen Blumengärten dicht an den Nil, und bot die Aussicht auf die Pyramiden. Hatte Pückler erst vor kurzem den Geburtsort Jupiters gesehen, so zogen ihn nun die Pyramiden, schon lange der Gegenstand seiner Sehnsucht, geheimnißvoll an. Er hätte sich bei solchem Anblick ganz in seine Gedanken und Phantasieen verloren, wenn nicht die für ihn aufgestellte Ehrenwache mit ihrem Aufundniederschreiten, die reich angeschirrten für ihn bestimmten Pferde, welche vor der Thüre stampften, die lange, reich mit Brillanten besetzte Pfeife, die man ihm nebst dem nach Ambra duftenden Mokkakaffee, präsentirte, der in gleichfalls von Diamanten schimmernder Tasse aus kostbarem Email gereicht wurde, ihn aus seinen Träumen gerissen hätten.

„Denke Dir eine unermeßliche Stadt", schrieb Pückler an Lucie, den 5. Februar 1837 aus Kairo, „maurischer Bauart (fast der gothischen gleich), in der Du nicht zehn Schritt gehen kannst, ohne der tausend und einen Nacht zu gedenken. Darum her, schönere und frischere Promenaden als irgendwo in Europa, alles Schöpfung Mehemed Ali's, die wundervollsten Bäume und den Boden mit unabsehbarem Grün bedeckt, dessen Farbe kein englischer Rasen erreicht, daneben den prachtvollen Nil mit den ewigen Pyramiden jenseits,

und längs seiner Ufer die unabsehbare Reihe europäischer
Paläste (meistens Fabriken und Schulanstalten des Vizekönigs
im grandiosesten Stil Englands) auf hohem Felsen, am Fuße
des Mokatan, die Königsburg und Citadelle; in der Entfernung Schubra, dessen Gärten wie die von Windsor gehalten sind — und mitten in diesem Bilde bleibe ruhen in
einem der elegantesten der genannten Paläste, ohnfern der
Residenz Ibrahim Pascha's, Du siehst eine Ehrenwache vor
dem Thore, zwanzig geschäftige Diener im Hause, viele Gäste,
Türken und Griechen, die bei dem Hausherrn zur Tafel geladen sind. Auch Du bist gebeten, Du trittst in den Divan
(ein Saal mit Ottomanen rings umher, und ungeheuren sil-
bernen Kirchenleuchtern am Boden, englische Kronleuchter an
der Decke), und siehst eine Reihe der Vornehmsten der Stadt
im traulichen Gespräch begriffen, und aus Pfeifen, mit Diamanten und Edelsteinen besetzt, rauchen. Auf dem Ehren-
platz, in der Mitte sitzt der Gastgeber, Du näherst Dich ihm
— ich hoffe respektvoll — und siehe, wer ist es? — **Dein
Lou.** — So behandelt mich der Vizekönig."

In der That empfing Mehemed Ali Pückler wie einen
Prinzen von Geblüt. Bei den Manoeuvres der Kavallerie-
schule, denen er beiwohnte, mußte er neben dem Vizekönig
in dessen Zelte Platz nehmen, und sogar tête-à-tête mit
ihm speisen, eine Auszeichnung wie sie noch niemand zuvor
genossen hatte. Aber es blieb nicht bloß bei diesen äußerlichen Bezeigungen. Mehemed Ali hatte die vertrautesten
Unterredungen mit Pückler, und bewies ihm Freundschaft
und Anerkennung, während dieser mit seinem zur Heldenverehrung stets geneigten Gemüthe von wahrer Begeisterung
für den Vizekönig ergriffen wurde, dessen Genie er so bewunderte, daß er ihn den orientalischen Napoleon nannte.
Mehemed Ali schätzte außer seinem Rang und Geist auch
den Schriftsteller in Pückler sehr hoch, auf den er den günstigsten Eindruck zu machen wünschte. Die beiden so ver-

schiedenen Männer, imponirten sich gegenseitig, und waren
gegenseitig stolz auf die Bewunderung, die sie einander ein=
flößten.

„Von der Liebenswürdigkeit und dem hohen Geist dieses
Mannes," schrieb Pückler in dem vorher erwähnten Brief
an Lucie, „von der wahren Unbegreiflichkeit dessen was er
geschaffen, kann man schwer eine Idee geben, und, ich ver=
sichere Dich, es ist nicht wie Mad. de Sevigné, daß ich dies
sage (qui trouvait Louis XIV. un grand homme, puisqu'il
avait dansé avec elle.) — Nun noch ein paar Worte über
den Vizekönig selbst. Denke Dir den appetitlichsten, coquetten
kleinen Greis, mit breiter Brust, vollem colorirten Gesicht
und langem weißen Bart, kleinen potelirten Händen wie
eine Frau, regelmäßigen, freundlichen Zügen, und Adler=
augen, die durch und durch schauen, aber durch die Bon=
hommie des ganzen Gesichts und die Freundlichkeit seines
Lächelns nur Liebe und keine Furcht einflößen. Auch ist er
angebetet von Allen, und kein Souverain ist accessibler für
Jederman, und nimmt weniger Precautionen für seine Sicher=
heit. Keiner ist einfacher in Tracht, Sitten und Unterhaltung.
Nach einer Minute ist man mit ihm à son aise, wie mit
einem alten Bekannten. Seiner Thätigkeit kommt nur die
Napoleons gleich. Er schläft nur 4 Stunden in 24, und
was karakteristisch ist, sein Harem ist organisirt wie sein
Ministerium, und viele der wichtigsten Entscheidungen sind
weiblichen Sekretairen diktirt."

Auch Ibrahim Pascha wurde Pückler in Kairo vorge=
stellt, der eifrig von ihm verlangte über die Organisation
der preußischen Landwehr unterrichtet zu werden. Er da=
gegen beschrieb Pückler mit großer Lebendigkeit die Be=
lagerung von Acre. Ibrahim Pascha war nach Pückler's
Beschreibung jeder Zoll ein Soldat, und hatte den Hals
eines Stieres, mit der Miene eines Löwen. Die Begegnung
beider war aber weniger sympathisch, als die mit Mehemed

Ali, und drohte sogar eine unangenehme Wendung zu nehmen, da als die Diener den Kaffee servirten, sie dem Prinzen eine Pfeife reichten, Pückler aber nicht, was diesen so kränkte, daß er um seine Verstimmung zu zeigen, absichtlich verstummte, was Ibrahim auf das von ihm bisher unbemerkte Versehen aufmerksam machte, worauf er laut befahl die vergessene Pfeife zu bringen.

Die Besichtigung der umliegenden Gärten interessirte Pückler besonders in Beziehung auf seine Gartenkunst. Er meinte für das dortige Klima sei die englische Landschaftsgärtnerei, deren Hauptelemente Frische, Wald, Wiesen und Rasenplätze sind, nicht geeignet, und für die ägyptische Gartenkunst müsse man ein ganz neues Genre erfinden, in welchem Regelmäßigkeit zwar Grundprinzip, aber höchste Mannigfaltigkeit dennoch nicht ausgeschlossen bleiben würde. Da die Bewässerung dort die Hauptsache sei, und unmöglich zu verbergen, so müßte diese selbst zur Zeichnung der Formen dienen, was in geschickter Ausführung eigenthümliche Wirkung hervorbringen könne. Pückler hielt es für möglich in solcher Weise ein anmuthiges Arabeskenbild herzustellen, in welchem die Umrisse von den unvermeidlichen Wasserkanälen, die Füllung und Schattirung aber durch Vegetation aller Art, wie sie dem Klima angemessen, vom riesigen Sycomore bis zur kleinsten Blume, gebildet würden.

Menschen, die mit reichen Gaben ausgestattet sind, finden meist im Leben nicht Raum, diese alle vollständig auszuüben und müssen die eine vernachlässigen um der anderen Willen Gewiß ist es so, daß Pückler, wenn er sich dieser Sache gewidmet, er mit seinem Schönheitssinn und Geschmack auch als ägyptischer Landschaftsgärtner sich durch Erfindung eines neuen eigenthümlichen Genres hätte auszeichnen können.

Höchst interessant war die Reise nach Nubien und Sudan, die Pückler unternahm. „Ich benachrichtige Dich," schrieb er zuvor an Lucie, „daß ich in wenigen Tagen Deine Ge sundheit auf den Pyramiden trinken werde, nachdem ich sie getrunken:

1. in Berlin und Muskau,
2. auf dem Snowdon in Wales,
3. auf dem Sauvan in Afrika,
4. auf dem Tahgetos in Sparta,
5. auf dem schwarzen Berg in Cephalonien,
6. im Labyrinth zu Kreta.

Später geschieht es im Tempel zu Ypsambul in Nubien, auf dem Berg Sinai, und auf dem Tumulus des **Cröfus!**"

Am 21. Februar verließ Pückler Kairo mit einem Gefolge, welches ihm der Vizekönig gegeben, der schon zuvor nach Ober-Aegypten abgereist war, indem er ihm sagen ließ, er werde ihn dort erwarten. Pückler hatte von Sint aus seine Barke eine Weile verlassen, um mit ihm zu Lande reisen zu können. In zwei reichlich mit allem Comfort versehenen Kangschee, wie die Nilbarken genannt wurden, schiffte er sich ein. Die herrlichen Schilderungen, die hievon sein Werk "Aus Mehemed Ali's Reich" enthält, möge der Leser selbst aufsuchen. Es möchte schwerlich eine Reisebeschreibung geben, die mehr lebendige Anschaulichkeit, poetische Auffassung und zugleich getreue Wahrheit in sich vereinigt. Pückler freute sich an der rosenroth gefärbten Wüste, mit mehr als vierzehn Pyramiden geschmückt, die er eine erhabene Dreieinigkeit von Weltstadt, Grünland und Sandmeer nennt. "Hier sah ich Wunder unbeschreiblicher Art," schreibt er den 28. März aus Affuan, "und segne meine Beharrlichkeit. Theben war eine Stadt der Götter, nicht des Geschlechtes, das wir heute Menschen nennen. Minutoli sah diese Wunder nicht, gegen welche die Pyramiden nichts sind."

Auf dem Dromedar die Wüste durchreitend, drang Pückler bis Dongola, Samneh, Dal, und Saki-el-Abd vor. Das Gepäck wurde auf Kameele gepackt. Er fühlte sich im Lande der Schwarzen, zwischen der Linie und dem Wendezirkel des

Krebſes wie in einer neuen Welt. Er war nun wirklich
im tropiſchen Lande. Der berühmte Chamſin, der Südſturm,
wehte ihn glühend an, und der Staub, der bis in die ver=
ſchloſſenen Koffer drang, erfüllte die rothgrüne Atmoſphäre.
Aber welche ungewohnten uneuropäiſchen Beſchäftigungen und
Vergnügungen gab es in dieſer Umgebung, die freilich nicht
für jederman gemacht ſind! Wir laſſen ein Programm davon
folgen, das Pückler Lucien mittheilt, und das einen pikanten
Gegenſatz bildet, zu Goethe's friedlichen Verſen:

> „Heute geht's nach Belvedere,
> Morgen geht's nach Jena fort.“

Er ſchreibt aus Dongola den 19. April, ſeine nächſten
Wochen ſeien wie folgt eingetheilt:

Sonntag, Krokodilsjagd.

Dienstag, Straußhetze.

Donnerstag und Freitag, Parforcejagd auf Giraffen.

Sonntag, Hippopotamusjagd auf dem Nil.

Dienstag, Antilopenhetze mit Windhunden auf dem
  Darfur.

„Eine Löwenjagd iſt noch außerdem in petto,“ fügt er
hinzu, „und Hyänen ſchießt man gelegentlich; Elephanten giebt
es auch etwas tiefer unten. Schnucke, ich bin überzeugt, Du
glaubſt, ich werde noch ſelbſt zum wilden Thiere in dieſen
Ländern. Die Hitze bei den erwähnten Jagden iſt zwiſchen
40 und 50 Grad in der Sonne, und zwiſchen 30 und 38
im Schatten. Geritten wird theils auf ſchnellfüßigen Drome=
daren, theils auf feurigen bongoleſiſchen Pferden, von denen
es aber nur noch wenige hier giebt.“ Am Schluſſe deſſelben
Briefes heißt es: „Von Wady Halfah bis hieher mußte ich
7 Tage in der Wüſte reiſen, aber der Sand in der Haſen=
haide übertrifft den der Wüſte noch. Berlin behält immer
in allen Dingen den Vorrang. Wie gern ſchwatzte ich dort
in Deinem Feenpalaſt mit Dir. Kommt Zeit, kommt Rath.
— Weißt Du, in welcher Tracht ich jetzt gewöhnlich gehe?

In dem seidenen Schlafrock, wozu Du mir das Zeug vor meiner Abreise nach Muskau schenktest, mit weißen Lein= wandhosen, gelben Stiefeln, und einer rothseidenen Nacht= mütze auf dem Haupte. So jage ich die Giraffen."

In der Freiheit der Wüste wurde Pückler mehr und mehr zum braunen Nomaden, mit weißen Haaren und langem Bart, denn die Sklaverei des Rasirens und gar des Fär= bens hatte er jetzt gänzlich aufgegeben. Dagegen badete er fast täglich im Nil, trotz der Krokodile, die solchem Badenden gern Gesellschaft leisten wollten.

Auch einer jungen Hyäne begegnete die Karavane einmal am Nil, die aber, von ihrem Lager aufgescheucht, bestürzt entfloh. Später sahen sie deren so viele, daß sie für Pückler ganz den Reiz der Neuheit verloren, und er meinte sie seien nun schon ein sehr prosaisches Unthier für ihn geworden. Eines Tages zwischen Jackdul und Metemma hörte Pückler auf Kissen und Teppichen unter einem alten Baum aus= ruhend, einen zischenden Laut hinter sich, und erblickte, sich umwendend, eine große, kohlschwarze Schlange, die, noch halb im hohlen Baumstamme verborgen, mit Kopf und Vorder= theil zusammengeringelt auf seinem Kissen ruhte. Es schien unzweifelhaft, daß sie von dem weichen Lager und der Wärme angezogen, schon längere Zeit dort neben Pückler verweilte, und nur durch sein rasches Aufspringen ihr zorniges Zischen begann. Sie war ungefähr zwei Finger dick, und von der giftigsten Art. Auf die Krokodile, denen man gruppenweise begegnete, machte Pückler wiederholt Jagd, und erlegte endlich eines, das er als Trophäe nach Hause brachte. Auch ein Nilpferd kam einmal nahe an die Barke.

Von seinen Freuden wie von seinen Strapazen entwirft Pückler ein lebhaftes Bild in einem Briefe aus Kantoum vom 29. Mai 1837, an Lucie, den wir hier einschalten, um so mehr, da seine Briefe an frischem Schwung und eigen=

thümlichster Natürlichkeit sogar noch seine gedruckten Schil=
berungen übertreffen:

„Meine herzensliebe, alte, gute, dicke Alaunschnucke!"

„Wenn ich dieses Fegefeuer abhalte, wo ich gestern bei
einer gewaltigen Migraine noch in der Nacht 32 Grad
Reaumür! hatte, wo überdies epidemische Fieber von Dongola
aus über 200 Meilen herrschen, und mir nebst allen Be=
quemlichkeiten nun auch der Wein ausgegangen ist, — so
glaube ich, daß ich gegen alles agguerrirt bin. So viel ist
gewiß, daß kein wendischer Bauer in der Herrschaft Muskau
existirt, der nur halb so viel Entbehrungen und Mühselig=
keiten auszuhalten hätte, als ich seit Monaten. Wochenlang
hatten wir in der Wüste nichts als spärliches Wasser, das
der Lehmtunke glich, die man beim Bauen zum Kalklöschen
braucht, und nichts als Reis zur Nahrung, nur wenig Schlaf
im vollen Anzuge, und 12 bis 14 Stunden lang in den 24
Stunden des Tages die stoßende und ermüdende Bewegung
des Dromedars auszuhalten bei 39 Grad im Schatten und
54½ in der Sonne! Ich bin hauptsächlich dadurch des
größten Theils meiner Vorräthe beraubt worden, daß ein
Löwe unsere Karavane angriff, und die entsetzt fliehenden
Kamele alles zerschmetterten, was irgend zerbrechbar war.
Es war ein Jammer zu sehen, wie viel Champagner, Bor=
beaux, Oel, Essig, eingemachte Früchte in Branntwein, Cor=
nichons, Kapern u. s. w. (denn ich hatte mich ziemlich gut vor=
gesehen), bei dieser Gelegenheit unnütz den Sand der Wüste tränken
mußten. Der Löwe that unseren Thieren indeß nichts, son=
dern warf sich auf eine neben der Karavane lagernde Heerde,
aus der er einen fetten Esel zum Frühstück verzehrte, und
einen Ochsen in Stücke zerriß. Hier muß man sich an alles
gewöhnen. Neulich badete ich im Nil, als man mir zurief:
„Timsach, Timsach! ein Krokodil, ein Krokodil!" In der
That sah ich nicht zehn Schritte von mir das Unthier schon
seinen Rachen emporrecken, und machte, daß ich fortkam.

Das Bad ist aber ein solches Bedürfniß in der Hitze, daß ich am anderen Tage (es war in Schendy, der Stadt, wo man Ismael verbrannte) dennoch wieder badete, aber mehrere Barken einen Cordon um mich ziehen ließ, deren Neger mit den Rudern fortwährend im Wasser plätschern mußten. Dennoch zeigte sich das Krokodil wieder, aber in größerer Entfernung, und ich kehrte mich nicht mehr daran. Am dritten Tage aber, wo ich unwohl das Bett hüten mußte, fraß das abscheuliche Geschöpf ohnweit unseren Zelten einen am Ufer schlafenden Neger, den es mit dem Schweife in's Wasser schlug, und dann sogleich mit ihm verschwand. C'est un drôle de pays, aber dafür habe ich auch die merkwürdigen äthiopischen Ruinen gesehen, die kaum 5 bis 6 Europäer kennen, habe die von Mesaourat untersucht, welche nur Linant und Caillaud kennen lernten, und bin im Begriff welche zu entdecken, von denen man bisher nur unbestimmte Sagen hatte. Je désire prouver aux gens, que toutefois où je veux une chose, j'en sais aussi venir à bout, quelqu'en soient les difficultés. Und es wird immer recht artig sein, wenn der leichteste, superficiellste, spielende Reisende so spielend entdeckte, was allen pedantischen Perrücken vom Metier bisher unausführbar schien. Doch will ich nicht zu früh triumphiren, und zur guten Stunde sei alles gesagt. In vierzehn Tagen trete ich die Rückreise an, weil die Regenzeit keinen längeren Aufenthalt mehr gestattet, und der schon steigende Nil wird mir vielleicht gestatten alles oder doch den größten Theil des Weges zu Wasser abzumachen, was eine große Erleichterung sein würde, in der Zeit des niedrigen Wasserstandes aber wegen der Katarakten unmöglich ist."

Einunddreißigster Abschnitt.

Die tropische Natur. Das Königreich Sennar. Anstrengungen. Er=
krankung. Ouad=Medina. Rückkehr. Nilfahrten und Wüstenritte.
Pyramiden. Katarakte. Ruinen. Die Insel Argo. Ypsambul, Dör,
die Tempelreihe von Philä. Sphynxe und Kolosse. Siena. Ko=
mombos, die Steinbrüche von Selseh, der Tempel von Edfu. Theben.
Khéne. Sint. Die Provinz Fajum. Die Ruinen von Arsinoé.
Suchen nach dem Labyrinth. Kairo. Beziehungen zu Mehemed Ali.
Daß die Könige nicht lieben die Wahrheit zu hören! Zeitungs=
artikel über Said=Bey, den „dicken Prinzen". Verdruß mit Muktar=
Bey. Hofintriguen. Unfall in Kairo. Herzlicher Abschied von
Mehemed Ali. Französischer Orden. Menagerie. Luciens Eifersucht
und Herrschsucht; ihre litterarische Einmischung. Pückler verliert die
Lust an der Schriftstellerei.

Nahe dem vierzehnten Breitegrade fühlte sich Pückler
in die wahre tropische Natur eingetreten, und er bedauerte
nun lebhaft, drei Monate zu früh oder zu spät in diese
Regionen gekommen zu sein, da er sonst gern noch viel,
mehr als irgend ein Reisender vor ihm, vorwärtsgedrungen
wäre. Er kam sich so „verafrikanert" vor, daß er fürchtete,
es möchte ihm schwer werden, sich in der Heimath wieder
in die europäische Lebensart zu finden. Diese Betrachtungen
veranlaßten ihn zu folgendem Ausruf, den wir im dritten
Bande seines Werkes „Aus Mehemed Ali's Reich", S. 276,
finden:

„So mögt Ihr mich denn trösten, rief ich jetzt, freudig
überrascht von der jeden Augenblick zunehmenden Pracht
unserer Umgebung aus, Ihr undurchdringlichen Urwälder,

die Ihr heute, während wir so sanft auf dem ruhigen Strome dahingleiten, zum erstenmal mit Euren majestätischen Baumkronen rechts und links bis an das Wasser niedersteigt; Ihr Ungeheuer der Tiefe mit aufgesperrtem Rachen, auf die wir bis jetzt immer vergebens unser Pulver verschossen; Ihr kolossalen Geier, die Ihr, auf den höchsten Spitzen Euch wiegend, verwundert auf unsere Schiffe herabblickt; Ihr buntbefiederten Papageien mit dem krächzenden Willkommen: Ihr fischenden Pelikane, Ihr Elephanten, Giraffen und Gazellen, die Ihr den Durst aus den lehmigen Fluthen des Flusses löscht, und vor allen Ihr drolliges Völklein schwarzer, grüner und gelblicher Affen, die Ihr zu unserem größten Ergötzen, ganze Familien stark von Ast zu Ast umherspringt, oder possirlich grimassirend tanzt, und Euch so unbefangen in Eurem wilden Zustande mit ungestörtester Muße von uns betrachten laßt — Ihr seid vor der Hand unser einziges Publikum, und wenigstens mit aller Unverstelltheit und aller Grazie der Natur ausgestattet. Wo man sich aber an dieser Mutter Brust legt, ist man immer noch in der wahren Heimath, und auch ich fühle hier etwas von Eurer göttlichen Freiheit, Ihr guten wilden Thiere, das die früheren trüben, mattherzigen Gedanken heilsam wieder niederschlägt.“

Im Königreich Sennaar erging es Pückler nicht gut. Zuerst erkrankte der ihn begleitende Arzt, Dr. Koch, am Fieber, so daß Pückler ihn zu besserer Pflege nach Kartum zurückbegleiten ließ. Kaum war er aber fort, so erkrankte Pückler selbst, und war schlimm daran, ohne Wein, der ihm endlich ausgegangen war, fast ohne Medizin, ohne Arzt, und beinahe ohne Obdach, da die elenden Stuben keine Fenster hatten, und das Dach der Kajüte so undicht war, daß er unter dem aufgespannten Regenschirm schlafen mußte, um nicht naß zu werden. Drei Wochen vergingen unter solchen Leiden, und Pückler wurde so schwach, daß er kaum mehr allein gehen konnte. Doch überwand seine kräftige Natur endlich die

Krankheit und er erholte sich, wenn auch langsam. Bei alle=
dem versäumte er sein Reisetagebuch nicht, und es gab Tage
wo er 16 Bogen schrieb. „Ich fühle aber auch, daß ich
bald einer langen Ruhe, und vor allem eines zufriedenen
und beruhigten Gemüths bedarf," schrieb er aus Quad=Me=
dina den 26. Juni 1837 an Lucie, „um mich wieder zu
erholen und nicht zu erliegen. Ich bin mit meinem langen,
weißen Bart so mager wie eine Schindel, und sehe jetzt alt
aus, hoffe aber, mit guter Kost und Seelenruhe (vom Stande
der Finanzen hauptsächlich abhängig, und natürlich guten Nach=
richten von Dir und über meine Schriften) mich bald wieder
zu verjüngen. Die Briefe, die ich in Khene finde, werden
meine beste Medizin sein."

Quad=Medina, von woer dieser Brief datirt ist, gerade
am Beginn des dreizehnten Breitegrades, wurde, bis auf
eine kurze Ausflucht zu Lande bis zum Zusammenfluß des
Dender mit dem blauen Flusse, in der alten Provinz Sen=
naar, der letzte Hauptpunkt, zu dem er vordrang.

Das Umkehren ist auf Reisen immer das Schwerste;
auch für Pückler kostete es einen harten Entschluß, zu dem
aber seine nur langsam fortschreitende Besserung doppelt
mahnte. Und so wandte er denn am 1. Juli 1837 seine
Kangsche, die in Abu=Haraß möglichst ausgebessert worden
war, wieder dem Norden zu. Wir können unseren Helden
nicht auf allen seinen Nilfahrten und Wüstenritten begleiten,
nicht mit ihm alle Pyramiden, alle Katarakte besuchen, die
er auf seinem Wege fand. Deßhalb sei hier nur kurz an=
gegeben, daß er über Kartum und Schendy nach den Ruinen
von Meroë ging, die ihm im Abendsonnenglanze entgegen=
leuchteten, dann weiter nach Machärif, dem Hauptort von
Berber; von dort durchstreifte er wieder die Wüste auf
anderem Wege bis zum Dschebel=Barkal, diesmal auf einem
dongolesischen Rothschimmelhengst, der aber den angestrengten
Marsch nur kurz aushielt. Der Weg bis Dongola wurde

in Barken zurückgelegt. Auch einen Ausflug nach der Insel
Argo unternahm Pückler, um die dortigen Tempelüberreste
zu besehen. Ypsambul, Dör, die Katarakten, die Tempel=
reihe bis Philä kamen dann an die Reihe. Er lebte zwischen
Sphinxen und Kolossen; die ägyptischen Alterthümer fesselten
ihn durch ihren geheimnißvollen Ernst, durch ihre phan=
tastische Großartigkeit. Weiter folgten Siena, Komombos,
die Steinbrüche von Selseh, der riesige Tempel von Edfu.
Noch einmal sah er Theben, das ihm beim zweiten Besuche
beinahe noch erhabener erschien als beim ersten.

Den 1. September traf Pückler endlich in Khéne wieder
ein, wo er sich etwas von den langen Reisebeschwerden aus=
ruhte. Weiter reiste er über Sint nach der Provinz Fajum,
nach den Ruinen von Arsinoë, und suchte nach den Resten
des Labyrinths, einem der sieben Wunder der alten Welt,
über dessen Lage so verschiedene Meinungen herrschen.

Ende September endlich traf Pückler wieder in Kairo
ein, wo er von dem Vizekönig, der ihn seinen Freund nannte,
mit aller Güte empfangen wurde.

Doch blieben die Beziehungen Pückler's zu Mehemed
Ali nicht ganz so rosig wie im Anfang, wozu verschiedene
Umstände beitrugen; einmal, daß Pückler, von ihm über seine
Reise befragt, ihm freimüthig sagte, daß er und sein Volk
unverschämt von den Beamten bestohlen würden, und daß in
der herrlichen Provinz von Fajum, wenn man daran dächte wie
sie zu Saladins Zeiten ausgesehen, noch viel zu thun übrig
sei. Jacoby's berühmtes Wort: daß die Könige nicht lieben
die Wahrheit zu hören, fand auch hier seine Anwendung,
denn die Pückler'schen Bemerkungen verdrossen Mehemed Ali
sichtlich. Nicht minder ärgerte ihn, zu erfahren, daß Pückler
in einem in der Augsburger Allgemeinen Zeitung abgedruckten
Bericht von der ungewöhnlichen Korpulenz des jüngeren
Sohnes des Vizekönigs, Said Bey, gesprochen hatte, was
noch dadurch verschärft wurde, daß die Redaktion der Zeitung

dem Artikel die Ueberschrift: „der dicke Prinz" gegeben hatte. Endlich geschah es, daß der Minister Muktar Bey sich un= höflich gegen Pückler benahm, worüber dieser bei Mehemed Ali Klage führte, was auch zur Folge hatte, daß Muktar Bey ihn um Verzeihung bitten mußte. Doch stand der Minister beim Vizekönig in hohen Gnaden, und so war ihm der Vor= fall doch unangenehm. Auch an Intriguen, die. versucht wurden, um Pückler und Mehemed Ali voneinander zu ent= fernen, mag es nicht gefehlt haben, da dergleichen Unkraut an Höfen stets reichlich gesäet wird.

Länger als er beabsichtigte, wurde Pückler durch einen Unfall in Kairo festgehalten. Er fiel nämlich im Dunkeln eine Stufe hinunter, wobei er sich den Fuß so verstauchte, daß er die heftigsten Schmerzen litt, und der Arzt ihm vor= aussagte, daß er Monate lang würde an Krücken gehen müssen. Dies störte ihn um so mehr, da er so gern die Reise fortsetzen, und Weihnachten als „guter Christ" in Je= rusalem zu feiern wünschte. In der That mußte er in Kairo vier Wochen lang die Stube hüten. Dieser störende Um= stand, sowie Luciens Klagen über seine lange Abwesenheit, ließen ihn auf den Plan verzichten, auch noch den Sinai und das rothe Meer zu sehen. Dagegen wartete er mit Ungeduld darauf, nach Syrien und Konstantinopel aufbrechen zu können.

Als er endlich abreisen konnte, beurlaubte er sich vom Vizekönig nicht ohne Rührung, und auch jener sprach herz= liche Worte zu ihm, und so schieden sie wieder in schönstem Einvernehmen.

Von Hause hatte Pückler unterdessen die Nachricht erhalten, daß König Louis Philipp ihm den französischen Orden der Ehrenlegion verliehen hatte, und er freute sich des europäischen Spielzeuges, wie er sich andrerseits freute, als afrikanisches Spielzeug eine ganze Menagerie nach Europa mitzubringen, die er bei sich führte, nämlich einen Strauß, ein kleines Krokodil, eine Riesenschildkröte aus den Gebirgen von Sennaar, einen Dromedar, zwei Gazellen, zwei Affen, zwei dongolesische Hengste und einen Papagai.

Luciens Briefen sah er immer mit Sehnsucht entgegen, und hatte in vieler Beziehung Freude daran, doch erregten sie auch in manchem Betracht seine Unzufriedenheit. Mit Lucie war es nicht leicht zu leben. Sie überschüttete Pückler mit pathetischen und sentimentalen Zärtlichkeitsergüssen, die ihm aber manche unbequem zu tragende Lasten auferlegten. Sie machte große Ansprüche an ihn, war noch herrschsüchtiger als er, und verlangte, daß er sich in allem nach ihrem Sinne richten sollte. Wohl war es treue Zuneigung, wenn sie ihn in der Ferne von Gefahren umgeben wissend, in steter Sorge um ihn war, oder wenn sie ihm schilderte, wie sehr sie sich ohne ihn einsam fühle; aber das ewige Klagen gefällt keinem Mann an einer Frau, und wenn er fand, daß die begeisterten Liebesbetheurungen, die seinem Selbstgefühl recht angenehm waren, denn doch oft nur theoretisch blieben, und sich nicht in praktische Nachgiebigkeit verwandeln wollten, oder gar darauf hinaus liefen, seine vor allem geliebte Freiheit und Unab=hängigkeit zu beschränken, so verstimmte ihn das. Natürlich war dergleichen nur vorüberziehendes — wenn auch wieder=kehrendes — Gewölk, denn alte Lebensgewohnheit und feste Freundschaftszuversicht bildeten immer den unerschütterlichen Grund dieses Verhältnisses.

Sehr unbequem und störend war es Pückler, daß Lucie beständig eifersüchtig auf seine Freundschaft mit Varnhagen war, es ihm übelnahm, daß er diesem seine Manuskripte zur Durchsicht schickte, und seinem Urtheil anheimstellte, was stehen bleiben und was gestrichen werden sollte. Ja, damit noch nicht genug, begann sie auf seine ganze Schriftstellerei eifersüchtig zu werden; sie klagte, diese sei ihre Nebenbuhlerin, er schreibe ihr weit weniger ausführlich, seit er ein Autor geworden, und dergleichen mehr. Dabei machte sie ihm an

seinen Werken beständig Ausstellungen, weit mehr als Varn=
hagen, der die Eigenthümlichkeit dieses Talentes erkennend,
einsah, daß man es in seiner ursprünglichen Gestalt hin=
nehmen müsse mit seinen Fehlern und Vorzügen, und es
nicht umschmelzen könne nach Anderer Maßstab, ohne ihm
den größten Reiz zu nehmen.

Lucie aber wollte einmal eine entscheidende Kritik üben,
und mit ihrem Hofpoeten Leopold Schefer zu Seite bestand
sie sogar darauf, daß an seinen Werken Aenderungen vorge=
nommen würden. Pückler ließ sich anfänglich mit vieler
Geduld und Grazie tadeln, ja er rühmte sogar Luciens Auf=
richtigkeit. Als man ihn aber von Muskau aus mit wieder=
holten ungewollten Aenderungen seiner Manuskripte bedrohte,
die er nach Hause schickte, um sie dem Verleger zukommen
zu lassen, da fiel das wie Mehlthau auf seine Schaffenslust,
die sich bei den Anregungen des Wanderlebens zu einer
wahren Leidenschaft gesteigert hatte. „Die litterarischen Nach=
richten und Abhandlungen," schrieb er an Lucie den 15. No=
vember 1837 aus Kairo, „welche Dein Brief enthält, sind
wie die von Schefer mitgetheilten, der Todesstoß meiner
schriftstellerischen Laufbahn. Ich sehe, daß Freund und Feind
mehr von mir prätendiren als ich leisten kann, und da zuerst
J.'s Defektion, dann die Muskauer Zögerungen die kostbare
Zeit haben vorübergehen lassen — ein unersetzlicher Verlust —
so muß ich wahrscheinlich mein Buch zumachen, und bedaure
nur den Zuschuß, den Muskau mir nicht in demselben Maße
liefern wird. Man hat mich mit dem Publikum in die Lage
eines Liebhabers gesetzt, der nichts mehr von sich hören läßt,
und daher durch Andere abgesetzt wird. Les absents ont
toujours tort; ich wußte es und schrieb daher mit eisernem
Fleiß, um keine Lücke zu lassen. Der Himmel aber entschied
anders, und ich füge mich in Geduld, der Trieb zum
Schreiben ist aber bei mir nun um so sicherer versiegt als
die Lust mich zu lesen beim Publikum. Die Muskauer

Kamarilla hat ihr Theil daran. Aus bester Meinung, aber nicht mit dem besten Erfolg. N'en parlons plus."

Auch später schrieb Pückler an Lucie aus Alexandria den 10. Dezember 1837, als Antwort auf ihren Brief, er sähe, daß seine ganze Autorschaft so gut wie in's Wasser gefallen sei, und daher ihm auch alle Lust daran vergangen. Seit vier Monaten habe er weder ein Tagebuch mehr gehalten, noch eine schriftstellerische Feder angerührt. Er schien also gar nicht vollständig unterrichtet zu sein von den außerordentlichen Erfolgen, die er sich unterdessen in der Litteratur errang, und die Muskauer Mittheilungen mußten die Dinge demnach durch eine sehr schwarze Brille betrachten.

Ganz resignirt schrieb er an Lucie aus Alexandria den 8. Januar 1838: „Im Uebrigen ist die ganze litterarische Angelegenheit, was mich betrifft, wahrhaft trostlos geworden. Unsere Ansichten darüber sind nicht dieselben, meine Kräfte sind Euren Erwartungen, verehrte Präsidentin und Konsorten, nicht gewachsen, und ich sehe meine Rolle in dieser Hinsicht für beendet an, bedaure auch dabei — da meiner Eitelkeit hinlänglich geschmeichelt wurde, nur die entzogene Geldquelle. Ich weiß auch gar nichts mehr darüber zu sagen, und gebe Dir und Schefer carte blanche zu machen was Du willst. Ein Manuskript geht ab, findet man es nicht tauglich, so lasse man es liegen bis zu meiner Rückkunft, es wird aber dann zu allem Weiteren wahrscheinlich zu spät sein. Ich bin so degoutirt, daß ich seit sechs Monaten nichts mehr aufgezeichnet habe, und es ist die Frage, ob ich mir auch ferner mehr die Mühe geben werde."

Bei einer so sensiblen Natur wie die seinige, war es so leicht ihm eine Sache zu verleiden! —

Zweiunddreißigster Abschnitt.

Abfahrt von Alexandria nach Syrien. Neue Reiselust. Mehemed Ali's Aufmerksamkeiten. Handküsse des Ministers Boghos=Bey. Asien. Palästina. Brief aus Jerusalem. Das heilige Grab. Gethsemane. Ausflug nach dem Jordan und dem todten Meer. Une espèce de saint. Ein Messias. Pracht des Sternenhimmels. Liebe zum Orient. Gleichgültigkeit gegen die Schriftstellerei. Freude am Reisen. Naza= reth. St. Jean d'Acre, Saida und Beiruth. Lady Hester Stanhope. Das Felsennest von Daërdschuhn. Der Lady Leben und Schicksale. Der Empfang um Mitternacht.

Wenn auch noch immer im Gehen gehindert, schiffte sich Pückler doch den 14. Januar 1838 von Alexandrien nach Syrien ein, so weit ausgeruht, daß seine Reiselust in voller Frische und Lebhaftigkeit wieder aufgewacht war. Wie freute er sich auf die Ruinen von Balbeck, Jerusalem und die „heilige Umgegend" mit Sodom und Gomorrha. auf Damas= kus, die Perle des Orients, und auf die Cedern des Libanon.

Mehemed Ali, mit dem Pückler nun wieder ganz aus= gesöhnt war, hatte ihm seine schönste Brigg mit zwanzig Kanonen und reich versehen mit Provisionen aller Art, den feinsten Weinen u. s. w. zur Verfügung gestellt, so wie er ihn auch bei diesem seinem zweiten mehrwöchentlichen Aufent= halt in Alexandria mit solchen Aufmerksamkeiten überschüttet hatte, daß die Europäer, und besonders mehrere Konsuln ihren Neid darüber kaum zu verbergen vermochten. Boghos= Bey küßte Pückler mehrmals die Hand, was wir hier deshalb anführen, weil diese unterwürfigen Ministerküsse als Grad=

messer der Ehrenbezeigungen dienen können, die Mehemed Ali seinem bewunderten Freunde angedeihen ließ.

Nach einer stürmischen und unangenehmen Seefahrt, die eine Woche dauerte, begrüßte Pückler nun den dritten Welttheil Asien mit jugendlicher Begeisterung. Bei klarem Himmel und herrlichem Sonnenglanz lag Palästina's blaue Bergküste vor ihm.

Nicht besser können Pückler's erste Eindrücke in dem neuen Welttheil, den er betrat, geschildert werden, als wie er sie wiedergiebt in seinem Brief an Lucie aus Jerusalem, den 1. Februar 1838. Er lautet:

„Mein liebes Herz, Asien ist herrlich! Seele und Körper fühle ich erfrischt, seit ich den Fuß unter dem köstlichsten Wetter auf seinen Boden setzte. Ich ward in Jaffa (dem alten Joppe) mit solchen Ehren empfangen, daß unter den noch etwas fanatischen Einwohnern fast eine Art von Auflauf entstand, und wie man mir nachher berichtete, mehrere laut ausgerufen hatten: „Nun ist es klar, unser Pascha muß ein Christ geworden sein, daß er einen Giaur mit solchen Ehren empfangen läßt!" Soliman Pascha (Seve) kam von Ramleh (Arimathia der Bibel) mit vier Obersten in die Stadt, um mich zu bekomplimentiren, überhäufte mich mit Artigkeiten, und nöthigte mich ein schönes arabisches Pferd gesattelt und gezäumt zur Reise in Syrien anzunehmen. Die Gouverneure aller Städte sind angewiesen, meinen Befehlen Folge zu leisten, kurz, wenn es möglich ist, steigert sich hier noch die ehrenvolle Aufnahme, die mir Mehemed Ali gewährt. Nachdem ich sie schon ein Jahr lang genossen, ist dies wirklich außerordentlich, und bisher ganz beispiellos. Die Umgebung von Jaffa ist sehr reizend, und bis zu den Bergen Judäa's das gelobte Land höchst fruchtbar. Dann aber wird es wild, bergig, steinig und melancholisch — dennoch mir zehnmal lieber als das monotone Aegypten — vielleicht nur aus Neigung zur Veränderung; aber die frische halb europäische

Luft ist eine so wohlthätige im Vergleiche der erschlaffenden Aegyptens, daß ich mich durchaus wie neugeboren fühle."

„Der beiliegende Brief an Schefer, den ich sehr bitte, nicht zu unterschlagen, giebt Dir noch einige Details mehr, das Uebrige mündlich, aber vorläufig annoncire ich von hier, Damaskus und Aleppo wundervolle Präsente, heilige und unheilige. Auch habe ich alle Hoffnung wunderschöne Pferde zu acquiriren. Wie gratulire ich mir jetzt dieses Land nicht aufgegeben zu haben. Traurig genug, daß mein verrenkter Fuß (der jetzt Gottlob fast wieder hergestellt ist) mich um das rothe Meer und den Sinai gebracht hat, über deren Verlust ich mich lange grämen werde. Schnucke, danke Gott, daß Du nicht daran Schuld bist, Du, die mich in Europa als Schriftsteller abgeschlachtet hast, hüte Dich mich auch als Reisenden zu tödten, sonst bleibt Dir, wenn ich wiederkehre, nichts als ein altes runzlichtes Futteral von Chagrin, das Dir eine schlechte Unterhaltung gewähren wird."

„Gott gebe, die Runzeln betreffend, daß ich hier wieder fett werde, um die Haut wieder aufzuspannen, denn ich bin so mager geworden, daß ich meine Ringe schon lange nicht mehr tragen konnte, weil sie mir von den Fingern fielen. Aber die Lebenskraft ist, wie ich jetzt wieder gewahr werde, doch noch nicht von mir gewichen, und in dieser Hinsicht die Jugend noch nicht ganz erloschen. Der Himmel gebe diesem alten Weibersommer ferneres Gedeihen."

Pücklers Besuch des heiligen Grabes möge man in seinem vortrefflichen Werk „Die Rückkehr" nachlesen, doch können wir nicht unterlassen, seine Betrachtung hier einzuschalten, die er machte, als er den Garten von Gethsemane betrat. „Im Garten von Gethsemane", heißt es dort im zweiten Band S. 55, „jetzt ein von niedrigen und verfallenen Mauern umgebenes Felt, mit acht ehrwürdigen Olivenbäumen, die wohl mehrere Jahrhunderte an sich haben vorübergehen sehen, zeigt man noch das Felsenlager, auf dem die Apostel so hartnäckig schliefen, als Jesus in der Angst seines Herzens betete und der Schweiß blutig von seinen Schläfen troff, eine Allegorie, deren Gegenstand immer wiederkehrt, wenn ein großer Geist in göttlichem Drange eine neue Zeit heraufbeschwört. Fest schlafen die Menschen dabei, dann kreuzigen sie ihn — im geistigen Traume — und viel später erst erwachen sie, und heiligen dann den Märtyrer."

Auch einen Ausflug nach dem Jordan und dem todten Meer, den Weg über Kloster Saba wählend, machte Pückler. Von dort schrieb er an Lucie den 14. Februar 1838:

„Herzensschnucke, ich schreibe Dir diesen Brief im Freien bei Mondenschein vor meinem Feldtisch, dicht am Ufer des todten Meeres sitzend, dem versunkenen Sodom und Gomorrha gegenüber. J'espère que c'est romantique, ça. Trotz räuberischer Beduinen und aria cattiva bivouakire ich hier schon zwei Tage bei dem himmlichsten Sommerwetter, von tausend bunten Blumen umsproßt, und an der Gränze eines unabsehbaren Dickichts, mehr als zwei Mann hohen Binsenschilfes, das von wilden Schweinen und Wasservögeln wimmelt, und auch verschiedene Hyänen und Tigerkatzen beherbergt."

An einer reizenden Stelle des Jordan trank Pückler Luciens Gesundheit in heiligem Wasser, und pflückte für sie ein paar Blumen des Waldteppichs, die sie zärtlich als Andenken bewahrte. Er war wieder in goldenster Laune, in bestem Humor. Indem er auch heilige Erde nach Hause schickte, empfahl er Lucien scherzend, sie dürfe nur an beglaubigte gute Christen davon verschenken, und fügte hinzu: „Je suis Hadschi! und habe ein Diplom darauf vom padre reverendissimo, Hüter des heiligen Grabes, und aller seiner Dependenzen in Judäa, Syrien und Aegypten. Je suis dorénavant une espèce de saint, et j'ai absolution plé-

nière pour tout ce qu'il me plaira de faire. Schnucke,
es wird künftig schwer mit mir auszukommen sein! Doch
bleibe ich vor der Hand noch Dein Dir gewogener gnädiger
Lou." Ebenso heiter scherzte er, als in Tiberia der erste
Rabbine der Juden ihn besuchte, um ihm einen Brief ihres
Chefs aus Amsterdam zu überbringen, und ihn zu benach=
richtigen, daß derselbe auf die Kunde von Pückler's Reise
nach Jerusalem allen vornehmsten Rabbinen befohlen habe,
ihm jede Auskunft über das heilige Land zu geben, damit
er auch ihrer in seinen Schriften gedenken möchte.
„Schnucke, am Ende werde ich noch der Messias der Juden,"
schrieb er an Lucie, „und schließe damit meine arme Carriere."
Solcher Scherz schloß aber nicht das aufrichtigste Wohl=
meinen bei Pückler aus, und an der Sache der Juden nahm
er warmen Antheil; auch schmeichelte es seinem Stolz, daß
von Amsterdam aus den Rabbinen eine hebräische Ueber=
setzung aller Stellen aus seinen Büchern geschickt worden
war, in welchen er von den Juden gesprochen hatte.

Es waren schöne poetische Tage, die Pückler am Jordan
zubrachte, und Abends entzückte ihn die Pracht des Himmels,
den er weit sternenreicher als bei uns, und wie von tausend
Diamanten blitzend beschreibt. Seiner Aussage nach entdeckte
man selbst in der Milchstraße mit bloßen Augen einzelne
Sterne, die man sonst nie unterscheidet, und Venus glänzte
wie ein kleiner Mond.

Hatte Pückler früher das „gute Afrika" gepriesen, so
war er nun nicht minder eingenommen von seinem „lieben"
Orient. „Je me laisse aller à un doux far niente",
schrieb er an Lucie vom See Tiberias, den 17. Februar 1838,
„dans mon cher Orient, où seul on vit." Die Freude an
der Schriftstellerei blieb ihm getrübt, und er meinte nun,
Lucie habe ganz Recht gehabt, ihn davon abzubringen, und
da nun der Schriftsteller todt sei, bleibe nur der alte treue

Lou übrig. Er glaube in der That diese Facette seines
Lebens habe sich abgeschliffen, und es werde sich nun eine
neue finden. Die Reiselust stand dagegen bei ihm wieder in
voller Blüthe, und er bot alles auf, um die ungeduldig zu
Hause nach ihm seufzende Lucie zu beruhigen, und ihr vorzustellen, sie müsse vernünftig sein, und ihm gestatten sein
bischen Leben noch zu benutzen, um die Welt, auf der er geboren
ward, ein wenig kennen zu lernen. Wenn sie ihm dann mit
ihrem nahen Tode drohte, so wollte er auch davon nichts
hören, und entgegnete, er sei innerlich überzeugt, daß sie
länger leben würde als er. „Du wirst mir noch sterben
helfen", schrieb er ihr aus Nazareth den 1. März 1838,
„um Deinen treuen Dienst bei mir bis zum Ende zu ver-
richten, was Deine Bestimmung ist, und à tout prendre
hast Du auch einen ganz guten Herrn, und so lange Du ihn
lieb hast, jedenfalls der beste für Dich."

Von Nazareth ging Pückler weiter nach St. Jean
d'Acre, Saida und Beiruth. Die Ehrenbezeigungen wiederholten sich dabei immer in gleichem Maaße. Jeder Gouverneur der Provinzen wie der Städte kam ihm stundenweit
entgegen, und wo nur eine Kanone vorhanden war, donnerte
sie ihm zum Empfang.

Ein besonderer Wunsch Pückler's war schon seit lange
gewesen, die berühmte Lady Hester Stanhope kennen zu
lernen, und er hatte sich fest vorgenommen Syrien nicht zu
verlassen, bis er dies erreicht. Es war aber nicht leicht zu
ihr zu gelangen, denn nachdem sie ein paar Jahre zuvor
den Besuch des Dichters Lamartine angenommen, dessen
Bericht über sie sie gelesen und sehr gemißbilligt hatte, wollte
sie keinen Fremden mehr annehmen, und hatte erst kürzlich
Clot-Bey und Doktor Bowring abgewiesen. Ein Grund
mehr für Pückler die Bekanntschaft lebhaft zu wünschen.
Daër-Dschuhn, Lady Hesters Felsenschloß, lag im Gebirge in

der Nähe von Beiruth und Saida. Pückler begann nun einen pikanten, romantischen Briefwechsel mit ihr; anfänglich gab sie sich für krank aus, um dem Besuch höflich auszuweichen, zuletzt aber erreichte Pückler seinen Zweck, und eines freundlichen Empfanges versichert, brach er an einem Sonntag, auf ihren ausdrücklichen Wunsch sein ganzes Gefolge von Dienern und Sklaven mitbringend, nach der kleinen Festung auf, welche sie bewohnte.

Die Einladung der originellen Frau lautete auf acht Tage, oder vielmehr wie Pückler der Arzt der Lady, der ihn bei der Ankunft empfing, lächelnd erklärte, auf acht Nächte, da sie selten vor Mitternacht sichtbar sei, indem sie den Tag über schlafe.

Doch wir lassen Pückler einstweilen in dem von Blumengärten umgebenen kleinen Pavillon, mit einer geräumigen Veranda von grünem Flechtwerk mit Rosen überzogen als Eingang, die ihm zur Wohnung angewiesen wurde, um bevor die beiden Originale sich gegenübertreten, einige Worte über Lady Hester Stanhope zu sagen.

Sie war in England geboren, und eine Nichte des berümten Ministers Pitt, und genoß sein so unbedingtes Vertrauen, daß ihr zehn Jahre lang, die sie in seiner Nähe zubrachte, sogar politischer Einfluß beigemessen wurde, wo denn freilich anzunehmen sein müßte, daß sie in ihrer Jugend weniger seltsam und phantastisch war als in ihrem Alter. Nach Pitt's Tode wollte Fox sie durch eine Pension von 2000 Pfund Sterling ehren, die sie jedoch ausschlug, und da sie sich ohne ihren geliebten Onkel in der Heimath einsam fühlte, ging sie nach dem Orient, wo sie eine Reihe aufregender Abentheuer zu bestehen hatte. Sogleich zu Anfang erlitt sie Schiffbruch, verlor ihren Schmuck, große Summen in baarem Gelde und alles, was sie mit sich führte, dann wurde sie von der Pest befallen, überstand sie aber, und ging darauf in die Wüste. Merkwürdig ist der Einfluß, den sie sich auf die Araber zu verschaffen wußte, und wie lange sie denselben ausübte. Pückler behauptet, sie sei von Allen fast als ein höheres Wesen angesehen, und gleich einer Königin geehrt worden, doch seien zuvor ihr Muth, ihre Geistesgegenwart und ihre Urtheilskraft auf die härtesten Proben gestellt worden, in denen mancher männliche Held vielleicht unterlegen wäre. Eine dieser Proben bestand sie, als sie während des Krieges zwischen dem berühmten Drah, welcher damals die Stämme der halben Wüste unter seine Botmäßigkeit gebracht hatte, und seinem nachherigen Schwiegervater, von dem ersteren selbst nebst 200 Mann escortirt, nach Palmyra reiste. Drah sagte ihr, er sei sehr besorgt, daß der Feind in der Nähe sei, sie möge ihn an einem bestimmten Ort erwarten, während er mit seiner ganzen Truppe eine Rekognoszirung vornehme. So blieb sie mit ihrem Gefolge allein, doch waren Alle bewaffnet. Man wartete eine lange Stunde, während deren die Lady nicht vom Pferde steigen wollte. Plötzlich hört man das furchtbare Angriffsgeschrei der Beduinen, die mit ihren Lanzen kampfbereit heransprengen. Das ganze Gefolge ergriff die Flucht, aber die muthige Frau zog wüthend zwei Pistolen aus ihrem Gürtel, und jagte, die Hähne gespannt, mit verhängtem Zügel den Beduinen entgegen. Aber als sie losdrücken will, erkennt sie — Drah, den Löwen der Wüste, der vom Pferde springt, um ihre Hand zu küssen. Er hatte diese Maskerade nur unternommen, um ihren Muth zu prüfen. Nun schlossen die Truppen einen Kreis um die beherzte englische Amazone, und riefen sie unter lautem Jubel zur Königin von Palmyra aus. Pückler erzählt, ihre Macht sei hierauf so gewachsen, daß man selbst in Konstantinopel Besorgnisse vor derselben empfand, und daß der in Syrien allmächtige Emir Beschir sich vor ihr beugen mußte. Von den gefeiertsten Dichtern Arabiens wurde sie besungen. Doch als Mehemed Ali Herrscher von Syrien wurde, und Ibrahim erſchien, ſchmolz ihr Nimbus, und ihr Anſehen nahm ab; auch wurden ihre Mittel beſchränkt, da ſie einen großen Theil ihres Vermögens verloren hatte. Den Beſuch Ibrahim Paſcha's wollte ſie durchaus nicht annehmen, und als er ihn erzwingen wollte, ließ ſie ihm ſagen, ſie werde ihr Haus vertheidigen, und nur über ihre Leiche könne er den Eingang finden, worauf er davon abſtand.

Es möge hier auch ein Urtheil Varnhagen's über Lady Heſter ſeinen Platz finden. Es lautet: „Sie war offenbar etwas verrückt, aber höchſt begabt und genial. Alle Krankheiten europäiſcher Verwöhnung waren in ihr, gebieteriſche Herrſchſucht, Geiſtesſtolz, Tollkühnheit, Eitelkeit, Empfindſamkeit. Sie hatte die größte Härte, ein bischen türkiſcher Paſcha, ein bischen engliſcher Miſſionair, ein bischen Bettine, Schlabrendorf, und wer weiß was noch alles! Das weiß ich, mich hätte ſie weder bezaubert noch unterworfen, ich wär' ihr anders gekommen! Doch wahrſcheinlich hätte ſie mich nicht vorgelaſſen, oder doch nicht zum zweitenmale. Bei aller Genialität, bei allem Unglück und Unrecht, das ſie erfahren, muß ich zuletzt doch ſagen: Ein abſcheuliches Weibsbild! —"

Als Pückler nach Daër-Dſchuhn kam, war die Lady bereits eine Sechzigerin. Aber die Frauen ſind unberechenbar! — oder ſollen wir lieber ſagen, die Männer ſind es? — Während manche Zwanzigjährige trotz Jugend und Schönheit nicht zu feſſeln vermag, wo ſie es möchte, kann mitunter auch eine Alte den Männern gehörig die Köpfe verdrehen, wie dies zuweilen auch Bettinen eine Zeit lang, wenn auch nicht oft, ſelbſt in ihren ſpäteren Jahren gelang. Lady Heſter beſaß in der That alle die Seltſamkeiten, die auf Pückler's Phantaſie wirken konnten, und er geſteht, daß, als endlich die nächtliche Stunde des erſehnten Rendezvous herangekommen war, und ein ſchwarzer Sklave ihm vorleuchtete, während er in Geſellſchaft des oben erwähnten Arztes der Lady durch mehrere Gänge und Höfe nach dem größten und vereinzelten Pavillon geführt wurde, den sie bewohnte, man ihn dann allein eintreten ließ, und eine ältliche Sklavin ihn durch einen dunkeln Korridor bis dicht zu einer rothen Portière geleitete, hinter der ihm Licht entgegenschimmerte, da habe er etwas ganz Wunderliches und Abenthenerliches erwartet, und bei seiner regen Phantasie habe sein Herz lebhaft ge= schlagen.

Er trat nun rasch ein, und die beiden Originale standen sich gegenüber.

Dreiunddreißigster Abschnitt.

Es ist schade, daß uns die Bekenntnisse Lady Hesters nicht vorliegen, und wir somit nur die Eindrücke Pückler's mittheilen können.

Im ersten Augenblick war er enttäuscht, weil ihm nichts Sinnverwirrendes begegnete. Er befand sich in einem einfach meublirten Zimmer, das wenig geräumig war, und in welchem die berühmte Engländerin auf einem schmucklosen Divan saß. Sie war einfach gekleidet, und trug die türkische Tracht. „Ein rother Turban," erzählt Pückler, „ein weißer, bis zu den Füßen herabwallender Bournus, rothseidene Pantalons mit

7*

gleichfarbigen Saffianstrümpfen (da man auf den dicken Teppichen keiner Pantoffeln bedarf), bezeugten nur, daß sie seit lange das bequeme orientalische Kostüm dem geschmack= losen europäischen vorgezogen habe. Als sie bald nachher aufstand und an einem langen Stabe das Zimmer durch= schritt, um mir etwas zu zeigen, wovon sie eben gesprochen, kam sie mir wie eine Sibylle des Alterthums vor. Das blasse regelmäßige Antlitz, die dunkeln feurigen Augen, die hohe weiße Gestalt mit der feuerrothen Kopfbedeckung, die strenge Haltung, das sonore etwas tiefe Organ — es war wirklich viel Imposantes in der Erscheinung, doch nichts was an Affektation streifte; man kann im Gegentheil nicht natür= licher und wahrer sein, als ich Lady Hester bis zum letzten Augenblick gefunden habe, ein durchaus starker, fast zu männ= licher Charakter, der den bloßen Schein in allem verachtete."

Sie war sichtlich leidend, so daß Pückler ihr Unwohl= sein nicht mehr für einen bloßen Vorwand halten konnte. Ihr Benehmen war das einer Frau von Welt, voll Grazie und Eleganz. Die Korrespondenz, die nicht ganz ohne Ko= ketterie gewesen, hatte die Bekanntschaft gut vorbereitet, so daß die beiden türkisch gekleideten Nichttürken sich sogleich wie alte Bekannte unterhielten.

Lady Hester erzählte Pückler, daß, seit ihr Vermögen geschmolzen, sie wie ein Derwisch lebe, und des Luxus nicht mehr bedürfe. Je älter sie werde, meinte sie, je mehr suche sie sich der Natur wieder zu nähern, von der unsere Civili= sation nur zu sehr entferne. „Meine Rosen sind meine Ju= welen," sagte sie, „zu Uhren dienen mir Sonne, Mond und Sterne; zur Nahrung Wasser und Früchte." Dann kam sie auf ihre Phantastereien, daß sie die Sterne, die Pflanzen und die Mienen der Menschen zu deuten wisse, Seltsamkeiten, die aber bei Pückler, wenn auch nur als eine Art Spielerei, auf einen fruchtbaren Boden fielen.

Was während dem achttägigen Aufenthalte in Daër=
Dschuhn in den achtnächtlichen Zusammenkünften von jedesmal
sechs bis acht Stunden zwischen den Beiden verhandelt wurde,
wobei es auch einmal geschah, daß die Lady ihren Gast in
geheimnißvollem Mondschein, der fast so hell als die deutsche
Sonne leuchtete, in das jedem fremden Auge unzugängliche
Heiligthum ihres Privatgartens führte, wo eine so üppige
Rosenfülle ihm entgegenduftete, daß er nahe daran war, in
einen süßen, magnetischen Schlaf zu versinken; was da ver=
handelt wurde, möchte wohl schwerlich alles vor dem klaren,
hellen Tageslichte bestehen können. Die Pythia sprach über
Astrologie, sie stellte Pückler sein Horoskop, sie versicherte,
daß sie die Erscheinung des Messias erwarte, sie zeigte ihm
ihre berühmten Messiasstuten, sie erzählte ihm von ihrem
Verkehr mit bedeutenden Männern, von den Sitten der
Araber, von dem geheimnißvollen Kultus der Drusen, sie
trug ihm wie Scheherazade Mährchen und Legenden vor.

Da entschwanden die acht Tage denn selbst wie ein
Mährchen, und beim Abschied gab Lady Hester ihrem Gaste
noch einige cabbalistische, talismanische Zeichnungen mit, nebst
verschiedenen Verhaltungsregeln für den Fall einer plötzlichen
Ankunft des Messias. Er küßte ihr, wie er selbst berichtet,
„gerührt zum letztenmal die dürre, aber noch immer schön=
geformte, aristokratische Hand“, und verließ dann am frühen
Morgen, ohne sich zu Bette gelegt zu haben, also unmittelbar
nach seiner letzten Audienz, Daër=Dschuhn, um über den Li=
banon den Weg nach Damaskus einzuschlagen.

Wie früher in die Welt Homer's, war er nun in die
des alten Testaments versetzt.

Pückler's Eskorte war, um einen Transport von 12
Kamelen und 10 Maulthieren zu schützen, nur schwach, da man
in den Engpässen der Gebirge keineswegs vor Anfällen der
Drusen sicher war, wie die Reisenden denn auch einen er=
mordeten Fremden auf der Straße liegend fanden. Pückler

wünschte sehr, um den Krieg gegen die Drusen, bei dem
Ibrahim Pascha selbst, mit Zuziehung Soliman Pascha's,
das Kommando übernommen hatte, näher zu betrachten, das
Lager zu besuchen, doch wünschte man dort nicht die Gegen=
wart eines Fremden, und da eben deren Einige abgewiesen
worden, so gab er jede Anfrage deshalb als vergeblich auf.
Doch ritt er mit ein paar Leuten auf eigne Hand in's
Lager, und ließ dort seine Zelte aufschlagen. Am anderen
Morgen besuchten ihn die kommandirenden Generale und
einige Obersten, und ließen die Musik der Garde vor seinem
Zelt aufspielen, und es bewährte sich einmal wieder, daß,
wer nicht viel frägt, oft weit mehr durchsetzt, als wer sich
vorher vorsichtig sichern will. Pückler verweilte nun acht
Tage im Lager, und unterrichtete sich von allem genau.
Ibrahim Pascha kehrte gerade mit 10,000 Mann von einem
Streifzuge zurück. Pückler ritt den ankommenden Truppen
entgegen. Darauf machte er Ibrahim Pascha in seinem Zelte
einen Besuch, wo er denn freilich bemerken mußte, daß dieser
sowohl als Soliman Pascha viel kälter als zuvor gegen ihn
waren, und daß ihnen seine unerwartete Gegenwart ungelegen
zu sein schien. Pückler ließ sich dadurch nicht hindern den
Prinzen zu bitten, er möge ihn auf eine neue Expedition
mitnehmen, die dieser eben im Begriffe war mit tausend
Reitern anzutreten. Doch Ibrahim schlug dies bestimmt ab,
indem er meinte, dies würde wohl für Pückler zu beschwerlich
sein, er hoffe dagegen, ihn in Aleppo wiederzusehen. Zu
beschwerlich! Das verletzte Pückler's Ehrgeiz, und war auch
in der That ungerecht. Soliman Pascha deutete ihm geradezu
an, daß jeder fremde Beobachter unerwünscht sei, und Pückler
kehrte nach Damaskus zurück, wo er einen Monat verweilte.

Weiter sah er die Ruinen von Balbeck, die Cedern des
Libanon, und ging dann über Homs und Hama nach Aleppo.
Wie bei Pückler seine verschiedenen Leidenschaften gewisser=
maßen abwechselten, so war nun an die Stelle der Schrift=

stellerei seine Pferdeleidenschaft getreten. Er kaufte sich für hohe Summen mehrere arabische Hengste, schwelgte in Bewunderung ihrer Schönheit, schrieb über Pferderacen, und freute sich über die Maßen darauf, mit den schönen Thieren in Muskau Parade zu machen, wo diese obendrein, wie er scherzend bemerkte, ein Stück ihrer angeborenen Wüste wiederzufinden hoffen dürften. Er ließ sich in allen diesen Dingen ganz gehen, ganz von augenblicklicher Neigung und Stimmung beherrschen, denn indem er seinen Karakter fortwährend beobachtete und über ihn reflektirte, sah er ihn stets als ein Naturprodukt an, das nicht umgeformt und in nichts verändert werden könne, wie er denn von seinen Vorzügen und von seinen Fehlern so aufrichtig sprach, wie wenn ein Anderer sagt: Es regnet! Es blitzt! Oder: Die Sonne scheint, als ein Naturereigniß, das man hinnehmen muß wie es eben ist.

Doppelt seltsam ist diese Eigenthümlichkeit an einem Manne, der dagegen die landschaftliche Natur als ein Kunstwerk betrachtete, das er als ein wahrer Künstler zu bilden wußte!

Den 18. September 1838 brach Pückler mit allen seinen kostbaren Pferden, deren Zahl nun schon auf zwölf angewachsen war, von Aleppo, wo er durch eine mehrwöchentliche klimatische Krankheit länger aufgehalten worden, nach Antiochia auf. Der Transport der Pferde machte große Mühe und Beschwerlichkeit, da sie jedes Ungemach der Witterung zu bestehen hatten, und da die nöthigen Stallungen fehlten und Pückler beständig weit mehr für ihre Gesundheit fürchtete als für seine eigene. Und doch war der kühne Reisende durchaus noch nicht dem Gebiet der Gefahren entronnen, denn als er in der Umgegend von Antiochia frisch und kräftig wie ein Jüngling ganz allein querfeldein galoppirte, fiel er in eine durch üppig aufgeschossenes Unkraut seinen Blicken verborgene Leopardengrube. Er verrenkte sich dabei die Schulter, und blutete am Auge und am Knie, aber kam

troÿ allen Mißgeschicks doch noch immer glücklich genug
davon. Seine gleichfalls beschädigte Stute war unterdessen
fortgeeilt; da der Sattelgurt gerissen, war der Sattel am
Boden zurückgeblieben, und weil Pückler, troÿ heftiger
Schmerzen, den Sattel wegen seiner Schönheit und kostbaren
Seltenheit durchaus nicht im Stich lassen wollte, so schleppte
er diesen und sich selbst mit Mühe und Anstrengung vor=
wärts, einsam und allein, denn es dauerte lange bis er
anderen Menschen begegnete. Vor der Stadt endlich kamen
ihm seine Leute entgegen, und als er zu Hause war, verließen
ihn die Kräfte und er war einer Ohnmacht nahe. Doch
auch dies Ereigniß nahm Pückler leicht und mit heiterem
Sinne auf, und rühmte den acabischen Wundarzt, der ihn in
vierzehn Tagen vollständig heilte, was, wie er meinte, ein
europäischer nicht vermocht haben würde. Freilich stand dem
Araber dabei ein Mittel zu Gebote, was in Europa nicht
leicht zu verschaffen wäre, nämlich Mumienfett, mit dem
er Pückler wiederholt einrieb. Die Entscheidung, wie weit
dies Mittel wirksam, muß wohl den arabischen und euro=
päischen Wundärzten überlassen bleiben. Pückler aber fand
es vortrefflich und schäÿte seinen Heilkünstler nur um so
höher, da er außer ihm selbst auch sein verleÿtes Pferd
rasch herstellte.

Die Gegend und das Klima um Antiochia bezauberte
Pückler, er fand sie die schönste in ganz Syrien, besonders
Daphne, und der Gedanke, sich hier anzusiedeln, stieg lebhaft
in ihm auf. Hier der Gartenleidenschaft Genüge zu thun,
welch ein neues Feld! Aber wenig übereinstimmend mit
seiner Umgebung und seinen Reiseeindrücken wachte auch ein=
mal wieder die Ordensleidenschaft in ihm auf. Vielleicht
daß der kürzlich empfangene französische Orden diese Lust
neu in ihm angefacht hatte. Wiederholt trieb er daher Lucie
an, sie möge ihm doch in Berlin einen neuen Orden ver=
schaffen. Schon vom See Tiberias schrieb er ihr: „Du

follteft aber, mein Schnücklein, Wittgenftein ein bischen wegen
des großen Rothen angehen. Dites que tout le monde
me distingue, excepté la Prusse (vous pouvez le dire)
und produzire ihm den Brief Sr. Majeftät als er Dir den
kleinen Rothen für mich gab, worin gesagt wurde, daß der
große bei einer anderen Gelegenheit folgen solle, seit welchem
gnädigen Wink 25 Jahre vergangen sind. Fürchte Dich
nicht zu sehr vor abschlägigen Antworten. Was thut das?
On revient à la charge, ou est refusé trois fois, et la
quatrième on obtient. Es schadet meiner Confideration
im Auslande sehr, daß ich von meinem eigenen König so
gering bedacht bin, und es ist meinem Rang, meinem Alter
und meiner jetzigen Stellung in der Welt wirklich nicht an=
gemessen."

Und den 18. März 1839 schrieb er an Lucie in ähn=
lichem Sinne: „Tummle Dich, und verschaffe mir wieder ein=
mal einen oder zwei Orden. Es ist nun schon sehr lange
her, daß Du mir keinen mehr zum heiligen Chriſt bescheert
haft, et j'ai maintenant cette fantaisie."

Pückler's zweimonatliche Reise in Kleinasien war sehr
interessant, aber eben so anstrengend, bald läftig durch Schnee,
Eis und Regen, bald wieder durch übermäßige Hitze. Seinen
dreiundfünfzigsten Geburtstag feierte er auf dem Meere, von
den hochgehenden Wellen geschaukelt, Angesichts des Vorge=
birges Baffo, dem alten Paphos, der eigentlichen Hauptstadt
der Venus. Aber ein furchtbarer Sturm und Gewitter
rissen ihn aus seinen sanften mythologischen Betrachtungen,
und Jupiters Blitzstrahl traf das Bugspriet, und fuhr an
der eisernen Ankerkette bis zu den Füßen unseres auf dem
Verdeck ausharrenden Helden. Da er auch dieser Gefahr so
glücklich entging, so mochte er sich allerdings, wenn auch
Neptun und Jupiter ihm grollten, von Venus freundlich be=
schützt glauben, und nachdem endlich Windstille eingetreten
war, trank er als Nachfeier seines Geburtstages die Ge=

sundheit seiner Lieben in köstlichem Chperwein. Nach acht=
zehntägiger Seefahrt hoffte er in Rhodus zu landen, aber
ein zweiter heftiger Sturm erhob sich, und nicht ohne Lebens=
gefahr konnte die Mannschaft durch die Hülfe zweier eng=
lischer Kriegsschiffe, die zwei Boote zu ihnen sandten, in
Marmorizza an's Land steigen. Kaum wurde die Seefahrt
fortgesetzt, so traf das Schiff zum zweitenmal Sturm und
Gewitter, und der Blitz zertrümmerte dicht neben demselben
den Mast eines griechischen Schiffes. Rhodus und Chpern
konnte Pückler nur wie im Traume sehen. Bei goldenem
Sonnenstrahl dagegen durfte er Stanchio, das alte Kos, die
Vaterstadt des Hippokrates und Apelles bewundern. Diese
glückliche Insel, die er in ewigem Frühling grünend schildert,
bezauberte ihn so, daß er dem Kapitain erklärte, anstatt mit
ihm nach Smyrna zu gehen, wolle er hier auf unbestimmte
Zeit verweilen. Er trank aus der Quelle des Hippokrates,
und sah die berühmte Platane und das Grabmal des Mau=
solus. Den 17. Dezember reiste er zu Land durch Klein=
asien weiter. Berge und Thäler und Tempel nahmen seine
Aufmerksamkeit in Anspruch, und auch von andauerndem
Regen ließ er sich nicht zurückhalten seine Wanderschaft fort=
zusetzen.

In Aidin, der Hauptstadt Anatoliens, wurde er vom
Vizekönig Kleinasiens, Tahir Bey, mit größter Auszeichnung
aufgenommen, und konnte sich rühmen, daß nach der Gunst,
die ihm von Mehemed Ali zu Theil geworden, er nun auch
in dem Reiche des dem letzteren feindlich gesinnten Sultan
Mahmud nicht mindere Ehre empfing; auch wurde er ge=
nöthigt, die Reise von Aidin bis Smyrna, über Magnesia
ad Maeandrum, Milet, Geronda und Ephesus auf Kosten
der Regierung zu machen.

Am 13. Januar 1839 langte Pückler in Smyrna an,
wählte sich aber, anstatt in der Stadt zu bleiben, den reizen=
den Landaufenthalt von Burnabat, wo er seinen langent=

behrten Haushalt, seine zwölf arabischen Pferde, und Briefe
aus der Heimath vorfand.

In behaglichem Ausruhen wandte sich Pückler nun
wieder etwas seiner Schriftstellerei zu, und da fielen ihm
denn auch wieder die Aenderungen ein, die Lucie ihm an
seinem „Vergnügling" vorgenommen, und er warf ihr wieder=
holt vor, daß sie diesem Buche alles Pikante und allen Reiz
geraubt habe. „Während ich vom Sturm gepeitscht", schrieb
er humoristisch klagend, „kaum dem Schiffbruche entging, ge=
rieth mein armes Buch unter die Piraten. Aber fast noch
ärgerlicher als über das Geraubte bin ich über die Ver=
änderungen und Zusätze, die Schefer gemacht hat. Nun
Seekönigin Gilblase, Gott erhalte Dich nebst Schäfer und
Schaf. Man kann lange suchen, ehe man eine Providenz
und Dreieinigkeit finden wird, geschickter einen armen Schrift=
steller hinzurichten, als diese ehrenwerthe Firma! Mit mir
ist es aus, und ich mucke nicht mehr; nur einmal erhebe ich
noch die verstümmelten Hände zu Dir empor, und flehe auf
französisch zu Dir: O ma reine redoutable: Si vous
avez des entrailles, épargnez mon dernier enfant!
Schnucke, in diesem Punkte bin ich wüthend auf Dich, et
tout de bon."

Weiter schrieb er an Lucie über denselben Gegenstand
aus Burnabat den 13. April 1839: „Und über die Schrift=
stellerei wollen wir uns auch verständigen. Ich hoffe Dich
mündlich zu überzeugen, daß alle fremde Einmischung
darein, wenn sie den bloßen freimüthigen Rath übersteigt,
und willkürlich nach fremder Ansicht streicht und zusetzt, jedem
Schriftsteller, der einige Originalität besitzt, schädlich sein
muß. Also schriftlich wollen wir das ruhen lassen."

Dann meinte er wieder selbst, die Schriftstellerei habe,
nachdem sie die Augen der Welt auf ihn gezogen und seinen
Ehrgeiz vollkommen befriedigt, allen Zauber für ihn ver=
loren. Nun sei er gesättigt, und wünsche etwas Neues.

„Gieb Acht," schrieb er an Lucie, „ich werde noch einmal preußischer Minister oder ein kleiner Souverain im Orient. En attendant, Muskauer Gärtner und courtisan assidu bei der Schnucke. Wäre ich nur das Schriftstellern los, eine infame Passion, das mich auf der einen Seite festhält, und auf der anderen begoutirt. Es hat allerdings seine Dienste gethan, wird aber jetzt zum Hofedienst, und absorbirt alles. Zum Genuß kann ich nirgends kommen, sondern nur zu seiner Beschreibung. In Muskau wollen wir recht kindisch sein, nicht 15, sondern 10 Jahre alt, und alle me= lancholischen Teufeleien zum Teufel senden, wenn der liebe Gott uns nur Gesundheit und guten Appetit zum Essen und Trinken giebt."

Noch immer war der kühne Reisende nicht ermüdet, und setzte den 23. April nun seine asiatische Spazierfahrt, wie er sie nannte, zu Lande über Magnesia, Sardes, wo er den Palast des Crösus besuchte, und sich dessen Reichthümer wünschte, und Nicäa nach Konstantinopel fort. Wieder glich seine Reise einem Triumphzuge, aber der Glanz brachte doch auch seine Lasten und Unbequemlichkeiten mit sich, und wie alles auch die Ehrenbezeigungen müde werdend, dachte Pückler nun, er möchte doch kein König sein, und am beneidens= werthesten sei, wer als Privatmann unabhängig sein Leben genieße — besonders wenn er Crösus Schätze habe! Sardes fand er herrlich und erhaben, und rechnete es zu seinen schönsten Reiseerinnerungen. Er setzte sich auf's neue den stärksten Anstrengungen aus, zu Pferde, zu Fuße, Merk= würdigkeiten besehend, fast nie rastend. Seinem Autorstolz durfte es schmeicheln, daß selbst in der Türkei jeder Gou= verneur ihn bitten ließ, seiner in Gutem zu gedenken, ja der Gouverneur von Thyatira (Akfar) fragte ihn sogar, ob es wahr sei, daß er alle Monate ein neues Buch schreibe? Gegen solche europäische Litteraturkenntniß stach freilich die geographische Unkenntniß des Kadi von Stanchio ab, der

Pückler seinen Besuch abstattete, und bei dieser Gelegenheit von Pückler zuerst erfuhr, daß es ein Preußen gäbe!

Für die Mühsale des Reiselebens wurde Pückler reichlich entschädigt durch den Anblick des Olymp, durch das paradiesische Brussa. Die Moscheen, der Tanz der Derwische Spazierritte in die herrliche Umgegend ließen vierzehn Tage rasch entfliehen. Dann sagte er Kleinasien Lebewohl, und fuhr in der Gondel nach Konstantinopel hinüber.

Er sollte eine Audienz beim Sultan haben, die jedoch durch dessen plötzlich erfolgten Tod nicht stattfinden konnte. Dagegen erlebte er dort die Schwertumgürtung (Krönung) des neuen Sultans. Die Verhältnisse der Türkei schienen Pückler wenig günstig. Nach der Niederlage der Truppen in Syrien und der Desertion der ganzen Flotte, die unter dem Kapudan Pascha nach Aegypten geflohen war, um sich Mehemed Ali in die Arme zu werfen, schien ihm die Auflösung des türkischen Reiches nahe bevorstehend, und allgemein erwartete man daselbst das Eintreffen der Russen.

Von Konstantinopel machte Pückler die Donaureise, und verabredete mit seiner Schnucke, daß sie ihm bis Pesth oder Wien entgegenreisen sollte, wo sie sich nach so vieljähriger Trennung umarmen wollten.

Vierunddreißigster Abschnitt.

Machbuba, die Abyssinierin. Eine Menagerie. Ein Harem.

Bevor wir aber Pückler in die Heimath zurückgeleiten, muß hier ein Ereigniß ausführlicher besprochen werden, das in sein Leben bedeutend eingriff, und sein Herz tief berührte. Ueber die Jugendjahre längst hinaus, in der zweiten Hälfte seines Lebens sollte er eine Zuneigung empfinden, wie sie ihm bisher unbekannt geblieben, weil sie verschiedene Strö= mungen der Liebe in sich vereinigte, die selten sonst sich auf ein Wesen konzentriren. Der Gegenstand dieser Gefühle war ein schwarzes Kind der südlichen Zone, nahe dem Ae= quator hinter Abyssinien im hohen Gebirge bei den Quellen des blauen Nils geboren, eine Sklavin, und von ihm auf dem Sklavenmarkte angekauft.

Wie viel ist in der Gesellschaft, und in den Zeitungen sogar, von des Fürsten Pückler Abyssinierin die Rede ge= wesen! Sie war ein Gegenstand der Neugierde durch ihre dunkle Farbe und ihre fremdartige Kleidung, und der Fürst wurde oft ein Gegenstand des Tadels, daß er sich darin gefalle, eine Sklavin zu haben, eine seltsame Geliebte zu affichiren. Natürlich sind diejenigen, die am wenigsten Kennt= niß haben, immer am bereitwilligsten und vorschnellsten zu verurtheilen. Wie anders jedoch ist das alles, wenn man in das Innere der Seelen und der Verhältnisse blickt! Mögen die Leser selbst urtheilen, indem wir ihnen die arme Machbuba und ihre Geschichte näher vorführen.

Wie Pückler sie kaufte, im Anfang des Jahres 1837, zählte sie ungefähr zehn oder dreizehn Jahre. Sie war die Tochter eines vornehmen Beamten in Abyssinien, der am dortigen Königlichen Hofe eine ansehnliche Stelle einnahm. Ein unglücklicher Krieg des Königs mit einem Nachbarvolke veranlaßte die Einnahme und Einäscherung der Hauptstadt, bei welchem Unglück auch Machbubas Eltern das Leben verloren; sie selbst, damals acht= oder elfjährig, mußte Zeugin davon sein, wie die Feinde ihren Vater und sechs ihrer Brüder erbarmungslos tödteten. Hierauf wurde sie mit ihrer Schwester gefangen, und zuerst nach Gondar, der größten Stadt Abyssiniens gebracht, wo die Kinder nach fünfmonat= licher Reise voll Beschwerden und Entbehrungen anlangten. Dann wurde ihre Schwester verkauft, und sie selbst mit an= deren Geraubten nach Casthum in Sudan geführt. Dort war es, wo Pückler sie beim ersten Anblick, gerührt von der Anmuth und Lieblichkeit ihrer Erscheinung, kaufte.

Machbuba war schön, wenn auch von ganz anderer Schönheit als derjenigen der Europäerinnen. Sie war keine Negerin, sondern von rothbrauner Farbe; wenn die Sonne sie beschien, so verlieh ihr dieselbe einen mährchenhaften Glanz; ihr Teint glich dann einem über Goldplatten aus= gebreiteten dunklen Seidenflor, und ihre Haut war weicher wie Atlas und Sammet, oder, wie Pückler sie schilderte, weicher wie der Pflaum eines Kolobris. Ihre Gestalt konnte an Ebenmaß von keiner griechischen Statue übertroffen werden, ihre Zähne gleichen zwei Perlenreihen, ihre schwarzen Haare kontrastirten malerisch mit den rothen Rosen, mit welchen sie sich zu schmücken liebte. Pückler beschrieb sie von lieblichstem Ausdruck voll himmlischer Güte und irdischem Feuer im fun= kelnden Auge, Grazie in jeder Bewegung, und von hoher noch nie gestörter Natürlichkeit. Sicher ist, daß ihr Gemüth und ihr Karakter an Schönheit dieses holde Aeußere noch weit überflügelten. Doch lassen wir Pückler über sein Pflegekind selber sprechen. In einem Briefe an eine Freundin äußerte er sich über Machbuba wie folgt:

„Sie war, als ich sie kaufte, zehn Jahr alt, aber schon körperlich vollkommen und üppig ausgebildet, da in ihrem Vaterland, den südlichen Ebenen unter Abyssinien, die Mädchen schon mit sieben Jahren häufig heirathen. Alle Sinne schon in der Blüthe, der Geist aber noch wie ein unbeschriebenes Blatt, begierig darauf wartend, was darauf verzeichnet werden würde. Diese kindliche Jungfrau machte ich bald zu meinem ernstlichsten entzückenden Studium, lehrte ihr alles, was ich selbst wußte, lernte von ihr unverfälschte Naturansichten, urmenschliche Offenbarungen, die mich bei unserer verkrüppelten Civilisation oft in das höchste Erstaunen setzten, und besaß ernstlich an ihr nach Jahr und Tag ein Wesen, mit dem ich in Wahrheit vollkommen eins geworden war.“

„Ich glaube, daß ein so wunderbares Verhältniß nur entstehen konnte zwischen einem so seltsamen Original als ich bin, und einer orientalischen Sklavin. Denn kein unserer Civilisation angehöriges weibliches Wesen kann sich einen Begriff machen von dem, was in der Seele einer orientalischen Sklavin (die nicht von Negern abstammt, weil Negersklavinnen etwas durchaus anderes, viel tieferstehendes ist) vorgeht, und in Bezug auf Männer in ihr emporwächst. So wie das ganz jugendliche Mädchen von den grausamen Sklavenhändlern, die sie gleich Thieren behandeln, durch den Verkauf befreit wird, und nun einen unbeschränkten, aber weil er sie gewählt, ihr doch wohlwollenden Herrn erlangt, so ist dieser Herr geradezu für diese werdende Seele des Kindes, wie für gläubige Christen der liebe Gott selbst, alles in allem, und sein Wille heiliges Gesetz. Behandelt er die für sich willenlose Sklavin selbst hart, so erträgt sie es doch freudig, wie der gute Christ jedes Unglück als eine göttliche Schickung zu seinem wahren Besten ansieht; wird das junge Mädchen aber gut und liebevoll vom Herrn behandelt, so ist ihr gänzliches Aufgehen in seiner Persönlichkeit, ihre gränzenlose Ergebenheit, Ehrfurcht und Liebe für unsere erkältende Ueberkultur kaum mehr begreiflich. So nur beschaffen wie Machbuba war, konnte ich dies süße Pflegekind für mich, und für mich allein, erziehen, wie der Maler sein ideales Bild nach Belieben modelt, und ich könnte einen Seelenroman von mehreren Bänden schreiben, wenn ich das hochinteressante Detail dieser Erziehung, und das wunderbar daraus sich entwickelnde Verhältniß geschichtlich entwickeln wollte. Ich wurde alles für sie, und sie alles für mich, nicht nur in Gesinnung und Denken, sondern auch im allermateriellsten Leben, und war ich dabei (selbst ganz ohne mein Wollen) hundertmal mehr der Empfangende als der Gebende, sie immer die Dienerin, ich immer der Herr, als müßte es so, und könnte nicht anders sein. Und mit dieser unwiderstehlichen Gewalt war sie wiederum meine Beherrscherin. Alles unter uns war gemeinschaftlich. Sie führte meine Haushaltung und meine Kasse unumschränkt, und nie habe ich besser, bequemer und dennoch wohlfeiler gelebt. Sie war die Lernbegierigste und schnellest auffassendste Person, die mir je vorgekommen ist, und auch Sprachen lernte sie spielend. Doch alles dies hatte sich natürlich erst später so herangebildet. Im ersten Jahr besonders, wo ich noch zwei andere Sklavinnen neben ihr mit mir führte (die ich ihretwegen später beide verschenkte) und ich auch nur wenige Worte mit ihr sprechen konnte, lernten wir uns nur ganz oberflächlich kennen, obgleich ihr eigenthümliches Betragen, und ein gewisser Stolz bei aller Unterwürfigkeit, wie ihr denkendes Gesicht mich oft frappirten. Doch genug von allen diesen Details. Ich durchreiste mit ihr, als meinem Faktotum, einen großen Theil von Afrika und Asien, die Türkei mit langem Aufenthalt in Brussa und Konstantinopel, dann Siebenbürgen (wo sie mir, der an der Cholera erkrankte, durch ihre sich opfernde Pflege und Wartung das Leben rettete), Ungarn nach Wien. Hier

verblieb ich mit ihr über ein Jahr, und sie als meine Pflege=
tochter ward durch ihre Anmuth und merkwürdigen Takt in
allen Dingen une espèce de lionne in den höchsten Damen=
kreisen, und wenn sie im männlichen Mammeluckenpracht=
kostüm auf meinen arabischen Pferden, deren ich über ein
Dutzend aus der Wüste mitgebracht, wie der kühnste ungarische
Husarenoffizier die Vollblutpferde tummelte, bei Manoeuvren
bei Pesth oder Wien, hatte sie oft einen ganzen Generalstab
um sich versammelt."

Aus dieser Schilderung geht die ganze Art des Ver=
hältnisses zwischen Pückler und Machbuba hervor. Er hatte
für sie den gütigen, mitleidigen Antheil des Menschenfreundes,
die fürsorgliche Zärtlichkeit eines Vaters, den thätigen Eifer
eines Lehrers, die treue Gesinnung eines Freundes und
Kameraden, und — die Sympathie der innigsten, hingebendsten
Liebe, wie sie der Jugend eigen ist, die aber manches warme
Herz selbst noch am Lebensabend kräftig und tief zu em=
pfinden im Stande ist.

Machbuba, die schöne, gute, unglückliche Machbuba ver=
diente ganz diese Liebe. Diese exotische Blume entwickelte
die edelsten, rührendsten, kindlichsten und zugleich großartigsten
Eigenschaften des Karakters. Nach dem traurigen Schicksal,
das ihre Familie betroffen, und das noch immer wie ein un=
heimliches Schreckbild in ihrem Gemüthe fortwirkte, nach der
entwürdigenden Behandlung des Sklavenhändlers, in dessen
Hände sie fiel, lebte sie in Pückler's Nähe zu einer bisher
ungekannten Freudigkeit auf, und erblickte in ihrem Be=
schützer ein höheres Wesen, das sie verehrte und anbetete.
Für Pückler war dieses glühende Gefühl eines Naturkindes
eine süße Befriedigung, die ihn wie verjüngte. Er ergriff
mit Leidenschaft die Aufgabe, Machbuba zu bilden, und auf
ihren Geist zu wirken, der so durstig nach Belehrung war.

Ein Gespräch, das er mit ihr über Religion hatte,
bewahrte uns Pückler selbst im ersten Bande seiner „Rück=

kehr" S. 132 auf; es ist so merkwürdig und rührend, daß
es hier nicht fehlen darf.

„Der Gesundheitszustand meiner armen Ajamé" (so
nannte er sie, bis er ihren eigentlichen Namen Machbuba
erfuhr) „beunruhigt mich noch immer," schreibt Pückler, „und
um so mehr, da ihre geistige Bildung ununterbrochen fort=
schreitet. Ich hatte bisher absichtlich vermieden mit ihr von
Religion zu sprechen. Heute, wo sie sehr ernst gestimmt
schien, fing ich zum erstenmal an, dieses Thema zu berühren.
„Du bist eine Abyssinierin," sagte ich, „dort giebt es viele
Christen. Bist Du auch eine Christin oder eine Muhame=
danerin?"

„Ich weiß es nicht," erwiederte sie leise, „da ich so jung
aus meinem Vaterlande geraubt wurde. Ich erinnere mich
nur noch der Flammen um uns, als die Stadt brannte, und
wie mein Vater und die Brüder niedergemacht wurden, und
man mich mit meinen Schwestern gebunden fortschleppte.
Weiter weiß ich von nichts mehr. Ist es Dir nicht einerlei,
ob ich eine Christin oder eine Muhamedanerin bin? — Ich
habe daran nie gedacht."

„Hast Du die Idee von einem einigen, allmächtigen
Gott?" fuhr ich fort.

„O gewiß! Das ist Allah, der über alles regiert."

„Wo denkst Du, daß der ist?"

„Da, da, da und dort!" (nach allen vier Weltgegenden
hinweisend).

„Glaubst Du, daß dieser Gott die Bösen bestraft, und
die Guten belohnt?"

„Freilich; so hörte ich es immer: mein Körper verbleibt
der Erde, aber ich komme zu Gott in sein Paradies, wenn
ich Gutes gethan. That ich aber Böses, so werde ich vorher
eine Zeit lang mit Feuer und Qual bestraft, bis ich gerei=
nigt bin.

„Bleibe dabei," sagte ich, „dieser Glaube ist nützlich."

8*

„Nun, und worin besteht denn Deine Religion?" begann sie nach einer Pause.

„Sie gleicht der Deinigen, doch fügt sie noch einiges hinzu. Sie lehrt mich: liebe Gott über alles, und danke ihm für Freud' und Leid. Deine Mitmenschen aber liebe wie Dich selbst, und sei mild gegen alle Kreatur. Was Du aber nicht willst, daß Dir die Leute thun, das thue auch ihnen nie. Das, libe Ajamé, das ist die Lehre und der Kern des Christenthums."

„O Tahib, Tahib! (Schön, schön!)" rief sie, die kleinen Hände an ihre Brust legend; „dann bin ich auch eine Christin!" —

„Ich kam mir nach dieser Szene fast wie ein Missionair vor, und freute mich sehr über den gesunden, und wie sich später erwies, als sie die gegenseitige Anfeindung christlicher Sekten mit Augen sah, von allem Bigottismus und aller Intoleranz noch in seiner Reinheit so ganz entfernten Sinn dieses Naturkindes. Für solche Gemüther ist das ächt Christliche gar leicht verständlich, heilsame Speise, wie die Milch für den Säugling. Nur durch die spätere Zuthat des alten Adams im Menschen, der dem Heiligen seine unheiligen Leidenschaften unterlegt, wird oft die Milch sauer und unverdaulich für den Erwachsenen."

Wie Pückler um Ostern 1839 in Burnabat war, nahm er Machbuba mit sich, in die griechische Kirche, um daselbst um 1 Uhr nach Mitternacht die Feier des Auferstehungsfestes mit anzusehen. Sie freute sich wie ein Kind an der prachtvollen Vergoldung, an den unzähligen Lichtern, aber über drei Dinge war sie sehr verwundert: erstens, daß Schießen mit zum christlichen Gottesdienst gehöre. (Es wurde dort nämlich nicht nur in der Umgebung der Kirche, sondern sogar im Hofe derselben, ja mehreremale in der Kirche selbst mit Gewehren und Pistolen geschossen, wobei durch Unvorsichtigkeit einige Personen Verletzungen davontrugen).

Zweitens, daß so viel Bettelei mit dieser Religion verbunden sei, und drittens, daß die Jungfrau Maria mit dem Christus- kinde auf dem Schooße, die beide mit Flittergold geziert, auf dem Hochaltare prangten, beide noch schwärzer seien als sie selbst. Sie fragte deshalb, ob denn die Jungfrau Maria eine Negerin gewesen sei?

Während sich Pückler immer fester an Machbuba an- schloß, und sich ein Leben ohne sie gar nicht mehr vorstellen konnte, fühlte er, wenn er an die Zukunft dachte, wie schwierig es sei zu Lucie aufrichtig von dem geliebten Mädchen zu reden. Seltsamerweise schrieb ihm erstere den 29. März 1837, als Machbuba bereits bei ihm war, er möge ihr doch eine vorzügliche Negerin mitbringen, da man sage, nichts gehe über die Treue und Intelligenz einer solchen. Aber er wagte nicht darauf einzugehen; je theurer ihm Machbuba war, je weniger konnte er sich entschließen Lucien die Wahr- heit zu bekennen. Und endlich mußte doch etwas geschehen, sei es auch nur sie allmählig an den Gedanken zu gewöhnen, daß er das dunkle Kind des Südens mit sich in die nor- dische Heimath führen werde. So schrieb er denn an Lucie aus Khene, den 1. September 1837, nachdem er ihr die Anstrengungen seiner Reise geschildert: „Me voilà frais et dispos à Kène avec une belle esclave abyssinienne, un jeune esclave cuivre du Fazoli, et un petit esclave nègre, noir comme de l'encre."

Dann schrieb er den 15. November leicht scherzend aus Kairo, der Himmel wisse was er aus seiner Menagerie mit- bringen könne, die gegenwärtig aus zwei weiblichen Skla- vinnen, von denen die eine nur zehn Jahre alt, aus den beiden Knaben, dem Abyssinier und dem Neger, zwei Ga- zellen, zwei Affen, einem Dromedar u. s. w. bestünde.

Lucie mochte das im Anfang als eine augenblickliche Phantasie, als eine Lust am Ungewöhnlichen ansehen, die bald wieder einer neuen Laune Platz machen werde.

Den 2. Februar 1838 schrieb Pückler aus Jerusalem an Lucie schon entschiedener: „Ich muß Dir aber sagen, Schnucke, daß ich jetzt, wo ich mich langsam Europa wieder nähere, mich ein wenig vor dem Muskauer Aufenthalte fürchte. Ich lebe nun schon so lange nur mit Sklaven als unumschränkter Gebieter, daß ich mich gar nicht mehr zu geniren gewohnt bin. An meinen kleinen Harem bin ich aber so gewöhnt, daß ich ihn selbst im Kloster di terra santa nicht von mir lasse; es wäre hart, ja unthunlich für mich, ihn im eigenen Hause zu Musakoff zu entbehren. Ich kündige also vorher an, daß dieser Harem, vier Seelen stark, im blauen Zimmer und anstoßenden Kabinetten wohnen muß, wo ich selbst auch schlafen werde, nämlich im blauen Zimmer; denn mein Harem ist gerade wie kleine Hunde gewöhnt, und macht nicht mehr Umstände. Es giebt nichts Bequemeres, Reinlicheres, Bedürfnißloseres, und natürlich auch gänzlich Prätentionsloseres. Das darf ohne Ordre nie die Stube verlassen, ißt was man ihm von den Brocken der Tafel zu= fließen läßt, hinter dem Vorhang, steht ehrerbietig auf, so bald man sich naht, und setzt sich nie ohne Erlaubniß, küßt Hände und Füße, und drückt die Stirn darauf, thut unver= drossen jeden Dienst, und ist für jedes Kleidungsstück, für jede noch so unbedeutende Kleinigkeit voll Dankbarkeit und hocherfreut. Voilà au moins des maîtresses commodes! — Wenn ich das neue Quartier beziehe, das ich sogleich einzurichten wünsche, wenn ich ankomme, so ist das Lokal meines Schlafzimmers, mit dem der kleinen Piècen ganz dazu geschaffen, den Harem dort zu etabliren, den Du übrigens nicht mehr zu sehen bekommen wirst, als Dir selbst genehm ist. Je suis sûr que vous aimerez mes esclaves, et que vous les gâterez bien plus que moi, qui leur fait donner le Kurbatsch sans cérémonie, si elles ne sont pas assez attentives, car je suis Turc, mon ange, il ne faut pas vous faire d'illusion là-dessus, ich bin

ein Türke, leider aber ein Alter, der Maitreſſen dieſer Art
braucht, welche die blindeſte Folgſamkeit mit dem Attachement
der Hunde verbinden, denn daß ſie in mich verliebt ſein
ſollen, kann ich nicht mehr prätendiren. Liebe aber dieſer
Art dauert überhaupt nicht lange. Les Européens sont de
véritables nigauds avec leurs femmes. Les Turc s'y
entendent mieux, ils n'ont du respect et de la vénéra-
tion que pour leurs mères, et jamais ni pour leurs
femmes, ni pour leurs concubines. Schnucke, Du biſt
meine Mama, mußt mir aber meine Concubinen nicht ſtören,
wenn ich nach Muskau komme. En cela, comme en tout,
il faut me mettre tout à-fait à mon aise. Je serai alors
aussi raisonnable de mon côté, et pas trop barbare-
ment exigeant. Schnucke, que dites-vous de tout cela?
Au reste, n'étant plus prince de Kyparissia, je m'appelle aprésent, Hermanali Pascha, bin aber immer und
ewig, als Türke wie als Chriſt Dein treuer Lou.“

In dieſem Briefe iſt wie erſichtlich alles in ein falſches
Licht geſtellt, alle Farben von der Wahrheit abweichend.
Pückler fürchtete ſich vor heftigen Szenen, die ihm Lucie
machen würde, und ſuchte ſie gefliſſentlich, mit überlegter
Berechnung günſtig für ſeine Wünſche zu ſtimmen. Es war
einer der ſeltenen ·Fälle, wo er nicht aufrichtig gegen ſeine
Freundin war.

Es iſt wohl kaum nöthig erſt darauf aufmerkſam zu
machen, daß ſeine Seele weit entfernt von dem Cynismus
war, den ſein Brief ſo grell ausdrückt. Er machte ſich weit
ſchlechter, als er war. Alle ſeine zarten und tiefen Empfindungen für Machbuba wollte er verheimlichen, weil er
vor Lucien's Eiferſucht Angſt hatte, und ſie durch die fin-
girte Gleichgültigkeit und Grauſamkeit gegen ſeine Skla-
binnen ſicher zu machen hoffte, „Je suis Turc, mon ange,“
verſicherte er Lucie. Ach nein, er war niemals in ſeinem
Leben weniger ein Türke geweſen, als grade damals, wo er

türkische Kleidung trug, und Machbuba liebte, denn grade durch sie lernte er jene Ausschließlichkeit der Hingebung kennen, die sich ganz in einem Wesen konzentrirt, und die recht eigentlich die Bedingung der wahren Liebe ist. Ein Türke war er weit mehr in Europa gewesen, als jetzt an Machbubas Seite. Auch verschenkte er ja bald die anderen Sklavinnen, und nur an ihr, an ihr allein, war ihm alles gelegen. Auch jene Geringschätzung der Frauen, die Achtung und Verehrung für die Mutter nur ausgenommen, sollte Lucien schmeichel= haft sein, und sie sich dadurch in der ihr zugetheilten Mutter= rolle recht wohl fühlen und befestigen. Die Versicherung endlich seines Altwerdens war gleichfalls eine List, um sie zu beruhigen; denn, obgleich über fünfzig, sah Pückler weit jünger aus, und war eine glänzende, herrliche Erscheinung, und er wußte sehr gut, wie leicht es ihm noch immer wurde, die Herzen der Frauen zu erobern.

Er hielt es für nöthig in seiner Diplomatie der Furcht — denn anders können wir es nicht nennen — fortzu= fahren. So schrieb er an Lucie den 14. Februar 1838 vom todten Meere: „Mein Koch ist ein Araber, Ibrahim, leidlich, und sich auch täglich bessernd. Ein junger Mohrendiener, der für die bloße Kost dient, (die mir in den Staaten Me= hemed Ali's nichts kostet) agirt als Gehülfe auf der Reise. Einen ähnlichen Knaben hat der Graf (Graf Tattenbach, Pückler's Reisegesellschafter und Sekretair) als Diener Außerdem versehen den Dienst der inneren Appartements meine vier sehr gut dressirten Sklaven, von denen der kleine Neger Haman, den ich Dir bestimme, der possirlichste ist. Alle vier sind aber höchst gutartig, und wohlgezogen. Mach= buba, das älteste Mädchen, ist mein eigentlicher Kammer= diener, und verläßt mich fast nie bei Tag und Nacht, gleich einem treuen Hunde. Die kleine Ajamé, erst zehn Jahre alt, werde ich wahrscheinlich bald verschenken, weil sie das kalte Klima Europa's nicht vertragen kann, wegen einer

schwachen Bruft und zu delikaten Konftitution der Abyffi=
nierin. Farek ist mein Page. Das Gefolge beschließt Mu=
hamed, Aga, der Kawaß des Gouvernements, der als Reise=
marschall agirt." Pückler wollte Lucie gewöhnen, seine Sklaven
als einen Theil seiner Menagerie anzusehen, und für nichts
eiter. Konnte ihm das gelingen?

Fünfunddreißigster Abschnitt.

Machbuba. Leidenschaftliche Stürme. Verhandlungen zwischen Pückler und Lucie über Machbuba. Erster Brief Machbubas.

Lucie antwortete zuerst scherzend, Pückler spiele ihr den schlimmsten Streich, den Krokodillen, Antilopen und Giraffen nachzujagen, wie pechrabenschwarzen Barbarinen die Cour zu machen.

Pückler dagegen schrieb an Lucie aus Aleppo, den 25. Juli: „Machbuba ist die beste Seele, die man finden kann, und mir attachirt wie eine Tochter ihrem Vater, und ein aller= liebster, schwarzbrauner Mameluk dazu, in ihrem roth und weißen Kostüm mit Gold gestickt und Cachemir um den Kopf und die Taille gewickelt. Die letzteren sind freilich nicht sehr prächtig, aber in Europa immer recht anständig. Ich bin überzeugt, daß Du das sanfte, gehorsame und hübsche arme Ding sehr lieb haben wirst. Der Rabenschwarze ist dagegen ein kleiner Diavolo, der hart behandelt werden muß, aber von Karakter sehr gut geartet. Diesen übergebe ich Deiner Erziehung, und behalte nur meinen weiblichen Mame= luken für mich, der sich selbst meinen treuen Susannis [1] nennt, und es auch ist — ich meine als dienende Seele.“

Lucie war unterdessen die angedrohte Verpflanzung des orientalischen Harems auf das Muskauer Schloß sehr bedenklich geworden. Sie fürchtete das Gerede, den Skandal; ihr Stolz war verletzt und sie wollte nun mit Energie auftreten; sie schrieb

---

[1] Susannis hieß ein Hund Pückler's.

Pückler daher wie folgt: — „O, mein abrütirtes Kind, ich beklage Dich herzlich. Als wilde Taube, erwärmt und groß gepflegt von Schnuckens Hand und Brust, so flogst Du aus: doch in Tigerblut hast Du getaucht Dein Schnäbelchen und Dein zart Gefieder! Geh' — mache mich nicht todt mit solcher Art, bevor noch der wirkliche Tod mich erlöst vom schweren Wechselgang des Lebens."

„Ueberhaupt, Du liebes Herz von ehedem! Stimme Dich herab oder herauf zu meinem Flehen!"

„Einmal um De'netwegen, und dann auch um meinet=willen. Denn Du verstehst wohl: es ist der Bannstrahl ausgesprochen über Deine Alte; ganz ausgesprochen, und von Muskau für immer, willst Du das ausführen, was Du drohst! Sieh es nicht als prüde Widerspenstigkeit meiner=seits an, wenn ich die türkische Sitte nicht mit mir ver=einbart finde, denn außer für meine Ehre und Anstands=gefühl habe ich dafür zu sorgen, daß die Freundin, welche Du so hoch stelltest, die eigentlich die Mutter Deiner Wahl gewesen, mit Würde bis zuletzt in den Verhältnissen stehe, die sich mit den Dein'gen verflechten! Wenn ich mich gleich nur blutend losmachen würde, so habe ich kein Begehren nicht, Dir Gesetze und Entbehrungen vorzuschreiben. Ich bescheide mich daher dahin, wo mich meine Vernunft, meine Liebe und Ergebung, und das Aufhören von allem hinweist! Weit mehr, mein Lou, wünsche ich indessen zu Deinem Heil, daß Du nicht etwas thust, was bei der Tendenz, die einmal allgemein die dermalige ist, Dir Mißbilligung, ja eine Art Reprobation zuziehen könnte, die Dir doch bitter zu tragen sein möchte. L'homme sensé ne laisse point apercevoir ce que l'imprudent découvre, et ce que le fou affiche. Hierin liegt eine große Lebensregel, und wage ich so viel meine Gedanken, meine liebende Warnung hier auszusprechen, so erkenne mich nicht vom eigenen Vortheil geleitet, sondern glaube mir, bei Gott, daß ich zu allem resignirt bin, und nur Dich hier vor Augen habe. Meine auch nicht, daß ich's aus dem falschen Gesichtspunkt betrachte. Selten hat mich der Takt oder die innere Stimme getäuscht, welche mich den Nachtheil ahnen ließ, der für Dich aus dieser oder jener Sache entspringen konnte. Du würdest aber hier das bon mot oder das Originelle desselben theuer bezahlen, was Du da aufgestellt! Sensation und Aufsehen liegt in dem Wort schon: das ist richtig, doch was Einige belachen würden, das dürfte von den Besseren nicht als Dir angemessen, nicht als ehrenwerth erklärt werden, und Dich selbst zuletzt fatiguiren, wie alles Auffallende, was nur schwer auf den fällt, der es soutenieren soll! Mein Herzenslou, ich fürchte sehr Dir zu mißfallen, denn ich errege doch durch meine Vorstellungen ohne Frage Mißbehagen! Als wahre Freundin bin ich Dir Aufrichtigkeit schuldig, und mir selber, mich nicht herabzusetzen, denn als was Anderes würde ich gelten, als für eine Auf= seherin jenes Etablissements? Verdamme mich nicht, lies und handle nach dem Prinzip der Lebensregel. Willst Du aber ein Wüstling scheinen, und ihn affektiren, so muß die Schnucke weichen, so muß die Schnucke fliehen. So ist es."

Dieser Widerstand versetzte Pückler in große Unruhe. Er antwortete Lucie aus Aleppo, den 30. September 1838 wie folgt:

„Deine Klagen über mein langes Ausbleiben bekümmern mich zwar in mehr als einer Hinsicht, das heißt für Dich wie für mich selbst, da die Sache aber nicht zu ändern ist, so sage ich nichts weiter darüber als: habe noch ein wenig Geduld, und auch dieser Kelch wird vorübergehen. Beunru= higender für mich ist ein anderer Theil Deines Briefes, auf den ich mit der größten Herzlichkeit und zugleich (wie immer) Aufrichtigkeit, aber weitläufiger als gewöhnlich, einen solchen Gegenstand betreffend, antworten muß. Du schreibst, daß Du Muskau verlassen müßtest, wenn ich meine Sklaven mit= brächte, und nimmst mit Deiner Dich oft wie mich irre

leitenden Phantasie eine Ansicht von der Sache, die ein Phan=
tom statt der Wirklichkeit vor Dir aufsteigen macht."

„Für's Erste weißt Du schon, daß diese gefürchteten
Sklaven sich nur auf ein einzelnes Mädchen reduziren, welche
mich in Mannskleidern begleitet. Du meinst, ich habe diese
Begleitung, um den Wüstling zu spielen! Du lieber Gott,
Du denkst in diesem Augenblicke an mich, wie ich dreißig
Jahre alt war — heute bin ich so alt geworden in Aussehen
und Wesen, daß jeder nur die größere Bequemlichkeit einer
weit sorgfältigeren Dienerin darin sieht, weil eine Sklavin
und ein Frauenzimmer in dieser Hinsicht mehr leisten als
zwei freie männliche, ja die Sorgfalt eines solchen Wesens
gar nicht durch gemiethete Diener ersetzt werden kann. Wenn
sie gut geartet sind (und Machbuba ist das beste und liebe=
vollste Herz in ihrer Sphäre) und gut behandelt werden, so
attachiren sich diese Schwarzen auf eine in Europa kaum je
stattfindende Weise, was in ihrem hülflosen Zustande liegt;
denn hier kann man seine Sklaven eben so ungestraft tödten
als seinen Hund. Dieses arme Mädchen also liebt mich nicht
par amour, aber sie betrachtet ihre ganze Existenz als zu
mir gehörig, so wie sich selbst mein Geschöpf, so daß sie
niedergeschlagen und in tausend Aengsten ist, wenn sie nur
ein paar Tage von mir getrennt bleibt. Ueberdem hat man
ihr in früherer Zeit so viel Unsinn von Europa in den Kopf
gesetzt, daß sie die Europäer in ihrem Lande nicht viel anders
als wie die Menschenfresser ansieht, und nur unter meinem
Schutze, wenn gleich halb zitternd, zu der Reise dahin Muth
gefaßt hat, mich hundertmal beschwörend, daß ich sie nie von mir
lassen möge, was ich ihr halb lachend, halb gerührt eben so
oft versprochen habe. Ich bin überzeugt, daß, wenn ich dieses
Versprechen nicht hielte, ich ihr Herz brechen würde, und
dies ist bei ihren Landsleuten keine Kleinigkeit, die augen=
blicklich Hand an ihr Leben legen, oder am Kummer wie die
Fliegen sterben, wovon ich hier so viele Beispiele gesehen

habe, die in Europa niemand für möglich halten würde. Es wäre also eine Grausamkeit, die Dein eigenes gutes Herz gewiß am wenigstens zu verlangen fähig ist, wenn ich dieses arme Geschöpf verstieße; was aber das Gerede darüber betrifft, so wiederhole ich, daß ich in die Kategorie getreten bin, wo es eben so wenig verschlägt, daß Machbuba mich bedient, als man es meinem Onkel Curt Callenberg verdachte, der mich mit seiner Gemahlin besuchte, und dennoch die Frau seines Kutschers in seiner Stube schlafen, sich von ihr als Kammerdiener bedienen, und auch einen Tag um den anderen rasiren ließ! Uebrigens wenn es des Mannes Ehre nichts verschlägt, daß seine Frau einen Kammerdiener hält, so sehe ich nicht ein, warum der Frau Ehre darunter leiden sollte, wenn der Mann eine Kammerjungfer hat, um so mehr, wenn Mann und Frau beiderseits den Sechzigern von verschiedenen Seiten nahe sind, und in solchen Verhältnissen zu einander stehen wie wir. Wirklich, gute Schnucke, das ist eine Ueberdelikatesse, die — sei nicht böse — an's Ridicüle streift, um so mehr da dies schwarze Geschöpf durchaus nicht als eine Maitresse en titre auftritt, wie zum Beispiel Fräulein Hähnel im Hause Deines Herrn Vaters neben seiner Gemahlin (was allerdings hart war, und doch niemand vermochte Deinen Vater für einen Wüstling anzusehen), sondern als eine exotische mitgebrachte Merkwürdigkeit, eine Sklavin und eine gute Dienerin für einen alten Invaliden."

„Du würdest mir entsetzlich Unrecht thun, gute Schnucke, wenn Du glaubtest, daß in den von mir geäußerten Argumenten die mindeste Bitterkeit oder Leidenschaft liege. Ich appellire damit bloß an Dein Herz und Deinen klaren Verstand, damit Du nicht einer Pointillosität, die mir vollkommen gehaltlos vorkommt, das Schicksal eines armen, hülflosen Wesens opferst, das Du selbst lieb gewinnen wirst, ehe vier Tage vergehen, und dessen ganze Existenz Dir dann so unbe-

deutend und doch von so großem Comfort, ja Nutzen für mich
vorkommen wird, daß Du selbst eingestehen wirst, eine Mücke
für einen Elephanten angesehen zu haben. Ueberdem habe
ich mich so an sie gewöhnt, und sie ist so gut in meinen
Dienst aller Art eingesetzt, daß, alles Andere abgerechnet,
ich sie auf das Härteste entbehren würde, und da sie, die
anspruchsloseste und unbedeutendste Kreatur auf der Erde,
die europäische Augen überdem weit eher häßlich als hübsch
finden werden, Dir auch nicht im Mindesten im Wege sein
kann, so wäre es eben so hart mich zu zwingen sie zu ent=
behren, als wenn ich Dir aus irgend einer Caprice oder ein=
seitigen Ansicht früher hätte zumuthen wollen Deine Madeline
wegzuschicken. Also sei vernünftig, liebe Schnucke, und liebe=
voll wie immer auch in diesem Punkte. Ich stehe Dir dafür
wenigstens, daß Machbuba Dir nie einen Schatten von
Mißvergnügen geben wird, und daß auch nicht ein einziger
Mensch, so albern er auch sein möchte, die mindeste nachtheil=
lige Meinung auf Dich deshalb übertragen kann, weil ich
eine schwarze Sklavin zu meiner Bedienung aus Afrika mit=
gebracht habe, und meiner Reputation als Wüstling wird
diese ehrliche schwarze Seele eher nützen als schaden; denn
ich habe sie zum Christenthum bekehrt, und gedenke, wenn
Du mich ferner deshalb quälst, eine große Ceremonie heiliger
Taufe vom Bischof Eylert in Potsdam vornehmen und den
ganzen Hof zu Gevatter bitten zu lassen.“

Lucie mochte fürchten, zu viel gesagt zu haben; sie lenkte
deshalb ein. So schrieb sie ganz liebevoll: „Ich will Dich
nicht von heitren Tagen abrufen und von Freuden, aber von
dem Orient wende Dich ab — und wenigstens, nähere Dich
wieder der heimischen Stelle. Warum denn schreibst Du mir
so selten? Bist Du nicht gnädig mehr der ältesten Deiner
Sklavinnen, zwar nicht von schwarzem Stamme, doch mit

dem Vorrecht, Dir gehörend, daß sie des Lindes [1] Mutter gewesen, es geliebt, gepflegt, wie niemand, und ehrt und achtet, und unterworfen bleibt Deiner liebenswürdigen Macht und Güte bis in den Tod, oder bis Du sie zurückstößest von Dir."

Dann erklärte sie ganz ergeben und unterwürfig, sie wolle durchaus nicht seinen orientalischen Gewohnheiten und Neigungen Zwang anthun, er solle nur den Schein vermeiden, der gegen die europäischen Sitten verstoße. „Wie sollte ich", schrieb sie, „eine Susannis nicht selber lieben, und in herz= lichsten, treusten Schutz nehmen. Mein türkischer Shalreich= thum war ihr in der Minute bestimmt, als ich las, im ersten Briefe von Aleppo, als Du den meinigen noch nicht hattest, es mangle ihr daran. Nur mit Art und Weise, theures Herz; das ist das Einzige warum ich bitte, und nichts affi= chiren, denn dies gerade ist Stein des Anstoßes, und über= haupt unziemlich, wenn man in seinem Benehmen und in seinen Handlungen Würde und Anstand zeigen soll. Dies aber ist das Gebot der reiferen Zeit, für Jeden, auch für Dich, mein Lind." In mehreren folgenden Briefen behandelte sie denselben Gegenstand in demselben Sinne mit eindringlichen Worten, sehr ruhig, sehr verständig, sehr entschieden. Und doch ist kaum anzunehmen, daß Lucie so sehr nur eine Welt= frau gewesen, daß ihr einzig an dem Gerede der Leute, an dem öffentlichen Aergerniß etwas lag. Nein, in dem Verlaufe des Briefwechsels zeigte ihr weiblicher Scharfblick ihr gewiß, daß es sich um das Phantom des Harems gar nicht mehr ernstlich handle, wohl aber, daß Pückler's Herz weit mehr als er es auszusprechen wagte, Machbuba gehörte. Natürlich wurde eine Verständigung dadurch immer schwerer. Luciens

---

[1] Pückler unterschrieb sich in seinen Briefen an Lucie zuweilen „Dein Lind", was noch mehr Zärtlichkeit ausdrücken sollte, als wenn er sich „Dein Kind" genannt hätte.

Versicherungen, daß sie Machbuba schon lieb habe, fruchteten wenig, natürlich auch wurden ihre Vorschläge, die Schwarze müsse, weil dies angemessener sei, nicht als seine, sondern als ihre Kammerfrau eingeführt werden, von Pückler zurück= gewiesen, denn er meinte nun, um sie als Kammerfrau zu verwenden, dazu sei sie doch jetzt einmal durch die erhaltene Erziehung und Stellung nicht mehr passend; dagegen könne Lucie sie als ihre Gesellschaftsdame um sich haben, und er freue sich schon auf das Aufsehen, welches die schwarze Gesellschafterin der Fürstin Pückler in Berlin machen würde. Das konnte Lucie wenig beruhigen. Pückler schickte aus Antiochia ein Portrait von Machbuba, das dort gemacht worden war, oder vielmehr die obere Hälfte, da er den unteren Theil, den er unähnlich fand, abgeschnitten hatte. So, meinte er, solle sich Lucie eine Vorstellung von der armen schwarzen Seele machen, die ihn jetzt pflege, und schloß dann herzlich: „Gute Schnucke, sieh mit Güte auf Deine und meine Sklavin, so wie auf Deinen Sklaven Lou." Lucie nahm dies mit der graziösesten Liebenswürdigkeit auf. „Nicht Deine Schnucke müßte ich sein," antwortete sie, „wenn ich nicht Deine treue Sklavin liebte — das glaube mir, mein Lou! Ich nehme aber Dein Theilungsgeschenk von ihr an, und auch das Deiner Freiheit! Ja, beide seid Ihr jetzt mein Eigenthum, das ich bis in den Tod von ganzem Herzen will umfassen, mit allem was Zuneigung und Treue gewährt."

Wenn Pückler durch so freundliche Worte sicher gemacht wurde, so war das ein großer Irrthum. Jedenfalls gab er sich gern dem angenehmen Eindruck hin, und hoffte den Sturm beschworen zu haben. Er schrieb Lucie, in der Haupt= sache seien sie ja nun über Machbuba einig, und beschrieb wie diese über die gütigen Aeußerungen der Fürstin glücklich sei. Seit Machbuba genug italienisch gelernt, daß er sich mit ihr über alles unterhalten könne, sei Lucie der beständige Gegenstand ihrer Gespräche; er habe ihr erklärt, Lucie heiße

Schnucke, und sei zuerst seine Mutter, dann seine Sultanin, dann seine Schwester und sein Bruder, und sein bester Freund in der Welt, ihr Wunsch und Wille sei zuletzt auch immer der seinige, und so würde Machbuba nur zwei Herren in der Welt haben, ihn und Schnucke. Die gute Machbuba faßte das auf wie ein Evangelium, und als Pückler ihr einmal verwies, daß sie jemand nicht mit gehöriger Ehrerbietung behandelt habe, erwiderte sie feierlich: „Ho due padroni solamente, tu e Schnucki, altri niente [1]).“ Das gute Kind freute sich auf Europa und auf Lucie in harmlosen Gefühlen, und hatte gewiß keine Ahnung von den europäischen Verwicklungen, die sie zwischen Pückler und Lucie hervorrief.

Lucie erklärte sich für gerührt und entzückt von der Beschreibung, die Pückler Machbuba von ihrem Verhältniß gemacht. „Ich wünsche keine andere Inschrift auf meinem Grabe als diese“, schrieb sie ihm, „und ich liege Dir dafür zu Füßen, mit einer Thräne, welche aus dem Herzen tief hervordringt, Dich anblickt — und zum Himmel steigt. — Mein liebstes, mein einziges Glück auf Erden, ich erkenne, ich schätze Dich aus innerster Fülle und Empfindung.“

Mit solchem Weihrauch hatte Lucie in ihren Briefen Pückler nur allzu oft verwöhnt, die überschwänglichen pathetischen Phrasen sollten ihn ihrer glühendsten Hingebung versichern, bald unterschrieb sie sich „Deine Getreue und Sklavin aus Wahl,“ bald drückte sie den sehnsüchtigen Wunsch aus, seine Knie noch einmal zu umfangen und mit ihren Thränen seine Füße zu netzen, aber zuweilen erschöpfte sich das Gefühl schon halb in diesen Ergüssen, und doppelt stach es ab, wenn sobald es ein wirkliches Lebensverhältniß galt, Lucie ihrem Freunde so heftig und hartnäckig entgegentrat, und seinen Willen nach dem ihrigen lenken wollte. Pückler, obgleich selbst

[1]) Ich habe nur zwei Herren, Dich und Schnucki, keine anderen!

zur Herrschsucht geneigt, gab gewöhnlich zuletzt nach, aber ungern und mißvergnügt.

In Bezug auf Machbuba waren Pückler und Lucie nicht aufrichtig gegen einander: er verbarg ihr, wie sehr er Machbuba liebte, wie innig er wünschte, sie nach Muskau zu bringen, Lucie dagegen verbarg Pückler, wie wenig sie Mach= buba liebte, und wie wenig sie wünschte, sie in Muskau zu sehen.

Pückler, während er so jugendlich fühlte, schilderte sich beeifert Lucien beständig als sehr gealtert, er sei noch der Alte, aber zugleich auch leider dabei ein Alter geworden. Dies verdrieße ihn, da er früher nur damit gespaßt habe, nun aber aus der Sache Ernst geworden sei. Daß er bei= nahe so braun geworden sei als Machbuba, verschlüge nichts, aber die Runzeln, und die Nase, die das Kinn erreiche, und die rothen geschwollenen Augen, und die durch das Tragen des Fez fast ganz ausgegangenen Haare.

Machbuba war unterdessen gerührt von der Gnade der Fürstin, die Pückler ihr lebhaft vorstellte, und sie studirte mit erneutem Eifer das A b c, um sich mit der gütigen Herrin verständigen zu können. Sie lernte außer Sprachen auch weibliche Arbeiten, und zeigte in allem eben so viel Fleiß als Intelligenz.

Pückler, dem doch unheimlich war, Lucien gegenüber zu verschweigen, was ihn am meisten erfüllte, schrieb den 25. Februar aus Burnabat über Machbuba: „Sie fängt wirklich an eine auffallende Tournüre für eine Abyssinierin zu bekommen, und da sie sehr elegant gewachsen, und als Schwarze auch im Gesichte hübsch ist, dabei gut und ehrlich wie wenige Europäerinnen, so bin ich fest überzeugt, daß sie nach einem kurzen Aufenthalt mit Dir, körperlich und geistig von Dir zugestutzt, die originellste und Dir angenehmste dame de compagnie bilden wird, die zu finden sein kann, und ich will sie Dir, wenigstens für eine geraume Zeit, auch so gut wie ganz überlassen. Nur bitte ich, dafür zu sorgen, daß sie sich in niemand anders verliebt, was mir sehr fatal sein würde, denn jetzt ist sie ihrem alten Abu (Vater) noch sehr herzlich attachirt, schon durch Gewohnheit, weil sie mich wie ein treues Hündchen nie verläßt. — Mit großer Freude entnehme ich aus Deinem Briefe, daß Du künftig alles thun willst, was ich und wie ich es will. Ist das wirklich der Fall, so begleitest Du mich in Jahr und Tag nach dem Orient, wo Du das Leben Dir verlängern, und ganz anders genießen wirst, als in dem ekelhaften Europa, wohin ich — Dich ausgenommen — auch nicht das geringste Heimweh mehr fühle."

Aber auch Lucie wurde nun aufrichtiger. „Gott sei dafür", schrieb sie an Pückler, „daß Du ein Barbar wieder= kehrst, und die orientalische Grausamkeit in irgend einer Farbe hier auftragen möchtest! Das brächte mir den phy= sischen und moralischen Tod bei, denn mehr als jedes, was Dich ziert, was Dich auszeichnet, war es Deine Milde, Dein liebevoll zartes Wesen, was mich anzog. Ich sterbe also in Verzweiflung meines Gefühls, bist Du ein böser, ein harter Lou geworden: und aus Schwäche der irdischen Form ziehst Du Schreck und Angst, die Erschütterung wilder, gewaltsamer Szenen über mein durch Gram und Alter gebeugtes Haupt zusammen. O Lou, o sonst mein Lind, wehe Dir, wehe, wenn ich nicht den Engel von ehemals wiederfinde. Deiner tannière würde ich dann bald entflohen sein — das versteht sich; doch den unvergleichlichen Eindruck, das Bewußtsein dessen aufzugeben, was ich von Dir gehalten, erkannte und so tief verehrte, das unfehlbar würde mir das Herz brechen."

Pückler dagegen versicherte, sie mache sich eine ganz falsche Vorstellung, sie wähne ihn zum Tyrannen geworden, aber anstatt eines feurigen Despoten werde ihr ein mürber, halb lebenssatter Alter entgegentreten. Ob das ihre Er= gebenheit sei, daß sie drohe, seine tannière zu verlassen,

ob sie denn das Vertrauen in ihren alten Lou verloren?
Er suchte sie liebenswürdig zu beruhigen; sie solle sich keine
Einbildungen machen über sein geändertes Wesen, und sie
selbst, je älter sie aussehe, je besser werde sie ihm gefallen,
weil er selbst alt sei. Und seine Phantasiebilder gebe er
eben so leicht auf, als er sie fasse, er sei plus facile à vivre
que jamais.

Lucie aber litt nur immer mehr und tiefer; daß Pückler
verlangte, sie solle „die kleine Dame aus Nubien", wie sie
Machbuba nannte, in ihren Salon einführen, empörte sie.
Sie gestand, Pückler läge ihr wie eine glühende Kohle im
Herzen; wenn sie an ihn denke, sei es wie eine Wunde.
Aeußerlich suchte sie sich zu fassen, aber in ihrem Inneren
wogte und stürmte es. Alles Orientalische wurde ihr zu=
wider; den ihr zugedachten Negerknaben wollte sie nicht
haben. Dringend bat sie Pückler, er solle um alles in der
Welt nicht in der türkischen Kleidung zurückkehren, die ihn
auch älter machen müsse, und ihm nicht gut stehen könne,
er möge in der Tracht erscheinen, wie sie ihn ehemals gekannt,
sonst könne sie vor Schreck sterben. Sie beschwor ihn auch,
daß ihr erstes Wiedersehen allein und ungestört stattfinde;
über Machbuba möge er vor der Hand noch nichts beschließen,
sie wolle sie erst kennen lernen, nur nicht im ersten Augen=
blick sie sehen, da nur Pückler allein, weil in ihrer „Andacht"
für ihn sie nichts zerstreuen dürfe. Später wolle sie auch
gewiß gut und liebenswürdig und antheilvoll für Jeden sein.

Als ewiger Kontrast zwischen allen diesen Verhand=
lungen zweier Europäer voll moderner Weltbildung stand die
ursprüngliche Frische und Naivetät des dunklen Naturkindes,
dessen dankbares Gemüth sich mit ganzer Liebe an seinen
Herrn und an seine künftige Herrin anschloß. Sobald Mach=
buba einige Fortschritte im Lernen gemacht hatte, bat sie
demüthig der Fürstin schreiben zu dürfen, und diktirte Pückler
wörtlich den 15. April 1839 aus Burnabat: „Molti compli-

menti umilissimi di Machbuba alla sua buona Padrona, bacia la mano alla Principessa, va venire subito, e pensa notte e giorno al piacere che avrà di vedere e di mettersi ai piedi della sua graziosa Padrona. Dice ancora che il suo Abu (padre) adesso sempre buono. Machbuba" [1]). Die Unterſchrift machte ſie ſelbſt, zum erſtenmal in ihrem Leben, ein feierliches und wichtiges Ereigniß für ſie. Lucie ſchickte ein buntes Bildchen und einige freundliche Worte als Antwort. Für jede ſolche Bezeigung war Pückler Lucien herzlich dankbar, und verſicherte ſie, daß ihn die Gewißheit verjünge ſeinen vierundfünfzigſten Geburtstag mit ſeiner alten Schnucke gemeinſchaftlich zu feiern. „Zur guten Stunde ſei es geſagt", fügte er hinzu, „et que Dieu bénisse le vieux couple, die Zweieinigkeit, Schnuckerle. Dein unterwürfiges Lind."

---

[1]) „Viele unterthänige Komplimente von Machbuba an ihre gute Herrin; ſie küßt die Hand der Fürſtin, wird bald kommen, und denkt Tag und Nacht an das Vergnügen, das ſie haben wird ihre gnädige Fürſtin zu ſehen und ſich ihr zu Füßen zu legen. Sie ſagt auch noch, daß ihr Abu (Vater) jetzt immer gut iſt. Machbuba."

Sechsunddreißigster Abschnitt.

Graf Renard will Muskau kaufen. Pückler's Freude darüber. Luciens Verzweiflung. Briefe von Lucie. Verkennung. Machbuba.

Noch ein für Pückler wichtiges Ereigniß ist zu nennen, das sich zutrug, bevor er Konstantinopel verlies. Ein Herr von Muschwitz, ein intimer Freund und Faktotum der Carolath'schen Familie, wandte sich an ihn, und wollte eigends nach Konstantinopel kommen, um Pückler zu sprechen, und ihm im Namen des Grafen Renard, eines der reichsten Herren in Preußen, den Antrag zu machen ihm Muskau zu verkaufen.

Kein Augenblick konnte günstiger gewählt sein, um Pückler hiefür geneigt zu finden. Nach dem vieljährigen freien Umherstreifen, nach den herrlichen Gegenden und Klimaten, die er kennen gelernt, war es ihm oft etwas beklommen, wenn er an das Kiefersandland seiner Heimath dachte, und Muskau schwebte ihm wie ein Gespenst vor. Auch Machbuba, die schöne, geliebte Machbuba, deren zarte Gesundheit sich wenig für den kalten Norden zu eignen schien, paßte am besten in den Orient. Der Gedanke auf die Dauer an Europa gefesselt zu bleiben, erbitterte ihn zuweilen beinahe. Die ewigen Geldsorgen, die wie ein Damoklesschwert stets über ihm hingen, einmal ganz los zu werden, betrachtete er als eine Befreiung. Die Schriftstellerei, die ihm so bedeutende Summen eingebracht, seinen Geist so angenehm angeregt hatte, sie war ihm hauptsächlich durch Luciens Einwirkung, die ihm zuletzt sogar geschrieben, sie müsse ihn als Autor hassen, gründlich zuwider geworden, und er erwiederte ihr, er habe seine Feder, in Konstantinopel angekommen, für immer in den Bosporus geworfen. Nun in Freiheit, Unabhängigkeit und Sicherheit seinen Lebens= abend zubringen zu dürfen, war alles was er wünschte. Graf Renard bot für den herrlichen Besitz 1,300,000 Thaler, und wollte alle Schulden, Renten und Pensionen, die darauf standen, übernehmen, und den Rest, der für Pückler verbliebe, etwa eine halbe Million, baar auszahlen.

Freilich sollte Pückler dafür den Sitz seiner Väter, und vor allem seine eigene Schöpfung aufgeben, aber bei seiner Künstlerseele lag für ihn der Schwerpunkt weit mehr im Schaffen, als in der Freude an der Vollendung. Noch wenige Monate zuvor hatte er sich hierüber wie folgt aus= gesprochen: „Wer kann denn zur Vollendung kommen auf dieser Welt? Kamen es etwa Alexanders oder Napoleons, oder selbst Christus Pläne? Kam es irgend ein Mensch, oder irgend ein Volk, oder irgend ein Land? Nur kleine und gemeine Dinge werden fertig, die Bestrebungen großer und poetischer Ideen nie. Im Schaffen liegt hier der Werth und der Genuß, das Leben Gottes selbst, das All mag voll= kommen sein, aber vollendet ist es nie. Denn es geht vor= wärts im Wechsel ohne Ende in Ewigkeit. Ich armer Wurm bin freilich nur ein winziges Ameisenpoetlein, aber doch ein solches, und darum ist die materielle Vollendung meiner Pläne wahrlich mein geringster Kummer." Dazu kam noch, daß seit der Veröffentlichung seines Gartenwerkes, in welchem er gewissermaßen alles im voraus idealistisch vollendet sah, was auch nur zur Hälfte in der Wirklichkeit auszuführen ihm unmöglich gewesen wäre, sein Werk sich wie von ihm abgelöst hatte, und ihn lange nicht mehr so reizen konnte, wie jede neue Aufgabe künstlerischer Thätigkeit.

Er ging also auf die Verhandlungen ein, die der Käu= fer einstweilen verschwiegen gehalten wünschte, und da Pück=

ler Luciens Aengstlichkeit und Unruhe bei solchem Anlaß fürchtete, so wartete er bis man zum einem vorläufigen Einverständniß gekommen war, um seiner Freundin davon Mittheilung zu machen. In früherer Zeit hatte sie mehrmals ihm beigestimmt, daß der Verkauf von Muskau unter den bestehenden Verhältnissen das beste sei, und außerdem hatte sie ihm viele hundertmal versichert, daß sie nur in ihm lebe, daß ihr Glück nur in dem seinigen bestehe, daß sie sich ihm in allem unterwerfe, daß sie sich sogleich vom Thurme stürzen würde, wenn es seine Glückseligkeit erfordere, daß sie seine Dienerin, seine Magd, seine freiwillige Sklavin sei; deßhalb hoffte er, sie würde seine Freude theilen.

Das war nun freilich ganz anders. Lucie war mit Muskau wie verwachsen, in den vielen Jahren von Pückler's Abwesenheit hatte sie dort als Alleinherrscherin gewaltet, und sich, da sie die Gegenwart ihres Freundes entbehren mußte, um so fester, um so inniger an sein Werk angeschlossen, das gewissermaßen ihren Verkehr mit dem Entfernten vertrat und fortsetzte. Hier lebte sie in seinen Gedanken, hier wirkte sie fort in seinem Geiste. Und dieses Muskau, das sie poetisch mit einem Blüthenkranz auf grünen Sammt gestreut verglich, sollte sie auf ewig verlassen. Eben hatte sie manche Veränderung und Verschönerung im Schlosse vorgenommen, und neue Anlagen gemacht, um Pückler bei seiner Ankunft damit zu überraschen, und zu erfreuen, bei dieser Ankunft, die so lange der Traum ihrer Phantasie gewesen — und nun sollte das alles sich nicht erfüllen! Auch war Lucie weit aristokratischer in ihren Anschauungen als Pückler; daß er seine Standesherrschaft, die der Glanz der Familie war, um Geld dahingeben wollte, fand sie entsetzlich, fand sie eine Schmach und Entwürdigung. Dabei schien ihr der Verkauf Muskau's auch schon deshalb nicht nothwendig, weil Pückler's Einkünfte während seiner Abwesenheit bedeutend zugenommen hatten, was sie ihm freilich bisher noch nicht mitgetheilt hatte.

Unglücklicherweise traf es sich so, daß während Pückler den 6. August 1839, von Konstantinopel aus, Lucien von der Sache in Kenntniß setzte, diese sie schon einige Tage vorher von anderer Seite 'erfuhr, und nun wie von einem Blitzstrahl getroffen wurde. Sie war in Verzweiflung, weit mehr als sie es jemals durch Pückler's Untreuen gewesen war. In aufgeregter Leidenschaft wollte sie das Unglück, wie sie es nannte, um jeden Preis verhindern. Dazu sollte kein Augenblick verloren werden. In fieberischer Hast schrieb sie — es war den 26. Juli — vier Briefe, ziemlich gleichen Inhalts, aber doch variirt durch das fluthende Gefühl, an Pückler, die sie an verschiedene Orte schickte, damit wenn der eine ihn nicht erreiche, doch der andere in seine Hände käme. Es hatte etwas Tragisches diese alternde Schloßherrin, die Dreiundsechzigjährige, zu sehen, die in pathetischem Schmerz das stattliche Schloß mit den Ahnenbildern und dem Pückler'schen Wappen, die ernsten hundertjährigen Eichen, die blühenden und grünenden Gärten, die im herrlichsten Sommerschmuck prangten und dufteten, weinend betrachtete, und in düstere Klagen ausbrach.

Von Luciens vier Briefen möge hier einer vollständig stehen, um ihre Stimmung und Gefühlsweise zu bezeichnen. Sie schrieb: „Es ist das drittemal, daß ich Dir an dem unglücklichsten Tage meines Lebens, heute, den 16. Juli, schreibe. Doch ich habe mir, in meinem unsäglichen Schmerz und Weh, geschworen, daß ich keine Gelegenheit Dich zu erreichen, versäumen will, für den Fall, daß solche die erste wäre."

„Mehr todt als lebendig, und abgestorben zum Theil für das, was mir im Leben an Hoffnung und Besitz das Allertheuerste gewesen, theile ich Dir den Eindruck nur schwach mit, den ich über die Nachricht empfing, daß Du

Dein herrliches, Dein einziges Muskau verkaufen willst! O mein Freund, wie bethört bist Du; welche unselige Verblendung hat sich Deiner, und Deines klaren, sonst überlegenen Verstandes bemeistert! Bist Du wirklich so von Gott und seinem Beistande verlassen, daß Du Dein schönes prächtiges Eigenthum, mit so viel Glanz und Ansehen verbunden, von Dir schleuderst! und dies grade in dem Augenblick, wo nicht Hoffnungen, aber eine wirkliche reiche, segenüberströmende Realität für Dich eintrat! Welcher Geist des Verderbens hat Dich dahin geleitet, einen solchen Schritt zu thun, ohne Dich mit einem wahren Freund an Urtheil und Einsicht zu berathen, ja wahrlich, ohne nur, nachdem Du fünf Jahre, fünf traurige Jahre und mehrere Monate entfernt warst, und die Sachlage Dir völlig entrückt ist, Dich zu erkundigen — doch was Du hörtest, Dir nur die gerechtesten Erwartungen geben konnte, um alles hier auf's befriedigendste und zusagendste für Dich zu finden! Aus dem Schritt, den Deine Käufer thun, Dich so weit aufzusuchen, — und vor Deiner Rückkehr alles abzuschließen, muß Dir ja hell einleuchten, daß sie die gewichtigsten Gründe haben, daß Du die Wahrheit gar nicht wie sie ist, ergründest. Denn Muskau ist seinen früheren Anschlägen nach, um die Hälfte, und mehr als solche, im Werth gestiegen! Wie kannst Du daher so verblendet sein, so von dem allertraurigsten Wahne irre geleitet, ohne Vorfrage mit Deinen Geschäftsleuten nur eine Handlung zu begehen, die die wichtigste zwar Deines ganzen Lebens sein wird, und solche nun mit so unbegreiflichem Leichtsinn ausgeübt, auch die Qual und die Beschämung Deiner ganzen Zukunft ausmachen wird. Ich will nicht von mir reden, die Du in einen Abgrund von Gram und Kummer für den armen Lebensrest bringst: Wäre ich nur lange eine

kalte Leiche und Asche, ehe ich diesen Jammer
erlebte! Diesen Mangel an Vertrauen, und dieses
eigentliche Auflösen durch so schwere Kränkung
der innigsten mir werthesten Bande von Zuver=
sicht, von Glauben an Dich: O ja, wäre ich nur in
dem Grabe, das nun ein fremdes, ein ungeweihtes
nur, durch Liebe und Treue sein wird. Aber Du,
wohin strebt Dein in Vorurtheil befangener Sinn? Denkst
Du denn nicht, daß Du den Glanzpunkt Deines Lebens hier
aufgiebst mit der Stelle, welche Deine schönsten Bestrebungen
enthält? In diesen Anlagen, die unermeßlich schön geworden,
liegt der edelste Geist, der sie leitete. Deine Jugend=
kraft, Dein zeitliches Gut, alle, jede Hoffnung und
unermeßliche Opfer wurden dieser großartigen
Idee gewidmet, die nun alle ein Rauch, ein Nebel
geworden. Doch nicht nur was Du geschaffen, und so
segensvoll gedacht, das wirfst Du mit schauderhafter In=
consequenz ab, gerade als es den höchsten Punkt er=
reichte, aber die Ehre, das Ansehen dadurch einer beneideten,
und beneidenswerthen Existenz. Und warum, weil Du von
der fixen Idee wie besessen bist, Du könntest noch von der
längst überstandenen Noth etwas wieder erfahren, —
oder weil Du in Deinen Jahren von heterogenen Plänen
befangen — und um Deine Freiheit zu begründen, die Dir
hier niemand geraubt hätte, in eine fremde ferne Welt wie
ein irrender Ritter zu ziehen, nirgends heimisch zu sein
und nirgends einer wirklich Dir befreundeten Seele anzuge=
hören wünschtest.“

„O unselige Phantasie und Hang, alles was Du einmal
erworben hast, zu mißachten. So wirfst Du das Höchste,
das Einzige ab, und einige elende Summen sollen Dich
schadlos halten. Die geben Dir Muskau niemals wieder,
Deinen Stand, Deinen damit verbundenen Namen,
Glanz, und das heilige Andenken eines Besitzes, seit

200 Jahre in Deiner Familie, ausgestattet mit allem was einen verständigen Mann befriedigen, ja beglücken konnte. Meine Gedanken verwirren sich. Fieber= hitze durchglüht meine Adern, und wenn mir nicht eine höhere Macht beisteht, so gehe ich unter."

„Und dies, sei versichert, nicht weil ich mein eigenes Wohlsein verloren fühle, sondern das Deinige, welches Du von allem Rath und vom Himmel wie losgesagt, weg= wirfst! O, daß es nicht zu spät wäre, und die Schlangen, die Dich umkreisen, noch nicht am Ziel wären! Mein einzig Geliebter, dann höre auch die, die wie eine Löwin um ihre entrissenen Jungen schreit. Nimm Vernunft an! Versündige Dich nicht an Deiner Lieblingsneigung, an Deiner Wohlfahrt. Um Gott, so kehre doch zurück, und sieh hier, wie der Wohlstand Dir lächelt, die wahren Quellen eines ehrenvollen, geachteten Daseins! Und sollte es Dir nicht behagen, dann zweifle nicht, daß es Dir heute gar leicht werden wird, eine Besitzung zu veräußern, die in solchem Flore ist. Mahle Dir indessen das Bild Deiner Zukunft in seiner richtigen Stellung! Nirgends wirst Du angehörend sein, und alle Verheißungen von Befriedigung, die Du Dir machst, werden zerrinnen. Niemand wird auch Deinen Ent= schluß billigen, und nichts als den Wahn einer irrig ge= kränkten Eitelkeit darin suchen, oder ein trauriges Ringen nach einem Ruhm, der Dir zwar geworden, den Du jedoch, wenn Du ihn unabläßig verfolgen willst, und nichts anderes mehr, mit Schmerz und Hohn gar bald zurückweisen wirst, weil die Bahn, die Du selbst einst eröffnet, von Tausenden nach Dir betreten, ein Handwerk wurde. Ja zweifle nicht, in Qual und Dir selbst geschaffener Last und Noth wirst Du den Rest Deines Lebens verbringen. Und nicht nur für spätere Tage, für den Moment, welcher unendliche Freuden im Wiedersehen und Wiederfinden in sich trug, ver= säumst Du hier und überall nur Liebe und Begierde Dich wiederzusehen, nur Trieb, Dir Ehre und Achtung zu erweisen, ach, und ich die Beklagenswertheste, was habe ich an Dir verbrochen, daß Du mich so getäuscht, daß Du mir für so viel Liebe, für so viel in Angst verlebte Tage, für eine Hingebung, die der Beruf meines ganzen Lebens mir erschienen, ein solches Wiederfinden mir bereitest, solche Betrübniß, solchen unersetzlichen Verlust über mich herbeiführest."

„Ist Mitleid in Deiner Seele, und bist Du nicht eine ganz veränderte Natur, den Barbaren gleich, womit Du zuletzt gelebt, ist noch eine Spur von Pietät, von Glauben in Deiner Brust, von Verständigkeit und Gemüth in Deinen Empfindungen und Deinem Urtheil: dann verstoße mich in meinem Flehen nicht! Erhöre meine Bitte, und höre auf meine Warnungen."

„Verschone mich aber, wenn Du auf Deinem Sinn beharrst, mit jeder Rechtfertigung einer Handlung, die mehr dem Wahnsinn gleicht, und Grausamkeit an Dir selber ausübt, mehr als jemals auszusprechen wäre. Was nicht wieder gut zu machen ist, das würde ich nur bis zu meinem letzten Athemzuge beklagen."

„Und dann entschuldige meine Vorstellungen, die Dir vielleicht hart vorkommen werden. Ich durfte indessen nicht meine Gesinnung, wie die der übrigen Alle, Dir verbergen, denn könnte ich heute mit meinem Leben, was ich befürchte, abwenden, ich würde es thun, und ich würde Dir hiermit gerne den Beweis geben, daß mir nichts zu werth, um es Deinem wahren Glück zu opfern — und solches damit zu erkaufen, nicht aber der blinde Wahn, oder eitle Traumbilder, die sich nur zu bald in Jammerszenen verwandeln müssen."

„O ärmster, abüsirter Freund, ich neige mein Haupt zu Deinen Füßen, ich schwöre Dir nochmals, daß ich nur Dein Wohl vor Augen habe, und sage Dir nochmals mit heißer, namenloser Liebe: Wäre ich Dir je Etwas, und meine Stelle in Deinem Herzen nicht auch ein Phantasiebild, so

folge meinen Winken, und kannst Du es nimmer, so weise
mir bald den Raum an, wo auf mein trauriges, verfehltes
Dasein die letzte Scholle den Schleier zieht."

„Deine ganz trostlose, ganz gebeugte, ja Deine
unglückliche Freundin L."

Eine außerordentliche Uebertreibung kann diesem leiden=
schaftlichen Erguß schwerlich abgesprochen werden. Ein an=
derer Brief — vom 26. Juli — beginnt mit den Worten:
„Ich schreibe, den zehnfachen Tod im Herzen." Später heißt
es darin: „Ich fühle, daß mich Wahnsinn umweht, wenn ich
dies Ergebniß erleben soll." Und dann weiter: „Ich winde
mich in Staub zu Deinen Füßen, und ich beschwöre Dich
um Gottes Barmherzigkeit willen, tritt zurück, wenn es nicht
schon zu spät ist. — — Du schlägst mir und Dir selbst
eine ganz unheilbare Wunde, und auch wie schmerzlich lohnst
Du der Treue, mit der ich Dich geliebt, für Dich nur sorgte
— für Dich und diesen Erdenfleck allein existirte — ihm
alles, auch das Letzte, opferte. Schauder rieselt durch meine
morschen Glieder, daß solcher Leichtsinn, so thöricht vorge=
faßte Meinung, ganz unhaltbare Gründe, Dich so weit brachten
und einen Raub, einen willenlosen Raub Deiner Phantasie
werden lassen." Am Schlusse sagt sie: „Mein Andenken wird
nie mehr ein Segen für Dich sein, und der Mangel an
Vertrauen, den Du mir hier bewiesen, er wird sich nie ver=
wischen können. Niemals wirst Du, nachdem Du so alles,
was ich von Dir erwarten konnte, so getäuscht, durch meine
Erinnerung Ruhe finden. — O grausames, hartes Herz, in
welches Elend bringst Du uns beide, und hätte ich doch,
was ich erfahren, was mich so vernichtet — nicht mit ansehen
müssen. Mein Gott, mein Gott, noch ist es Zeit, noch nimm mich
zu Dir, bis ich unter dieser Schmach über Dich, und dieser
Todesangst erliege. — Wiedersehen, schreckliches Wiedersehen,
ohne Freude, ohne Ruhepunkt, daß Du mir es so zubereitet!

Noch einmal, mein Schöpfer, ich flehe Dich an: erleuchte ihn, oder nimm mich noch in dieser Nacht der Fiebergluth zu Dir. — Was bleibt mir noch, ein Leben, worin alle Gefühle, aller Glauben, alle Hoffnung gebrochen wurden und verletzt. So, so hast Du Dir und mir geraubt, was das irdische Leben am Vorzüglichsten, am Erlesensten uns gewährte — und ich sehe Dich mit Zagen, mit einer Schuld behaftet, gegen Dich selbst, die nichts mehr vertilgen kann. Zürne nicht, ich weiß wohl, was ich fühle, aber sagen kann ich nichts mehr, denn ich bin verloren, denn ich weiß nun was zeitlich sterben heißt."

In einem anderen Briefe desselben Datums erklärt sie ihren „Abscheu" vor der Sache, und wünscht weit lieber, der Tod hätte sie getroffen, als der Schlag dieser namenlos, gränzenlos unglücklichen Nachricht. Dann bricht sie in die Klage aus: „O mein Grab, mein nun geächtetes Grab!" Pückler ruft sie zu, er würde nun ein Heimathloser, ohne Asyl auf Erden sein, ein Bejammernswerther, der nicht ruht, bis er das Schöne und Gute zerstört, so wie er es hat. Dies sei sein Fluch. Er jage einem Phantom nach, einer hohlen, phantastischen Idee von Freiheit, die ihm in Muskau niemand beschränke, und dem Gespenst des Ruhms als Schriftsteller, das ihn nur necken und täuschen würde, wenn es sein einziges Erdenstreben sei.

Hiemit hatte die erbitterte Frau ihre Beredtsamkeit der Verzweiflung noch nicht erschöpft. Pückler hatte Lucie zuweilen im Scherz eine Pulvertonne genannt; hier war sie es im Ernst. Den folgenden Tag, den 27. Juli schrieb sie ihm schon wieder einen acht Quartseiten langen Brief. „Bloß wirst Du stehen in Ehre, durch dieses unwürdige Entäußern," heißt es darin, „des Gutes, das Dir das Schicksal angewiesen, ungeachtet im Kreise aller derjenigen, die über das was Du thust, richten können, und verdammt von Deiner Familie, von Jedem, der Anspruch an Deine Hülfe, Deine

Güte, Deine Fürsorge hatte. Mich bringst Du um in dieser
That, die haſſenswertheſte, die Du je verüben
konnteſt, und die Dich ſo tief, ſo tief herabſetzt, weil keine
Urſache, kein Motiv auf Erden, das Dich entſchuldigt, Dich
dazu zwingt. Aber nicht nur, daß Du mich zertrittſt, der
Du aufgelegt nur Dich, und Dich in dieſem Ort, an dieſer
Stelle zu lieben, für welche ich alles, was ich beſaß, ge=
opfert, und nur dafür gelebt, nicht um meines Unglücks
willen, auf der weiten Erde kein Herz mehr ſein nennen
wird, der erbärmlich und einſam ſtehen muß, wohin nicht
Plan, nicht gereifter Wille, aus Bedacht und Beſonnenheit,
führte, aber in der Irre, heimathlos, ein Geächteter, durch
ſein eigenes Verſchulden, fremden Boden mit den Thränen
ſeiner Reue, und den Angſtſchweiß ſeiner Stirne netzen
wird. Halte es nicht für übertrieben, dies ſchaudervolle
Bild! Nur zu wahr, denn ſolche Schuld rächt ſich ſelber.
Und das Leben, was Du bisher führteſt, von Wilden, von
Mördern umgeben, wie Du mir ſelbſt von Deinem Diener
ſchriebſt, der jahrelang mit dem Gedanken Dich umzubringen
umging — ſolche Umgebung wird an Deiner Seite ſtehen,
und Dir kalt und herzlos einſt das müde Auge zudrücken!
Meines, das wirſt Du nicht ſterbend und ſegnend ſchließen!
Ich weiß es noch nicht, wie ich Deinen Anblick würde er=
tragen können! Deinen Anblick, der mir geträumte Seligkeit
war, für welche ich den letzten Blutstropfen gern hätte fließen
laſſen! O, der Noth, der Troſtloſigkeit, die ſich nun zwiſchen
uns drängt! Glaube mir, ich wünſchte, ich wäre nie geboren
worden, denn ich muß irre werden an Deinem Gefühl, irre
werden an Deinem Verſtand! Was Du hier geſtrebt und
gelebt, iſt alſo nur kindiſche Laune, Eitelkeit, Wahnſinn es ge=
weſen! Gräßlicher, ganz kalter Egoismus! — — Kann es
Dir willkommen, oder eine Beruhigung erſcheinen, ich will
nie wieder Deine Freiheit durch meine Gegenwart hier be=
ſchränken. Leicht wäre es möglich, daß Du lieber ganz

allein, ganz für Dich, in der Zukunft lebtest, und ich erfahre
darin keine Kränkung, ich finde nichts Unnatürliches
darin, aus manchen Gründen! Unverändert würde ich dennoch
dieselbe für Dich bleiben, und Deinem Willen hierin auch
unterworfen sein. Aber zerfleische mein Herz nicht mit der
Vorstellung, daß alles, was ich hier gestiftet, wofür ich lebte:
Dir entzogen, und bei Deinem Leben in andere
Hände, als in die Deinigen gerathen soll. Dies
ertrage ich nicht, und bist Du fähig mich so unsäglich zu
betrüben, so hast Du nie meiner Liebe Werth verstanden,
dann sprich nur das Sterbewort über mein irdisches Dasein,
und alle unsere Verhältnisse aus."

Wer so schreibt, muß sich sehr unglücklich fühlen; gewiß
war Lucie, der in ihrem Alter solcher Gram nahte, zu be=
klagen, aber Pückler war es auch. Darum, daß er andere
Auffassungen von seinem Glück und seiner Ehre hatte als
sie, daß er sich nach Freiheit und Unabhängigkeit sehnte,
daß er endlich die Schulden und Geldverlegenheiten los sein
wollte, die ihn von früher Jugend an nicht mehr im Leben ver=
lassen, darum verdiente er die wilden, harten Vorwürfe nicht,
die ihm gerade von dieser Seite, wo er am meisten Ver=
ständniß beanspruchen durfte, am schmerzlichsten sein mußten.
Es war wie ein Dämon, daß er immer und immer verkannt
werden sollte! War es doch so dem kleinen Hermann schon
im väterlichen Schlosse ergangen, wie hatte der strenge Vater
den Jüngling mit bittern kränkenden Vorwürfen überhäuft,
wie ungerecht und haltungslos die Mutter ihn behandelt!
Und nun war es die langjährige Gefährtin, die wie eine
Furie auf ihn losfuhr! Nein, er verdiente das nicht. Er
war nicht hart und grausam und gefühllos, und er litt durch
diese erbitterten Anklagen.

Machbuba blickte mit ihren großen, fragenden Augen
zu ihm auf, betrübt ihn traurig zu sehen, ohne zu wissen
weshalb; wie stach ihre sanfte zärtliche Hingebung gegen
Luciens leidenschaftliche Heftigkeit ab! — —

Siebenunddreißigster Abschnitt.

Luciens Reise nach Teplitz. Fürst Wittgenstein. Luciens Audienz
beim König Friedrich Wilhelm dem Dritten. Ihr Brief an den
Fürsten von Metternich. Pückler an Lucie. Fernere Verhandlungen
über Muskau. Abreise von Konstantinopel. Donaufahrt. Erkrankung
an der Cholera. Pesth. Wiedersehen. Luciens gerichtliche Protestation gegen den Verkauf von Muskau. Rücknahme der
Protestation. Zärtlicher Abschied.

Nicht bloß in ihren vulkanischen Briefen tobte Lucie
ihren Kummer aus; sie wollte auch handeln, entscheidend
eingreifen. Sie raffte sich auf, und reiste sogleich nach Teplitz
ab, um anderen mächtigen Einfluß für sich zu gewinnen.
Nicht nur, daß sie Pückler beschwor, vom Verkauf von Muskau
abzustehen, sondern sie wollte auch ihrerseits den Verkauf
eigenmächtig verhindern. In Teplitz sprach sie ihren alten
Freund, den Fürsten von Wittgenstein, klagte ihm ihr Leid,
und stellte ihm vor, daß man um jeden Preis versuchen
müsse, Herrn von Muschwitz in seiner Reise aufzuhalten
damit unterdessen die Zeit gewonnen würde, daß Pückler die
abmahnenden Briefe erhielte, und neuen Ueberlegungen Raum
gäbe. Wittgenstein selbst schrieb auf der Fürstin Andringen
an Pückler, ihm den freundschaftlichen Rath ertheilend,
Muskau zu behalten, eine durchaus unstatthafte Einmischung,
um so mehr, da Pückler gar nicht so freundschaftlich und
vertraut zu ihm stand. Lucie erbat sich eine Audienz beim
König Friedrich Wilhelm dem Dritten, der in Teplitz seinen
Badeaufenthalt machte. Auch ihm brachte sie ihre Klagen

10*

vor, und stellte ihm ihr Unglück beweglich vor Augen. Daß, wie Manche behaupteten, sie vor dem König ihre Haube vom Kopf gerissen, ihre grauen Haare gezeigt und ausgerufen habe: „Majestät! Ich bin eine Bettlerin!" wird von ihr selbst und von Anderen in Abrede gestellt. Sie schrieb über ihre Audienz beim König aus Teplitz den 31. Juli 1839 an Pückler:

„Der Fürst (Wittgenstein), dieser Mann, der wirklich das Bild der wahren Lebensweisheit ist, und ewig zu preisen, weil er sich jedes Bedrängten annimmt, der Fürst zeigte mir so seine Denkweise, und in diesem Moment, wo ich den König sprach, äußerte mir dieser eine Theilnahme, die bei seiner ganzen Art und Weise für dieselbe Gesinnung zeugte, und außerordentlich war. Er sagte mir, es sei alles geschehen, um mich zu beruhigen, und er hoffe und wünsche von Herzen, daß es nicht zu spät wäre, und Du noch zu rechter Zeit die Nachrichten bekämest, das Unglück zu verhüten." —

Lucie schrieb auch an den Fürsten von Metternich, ihn bei dem Andenken seines verewigten Freundes, ihres Vaters, des Staatskanzlers von Hardenberg, auffordernd, alles was er an mächtigen Mitteln besäße, aufzubieten, um Herrn von Muschwitz auf seiner Reise aufzuhalten. Dieser Brief wurde durch einen Königlichen Feldjäger sogleich nach Wien befördert.

Als Pückler in Konstantinopel Luciens ersten Schmerzensschrei erhielt, antwortete er ihr den folgenden Brief, dem man trotz allen Unmuthes ruhige Mäßigung und sogar liebevolle Gesinnung nicht wird absprechen können:

„Liebste Schnucke."

„Ich erstaune über einen Brief voll wirklich halb wahnsinniger Klagen über ein Ereigniß, das wir hundertmal als das vortheilhafteste was uns begegnen könnte besprochen, was von jeher jeden Tag mein innigster Wunsch gewesen, und was nun, als es endlich, wie ich mir schmeicheln darf, mit nicht geringer Geschicklichkeit von meiner Seite, auf das glänzendste realisirt ist — Dich in eine ganz unbeschreibliche, und für mich eben so schmerzliche als keineswegs liebevolle Verzweiflung setzt. Ich bitte Dich also inständig, der Vernunft Gehör zu geben, und mir Deine Ergebenheit und Liebe auch da zu zeigen, wo ihr wahrer Probirstein stattfindet, nämlich nach meiner und nicht nach Deiner Ansicht in einer Sache zu verfahren, die doch wahrlich mich am nächsten angeht, abgerechnet daß sie Dir wie mir in jeder Hinsicht den höchsten Vortheil bringt. Gott im Himmel, wenn ich im vierundfünfzigsten Jahre noch so am Gängelbande laufen soll, und für einen Narren angesehen und quasi von Dir erklärt werden soll, weil ich nach einem langen stets von Unsicherheit und Ungewißheit gequälten Leben endlich alle Güter, die einem vernünftigen Menschen theuer sein können: Sicherheit, Unabhängigkeit, Ruhe und ein festes, nicht prekaires und bedrohtes Vermögen durch eigne Anstrengung erlangt habe — dann wäre ich wirklich höchst beklagenswerth. Daß ich, den unsäglichen Weitläuftigkeiten einer solchen Mittheilung zu entgehen, sie Dir verschwieg, war aus zwanzig Gründen das Angemessenste, was ich aus Liebe zu Dir, und um Dir alle die kleinlichen weiblichen Bedenklichkeiten und Quälereien zu ersparen, thun konnte, die bei Deiner großen Leidenschaftlichkeit immer zu befürchten waren. Da wir aber längst die Sache, und immer als wünschenswerth besprochen hatten, so glaubte ich eher, nach dem ersten kleinen Schreck, den Dir jede jählinge Veränderung leicht erregt, auf eine freudige Ueberraschung, wobei ich allerdings in Anschlag brachte, daß meine große und vollständige Befriedigung, meine Herzenszufriedenheit, von der endlich eine so lang getragene Kette wie eine Centnerlast abfällt — Dich beruhigen und erfreuen würde. Meine früheren Arbeiten in Muskau bedaure ich

keinen Augenblick, diese waren Schaffensdrang, und das nun
so weit als eigentlich möglich Vollendete hat jetzt, um es blos
und immerwährend anzuschauen, nicht den mindesten Werth
noch Genuß für mich. Ich athme endlich frei, und
fühle dadurch ein neues Leben, eine neue Jugend in mir;
könntest Du mich zwingen Muskau zu behalten, so würdest
Du mich wahrhaft und hoffnungslos unglücklich machen.
Mein schlimmster Feind könnte mir nicht Härteres anthun,
und ich beschwöre Dich daher vorsichtig zu Werke zu gehen,
und mir durch unzeitige Klagen und aufregenden Lärm keine
Schwierigkeiten und Verdruß in einer Sache zu bereiten,
bei der ich schon gebunden bin, und die, wenn ich dies nicht
wäre, mein fester, unwandelbarer Wille ist. Ich schicke Dir
in Abschrift den Brief an Dich bei, den ich an Bethe geschickt, um ihn Dir in Wien zu übergeben, wo Du mir
schriebst, daß Du Ende August eintreffen würdest, und wo
Du an den Detailunterhandlungen theilnehmen solltest, damit
in allem Deine Wünsche zugleich mit den meinigen befriedigt
werden könnten. Ich bitte Dich nun, da Du vor der Zeit
(und wie die Erfahrung lehrt zu Deinem und meinem Verdruß und Kränkung) unterrichtet worden bist, Bethe selbst
mit nach Wien zu nehmen, oder wenigstens mit ihm zugleich
dort zum 20. September einzutreffen, wo ich ebenfalls daselbst anlange."

„Einige Ueberlegung nur, und Deine Liebe zu mir,
wenn sie nicht ganz herrschsüchtiger und eigensinniger Natur
ist, werden Dich hoffentlich nicht nur beruhigen, sondern Dir
an der endlichen Realisirung meines sehnlichsten Wunsches
auch einige freundliche Theilnahme einflößen, und die uner-
meßlichen Vortheile einsehen lassen, die uns daraus er-
wachsen! Aber davon sei fest überzeugt: Ich habe Muskau
nie geliebt, sondern nur geduldet, und den traurigen, elenden
Zustand daselbst nur durch die gänzliche Hingebung an die
Passion der Anlagen zu paralysiren gesucht. Ich habe es

im Grund der Seele auch nie schön gefunden, und nie wiedergesehen ohne die größte Unbefriedigung, und mit dem steten bangen Vorgefühl alles Unangenehmen was mich dort erwartete."

„Wenn ich Heimweh fühlte, war es nach Dir, nicht nach jenem Besitz, und immer noch verkümmert durch die Gedanken an das über unserem Haupte schwebende Schwert. In diesem Augenblick geht es in dieser Hinsicht in Muskau vielleicht etwas besser — traue darauf, und das nächste Jahrzehnt bringt vielleicht gänzliche Vernichtung!"

„Es ist wirklich sehr hart für mich, in dem was mein ferneres Lebensglück bedingt, von Dir solche Opposition zu finden, und wo ich so lachende und nun keineswegs mehr imaginaire Pläne auf die Zukunft gebaut! Hier stehen wir wirklich an einem bedenklichen Scheidewege, laß uns doch ja nicht einer rechts, die andere links gehen. — An Dir ist es mir zu folgen, selbst wenn ich es wäre, der den linken einschlüge, was doch eben so wenig der Fall ist, als daß Nachts die Sonne scheint."

„Das Unglück ist: daß Männer von der Vernunft, Weiber vom Gefühl geleitet werden. Du hast Dich neuerdings ausschließlich mit Muskau beschäftigt, um es mir angenehm zu machen. Deswegen erfüllt es jetzt Dein ganzes Herz und Seele. Ginge es temporair schlecht, wie zufällig jetzt gut (das heißt leiblich), und drohten Kündigungen mit eiskalter Hand, ohne sichere Aussicht ihnen zu begegnen — Du würdest mich segnen und bewundern, so glücklich den Knoten gelöst zu haben! Ich habe die Aeußerung aus Deinem Munde gehört:

„Das größte Glück für Dich wäre eigentlich, Muskau „vortheilhaft zu verkaufen, aber es ist eine Chimaire, der „Käufer findet sich nicht."

„Hatte nicht Rother dazu den speziellsten Auftrag, und Du den, ihn fortwährend dazu anzufeuern?"

„Wirklich, liebe Schnucke, Du zeigst Dich hier sehr schwach, und als Jemand der nicht weiß was er will, und der selbst den, welchen er am meisten zu lieben, für den er nur zu leben betheuert, in das Prokrustesbett spannen will, dessen Dimension momentale Laune bestimmt. Hast Du nicht immer sehnlich eine eigne, unabhänge Landbesitzung gewünscht, in einem schöneren Lande als das des Sandes und der Tannzapfen? Nun Du es haben kannst, ziehst Du das glänzende Elend, den ärmlichen Reichthum in der Wüste, das blasse Muskau, und das Dasein unter der steten Fuchtel obskurer und impertinenter Staatsbeamten vor! Welche Inkonsequenz! Es gehört wirklich meine ganze, auf Fels gebaute Liebe für Dich dazu, um hier nicht alle Geduld zu verlieren, ja an Deinem Verstande wie Deinem Herzen irre zu werden. Eine Verzweiflung und ein Geschrei ohne vernünftigen Grund und Anlaß kann nicht rühren, man kann es nur bedauern, und wenn man den Gegenstand, der sich so überjugendlich leidenschaftlich benimmt, nicht über alles liebte und ehrte, könnte es erbittern."

„Also, meine gute alte Schnucke, bleibe die Alte, die Liebende, und wenn Du Deine Vernunft nicht erwecken kannst, die Ergebene. Jede andere Rolle wird Dich und mich bodenlos unglücklich machen, denn ich bin nie in meinem Leben zu etwas fest entschlossner gewesen, als zum Verkauf von Muskau. Auch ist die Hauptsache bereits abgeschlossen, und für alle Details nach Deinen und meinen Wünschen finden wir einen ganz noblen, gentlemanartigen Mann in unserer Gegenpartei (denn Käufer und Verkäufer sind immer eine Art Gegner) im Grafen Renard."

„Ich habe Muskau für eine Million dreizehnhunderttausend Thaler verkauft, ein enormer Preis, um so mehr, als, nachdem alle Lasten und Sorgen von uns abgefallen sind wie durch einen Zauberschlag, der Rest, zwischen 5—600,000 Thaler, baar ausgezahlt wird, und nur die Gelder, von deren Zinsen die Pensionsrenten gezahlt werden, auch noch 2—300,000 Thaler, vor der Hand auf Muskau stehen bleiben, und augenblicklich bei jeder Er= ledigung ausgezahlt werden müssen."

„Wer Muskau's Qual 30 Jahre lang getragen wie ich, wer Muskau durch und durch kennt wie ich, der müßte wirklich wahnsinnig sein, wenn er ein solches Geschäft ausschlüge, das dahin zu bringen wahrlich keine zu ver= achtende Diplomatie bedurft hat."

„Also nochmals, meine theure Schnucke, versitze Dich nicht in ein Labyrinth, aus dem Du nie den Ausweg finden würdest, sondern folge Deinem herrschenden Wolf als ergebene, gehorsame Schnucke blindlings, seine Freude, seine Zufriedenheit zu der Deinigen machend."

„Vor allem also, wenn Du bereits aus der Schule geschwatzt haben, oder irgend etwas Unpassendes gethan haben solltest, sattle sogleich um, laß Dich nicht durch schlechten, egoistischen Rath, den Dir Dieser und Jener in Hoffnung eignen Vortheils geben könnte, zur Untreue an Deinem besten Freunde verleiten, und erkläre überall, der Verkauf von Muskau sei ein falsches Gerücht, damit mir nicht auch noch die Familie auf den Hals fällt. Daß wir übrigens nun auch ganz aus den Klauen dieser kommen, ist ebenfalls nicht einer der geringsten Vortheile des Verkaufs, das glaube mir. Bisher waren wir Sklaven rechts und links, jetzt sind nur wir beide da, mächtig, sicher, frei, reich, envers et contre tous. Blinde Frau! gehe in Dich, und folge Deinem Heiland, und Dein Glaube wird Dir helfen."

„Dein sehr glücklicher Lou."

„P. S. Sei doch nicht so geringschätzend für mich, zu glauben, daß Muschwitz oder irgend jemand mich bei dieser Sache insluirt, und glaube auch, daß gerade nur so gute Konjunkturen in Muskau (als Du mir eigentlich absichtlich

verheimlicht haſt, die ich aber durch Schefer erfuhr) den Ver=
kauf zu ſolchen Bedingungen möglich gemacht haben. Glaube
ferner: weit entfernt, uns als heimathlos zu bedauern, wird
man uns tief beneiden, und die neue, vielleicht ehrenvollere
Heimath wird bald gefunden ſein. Welche Ehre habe ich
denn von Preußen? Mein Anſehen habe ich ſelbſt begründet,
und nicht Muskau hat mich, ſondern ich Muskau bekannt
gemacht. Auch Lord Byron verkaufte ſein Stammgut im
undankbaren Vaterlande, und ſtarb größer in Griechenland,
als auf ſeiner Hitſche als Landjunker. Niemand hat ihm
dies je verdacht."

„Ich habe Deinen Brief, ohne ihn zum zweitenmal zu
leſen, verbrannt, damit er mir kein böſes Blut mache. Er
iſt vergeben und vergeſſen, aber ich beſchwöre Dich, ſende
mir keinen ferneren dieſer Art, nachdem Du meinen unab=
änderlichen Willen kennſt. Ich bin Dein Lind, aber kein
Kind. Ueberhaupt, gute Schnucke, fehlt es Dir etwas an
großen Anſichten, Du hängſt zu ſehr an der Scholle. Du
vermagſt nicht einzuſehen, daß etwas Großartiges darin liegt,
ſein halbes Leben an einer Sache ſich geplagt zu haben, und
ſie dann mit der vollkommenſten Gleichgültigkeit (wirklicher,
und nicht blos aus Eitelkeit vorgegebener), hinzugeben und zu
verlaſſen. Die Welt aber erkennt das, weil ſie in Maſſe
ſtets poetiſch iſt, und nach dieſem Maßſtabe wird ſie mich
beurtheilen, in ſo weit ſie überhaupt auf meine Unbedeutend=
heit Rückſicht nimmt. Mein perſönliches Anſehen wird durch
dieſe Begebenheit weit mehr ſteigen als fallen, wie Dich die
Zukunft bald belehren wird. Aber fände auch das ſichere
Gegentheil ſtatt, ſo würde ich mich dennoch wegen der Er=
langung weit ſoliderer Güter überentſchädigt halten, und
mir Glück wünſchen. Mein Gefühl iſt jetzt das eines im
Gefängniß Vergeſſenen, der endlich Gottes Sonne in Freiheit
wiederſieht. Du ſcheinſt nie den tiefen Abſcheu, den ich
vor meiner Lage in Preußen fühlte, recht gefaßt zu haben,

o gleich ich mich genug darüber ausgesprochen und meine
stete Abwesenheit, mit freiwilligem Ungemach aller Art ver=
bunden, Dich hinlänglich darüber hätte belehren können. Die
Reisen waren, wie die Anlagen, ein Mittel zum Vergessen,
und beide haben mir sonderbarerweise die einzige Renommée
gegeben, deren ich theilhaftig geworden bin, wie die Perle,
welche die Menschen schätzen, nur die schmerzliche Krankheit
der Muschel ist! Gott gebe, daß ich künftig die gesunde
Kraft habe, aller ferneren Renommée, aller Ambition vor den
Menschen zu glänzen, aufrichtig zu entsagen, und nur an
Freundeshand das Glück zu suchen, jetzt, wo die Beding=
nisse da sind, um es finden zu können — und ich hoffe
dies. Treibe mich nicht weiter nach Ehre, gute Schnucke,
denn das ist die einzige gefährliche Klippe, treibe mich viel=
mehr nach dem Hafen der Ruhe und Vergessenheit, wo allein
das wahre Glück des Alters, und vielleicht selbst der Jugend,
gefunden wird. Wir haben jetzt ein größtentheils disponibles
Vermögen von 800,000 Thalern, wovon ⅔ baar, ohne Ver=
bindlichkeit gegen irgend jemand, frei wie der Vogel in der
Luft unser Nest zu bauen, wo es uns gefällt. Ich habe nie
geahnt, daß Gott noch so gnädig mir zuletzt die Welt be=
scheeren würde, und wir verdienten in den Abgrund gestoßen
zu werden, wenn wir diese wahrlich unverdiente Gunst nicht
mit Glückseligkeit erkennten, denn zufrieden und froh zu sein
ist der der Gottheit würdigste Dank. Der Himmel erleuchte
Dich, verirrte Schnucke, verlaß aber die Muskauer Oede je
eher je lieber, damit der Zauber gelöst werde. Sprich nun
mit Bethe, da Du alles weißt, und verlange von ihm meinen
Brief an Dich. Schnucki, sei lustig wie

Dein Lou."

Die Schritte, die Lucie rechts und links in Teplitz
unternommen, waren Pückler noch weit empfindlicher als die
Vorwürfe, die sie ihm unmittelbar gemacht, und er schrieb

ihr darüber aus Konstantinopel, den 18. August 1839, wie folgt:

"Liebe Schnucke."

"Je mehr ich darüber nachdenke, je mehr kränkt es mich, daß Du uns so unnützerweise vor den bedeutendsten Personen, und einem großen Theil des Publikums en spectacle gegeben, und lächerlich gemacht hast, Dich durch eine désespoir de Jocrisse (da sie nur auf einem Phantom Deiner Einbildungskraft beruhte) mich, indem Du mich als einen Menschen ohne Vernunft und gesunden Menschenverstand, als einen wahren Unmündigen dargestellt hast, der die Beute des ersten besten Avantüriers werden muß, der sich vornimmt, ihn anzuführen. Wie gut muß mich dies dem Könige, dem Fürsten Metternich rekommandiren! und die rasende Idee, den Fürst Metternich bei der Freundschaft Deines Vaters zu beschwören, den Herrn von Muschwitz auf seiner Reise aufzuhalten!! Du siehst übrigens, daß man dies alles nur ruhig angehört hat, um Deinen exaltirten Zustand zu schonen, daß der Fürst Metternich niemanden aufgehalten hat, und daß der Fürst Wittgenstein mir den nichtssagendsten Brief geschrieben hat, der als eine wahre Sathre in seinem Munde gelten kann, und dem es deutlich an der Stirne steht, daß er ihn nur schrieb, um Dich mit sanfter Manier los zu werden, und indem er mir dies zu verstehen giebt, sich bei mir wegen seiner Einmischung entschuldigt."

"Ich wiederhole es, die Verirrung in Deinen Jahren, und bei der Welterfahrung und Menschenkenntniß, die Du doch endlich besitzen solltest, ist mir völlig unbegreiflich."

"Wie viel diskreter hat sich hier Bethe benommen, der von allem längst unterrichtet war, das ganze Geschäft bereits in Händen hatte, und dennoch, seiner Instruktion fest getreu, selbst gegen Dich bei der gewaltigen Krise nichts davon verlauten ließ. Jetzt, da ich ihn dazu autorisirt habe, Dir alles mitzutheilen, wirst Du erfahren, daß es durchaus

nicht meine Idee war, irgend etwas ohne Dich abzu=
schließen, sondern Dir nur, da ich Dich besser kenne wie
Du mich und Dich selbst, die Sache bis dahin zu verheim=
lichen befahl, wo die Präliminarien fest besprochen und ver=
handelt wären, um eben dem unnützen Spektakel zuvorzu=
kommen, das Du jetzt angerichtet, und Dir selbst unsägliche
Sorge und Noth à propos de bottes zu ersparen."

„Der Himmel hat es anders gefügt, und ich resignire
mich mit meinem alten Motto: que tout est pour le mieux,
quand on ne peut plus le changer. Auch will ich Dir
keine Vorwürfe von nun an mehr machen, und bitte Dich
nur, der Zukunft wegen, Dir wohl zu imprimiren: daß der
Grund aller dieser graben Unannehmlichkeiten einzig und
allein in dem Mangel zweier Dinge bei Dir liegt:

„1) der ungerechten Beurtheilung meines Verstandes wie
meiner Vernunft;"

„2) der unzulänglichen Ergebenheit in meinen Willen."

„Mein Betragen ist durchaus konsequent geblieben":

„Ich habe von jeher Muskau zu verkaufen gewünscht,
folglich die Gelegenheit benutzt, die sich dazu darbot."

„Ich habe dies mit der sorgsamsten Vorsicht gethan,
ohne mich, bei der scheinbar großen Facilität, weder zu einem
unvortheilhaften Verkauf bereden zu lassen, noch mich in
irgend etwas zu binden."

„Ich habe Dich nicht davon ausgeschlossen, sondern Dir
nur das Geschäft verschwiegen, bis es ganz reif sein würde,
und der Augenblick eingetreten, wo man sich endlich wirklich
würde binden müssen, und bei diesem Schluß nicht nur
gestattet, sondern befohlen, Dich mit hinzuzuziehen."

„Du dagegen hast mir zuerst Muskau's steigende
Prosperität verheimlichen lassen, und Dich dann einer när=
rischen Verzweiflung, mit den wildesten Unternehmungen ge=
paart, überlassen, weil Du Dir auf ein Carolather Geklatsche
hin eingebildet, ich habe mir, wie ein Pinsel, Muskau von

Herrn von Muschwitz in Konstantinopel abescamotiren lassen!!!"

„Wer von Beiden ist hier der Leichtsinnige, Unüberlegte? Wenn Du noch zweifelst, so sei sicher, daß es kein Anderer thun wird. Nun aber Streusand darüber — Du hast einen Rausch gehabt, bist, wie ich zu Gott hoffe, jetzt nüchtern ge= worden, und wirst als reuige und fidele Schnucke mir wieder entgegentreten, und für das ganze Leben Docilität und Füg= samkeit quand-même geloben. Dann findest Du auch in mir den alten, treuen, liebenden und nachsichtigen, schnell vergebenden und vergessenden

Lou."

„P. S. Um eine Sache bitte ich noch: suche Deine équipée mit nichts zu entschuldigen. Sage auch nicht, daß sie nur aus Liebe zu mir entstanden sei. Diesmal hast Du nicht aus Liebe, sondern ganz subjektiv gehandelt, und was man liebt und hochachtet — sieht man auch nicht so leicht für debonnair an — abgerechnet, daß eine Liebe mit solchen Resultaten wirklich etwas gefährlich wäre, und zu dem Ausruf veranlassen könnte: Gott schütze uns vor unseren Freunden, die Feinde wollen wir uns schon selbst abhalten. Das größte Zeichen wahrer Liebe von der Frau zum Mann ist Gehorsam und Vertrauen. Jetzt, Drehschnucke, den Friedenskuß "

Der Briefwechsel wurde nun über die Sache fortgesetzt. Lucie wurde mit der Zeit nicht milder und besonnener, son= dern stürmte fort in ihren bitteren Vorwürfen; sie sprach Pückler von dem Geld, mit dem er sie verkaufe, sie erklärte, eine solche That könne nur gerechtfertigt sein, wenn man elend genug war, um seine Ehre zu kommen, oder so ruinirt dastünde, seinen Untergang vor Augen zu sehen. Er dagegen stellte ihr vor, daß es thöricht sei, anzunehmen, daß ohne Muskau's magischen Namen mit einemmal Finsterniß über ihn hereinbrechen müsse, als wenn er, wie Peter Schlemihl,

seinen Schatten verkauft hätte; und indem er sie ernst er=
mahnte, Vernunft anzunehmen, hatte er doch Mitleid mit
ihrer Verblendung, wie er es nannte. Sie möge sich be=
ruhigen. fügte er hinzu, daß wenn er auch Muskau verlasse,
er darum nicht entwurzelt sei, denn er sei Herr seines
Stoffes gewesen, der Stoff aber nicht im geringsten sein
Herr. Er wurzle im Geist und in der Phantasie, und die
wüßten sich immer und überall die Materie genügend zu
formen. In der That machte er schon Pläne von einem
Ankauf in schönerer Gegend, wo ein dankbareres Feld für
sein Genie sich darböte. Aber was ihn begeisterte, konnte
Lucie nicht reizen, die älter den Jahren nach, und älter in
ihren Gefühlen, nichts Neues wollte, sondern ihren festen
Ruhesitz unverändert zu behalten wünschte, und der die
Fesseln, die der Besitz Pückler auferlegte, lieb waren, da sie
ihn in seiner Reiselust beschränkten.

Es ist nothwendig, diese Angelegenheit so ausführlich
zu behandeln, da sie für Pückler's Beziehung zu Lucie von
entscheidendem Einfluß blieb, und ihn trotz aller später statt=
gehabten Versöhnung einigermaßen enttäuschte über den Grad
ihrer Anhänglichkeit und Hingebung, und ihn zu dem Glauben
brachte, daß ihre Liebe zu Muskau größer sei, als die
zu ihm.

Mit solchen Eindrücken war es, daß Pückler den
25. August 1839 von Konstantinopel nach Wien abreiste,
wo das Geschäft mit dem Grafen Renard definitiv abge=
schlossen werden sollte, und wo er auch mit Lucie zusammen=
treffen wollte. Das war für beide freilich nicht das Wieder=
sehen, wie sie es sich seit vielen Jahren vorgestellt hatten.
Muskau, das sie sonst verband, stand wie ein feindliches
Gespenst zwischen ihnen.

Pückler fühlte sich unwohl, als er sich in Bujukdere zur
Donaufahrt einschiffte; die Sorge und der Verdruß, den ihm
Luciens Briefe verursachten, wirkten ungünstig auf seine

Stimmung, das Wetter war stürmisch; in dem ihm unge=
wohnten Donauklima bekam er eine heftige Erkältung noch
dazu. Dies alles zusammen mag dazu beigetragen haben,
daß er auf dem Schiffe von der Cholera befallen wurde.
Er, der in den fremden Welttheilen so oft dem Tode in's
Antlitz geschaut, der ihn durch Klima, Fieber, Pest, Räuber,
Blitzschläge, Seestürme, wilde Thiere und Anstrengungen aller
Art so vielfach bedroht hatte, und der allen Gefahren glück=
lich entgangen war, sollte nun noch zum Beschluß auch diese
letzte Prüfung bestehen. Er brachte vierundzwanzig Stunden
unter den heftigsten Schmerzen zu, während deren man für
sein Leben fürchtete. Ein Arzt war nicht auf dem Schiffe.
Machbuba stand ihm liebevoll bei. Der Kapitain gab ihm
endlich eine starke Dosis Opium, worauf die Krämpfe nach=
ließen. Seine gute Natur überwand die Krankheit. Aber
die ermattende Nachwirkung fühlte er noch lange; er war so
abgemagert, daß ihm die Ringe von den Fingern glitten.
Wehmüthig dachte er nach, wie er sich gekümmert und ge=
grämt wegen Luciens Briefen, und wie nun beinahe sein
Tod der Sache eine andere Wendung gegeben, und den Ver=
kauf von Muskau verhindert hätte. „Wäre ich gestorben,“
schrieb er an Lucie, „so hättest Du es freilich behalten, aber
Du wirst es doch so besser für Dich finden, wie ich mir
schmeichle.“ Je mehr er sich dem Norden näherte, noch
schwach und angegriffen, je mehr kam er zu der Ueberzeugung,
daß er zu der Erhaltung seines Lebens und seiner Gesund=
heit eines wärmeren Klima's bedürfe, und dies war ihm nur
ein Grund mehr, sich von Muskau befreit zu wünschen.

Machbuba war aus Angst, ihren geliebten und einzigen
Beschützer in der Welt zu verlieren, mit ihm mager ge=
worden. „Es ist bestimmt,“ schrieb Pückler in Betreff Mach=
bubas an Lucie, „sie ein Jahr lang in Pension zu thun,
und ich hoffe sie unterzubringen ehe, wir uns wiedersehen, so
daß sie Dich in keiner Hinsicht stören wird.“

Lucie war Pückler bis Pesth entgegengekommen. Dort aber erwartete ihn eine neue schmerzliche Enttäuschung. Als er Briefe empfing, eröffnete er auch darunter einen, den er an sich gerichtet hielt, der aber vom Oberregierungsrath Grävell an Lucie geschrieben war. Es ging daraus klar hervor, daß Lucie heimlich, ohne Pückler's Vorwissen, sich an Grävell gewandt und ihn beauftragt hatte, in ihrem Namen gerichtlich Protest gegen den Verkauf von Muskau einzulegen, und darauf hinzuweisen, daß Pückler durch seine Erhebung in den Fürstenstand gebunden sei, Muskau nicht zu veräußern, weil er sich verpflichtet habe, ein Majorat zu stiften. Pückler war tief verletzt, und erblickte in Luciens Benehmen geradezu einen Verrath. „Ich verzeihe ihn," schrieb er an Lucie, „aber ihn zu vergessen liegt nicht in meiner Macht. Es ist die letzte und bitterste Enttäuschung meines Lebens. — Ich nehme sie indeß mit vollkommenster Ruhe auf, als etwas Geschehenes, und ergebe mich in mein Schicksal. In unserem beiderseitigen Interesse bitte ich Dich aber, zu thun was Du kannst, um die Geister, die Du gegen mich heraufbeschworen, so weit niederzubannen als Du es vermagst. Die Wendung, die man genommen, Muskau als von mir zum Thronlehn erklärt! auszugeben (wahrscheinlich eine Erfindung des Grävell'schen Genie's), wird mich wahrscheinlich, da nun eine solche Protestation schon eingetragen ist, zwingen, um den freien Besitz wieder herzustellen, auf den preußischen Fürstentitel zu renonciren, und die erhaltene Entschädigung wieder zurückzuzahlen — denn der Sklave an der Kette in solcher Weise will ich doch nicht bleiben. — Ich sehe eine traurige Zukunft voraus, fühle aber die Kraft, sie mit völligem Gleichmuthe zu tragen, obgleich nun allein gelassen. Dein treugebliebener Freund." Lucie suchte sich so gut sie konnte zu entschuldigen und nahm ihre Protestation vom Hofgericht zurück, wodurch denn Pückler, der

nie lange grollen konnte, sogleich wieder milder und herz=
licher gestimmt war.

Er war leicht gerührt, und der Anblick seiner alten
Freundin, die Kraft der lebendigen Gegenwart und der Er=
innerung eines so lange gemeinsam zugebrachten Daseins ver=
anlaßten ihn, seine Wünsche zu opfern, und dem Willen
Luciens nachzugeben: er brach die Unterhandlungen mit dem
Grafen Renard ab, und Lucie ging als Siegerin aus dem
harten Kampf hervor.

Doch unseren größeren Antheil erregt der Unterliegende,
der sich wahrlich selbst unterschätzte, wenn er zuweilen be=
hauptete, daß er wenig Herz habe. „Der Fürst hat durch
die Aufopferung eines mit so großer Begierde verfolgten
Wunsches an die Liebe und Freundschaft," schrieb Grävell an
Lucie, „den ächten Adel seines Herzens erprobt, und durch
diese Selbstüberwindung einen Sieg gewonnen, der ihn höher
stellt als alles was er mit Hülfe des Glückes hätte gewinnen
können. Der Lohn alles Guten ist in ihm selbst enthalten,
und seine innere Zufriedenheit, so wie Ihre innige Dankbar=
keit, sind die besten Perlen davon; nächst ihnen kommt die
moralische Achtung aller edlen Menschen; aber auch die Zeit
wird kommen, wo der Fürst in dem Fortbesitze seiner schönen
Standesherrschaft, und in dem, was er als Magnat des
Landes und als Schöpfer eines neuen Landlebens für die
deutschen Grundherren bedeutet, sich wohlgefallen und sich
selbst belohnt dadurch erkennen wird."

Als Lucie Pesth wieder verließ, um nach Hause, nach
dem geretteten Muskau zurückzureisen, nahmen Lou und
Schnucke wieder den zärtlichsten Abschied, und er schrieb ihr
aus Komorn, wohin er einen Ausflug gemacht, den 20. Ok=
tober 1839, nach der Trennung: „Mein Herz ist voll von
Liebe für Dich, laß dies Dein Trost und Deine Ueberzeugung
sein, und alles Uebrige wird gut gehen, es mag sich wenden
nach welcher Seite es will.' Lucie dagegen schrieb aus

Wien den 22. Oktober 1839: „Dich zu missen ist sehr schwer; wenn man noch ganz warm Dein Andenken vor sich hat, fügt man sich schwer in die Entbehrung so angenehmer Gesellschaft, so launiger, so geistvoller, so lieblicher, und dann und wann so liebender." Dazu mischte sie die Bemerkung ein: „Warum bin ich nicht jung, und nicht aus Abyssinien!" Auch nannte sie ihn wieder „den Engel ihres Lebens". Nach dem Gewitter war heitre Luft und Sonnenschein eingetreten.

Achtunddreißigster Abschnitt.

Freude in Muskau. Gesellschaftsleben in Pesth. Machbuba. Glän-
zende Aufnahme in Wien. Fürst und Fürstin von Metternich. Her-
zogin von Sagan. Graf von Maltzan. Fürstin Schwarzenberg.
Gräfin Zichy=Ferrari. Fürstin Liechtenstein. Gräfin Zapary.
Gräfin Hunyadi. · Gräfin Lore Fuchs. Preßburg. Die ungarische
Opposition und Franz Pulszky. Ausflüge mit Machbuba. Luciens
steigende Eifersucht. Machbubas Leiden. Tod König Friedrich Wil-
helms des Dritten; dessen Urtheil über „den großen Joethe“! Prag.
Erkrankung. Marienbad. Neue Verhandlungen über Machbuba.
Krankheit. Ankunft in Muskau.

In Muskau war großer Jubel, als die Fürstin mit der
Nachricht zurückkehrte, daß der Verkauf rückgängig geworden.
Sie genoß den vollen Triumph, wahrzunehmen, mit welcher
Freude dieses Ereigniß aufgenommen wurde. In der That
zeigte sich bei diesem Anlaß von allen Seiten die größte
Verehrung und Anhänglichkeit für Pückler. Sein Geburtstag
wurde glänzender als jemals gefeiert. Lucie hielt eine große
Cour ab, wo sie von allen Offizianten und Muskauer Bürgern
mit Beweisen der Theilnahme und Befriedigung überhäuft
wurde. Die Gartenarbeiter ihrerseits erklärten, sie wollten
ihrem guten Herren drei Tage umsonst dienen, aus Freude,
daß er sie nicht verlassen habe. Die ganz Armen, die nur
von der Unterstützung des Standesherren lebten, stimmten im
Schloßhof das Lied: „Herr Gott, Dich loben wir!“ an, als
Tedeum, daß ihnen der geliebte Fürst erhalten bliebe. Beim
Schall der Böller ließ man Pückler hoch leben. Abends
waren Festmahle veranstaltet, die ganze Stadt, Arm und
Reich, war froh und vergnügt, und die Jugend tanzte bis
zum Morgen.

Pückler wurde unterdessen von der eleganten Gesellschaft in Pesth auf das Schmeichelhafteste aufgenommen und fetirt. So sehr er sich eigentlich nach Einsamkeit und unabhängiger Ruhe sehnte, so konnte er sich doch nicht ganz aus den Kreisen der großen Welt zurückziehen. Auch Machbuba, die übrigens beinahe immer leidend war, wurde als Pückler's Pflegekind überall ausgezeichnet, und gewann durch ihre Anmuth und Herzensgüte, ihren Takt, ihre Natürlichkeit und Klugheit den liebevollsten Antheil. Die Gräfin Thurn bezeigte ihr eine wahrhaft mütterliche Anhänglichkeit, Frau von Stainlein, mit ihren beiden schönen, liebenswürdigen Töchtern, behandelten Machbuba wie eine geliebte Freundin des Hauses; ja, wir dürfen sagen, daß jeder der dieses edle und merkwürdige Naturkind näher kennen lernte, ganz von ihr bezaubert war.

Pückler schrieb den 2. Januar 1840 in sein Tagebuch: „Machbuba bildet sich immer liebenswürdiger heran. Ich will sie nun ein Jahr in Pension thun, und dann zeitlebens bei mir behalten. Für ihre Zukunft habe ich schon durch mein Testament gesorgt, das in Wien legalisirt werden soll. Gott gebe, daß ich bis dahin nicht sterbe. Denn wie der Himmel es beschlossen hat, hier oder dort werde ich l e b e n, des bin ich sicher."

Auch in Wien wurde Pückler überall gefeiert und ge= ehrt, vom Kaiser, von den Prinzen, in allen Kreisen, die er betrat. Er war dankbar dafür, aber doch für solche Welt= erfolge etwas abgestumpft. Ohnehin kam ihm der erste Winter nach einem sechsjährigen Aufenthalt im Orient hart an, und oft hatte er durch Krankheit zu leiden. Zuweilen verfiel er in melancholische Stimmungen, in welchen ihm der Orient in glühender, farbenreicher Morgenpracht erschien, und Muskau wie ein verblichenes, abgestorbenes Wesen in grauem Abendnebeldunst, das ihm, je mehr es Lucie in ihren Briefen anpries und lobte, je mehr zuwider wurde. Ihm war es, als passe er weder für die Welt, noch für Muskau, sondern nur für eine ganz freie, unabhängige Einsamkeit.

In Wien verkehrte Pückler am meisten mit dem Fürsten von Metternich und seiner Gemahlin, der Fürstin Melanie, mit der Herzogin von Sagan, bei der er viele Abende zubrachte, und mit Graf Mortimer von Maltzan, dem preußischen Gesandten, der später auf kurze Zeit preußischer Minister wurde, und so traurig im Wahnsinn endete. Der Fürstin Melanie huldigte Pückler mit Maltzan um die Wette. Der Fürst von Metternich zeichnete Pückler sichtlich aus, und setzte ihm bei seinen Diners seinen besten Johannesberger vor. Auch die Fürstin Schwarzenberg, die Gräfin Zichy=Ferrari, die Fürstin Liechtenstein, die Gräfin Zapary und die Gräfin Hunyadi gefielen Pückler sehr. Gräfin Lore Fuchs begrüßte er mit Freuden als seine alte Freundin. Auch mit Prokesch und seiner Gattin traf Pückler in Wien wieder zusammen, und hatte angenehme Beziehungen mit Franz Liszt und Friedrich Halm.

Er machte einen Ausflug nach Preßburg, obgleich der preußische Gesandte, Herr von Maltzan, ihn warnte, er werde einer großen Feindseligkeit von Seiten der Ungarn zu begegnen haben. Pückler hatte nämlich in der „Augsburger Allgemeinen Zeitung" einige Aufsätze über die ungarischen Zustände erscheinen lassen, welche unter den Ungarn große Unzufriedenheit erregt und öffentliche Erwiederung hervorgerufen hatten. Eine dieser Erwiederungen war von dem damals vierundzwanzigjährigen Franz Pulszky, der sich so jung schon einen Namen gemacht hatte. Die Befürchtungen Maltzan's bestätigten sich aber durchaus nicht. Pückler begegnete überall der größten Artigkeit, und sah mit Vergnügen dem konstitutionellen Treiben in Ungarn einige Tage zu. Der Besitzer des Hauses, in dem er wohnte, bot ihm die Wohnung auf Monate gratis an. Die heftigsten Oppositionsmitglieder überhäuften ihn mit herzlichster Artigkeit. Mit Franz Pulszky, dessen prrsönliche Bekanntschaft Pückler machte, war er, wie er sich in seinem Tagebuch ausdrückt, „à la fleur d'orange".

Mit Machbuba, die er in Wien in eine Pension gegeben, machte Pückler manche schöne Ausflüge in die Umgegend, wo beide zwischen Wald und Wiesen froh und zwanglos die freie Natur genossen.

War nun die Frage wegen Muskau zwischen Pückler und Lucie beseitigt — denn auf Kaufanträge des Grafen von Redern und des Herzogs von Koburg ging er gleichfalls nach kurzen Verhandlungen nicht ein — so trat dagegen wieder die Frage über Machbubas Zukunft unabweislich näher heran. Pückler warf Lucien nicht ohne Gereiztheit vor, daß sie ihm das Leben damit erschwere, daß sie ihm verwehren wolle, Machbuba nach Muskau mitzubringen. Lucie nenne sich seine Mutter, aber seine Mutter, so wenig sie Lucien sonst gleich komme, würde Machbuba bereitwillig in ihr eigenes Haus aufnehmen, geschweige verhindern, daß er sie in das gemeinsame führe. Er habe sich an Machbuba gewöhnt, sie sei ihm nöthig geworden, und Lucie möge nun im Nachgeben ihre uneigennützige Liebe zeigen. Auch habe Machbuba nur ihn allein auf der Welt, sie sei lieb und gut, er liebe sie wie ein Vater, und könne sie nicht verlassen.

Hier aber traf Pückler auf einen wunden Fleck. Es zeigte sich immer mehr, daß Lucie noch auf Andere als auf Varnhagen und auf Pückler's Schriftstellerei eifersüchtig sein konnte. Es ist sehr schwer für eine Frau, von der Stellung als Gattin in das Fach der Mutter überzugehen, wie dies Lucien zugemuthet worden war. Rückfälle sind da beinahe unvermeidlich, und sie blieben nicht aus. Freilich war Lucie so bedeutend älter, und mußte sich sagen, daß gerade ein Mann wie Pückler sich nicht allein auf die alternde und mit den Jahren korpulent gewordene, jetzt schon vierundsechzigjährige Freundin beschränken konnte, so sehr er sie ehrte und schätzte, und ihr kindlich ergeben war; daß er ihr nicht treu sein werde, hatte er ihr mit schnöder Aufrichtigkeit vor Eingehung seiner Konvenienzheirath entschieden erklärt;

sie war seine „gute Schnucke", seine „dicke Alte", seine „gute Allaune", aber sie konnte nicht die anmuthige Nymphe für ihn sein, die seine Träume beseelte. Jedoch die Frauen halten sich leider oft für jünger als sie sind, und machen dann Ansprüche an das Leben, welche dieses schwerlich gewährt. Es bestätigte sich hier einmal wieder, was man oft bestreitet, daß das Alter nicht die Leidenschaften abstumpft. Nie und niemals ist Lucie auf jemand eifersüchtiger gewesen, als auf Machbuba. Sie ließ Pückler keine Ruhe; auf alle Arten arbeitete und strebte sie, ihn von Machbuba zu trennen, abzulösen. Sie beschwor ihn wiederholt, er solle in Wien „nicht allzuviel Aufhebens mit dem exotischen Personal seiner Umgebung machen", denn Wien sei kleinstädtisch, und sein großer Ruf sei Stoff der Aufmerksamkeit genug, ohne daß es seiner bunten Escorte dazu bedürfe. Dann hieß es wieder, er würde wohlthun, auf dem Schauplatz, den er nun betrete, das Aufsehen zu vermeiden, was die fremden Gestalten seines Gefolges veranlassen müßten. Dergleichen passe mehr für einen Flattergeist, für einen jungen Dandy, als für einen Mann seiner Stellung und Bedeutung. Mochte auch manches hievon ganz vernünftig klingen, so war doch die Eifersucht stets die eigentlichste Triebfeder. Dann bekämpfte sie wieder seine türkische Kleidung, die er doch eigentlich in Europa nur zu Hause als Negligé zu seiner größeren Bequemlichkeit trug. „Denn einsam — wenngleich umgeben und beschäftigt," schrieb sie einmal, „bist Du doch, mein theures Lind, und Du hast mir es betheuert und bewiesen, die Ansprache Deiner Schnucke würde Dir fehlen, wenn Du lange genug mit der dunklen Puppe gespielt hättest."

Doch sah Lucie wohl ein, daß das einzige Mittel, Pückler wieder in Muskau zu sehen, darin bestünde, auch Machbuba freundlich zu empfangen, und sie gab daher aus Klugheit nach. Die arme Machbuba durfte übrigens neben aller Theilnahme auch das Mitleid ansprechen, denn ihr Zustand wurde immer bedenklicher. „Die arme Mach= buba wird immer kränker," schrieb Pückler an Lucie, „und ihre Thränen thun mir sehr weh, denn ich sehe sie gleich dem Arzt für ein übles Zeichen an. Sie frägt dennoch fortwährend nach Dir, weil sie weiß, daß Muskauer hier sind, und freut sich Deinetwegen, daß Muskau nicht verkauft wird. Sie bittet mich, ihr armes Wesen, wie sie sagt, Dir zu Füßen zu legen. Nimm sie freundlich auf, wenn sie so weit kommt." Und den 15. Mai 1840 schrieb er wieder: „Die arme Mach= buba ist wie ein Skelett, und ich fürchte sehr für sie. Sie hier zu lassen, ist völlig unmöglich. Die ganze hohe Gesell= schaft hat sie keineswegs als meine Maitresse, sondern als mein Pflegekind angesehen, und hiernach sehr ehrenvoll be= handelt, selbst von Seiten des Hofes. Als solches, mit aller möglichen Dezenz, muß sie auch in Muskau auftreten. Sie kann ohne mich nicht existiren, ein diesen Wesen eigenthüm= liches Gefühl, was mit gemeiner Liebe in unserem Sinn gar nichts zu schaffen hat. Ich bin ihr alles auf der Welt, und ihr Herr in ihren Augen. Selbst Malfatti, der große Arzt, erklärte mir, daß er von ihrem schnellen Tode überzeugt sei, wenn ich mich von ihr trenne. Dies also, liebe Schnucke, ohne eine Spur von Verliebtheit, ist eine heilige Pflicht, die ich Vorurtheilen nicht aufopfern kann. Sei auch, Herrin, meine treue, ergebene Freundin."

Lucie erwiederte hierauf aus Berlin, den 26. Mai 1840: „Daß die arme kleine Machbuba so abkömmt, thut mir sehr leid, ich hoffe für Dich, daß sie sich erholt, und lange noch zu Deiner Freude lebt. Ich verstehe wohl, daß sie ohne Dich nicht existiren kann, doch ein ihr nur eigenthümliches Gefühl ist solches nicht, da auf andere Weise zwar — das Nämliche vielleicht Anderer Leben auch bedingte."

Pückler in seiner Antwort schrieb: „En effet, je ne tiens plus au monde que pour deux êtres, une mère

et une fille, toutes les deux adoptives, zwei sich entgegen=
stehende, durch mich vereinte Pole, in allem verschieden bis
auf einen einzigen Punkt, der gemeinschaftlichen Herzensgüte,
und warum hänge ich so fest an Beiden? Weil ich nicht
ohne die Eine, die Weiße aber nicht Weise, leben kann, und
die Andere, die Schwarze mit weißem Herzen, nicht
ohne mich."

Dies war im Grunde wahr; aber Lucie wurde wenig
davon gerührt. Sie behielt ihre bitteren Gefühle, wenn sie
dieselben auch nicht zeigte.

Machbuba sagte wehmüthig zu Pückler: „Sono molto
malata, e non guarirò mai; desidero solamente che tu,
mio Principe, sia presente alla morte mia. Non sono
che un verme, e se il Dio non morisse, vivere e morire
a me é eguale[1]).

Pückler war auf das tiefste betrübt über Machbubas
Leiden, und aus innerster Natur aufrichtig, verbarg er dies
auch Lucien keineswegs. Auf den Rath der Aerzte beschloß
er nun Machbuba nach Marienbad zu bringen, wo sie die
Kur brauchen sollte. Dann wollte er sie eine kurze Zeit mit
seinen Leuten dort allein lassen, und Lucien in Berlin be=
suchen, da diese so sehr darauf drang, daß sie ihn zuerst
allein sehen wollte. Beide hofften, daß durch gegenseitiges
Aussprechen ihr Verhältniß, das denn doch an Vertrauen
und Innigkeit bedeutend gelitten hatte, sich wieder her=
stellen sollte.

Noch bevor er Wien verließ, traf die Nachricht von dem
am 7. Juni erfolgten Ableben des Königs Friedrich Wil=
helms des Dritten ein. Pückler schrieb darüber an Lucie:

---

[1]) Ich bin sehr krank, und werde niemals besser werden; ich
wünsche nur, daß Du, mein Fürst, bei meinem Tode gegenwärtig
seiest. Ich bin nur ein Wurm, und wenn nur Gott nicht stirbt, so
ist leben und sterben für mich gleich.

„Ueber den Tod unseres guten Königs sage ich nichts hier, das wollen wir mündlich besprechen. Diese ganze Region ist mir, der zum Landjunker verdammt ist, sehr fremd und entfernt, doch bedaure ich herzlich, sowohl den braven Fürsten selbst, als was Du vielleicht durch seinen Tod verlierst. Die Zukunft wird indeß auch, wie die Vergangenheit, ihre Rosen und ihre Dornen bringen — und insofern halte ich so ziemlich alles für egal, um so mehr, da immer und ewig alles ganz anders kommt, als man es erwartet." Ihm lag in diesem Augenblick an Machbuba mehr als an allen Königen der Welt. Aber auch davon abgesehen konnte Pückler, mit seinem originellen, lebendigen Geiste, der nie sich zum Gewöhnlichen herabstimmte, durch das trockene, phantasielose Wesen Friedrich Wilhelms des Dritten wenig angezogen werden, so wie dieser schwerlich weder die genialen und poetischen Eigenschaften Pückler's, noch sein schriftstellerisches Talent zu schätzen fähig war. Wie gering die litterarischen und Kunstbedürfnisse dieses Königs waren, ist bekannt. Am besten befriedigte ihn Johanna von Weißenthurn, deren Schauspiele ihn herrlich amüsirten. Dagegen sagte er einmal, als er sich bei einem Theaterstück langweilte: „Das ist ja beinahe so langweilig, als wenn es vom großen Goethe wäre, wo man immer gähnen muß, daß einem die Kinnbacken knacken", eine Aeußerung, an der liebenswürdige Aufrichtigkeit, aber freilich weniger die geistige Empfänglichkeit, zu loben ist.

Unter den durch den Thronwechsel veränderten Verhältnissen gab Pückler nun die Reise nach Berlin auf.

Leidend an heftigen Fieberanfällen verließ er Wien, und brauchte vier Tage bis er nach Prag gelangen konnte. Dort befand er sich anfänglich etwas besser, aber nur, um von einem stärkeren Krankheitsanfall betroffen zu werden. Die noch kränkere Machbuba war dabei an seiner Seite. Er setzte dennoch seine Reise nach Marienbad mühsam fort, wo sich sein Zustand als ein dreitägiges, sogenanntes Donaufieber entwickelte. Dadurch wurde nun die Reise nach Muskau sehr verzögert, und als Lucie ihm schrieb, er möge sie ja nicht überraschen, da das sie angreifen würde, sondern sein Kommen genau melden, da erwiederte er, von solchen enfantillages sei er weit entfernt, und wenn er ihr eine Ueberraschung machte, so könnte es höchstens die sein, daß er gar nicht käme, oder stürbe.

Nun wurden die Verhandlungen über Machbuba wieder aufgenommen. Lucie bestand darauf, er solle zuerst allein kommen, damit sie sich ungestört mit ihm aussprechen könnte. Demzufolge sollte er zuerst Machbuba in Marienbad lassen, um nach etwa vierzehn Tagen zurückzukehren und sie abzuholen. Bei dem schlechten Herbstwetter und seinem eigenen leidenden Zustand war das viel verlangt. Lucie schrieb dringend: „Vielleicht gewährst Du was ich fordere, wirst Du erst erkennen, wie richtig Deine Wahl gewesen, mich als die Freundin, als die einzige zu berufen, deren Beständigkeit allein widersteht, und die kein Opfer scheeut, galt es Dein Lebensglück, noch dermalen scheuen wird, tritt der Fall noch einmal ein, die eigene Zufriedenheit der Deinigen unterzuordnen. Alle Gründe, die Du haben magst, weichen daher für mich zurück, und welche sind sie, welche können sie sein? Solltest Du nicht derjenigen so viel Zutrauen und Gehorsam eingeflößt haben, die Du mir willst in diesem Fall mit höherer Rücksicht vorziehen: daß Du sie um vierzehn Tage oder drei Wochen höchstens könntest allein lassen, ohne zu fürchten, daß sie darum einen Nachtheil erfährt? Und sollte sie nicht bereits Bildung des Verstandes und Gemüthes durch Dich erlangt haben, um Dir zu folgen, ruhig Deinen Willen zu vollführen? Gewiß, das wäre traurig!" — Pückler hatte, wenn Lucie durchaus auf ihrem Willen bestünde, sie nicht in Muskau aufnehmen zu wollen, Machbuba zu seiner Mutter geben wollen. Aber auch das wollte Lucie nicht, weil sie befürchtete, es könnte Gerede geben.

Wie sehr Pückler sein armes, schwarzes Pflegekind am am Herzen lag, das beweist der folgende Brief von ihm an Lucie aus Marienbad, den 20. August 1840, der sich mit Luciens oben erwähntem Schreiben kreuzte.

„Meine Herzensschnucke."

„Ich bin so schwach, daß ich kaum die Feder halten kann, muß Dir aber doch schreiben, um Dir für Deinen lieben Brief zu danken (vom 17.), um so mehr, da Du mir, glaube ich, noch einen der meinigen, in der bittersten Laune der Krankheit geschrieben, zu verzeihen hast."

„Ich bin in den letzten Tagen sterbenskrank gewesen, und der letzte Anfall, der mit einem zehnmal wiederholten Brechen, mehreren Ohnmachten, und den heftigsten Schmerzen im Magen und Kopfe verbunden war, hat meine Aerzte besorgt gemacht, die selbst gestanden, daß es einem Kampf zwischen Tod und Leben glich. Indessen bin ich jetzt schon, Dank der Eigenthümlichkeit meiner Natur, die sich, so reizbar sie ist, doch auch wieder unglaublich schnell zu erholen vermag, schon viel besser, nur noch so schwach, daß ich kaum eine Viertel= stunde mein Bett verlassen kann."

„Es bleibt also dabei, daß ich circa zum 8. September, wenn der Stand meiner Gesundheit es nicht geradezu un= möglich macht, in Muskau eintreffe, und ich freue mich auch herzlich darauf. Nur sei vernünftig und herzlich hinsichtlich meines armen Pflegekindes, die noch immer einem Skelett gleicht, und deren Zustand leider so bedenklich bleibt, daß es gewiß niemand einfallen wird, sie für meine Maitresse zu halten, sondern nur für ein schwarzes Kind, das ich der Sklaverei entrissen, und das ich, die niemand auf der Welt hat als ihren Herrn, doch unmöglich weder verstoßen noch hinopfern kann. Denn ich versichere Dich, daß ihr Gemüth meine Gegenwart so vollkommen nöthig hat, gleich einem Hündchen, das sich an seinen Herrn gewöhnt hat, daß die ge= ringste Trennung ihr Schaudern erregt, und eine längere sie

ganz gewiß tödten würde. Jeder, ohne Ausnahme, der sie
kennen gelernt, selbst die Aerzte, sind dieser Meinung. Du
mußt Dich nur in die beschränkte Seele eines solchen Wesens
versetzen, die nicht gleich einer gebildeten Europäerin hundert
Resourcen in sich und außer sich findet, um sich über einen
Verlust zu trösten, und die, so wie sie nicht ihren Beschützer
neben sich hat, sich wie jemand fühlt, der auf einer wüsten
Insel ausgesetzt ist. Schon aus der Pension in Wien mußte
ich sie auf dringendes Verlangen Malfatti's nach einiger Zeit
wegnehmen, obgleich ich sie fast täglich besuchte, indem sie
nichts that als heimlich weinen, und täglich elender wurde.
Und dabei klagte sie doch nicht, sondern sagte mir nur ein=
mal, wenn ich sechs Monate weg sein würde und dann wieder=
käme, würde ich die arme Machbuba nicht mehr finden. Auch
empfing sie mich immer freundlich und anscheinend heiter,
und nur von der Direktrice des Instituts erfuhr ich, wie
sehr ihr Zustand sie beängstige."

„Dazu hat das Naturkind so viel Dezenz und Ehrgefühl
in ihrem Karakter, daß wenn sie durch ein geringschätzendes
Betragen, was ihr bisher nie begegnete, oder vielleicht durch
Aeußerungen, die sie verstünde, auf den Gedanken käme, daß
ihr Verhältniß zu mir, welches im Orient unter dem Namen
Sklavin (denn so sieht sie sich immer an) nicht nur in keiner
Weise etwas Erniedrigendes hat, sondern im Gegentheil
Sklaven immer wie zur Familie gerechnet, und hoch über
Dienstboten gestellt sind (alle Minister und Generale Mehemed
Ali's zum Beispiel gehen aus seinen Haussklaven hervor), daß,
sage ich, dies Verhältniß sie hier in der Achtung Anderer
herabsetzen könnte, dies sie höchst unglücklich machen würde.
Wo ich bisher mit ihr war, hat das Zartgefühl der Gesell=
schaft diese ganz ausschließliche Lage des schwarzen Kindes
aus fremder Zone, oft in einem Grade, der mich selbst ver=
wunderte, vollkommen gewürdigt, und niemand sie anders
als mein Pflegekind betrachtet, ohne sich um das zu beküm=

mern, was in keiner Weise affichirt wird. Wie traurig wäre es, wenn dies gerade auf meinem eigenen Hausaltar sich ändern und, zum Theil wenigstens, von meiner treusten und geliebtesten Freundin ausgehen sollte — aus einem Motiv dazu, das ich unter den obwaltenden Umständen, selbst als ganz unbetheiligter Dritter, durchaus weder billigen noch ehren könnte. Gewiß, ein Moment reiflicher Ueberlegung und ein bischen alte Liebe zu mir, wird Dich meine Ansicht der Sache vollkommen theilen lassen. Da Machbuba übrigens vor der Hand auf dem Bade wohnen soll, das sie sehr ernstlich brauchen muß, so ist dies schon ein mezzo termine, der vor der Hand alle Skrupel beseitigt. Nur höchst ungern würde ich sie bei der Mutter lassen, und es könnte doch nur einige Tage sein, da ihre Kur nur in Muskau beendigt werden kann, weil bei ihrer Schwäche der hiesige Aufenthalt zu kurz bleibt, um die Moorbäder zu gebrauchen, von denen man sich das Meiste bei ihr verspricht. Nach des Arztes Verordnung soll die Kur in Muskau 20 Tage dauern. Sei also so gut und gnädig, ihr ein recht bequemes und hübsches Logis im Bade bereiten zu lassen, et puis nous verrons le reste à notre aise. Liebe Schnucke, ich bin halb ohnmächtig und muß abbrechen."

„Dein treuer Lou."

„Hättest Du mir doch die Ananas geschickt, von denen mir Rehder schreibt! Es wäre ein herrliches Präsent für die Fürstin Melanie gewesen. Ist es vielleicht noch Zeit bis zum 2. September?"

Ein neuer Krankheitsanfall Pückler's war so bedenklich, daß Fürst Metternich ihm seinen Leibarzt, Dr. Jäger, zuschickte, der die größte Vorsicht anempfahl. Lucie war so erschrocken hierüber, daß sie auf die erste Nachricht einen Diener nach Marienbad schickte, und bat selbst kommen zu dürfen. Die Angst und Sorge gaben ihr liebevolle Worte ein, die seinem Herzen wohlthaten. Aber ihr unterdessen eingetroffener älterer Brief betrübte ihn. „Mein Gott," antwortete er, „ich will Dich nicht erinnern, daß Du mir gelobtest, mich in nichts zu geniren, und daß meine leisesten Wünsche Gesetz für Dich sein sollten — ich bitte Dich nur, einzusehen, daß es hinsichtlich Machbubas sich nicht im geringsten um mich, sondern nur um dies arme, höchst wahrscheinlich den Tod schon mit sich herumtragende Geschöpf handelt, das meiner bedarf wie die kranke Pflanze der Sonne, und das ich auf die grausamste Weise mit einem aufgerafften Dienstboten in irgend einem fremden Orte, drei Wochen lang Angst und Kummer hingeben soll, warum? Damit Du Dich bequemer mit mir unterhalten kannst! C'est vraiment monstrueux, car en quoi est-ce que cette pauvre fille, demeurant aux bains, gênera nos conversations, et même au chateau, vous la verriez à table, et tout le reste du temps seulement quand vous le voudrez bien. Elle est si humble, si tranquille, et si peu importune, et d'ailleurs si souffrante, qu'elle ne réclame que des ménagements de ma part, et ne demande rien des autres, que de la tolérer avec quelque douceur. Je vous prie de lire la lettre incluse, que la grande Maîtresse de Mad. la Palatine écrit à son amie d'enfance, la Comtesse Vally Revey, qui simplement par amitié pour Machbuba a consentie de venir ici, et de loger avec nous, pour pouvoir la soigner, la chaperonner dans le monde, et littéralement lui servir comme une gouvernante. — Vous verrez par cette lettre comme Machbuba est jugée, appréciée et honorée par une grande dame, et par une des plus parfaites créatures de femme, que j'ai jamais rencontré. — Enfin, je te prie une dernière fois, ma chère Lucie, de ne pas voir un manque de complaisance, ou de tendre amitié de ma part, si j'ammène Machbuba avec moi à Muskau, mais sous tous les rapports possibles une

nécessité urgente. Ainsi, chère et bonne, ne m'en tour-
mentez-pas davantage."

Dagegen war nun nichts mehr einzuwenden. Pückler
nahm über Dresden den Weg in die Heimath. Außer Mach=
buba begleiteten ihn deren Krankenwärterin und deren Jungfer,
zwei Italierinnen, der Arzt Doctor Freund, und seine eigene
Dienerschaft. Er wollte im Jagdhaus, wo er die meiste
Stille hoffen konnte, absteigen, und kündigte Lucien von
Hoyerswerda Tag und Stunde seiner Ankunft an. Krank
und verstimmt konnte er keinen liebevollen Ton finden. Ueber
Machbuba schrieb er: „Die arme Machbuba scheint unrettbar
verloren, und wird schwerlich den Winter überleben, qu'on
la laisse au moins mourir en paix à Muskau; mir geht
es nicht viel besser. Dies Lazareth zu empfangen, wird, ich
sehe es, nicht sehr amüsant sein, und meine Laune, fort=
während irritirt, ist es noch weniger. Indessen, wir werden
uns schon einrichten, wenn Du ein wenig auf Stimmung
und leibliche Zustände Rücksicht nehmen willst, liebe Schnucke.
Also auf Wiedersehen morgen dans le plus stricte incognito. Dein mehr als je mhsanthropischer Lou."

Unter so wenig freudigen Umständen sah Pückler nach
siebenjähriger Abwesenheit Muskau wieder.

Neunundbreißigſter Abſchnitt.

Muskau. Wiederſehen mit Lucie. Luciens Freundlichkeit gegen Machbuba, und ihre innere Erbitterung gegen dieselbe. Feierlicher Empfang. Helmina und ihre Tochter. Reise nach Berlin. Luciens Erkrankung. Neue Störungen. Brief Pückler's an Lucie. Machbubas letzte Krankheit und Tod. Allgemeine Theilnahme. Doctor Freund über Machbuba. Pückler über Machbuba. Begräbniß Machbubas. Pückler's Geburtstagsfeier in Muskau. Prediger Petzold.

Es war die erſte Septemberhälfte, als Pückler ſeinen Stammſitz wiederſah; der Herbſtwind raſchelte im Laube. Die Wehmuth übermannte ihn. Wie er Lucie ſah, waren alle Erbitterung und alle Unzufriedenheit vergeſſen, und er begrüßte ſie mit jener unwiderſtehlichen Liebenswürdigkeit, die aus dem Herzen kommt. Daß Lucie freundlich gegen Machbuba war, ſtimmte ihn ganz weich und dankbar. Als ihn Lucie nachdem ſie zehn Tage auf dem Jagdhauſe mit ihm zugebracht, allein gelaſſen, ſchrieb er ihr:

„Meine Herzensſchnucke!"

„Du warſt noch keine zehn Minuten fort, als ich ganz wehmüthig ward, und mich ſehr nach Dir ſehnte. Le fait est que — sans cependant que ça tire à conséquence — les absents ont un peu tort avec moi, c'est-à-dire que leur image pâlit plus ou moins devant moi, mais quant à vous, mon amie, je ne peux jamais vivre deux jours avec vous, sans être subjugué, et sans être pénétré d'un sentiment qui me prouve que je ne pourrai jamais me passer de ma vieille Schnucke, ni dans

ce monde ni dans l'autre. Auch bin ich herzlich dankbar
für Deine Sorgfalt für mich, die sich schon auf dem Jagd=
haus in allem was zu Deinem Departement gehört, so lieblich
ausgesprochen hat, und ich freue mich nun sehr auf Mus=
kau, une fois que le mauvais moment der Offizianten und
Schützengilde sera passé."

„Vielen Dank auch für die Güte, die Du Machbuba
bezeigst, welche sich bald nach Deiner Abfahrt schon wieder
krank zu Bette gelegt hat. Gott wird Dir das Mitleid mit
diesem armen Wesen vergelten."

„Ich vergaß Dich zu bitten, Helmine und ihrem Füllen
viel Schönes von mir zu sagen."

„Gott gebe mir zu morgen etwas Gesundheit, und uns
Allen gutes Wetter. Deine Befehle werde ich sämmtliche
aufs genaueste befolgen. Je passerai tristement mon temps
jusqu'à demain 'à cinq heures! Adieu, mein Schnückerle,
und keinen Strohkuß."

„Dein treuster alter Lou, quoique vous m'ayer tenu
rancune au point de ne jamais m'appeler par ce nom.
Au fond Mimi est plus en faveur auprès de vous que
moi, mais cela changera. Adieu, adieu."

Doch Lucie war nur äußerlich so freundlich. Hat es
je einen Mann gegeben, der nicht einmal auch das Herz
seiner besten Freundin bis in die innersten Fibern verletzte?
Vielleicht. Aber jedenfalls gehörte Pückler zu diesen seltenen
Ausnahmen nicht. Als er mit Machbuba zur Seite in
Muskau erschien, war Lucie tief, unendlich tief gekränkt und
erbittert.

Eine Aufzeichnung von ihrer Hand legt ihr Inneres
deutlich vor Augen; sie lautet: „Ich habe es nie ausge=
sprochen, daß die Machbuba nicht nach Muskau kommen
solle — wohl aber erklärt, ich würde dort nie anders als
unter ehrenvollen Verhältnissen leben! Wäre es nicht ein
Kampf mit einer Sterbenden, oder gegen eine Sterbende

geworden, so hätte ich auch mich niemals verstanden mit ihr in Muskau zu bleiben. Ich habe sie daher, und unter solchen Umständen auf dem Jagdhause freundlich aufge= nommen; zwei Tage war ich mit ihr dort, und eben so lange befand ich mich unter einem Dache mit der todtkranken Maitresse des Fürsten im Muskauer Schlosse, — der mich mit Aufrichtigkeit nur, und mit mehr Schonung zu behandeln hätte, wäre sein Herz nicht für mich Eis geworden." Und um ihr Gefühl weiter auszuströmen, dichtete Lucie bittere Verse auf die Ankunft des Schloßherrn mit der schwarzen Geliebten, der die Herrin, wie es darin heißt, weichen müsse.

Die Leidenschaft der Eifersucht macht blind. Denn bei alledem vergaß Lucie gänzlich wie ihr Verhältniß zu Pückler von jeher gewesen war, ferner vergaß sie ihr Alter, daß sie von ihm geschieden sei, und endlich, daß das arme schwarze Kind die Geliebte von niemand mehr, außer etwa die des Todesengels sein konnte.

Die völlige Abgeschiedenheit, die Pückler wünschte, konnte er denn doch nicht in Muskau durchführen. Die Offizianten wollten ihm durchaus einen feierlichen Empfang bereiten, die Schützengilde stellte sich im Schloßhof auf. Auch bestand Lucie darauf, daß Pückler sie in die Kirche begleiten mußte.

Im Schlosse fand er als Gäste Helminen, die wir zu lange aus den Augen verloren haben, und von der noch nachzutragen ist, daß sie 1824 einen Herrn von Blücher heirathete. Pückler hatte trotz aller Zwischenereignisse die Neigung für sie nie ganz vergessen; so sah er sie auch jetzt mit Antheil wieder, nebst ihrer kleinen Tochter Namens Lucie; aber so lange er Machbuba liebte, war sein Herz ganz ausschließlich von dieser erfüllt.

Das Zusammenleben der Wiedervereinigten scheint wenig Freude dargeboten zu haben. Doch bemühte sich Pückler so viel er konnte Luciens Ansprüche zu befriedigen, und ging mit ihr Anfang Oktober nach Berlin, da dem Ausspruch

der Aerzte zufolge Mahbubas Zustand für den Augenblick
keine Gefahr zeigte. Mit schwerem Herzen trennte er sich
von dem geliebten Pflegekind, mit schwerem Herzen sah Mach=
buba ihren geliebten Beschützer abreisen. Er ließ sie in
bester Obhut zurück, und machte es Doctor Freund zur
Pflicht ihm regelmäßig über die Kranke Bericht zu erstatten.
Machbuba war glücklich über jede Nachricht die sie von
Pückler erhielt, jeden seiner Briefe empfing sie mit Freuden=
thränen; auch hatte sie so viel gelernt, daß sie ihm mit wenn
auch unbeholfenen Schriftzügen in italienischer Sprache einige
Zeilen auf seine Briefe antworten konnte. Zwei Portraits
von Pückler, die sie in ihrer Stube aufgehängt, waren ihr
eine beständige Freude, ein lebendiger Trost. Mit einigen
Geschenken, die er ihr schickte, war sie froh wie ein Kind.
Trotz aller Leiden gab sie sich große Mühe auch deutsch und
französisch zu lernen, und setzte ihren Ehrgeiz darein, schnelle
Fortschritte beim Unterricht zu machen. Ueber ihre Krank=
heit schien sie sich nicht zu täuschen, und wenig Hoffnung
Raum zu geben, obgleich sie sich nicht viel darüber äußerte.

Pückler wünschte sehnlichst nach Muskau zurückzukehren,
aber eine Erkrankung Luciens fesselte ihn an Berlin; er blieb
bei ihr, aber es war ein schweres Opfer, das er ihr brachte.
Seinen Geburtstag, den 30. Oktober, mit ihr zu verleben,
konnte er ihr nicht abschlagen. Daß aber dennoch das Ein=
verständniß zwischen beiden nicht befriedigend war, zeigt der
folgende Brief, der einen tiefen Einblick in das gegenseitige
Verhältniß gewährt.

„Berlin, den 31. Oktober 1840.“

„Liebe Lucie!“

„Es ist für unsere beiderseitige Lebensruhe unumgänglich
nöthig, daß ich, immer liebevoll, aber ernst, und mit der
ungeschminktesten Wahrheit zu Dir spreche.“

„Du verbindest mit einem edlen Herzen und ausgezeich=
netem Verstande ein, leider nie gezügeltes, unglückseliges

Temperament, das, ohne daß Du es gewahr werden oder zu=
geben willst, Dir und Anderen das Leben verbittert und sehr
schwer macht! Die Beschaffenheit des Temperaments ist aber
gerade dasjenige im Karakter eines Menschen, was bei stetem
Beisammensein über Behaglichkeit und Unbehaglichkeit des
Lebens am meisten entscheidet."

„Was nun mich betrifft, so weiß ich aus längster Er=
fahrung, daß, so lange ich thue was Du willst, und spreche
wie Du willst, Du ganz Liebe für mich bist. So bald ich
aber davon im geringsten abweiche, eine von der Deinigen
differirende Ansicht meiner Handlungsmotive aufstelle, und
dabei beharre, oder nur auf das leiseste jemand, der gerade
bei Dir in Ungnade ist, gegen Dich zu vertheidigen, oder
Dir irgendwo Unrecht zu geben mich unterfange, ist heftiger,
gereizter Antagonismus, und wenn ich nicht alsobald einlenke,
eine langwierige Szene die sichere Folge."

„Ich habe dies, von Deiner treuen Liebe in der Haupt=
sache (die mich aber immer subjektiv und nicht objektiv lieben
wollte), überzeugt, wie ich es noch bin, und von inniger
Dankbarkeit für die unumstößlichen Beweise derselben —
welche ich indeß auch meinerseits gegeben zu haben mir be=
bewußt bin — durchdrungen, viele Jahre getragen, mit mehr
Kampf und Geduld als Du vielleicht glauben wirst — zu=
letzt aber überzeugte ich mich, daß wir auf diese Weise unseres
Lebens nicht froh werden könnten. Da mir nun für eine
Aenderung Deinerseits, trotz aller Liebe für mich, keine Hoff=
nung blieb, so waren nur noch zwei Wege offen, diese Lage
der Dinge zu verändern. Entweder gänzliche Unterwürfigkeit,
und vollständige Abnegation meiner Persönlichkeit, oder theil=
weise Trennung, um abwesend den ganzen Reichthum Deiner
Liebe und Deines Geistes mir fortwährend zu erhalten, ohne
bei dem steten Zusammenleben — ich muß es sagen — das
Opfer Deines nicht zu besiegenden, unseligen Temperamentes

zu werden. Ich kann vor Gott und bei meiner Ehre nicht wahrer sprechen!"

„Da nun den ersten Weg einzuschlagen mir unmöglich war, und fast des Mannes unwürdig, so dachte ich gar oft an den zweiten, bis die Umstände ihn auch aus anderen, damals dringenden Umständen herbeiführten. Ich verließ Dich mit tiefem Schmerz und treuester Liebe, fühlte aber doch gar bald die Wohlthat der Freiheit, und liebte Dich deshalb nur um so herzlicher in der Ferne, weil ich während meiner Abwesenheit nur mit Deinen edlen und vorzüglichsten Eigenschaften in Berührung kam, ohne durch die Schattenseite unseres Verhältnisses gestört und gequält zu werden. Diese zärtliche, dankbare Neigung, dieses felsenfeste Vertrauen zu Dir, haben mich auch nie verlassen, und sind nur einmal in letzter Zeit durch die gegenseitigen Mißverständnisse über den Verkauf von Muskau augenblicklich bei mir erschüttert worden."

„Dir also, meine gute Schnucke — es ist nicht zu läugnen — danke ich zum großen Theil meine Reiselust, die, wärest Du sanften und weiblich ergebenen Temperamentes gewesen, wohl schlafen geblieben wäre."

„Ich glaubte indeß, daß jetzt fortgerücktes Alter und gesammelte Erfahrung die frühere Heftigkeit und so gar keinen Widerspruch ertragende Disposition Deines Karakters sehr gemildert haben würden. Es ist dem aber leider nicht so — und auch mit Kranksein entschuldige es nicht. Krankheit sollte eher noch sanfter stimmen, und Du bist in dieser Hinsicht, gesund wie unwohl, immer dieselbe. Ueberhaupt bewaffne Dich nicht nach Frauenart bei diesen ernsten Betrachtungen mit Deiner jetzigen Krankheit. Du warst krank, und bist, Gottlob, wieder besser, hast dies auch gestern, wo selbst die kurze Dauer meines Geburtstages Dich nicht zu etwas mehr Milde stimmen konnte, hinlänglich bewiesen."

„Ich glaube also, alles Vorhergehende bedenkend, daß wir — ohne alle Empfindlichkeit, nur von wahrer Liebe und treuer Gesinnung beseelt — mit einander ernstlich überlegen sollen und müssen: was für eine Disposition der Zukunft unseren beiderseitigen Karakteren am Angemessensten sein möchte, und dann ohne Galle, aber auch ohne Rückhalt, entscheiden, in welcher Art von Stellung wir am Ruhigsten leben, und die Liebe und Achtung, die wir gegenseitig für uns hegen, die innige Seelenverbindung von der wir uns nie entbinden können, am Ungetrübtesten erhalten und genießen mögen."

„Glaube endlich auch nicht, daß ich der Einzige bin, der in Dir ein Temperament, mit dem ohne die völligste Unterordnung nicht leicht durchzukommen ist, findet. Daß ich mit niemand deutlich davon gesprochen versteht sich, aber die stille Beobachtung Anderer belehrt auch in dieser Hinsicht. Du könntest zum Beispiel eine Probe machen. Oft sagtest Du, der Dienst bei mir sei ein sehr schwerer. Ich will es nicht bestreiten, aber stelle allen unseren Offizianten, allen unseren Dienern die bestimmte Alternative, entweder mir oder Dir separat zu dienen, und Du wirst sehen, daß sie, vielleicht ohne Ausnahme, meinen schweren Dienst dem Deinigen vorziehen. Immer nur ein Beweis, wenn es so einträfe, daß mit mir leichter zu leben ist, als mit Dir, keineswegs daß ich besser sei als Du."

„Nicht alle Naturen können die nackte Wahrheit ertragen, nur höhere auch die unwillkommene einsehen, Weiber in der Regel am Allerschwersten. Man soll aber vernünftigerweise nur im Auge behalten, ob diese Wahrheit von einem Freunde aus guter, oder von einem Uebelgesinnten aus feindlicher Absicht ausgesprochen wird. Hier, liebe Schnucke, kannst Du nicht zweifeln. Bedenke aber dann noch Folgendes:

„Wir sind Beide schon alt, können aber Beide noch eine gute Anzahl Jahre des Lebens recht angenehm genießen, soweit es Jugendmangel noch gestattet. Es ist also im höchsten Grade wichtig, diese letzte Lebenszeit mit Verstand einzuleiten und zu gestalten, aus und mit gutem, treuen Herzen, aber auch ohne alle Verblendung über das, was vielleicht nicht zu ändern ist. Nicht dem Ideale nachzujagen ist Weisheit, sondern mit Rücksicht auf das was wirklich ist, das Beste zu wählen."

„Dein alter, Dich immer unverändert
liebender Lou, quand-même."

So weit hatte er geschrieben, als ihn wie ein Blitzstrahl die Nachricht von Doctor Freund aus Muskau traf, daß seine Machbuba den 27. Oktober sanft dahingeschieden sei. In tiefsten Schmerz aufgelöst, fügte er dem Briefe an Lucie noch die Nachschrift bei:

„O mein Gott! In diesem Augenblicke eröffne ich den eben empfangenen Brief. Lies ihn — und denke Dir meine Gefühle. Gott schenke diesem armen Wesen, das reiner war wie wir Alle, jetzt eine glückliche Geburt! Meine Thränen fließen ihr unaufhaltsam."

Den Tag vor ihrem Tode versuchte Machbuba noch an Pückler zu schreiben, und als die Schwäche sie an der Fortsetzung hinderte, sagte sie zu Dr. Freund: „Serivete un buon, buon addio al mio caro Principe [1])." Den anderen Morgen hatte sie sich wieder etwas erholt, scherzte mit ihren beiden Mädchen, und dankte ihnen dann ernst und herzlich für ihre treuen Dienste. Als die Mädchen sie zu trösten versuchten, sprach sie die Gewißheit aus, daß sie heute sterben müsse. Zwei Offizianten vom Hause, denen sie sehr gut war, kamen sie zu besuchen; Doctor Freund machte sie auf deren Gegenwart aufmerksam; da bat sie ihn, er möge das Fenster öffnen, da sie nicht sehe. Ihr Auge sah bereits nicht mehr. Dann lag sie noch eine Stunde ruhig und bewußtlos, und schlief

[1]) Schreiben Sie ein gutes, gutes Lebewohl meinem lieben Fürsten.

mit ruhigen Athemzügen ein. Eine Lungenschwindsucht machte
ihrem so jungen Leben ein Ende. Die Aerzte erklärten, die
Anlage der Krankheit sei eine angeborene gewesen, und Mach=
buba deshalb unter allen Umständen dem Tode zwischen dem
fünfzehnten und zwanzigsten Jahre verfallen gewesen, und
die klimatischen Verhältnisse hätten ihr Ende nicht be=
schleunigt.

Ihre ganze Umgebung war tief erschüttert. Machbuba
kennen und lieben war eins. Ein herzlicher Brief von
Pückler an sie, traf erst nach ihrem Tode ein. Doctor
Frennd schrieb darüber an Pückler aus Muskau, den 29. Ok=
tober 1840: „Durchlauchtigster Fürst! Gestern Vormittags
langten die dem Fräulein zugedachten Sachen, die deren nicht
mehr bedarf, sammt dem Schreiben an dieselbe hier an; ich
habe wie ein Kind dabei geweint, und schäme mich auch der
Thränen nicht; denn ihr vortreffliches Gemüth, aus dem
ihre geistige Seite ganz zu bestehen schien, und das so ge=
waltig nahe in die körperliche hinübergriff zum Nachtheile
ihrer Gesundheit, verdiente so aufrichtige Beweise des Be=
dauerns. Doch warum bedauern? Sie, die Glückliche jetzt,
hat ausgerungen, nachdem sie noch in den letzten Stunden
ihres Lebens in dankbarer Erinnerung an ihren höchsten ir=
dischen Wohlthäter und treuesten Freund gelebt hatte. Dieses
letztere, das nicht in dem Fürsten, wohl aber in dem groß=
müthigen und edlen Herzen desselben seine Quelle hat, muß
auch in Euer Durchlaucht das schöne Bewußtsein daraus
hervorfließen machen, alles für die arme Hingeschiedene ge=
than, und kein noch so großes Opfer gescheut zu haben, und
dieses beruhigende Bewußtsein ist das schönste Andenken,
das die Selige Euer Durchlaucht zurücklassen konnte, weil
es zugleich das unverwüstlichste und wohlthuendste ist. Möchte
dasselbe doch gleich den Anfang damit machen, den gerechten
Schmerz Euer Durchlaucht über den Verlust dieses Natur=
kindes in etwas zu verringern, und möge die allgemeine

Theilnahme, die man dem Andenken der armen Machbuba so ungeheuchelt schenkt, auch den Schmerz Euer Durchlaucht wahrhaft theilen und lindern."

Für Pückler war der Verlust Machbubas ein unersetz= licher, der ihm tief in's Herz schnitt; selbst Lucie wurde von seinem Weinen gerührt. Auch schrieb er ihr aus vollem Herzen wie folgt:

„Liebe Schnucke!"

„Wenn Dich mein gestriger Brief etwas aufgereizt hat, so verstehe ihn deshalb, nach Deiner selbstquälerischen Art, nicht falsch — nimm nicht bloß das Herbe heraus, und über= gehe das Gute, immer Liebende, Treue und Aufrichtige darin, denn meine innige Liebe für Dich ist eben so wahr als mein gerechter Tadel. Sieh, ich habe jetzt nur noch Dich auf der Welt — nur zwei Wesen darin waren mir wahrhaft theuer. Du, die ich immer obenan gestellt, liebte und ehrte ich als sichere, vielgeprüfte, treue mütterliche Freundin, Machbuba wie der zärtlichste Vater eine Tochter lieben kann, die nur an ihm hängend, folgsam und sanft, nie etwas Schroffes in ihrem Umgang darbot. Denn ihre kleine Eifersucht, die sich, wiewohl selten, südlich leidenschaftlich äußerte, konnte mir nur schmeichelhaft sein, um so mehr, da dies arme Wesen so ganz und vollständig von mir abhing, und es rührt mich immer zu Thränen, wenn ich mir jetzt, wo sie dahin ist, die unerschöpfliche Geduld und Grazie zurückrufe, mit der sie jede meiner Launen ertrug, und zu beschwichtigen wußte. Wie sie war, war sie ganz für mich gemacht, wie sollte man das nicht lieben, aber ihre Eigenschaften waren von der höheren Art, daß ich wohl mit Wahrheit sagen kann, ich habe sie noch mehr um ihrer selbst willen, als um meinet= willen geliebt. Gott möge sie jetzt für alles das durch andere Wesen belohnen, da ich nichts mehr für sie thun kann."

„Also, meine Schnucke, Du bleibst mir nun allein."

Pückler war bewegt und ergriffen, und doppelt betrübt, daß er während Machbubas letzten Augenblicken nicht gegenwärtig gewesen. Die ganze Innigkeit des Gemüthes und die Kraft der Liebe, deren er fähig war, brachen hervor in diesen erschütternden Augenblicken. Der Ausdruck seines Gefühles zeigt sich in seinem Briefe an Doctor Freund aus Berlin vom 31. Oktober 1840. Er lautet:

„Sie haben es gut gemeint mich nicht unnütz ängstigen zu wollen, und doch werde ich mich nie darüber trösten können, der armen Machbuba nicht die letzten Augenblicke oder doch die Annäherung ihres Todes durch meine Gegenwart versüßt zu haben. Ich kannte sie besser als irgend jemand, meine Thränen würden ihr schmerzlich wohlgethan haben. Ach, mein lieber Freund, dieser Verlust geht viel tiefer bei mir, als Sie Alle zu glauben vermögen. Er ist für immer auf dieser Erde unersetzlich für mich, und ein großer Trost wäre es n u r m i r gewesen, die Arme, die ich noch nie verlassen, gerade im Tode nicht haben verlassen zu müssen! Hätte ich meiner ahnenden Besorgniß gefolgt, so wäre . ich zur rechten Zeit dagewesen — Gott hat es nicht gewollt! Und mir bleibt der bittere Schmerz und eine Sehnsucht, welche die Zeit vielleicht schwächen, aber nie mehr befriedigen kann; denn ein bedeutendes Seelenleben habe ich mit diesem ächten Kinde der Natur verlebt, und frömmer bin ich an ihr geworden, als durch alle Bücher und menschliche Worte. Werde ich sie einst wiedersehen? Nur darauf giebt das stille Grab keine Antwort, mein Schluchzen verhallt in seinem steinernen Gewölbe!"

„Ach, wie die Arme selbst einst sagte: „Wenn nur Gott nicht stirbt!" — Genug davon!"

„Wenn es auch möglich ist, bewahren Sie mir ihr Herz, um es für meinen Kultus an einer lieben, einsamen Stelle aufzubewahren. Auch kann ich ihren Körper nicht auf dem Friedhofe lassen."

„Adieu, mein guter Doktor! Dank für Ihre treue Sorg=
falt. Ist es nicht sonderbar, daß ich an Machbuba schrieb,
wie sie schon mit dem Tode rang, oder ihr Geist vielleicht
schon hinüber war, und ich sie zum erstenmale mio caro
angelo! in diesem Briefe nannte? Wie wenig glaubte ich
damals auch, daß die Gefahr so nahe sei, wenn ich auch der
Hoffnung auf dauernde Gesundheit schon lange ein schmerz=
liches Valet gegeben hatte.“

„Sie haben wohl Recht, es ist schwer, eine geliebte Per=
son für immer zu verlieren. Sehr schwer!“

„H. Pückler.“

„Hat Machbuba meiner denn am letzten Tage gar nicht
mehr gedacht — und hat sie nicht vielleicht dem bittern Ge=
danken Raum gegeben, ich sei nur abwesend geblieben, um
sie nicht sterben zu sehen? So grausames Unrecht sie mir
damit gethan hätte, so quält mich diese Idee fortwährend.“

Nach Machbubas Dahinscheiden wurde von einem
Maler aus Sorau eine Zeichnung von ihr gemacht, und von
ihrem Kopf, ihrer Hand und ihrem Fuß ein Gypsabdruck
genommen. Am 29. war ihre Beisetzung; ihre Dienerinnen
kleideten sie in orientalische Tracht, und legten sie in den
reich mit Kränzen und Blumen geschmückten offenen Sarg.
Gegen Abend trug sie die Allaunbergwerksknappschaft mit
Fackeln und Grubenlichtern, der Direktor und die Steiger
voran. zu Grabe. Der Superintendent Petzold, ein braver,
vortrefflicher Mann, und der andere Prediger gaben ihr das
Geleite; die beiden Dienerinnen, die Aerzte, der General=
direktor Bethe, der kleine Mohr, den Pückler mitgebracht,
und die Beamten, so wie die Bürger und das Volk von
Stadt und Umgegend folgten. Der Zug ging über die
Brücke beim Amtshause vorüber durch die Stadt nach dem
Kirchhofe. An der Gruft sang der Schulchor einen Choral.
Viele Thränen des Mitgefühls und tiefster Rührung wurden

vergoffen für das arme Kind, das so früh dem Dasein entriffen worden. Die Fackeln der Bergknappen und die leuchtenden Sterne erhellten die dunkle Nacht. Diese traurige Feier fand Statt am Vorabend von Pückler's Geburtstag!

Es mischte sich dies wie ein schwarzer Schatten in die Freude, mit der man den Geburtstag des nach so langer Abwesenheit in die Heimath zurückgekehrten Standesherren zu begehen gehofft hatte; die Anstalten dazu waren bereits getroffen. Am Morgen wurden die Geschütze abgeschossen; es war ein heitrer Herbsttag, die Baumgruppen des Parks glänzten von der goldenen Sonne beschienen, in tausend Farben. Abends war Festvorstellung im Theater, mit einem von Leopold Schefer gedichteten Prolog. Doch blieb auf Anordnung des Generaldirektors Bethe die fürstliche Loge finster und verschlossen. Nach dem Theater war Ball; im Tanzsaal stand die Büste des Fürsten, umkränzt von Blumen und Cypressen, bestrahlt von reicher Lichterfülle.

Am nächsten Sonntag sprach der würdige Superinten= dent Petzold in seiner Predigt mit Theilnahme von Mach= buba, und lobte des Fürsten väterliche Fürsorge für sie.

Vierzigster Abschnitt.

Pückler reist nach Muskau. Luciens Trostworte. Seine Antwort. Weiteres über Machbuba.

Pückler reiste den Tag, nachdem er die Unglücksbotschaft erhalten, den 1. November allein nach Muskau ab, in dunkler Nacht, die er schlaflos zubrachte. Und mit welchen Gefühlen! — Lucie blieb in Berlin. Sie schrieb ihm von dort den 2. November 1840: „Herzlich bitte ich Dich nun nochmals, Dich in Deinem Gram zu fassen. Wohl will der Schmerz über einen empfindlichen Verlust sein Recht haben — und es liegt selbst ein Trost darin, einen solchen Schmerz ge= fühlt und getragen zu haben. Doch wie alles auf Erden: man muß die richtige Seite des Erlebnisses auffassen. Und so — hast Du nur Gründe der Beruhigung, in dem was Du der Verstorbenen gewesen bist, was sie Dir auch war. — Wie selten ist es, daß man ein Wesen zu Grabe tragen sieht, mit welchem man in engerer Berührung stand, und sich nicht dies Versehen, dies Unrecht an ihm begangen zu haben vorhält — war's auch nicht Absicht; die Unvollkommenheit unserer Natur, die Verschiedenheit der Auffassung und der Gemüthsverfassung, sie hätte gekränkt und mißverstanden, ver= letzt oder mißfallen müssen. Hier fand alles dieses nicht statt, und so weit Deine Macht und Liebe reichte, hast Du die Lage von Machbuba verschönt und versüßt! Eine höhere Macht legte ihr die Krankheit auf. Und wie wohl ihr, daß sie ihr Leidensziel erreichte, wie tausendmal wohl ihr, daß sie, was doch so leicht hätte kommen können, nicht erlebt hat, daß sie Dich verloren! Nun ist sie Dir vorausgegangen, und wer weiß wie nahe Dir die Seele, die Du betrauerst! Ein Schutzgeist sanft und mild vielleicht, Deine kommenden Tage zu erheitern, Dir einzuflößen, was recht und wohl sein wird zu Deinem Heile jeder Art, Dich belebend in jeder frohen, harmlosen Empfindung, aufrichtend bei jedem trüben oder drückenden Ereigniß. So, mein Freund, sieh diesen Todesfall an, und wo ich nicht weiter zu trösten vermag, da sende Gott Dir Frieden und die Ruhe in Deine Brust."

Daß Lucie in demselben Briefe Pückler bat, er möge Dr. Freund nicht im Schloß wohnen lassen und nicht als täglichen Gast zu Tische bitten, bewies, daß sie alles zu entfernen trachtete, was den tief Betrübten an Machbuba erinnern konnte, und daß sie diesen ersten Augenblick dazu wählte, zeigte recht ihren leidenschaftlichen Eifer.

Pückler antwortete aus Muskau, den 5. November 1840: „Liebe Schnucke, ich habe Deinen Brief vom 2. in meiner geliebten Machbuba Todtenbett erhalten, wo ich zwölf Stunden in tiefem Kummer, und oft in Schmerz ganz aufgelöst zugebracht. Aber vergebens habe ich sie auf meinen Knieen gebeten, mir irgend ein Zeichen zu geben, daß es ihr wohl gehe, und sie sich noch der Vergangenheit erinnere — vergebens hatte ich den Spiegel der Toilette so vorgerückt, daß ich ihn zu meinen Füßen mir gegenüber hatte, um vielleicht ihres lieben Gesichtes, und ihrer treuen, klugen Augen darin gewahr zu werden — kein Gesicht aber erschien mir, keinen fremdartigen Laut vernahm ich, nur die Thür knarrte häufig im Winde, und eine Maus lief einmal von unter dem Kanapee her quer über die Stube unter mein Bett. Hätte sie sich kund zu thun vermocht, gewiß, sie hätte es gethan! Denn so viel Liebendes und Rührendes habe ich auch jetzt von ihr gehört." Die Bitte wegen des Doctor Freund wies Pückler zurück, mit der Bemerkung, so etwas nur vorzuschlagen, würde der armen Wilden nicht eingefallen sein.

Sei dem wie ihm sei, in der wehmüthigen Gemüthsver=
fassung, in der sich Pückler befand, gab er doch der alten
Gewohnheit nach, seine Gefühle wie sonst gegen Lucie aus=
zuströmen. Die Briefe, die so klar sein Inneres zeigen, wir
glauben sie den Lesern nicht vorenthalten zu können:

"Muskau, den 6. November 1840."

"Liebste Schnucke."

"Ich habe heute auf Machbubas blumenbekränztem
Grabe im Schein des Mondes viel heiße Thränen vergossen,
und aus tiefstem Herzen für ihr Wohl gebetet, und Sonn=
tags wird der Superintendent ihrer, als meines Pflegekindes,
auch in der Kirche noch einmal ehrenvoll gedenken. Glaube
mir, er wird selten das Lob einer Dahingeschiedenen aus=
sprechen, deren Gemüth edler und unschuldiger war. Darum
war ihr auch der Tod nicht furchtbarer als eine Reise, und
sie hat in keinem Augenblick ihres Lebens bis zum letzten,
wo sie so ruhig wie ein müdes Kind entschlief, die mindeste
Scheu davor an den Tag gelegt. Oft unterhielt sie sich, wie
mir Karoline erzählt hat, in ihrer eignen Sprache mit meinem
Bilde, abwechselnd zu Gott betend, und äußerte einmal, sie
sei zufrieden, ja sie wünsche vor meiner Rückkunft zu sterben,
denn ich sei selbst noch zu krank und schwach von viel Er=
littenem, und der Schmerz, sie sterben zu sehen, könnte mich
mehr angreifen, als ich vielleicht zu ertragen vermöchte."

"Sie soll als Leiche viel freundlicher und glücklicher als
im Leben — das in den letzten Zeiten so schwer für sie
war — ausgesehen haben, und die fremdesten Leute haben
sie nicht ohne tiefe Rührung betrachten können."

"Gott mit ihr und mit uns, und einst vielleicht ein süßes
Wiederfinden! Denn ihr Herz war edel, und kein Eigennutz
hat je die zärtliche Verbindung unserer Seelen getrübt. Dem
Doctor Freund kann ich es nicht genug danken, daß er den
vortrefflichen Einfall gehabt, ihr Gesicht, Hand und Fuß in

Gyps modelliren zu lassen, was Schöbel sehr gut ausgeführt hat. Dies Andenken ist mir um so theurer, da ich leider kein Bild von ihr habe. Hoffentlich besitzt Du noch die so ähnlichen Augen, die ich Dir einst schickte, und ich bitte Dich inständig um deren Rückgabe. Und nun lassen wir die Todte ruhen! Vielen Dank für die so schnell überschickten Leute und Sachen, wie für alles Hübsche in Muskau, die behagliche, geschmackvolle Einrichtung, deren Werth ich täglich mehr er=kenne. Auch sieht der Schloßhof ohne die Blumenaufstel=lung unendlich besser aus, und ich bin der Meinung, daß man ihn immer so lassen muß. Der Erbprinz von Weimar war hier, und hat alles sehr schön gefunden, und wirklich, es kann wenig behaglich lieblichere Wohnhäuser geben, als das Schloß jetzt ist."

„Komm bald, meine gute Schnucke, einstweilen habe ich immer drei Personen bei Tisch, was mich recht wohlthuend zerstreut, und was ich auch fortzusetzen wünsche, wenn auch nicht täglich. Adieu, und ein herziges Küßlein."

„Dein treuer Lou."

„Muskau, den 7. November 1840."

„Liebe Schnucke."

„Ich mag es anstellen wie ich will, ich kann mich nicht darüber trösten, daß ich nicht wenigstens noch einige Tage vor ihrem Tode meine arme Machbuba habe warten, und ein Gespräch aus tiefster Seele mit ihr halten können! Und nur mir allein mache ich die bittersten Vorwürfe darüber, denn so bald der Arzt in Berlin erklärt hatte, daß auch nicht die mindeste Gefahr bei Deiner Krankheit mehr stattfinde, hätte ich können und sollen abreisen. Hätte sie nur noch die Freude meines letzten Briefes, und der ihr überschickten Sachen als ein Zeichen meines fortdauernden Andenkens erhalten — aber auch dies kam erst wenige Stunden nach ihrem Tode an. Sie muß an ein Vergessen meinerseits mit bitterem

Gefühl geglaubt haben, obgleich sie zu mild und gut und liebevoll war, um es zu äußern; ich fürchte es aber um so mehr, da ich ihr oft im Scherz zu sagen pflegte: „Nimm Dich in Acht, mich nie von Dir zu lassen, denn wenn ich Dich einen Monat nicht mehr gesehen haben werde, denke ich gewiß nicht mehr an Dich." Und darauf antwortete sie immer mit einer ihr gar hübsch stehenden altklugen Miene „O, mein guter Sidi, das weiß ich, das weiß ich sehr wohl, aber ich lasse Dich auch nicht gehen, und wenn ich's nicht hindern kann, so wirst Du bald hören, die arme Machbuba sei nicht mehr." Dann küßte ich sie, und liebte sie mehr denn je — und dennoch hatte sie im prophetischen Geiste gesprochen! Dieser Vorwurf wird an mir nagen bis ich ihr folge. — Bitte, schicke mir ja, so schnell Du kannst, ihr halb durch= schnittenes Bild, wenn es in Berlin ist, sonst hat es Zeit bis Du herkommst, was hoffentlich nicht mehr lange anstehen wird. Deinen Brief No. 2 habe ich erhalten, und mit Rührung gelesen, aber Du hast wahrlich ganz Unrecht, Dir über mich und meine stets unwandelbare Gesinnung für Dich solche trübe Gedanken zu machen. Nimm mich nur ein bis= chen auf meine Art, und wolle mich nicht ohne Noth noch irgend wesentlichen Vortheil für Dich selbst, geniren, so ist ja das Beisammensein mit Dir das Liebste, was ich mir auf der Welt nur wünschen kann, denn mit wem kann ich laut denken wie mit Dir!"

„Vergiß nicht, liebe Seele, daß Du mir das Pfeifen= kabinet einrichten, und auch die Vorhänge in der Bettnische machen lassen wolltest. Das letzte ist wirklich lügübre, denn ich sehe mich in den Spiegeln zweimal hintereinander im Bett liegen, ganz wie im Sarge. Mais sans vous je ne sais rien ordonner. Adieu, und komm bald."

„Dein treuer Lou."

„P. S. Ich höre von Schmidt, daß Du außer dem türkischen Säbel auch einen Tabaksbeutel von vier Farben

mit dem ungarischen Wappen, als zu dem ungarischen Bauern=
kostüm gehörig, nach Berlin genommen haft. Bitte bringe
mir diesen wieder zurück, da er in das Tabakkabinet zum
großen Pesther Pfeifenkopf gehört, zu dem er appart ver=
fertigt wurde."

„Nachdem ich gestern die Mitternacht, von niemand ge=
stört, im einsamen Schein des Mondes, auf Machbubas
Blumengrabe, wo nur das Säuseln des Windes in den dürren
Blättern der Bäume hörbar war, herangewacht, und viel ge=
betet und geweint, ist sie mir endlich, wenngleich nur im
Traume, erschienen. Sie stand, als ich erwachte, (im Traum),
an meinem Bett in ihrer Mameluckenkleidung, wo sie mir
immer am Besten gefiel, und war so frisch und lieblich, voll
und kräftig, wie in ihrer besten Zeit, und küßte mir mit
heitrer und schalkhafter Miene die Hand zum guten Morgen.
Von ihrem Tode, schreckliches Wort! wußte ich im Traume
nichts, doch aber hatte ich die dunkle Idee ihres Krankseins
behalten, und freute mich daher innig über ihr gesundes,
üppiges Ansehen. Nun sprachen wir viel, und erlebten allerlei
im Fortgang des Traumes, von dem mir aber keine deutliche
Erinnerung geblieben. Auch als ich auf ihrem Grabe kniete,
und mein Gesicht in die bethauten Blumen getaucht, geschah
etwas Eignes. Ich bat sie, wobei sie sich immer so graziös
benahm, wenn sie sich nicht zeigen könne, mir wenigstens einen
Kuß auf die Wange zu drücken. In diesem Moment fuhr
ein plötzlicher und heftiger Windstoß über mich hin, und eine
der Blumen berührte mich mit einem ganz ähnlichen Gefühl
an der linken Backe, als es der sanfte Kuß Machbubas so
oft zu thun pflegte. Du wirst, meine gute Schnucke, über
diese Phantasieen lächeln, mir aber waren sie doch ein Trost,
denn der Verlust des lieben Kindes hat tief in mein Herz
gegriffen, und wenn ich mich zerstreue und sie momentan ver=
gesse, fühle ich bald wie einen Vorwurf darüber."

Den 12. November 1840 schrieb er: „Verzeih, liebste Schnucke, daß ich in mehreren Briefen Dir nur von Machbuba geschrieben, aber Du bist ja meine treueste, vertrauteste Freundin, vor der ich allein mein Herz ausschütten kann. Ich selbst will aber jetzt, so viel ich kann, an andere Dinge denken, denn die immer wieder aufgeregte Wunde reibt mich auf."

Auch nach anderer Seite sprach Pückler seinen Kummer aus; er schrieb an * * * aus Muskau den 14. November 1840: „Meinen besten Dank für das interessante Buch, und weitere gütige Theilnahme an meinen Angelegenheiten. Leider bin ich jetzt zu betrübt von dem härtesten Schlag, mit dem das Schicksal mich heimsuchen konnte, um außer diesem tiefen Schmerz noch an irgend etwas regen Antheil nehmen zu können. Ich habe verloren, was mir im irdischen Leben durch nichts mehr ersetzt werden kann, eine Seele, deren von der Natur allein verliehene erhabene Schönheit, durch innigste Hingebung mit mir vereinigt, mehr zu meiner eigenen Veredlung beigetragen hat, als alles, was die sogenannte civilisirte Welt mir bisher geboten hat."

„Sie ist gestorben, wie sie gelebt, in großartiger Unbefangenheit, trotz aller Entstellungen der Krankheit voll Grazie, mit wehmüthiger Heiterkeit bis zum letzten Augenblicke, und die Natur selbst hat sie heilig gehalten, denn nicht der mindeste Todeskampf ging ihrem Ende voran. Sie entschlief so sanft wie ein müdes Kind, und ihre Leiche behielt mehrere Tage lang einen Ausdruck der Verklärung, der ihr ganz fremde Personen bis zu heißen Thränen rührte."

„Dies war eine wahrhaft Fromme, Gott noch so nahe wie Eva im Paradiese, ehe ihr die Frucht vom Baume der Erkenntniß geboten worden war, und mit Erstaunen hörte ich sie oft Worte sprechen, die man Christus hätte in den Mund legen können. Und eben so ächt, naiv, naturgemäß und unverstellt war sie in ihren Fehlern, was wir nämlich

Fehler nennen, und diese liebt man eigentlich am Heftigsten bei geliebten Wesen, während man die Vollkommenheiten mehr bewundert, ein Gefühl, das der Verehrung näher steht als der Liebe, wenigstens auf Erden."

„Doch genug von einem Wesen, das Sie kaum dem Namen nach gekannt, das aber gewiß, wären Sie ihm im Leben begegnet, denselben Zauber auf Sie ausgeübt haben würde, von dem ich mehr oder weniger Jeden ergriffen gesehen habe, der auch nur die kürzeste Zeit mit ihr in Berührung kam."

„Verzeihen Sie mir deshalb um so mehr, wenn ich jetzt von nichts anderem sprechen kann."

„Ihr aufrichtig ergebener
H. P."

An Lucie schrieb Pückler den 15. November 1840: „Liebste Schnucke. Ich bin recht traurig über Dein anhaltendes Uebelbefinden; doch hast Du vollkommen Recht, Dich nicht eher auf den Weg nach Muskau zu machen, als bis Du Dich vollkommen hergestellt fühlst."

„Was mich betrifft, so geht es mir wie es mir unter den obwaltenden Umständen gehen kann, und die Zeit fängt wohl schon leise an, ihr freilich wohlthätiges, doch eigentlich schauderhaftes Recht zu üben! Arme Machbuba! Auch Dein Andenken wird in den Hintergrund treten; doch gleichgültig kann es mir nie werden. Ich habe mehr Liebe für sie gefühlt, als ich mich deren fähig hielt, und das war vielleicht zugleich mein höchster Schmerz und mein bester Trost. — Hart aber trifft mich jetzt von neuem der Verlust des treuen Bildes ihrer Augen! Suche doch noch, vielleicht findet es sich noch."

„Du schreibst mir ja gar nichts mehr von Berlin; zerstreue mich doch damit ein wenig. Für die Viktualien danke ich bestens, und ich verzehre sie auch in leidlicher Gesundheit; aber meine alte Thätigkeit kehrt noch nicht wieder.

Vielleicht auch diese mit der Zeit! Von dem Zeuge werden 50 Ellen gebraucht nach der angegebenen Breite. Vergiß auch nicht die nöthigen Sachen zur Arrangirung des Pfeifen= kabinets mitzubringen; denn meine kleine Einrichtung gefällt mir und beschäftigt mich sehr, je mehr ich mit ihr vertraut werde, und sie nach meiner Bequemlichkeit einrichte, denn diese muß bei Wohnzimmern selbst aller Eleganz vorangehen."

„Noch sind indeß meine Sachen kaum zur Hälfte ge= ordnet. Auch vermisse ich noch gar viel von dem Ueber= sandten; jedoch fanden sich die Säulen und vier Figuren des Schiffes, so wie die beiden Becher aus Rhinozeroshorn. Mit Thränen in den Augen habe ich Machbubas Sachen geordnet und selbst ihre Kleider kann ich mich nicht entschließen aus= zumärzen. Ein eigenes Kabinet, das letzte, ist für sie allein bestimmt, es ist das einzige, das immer kalt bleibt wie ihr Grab!"

Ein großer und tiefer Schmerz hat immer etwas Achtunggebietendes. Von allen Näherstehenden wurde Pückler die innigste Theilnahme bezeigt. Die Damen, welche Mach= buba kennen gelernt, betrauerten herzlich ihren Verlust. Wie ehrenvoll das Andenken war, welches dieses seltene Wesen auf der Erde zurückließ, möge unter anderem ein Brief der Gräfin Thurn beweisen, die an Pückler schrieb: „Ja, lieber Freund, ich habe, indem ich mir Ihre herbe Trauer vergegenwärtigte, dieses theure Mädchen wie eine liebe Tochter beweint! In ihr birgt das kühle Grab ein Herzenskleinod, wie es unser süßlippiges Europa selten hervorbringt. Ach, dieses gute Mädchen, welches ich so oft im Vergleiche mit Anderen über= raschte, wobei sie sich so arm an Geistesbildung fand, barg Schätze von Zartgefühl, von Fähigkeiten an Verstand und Scharfsinn, mit der sich manche Europäerin gebrüstet. Hätte Ihnen, lieber Fürst, der Himmel an der von mir hochver= ehrten Fürstin nicht eine Freundin verliehen, die mit Ihnen getrauert, deren Engelherz unerschöpfliche Mittel für Ihre

Pflege zu Gebot hat, deren hoher Geist treffende Gründe zu Ihrer Beruhigung wüßte, so fände mein Mitleid keine Worte, um Ihren Gemüthszustand zu beklagen, und ich könnte Sie nur versichern, daß Ihr tiefes Leid tiefen Anklang an Donau's Ufern in meinem Herzen findet, welches Machbuba nicht blos geliebt, sondern auch bewundert. Wie fest und edel war ihr Karakter, wie heftig ihre südliche Gluth, und wie wußte sie diese unter der Herrschaft zarter Weiblichkeit zu zähmen. Wie glühend war ihr Verlangen nach Geistesent= wickelung, (denn gebildet für alles Edle war er mit ihrem ersten Athemzug). „Dem Lernen soll meine Zeit gehören, nicht dem Besuchabstatten", sagte sie mir. Trug nicht viel= leicht der Wunsch, mit dem Beginne des Lernens auch gleich die höchste Stufe des Wissens zu erreichen, mit zu ihrer Auf= reibung bei? Ich sollte es fast glauben, denn Personen, die die Wohlthat der Früchte, die die Zukunft dem Fleiße beut, nicht kennen, stellen an die Gegenwart die dringende For= derung, zu leisten was ihr Herz begehrt, und dieses unge= duldige Verlangen entsprang auch nur dem Wunsche, ihrem lieben Herrn zur Ressource zu dienen. Sie hat mich durch ihre Anhänglichkeitsäußerungen oft zu Thränen gestimmt; sie waren alle so wahr, so rein, so entfernt von allem Eigennutz."

Auch die Gräfin Adelheid von Carolath, Luciens Tochter, schrieb an Pückler einen liebevollen Beileidsbrief, in welchem sie Machbuba mit Goethe's Mignon verglich.

Wenigstens hatte Pückler den Trost, daß das Schicksal ihm verstattet hatte, das holde Kind so glücklich zu machen, als Liebe und Fürsorge dies irgend vermögen.

Einundvierzigster Abschnitt.

Beschäftigung. Reise nach Dresden. Gottfried Semper. Zusammentreffen mit der Mutter. Tod von Luciens Enkelin. Fürstin Adelheid von Carolath. Heinrich Laube und seine Gattin. Theodor
Mundt. David Strauß. Der Schnellläufer Mensen Ernst. Der
Zwerg Billy Maffer. Besuch an den Höfen von Weimar und Rudolstadt. Steigende Berühmtheit. Kissingen. Besuch beim König Ludwig von Baiern in Brückenau. Lustige Unterhaltung dort. Pückler
als Hofmann. Frankfurt am Main. Rothschild. Heidelberg. Die
Schloßruine. Baden-Baden. Der König von Würtemberg. Besuch
auf dem Johannisberg bei dem Fürsten von Metternich. Der Hof
von Berlin. König Friedrich Wilhelm der Vierte. Prinz und Prinzessin von Preußen. Prinz und Prinzessin Karl. Herzogin von
Sagan. Gräfin Henriette Rossi, geb. Sonntag.

In der Oede und Leere seines Verlustes fand Pückler
noch am meisten Befriedigung sich wieder mit der Verwaltung
von Muskau, und mit den Arbeiten im Park zu beschäftigen.
So brachte er seine Tage, trotz der winterlichen Jahreszeit
größtentheils im Freien zu, und Abends im stillen Dunkel
ging er zu Machbubas Blumengrab, und unterhielt sich mit
ihr, als wenn sie noch lebte. Zeitweise kam auch Lucie von
Berlin nach Muskau. Sein lebhafter Geist begann allmählich
sich den Außendingen zuzuwenden. Er las viel, überließ
sich seinen Gedanken, seinen vielen Korrespondenzen. Im
Sommer 1841 machte er einen Ausflug nach Dresden, wo
all sein Künstlersinn angeregt wurde, durch die Baupläne
des genialen Gottfried Semper, die dieser ihm vorlegte. Im
Hotel traf Pückler zufällig mit seiner Mutter zusammen.
Er fand sie noch unglaublich jung aussehend, eine Eigenschaft, die ihr Sohn von ihr geerbt hatte, dabei lebendig wie

Queckſilber, und troß ihrer 71 Jahre beſaß ſie noch kaum ein graues Haar. Sie wollte ihn, den ſie in ſo vielen Jahren nicht geſehen hatte, ſogleich in's Theater mitnehmen, wo ein Taſchenſpieler ſeine Künſte machte. Ein paar Tage lebten beide dort zuſammen, dann trennten ſie ſich wieder mit großer Zärtlichkeit.

Der Sommer 1841 brachte ein trauriges Ereigniß, von dem beſonders Lucie betroffen wurde; ihre Enkelin, Adelheid, geb. Prinzeſſin von Carolath, und vor kaum einem Jahr mit ihrem Vetter, dem Fürſten Ludwig zu Schöneich=Caro= lath vermählt, ſtarb noch nicht achtzehn Jahre alt, in der Fülle der Jugend und Schönheit.

Mit den Vertretern der Wiſſenſchaft und Literatur hatte Pückler viele Anknüpfungen. Varnhagen hatte ihn mit Heinrich Laube und Theodor Mundt in Beziehung geſetzt. Erſterer hatte nebſt ſeiner ſchönen und liebenswürdigen Frau, Jduna, bereits während Pückler im Orient war, mit der Fürſtin Be= kanntſchaft gemacht, die beiden ſehr zugethan war, und ſo= wohl das Talent und die große Begabung Laube's zu ſchätzen wußte, als ſie auch zugleich in der Nähe der Doctorin Laube eine angenehme und erheiternde Geſellſchaft fand. Als die polizeilichen Verfolgungen des jungen Deutſchlands vor ſich gingen, und Laube zu mehrmonatlichem Feſtungsarreſt ver= urtheilt wurde, durfte er ſeine Strafe zu Muskau verbüßen, und wohnte dort auf dem einſam poetiſchen Jagdhaus, dich= tend und dem Jagdvergnügen obliegend. Als Pückler heim= kehrte, und er und Laube ſich perſönlich kennen lernten, waren ſie ſchon gegenſeitig mit einander vertraut, und be= freundeten ſich nun noch mehr. Der Doctorin Laube zu Ehren vermuthlich hat Pückler auch eine ſeiner Eichen im Park die „Jdunaeiche" genannt, als gleichzeitige Erinnerung an die geiſtreiche Freundin und die nordiſche Göttin. Laube hat nach Pückler's Tode in einem Aufſatz in der „Neuen Freien Preſſe" ſein Zuſammenſein mit ihm lebendig geſchildert.

Außer Laube beabsichtigte Pückler auch David Strauß ein sorgenfreies Asyl in Muskau zu geben, als dieser seines religiösen Freisinns wegen in der Schweiz Verfolgungen aus= gesetzt war, und er schrieb ihm in diesem Sinne aus dem Orient unbekannterweise. Strauß war ihm sehr dankbar dafür, aber die Sache kam nicht zu Stande.

Die Lust am Sonderbaren und Auffallenden legte Pück= ler niemals ganz ab. Er hatte irgendwo in seinen Schriften den damals berühmten Schnellläufer Mensen Ernst erwähnt, und gebeten, wer den Mann auffinden könne, möge ihm ihn zusenden. Darauf hin trat eines Tages der Schnellläufer wirklich bei ihm ein, da er von einem Bekannten des Fürsten unterrichtet worden, daß man ihn begehre. Da war nun ein neues Spielzeug gefunden! Pückler nahm Mensen Ernst in seine Dienste, ließ ihm eine phantastische Kleidung machen, mit einer lichtblauen goldgestickten Mütze, und einer gleichfalls lichtblauen, goldgestickten Brieftasche zum Umhängen, die an einem zierlichen Riemen befestigt war, und in diesem Anzug lief der Mann nun als Bote hin und her, und kam oft von Muskau nach Berlin, wo natürlich seine Erscheinung genügte, daß Tausende von Straßenjungen jubelnd und athemlos hinter ihm herjagten, und daß vor dem Hause, in das er eintrat, sich ein ganzer Auflauf von Neugierigen bildete, und die Thüre belagerte. Pückler amüsirte sich königlich an allem diesem, und ließ sich von Mensen Ernst seine Schicksale und Abentheuer erzählen. So blieb der Schnellläufer längere Zeit in Muskau.

Lucie hatte unterdessen die Bekanntschaft des damals etwa siebzehnjährigen Zwerges Billy Masser gemacht, ließ ihn sich von dessen Eltern abtreten, sorgte für seine Er= ziehung und Ausbildung, und behielt ihn als Sekretair und Gesellschafter beständig in seiner Nähe. Auch dieser trug ver= schiedene phantastische Anzüge, in denen er abwechselnd erscheinen mußte.

Im Sommer 1842 besuchte Pückler den Weimarer Hof, wo er sehr ausgezeichnet wurde. „Il va sans dire qu'il y a eu grande présentation de mes chevaux arabes, que les mains de toutes les Altesses impériales et royales ont caressés, et que tout Weimar a admiré au Belvédère. Ces chevaux et Joladour[1]) sont mes qualités les plus saillantes," schrieb er an Lucie von dort. Aber auch die Lust an Gartenanlagen, die dort herrschte, war ein Element, das viele Anregung darbot, und besonders der damalige Erbprinz Karl Alexander befragte Pückler beeifert um seinen Rath, welcher auch einen großartigen Plan für Ettersburg entwarf, auf einem Gebiet, ausgedehnter als das von Muskau, wo ihm Berge, Wasser und Buchenwald ein dankbares Material zum Schaffen dünkten.

Von dort ging Pückler nach Rudolstadt, wo er den Besuch des Fürsten und seines Bruders Albert empfing, den er von Berlin her kannte. Im Schlosse wurde ihm ein großes Diner gegeben, und der Fürst machte Ausflüge mit ihm und dem Prinzen Karl von Hessen nach Schwarzburg und dem Thiergarten.

Ueberall zeigte es sich, daß Pückler's Berühmtheit seit seiner Reise in den Orient noch bedeutend zugenommen hatte. In Rudolstadt standen von früh bis spät eine Masse Menschen vor dem Gasthof versammelt, den er bewohnte, um ihn, oder den türkisch gekleideten Mohren, oder die arabischen Pferde zu sehen, und viele Personen baten inständigst um die Ehre, ihn wenigstens einen Augenblick besuchen zu dürfen; besonders viele Geistliche waren darunter, die ihm also seinen weltlichen Freisinn um seiner Berühmtheit willen verziehen haben mußten, und Alle machten dem Schriftsteller die begeistertsten Lobeserhebungen. Auch in Weimar war ihm Aehnliches begegnet. Gedichte wurden ihm zu Dutzenden zugesendet.

[1]) Der Mohr des Fürsten von Pückler.

In Kiffingen fah sich Pückler einige Tage das bunte Badeleben an, und traf Varnhagen, General Tettenborn, Puttbus, eine ganze Maffe alter Bekannten. Dann machte er in Brückenau dem König Ludwig von Baiern feine Aufwartung, der dort ganz bürgerlich lebte, fehr luftig war, und ihn zum Mittag mit ein paar anderen Herren einlud, wo man sich mit einer ziemlich leichtfertigen Unterhaltung und allerhand Anekdoten die Zeit vertrieb. Als Pückler mit dem König in den Promenaden von Brückenau fpazieren ging, hatte er Gelegenheit feine Geistesgegenwart als Hofmann zu zeigen. Als sie nämlich einen jähen, felfigen Abhang niederklettern mußten, hatte der König die größte Mühe feften Fuß zu faffen, und schwankte einigemal, fo daß Pückler, der noch immer behend wie eine Gemfe klettern konnte, glaubte zur Unterftützung ihm den Arm reichen zu müffen. In dem Augenblick wie dies geschah, rief Baron Daun, ein Universitätskamerad und großer Günstling des Königs, Pückler in's Ohr: „Um Gotteswillen, helfen Sie ihm nicht, das nimmt er entfetzlich übel." Gleichzeitig wandte sich der König auch schon fehr verdrießlich nach Pückler um, und rief: „O, was glauben Sie, daß ich Hülfe brauche?" — „Ach, Ihre Majestät, ich bitte taufendmal um Vergebung," erwiederte Pückler ohne sich zu befinnen, „im Begriff auszuglitfchen, und Ew. Majestät fo nahe, habe ich inftinktmäßig Ihren Arm ergriffen, mich daran zu halten, und bin ganz befchämt über einen fo großen Verstoß gegen alle Etikette." Dies fetzte König Ludwig in die vergnügteste Laune. „Daun, Daun," rief er laut lachend, „der Fürst wäre gefallen, wenn er sich nicht an meinen Arm angehalten hätte. Ha ha ha, Fürst, man muß jung bleiben, nicht wahr? Sie sind auch noch jung. Fünfzig vorbei darf man sich nicht gehen laffen, alles mitmachen, wie vorher, Fürst, nicht wahr?" — „Mir aus der Seele gesprochen, Majestät," verfetzte Pückler. Baron

Daun, der zur Seite stand, drückte aber Pückler die Hand, und flüsterte: „Bravo, gut aus der Affaire gezogen."

In Frankfurt am Main besuchte Pückler eine andere Art von König nämlich den Geldkönig Herrn von Roth=schild, dessen Haus, und Meublirung und Gärtchen er sehr bewunderte. In Heidelberg entzückte ihn das alte Schloß, das er für die schönste Ruine auf dem Kontinent erklärte, die Alhambra, die er nicht gesehen, vielleicht allein ausge=nommen. In Baden=Baden amüsirte er sich vortrefflich in der herrlichen Gegend, die er ein Paradies nannte. Er fand den König von Würtemberg dort, der ihn sehr artig empfing, und dem er viel vom Orient erzählen mußte, und der ihm dagegen seine besten Pferde vorführte. Pückler glänzte seiner=seits mit seinen arabischen Pferden. Auch die Tochter des Königs zeichnete ihn sehr aus, wie die ganze elegante Welt, so viele Personen von Bedeutung und Rang, daß selbst die bloße Namenaufzählung zu lang wäre. Als Schriftsteller, als Fürst, als Lion, als Gärtner, als Pferdeliebhaber= und Kenner, als Reisender wurde er von allen Seiten gefeiert. Doch war er immer hin und wieder leidend, und klagte im Vertrauen gegen Lucie oft, daß Jugend und Gesundheit dahinschwänden, und daß auch die Geldmittel für seine Stel=lung nur knapp reichten, denn die Vergrößerung der Ein=nahmen von Muskau wollte er nicht so groß finden, als man sie ihm geschildert hatte.

Doch war von Baden=Baden ein Ausflug nach dem Johannisberg, zum Fürsten von Metternich, immerhin zu verlockend für ihn, um ihn nicht zu unternehmen; er trat unerwartet dort in den vollen Gesellschaftssaal, und wurde vom Fürsten, so wie von der Fürstin Melanie mit lauter Freude begrüßt. Schloß und Anlagen prüfte er mit künst=lerischem Blick.

Nachdem Pückler lange mit dem Berliner Hofe ge=schmollt, und sich trotz alles Zuredens von Lucie dort nicht

sehen gelassen, mußte er sich doch endlich daselbst zeigen.
Vom König Friedrich Wilhelm dem Vierten wurde er zwar
freundlich empfangen, und ersterer besuchte auch einmal Mus=
kau, von dem er sehr entzückt war, doch gehörte Pückler nie
zu den Günstlingen, deren dieser launenhafte Monarch so
viele hatte, und nie entstand irgend eine wahre Sympathie
zwischen ihnen. Mit dem Prinzen und der Prinzessin von
Preußen, und dem Prinzen und der Prinzessin Karl dagegen
entspann sich das beeifertste Freundschaftverhältniß. Auf den
Wunsch der ersteren übernahm er es, die Parkanlagen von
Babelsberg zu leiten, wo er wieder oft bei dem ungünstigsten
Wetter als Gärtner thätig war, und Wunder von Schönheit
und Geschmack ausführte. Auch in der schönen poetischen
Besitzung des Prinzen Karl, Glienicke, ertheilte er manchen
guten Rath. Den beiden Prinzessinnen, denen er in ihrer
ersten Jugend schon an dem Weimarer Hof begegnet war,
bevor er seine Reise nach England antrat, war er mit Ver=
ehrung und Begeisterung ergeben, und freute sich, daß beide
ihn auf jede Weise auszeichneten. Von dem Eindruck, den
er von ihnen empfing, als er sie zum erstenmale sah, machte
er damals Lucien eine Schilderung, die hier ihre Stelle
finden möge. Er schrieb aus Weimar den 17. September
1828: „Ein langes Gespräch mit den beiden allerliebsten
Prinzessinnen, das sehr animirt war, machte mich in der
That bedauern, daß ich kein Prinz bin, denn beide, jede in
ihrer Art, die ältere sentimental und schmachtend, die zweite
muthwillig und lose, sind reizende Wesen, dabei von dem
feinsten und natürlichsten Ton, wie der elegantesten Tour=
nüre. Alle anderen Damen sahen wie Kammerjungfern gegen
sie aus. Il parait, quand à moi, que je ne déplais pas
ici, et vouz savez que j'ai besoin d'être un peu ap-
prouvé pour être content et aimable."

Die Herzogin von Sagan besuchte Pückler in ihrer nahen
Besitzung, und gab auch für den Park von Sagan manche

Rathschläge. Er wollte das Schöne nicht für sich allein haben, am liebsten hätte sein künstlerischer Sinn die ganze Welt verschönt.

Doch trotz allem Anreiz mochte sich Pückler weder dem Hofdienst, noch der Gesellschaftswelt lange widmen, und er vergrub sich meistens, und oft in melancholischer Stimmung, in den Wäldern von Muskau. Lucie war mehr in Berlin als er, und schilderte ihm das Leben in der Residenz, — aus derselben Zeit, die Varnhagen's „Tagebücher" umfassen, in scharfer, oft sehr sarkastischer Weise. War Varnhagen nicht zufrieden, weil er den Fortschritt, die Entwickelung der Frei= heit wünschte, so war Lucie dagegen verstimmt, weil sie den Fortschritt nicht liebte, weil sie dem alten Regime angehörte, der Zeit Friedrich Wilhelms des Dritten, den Wittgenstein u. s. w. Aber in den Ergebnissen ihrer Beurtheilung stimmte sie mit Varnhagen oft überein.

In Berlin begegnete Lucie in Gesellschaft einmal der Gräfin Rossi, der ehemaligen Henriette Sonntag. Welche Funken mögen da von beiden Seiten unter der Asche geglüht haben, welche Erinnerungen mögen da wachgerufen worden sein! — Die Gräfin Rossi feierte den Triumph, die Fürstin Pückler ganz zu bezaubern und für sich einzunehmen. Lucie schrieb über dieses Zusammentreffen an Pückler im Februar 1844 wie folgt: „Gestern nun gab Louise[1]) mir zu Ehren eine kleine Soirée, die allerliebst war, wenn sie mir gleich so übel be= kommen ist. Es waren lauter junge hübsche Leute beisammen, und Gräfin Rossi war so unendlich gütig um meinetwillen zu singen — wenigstens sagte man mir's so. Nein, hierüber geht gar nichts! Den Eindruck zu beschreiben, den es auf mich machte, vermag ich nicht. Ich brach in Thränen aus. Du wirst mich gewiß ein bischen ridicule finden, aber ich

---

[1]) Gräfin Louise von Pückler, die Gattin des Grafen Sylvius von Pückler, und Mutter des Grafen Heinrich von Pückler, des jetzigen Besitzers von Branitz.

konnte nicht anders, und nur meine innere Bewegung so gut als möglich verbergen, nicht gut genug zwar, daß die holde, beseligende Stimme es nicht gewahr wurde, und sie hat heute gesagt: alles Lob der Welt mache keinen Eindruck mehr auf sie, wenn aber ihr Gesang jemand tief rühre, das gehe ihr zu Herzen mit Wonne. Sie ist hinreißend, diese Frau, ob= gleich nicht schön mehr, und ihre sonstige ästhetische Erscheinung ganz verändert. Das erste war, daß sie sich nach Dir er= kundigte. Sie sang die Romanze aus Othello, die, welche Desdemona vor ihrem Tode anstimmt. Mein Lou, Du glaubst nicht, welcher Zauber, ja eine wahre Zauberei. — Es accompagnirte sie ein Virtuose auf dem Cello, aus der Gesellschaft, ein Graf von Flemming, mein naher Verwandter, der hier angestellt ist; ein sehr interessanter junger Mann, und der allgemein recherchirt und gern gesehen wird. — Ich dachte viel an Dich, und weiß, daß Du Dich auch angezogen gefühlt hättest. Wahrlich, wenn man so viel Liebenswürdig= keit als Du in die Waagschale der geselligen Mittel, und die der Unterhaltung zu legen versteht, da solltest Du Dich nicht so vereinsamen — etwas noch lieben, außer Anlagen."

Pückler antwortete darauf aus Muskau: „Daß Dich die Gräfin Rossi so entzückt hat, wundert mich nicht, da ich dasselbe in vergangener Zeit hinlänglich empfunden, und Du erst 15 Jahre zählst[1]). Mein Enthusiasmus ist alt ge= worden wie ich selbst, doch wer·weiß ob er nicht auch noch einmal wieder jung wird. Vor der Hand bin ich so abge= storben, wie der garstige Winter im Leichentuch um mich her, und nach der großen Welt namentlich sehne ich mich am allerwenigsten, mit all' ihren Sängern, Sängerinnen, Musi= kanten und Komödianten aller Art."

---

[1]) Pückler pflegte scherzend zu behaupten, Lucie fühle noch immer so jugendlich wie zu fünfzehn Jahren.

Zweiundvierzigster Abschnitt.

Verkauf von Muskau an den General Grafen von Nostiz, und zwei Grafen von Hatzfeldt. Das Rittergut Waldstein. Freude, im sechzigsten Jahre unabhängig und schuldenfrei zu sein. Brief an Lucie. Luciens Kummer. Pückler's Abschied von Muskau. Dresden. Zusammentreffen mit Lucie. Mit Waldstein in den April geschickt! Berlin. Der Hof. Gartenanlagen in Babelsberg. Der Gärtner von Muskau. Prinzen und Prinzessinnen. Alexander von Humboldt. Bettina von Arnim. Varnhagen von Ense. Konstitutionsgerüchte. Das neue Opernhaus. Stall, Pferde und englischer Headgroom. Itzstein. Schlöffel. Leipzig. Die Leipziger Augustvorgänge. Pückler's Urtheil darüber.

Im Beginn des Jahres 1845 gewann Pückler auf's neue immer mehr die Ueberzeugung, daß es für die Ordnung und Unabhängigkeit seiner Verhältnisse nothwendig sei, Muskau zu verkaufen. Er hatte allmählig auch Lucie an diesen Gedanken zu gewöhnen, und sie für denselben zu bestimmen gesucht. Nachdem ein wiederholter Kaufantrag des Grafen Redern zu keinem Abschluß geführt, wurde Pückler mit dem General Grafen von Nostiz und zwei Grafen von Hatzfeldt darüber einig, für die Kaufsumme von 1,700,000 Thalern, wobei er sich aber verpflichten mußte, das in der Nähe von Reinerz und Glatz belegene Rittergut Waldstein als Tausch für einen weit höheren Preis als es werth war, anzunehmen. Immerhin aber blieb Pückler ein ansehnliches Vermögen zur freien Verfügung, und er entledigte sich aller Schulden, aller Lasten und Verpflichtungen.

Es ist ihm vielfach verdacht worden, daß er seinen schönen Besitz, seine geniale Schöpfung dahingegeben; aber dies beweist nur einmal wieder, daß die meisten Menschen nur allzu bereit sind, die Handlungen Anderer zu tadeln und zu verurtheilen, ohne doch die Beweggründe und die triftigen Ursachen zu kennen, welche diese Handlungen veranlaßten. Die Aristokratie freilich, die gewohnt ist, aus Stolz und Hochmuth, um des äußeren Ansehens willen, weit mehr als aus inniger Familienliebe, auf solche Erbgüter einen hohen Werth zu legen, die konnte es entsetzlich nennen, daß er das Schloß seiner Väter aufgab, und Lucie, die solche aristokratische Gefühle theilte, urtheilte ebenso; aber nicht aus Mangel an Pietät, sondern aus Nothwendigkeit that Pückler diesen Schritt, und die Vorurtheilslosen mußten dagegen es rühmlich anerkennen, daß der edle Fürst es vorzog, anstatt eines verschuldeten, bedrängten Standesherrn, ein einfacher, unabhängiger Privatmann zu sein, und sich hiezu muthig entschloß, bevor es zu spät war. Es war eigentlich ein tiefer Ordnungssinn in Pückler's Natur, der mit seinem Schönheitsinn eng zusammenhing, und die Verwirrung seiner Finanzen war ihm unerträglich. Wenige, die Pückler kannten, mögen es für möglich gehalten haben, aber es ist doch war, daß ihm erst im sechzigsten Jahre seines Lebens vergönnt war, unabhängig und ohne Schulden zu sein. Dieses Bewußtsein machte ihn wahrhaft glücklich. Auch fühlte er, daß es noch eine andere, umfassendere Heimath für ihn gäbe, als die Scholle; er, dessen vielseitiger Geist alles umfaßte, hatte sich die Welt zum Vaterlande gewählt. Und da er die Thätigkeit als die erste Pflicht des Menschen ansah, so wußte er, daß er in neuem Schaffen überall einen neuen befriedigenden Wirkungskreis finden könne. Für Lucie that es ihm leid Muskau aufzugeben, aber er hoffte sie nach Kräften darüber zu trösten. Er schrieb ihr, die sich gerade in Berlin aufhielt, aus Muskau den 20. März 1845:

„Liebe Luziege. Das große Opfer ist der unerbittlichen Nothwendigkeit gebracht. — Ohne diese wäre es nicht geschehen. Jeder von uns allein hätte vielleicht mit großer Einschränkung kümmerlich, oder wenigstens mit höchster Entsagung, Muskau's Besitz behaupten können. Wir beide zusammen wären, und dies ist meine unumstößliche Ueberzeugung, binnen zwei Jahren, höchstens in dreien, unrettbar banquerott gewesen. Denn um praktisch zu urtheilen, muß man sich keine Ideale imaginairer Möglichkeit bilden, die Dinge und Menschen nicht ansehen wie sie sein könnten, sondern wie sie sind, also auch wie wir sind. Wir können und müssen Gott auf den Knieen danken, daß er uns noch vor Thorschluß Rettung gesandt hat, nachdem wir sie früher wie Kinder abgewiesen."

Dann malte er in glänzenden Farben aus, wie sie sich in Waldstein eine neue Wohnung einrichten könnten. „Dann ist es auch", schrieb er, „aus der elenden Sandgegend in frischere Natur überzugehen, aus einer Treibhausgegend in eine wirkliche, und, ach Gott, ohne Noth und Angst und rabenfittiger Sorge!"

„Verschwunden ist der Sand,
In der Ferne winken Berge,
Und gar schönes Land.
Es lebe Fürstin Lucia!"

Am Schlusse des Briefes mischt sich denn doch auch einige Wehmuth in den heitern Ton. „Wenn Du wüßtest," heißt es daselbst, „welche Standhaftigkeit ich habe zeigen müssen, um diesen Kauf zu Stande zu bringen, welche Gemüthsbewegung mir das ewige Mißlingen verursacht — so würdest Du mich bedauern. Gott sei Dank, es ist vorüber, doch hat ein dreißigjähriges Elend meinen frischen Muth so sehr gebrochen, daß ich mich über nichts mehr recht freuen kann, und auch in der paradiesischsten Landschaft den Todtenkopf der Wüste immer herüberschauen sehe. Ich bin so abgenutzt, daß ich das Glück, selbst wenn es da wäre, nicht mehr zu fassen vermag."

Daß Lucie den Verkauf Muskau's als ein Unglück beweinte, braucht wohl kaum erst erwähnt zu werden. So nahe den Siebzigen, hatte sie ohnehin nicht mehr viel Lebensmuth. Pflegte sie schon vorher beinahe immer zu klagen, so hatte sie nun dazu den doppelten Stoff. In der That war es für die arme Frau ein sehr harter Schlag, weit härter als für Pückler. Sie strömte in leidenschaftlichen Briefen die Fluth ihrer Klagen, ihrer Vorwürfe, ihrer Bitten, ihres Grames aus. Sie erschien sich obdachlos, heimathlos; die gemiethete Wohnung in Berlin, meinte sie, könne ihr nichts helfen, wenn sie nicht daneben einen festen Landbesitz habe. Sie jammerte, daß ihr so Entsetzliches noch vor ihrem nahen Tode hätte zustoßen müssen, man wisse nicht wie bald ihre Stunde schlagen würde, sie wanke dem Grabe zu, und für sie, die Betagte und Vereinsamte, sei auch der Tod das Beste. Seit achtundzwanzig Jahren hatte sie hier geherrscht und gewaltet, und manches Gute und Schöne gestiftet; hier war sie als stolze Braut von dem schönen, vielbewunderten Bräutigam bei Fackelschein festlich eingeführt worden, wo sie seine Anlagen entstehen und herrlich sich entfalten sah. Wäre sie früher gestorben, so rief sie bitter, so würde man jetzt mit Muskau auch ihre Asche an den Meistbietenden verkauft haben; nun aber sei Muskau zur Waise geworden, da Pückler es von sich stoße.

Nachdem der Verkauf abgeschlossen, wollte Pückler so bald wie möglich abreisen, um bei der Uebergabe nicht gegenwärtig zu sein, um sich zu zerstreuen, und zugleich um die neue Besitzung Waldstein, die er noch gar nicht kannte, zu besichtigen.

Auch er hatte sicher eine schmerzliche Empfindung, als er von seinem Muskau Abschied nahm, doch war er ruhig und gefaßt. Seit er in frischer Jugend seine Schöpfung begann, hatte er in mehr als dreißig, beinahe vierzig Jahren, gewiß nahe an eine Million dafür ausgegeben, und bezeichnend für seinen Karakter und für seine treue und uneigennützige Kunstliebe ist es, daß er während der langen Unterhandlungen, wegen des Verkaufs mit verschiedenen Käufern, noch über 100,000 Thaler auf die Anlagen und Bauten verwendete, und im Thiergarten von fünf Stunden Umfang selbst das überständige Holz nicht schlagen ließ, um das urwaldliche Ansehen des Ganzen nicht zu stören, obgleich er unbeschadet des Verkaufs dort große Summen hätte herausziehen können. Es ist dies gewiß ein seltenes Beispiel großmüthigen Schönheitssinnes.

Viele Thränen flossen in Muskau, als man den geliebten und verehrten Fürsten scheiden sah. Jeder wollte ihn noch einmal betrachten, noch einmal begrüßen, ihm herzliche Wünsche und Dankgefühle aussprechen. Seine hohe, edle Gestalt war noch jugendlich schlank und kräftig, schön und imponirend, als er zu Pferde stieg, und zum letztenmal durch seinen Park ritt, und sein Auge auf den Planzungen ruhen ließ, die er angelegt. Es war ein trüber, stürmischer Tag, und alles sah melancholisch aus. Als er nach beendigtem Ritt wieder an der Schloßterrasse anlangte, da wandte er plötzlich um, und galoppirte rasch davon.

An Lucie schrieb er, den 2. April 1845, aus Dresden: „In Muskau war das Wetter fürchterlich als ich abritt, und alles sah wahrhaft abscheulich aus, und ich dankte Gott, als ich aus dem Bereich alles sandigen Eigenthums war, ohne auch nur den geringsten Schimmer von regret, car au fond, je n'ai jamais aimé Muskau, j'étais toujours honteux d'un oasis dans le désert, und machte meine Anlagen mit Wuth, aus einer Art von Verzweiflung."

Solche Aeußerungen können nur als leidenschaftliche Uebertreibungen des Augenblicks gelten, die er sich selbst und Lucie einzureden suchte.

In Dresden verweilte er einige Tage, und fuhr dann
weiter nach Schlesien. „Als ich das Schloß von Stolpen
vor mir sah," heißt es in seinem Tagebuch, „ging der Mond
rießengroß und blutroth), noch bei letzter Tageshelle, dicht
neben den alten Thürmen auf, was mich recht selig und
fromm stimmte, als sei mir Gott wie dem Moses im flam=
menden Busch erschienen. Ich warf dabei links noch einen
Abschiedsblick auf die Riefernwälder und blauen Höhen in
der Richtung von Muskau. Obgleich ich dieses mit all seinen
glänzenden Sorgen nicht einen Augenblick regrettire, so hätte
ich es doch aus Pietät (ein angeborener Besitz, wo man lange
gewirkt, legt wohl eine solche auf) nie verkauft, wenn nicht
die Spezialitäten meiner Lage mich vollständig dazu ge=
zwungen hätten. Ich dachte auch an Lucie, und ihren sehr
natürlichen Kummer darüber."

An Lucie schrieb Pückler weiter über den Verkauf von
Muskau, und seine Stimmung sprach sich jetzt klar und
offen darin aus: „Liebe Schnucke. Ich kann Dir nicht sagen
wie ruhig, wie glücklich ich mich fühle, seit ich Muskau's
Qual und Unsicherheit hinter mir habe. Mein ganzer Ka=
rakter wird milder ohne diesen ewigen Pfahl im Fleische.
Ich fühle jetzt, daß selbst eine noch weit bescheidnere Lage
hinsichtlich des Vermögens mich ganz eben so zufrieden stellen
würde, und ich danke fortwährend aus vollem Herzen der
unbekannten, unergründlichen Macht über uns, die ein so
großes Glück für meine alten Tage zugelassen. Es mag
sonderbar erscheinen für die, welche mich nicht genau kennen,
die nicht wissen daß Freiheit und Sicherheit meine höchsten
Güter sind, alles andere fast Nebensache, was äußere Um=
stände betrifft — es wird, sage ich, solchen sehr sonderbar
erscheinen, aber ich kann Dir versichern, daß auch nicht so
viel als ein Sonnenstäubchen beträgt, in meiner Seele ist,
was einem regret über den Verlust von Muskau ähnlich
sähe. Es ist nichts in mir als reine Freude. Daraus kannst

Du schließen, wie viel ich von diesem schrecklichen Besitz, mit dem ewigen Schwert uber meinem Haupte, gelitten habe. Du hast das uicht empfinden können, theils weil Du unsere Lage nicht so scharf beurtheilen konntest, auch weniger stündlich und täglich daran erinnert wurdest, endlich auch Frauen mehr den Augenblick als die Zukunft fortwährend im Auge halten. Jetzt danke Gott, denn Du wärest in Muskau in kurzem eben so unglücklich geworden, als ich es mit genauerer Einsicht in unsere Lage schon lange war! Ich fühle mich wie aus einem bösen Traum erwacht, und sage froh aufathmend: Gottlob, es war nur ein Traum. Fast zu gut, um nicht an den Ring des Polykrates zu denken, denn ich bin an's Glück zu wenig gewöhnt. Mein Glück war bisher immer nur Rettung, unverhoffte Rettung vom Verderben. Ich nehme es daher auch nur zaghaft an, um die Götter nicht zu erzürnen. — Wie Du nun dies alles aufnehmen, wie Du es in Dir wiederspiegeln wirst, weiß ich freilich nicht; denn unsere Karaktere sind sehr verschieden, und so aufrichtig und treu wir einander zugethan sind, haben wir uns doch wohl oft gegenseitig nicht begriffen. Indeß, es scheint mir fast unmöglich, daß Du nicht meine Beruhigung, wenn auch nicht meine Freude, theilen solltest, und eine feste Stellung, selbst eine beschränkte, ist doch ein großes Glück!"

In Glatz traf Pückler mit Lucie zusammen, wo sie denn gemeinschaftlich ihre neue Besitzung ansahen. Schloß Waldstein erwies sich als eine Burg von malerischem Ansehen, aber zeigte sich sonst zu dauerndem Aufenthalt ganz ungeeignet. Auf der halben Höhe eines Berges belegen, entbehrte sie allen Wassers, das täglich mit Eseln hinaufgebracht werden mußte. Dabei war die ganze Besitzung ohne Oekonomie, und außer dem eine halbe Meile entfernten Reinerz keine Stadt in der Nähe. Was Pückler aber am meisten schmerzte, war, daß der frühere Besitzer, General Nostitz, einen Theil der prächtigsten Waldungen, die den Berg bedeckten, hatte nieder-

hauen laſſen. Pückler ertrug die Täuſchung über ſeinen An=
kauf guten Muthes. Er ſagte lachend, mit Waldſtein ſei er
in den April geſchickt, und die romantiſche Luſt, eine Beſitzung
zu kaufen, ohne ſie vorher geſehen zu haben, ſo wie die roman=
tiſche Narrheit, alle Leute für ehrlich zu halten, bis man nicht
von ihnen betrogen worden, koſte ihn diesmal 100,000 Thaler!

Während Lucie die für ſie ſehr ſchmerzliche Aufgabe
hatte, noch einmal nach Muskau zu gehen, dort ihre Sachen
einzupacken, und alles zur Uebergabe an die neuen Beſitzer
einzurichten, genoß Pückler ſeiner neuen ſorgloſen Unab=
hängigkeit. Zuerſt ging er nach Berlin, wo er wieder viel
beim Prinzen von Preußen war, bei dem er den Kurprinzen
von Heſſen und den Kronprinzen von Würtemberg ſah. Der
ganze Hof zeichnete ihn aus, nur der König war kalt und
fremd, und unzufrieden mit dem Verkauf von Muskau; er
war freilich viel zu feudal um Pückler's Motive zu begreifen.
Mehr noch als das Hofleben in Berlin beſchäftigten Pückler die
Anlagen in Babelsberg, die er mit ganzem Eifer leitete, und
für die ſein ganzer Gärtnerehrgeiz erwacht war. Doch klagte
er auch zuweilen über den Zwang, den ihm dieſe Arbeiten
auferlegten, und meinte, er könne noch immer nicht zur Frei=
heit der Lerche kommen, die hinſegelt durch die Lüfte, wohin
ſie will.

Als Pückler mit dem Prinzen von Preußen in Babels=
berg ſpazieren ging, und bemerkte, daß man während ſeiner
Abweſenheit einige Abänderungen an ſeinen Plänen, nach
Angabe eines dortigen Architekten gemacht hatte, verdroß ihn
dies ſo ſehr, daß er dem Prinzen geradezu erklärte, wenn
man dieſe Arbeiten nicht wieder vernichte, ſo müſſe er darauf
bringen, daß eine Tafel dabei errichtet würde, mit der In=
ſchrift, daß er unſchuldig an dieſer Geſchmackloſigkeit wäre,
was er der Erhaltung ſeines Rufes ſchuldig ſei. In der That
war ſeine Berühmtheit als Landſchaftsgärtner ſo groß, daß
es ihm leicht wurde, ſeinen Willen durchzuſetzen.

Die schöne Ausschmückung der Terrasse am Schlosse zu Babelsberg war ganz sein Werk, und er arbeitete ebenso bereitwillig für einen Anderen, als für sich selbst.

Einmal ließ der Prinz von Preußen an den Gärtner von Muskau schreiben, wenn derselbe einige Tage abkommen könnte, möchte er doch kommen, um wegen Anlagen auf dem Babelsberge guten Rath zu geben. Der Gärtner kam, ließ sich anmelden, wurde hereingerufen, und siehe da! es war der Fürst selbst, der mit Recht versichern konnte, er sei der Gärtner von Muskau!

Die Prinzessinnen waren wieder sehr liebenswürdig gegen Pückler, und mit der Prinzessin von Preußen und der Prinzessin Karl hörte er in Babelsberg einer Vorlesung Alexanders von Humboldt zu. Auch Bettina von Arnim sah er wieder viel, die er im Verlauf der Jahre vernünftiger geworden fand, wenn auch immer noch exzentrisch genug. Es war die Zeit, wo sie mit dem König Friedrich Wilhelm dem Vierten in Beziehung stand, und auch den Prinzen von Preußen häufig sah, der Landparthieen mit ihr machte. Mit Varnhagen setzte Pückler unwandelbar die freundschaftliche Beziehung fort. Man sprach damals in Berlin von der Konstitution, die der König schon damals zu geben dachte, aber Pückler kümmerte sich anfänglich darum sehr wenig, und das neue Opernhaus unterhielt ihn besser als die Politik. Auch freute er sich, daß sein Stall für den ersten in Berlin galt, seine Pferde Aufsehen machten, und daß er einen englischen Headgroom fand, den er in seine Dienste nehmen konnte. Zum erstenmale gefiel ihm Berlin sehr gut, wozu seine allgemeine gute Stimmung viel beitrug.

Unterdessen wurden die Konstitutionsgerüchte stärker. „Hier sieht es wunderlich aus," schrieb Pückler den 25. Juni 1845 an Lucie, „und ich freue mich auch in dieser Hinsicht täglich, aus der Galeere heraus zu sein. Les choses commencent à avoir l'air du commencement de la fin, et la constitution octroyée trop tard, mettra le comble à la confusion. Selbst unser Prinz von Preußen sagte mir vor einigen Tagen: „Ich sehe was kommen wird, und muß es sein, werde ich mich am Fuße des Vesuvs zur Ruhe setzen." Die unsinnige Geschichte mit Itzstein, und die unverantwortliche Behandlung Schlöffel's stoßen vollends dem Faß den Boden aus, und die allgemeine, durch das ganze Land gehende Unzufriedenheit nimmt einen wahrhaft drohenden Karakter an. — Der Einfluß der Königin, das heißt ihrer Clique, dominirt im Augenblick, mais rien n'est stable ici que le mécontentement universel."

· Pückler verließ Berlin, und kam gerade in Leipzig an, als dort von den beklagenswerthen Vorgängen auf dem Roßmarkt alles in Aufregung war, die zu dem berühmten Gedicht Ferdinand Freiligrath's, „Leipzigs Todten", den Anlaß gaben. Pückler sprach eine Reihe Personen von allen Partheien, gleich zuerst seinen Freund Laube, und so wenig die Politik sonst sein Lieblingsgebiet war, so nahm er doch lebhaft Antheil an dem Vorgefallenen. „Merkwürdig ist es," schrieb er an Lucie aus Leipzig den 17. August 1845, „wie ungeschickt sich bei jeder Gelegenheit unsere nordischen Gouvernements benehmen, und Milde wie Strenge immer nur mal à propos anzuwenden wissen. Geht es so fort, so können wir noch bedenkliche Dinge erleben, besonders da sich die Bewegung ganz in's Religiöse hinüber zu spielen scheint, wo die Deutschen, wie die Geschichte lehrt, allein wirklich reizbar sind, während im Politischen ihnen von jeher alles ungestraft geboten werden konnte. Die Leipziger Begebenheit ist eine große Warnung. Wohl denen, die sie zu beherzigen wissen, und die tiefer liegenden Ursachen derselben einzusehen im Stande sein werden. Der Deutsche ist ein geborener Sklave der Autorität, daher auch wesentlich religiös — aber eben deshalb ist auch nur eins bei ihm gefährlich, nämlich wenn die weltliche Macht mit der Gottes seiner Meinung nach in Konflikt geräth. Dann bekommt er Muth, Energie und Konsequenz. Man hat ihn nun gerade auf dieses Feld gebracht, und es unglücklicherweise gleich von vorn herein mit Blut, mit unschuldigem Blut gedüngt, (denn die Erschossenen und Verwundeten sind bloße Spaziergänger und Gouvernementsbeamte, Postsekretaire, Polizeidiener u. s. w., weil man, so lange die Schuldigen in Aktion waren, nur gezielt, als diese fort waren aber erst auf das bloß neugierige Publikum losgeschossen. Quelle horrible sottise!)"

Dreiundvierzigster Abschnitt.

Hofluft und Waldluft. Der Weimarer Hof. Die Prinzessin Karl
von Preußen. Die Großherzogin von Weimar. Der Erbgroßherzog
und die Erbgroßherzogin von Weimar. Gartenanlagen. Der Gärtner
Skal. Prinz und Prinzessin von Preußen. Frau von Goethe. Frl.
Ulrike von Pogwisch. Apollonius von Maltitz und seine Gattin.
Graf und Gräfin Larochefoucauld. Gotha. Die Königin Victoria
von England. Prinz Albert. Die Herzogin von Kent. Der König
und die Königin der Belgier. Weimar und seine Umgegend. Be=
sitzung des Eisenbahnfabrikanten Eichel. E. Petzold. Gärten und
Prinzen. Prinz von Hessen=Philippsthal. Herzog Bernhard von
Weimar. Die Königin von Holland. Berlin. Arbeiten zu Babels=
berg. König Friedrich Wilhelm der Vierte. Eine neue Liebe.

Den weiteren Sommer benutzte Pückler zu einem Aus=
flug nach Thüringen, wo er seine Zeit in die Schönheiten
des Thüringerwaldes, und in den Umgang der Persönlich=
keiten des Gothaer Kalenders theilen konnte, zwei so ver=
schiedene Elemente, Hofluft und Waldluft mit einander ver=
bindend. Zuerst ging er an den Weimarer Hof, für den er
stets eine besondere Vorliebe hatte. Er fand dort die gut=
müthige und schöne Prinzessin Karl. „Um 2 Uhr", schreibt
Pückler an Lucie aus Weimar den 20. August 1845, „fuhr
ich im Tilbury heraus [1]), et cette fois-ci sans me vanter,
j'étais à diner et durant le soir, le lion de la journée,
avec la Princesse Charles pour lionne, qui jouit du
sans gêne de Weimar. — Die Großherzogin war von
jeher meine Passion, denn es ist so viel liebenswürdige Würde

---

[1]) Zu der Großherzogin in Belvedere.

in ihrem Benehmen, was gewiß sehr schwer, dreifach schwer bei ihrer unglücklichen Taubheit sein muß." Er sah die Anlagen wieder, die vor drei Jahren auf seinen Rath in Belvedere gemacht worden. In Ettersburg beim Erbgroßherzog und der Erbgroßherzogin wurde Pückler's Rath auch wieder als Gartenautorität in Anspruch genommen, und er unterhielt sich mit dem jungen Gärtner Skal, der die dortigen Arbeiten leitete, wie mit einem Kollegen. In Pückler's Tagebuch heißt es unter dem 21. August 1845: „Den heutigen Tag von früh 11 Uhr in Ettersburg bei dem Erbgroßherzoglichen Paare zugebracht. Anmuthige Natur, herrlicher Buchenwald, bequemes Schlößchen mit sehr interessanten äct alten Meubles, und sehr liebenswürdige Wirthe. Er herzlich gut und lebelustig, sie ausgezeichnet in jeder Hinsicht, kindlich naiv, und doch sehr gebildet, ganz natürlich, graziös."

Auch der Prinz und die Prinzessin von Preußen kamen, den Weimarer Hof zu vergrößern. Ferner sah Pückler mit Vergnügen Frau Ottilie von Goethe, deren Schwester, Frl. Ulrike von Pogwisch, den russischen Geschäftsträger Apollonius von Maltitz, den gemüthvollen Dichter und seine liebenswürdige Gattin, und den Grafen und die Gräfin Larochefoucauld.

Dann machte er einen Ausflug nach Gotha, wo eben die Königin Victoria von England, Prinz Albert, die Herzogin von Kent, und der König und die Königin der Belgier zum Besuch waren. Mit allen diesen Personen unterhielt er sich als guter Hofmann, und wurde überall gefeiert und geehrt. In Liebenstein lebte er einige Tage einsam in der Natur.

Darauf war er wieder in Weimar, wo er zugleich die Umgegend durchstreifte, um alle ihre landschaftlichen Reize kennen zu lernen; er sah Neuhof, dem Herrn von Riedesel gehörig, und mit Freuden entdeckte er, daß in der romantisch belegenen Besitzung des reichen Eisenbahnfabrikanten Eichel ein Mus=

kauer Gärtner, sein eigener Schüler, der schon früher er=
wähnte Herr E. Petzold, der Sohn des Muskauer Superin=
tendenten, dort in Pückler's Sinne gewirkt und gewaltet hatte,
so daß der Fürst erklärte, in der Haltung sei nichts, in der
Anlage wenig besser zu machen, und der Reichthum der Aus=
schmückung sei ausgezeichnet. Ueberall mußte er bestätigt
finden, daß die vielen in den letzten Jahren vorgenommenen
Naturverschönerungen durch die Anregung seines Garten=
werkes sowohl, als durch das Muskauer Vorbild entstanden
waren. Die Wartburg besuchte er auf Einladung des Erb=
großherzogs, auch beim Herzog von Meiningen in Altenstein
mußte er Rath über die Parkanlagen geben, nicht minder
bei dem Herzog von Koburg in Reinhardsbrunn, wo ihm die
Herzogin selbst beim Abstecken half. Es war wie ein Wett=
streit, ihm alle Gärten und Bäume Deutschlands vorzu=
stellen.

Da wir hier einmal nur von Gärten oder von Prinzen
zu reden haben, so möge auch noch erwähnt sein, daß Pückler
den Prinzen von Hessen=Philippsthal in Barchfeld be=
suchte, und nach seiner Rückkehr in Weimar bei der Groß=
herzogin, die ihn scherzend den solitaire de Liebenstein
nannte, den Herzog Bernhard von Weimar wiedersah, und
die Königin von Holland kennen lernte. „Pour revenir à
moi," schrieb er an Lucie den 10. Oktober 1845, „je puis
dire que ma vanité n'a jamais été plus flattée que
dans ces derniers mois passés. Eh bien, je ne saurais plus en être heureux. Je sens trop bien que ce
ne sont que les derniers rayons d'un soleil, qui dorent
avec le plus d'éclat au moment de s'éteindre. J'ai ac-
quis trop tard quelque renommée." Pückler hatte ab
und zu melancholische Augenblicke, wo er glaubte, er sei dem
Genuß des Lebens entwachsen, und zum bloßen Beobachter
zusammengeschrumpft.

Anfang November eilte er nach manchen Hin= und Her=
zügen nach Berlin zurück, um auf dem Babelsberg, wo ihn
die Prinzessin von Preußen schon lange mit Ungeduld er=
wartete, seine Anlagen daselbst fortzusetzen. Er scheute keine
Anstrengung; nicht die heftigste Erkältung, nicht das schlechteste
Wetter konnten ihn abhalten, wie ein einfacher Arbeiter thätig
zu sein.

Zweimal empfing ihn auch der König in Charlottenhof,
und Pückler meinte auch in seiner Gunst Fortschritte gemacht
zu haben; daß diese übrigens nicht sehr groß war, das er=
sehen wir aus einem Briefe Pückler's an Lucie aus Berlin
den 28. November 1845, in welchem es heißt: „Demohn=
geachtet bin ich immer ausgegangen, und auch zweimal schon
in Charlottenburg beim König gewesen, der diesmal sehr
gütig zu sein scheint, und mir sogar beim Weggehen sagte:
„Sans adieu, mon cher Prince," was mehr ist, als ich mich
bisher von Sr. Majestät rühmen konnte, dont la physiog-
nomie exprimait plutôt en me congédant: Allez à tous
les diables."

Auch der folgende Zug, den Varnhagen aufbewahrt,
zeigt, daß das Verhältniß kein rosiges war. Es heißt in
dessen Tagebuch vom 22. Januar 1846: „Am Dienstag bei
der Kour, als der Fürst von Pückler den König herankommen
sah, zog er sich etwas zurück, und sprach mit Humboldt,
damit der König ihn nicht zu beachten brauche. Dieser aber
hatte die Absicht gemerkt, trat nun näher heran, und fragte
etwas rauh: „Warum ziehen Sie sich denn in die Reserve?"
— Ach, Ew. Majestät! — erwiederte Pückler — ich gehöre
ja noch weiter zurück, zu den Invaliden! Wollen Ew. Maje=
stät mich aber noch zur Reserve rechnen, so wird mich das
sehr beglücken! — „Was fehlt Ihnen denn? Sie sehen ja
aus wie ein Apfel! Wie Sie wieder herkamen, da sahen Sie
aus wie eine Citrone!" — Pückler, um auf das unangenehme
Bild nichts schuldig zu bleiben, versetzte darauf: „Natürlich,

denn ich kam aus den glücklichen Ländern, wo die Citronen blühen!" — Der König ging hierauf weiter.

Wir können aber dieses Jahr aus Pückler's Leben nicht schließen, ohne eines Umstandes zu erwähnen, den er bis an sein Ende als einen der bedeutsamsten und wichtigsten für sein Herz betrachtete. In seinem sechzigsten Jahre wurde er von einer wahrhaft jugendlichen Liebe und Leidenschaft zu einer jungen, schönen und liebenswürdigen Frau ergriffen, und — was ihn in bescheidenes Erstaunen setzte, diese Gefühle wurden ganz und auf das lebhafteste erwiedert. Er wurde nicht minder geliebt, als er selbst liebte. Allerdings war er noch immer ein vollkommen schöner Mann, und sah so viel jünger aus, als er war, daß man glauben sollte der geheimnißvolle Graf von St. Germain habe dem Knaben, den er liebte, etwas von seinen Zauberkünsten mitgetheilt, und daß Pückler's alte Freundin, Frau von Spiegel in Weimar, ihn Ninon de L'enclos en homme nannte. Aber dennoch wollte er die Thatsache, daß er im Alter noch mehr als in der Jugend Erfolge bei den Frauen hatte, vor allem seinem Schriftstellerruhm, und dem Namen eines Originals, der sich noch durch diesen weit mehr verbreitet hatte, zuschreiben.

Die Frau, die er liebte, die jetzt zwar schon längst das Grab deckt, deren Namen wir aber nicht verrathen wollen, da von diesem Geheimniß nie der Schleier gezogen wurde, nahm eine hohe Stellung in der Gesellschaft ein, und war ihrem Gatten bisher gewissenhaft treu gewesen. Es handelte sich hier nicht um die Gunst einer leichtsinnigen Kokette, sondern um die begeisterte Hingebung einer Frau, die, ihrer Natur nach edel und wahr, wohl wußte, welch ein Unrecht sie beging, indem sie ihren Gatten täuschte, und die sich dieses Unrecht bitter vorwarf, das einen tiefen Schatten auf ihr Liebesglück warf, und sie nie zu wahrer Befriedigung kommen ließ. Auch Pückler war bald nicht mehr beglückt durch das

halbe Verhältniß, weil er zu tief liebte, um nicht den aus=
schließlichen Besitz der Geliebten unter jeder Bedingung zu
wünschen. Wir lesen in seinem Tagebuch: „Die Liebe ab=
sorbirt mich. C'est la seule femme que j'ai jamais rencontrée, qui me rendrait parfaitement heureux si elle
était la mienne. Ce n'est rien que ces faveurs, quand
on ne peut la posséder! Oui, c'est une femme que le
bon Dieu semble avoir faite exprès pour moi, mais
qu'il ne veut pas m'accorder en punition de mes péchés.
Belle, jeune, gaie, spirituelle, amusable de tout comme
un enfant, toujours prête à tout entreprendre, mobile,
douce, complaisante, d'une santé brillante et d'une bonté
d'ange, instruite, parfaitement élevée, passionnée pour
la littérature et riche d'imagination, également contente
de se faire lire et de causer toute une journée au coin
du feu, ou de courir à cheval par monts et par vallés
du matin jusqu'au soir. — Quel bonheur indicible,
quelle douce félicité de tous les instants que de posséder une pareille femme exclusivement et toute à soi!
et quel tourment de voir ainsi le bonheur sous sa main,
et ne pouvoir plus le saisir, parcequ' on est venu trop
tard! car elle n'est marié que depuis quelques années
à son mari, petit, trapu, gros, bourru, grossier, jaloux
et égoiste à un point fabuleux." — Einige Tage später
fügt er hinzu: „Je souffre comme à vingt ans de la passion que j'ai pour cette femme séduisante." — Auch
inmitten der Natur, die ihn stets so sehr entzückte, dachte er
nur der Geliebten. „So heimlich smaragdgrüne Thäler,"
schreibt er, „so himmelansteigende Bergwände, so prachtvoll
von der Sonne vergoldete Waldmassen, so viel durch die
Felsblöcke rauschende Bäche, im murmelnden Kosen lieblich
zu uns sprechend von Gott und der Natur — ach, es war
so schön, und doch standen in meinen Augen nur Thränen,
denn das Schönste, durch dessen Nähe alles Uebrige nur erst

seinen Werth erhält, und hundertfach verdoppelt wird, es fehlte mir!"

Pückler's Herz war so voll, daß er das Bedürfniß fühlte wie in alter Zeit sich seiner Schnucke, der nun beinahe Siebzigjährigen, mitzutheilen. „Ah, ma chère Lucie," schrieb er ihr, „ce que je ne croyais plus possible est arrivé. J'aime une femme d'amour, et avec passion." Er vertraute ihr nun alle näheren Umstände dieser Neigung, und setzte hinzu: „C'est la première fois, que je rencontre une femme, avec laquelle j'aurai entrevu une existence de bonheur parfait. Cette mélancolie sans cause et sans but positifs, ce mécontentement de tout, provenant de l'insuffisance de ma vie, tout cela aurait disparu, et tous les écarts dans lesquels je suis tombé, n'aurait jamais eu lieu. Vous, mon amie, vous ne pouvez pas compléter mon existence à ce point, avec la meilleure volonté et l'affection la plus vraie, parceque ça n'était pas dans la nature, aussi peu qu'une mère peut remplacer la femme de son fils. Et puis votre caractère ne complète pas le mien, au contraire il lui ressemble en beaucoup de points les plus essentiels. Ich kann Dich zärtlich lieben, aber mein Wesen kann nicht in Dir aufgehen, wie in dieser Frau. — — Si je l'aurait rencontrée il y a quelques ans, j'aurai pu l'épouser, aucun obstacle ne s'opposait à cette union. Notez bien, mon amie, que quoique bien des fois amoureux, je n'ai jamais pensé au mariage qu'avec crainte, c'est la première femme que je rencontre, dont les faveurs mêmes ne me sont que de peu de valeur, quand je ne peut pas la posséder entièrement et exclusivement, et pour tous les instants. Et c'est matériellement impossible pourtant, à moins de tuer le mari, car elle est catholique, ou de l'enlever et de la ruiner dans le monde. Même si j'avais 25 ans, je l'aime trop véritablement, cette femme bonne, pour le lui proposer. — — Ah, ma chère Lucie, je me sens profondément malheureux, car voir sous sa main le bonheur de la vie, le bonheur de toutes les heures du jour et de la nuit, et savoir en même temps qu'on ne peut plus le saisir, seulement parcequ'on est venu trop tard — c'est l'enfer! Et supporterai-je le tourment de vivre où elle vit, et de la voir dans le pouvoir absolu d'un autre, toujours entourée d'imposteurs, épiant de rares et dangereux moments de la voir seule à des époques bien distantes — tandis que le principal bonheur pour un caractère comme le mien (qui demande un peu comme César: tout ou rien) aurait justement consisté dans les délices d'une familiarité non interrompue, une félicité journalière et sans fin, comme je ne pourrait la goûter qu'avec un être aussi particulièrement organisée pour moi comme l'est cette femme. Et m'en séparer déjà pour jamais — j'avoue que je n'en ai pas la force. — — Seulement quelques jours passés loin d'elle, malgré toutes les distractions d'une nature remplie de charmes, me rendent si malheureux, me donnent une si pénible inquiètude que je ne peux ni manger, ni fumer, ni dormir. Ce n'est qu'en courant à cheval que je m' étourdis un peu. — — L'idée de la revoir fait battre mon coeur avec violence, mais plutôt péniblement que de joie. Dieu n'a pas voulu que je sois jamais heureux par l'amour, moi, qui aurait eu tant de disposition, si ma nature n'avait pas été constamment altérée par les circonstances. Que sommes nous! le jouet du sort, du hazard, de Dieu ou du Diable, qui sait! — Meine gute Lucie, jeßt vertritt Mutterstelle bei mir, und behandle meine Wunde mit großer Zartheit und treuer Freundschaft. — — Dein treuer Freund, auch wenn er in eine Andere verliebt ist. Lou."

Nicht minder innig sprach Pückler von der Geliebten in dem folgenden Briefe: „Depuis que j'ai revu mon amie, je suis un peu plus calme, mais je ne l'en aime pas moins, car c'est vraiment une femme fait exprès pour moi par le bon Dieu, comme je n'en ai jamais rencontrée dans ce genre. S'il n'y avait pas une étrange sympathie entre nos deux natures, vous sentez bien aussi, ma chère Schnucke, qu'une bonne fortune pareille pour moi à mon âge serait impossible — une femme riche, du plus grand monde, alliée à tout ce qu'il y a de plus grand seigneur en * et en * * — — n'ayant que 25 ans, et la réputation la plus intacte, celle de prude au fond . — c'est presqu'un miracle. Mais nous sommes vraiment aussi ein Herz und eine Seele, ayant en tout le même goût. Cependant ce mari jaloux et pédant est une horrible calamité. — — C'est un ange de bonté que cette femme, et je crois, Schnucke, que vous étiez beaucoup comme cela quand vous étiez jeune, seulement vous ne pouvez jamais avoir eue sa douceur, ni cet admirable temper qu'elle a, peut-être sa qualité la plus rare. Gute Schnucke, sei nicht ungeduldig, wenn ich gegen Dich eine Andere so lobe, Dir, meine treue Schnucke, so lange Du das bleibst, und wie könntest Du es nicht bleiben, thut dieses Fieber, das durch die Verhältnisse doch keine ewige Dauer haben kann, keinen Abbruch." — — J'ai rencontré trop tard la seule personne peut-être qui aurait pu me rendre parfaitement heureux, d'après l'essence de mon caractère si singulièrement compliqué, et qui n'a jamais pu se développer comme il avait, je crois, été intentionné par l'idée du créateur. Es ist mehr oder weniger eine taube Blüthe, die abfällt. Glaube ja nicht, meine treue Freundin, daß in dieser Aeußerung auch nur das geringste Bittere für Dich liegt. Bedenke, daß unsere Verbindung im Anfang nur eine Convenienzheirath sein

sollte, und daß wir, ich darf wohl sagen, beide, uns hun=
dertmal mehr im Laufe der Zeit gewährt haben, als darnach
zu erwarten stand, aber gegenseitig unsere Existenz ausfüllen
konnten wir nicht, und überhaupt das Glück ist vielleicht nur
eine Chimaire. Man kann es im Traume sehen, aber ob
erreichen? Ich zweifle! Wer weiß, ob selbst der immer
schmerzliche Schatten eines halben Besitzes bei den ungünstigen
Umständen nicht schon dem Verlöschen nahe ist! Adieu, meine
treue Freundin. Ich bin traurig."

Da Lucie diesmal Pückler's Bekenntnisse liebevoll und
sanft aufnahm, so fuhr er fort ihr alle seine Gefühle mit=
zutheilen. Es war in der That ein ganzer Roman, der hier
sich entwickelte; heimliche, gefährliche Rendezvous wurden ver=
anstaltet, bei denen Pückler sein Leben, seine Geliebte, ihren
Ruf und ihre Stellung auf's Spiel setzte, und unter solchen
Gemüthsbewegungen feierte er seinen sechzigsten Geburtstag
in den Armen der Liebe.

Aber so wenig wie Pückler konnte die junge Frau diesen
Zustand der gemeinsamen Verstellung gegen einen Dritten
lange ertragen; der Kampf zwischen Leidenschaft und Pflicht
nahm ihr alle Ruhe, allen Frieden der Seele. Denn edle=
ren Naturen ist Untreue, welcher Art sie sein mag, ein
Gift, das jede Freude, jede Seligkeit vernichtet; sie sowohl
als Pückler litten unter dieser tragischen Verwicklung, denn
er, der sich sonst so wenig um betrogene Ehemänner geküm=
mert hatte, fühlte diesmal, von so ächter und wahrer Zu=
neigung ergriffen, auch alles mit, was die Geliebte unglücklich
machte, während andrerseits die vom Schicksal auferlegte
Halbheit des Verhältnisses ihn zur Verzweiflung brachte.

Vierundvierzigster Abschnitt.

Gartenanlagen zu Babelsberg, Weimar und Meiningen. Gespräch mit dem König. Die Marquise von Dalmatie. Die Herzogin von Sagan. Der Mecklenburger Hof. Der Kronprinz von Baiern. Graf Fiquelmont. Die Prinzessin von Preußen. Jenny Lind. Tamburini. Die Tänzerin Cerrito. Branitz. Helminens Krankheit. Helminens Tod. Helminens Geschichte. Hardenberg'sche Leidenschaftlichkeit und Callenberg'sche Launen. Reise nach Süddeutschland und Oberitalien. Italienische Villen und Branitz. Brief aus Bellinzona. Rückkehr. Fallen der Papiere und sterbende Pferde. Gräfin Rossi und Pauline Viardot-Garcia. Prinz Friedrich der Niederlande kauft Muskau. Pückler richtet Branitz ein. Dauernde Jugend.

Sobald sich ein bestimmtes Talent, eine besondere Begabung in einem Menschen ausgesprochen, so werden diese auch immer von allen Seiten in Anspruch genommen. Wenn Pückler auch Muskau nicht mehr besaß, so hörte doch seine Gärtnerwirksamkeit damit keineswegs auf, denn überall wurde seine Hülfe zum Abstecken und Pflanzen angerufen, und diese Beschäftigung verließ ihn nicht mehr während seiner ganzen Lebensdauer. Zu Babelsberg arbeitete er mit einer Hingebung, wie wenn es sein eigener Besitz wäre; mitunter verließ er die glänzendste Berliner Saison, um in Potsdam wie ein Einsiedler seine Tage zuzubringen, täglich ein paar Stunden in die Umgegend reitend, und die übrige Zeit dem Babelsberg widmend. Auch in Weimar und in Meiningen verlangte man zu demselben Zwecke sehnlichst nach ihm, und er klagte wohl zuweilen, er habe sich mit seinen Bäumen eine Ruthe aufgebunden, bis er wieder fortgerissen wurde

durch die eigene Künstlerleidenschaft. In Berlin sprach auch
der König mit ihm über Landschaftsgärtnerei, und über den
Gedanken einer idealeren Städteanlage als der bisherigen,
nämlich die Städte mit Landschaft zu vereinigen, und ohne
gerade Straßen, stets Baumschlag mit den Häusern ab=
wechseln zu lassen.

In Berlin ritt Pückler zuweilen mit der Marquise von
Dalmatie spazieren, einer liebenswürdigen und hübschen Dame,
sah die Herzogin von Sagan, die er als eine Frau bezeichnete,
die ihm imponirte, aber die ihm nicht wohlthätig sei; er be=
wunderte sie, aber ohne Sympathie, was er daraus erklärte,
daß sie eine classische, er eine romantische Natur sei. Von
sonstigen Persönlichkeiten sah er den ganzen Mecklenburger
Hof, den Kronprinzen von Baiern, und Graf Fiquelmont.
Am meisten von allen war er bei der Prinzessin von
Preußen. Im Theater bewunderte er Jenny Lind, Tam=
burini, und die Tänzerin Cerrito.

Zum Sommer wollte er eine Reise nach Süddeutschland
und Oberitalien machen, um dort eine kleine Besitzung, eine
romantische Cottage für sich und Lucie als Wohnung aus=
zusuchen und anzukaufen. Aber auch hierin fand er bei
Lucie Widerstand. Sie hatte sich einstweilen auf seine kleinere,
bei Kottbus belegene Besitzung Branitz zurückgezogen, die bis=
her nur von einem Pächter bewohnt war. Branitz, das von
einer einförmigen Sandwüste umgeben, von der Natur noch
weit stiefmütterlicher behandelt worden war, als Muskau,
wünschte sie, solle nun umgebaut, verbessert und angepflanzt
werden, um ihr, wenn auch im Kleinen, Muskau zu ersetzen.
Ihr gefiel dabei der Gedanke, daß auch Branitz ein Gut
seiner Väter, ein alter Familienbesitz, und daß es nicht allzu
weit von der früheren Umgebung entfernt sei. Pückler war
Branitz zuwider, und er bekämpfte Luciens Plan anfänglich
mit Lebhaftigkeit. Auch wünschte er, nachdem er eben seine
Freiheit erlangt, diese nicht sogleich wieder zu verlieren. Er

bat Lucie förmlich, sie möge ihn im Alter die letzte Jugend genießen lassen. „Je suis jeune encore, hélas!" rief er, und er bedürfe noch etwas Weltluft. Er nannte Lucie scherzend Wüstiana und Branitzka, und bat sie im Ernste, sie möge ihn nicht zum Bau und zur Anlage von Branitz verleiten, da es dann von neuem um seine Ruhe geschehen sein würde. Doch kam sie immer auf diesen Gedanken zurück, und da er die Sorge für Lucie als eine ihm auferlegte heilige Pflicht betrachtete, und ihr, seitdem er ihr Muskau genommen, auf jeden Fall ein ihr wohlgefälliges Asyl verschaffen wollte, so unterzog er die Sache doch seiner Betrachtung, nahm sie in seine Gedanken auf, und sann darüber nach, wie Branitz am besten einzurichten und zu verschönern sei. Er machte deshalb auch im Frühjahr 1846 einen Besuch daselbst, um sich mit Lucie ausführlich zu berathen, und das Terrain anzusehen.

Er fand dort seine arme Freundin sehr bekümmert, da ihre geliebte Pflegetochter, die einst so liebliche und reizende Helmine, von schmerzenvoller, unheilbarer Krankheit befallen, dem Tode entgegenging. Lucie reiste auch bald darauf nach Breslau, um ihr durch ihre Nähe liebevollen Trost zu bringen. Die arme Helmine starb den 18. Juni 1846, ihren Gatten und ihre einzige Tochter hinterlassend. Für Lucie war es ein furchtbarer Schlag, und auch Pückler war betrübt, wenn auch im Laufe der Jahre andere Bilder das ihrige in seinem Herzen zurücktreten ließen.

Es war etwas Dunkles, Verhängnißvolles in Helminens Schicksal; das Geheimniß ihrer Geburt ist nie enthüllt worden. Sie hat viele Liebe erregt, und war doch nicht glücklich. Ehe wir diese anmuthige Erscheinung verlassen, möge hier noch seine Stelle finden, was Varnhagen von Ense über sie aufgezeichnet hat:

„Die Gräfin von Pappenheim erzog mit ihrer Tochter Adelheid eine Pflegetochter Helmine, der sie die zärtlichste

Liebe widmete. Die wunderlichsten Vermuthungen und Gerede
gingen über dieses Mädchen; Erziehung, Sitte und Ge=
wöhnung gaben ihr alles Ansehen einer Gräfin von Pappen=
heim, man hielt sie allgemein für eine natürliche Tochter der
Gräfin, und gab ihr mancherlei zum Theil hohe Väter. Der
Graf von Pappenheim sagte aber bestimmt, sie sei kein Kind
der Gräfin, sondern wirklich bloß angenommen, und aus
Wahl und Neigung so sehr geliebt. Sie war von geringen
Eltern, die Tochter eines Kutschers, wurde gesagt. Dies
Bürgermädchen erschien am Hofe, wurde glänzend ausge=
zeichnet, wie eine Fürstin behandelt, ihr Stand wurde nicht
weiter untersucht. Die Gräfin suchte ihr eine vortheilhafte,
hohe Heirath auf alle Weise zuzuwenden, selbst Parthieen,
die sich um Adelheid bewarben, für jene zu benutzen; es ge=
lang nicht. Nach mancherlei Störungen, nachdem die Gräfin
sich von Pappenheim geschieden, sich mit Pückler verheirathet,
Helminen bald von sich gethan, bald wieder zu sich genom=
men, ergab sich eine Heirath mit einem Lieutenant von
Blücher. Der König behielt eine warme Theilnahme für sie,
sorgte für ihr Wohl, und erhob sie noch nach ihrer Ver=
lobung, auf Anregung ihrer Pflegeschwester Adelheid, die an
den Fürsten von Carolath verheirathet, unter günstigeren Um=
ständen immer eine offene und zutrauliche Freimüthigkeit mit
dem Könige behielt, in den Adelstand. Ihr Name Lanzen=
dorf wurde beibehalten, und ihr ein demselben entsprechendes
Wappen ertheilt. (Zur Gräfin von Branitz — ein Gut, das
dem Fürsten Pückler gehört — wie die Fürstin Pückler
wünschte, wollte der König sie doch nicht machen.)"

Eine andere Aufzeichnung Varnhagen's über Helmine
trägt die Ueberschrift: „Von Adelheid, Fürstin von Carolath,
gebornen Gräfin von Pappenheim, mir erzählt; März 1827",
und lautet:

„Helmine, Pflegetochter der Gräfin von Pappenheim,
und mit deren rechter Tochter Adelheid in allen Stücken

gleich erzogen und gehalten, ja vielleicht noch vor dieser be=
günstigt, war ein wunderhübsches Mädchen von seltenster
Jugendfrische und Lieblichkeit; klein aber wohlgewachsen,
zierlich, fein und derb zugleich, war sie ein Figürchen, an
dem sich das Auge recht weidete, und von dem sich der Blick
nicht wieder abwenden mochte. Die Männer huldigten ihr
beeifert, mehr als der größeren und schöneren Adelheid, deren
Ausdruck zugleich das tiefste Gefühl und den höchsten Seelen=
adel verkündete. Helmine war kalt, sie schien mit den Hul=
digungen nur zu spielen, und fesselte sie dadurch nur desto
mehr. Die Gräfin von Pappenheim kam im Jahre 1816
nach Berlin. Der König bemerkte Helminen im Kreise junger
Mädchen, und empfand sogleich den stärksten Eindruck. Von
diesem Augenblicke mußten auf allen Assembleen Helmine
und Adelheid an seinem Tische Platz nehmen; um die Zahl
zu vermehren, wurden die beiden Fräulein von Bardeleben
mit herzugezogen. Der König, sagte man, spräche immer mit
Adelheid, und sähe Helminen dazu an; mit beiden war er
sichtbar in vertrauter Gewohnheit, wollte durchaus nicht
Majestät genannt sein, sondern schlechtweg Sie, und wenn sie
ihn dennoch ehrerbietigst immer Majestät nannten — die
Gräfin von Pappenheim hatte beiden streng eingeschärft, nie
sich eine Abweichung davon zu erlauben — so pflegte er
wohl scherzend darauf zu erwiedern: „Ihre Excellenz!" Auch
die Fräuleins von Bardeleben sollten ihn bloß Sie nennen,
und pflegten es wohl zu thun. Einmal war auch ein Fräu=
lein von Wülknitz an den Tisch des Königs gesetzt worden,
und diese, das „Sie" hörend, nahm dies für das Richtige,
und nannte den König so auch ihrerseits. Das nahm aber
der König übel. „Wen nennen Sie hier mit Sie? — fragte
er — doch wohl mich nicht? Noch gar nicht so vertraut
zusammen." — Ein andermal forderte der König Adelheid
und Helminen auf, der Mutter zuzureden, auch nach Karls=
bad zu reisen, er würde dann mit ihnen zusammensein, und

sie würden manches gemeinsame Vergnügen haben. Fräulein von Bardeleben — jetzige Gräfin Engström — rief aus: „O das wäre herrlich!" Mit einem verdrießlichen Seitenblick sagte der König, der es übel nahm, daß diese mit auf sich deutete, was nur jenen galt: „So? Wollen auch mitreisen? Wo denn Platz finden? In der Schoßkelle vielleicht!" Und bei ähnlicher Gelegenheit sagte der König zu demselben Fräulein, die wieder den Unterschied nicht gehörig beobachtet hatte, ironisch: „Da werden Sie wohl mit einem großen Trompetenstoß empfangen werden?" — Der König liebt zwar, Freiheit zu geben, gestattet aber nicht, daß man sie nehme. — Der König hatte eine wahre Leidenschaft für Helminen gefaßt, er zeichnete sie aus, sie wurde am Hof und in allen Gesellschaften als eine der ersten Damen behandelt. Er wollte sie zu seiner Geliebten machen, sie zur Frau nehmen, die vortheilhaftesten Anerbietungen wurden eröffnet; aber Helmine war ohne Neigung, zeigte große Kälte und kaum Ehrgeiz; der Staatskanzler seinerseits erklärte dem Könige, wenn die Sache geschähe, würde er sein Amt niederlegen. Der König setzte indeß seine Bewerbung fort, doch ohne Erwiederung. „Mein angebetetes, über alles geliebtes Mädchen", schrieb er an Helminen eigenhändig. Als er abreiste nach Karlsbad, nahm er Abschied bei der Gräfin Pappenheim, Helmine war äußerst zurückhaltend, er bat vergebens, sie möchte ihm etwas gut sein. Er saß neben ihr auf einer Gartenbank; da er ihre Zurückhaltung sah, so legte er zwischen sich und sie seine Reisemütze, und sagte: „So wird's Ihnen ja recht sein!" nämlich so getrennt zu sitzen. Er küßte Adelheid auf die Stirn, er und die anwesende Gräfin konnten Helminen nicht bewegen, ihm Gleiches zu gestatten. Er reiste fort, indem er zu Adelheid sagte: „Glauben Sie's nicht, wenn man sagt, daß die Könige glücklich sind!" Helmine faßte nachher einige Neigung, die sie nur nicht früher hatte zeigen können, aber zu spät. In Karlsbad gab man dem Könige anderen Sinn, und jenes zerschlug sich. —

An anderer Stelle bemerkt Varnhagen weiter: „Der König hatte Helminen zur Herzogin von Breslau machen wollen; er konnte aber ihre Kälte zu keinem Zeichen einer Neigung bewegen. Die Erklärung des Staatskanzlers, daß er sein Amt niederlegen würde, wenn eine nähere Verbindung des Königs mit Helminen — als der Pflegeenkelin Hardenberg's — stattfände, hatte den König auch abgehalten."

Pückler suchte Lucie über den Verlust Helminens zu trösten, so viel es in seinen Kräften stand, aber es gelang ihm doch nur unvollkommen; sie klagte immer, daß er sie nicht genug liebe, nicht genug bei ihr sei, ihr nicht genug schreibe. Und so sehr sie ihm stets anempfohlen, die Arbeiten zu Babelsberg nicht abzuweisen, und sich die Gunst des Prinzen und der Prinzessin von Preußen zu erhalten, so beschwerte sie sich dazwischen auch wieder, daß sie „der hohen Frau vom Babelsberge" nachstehen müsse. Pückler und Lucie blieben immer wie die Kinder zusammen, die sich lieb haben, aber sich jeden Augenblick streiten. Bald hatte sie die Hardenberg'sche Leidenschaftlichkeit, bald hatte er die Callenberg'schen Launen, die sie sich gegenseitig vorwarfen, denn außer den Wappenschildern ihrer hohen Ahnen, hatten sie auch manche der Familienfehler mitgeerbt. Doch war Liebe und Anhänglichkeit immer der rothe Faden, der sich durch solche größere und kleinere Störungen hindurchzog.

Pückler trat nun seine Reise an, zu der ihm die Prinzessin von Preußen einen Dolch verehrte, um sich gegen die italienischen Räuber zu vertheidigen. Hinauszufliegen in die Welt war immer eine Erholung und Erheiterung für Pückler. Zuerst sprach er in Weimar vor, weil ihn daselbst seine in Ettersburg begonnenen Arbeiten interessirten, die in seiner Abwesenheit nach seinen Plänen von Petzold, der unterdessen Großherzoglicher Garteninspektor geworden war, in

seinem Sinn und Geist ausgeführt wurden. Auch in Etters=
burg hat Pückler Außerordentliches geleistet. Vom Schlosse
bis zum Mittelpunkt des Alleesterns ließ er gegen hundert
Morgen Wald unter seinen Augen, zu Pferde alles beauf=
sichtigend, in Gruppen hauen, und erzeugte dadurch bisher
ungeahnte poetische Fernsichten und malerische Landschafts=
bilder, die bisher im geheimnißvollen Waldesdunkel ver=
borgen waren.

Er ging von Weimar über Heidelberg, Freiburg, Schaff=
hausen, Zürich, Chur und den Splügen nach Chiavenna,
dann weiter nach den Seen, Mailand, Genua und Turin.
Viele der Orte sah er wieder, die er in seinen Jugendtagen
zu Fuß bereist hatte. Wie viele herrliche Villen erblickte er
am Lago Maggiore, am Comersee und in der Umgegend von
Genua, wo Myrthen und Lorbeern anstatt der heimischen
Kiefern grünten, und alles von einem mährchenhaften Glanz
von Schönheit und Poesie umflossen war! Sich hier irgendwo
anzukaufen, hätte er herrlich, bezaubernd gefunden — aber
Lucie forderte anstatt dessen, daß er Branitz schaffe, so wie
er früher Muskau geschaffen, und er mochte noch so sehr
ihre „Sandpassion" ihr vorwerfen, noch so sehr klagen, daß
er innitten der himmlischsten Gegend umkehren müsse, in den
nordischen Herbst hinein, um nicht die Pflanzzeit für die
Branitzer Anlagen zu versäumen, daß er wie ein Schüler,
dessen Ferien abgelaufen sind, nach Hause müsse, daß es ihm
erginge wie den Nonnen in „Robert dem Teufel", die zur
bestimmten Stunde wieder in ihr Grab kriechen müssen,
nachdem sie eine Weile gekost und getanzt haben — er that
doch zuletzt was seine gute Schnucke wollte, und kehrte als
treuer Sohn zu seiner Mutter zurück. Die Liebenswürdig=
keit und der frische, eigenthümliche Humor seines Wesens
spiegelt sich recht lebhaft in dem folgenden Brief aus Bel=
linzona, den 29. August 1846: „Cara Schnucka, io t'amo.
Ein Landplatzregen hat mich hier überfallen, und droht mich

vielleicht mehrere Tage zu blokiren, was ich benutze, um
mein Tagebuch zu schreiben, ehe sich das Gesehene und Er=
lebte in meinem nicht mehr starken Gedächtniß verwischt, wie
denn überhaupt es mit mir stark bergunter geht, und ich mich
eigentlich in diesem meinem einundsechzigsten Jahre noch nie
ganz wohl, sondern immer schwach befunden habe, so daß
der Geist fortwährend den Körper aufrecht erhalten muß,
obgleich dieser Geist selbst auch sehr an Kraft und Energie
nachläßt. C'est bien naturel, mon Dieu, et si je ne peux
pas m'empêcher de déplorer un tel état de décadence,
je suis pourtant bien loin de m'en plaindre. J'ai toujours plus en toutes choses que je ne mérite, et qu'en
probabilité je pouvais raisonablement espérer. Mais
quand à la kindliche folie, je suis toujours le même,
impressionable et variable dans mes sensations comme
un chamäléon. Pour le moment vous serez bien éton-
née d'apprendre, chère Sandwurm, que — entouré de
la nature la plus luxurieuse et la plus romantique, je
m'en suis tout d'un coup dégouté, et que je ne rêve
qu'aux embellissements de Branitz, pour lequel endroit
j'ai eu une idée lumineuse, dont l'exécution pourra en
effet le rendre, non seulement supportable, mais même
original. Nur eins beschwöre ich Dich: widersprich mir
nicht in Anlagen; warum? habe ich Dir hundertmal
explizirt. Bist Du docile, wie es sich gebührt, so werde ich
Deine Thorheit mit der meinigen treu unterstützen! geschieht
dies aber nicht, so ziehe ich meine épingle du jeu, et mon
argent aussi, und lasse Dich faire des choux et des raves
à ton bon plaisir, sans m'en mêler plus le moins du
monde. Dixi, und nun richte Dich darnach, denn es ist
mein Ernst. Tout le monde s'émancipe, et moi aussi.
Die letzte Zeit will ich nun auch einmal herrschen, wie Du
breißig Jahre lang, et comme un mulet surchargé, je ne
veux plus faire un pas que de ma bonne volonté. Oui,

Schnucke, vous avez un art diabolique de me faire
soumettre mon désir au vôtre, même sans avoir l'air
de le positivement exiger, parceque vous avez reconnu
de bonne heure, daß ich eins der gutmüthigsten Geschöpfe
unter der Sonne bin. Je resterai gutmüthig, si vous êtes
demüthig. Schnucke, Du bist eine Egoistin, die mich nur
liebt als Eigenthum, et puis l'amour est toujours comme
cela, ainsi je vous pardonne, aber im Himmel wirst Du
einst erfahren, daß meine Liebe für Dich uneigennütziger war
und ist, als die Deinige für mich, ich meine in Natur und
Gefühl derselben. Aussi, malgré tout mes défauts, j'ai
été un Archange pour vous sur la terre, et j'espère que
je le resterai. Si je meurs, vous vous passerez de moi,
mais tant que je vivrai ça vous sera difficile. Heureusement que sous ce rapport-là, vous avez peu à
craindre, car tant que j'existerai, je serai toujours, in-
digne Stossschnucke, ton fidèle Lou."

In der That gab der fidèle Lou seinen Lieblingswunsch
auf, noch Sizilien kennen zu lernen, ging über den Gotthard,
und kehrte zu seiner „guten Alten" in die Heimath zurück.

Zu Hause angelangt, wurde Pückler's gute Laune etwas
gestört, weil die Papiere, in denen er nun, seit dem Verkauf
von Muskau, sein Vermögen angelegt hatte, bedeutend ge=
fallen waren; ein anderes Leid war für ihn, daß mehrere
seiner orientalischen Pferde, die er so zärtlichst liebte, und
mit denen er so viel Aufsehen erregte, erkrankten und
starben.

In Berlin sah Pückler Henriette Sonntag als Gräfin
Rossi wieder. Er wohnte einem Konzert in ihrem Hause bei,
in welchem sie gemeinsam mit Pauline Viardot=Garcia sang.
Die beiden Künstlerinnen erschienen wie zwei rivalisirende
Nachtigallen.

Muskau war unterdessen von seinen Käufern für einen
höheren Preis an den Prinzen Friedrich der Niederlande

verkauft worden, was Pückler wie Lucie erfreute, da nun eher zu hoffen war, daß die schöne Schöpfung weiter gepflegt und unterhalten werde, da ihr nun größere Mittel zu Gebot standen.

Pückler wandte jetzt Sinn und Gedanken auf Branitz, die „Sandbüchse", wie er sie nannte, und mit dem ernstlichen Beginn der Arbeiten wuchs auch sein Antheil für die Unternehmung, die er sich Lucien zur Liebe zur Aufgabe gemacht. Es war ein seltsames Schauspiel, dieses alte Paar, den einundsechzigjährigen Pückler, und die siebzigjährige Lucie mit der Herstellung ihres künftigen Wohnsitzes, der bis zur Vollendung viele Jahre erforderte, so eifrig und anhaltend beschäftigt zu sehen. Man hätte glauben sollen, sie wären um beinahe dreißig Jahre in die Vergangenheit zurückversetzt, in die Zeit ihres Brautstandes, wo Pückler unermüdlich an Muskau arbeitete. Und bei diesem jugendlichen Treiben erschien er — während seine Freundin sichtlich alterte — auch noch immer stattlich und jugendlich in der Erscheinung; die Zeit schien spurlos an ihm vorüberzugehen, und wer ihn erblickte, gab ihm höchstens vierzig Jahre. Er stand über der Zeit und der persönlichen Befriedigung, weil ihm am meisten am künstlerischen Schaffen gelegen war.

Fünfundvierzigster Abschnitt.

Branitz.

Pückler hatte sich, bevor er die Anlage von Branitz unternahm, mit seinem prüfenden Verstand die Sache vollständig klar gemacht. Er sah auf der einen Seite die Langwierigkeit der tausend Dinge, die dort nöthig herzustellen waren, auf der anderen Seite die Gefahr, die in seiner und Luciens Natur darin lag, wieder mit Anlagen anzufangen, und zum zweitenmale das Spiel von Muskau zu beginnen, wobei das aus dem Schiffbruch gerettete Vermögen leicht alles verbraucht werden konnte. Auch die Schwierigkeit, welche die Gegend darbot, zog er in Betracht. Aber diese Schwierigkeit reizte ihn doch zugleich, und Luciens dringendem Verlangen konnte er auf die Dauer nicht widerstehen. Die Arbeit einmal begonnen, entflammte sich seine eigene Verschönerungsleidenschaft, und ein Werk unvollendet zu lassen, widersprach seinem Künstlersinn. Wenn er zuweilen unwillig auf Branitz schalt, so war das doch nur wie die Brouillerie mit einer Geliebten, der man in Liebe rasch wieder abbittet, was man in der Heftigkeit ihr Kränkendes gesagt. Da konnte er denn wohl heute sagen, Branitz sei ihm zuwider und une mer à boire, wo die Tausende umherflögen wie die Schmetterlinge; aber morgen erklärte er, dies Schaffen sei sein bester, nachhaltigster Lebensgenuß, und es sei einmal seine Bestimmung und sein Beruf, aus Wüsten Oasen zu machen. Heute rief er, Branitz würde der Nagel zu seinem Sarge, und es

sei eine Syfiphusarbeit, und morgen erklärte er, die Ueber=
zeugung, etwas dem großen Geiste Wohlgefälliges zu thun,
entschädige ihn reichlich für schwere und bedeutende Opfer.

Die Ausstrahlungen dieser wechselnden Stimmungen, von
denen die eine so wahr wie die andere, mögen durch die
folgenden, an Lucie gerichteten Briefstellen aus dem Jahre
1847 in Kürze angedeutet werden.

„Eine schwerere Aufgabe als die hiesige konnte es wohl
kaum geben, aber mit Talent, Ausdauer und Geld werden
viele sogenannte Unmöglichkeiten überwunden.“ Den 15. Mai
heißt es dann weiter:

„Die Pflanzungen gedeihen bei der äußerst günstigen
Witterung, bis jetzt über alle Erwartung, sowohl im Garten,
als im Walde. Von den großen Bäumen sind bis jetzt
alle schon voll Blätter. Es scheint, daß die Natur mir ge=
wogen bleibt, wie ehemals, und der Sand mir voll Dankbar=
keit entgegenkommt, um seinerseits zu thun, was er kann.“
Und am 1. Juli fügt er hinzu:

„Was daraus wird, nach unserem Tode, ist ja die voll=
kommenste Nebensache. Nichts ist ewig, aber ewig schaffen ist
göttlich, ob für uns oder Andere, ist gleichgültig, und wer
nur für sich wirken will, wirkt gar nichts. Also ehre den
Künstler, er ist das Beste an mir, und vielleicht hast Du mich
dadurch gefördert, daß Du mir grade das Schwerste, das Un=
dankbarste von neuem aufgegeben, weil es wohl eben das
Verdienstlichste sein könnte. Genuß ist eine relative Sache,
und in der schwersten Arbeit der endliche Sieg, vielleicht der
größte Lohn im Geiste. Der aber nur ist bleibend.“ — Den
4. September schreibt er resignirt:

„Daß die Branitzer Expedition eine halbe Raserei ist,
steht fest, aber man ist einmal zur Narrheit bestimmt, und
so ist es am besten, fou et folle de bonne grâce zu sein.
Seinem Schicksal kann niemand entgehen, also vogue la galère!“
— Den 9. September dagegen bemerkt er ganz entmuthigt:

„Schon in Muskau's trauriger Gegend machte ich nur An= lagen aus h a l b e r Verzweiflung, in Braniz mit g a n z e r , und dies um so mehr, da Du selbst doch auch unmöglich eine wahre Befriedigung dabei finden kannst." Aber wenige Tage später schreibt er wieder heiterer:

„Es wird alles werden mit der Zeit, doch etwas Geduld ist nöthig pour accomplir la dernière folie de deux vieillards, de la folle dominante et du fou débonnaire. Schnucke, c'est comme ça — mais cela ne m'empêche pas d'y trouver du plaisir, car je suis philosophe, et pourron con s'agite on vit — n'est-ce pas à-peu-près la même chose que ce soit à droite ou à gauche, au pays enchanté des mille et une nuits ou au désert? In zwanzig Jahren ist doch alles aus, im günstigsten Fall, et alors encore dans une nouvelle existence les folies ne manquerons pas plus qu'ici. Or, vogue la galère, et tout est pour le mieux."

Braniz ist durch Pückler so weltberühmt geworden, daß hier gesagt sein möge, was es ursprünglich war, so wie auch vorgreifend, was es unter Pückler's bildenden Händen ge= worden.

In Muskau hatte Pückler wenigstens die Neiße, einige Hügel und uralte Waldungen als Material gefunden, in Braniz war nichts, nichts von allem diesen vorhanden, und er mußte wie ein Gott eine Welt aus nichts erschaffen. Es darf nicht vergessen werden, daß Pückler oft dankbar erwähnte, daß der Erste, der ihn zu seinen Parkschöpfungen angeregt, und in seiner Liebe zur Natur bestärkt habe, Goethe gewesen sei, der einige kleinere Proben davon gesehen, und sich darüber gefreut hatte. Goethe mag die keimende Begabung in Pückler früh erkannt haben, denn er sagte ihm: „Verfolgen Sie diese Richtung, Sie scheinen Talent dafür zu haben; die Natur ist das dankbarste, wenn auch unergründlichste Studium, denn sie macht den Menschen glücklich, der es sein will."

Interessant ist es, was Gottfried Semper, der geistreiche Architekt mit der originellen Künstlerseele, für einen Eindruck empfing, als er von Pückler zu Rathe gezogen, Branitz besichtigte, als es noch in seinem Urbestande war. Pückler schreibt den 1. April 1847: „Semper ist heute angekommen, und glaubte in den April geschickt zu sein, als er Branitz sah, das ihm zu horribel in seiner Umgebung vorkam, um irgend etwas darauf zu verwenden. Ich bedeutete ihn aber, es koste schon 20,000 Thaler, und werde sehr schön werden, und er that wenigstens so, als wenn er es glaubte, meinte aber doch, er hätte sich was anderes ausgesucht. Das Schloß indeß gefällt ihm, und er bedauert nur, daß es hier stehe. Für die Dachgallerie und Dekoration der Feueressen hat er guten Rath gegeben." Semper entwarf auch eine schöne Zeichnung für das Gewächshaus, und gab sonst noch manche werthvolle Anweisung.

Die Besitzung von Branitz ist kaum ein Zehntheil so groß als Muskau, wo allein 120,000 Morgen Wald sind. In Branitz wirkte Pückler wie ein — nicht unheilbringender — sondern wohlthuender, sanfter Orkan; er ließ Seen ausgraben, und nach seiner genauen Angabe und vorgeschriebenen Form, Hügel aufwerfen und bilden. Da sehr wenige große Bäume da waren, so ließ er deren wenigstens acht Meilen weit in der Runde mit großen Kosten ausgraben, und in Branitz einpflanzen. Einen ganzen Wald hat er auf diese Art in Bewegung gesetzt und eine Baumeinwanderung veranlaßt, die ein größeres Wunder ist, als wenn das Wunder von Birnams Wald in Macbeth sich nicht nur buchstäblich, sondern der Wahrheit nach, ganz erfüllt hätte. Im letzten Vierteljahr des Jahres 1847 allein ließ Pückler über hundert solcher großen Bäume kommen, und das war nur der Anfang! Die jungen Bäume, die er pflanzte, sind nicht zu zählen. Mit Recht sagt Varnhagen über Branitz: „Die Schöpferkraft, der Geist und Geschmack des Fürsten zeigten sich in allem, in Großem und

Kleinem. Aus einer Sandwüfte ist unter seinen Händen ein Paradies geworden. Große Bäume, die er vorfand, hat er trefflich benutzt, andere von weit her kommen lassen und eingepflanzt, Millionen von Schößlingen eingesetzt; Seen und Kanäle hat er ausgegraben, die Erde zu Hügelreihen aufgehäuft, Wald- und Wiesenstücke trefflich gemischt. Der ganze Boden ist von der nahen Spree unterirdisch getränkt, daher trotz des Sandes fruchtbar; das Wasser in Seen und Kanälen steigt und fällt mit dem der Spree. Was der Fürst in den Wassern geleistet, ist nicht weniger wunderbar, als was er zu Land hervorgebracht. „Erdbändiger" nannte Rahel ihn mit Recht. Er hat hier mehr gethan, als in Muskau, wo er eine Landschaft vorfand, hier mußte er sie ganz erst schaffen."

Dabei wußte Pückler einer jeden seiner Schöpfungen einen anderen Karakter, eine besondere Originalität zu geben, und so war Branitz keineswegs eine Wiederholung von Muskau. Wo das Gebiet des Fürsten begann, hörte die Sandwüste auf, und man war plötzlich von der bezauberndsten, anmuthigsten, lieblichsten Landschaft umgeben, die so natürlich aussah, als wenn nicht ein Mensch, sondern die Natur selbst sie gepflanzt hätte; erfrischende Schatten breiteten sich über die Wege aus. Pückler hatte einen Theil des Dorfes versetzt, alles mit Grün bedeckt, Bauergärten und Aecker zum Park gezogen, der etwa 800 Morgen betrug, zuletzt wurde der Besitz bis auf etwa 2000 Morgen ausgedehnt, während 800 Morgen der Landwirthschaft gehörten. Rings um das edle, in einfachem Style erbaute Schloß ließ Pückler eine breite Terrasse anlegen, die er mit den schönsten Blumen feenhaft schmückte; die äußere Einfassung bildeten feurig rothe Geranien, die sich wie ein leuchtender Flammenkranz um das goldene Gitter des Geländers legten, und eine Fülle von Reseda sandte seine balsamischen Düfte in die Schloßfenster. Von der Terrasse weiter ruhte sich der Blick wohlthuend aus

auf den smaragdgrünen Rasenflächen und graziösen Ge=
büschen, die sich rings ausbreiteten. Dem Schlosse gegenüber
errichtete er eine geschmackvolle Pergola, in deren schattigen
Gängen Medaillons nach Thorwaldsen angebracht, und Ab=
güsse griechischer Statuen aufgestellt wurden. Alle Neben=
gebäude, die zugleich zum Nutzen dienten, und hin und wieder
zwischen dem Grün hervorragten, dienten nur dazu, die Land=
schaft zu verschönern, die im Hintergrunde von einer male=
rischen Gruppe hoher italienischer Pappeln abgeschlossen
wurde. War dies die Aussicht von der Ostseite, so war die
Aussicht von der entgegengesetzten, von der Westseite des
Schlosses, beinahe noch schöner. Da sieht man auf einen
Teich, aus dem eine Schilf= und Blumeninsel sich erhebt,
in deren Mitte eine eherne Statue der Schönheitsgöttin steht,
die eben aus dem Wasser aufzusteigen scheint. Ueberall
schöngeformte Bäume, deren Blätterschmuck bis auf die Erde
reicht, erfreuende Fernblicke mit dichtem Gebüsch abwechselnd,
ganz hinten der Kirchthurm von Kottbus, und als später
das Schloß von Kottbus abbrannte, benutzte Pückler auch
dies, und der Durchblick auf die Ruine trug nun mit zum
Reiz der landwirthschaftlichen Wirkung bei. Die ganze Gegend
macht den beruhigendsten, friedlichsten, harmonischsten Eindruck.
Die Luft ist sanft und einschmeichelnd, und so gewürzt mit
Blumen=, Feld= und Wiesendüften, daß jeder Athemzug zum
Vergnügen wird. Eine Bronzebüste des Fürsten von Hardenberg
unter hohen grünen Wipfeln, die goldene Büste von Henriette
Sonntag unter einer Rosenlaube sind geschmackvoll angebracht.

Das Denkmal eines treuen Hundes, mit der Inschrift:
„Hier ruht die treueste Seele, welche ich auf Erden gefunden
habe", und eine Tafel zum Andenken an seine arabische Stute
mit den Worten: „Hier ruht Abschameh, meine vortreffliche
arabische Stute, brav, schön und klug", gab manchem Frommen
zum Aergerniß Anlaß, so wie es auch die Pfaffen verdroß,
daß die Parkschenke den Vers Luther's:

„Wer nicht liebt Wein, Weiber und Gesang,
    Der bleibt ein Narr sein Lebelang"
als Inschrift trug.

Besonders seltsam und phantastisch, wunderbar und bedeu=
tend, nimmt sich die sechszig Fuß hohe Erdpyramide aus, die
Pückler errichten ließ; sie umfaßt einen Morgen Landes; eine
Treppe führt zu ihrem Gipfel. Rings um sie her legte
Pückler einen See an, der mit den übrigen Wasserbecken und
Kanälen, in die auch die Spree, vom Spreewalde her ihre
Gewässer mischen sollte, in Verbindung gesetzt wurde. Im
Gegensatze zu diesen Vertiefungen erheben sich malerische
Hügelreihen, zu denen jene den Stoff hergegeben. Ein Maler,
der aus dem Orient zurückkehrte, und Branitz besuchte, glaubte,
als er die Pyramide erblickte, sich voll Entzücken nach
Aegypten hinversetzt, und meinte, in den sich am Horizont
abzeichnenden Dächern und Thürmen von Kottbus, Kairo
wiederzusehen! In der That verliert man in Branitz den sonstigen
Maßstab der Dinge; alles ist anders, als an anderen Orten,
phantastisch, überraschend, mährchenhaft.

Auch die innere Einrichtung des Schlosses war wie ein
Mährchen aus Tausend und eine Nacht. Den Glanz und
Reichthum, mit dem Pückler es ausstattete, mag man auch
an anderen Orten finden, aber die Hauptsache dabei war,
daß es seinem unübertrefflichen Geschmacke gelang, durch die
Schönheit der Anordnung den äußeren Aufwand so zu ver=
edeln, daß man die Pracht über die Schönheit stets vergessen
mußte. Die türkischen Teppiche, die mittelalterlichen bunten
Glasfenster, die Reihe der Ahnenbilder, die magischen Lampen
und strahlenden Kronleuchter, die Waffen und Pokale, die
Seltenheiten und Kunstwerke aus allen Welttheilen, die Pückler
hier vereinigte, sie bildeten ein harmonisches Ganzes, welches
den Blick nie verwirrte, sondern immer anzog und beruhigte.
Und aus jedem Fenster zeigte sich eine andere Landschaft,

eine jede so anziehend und schön, wie wenn sie Claude Lorrain
gemalt hätte!

„Ich gehe in meine Bergfabrik," pflegte Pückler zu sagen,
wenn er seine Erdarbeiten leitete. Und wirklich schuf er die
Berge wie ein Bildhauer, nach der Form, die er angab, da,
wo früher eine einförmige Ebene war. Oft genügten ihm
nicht einmal die Tage zu diesen Arbeiten, und noch im Mond=
schein sah man ihn zuweilen in seiner türkischen Kleidung in
den Gängen des Parks einherwandeln, um einem ihm fol=
genden Gärtner mit dem Schirm, den er in der Hand zu
tragen pflegte, auf Blumen und Sträucher deutend, Anwei=
sungen zu geben. Zuweilen begleitete ihn auch der Zwerg
Billy. Wer ihm begegnete, empfing einen so seltsamen, phan=
tastischen Eindruck, daß er sich wie in ein romantisches
Zaubermährchen von Tieck oder Brentano versetzt fühlen, und
glauben konnte, den Zauberer Merlin gesehen zu haben, und
daß alles Wunderbare, was er so eben erblickt, nur ein
Traumbild sei, das plötzlich in der Nacht wieder versinken
könne.

War die Verschönerung von Branitz eine geniale Laune
des Fürsten? Nein, sie war weit mehr, sie war eines Poeten
lieblicher Traum, der zur Wirklichkeit geworden, sie ist eine
schöne, großartige Dichtung, mit smaragdnen Lettern in den
Sand der Lausitz geschrieben! Sie war zugleich ein Werk
der Pietät für seine Lucie um der Liebe willen, und die Er=
füllung einer Pflicht, die er sich auferlegt hatte in dem
Wirkungskreise, der ihm als der nächste zugewiesen war, den
Zeitgenossen ein nützliches und erfreuendes Denkmal seiner
vollen Thätigkeit zu überliefern.

Sechsundvierzigster Abschnitt.

Graf Louis Pückler. Tod der Geliebten. Arbeiten in Branitz.
Das Jahr 1848, und Pückler's Stellung den Ereignissen gegenüber.
Ein Volksfest zu Branitz. Tod der Fürstin Adelheid von Carolath.
Wien. Die österreichische Aristokratie. Graf Sandor. Gräfin Julie
von Gallenberg. Gastein. Salzburg. Berchtesgaden. Ischl. Der
Dichter Zedlitz. Die Erzherzogin Sophie. Der Kaiser von Oesterreich.
Abwechselnder Aufenthalt in Branitz, Dresden und Berlin. Laube
und seine Frau. Der sächsische Hof. Die Prinzessin Amalie von
Sachsen. Fräulein Bayer. Liebevolle Zärtlichkeit für Lucie. Besuch
in Pülswerda beim Grafen Max von Seydewitz. Pückler's Mutter.
Tod von Pückler's Mutter. Begräbnißstätte in der Pyramide zu
Branitz. Der Berliner Hof. Die Prinzessin von Preußen. Herr
von Prokesch und seine Frau. Die Herzogin von Sagan. Der Weimarer
Falkenorden. Apollonius von Maltitz.

Im Jahr 1847 hatte Pückler den Kummer, daß sein
Neffe, Louis Pückler, der Sohn seiner Schwester, die an den
Grafen Friedrich Pückler vermählt war, in frischester Jugend=
blüthe starb. An diesem Neffen, der ihm an Schönheit der
äußeren Erscheinung einigermaßen glich, hatte Pückler von früh
an einen besonderen Antheil genommen, sorgte wahrhaft väter=
lich für seine Erziehung und Ausbildung, und ging mit dem
Gedanken um, ihn zu seinem Erben einzusetzen. Auch die
Fürstin liebte diesen jungen Mann mit wahrhafter Zärtlich=
keit; schon als Knabe wurde er der kleine Lou genannt. Er
war gutmüthig und heiter, und sein Leichtsinn hatte die
Grazie der Jugend. So hatte er in sorglosem Jugendüber=
muth das Leben in vollen Zügen genossen, geliebt von Allen,
die ihn kannten, durch seine große Liebenswürdigkeit.

Auch die von Pückler so sehr geliebte junge Frau, deren früher erwähnt worden, sank in ein frühzeitiges Grab, zu Pückler's tiefstem Leidwesen, der ihr Andenken sein ganzes Leben treu im Herzen bewahrte.

Die Arbeiten von Branitz vor allem nahmen ihn nun in Anspruch, nur zuweilen von Arbeiten auf dem Babelsberg und Besuchen in Weimar unterbrochen. Auch ging Pückler Anfang 1848 von Weimar nach Jena, wo er in der geistigen Anregung mit den dortigen Professoren sich von der Unbequemlichkeit des Hoflebens erholte.

Die Berliner Märzrevolution erlebte Pückler in Berlin. Die Stürme des Jahres 1848 hatten in persönlicher Beziehung manches Schmerzliche für ihn, da er mit dem Prinzen und der Prinzessin von Preußen in so naher Beziehung stand. Er ließ einige Aufsätze zu Gunsten des Prinzen in den Zeitungen abdrucken; es war dies bei ihm eine Art von Ritterdienst aus Anhänglichkeit. Im Ganzen ist Pückler aber hoch anzurechnen, daß er, der sich nie und nirgends überschätzte, und sich mit bewundernswerther Unpartheilichkeit beurtheilte, sehr gut wußte, daß die Politik nicht sein Gebiet sei, und er sich bei allen aufgeregten Leidenschaften, die um ihn brausten, von allem politischen Handeln fernhielt. Man wollte ihn in die Frankfurter Nationalversammlung wählen, aber er verhinderte es. Wieviel Andere hätten besser gethan, seinem Beispiel zu folgen! Wenn man denkt, wie viele Unfähige sich beeifert in die politische Bahn stürzen, und wie viel Unheil sie anrichten, so muß man Pückler doppelt rühmen. In der Bewegung von 1848 hätte er auch schwerlich die für ihn geeignete Thätigkeit finden können; seiner Geburt, seiner Stellung, seinen persönlichen Beziehungen, nach gehörte er der Aristokratie an, aber er war doch viel zu klug und einsichtig, um sich blindlings zum Schildknappen der Reaktion zu machen. Auf der anderen Seite war er zwar religiös ganz freisinnig, aber politisch doch nicht so weit, um ganz mit der Demokratie zu gehen; er hätte sich also jener schwachen Mittelmäßigkeit der Mittelpartheien anschließen müssen, die bei allen ernsten Krisen von den beiden Extremen wie von zwei Mühlrädern zermalmt wird; dazu war er zu genial. Da das Persönliche ihn stets noch mehr als das Allgemeine interessirte, so ergab er sich in der Politik hin und wieder seiner Heldenverehrung, seiner leidenschaftlichen Bewunderung des Erfolges, die oft so weit ging, daß sie sein Rechtsgefühl verdunkelte. Bei alledem muß als eine Art Edelmuth in ihm anerkannt werden, daß er zu den Wenigen gehörte, die den gestürzten Größen nicht den Rücken wandten, und so wie er den Prinzen von Preußen zu vertheidigen suchte, so schrieb er an den Fürsten von Metternich, der ihm als ein kluger Staatsmann stets imponirt hatte, und mit dem er persönlich in freundschaftlichem Vernehmen gestanden, einen antheilvollen Brief, als dieser in London sich als Flüchtling aufhielt.

Im Juni 1848 finden wir in Pückler's Tagebuch die folgende bezeichnende Stelle: „Die Monate April und Mai habe ich in Branitz zugebracht, ganz allein, und trotzdem, daß ich durch die Ereignisse schon mein halbes Vermögen verloren habe, und der Himmel allein weiß, ob der Rest nicht ebenfalls nachgeht, meine Anlagen mit allem Eifer fortgesetzt. Es ist schon wahr, daß ich nur künstlerisch schaffend in meinem wahren Elemente bin. Dies ist mein mir von der höheren Macht über uns bestimmter Beruf, wie ich immer mehr einsehe. Meine Haupteigenschaft ist der Geschmack — der in allem das möglichst Vollkommenste zu erreichen sucht, und es zu finden versteht. Nur gehören freilich hiezu immer bedeutende Mittel, die nur im Größten und Tausende erfreuen=den Maße, nur entweder ein sehr kolossaler Reichthum, oder eine St. Simonistische Staatsverfassung gewähren könnten, wo Jedem gegeben werden soll, was zu allen gemeinnützigen Thaten irgend erforderlich sein kann — nach meiner Ansicht die erhabenste Idee, weil dadurch allein Sitte und Staat mit der Natur in Einklang zu bringen wäre, das Angeborene überall seine freie Entwickelung durch sichere äußere Unter= stützung fände, Jeder in Wahrheit der Schmied seines eigenen Glückes werden könnte, was, so lange die Privatfamilie, Ehe und Vererbung im jetzigen Sinn die Grundpfeiler der Gesell= schaft bleiben, unmöglich ist. Einen wirklichen Fortschritt der Menschheit kann ich mir nur auf diesem Wege denken. Bis dahin laufen wir immer nur im Kreise, im cercle vicieux herum."

Und an Lucie schrieb Pückler aus Branitz: „Ehe alles fertig ist, wird es noch 3000 Thaler kosten, wohl in der jetzigen Zeit ein schlimmer Punkt, aber nicht zu umgehen, wenn man nicht hier mit 40,000 Thalern nur ein Chaos hervorgebracht haben wollte. Der Himmel wird schon weiter helfen, wie er früher bei noch trostloser aussehenden Lagen geholfen hat. Etwas Leichtsinn aus gutem Zutrauen zu seinem Stern ist nicht so übel im Leben, und kommt meist weiter, als zu große Aengstlichkeit. Ich bin versöhnt mit allem Geschehenen, et vogue la galère tant qu'elle existe. Si elle fait naufrage, on meurt avec elle."

Und etwas später schrieb er: „Es ist eine große Last, Sklaverei und Ausgabe, die ich mir mit Branitz aufgebunden, aber es ist auch ein Band, das manchen Genuß herbeiführt, und dem Leben einen gewissen Halt giebt. Ohne Sorge, ohne Mühe, ohne Opfer hat man wenig auf der Welt, und hätte man's, so quälte einen wieder die Langeweile und der Spleen, der nie aus Elend und Mangel, sondern immer nur aus unthätigem Genußleben hervorgeht."

Um sich zu zerstreuen, verließ Pückler seine Einsamkeit, und machte Ausflüge nach Hamburg, nach Potsdam, wo er den preußischen Hof sah, und den König sehr munter und guter Laune fand, nach Berlin, Köln und Frankfurt. Von dort wanderte er zu Fuß durch den Spessart nach Kissingen, und war so entzückt von der schönen Natur, daß ihm vor

Freude darüber die Thränen in die Augen traten. So war er auch 1848 mehr der Natur als der Politik zugewandt. In Wien langte er gerade während der Septembertage an, und gelangte nur mit Mühe in die Stadt. Nach einigen Seufzern, daß er das alte heitre Leben der Wiener Aristokratie bei der politischen Spannung nicht mehr vorfinde, amüsirte er sich jedoch ganz gut, kaufte Rosen für Branitz, besah Gärten und Schlösser, und die Theater; in der Leopoldstadt sah er ein Lustspiel: „Die Revolution in Krähwinkel", in welchem der Komiker Nestroy den Fürsten von Metternich nachahmte.

Wieder in Branitz angelangt, feierte Pückler seinen Geburtstag dadurch, daß er seinen Bauern und Arbeitern ein großes Fest gab, das mit Ball und Abendessen von 5 Uhr Abends bis 3 Uhr früh dauerte. Er hatte dazu ein großes Gebäude, den Zeughof, zu Eß- und Tanzsälen eingerichtet, alle Räume darin weißen lassen und mit Lampenguirlanden geschmackvoll verziert. Auch der Platz vor dem Zeughof war hell erleuchtet. Dieses Volksfest bestand aus mehr als hundert Personen, und der dreiundsechzigjährige Gastgeber hatte die herzlichste Freude an dem Jubel und der Fröhlichkeit, die rings um ihn herrschten, ja, er selbst tanzte drei Polonaisen mit durch den ganzen Pleasureground, bei kaltem Sturmwind und hellem Mondschein, und als alles an der Tafel saß, trank er die Gesundheit seiner Gäste, und ließ zweihundert Cigarren unter sie vertheilen, sie dann verlassend, damit sie sich ungestörter ihrer Heiterkeit hingeben konnten. „Diese Leute scheinen allein noch wahrhaft vergnügungsfähig zu sein," schrieb Pückler in sein Tagebuch, „und durch welche geringe Mittel! Man muß es gesehen haben, um es zu glauben, daß Bier, Schöpsenbraten, Krautsalat und Kuchen nebst einem Tanz auf Ziegelsteinen eine solche innige Glückseligkeit vieler Stunden hervorbringen können. Was hat wohl da der stets überdrüssige Reiche vor dem Armen voraus?"

Lucie hatte nach der Berliner Revolution vorgezogen, ihren Aufenthalt von dort nach Dresden zu verlegen, wo Pückler sie von Branitz aus öfter besuchte. Im Mai 1849 eilte er dahin wegen des am 29. April erfolgten Todes der Fürstin Adelheid von Carolath, die im Wahnsinn starb, zum großen Kummer von Lucie, welche ihre Tochter tief beweinte. Varnhagen, der sie als eine Freundin von Rahel schätzte, schrieb über ihr Dahinscheiden in sein Tagebuch den 4. Mai 1849:

„In Dresden starb am 29. April, in Folge einer Lungenlähmung, die Fürstin Adelheid von Carolath, geborene Reichsgräfin von Pappenheim, eine Freundin Rahels, von ausgezeichneten und trotz mancher bedauerlichen Beimischung edlen Eigenschaften. Daß ihre Mutter, die Fürstin von Pückler, sie überleben mußte! — (Sie starb in völligem Wahnsinn!)"

Pückler schrieb unter das Portrait der Fürstin von Carolath, das er in seinen handschriftlichen Erinnerungsbildern bewahrte, im Jahre 1826:

„Die geistreiche Tochter einer vortrefflichen Mutter, die uns zu Geschwistern gemacht hat, übrigens die liebenswürdigste Dame des Berliner Hofes, ce qui, je l'avoue, n'est pas beaucoup dire, et pas autant qu'elle mérite. Der berühmten schönen Hand hat der Zeichner keine Gerechtigkeit wiederfahren lassen, das Auge der gefühlvollen Dichterin aber besser wiedergegeben."

Pückler's Liebe und Herzlichkeit war Lucien, der alten Frau, die selbst die Last der Jahre und manche Leiden zu tragen hatte, in ihrer Erschütterung der beste Trost, die wohlthuendste Freude. Doch dies Zusammensein wurde bald gestört, denn die Revolution, welche die Fürstin in Berlin geflohen hatte, diese neue Zeit, die sie so wenig verstand, und die ihr so antipathisch war, holte sie auch in Dresden ein, und die dortigen Maitage setzten sie in Angst und Schrecken.

Als es dort wieder ruhig geworden war, reiste Pückler nach Wien, wo er sich wieder mit der österreichischen Aristokratie vortrefflich amüsirte. Er erregte Aufsehen, als er mit dem bekannten Grafen Sandor, dem Schwiegersohn des Fürsten von Metternich, im Prater erschien, in des ersteren Wagen, der mit vier kleinen allerliebsten ungarischen Schimmeln fuhr, die er wie toll umherrasen ließ. Zufällig vernahm Pückler, daß die Gräfin Julie von Gallenberg in Wien sei, und ging sie zu besuchen. Ein Wiedersehen nach vierzig Jahren! — Die üppige, schöne Frau, die ihn in Neapel so entzückt hatte, war natürlich unterdessen zur alten Matrone geworden. Der Eindruck war für ihn ein vernichtender.

Pückler brachte Lucien nach Gastein, und schwärmte dann im Salzkammergut umher, um, trotz Branitz, sich nach jener „Cottage" umzusehen, dessen Suchen in den schönsten Gegenden ihm vielleicht noch angenehmer war, als das Finden gewesen wäre. Salzburg, Berchtesgaden und Ischl gefielen ihm besonders. An letzterem Orte begegnete er seinem Freunde, dem Dichter Zedlitz, der in Alt-Aussee eine Villa besaß. Als er mit diesem spazieren ging, trafen beide, die Erzherzogin Sophie, die sogleich Pückler wieder erkannte und sich mit ihm unterhielt. Daran knüpfte sich, daß als der Kaiser von Oesterreich auf zwei Tage dort eintraf, um, von seiner ganzen Familie umgeben, seinen Namenstag zu feiern, Pückler auch dessen Bekanntschaft machte.

Das Jahr 1850 reiste er abwechselnd zwischen Branitz, Berlin und Dresden hin und her. Für Lucie empfand er, je älter sie wurde, und je gebeugter sie war durch den Verlust ihrer dahingeschiedenen Lieben, um so mehr die liebevolle Zärtlichkeit und Fürsorge eines Sohnes, welcher manches Opfer zu bringen er für seine Pflicht ansah. Im Januar fuhr er bei einer schneidenden Kälte von mehr als 20 Grad

Reaumür, sie in Dresden zu besuchen. Dort sah er auch Laube und seine Frau mit Vergnügen wieder, die von Leipzig herübergekommen waren. Auch am Dresdner Hofe erschien Pückler, doch die Unbequemlichkeit der Etiquette wurde ihm immer lästiger, und er sehnte sich stets bald wieder in seine Einsiedelei von Branitz. Die Prinzessin Amalie von Sachsen interessirte ihn als Schriftstellerin, Fräulein Bayer, deren Bekanntschaft er in einem Hofkonzert machte, wo sie deklamirte, als begabte Künstlerin. Dann ging er weiter zu seinem Stiefbruder, dem Grafen Max von Seydewitz. Unterwegs schrieb er an Lucie aus Herzberg, den 18. Januar 1850: „Unterwegs war es mir sehr wehmüthig zu Muthe, weil ich Dich nicht recht wohl verließ, und indem ich mit der Phantasie dem Gedanken nachhing, was aus mir werden würde, wenn ich das Unglück hätte Dich zu verlieren, drangen mir recht schwere Thränen aus den Augen. Si vous aviez vu cela, je crois que ça aurait rafraîchi votre coeur." In der That beglückten dergleichen Liebesworte Lucie so sehr, daß sie sich wieder wie fünfzehn Jahre fühlte.

Nicht minder herzlich schrieb er an Lucie aus Berlin, den 23. April 1850: „Daß Du aber immer noch über eher zunehmende als vorübergehende Schwäche klagst, ließ mich zu keiner ganzen Beruhigung kommen, obgleich ich immer hoffe, daß meine liebe Alte die Sache auch ein wenig durch die schwarze Brille ansieht, und mir dadurch mehr Angst macht, als Gott gebe, nöthig -- denn, meine Schnucke — sie sei gut oder Kratzbeere — gar nicht mehr zu haben, zu wissen, daß sie unwiederbringlich von der Welt geschieden sei, ist ein Gedanke, der mich weit mehr entsetzt, als der an meinen eigenen Tod. Es scheint mir Deine Existenz (wenn auch oft in Melusinens Kasten) zur meinigen so nöthig, wie die Luft zum Athmen, also quäle mich nicht ohne Noth, wenn ich abwesend von Dir bin."

Auf dem Gute des Grafen von Seydewitz, Pülswerda, traf Pückler mit seiner Mutter zusammen. Die Achtzig= jährige hatte sich wunderbar erhalten; ihr Gesicht war noch immer schön, und ihre Haare dunkel wie die einer jungen Frau. Auch in ihren Bewegungen war sie noch von jugend= licher Lebhaftigkeit. Ihr Wesen war, wie Pückler fand, spitzer und schärfer geworden, nur für ihren Lieblingssohn Max be= zeigte sie eine wahre Anbetung. Doch wußte auch Pückler sie heiter zu stimmen, und die einstige Lustigkeit wieder in ihr anzuregen, in der sie stets graziös erschien.

Pückler dachte nicht, daß dies das letztemal gewesen, daß er seine Mutter gesehen! Aber bald darauf, Anfang März, erhielt er in Dresden die Nachricht ihres beinahe plötzlich eingetretenen Dahinscheidens, die ihn, obgleich seine Mutter nie wahrhaft herzlich gegen ihn gewesen, doch sehr betrübte und ernst stimmte. Er fühlte sich zugleich dadurch seinem eigenen Tode näher. Sie war rüstig und wohl bis zuletzt, und starb nach nur fünfstündiger Krankheit an einem Nervenschlage.

Es war in diesem Jahre, daß Pückler die Arbeiten an der bereits erwähnten Pyramide begann, die er zu seiner und Luciens Begräbnißstätte bestimmte. Die Ausgrabung des Sees lieferte die Erde zum Tumulus. Die Gruft wurde aus Sandsteinquadern gemacht, gerade groß genug für zwei Särge, die nach ihrer Aufstellung hermetisch mit Cement ver= schlossen werden sollten, ohne Thüre und Eingang, tief unter dem Tumulus, so daß sie ohne schwierige und kostspielige Nachgrabung jeder ungeweihten Störung unzugänglich, und von einem Denkmal gedeckt würden, das Jahrtausenden zu trotzen vermöchte. Den sinnigen Spruch des Korans:

„Gräber sind die Bergspitzen einer fernen schönern Welt"

bestimmte er als Inschrift für die Pyramide. Zugleich aber

mit ernsten Vorstellungen heitre Gedanken verbindend, wollte er auch den Spruch auf ihr anbringen:

„Allons
chez
Pluton plutôt plus tard."

In Berlin befriedigte Pückler das Hofleben nicht mehr als in Dresden. Von der Prinzessin von Preußen bemerkte er, daß sie sehr freundlich gegen ihn sei, daß sich aber in der Politik ihre Wege trennten. Mit Prokesch und seiner Frau, mit der Herzogin von Sagan hatte er angenehmen Verkehr. Nach Weimar machte er einen Ausflug, um sich für den ihm verliehenen Falkenorden zu bedanken. „Ce n'est pas grande chose," schrieb er an Lucie darüber, „aber immer ein Spielzeug mehr, und die herzliche Art der Verleihung verpflichtet mich zu wahrem, aufrichtigen Dank."

Gern suchte er auch jedesmal Apollonius von Maltitz in Weimar auf. „Maltitz ist immer der Alte," sagte er, „Dichter aus Natur, Diplomat aus Schicksal, eine edle, liebenswerthe Seele, geistreich und kindlich zugleich."

Siebenundvierzigster Abschnitt.

Gartendienst und Hofdienst. Minister Manteuffel. General Wrangel. Herr von Bismarck=Schönhausen. Ein hannöverischer Orden. London. Die Weltausstellung. Pückler wird für seinen Sohn gehalten. Neue Innigkeit zwischen Pückler und Lucie. Brüssel. König Leopold der Belgier. Hannover. Tod des Königs Ernst August von Hannover. Anstrengungen des Hoflebens. Weimar. Der Gärtner Petzold. Luciens Uebersiedelung nach Branitz. Mahnung an den Tod. Jubiläum des Großherzogs von Weimar. Die Prinzessin von Preußen. Die Prinzessin Louise von Baden. Die Großherzoginnen Stephanie und Sophie von Baden. Die Fürstin von Liegnitz. Die Königin von Holland. Die Gräfin von Nassau. Die Herzogin von Orleans. Die Großfürstin Olga, Kronprinzessin von Würtemberg. Weihnachts= fest in Koblenz. Paris. Kaiser Napoleon und Kaiserin Eugenie. Die Tuillerieen. Hoffeste. Auszeichnungen. Die Kaiserliche Küche. Die Großherzogin Stephanie. Der alte Jerôme. Die Prinzessin Mathilde. Die Prinzessin Murat. Gräfin Tacher de la Pagerie. Lamartine. Luciens Tod. Alexander von Humboldt. Heinrich Laube.

Auch das Jahr 1851 brachte Pückler im Gartendienst und im Hofdienst zu. Auf der einen Seite Branitz und Babelsberg, auf der anderen Berlin und Weimar, und noch dazu Hannover, wo er, wie er selbst sagte, die Hofschranze machte, ein Amt, was er doch stets bald müde wurde, und die Befriedigung der Eitelkeit sich theuer erkaufen mußte, denn es kam ihn doch oft hart an, bei strenger Kälte in Gala von Berlin die Eisenbahnfahrt nach Potzdam zu machen, bei einer Parade stundenlang in gepreßter Uniform auszu= halten, oder in dichter Menschenmenge stehend, die Hitze zu ertragen, und in der Kirche langweilige Predigten anzuhören, die kein Ende nehmen wollten, und dergleichen mehr, und

das bei sich wiederholenden Grippezuständen, und einigen
Beschwerden des Alters! Dafür wurde ihm freilich manches
freundliche Wort der Herrschaften, und Minister und Hofleute
zeigten sich ihm beeifert um die Wette. Er kam zu Man=
teuffel, dessen ungeheure Mittelmäßigkeit er allerdings voll=
kommen erkannte, er empfing die süßlichsten Schmeicheleien
des alten Generals Wrangel, und machte auch die Bekannt=
schaft des Fürsten von Bismarck, der damals Herr von Bis=
marck=Schönhausen, der erste Redner der äußersten Rechten,
und ein lieber Sohn der schwarzen Kreuzzeitung war.

In Hannover wurden Pückler auch große Ehren er=
wiesen, und er hoffte dort auf ein neues „Spielzeug"; aber
ach! das Spielzeug, welches ihm der König Ernst August
verlieh, war nicht so groß, als er gewünscht, und seinen
Verdruß darüber schüttete er im Vertrauen gegen seine Lucie
aus, in einem Brief aus Hannover, den 1. September 1851,
der lautet wie folgt: „Liebste Mama, was ich besorgt, ist
nun allerdings geschehen. Un petit malheur, wo ich jedoch
Gott bitte, daß mich nie ein Schlimmeres treffe. Der König
hat mir durchaus, weil ich nur Generalmajor sei, nur den
Stern mit Schwertern zur zweiten Klasse seines Ordens
geben wollen, den er mir nun gestern zugeschickt. J'ai jeté
les hauts cris comme de raison. Je m'en suis plaint
amèrement à Mad. de Grote et la petite Paula, et en
remerciant le Roi, je lui ai dit: „Ich sage Ew. Majestät
meinen unterthänigsten Dank für die mir erwiesene Gnade,
und bitte Ew. Majestät zugleich überzeugt zu sein, daß auch
die letzte Klasse Ihres Ordens, als Zeichen Ihrer Huld, den
gleichen Werth für mich gehabt haben würde." Seine Maje=
stät comprit fort bien ce que je voulais dire, ainsi que
toute la cour, et en me répondant: „Gut, gut," il s'em=
pressa de me quitter. Je crains bien que le temps de
ma faveur est passé maintenant; cela ne battra plus
que d'une aile."

Doch war Pückler schnell getröstet, und berichtete schon den 3. September 1851 weiter: „Der König fährt fort ganz gnädig zu sein, ohngeachtet der passageren Wolke, et à ce qu'il parait l'époque ne sera pas très éloignée, où on me contentera tout-à-fait. Au reste, cela m'est égal maintenant. Comme object de toilette c'est même plus Avantageux, car le crachat aux deux épées est presque le même, et j'avais déjà un cordon bleu par dessus l'habit, mais point en sautois an col. Ainsi bien considéré, tout est pour le mieux."

Um sich von dem Zwang der Höfe zu erholen, reiste Pückler im Oktober 1851 nach London, die dortige Weltausstellung in Augenschein zu nehmen. Die neuen Eindrücke erfrischten ihn so sehr, daß er wieder wie ein junger Mann sich nach allen Seiten umthat, zuerst nach so langer Zeit sich wieder an den Merkwürdigkeiten Londons erfreute, und dann auch wieder in der Gesellschaft verkehrte. Wie jung er noch immer aussah, das möge hier durch ein Beispiel bewiesen werden. Bei einem großen Diner bei der Herzogin von Sommerset saß er an der Tafel neben der hübschen Lady Seymour, und erkannte sie während des Gesprächs als die schöne Miß Sheridan, Schwester der Mrs. Norton, die er als siebzehnjähriges Mädchen vor fünfundzwanzig Jahren in London gekannt hatte, indem sie ihm erzählte, daß sie seinen Vater vor langer Zeit hier oft gesehen! Sie hielt Pückler also jetzt für seinen Sohn, und das unbewußte Kompliment ergötzte ihn nicht wenig.

An Lucie richtete er wieder sein ganzes Reisetagebuch, so daß die alte Freundin in der Ferne an allem theilnehmen konnte, was er erlebte. Sie waren nun ganz wieder Philemon und Baucis.

Er hatte in Dresden, nachdem wieder einige kleine Streitigkeiten zwischen ihnen vorgefallen, sich mit Lucie ver=

traulich ausgesprochen, in einer Weise, die seinem Herzen
wohlthat, und die Innigkeit zwischen beiden auf das schönste
wieder herstellte, die seit dem Verkauf von Muskau etwas
gelitten hatte. Wir finden darüber in Pückler's Tagebuch
vom 15. August 1851: „Eine mir wohlthuende Explikation
mit der Mama, die so lieblich in ihren weißen Haaren.
Krankheit seit mehreren Tagen, aber le coeur content."

Und den 17. August heißt es weiter: „Ueber diese merk=
würdige und heilige Krisis des 15. vielfach nachgedacht. Hier
muß ich eine äußere Einwirkung einer guten Macht er=
kennen, welche eine garstige Rinde, die sich um mein Herz
gelagert, wie durch eine Art Wunder ohne irgend einen sicht=
lichen Grund so wohlthätig geschmolzen hat, und nicht nur
mich, sondern auch die andere Seele gänzlich im Guten ge=
ändert hat, wo dieselbe bösliche Verhärtung sich anzusetzen
begonnen hatte. Dies ist Gnade, ich kann es auch in der
rationalistischsten Ansicht nicht anders ansehen, denn weder
in mir noch in ihr war der Grund dazu vorhanden, wenn
auch die Empfänglichkeit noch da war, die Unterstützung einer
höheren Hand zu empfangen und zu segnen. Gott erhalte
mir die wohlthätigen inneren Folgen dieses Tages, dies ist
mein inniges Gebet."

Und dieses herzliche Einvernehmen erwies sich von Dauer.

„Meine Herzensschnucke," schrieb Pückler an Lucie aus
Hannover den 21. September 1851, „ich habe nur an Dich
gedacht während der ganzen Reise. So alt wir sind, bleiben
wir doch nur wahre Kinder, die zuerst sich küssen und lieben,
dann miteinander spielen, erst scherzen, dann sich streiten,
dann sich die Puppen an den Kopf werfen, dann sich wieder
weinend und liebend versöhnen, und von Reue zerknirscht
sind. Voilà notre histoire, qui se renouvelle toujours.
Allaune, Pulverfaß und Hermann von Unna."

Und aus London schrieb ihr Pückler in heiterm Humor
den 29. Oktober 1851: „Ich gratulire Dir zu meinem mor=

genden Geburtstag, wo es Gott gefiel Jemanden allein für
Dich zu schaffen, nnd zu diesem Zweck mit allen Tugenden
eines Erzengels auszustatten." — Und weiter fügte er hinzu:
„Eben kommt Dein Brief vom 23. als Geburtstagsgeschenk
la veille du grand jour, où j'accomplis ma. 66ième
année! un âge que je n'ai guères cru pouvoir atteindre,
et encore passablement bien portant. J'en rends grâce
du fond de mon coeur au Dieu inconnu qui dirige
mes destins avec tant de clémence peu mérité sans
doute, mais enfin je suis ce que j'ai été fait — on ne
m'y a pas consulté. C'est un grand mystère que notre
existence, et le mieux est de la mettre à profit autant
qu'on peut, sans se rompre la tête pour l'approfondir."

Um seinen Geburtstag in der freien Natur zu feiern,
wollte Pückler an diesem Tage nach der berühmten
Tubularbridge reisen, auf die er sich sehr freute, aber ein
heftiges Unwohlsein hinderte ihn an der Ausführung, und
kaum wieder hergestellt, verließ er, Luftveränderung suchend,
England. Auf der Durchreise in Brüssel, hatte er eine lange
Audienz auf Schloß Laeken bei dem König Leopold der
Belgier, wo von beiden Seiten man sich in graziösen Kom=
plimenten überbot.

In Hannover langte Pückler grade in derselben Stunde
an, wo der König Ernst August mit Tode abging, und hielt
es nun für schicklich dort den Trauerfeierlichkeiten mit beizu=
wohnen. Dazu gehörte denn auch mitten im Felde im Schnee
an der Eisenbahn zu stehen, um von 9 Uhr Morgens bis
halb 11 Uhr zu warten, bis der König Friedrich Wilhelm
der Vierte mit allen seinen Brüdern von Berlin eintraf,
was freilich mit einem Händedruck von Seiten aller Herr=
schaften belohnt wurde. Beinahe noch härter kam es Pückler
an, darauf im Schloß „eine Stunde banale Warteversamm=
lung" auszuhalten, und dann einen Marsch von tausend
Schritten nach dem Mausoleum im Garten zu machen, und

auf dem kalten Marmor mit nassen Füßen stehend lange
verschiedene Gebete, und eine deutsche und eine englische Pre=
digt geduldig anzuhören. Da fand er denn doch die An=
strengungen seiner Orientreise weit belohnender und amü=
santer! Aber dem Hofdienst sollte einmal genug gethan
werden!

Weit mehr Freude hatte Pückler in Weimar, wo er im
Dezember eintraf, wiede rals Gärtner zu wirken, und wo sein
begabter Schüler Petzold vortrefflich in seine Ideen einge=
gangen war. „Hinsichtlich der Anlagen,“ schrieb Pückler an
Lucie, aus Weimar den 18. Dezember 1851, „hat Petzold
meine ihm hier gegebenen Ideen im Park und in Tieffurth
ganz meisterhaft ausgeführt, und aus dem geschlagenen Holz
4000 Thaler gelöst. Trotzdem sieht man jetzt mehr Bäume
als vorher, nebst weiten, früher unbekannten Rasenflächen.
Je n'aurais pu faire mieux, et pas si bien même, je
crois. — Der Besuch und die Revision dieser Anlagen
nehmen nebst dem Hofe meine ganze Zeit hinweg.“

Im Sommer 1852 war endlich in Branitz alles so
weit gediehen, daß Pückler Lucien vorschlagen konnte, aus
Dresden zu ihm herüberzukommen, sein Werk zu sehen, und
sich dort einzurichten. In Branitz einzuziehen war für sie
der größte Lebenstrost, die größte Lebensfreude. Er pflanzte
ein S von blühenden Rosen, damit seine gute Schnucke aus
ihren Fenstern ihren Namenszug erblickte. Die Briefe, welche
die beiden geschiedenen Gatten in jener Zeit wechselten, gleichen
weit mehr Liebesbriefen, als die aus ihrer Brautzeit, denn
während sie sich die Leiden des Alters klagten, drückten sie
jugendlich warme Gefühle aus, und jugendliche Unruhe und
Leidenschaft in der Ungeduld, mit der sie gegenseitig ihre
Briefe erwarteten, und sich heftige Vorwürfe machten, wenn
dieselben einen Tag länger wie gewöhnlich ausblieben. Lucie
nannte sich oft eine Jeremia, eine Mumie, einen Schatten,
eine Sage nur noch, und bat ihren Lou mit ihr Geduld zu

haben, alle Freude komme ihr einzig von ihm, den sie an=
bete. Er trug sie auf den Händen so viel er vermochte. „O
Lou, mich erhebt doch ein Gefühl," schrieb ihm Lucie aus
Branitz den 6. September 1852 nach Berlin, „und ich darf
mir sagen: nicht habe ich umsonst gelebt: ich war seine
Freundin, seine treueste Freundin auf Erden. — — Adieu,
Lou, mein Sohn, mein Leben! O leite mich sanft zu Grabe.
Da will ich ruhen, und die Seele wird von Deiner Erin=
nerung erfüllt, zum neuen, geistigen, heiligen Vereine Dich
erwarten. Dann wollen wir uns freuen — daß der Ab=
schied von hier überstanden — und ich einen Lou, dieser
eine Schnucke gefunden."

Eine ernste Mahnung an den Tod fiel in jene Zeit,
denn Lucie wurde im September 1852 vom Schlage be=
troffen, doch erholte sie sich langsam wieder von diesem
Anfall.

Im Jahre 1853 machte Pückler seine gewöhnlichen Aus=
flüge an die ihm befreundeten Höfe, und durfte sich rühmen
das „enfant gâté des Princesses" zu sein. In Weimar
machte er das Regierungsjubiläum des Großherzogs mit, in
Baden=Baden verkehrte er mit der Prinzessin von Preußen,
die, wie er sagte, fast ein Ideal für ihn sei, mit der Prinzessin
Louise von Baden, die er als „ein liebliches Kind an der eben
überschrittenen Gränze der Jungfrau" bezeichnete, mit der Groß=
herzogin Stephanie, deren Liebenswürdigkeit ihn ganz einnahm,
und mit der Großherzogin Sophie, die er eine sehr liebe,
anspruchslose, etwas timide, aber gefühlvolle Frau nannte."
Auf der Reise begegnete er der Fürstin von Liegnitz; ferner
sah er in Koblenz die Königin von Holland, die Tochter des
Königs von Würtemberg; er beschreibt sie als: „eine noch
hübsche, interessante Frau, mit einem sehr anziehenden Zug
von Weiblichkeit, mit einem Anflug von Kummer," und die
Gräfin von Nassau, Wittwe des alten Königs von Holland,
schildert er als „eine Dame von viel Verstand, und großen

Manieren." In Eisenach lernte Pückler die Herzogin von Orleans kennen; er schrieb über sie in sein Tagebuch: „Artige Frau, doch in ihrer etwas kümmerlichen Erscheinung unter meiner Erwartung, eben so die beiden Prinzen wie die Hofdamen." Weit bedeutender fand er die Großfürstin Olga, die Kronprinzessin von Würtemberg — die jetzige Königin — die er in Weimar sah; er schreibt über sie: „schöne, grandiose, schön repräsentirende Frau, dem Kaiser, ihrem Vater, sehr ähnlich." Und noch viele, viele andere Fürsten und Fürstinnen wären hier zu nennen, mit denen er verkehrte.

Nachdem Pückler das Weihnachtsfest in Koblenz am Hofe der Prinzessin von Preußen zugebracht, begab er sich Anfang des Jahres 1854 nach Paris, um auch den Hof des Kaisers Napoleon zu besuchen. Geblendet von den Erfolgen dieses Mannes überließ Pückler sich der zügellosesten, blindesten Bewunderung für ihn. Er fand die beeifertste Aufnahme, die ihm schmeichelte. Pracht, Luxus, Vergnügungen unterhielten ihn einmal wieder eine zeitlang wie ein junges Mädchen, das zuerst in die Welt eintritt. Visiten, Soireen, Diners, Paraden, Bälle jagten sich, und ließen ihm keinen freien Augenblick. Er war am Hofe, im Faubourg St. Germain, und in den Finanzkreisen gesucht —, von allen Seiten wurden außer dem Fürsten auch dem Schriftsteller Lobsprüche gespendet, was ihn besonders freute. Die Tuillerieen fand er prächtiger als jemals; der kaiserlichen Küche ertheilte er — und einen größeren Sachverständigen als ihn konnte es auf diesem Gebiete nicht geben — das Zeugniß, daß sie die beste sei, seit der Küche von Ludwig dem Achtzehnten beim Duc d'Escars. Die Großherzogin Stephanie, die er in Paris wiederfand, empfing ihn auf das Herzlichste. Der Kaiser und die Kaiserin luden ihn zu ihren Hoffesten ein, wo alles von Diamanten strahlte. Der Kaiser unterhielt sich stets lange mit ihm, mit der Kaiserin hatte er immer ausführliche Gespräche. Auf einem Kostümball, den die Kaiserin gab, erschien Pückler als schwarzer Spanier gekleidet, als Huldigung für Mad. Eugenie. An einem Abend, den er en famille in den Tuillerieen zu= brachte, wurde er gebeten sein Gartenwerk vorzulegen, aus dem Napoleon sich mehreres abzeichnete. Auch fuhr ihn der Kaiser mehrere Stunden lang spazieren um ihm die Umgegend von Paris zu zeigen. Der alte Jerôme, die Prinzessin Mathilde, die Prinzessin Murat, Alle bewiesen ihm Aufmerksam= keit. Mit der schönen und liebenswürdigen Gräfin Stephanie Tacher de la Pagerie schloß Pückler eine besondere Freundschaft, und führte von da an einen Briefwechsel mit ihr, in welchem die beiderseitige Feier des französischen Kaiserthums ihren feurigen Ausdruck fand. Auch den Dichter Lamartine lernte Pückler kennen, den er weit einfacher und liebenswürdiger fand, als er erwartet hatte, und der gleichfalls dem Verfasser der „Briefe eines Verstorbenen" viel Schmeichelhaftes sagte.

Ein trauriges Ereigniß folgte diesen Freudentagen. Der 8. Mai 1854 beraubte Pückler seiner Lucie. Die Fürstin verstarb auf dem Schlosse zu Branitz, inmitten der Schöpf= ung Pückler's, welche eben im vollen Frühlingsschmucke prangte. Nach den langen Leiden, die sie erduldet, war Lucie die Ruhe zu gönnen; auch hatte sie das Alter von 78 Jahren erreicht. Sie wurde ihrem Wunsche gemäß zwischen grünen Gebüschen auf dem Kirchhofe bei Branitz beerdigt, und ein einfaches Kreuz auf ihrem Grabhügel errichtet, dem Pückler die Inschrift gab: „Ich denke Deiner in Liebe." Er be= wahrte ihr Andenken mit treuer Pietät. Den Zwerg Billy, dessen sich die Fürstin so liebevoll und fürsorglich angenommen, nahm er nun in seine eigenen Dienste als Sekretair.

Lucie war es ein Trost, da ihr Muskau einmal ge= nommen war, in Branitz zu sterben. „Dich in Ruhe, in Befriedigung dort zu hinterlassen," hatte sie schon früher an Pückler geschrieben, „wenn meine Seele scheidet, von dem was mir irdisch am Theuersten gewesen, dieses wird eine Wohlthat sein, die ich mitnehme. — Und glaube, wie ich glaube, der Geist Deiner treuesten, liebendsten Freundin, der wird Dich umschweben, immer — und gern mit Dir da weilen, wo Du in Wohlwollen und Güte ihrer gedachtest, und für sie gewirkt." Bis zuletzt sprach sie es begeistert aus, wie innig dankbar sie Pückler sei, für alle die Liebe und Güte, die er ihr erwiesen. In ihrem Nachlaß fand sich die Feder, mit der sie ihre Scheidungsakte, die sie von Pückler trennte, unterzeichnet hattte. Sie machte die Aufschrift: „Dieses ist die Feder, mit der ich die schmerzliche Eingabe zu meiner Ehescheidung von meinem über alles geliebten Lou unterzeichnete." Auch die getrockneten Blumen hatte sie be= wahrt, die Pückler ihr aus dem Orient geschickt; auf die einen hatte er geschrieben: „Afrikanische Waldblumen für die gute Schnucke gepflückt von ihrem treuen Lou," und auf an= dere hatte Lucie selbst die Aufschrift gemacht: „An den Ufern des Styx gepflückt, und mir zugesandt von dem, den ich lieben werde auch jenseits der Wellen, die das Leben hier und das Leben dort bespülen."

Zu einem Rosenzweig hatte Pückler die Verse geschrieben:

„Beim holden Schein der zarten Frühlingssonne,
Bei Ungewitter, Sturm und Drang,
Bei Frohsinn, Glück, und jeder Lebenswonne,
Bei Noth und Kummer jahrelang
Bleibt seiner Schnucke treu der Lou,
Bis Gott ihm schließt die Augen zu."

Den Verlust von Muskau konnte Lucie nie ganz ver= schmerzen. Sie sah darin ein Band zwischen ihr und Pückler, das sie fest verknüpfte. „Ein Boden hatte uns aufgenommen," sagte sie darüber, „der Jahre viele hindurch. Es umarmten sich in der Tiefe unsere Wurzeln, wie unsere Zweige in der Höhe."

Die edle Fürstin wurde von Vielen betrauert; besonders auch von Alexander von Humboldt und von Heinrich Laube und seiner Gattin. Humboldt und Lucie waren seit dem Jahre 1793 mit einander bekannt, in den Jugendjahren voll

Heiterkeit und Frohsinn miteinander verkehrend, an die sie
sich beide gern erinnerten. Humboldt pflegte sich damals le
curieux de la nature zu nennen. Kurz vor ihrem Tode
schrieb Lucie noch über ihn und jene frohe Zeit: „Puisse le
sort me laisser rencontrer tant de gaiété dans l'autre
monde, et tant de distinction." Humboldt bewahrte ihr
eine große Verehrung, und Laube schrieb über sie in dem
schon früher erwähnten Pückler gewidmeten Nachruf: „Sie
war älter als er und eine vortreffliche Dame. Gesegnet
mit allen schönen Eigenschaften großen Adels, mit großem
Sinn und großer Milde, und ausgerüstet mit dem edlen
Berufe zum Regieren. Beruf ist die angeborne Fähigkeit:
in's Werk zu setzen; edler Beruf ist der hinzutretende Drang:
Gutes und Schönes in's Werk zu setzen. Die Tochter Har=
denberg's hat diesen edlen Beruf einer jetzt schwindenden
Adelsmacht in allen Lagen ihres Lebens ausgeübt, auch in
den Lagen ökonomischer Bedrängniß. Es war ihr eine Lebens=
tendenz: fördersam zu wirken auch über den Kreis der nahe=
liegenden persönlichen Interessen hinaus, dem Ganzen und
Großen fördersam zu wirken."

Die meisten dieser Lobsprüche sind verdient, aber wenn
Laube von Milde spricht, so müssen wir doch bemerken, daß
es nur eine Milde der äußeren Form sein konnte, denn wahre
Milde des Karakters fehlte Lucien bei sonst vielen guten und
schätzbaren Eigenschaften.

Achtundvierzigster Abschnitt.

Würtemberg. Die Königin von Holland. Koblenz. Zurückgezogenheit
München. Aachen. Einsiedler zu Branitz. Orden. Verschönerung
von Branitz Weiße Haare. Ce que femme veut. Tod Varnhagen's.
Briefwechsel. Liebesverhältnisse. Unbekannte Damen. Damen der
Geschichte. Prophezeihung des Grafen von St. Germain. Wildbad.
Baden=Baden. Gekrönte Häupter. Gräfin Ida von Seydewitz.
Schweiz. Venedig. Wien. Graf Heinrich von Pückler und seine
liebenswürdige Frau. Krönungsfeier in Königsberg. Wieder ein
Orden. Marienburg. Danzig. Zweite Pyramide in Branitz. Be=
suche des Königs, der Königin, des Großherzogs von Weimar, der
Prinzessin Karl, des Prinzen Friedrich Karl. Muskau. Herzlicher
Empfang daselbst. Prinz Friedrich der Niederlande. Noch ein Orden!
Pflanzungen. Wandersehnsucht. Leipzig. Koblenz. Neuenahr. Sturz
mit dem Pferde. Geschick und Talent im Fallen. Bozen. München.
Frankfurt. Stuttgart. Der Krieg von 1866. Der einundachtzig=
jährige Freiwillige. Der Name Pückler durch Jugend und Alter ver=
treten. Tapferer und siegreicher Angriff des Grafen Heinrich von
Pückler. Pückler's Kummer nicht bei der Schlacht von Königsgrätz
gewesen zu sein. Noch zwei Orden. Der Einzug in Berlin. Ein=
samer Geburtstag im Walde in der Fischerhütte. Einsamkeit in
Branitz.

Den Sommer 1854 verlebte Pückler in Würtemberg,
wo er die Königin von Holland öfter wiedersah, und ihr
sehr zugethan wurde, und dann reiste er zwei Monate lang
in der Schweiz umher, wie ein fahrender Ritter, meist zu
Pferde, über Berg und Thal, von einem See zum anderen,
und neue Lebensfreude kam in sein Herz im Verkehr mit der
freien Natur. Da zu Hause seine Schnucke nicht mehr seiner
wartete, so war er, die Pflanzzeit ausgenommen, sehr viel

von Branitz abwesend. Seinen Geburtstag feierte die Prin=
zessin von Preußen in Koblenz; in Mainz sah er wieder die
Großherzogin Stephanie. Und dann wieder, des Hoflebens
satt, zog er sich in eine romantische Einsamkeit zurück; so
hielt er sich im Sommer 1855 zwei Monate lang in einer
kleinen Bergstadt des Harthgebirges bei Speyer versteckt auf,
ohne daß ihn irgend Jemand dort kannte. Dann ging er
nach München, das er seit seinen Jugendtagen nicht wieder=
gesehen hatte, nach Aachen u. s. w.

Erst nach zweijähriger Abwesenheit kehrte Pückler im
Herbst 1855 nach Branitz zurück, und war nun wieder so eifrig
der Einsiedler, wie er eben noch der Weltmann gewesen, sagte
mit König Salomo, daß alles in der Welt eitel sei, ruhte sich
aus in ästhetischem Komford, und erfreute sich an der wei=
teren Ausbildung seiner Anlagen. Alles sei elend und schwach
in der Welt, erklärte er, außer die Kunst und die Poesie,
das heißt die Schöpfungen in der Welt der Phantasie, die,
wie er zu vermuthen begänne, die w a h r e sei. Er nannte
sich mit Recht eine einsame Natur, eine Art Diogenes, nur
besser gewaschen als dieser, und ein Bischen Narziß dazu.
„Si j'ai quelque chose du diable“, schrieb er an die Gräfin
Maxe von Oriolla, die Tochter Bettinens, „c'est cela. Je
suis seul. Aussi je m'occupe avec plus d'intérêt de moi,
que de tous les autres, et à quelques exceptions prêtes,
j'ai une indifférence atroce pour les hommes.“

Er verließ nun ein Jahr lang sein Schloß nicht mehr mit
einziger Ausnahme einer achttägigen Reise nach Potsdam, um
dem König für die endliche Verleihung des großen rothen Adler=
ordens zu danken, und einer achttägigen Studentenreise die er
ohne Diener, bloß von seinem Hund begleitet, machte. Während
er als leidenschaftlicher Gärtner arbeitete, begann der Ruf von
Branitz sich immer mehr und mehr zu verbreiten, und von
allen Seiten wallfahrteten die Leute dorthin, da er dem Publi=
kum stets seinen Park menschenfreundlich geöffnet hielt. An

seine Freundin Frau von Scripicine schrieb er über Branitz den 20. Juli 1856:

„Es befriedigt wirklich meinen angeborenen Kunstsinn und meine poetische Richtung nach dem Ideal in allen Dingen, aus einer Wüste ohne Bäume, ohne Wasser, ohne Hügel, eine so liebreiche Natur hervorgerufen zu haben, die jetzt mit Seen, Wald und von Hügelketten eingefaßten Wiesen prangt, von hunderten alter Bäume belebt, das Schloß mit englisch ge= haltenen Blumengärten rings umgeben ist, wo vor zehn Jahren nur eine trostlose Landfläche à perte de vue nach allen Seiten hin sich ausdehnte. Für die, welche es früher gekannt, sieht es einer Zauberei ähnlich, und beweist, was man mit viel Geld, noch mehr Ausdauer und einigem Talent fast Wunderbares hervorbringen kann. — Ich hätte freilich in schönerer Gegend eine ganze Herrschaft mit der Umgebung einer viel großartigeren Natur, für noch weniger Geld kaufen können, als mir die hiesige gewaltsame Schöpfung gekostet, aber ich bereue es nicht. Ich war hier ganz eigentlich der Wohlthäter einer armen, bedürftigen Natur und Gegend, während dort ich nur mit ihr in Reichthum geschwelgt hätte. Verdienst und Erfolg waren hier größer, und dann ist Branitz ein altes Stammgut und Majorat der Familie, ich aber habe noch viel Sinn für alte Familien und alten Besitz. Um aber doch hier auch ein Unicum zu stiften, was im übrigen Europa kaum mehr zu finden sein möchte, bin ich auf die Idee gekommen (schrieb ich Dir nicht schon davon?), zu meinem Grabhügel einen antiken Tumulus zu errichten — eine viereckige Pyramide aus Erde aufgeführt von 120 Fuß Basis und 60 Fuß Höhe, allerdings ein kühnes Unternehmen, was aber nun glücklich vollendet ist, und da ein solcher Tu= mulus, deren in Sardis, der Hauptstadt des alten Krösus, mehrere hundert als Grabmäler der Könige und Prinzen noch unversehrt seit länger als 2000 Jahren stehen, eben so unvergänglich ist, als ein naturwüchsiger Berg, so wird dies

Grabmal, wahrscheinlich alle Monumente jetziger Herrscher überdauern, wie die sieben Weltwunder alle verschwunden sind, und die Tumuli von Sardis gleich den Pyramiden Aegyptens noch jugendlich ihre Häupter erheben."

Als Einsiedler von Branitz machte es sich Pückler nun auch endlich bequem, und hörte auf, sich die Haare zu färben, was er seit seiner Rückkehr aus dem Orient wieder regelmäßig gethan hatte. Wie oft hatte er geklagt, daß dies ein schwarzer Faden sei, der sich durch sein Leben ziehe! Und nicht bloß Eitelkeit hatte ihn dazu bewogen! Ce que femme veut hatte auch hier seinen Einfluß ausgeübt. Lucie war es ge= wesen, die durchaus darauf bestand, er müsse fortfahren sich zu färben, und seine Versuche, sich von dem lästigen Zwang zu emanzipiren, waren stets an ihrer liebevollen Herrschsucht gescheitert. Er stellte ihr vor, durch das Färben verberge er ja doch sein Alter nicht, sondern zeige nur den Wunsch, es zu verstecken, auch seien die Erkältungen, denen er sich dabei immer aussetzen müsse, seiner Gesundheit schädlich — es half nichts, Lucie wollte ihn durchaus nur mit schwarzen Haaren sehen! Im Jahre 1852, wo er also bereits siebenundsechzig Jahre alt war, schrieb er an Lucie:

„Es wäre doch fast lächerlich, mich aus einer Eitelkeit, deren Erfolg immer zweifelhafter wird, am Ende um's Leben zu bringen, abgerechnet, daß mir diese bei den Bärten alle zehn Tage wiederkehrende, höchst penible Operation ordentlich das Leben verleidet. — Au fond, c'est une duperie, qui ne trompe que celui qui l'éxécute. Wenn ich mich also entschließe zum Weiß, so störe mich nicht in der Uebung meiner Vernunft und der Sorge meiner Gesundheit. Dich habe ich auch immer hübscher in den weißen als blonden Haaren gefunden, und das Alter können wir beide doch nicht mehr abläugnen". Auch diese einsichtigen Worte ver= hallten an Luciens Eigensinn.

So unbedeutend diese Sache ist, so verdient sie doch als ein psychologischer Zug hier angeführt zu werden, da sie zeigt daß Pückler nicht aus Gefallsucht, sondern nur aus gutmüthiger Nachgiebigkeit gegen seine Freundin, das Haarfärben in seinem Alter fortsetzte.

Nachdem Pückler so viele derjenigen, die ihm theuer waren, verloren, traf ihn den 10. Oktober 1858 auch sehr schmerzlich das plötzliche Dahinscheiden Varnhagen's, der ihn nur wenige Monate vorher in Branitz besucht, und den er in Berlin wenige Tage vor seinem Tode noch frisch und kräftig verlassen hatte. Es wurde leer um ihn, und er empfand es oft schmerzlich, denn er hatte beständig das Verlangen sich anzuschließen.

Er widmete sich nun einem außerordentlich lebhaften Briefwechsel, besonders mit Damen, der ihm gewissermaßen die Schriftstellerei ersetzen mußte, und in dem er Geist, Laune Witz und Grazie freien Lauf ließ. Liebesverhältnisse hatte er im Alter so viele, wie in der Jugend, und wurde oft getäuscht und betrogen, trotz aller seiner Menschenkenntniß, von kühnen Abentheurerinnen, Glücksritterinnen, Intrigantinnen und Spekulantinnen hohen und niederen Standes. Wie Manche wollte sich durch List und Lüge zur Fürstin Pückler machen! Wenn man Pückler in seinen letzten Jahren zuweilen Mißtrauen vorgeworfen hat, so möge man bedenken, daß er so oft zu viel vertraut, zu viel des Guten und Edlen vorausgesetzt hatte, daß es nur natürlich und unvermeidlich war, wenn er nun in das Gegentheil verfiel, und dann auch vielleicht gerade am unrechten Orte.

Die Damen, die er kannte, genügten aber Pückler noch lange nicht für seine Liebesverhältnisse; er stand auch im Briefwechsel mit einer Reihe von Unbekannten, die durch seine Einbildungskraft verschönt, ihm doppelt reizend und verführerisch erschienen. Doch selbst das war ihm nicht genug; seine Phantasie ging zuweilen zurück in vergangene Jahr-

hunderte, und er ſetzte ſich in einen geiſtigen Rapport mit
den Verſtorbenen, mit den Frauen, die bereits der Geſchichte
angehörten, und er konnte ſich zum Beiſpiel lange und an=
genehm damit beſchäftigen, ob ihm die Gunſt der Frau von
Maintenont oder die der Frau von Sévigné mehr zugeſagt
haben würde, bei welchem ſonderbaren Anlaß er zugleich eine
ſehr geiſtreiche Vergleichung der Geiſtesart dieſer beiden
Frauen anſtellte. Er hoffte immer noch wie in ſeiner Ju=
gend, der Fee Morgana zu begegnen; die fand er nicht.
Dagegen erſchien er oft ſelbſt wie der Zauberer Merlin.

Mit den weißen Haaren gefiel er nicht minder als mit
den ſchwarzen, und ſeine Schönheit zuſammen mit der Macht
und Friſche ſeines Geiſtes und Gemüths wirkten immer noch
ſo ſtark, daß er auch ächter und wahrer Zuneigung begegnete,
neben den oben erwähnten Täuſchungen. Es beſtätigte ſich
die Prophezeihung des Grafen von St. Germain, der einſt zu
dem ſechsjährigen Knaben geſagt hatte: „Tu vivras long-
temps, mon petit, et tu resteras jeune jusqu'à ta mort."

Es kann keinen Mann auf der Welt geben, dem die
Frauen mehr gehuldigt, um den ſie ſich mehr bemüht hätten,
als um Pückler. Wenn die Wände des Schloſſes von Branitz
reden könnten, welche ſeltſame Geheimniſſe würden ſie ent=
hüllen! Wenn er eine Schönheitsgalerie angelegt hätte, wie
König Ludwig von Baiern, ſie würde nicht nur dieſe, ſondern
auch Don Juan's „Tauſend und Drei", deren Bildniſſe Lepo=
rello vorzeigt, bei weitem übertroffen haben. Dies genüge
hier, denn die „Mystères de Branitz" können in dieſer Bio=
graphie keinen Platz finden.

Vielen ſeiner Freundinnen und Korreſpondentinnen gab
Pückler phantaſtiſche Namen, und man fühlt ſich in der That
oft wie in ein barockes Mährchen verſetzt, wenn man alle
dieſe fleurs animées ihn umkreiſen und umtanzen ſieht. —
Da gab es eine Satanella, eine Hekate, eine Lola, einen
Bachus, ein Bonnet=rouge, eine Eidechſe, eine Harfe, eine Lady

Tartüffe, u. s. w. und dazwischen lief das Corps der Pagen, der Sklavinnen, ja sogar der Gamins hin und wieder. Hexen=sabbath und Feenmährchen löften sich hier oft ab.

Wir faffen die letzten Lebensjahre Pückler's kürzer zu=sammen, da sie sich in dem bereits angedeuteten Kreise weiter=bewegten. Im Jahre 1860 reiste er in Begleitung seiner Nichte, Gräfin Ida von Seydewitz, nach Wildbad, um die Kur dort zu brauchen, und dann nach Baden=Baden. An beiden Orten traf er wieder mit unzähligen gekrönten Häup=tern zusammen. Dann brachte er seine Nichte in eine Pension in der Schweiz, und nachdem ihre Erziehung vollendet, behielt er sie längere Zeit zur Gesellschaft bei sich. Später verschaffte er ihr die Stelle als Hofdame bei der Prinzessin Friedrich Karl, und verheirathete sie dann mit dem Grafen von Kleist=Juchow.

Die ältere Schwester der Gräfin Ida, Gräfin Josephine von Seydewitz, Hofdame der Prinzessin Karl, sah Pückler auch viel bei sich in Branitz.

Im Jahre 1861 reiste Pückler wieder nach der Schweiz, und ging mit seiner Nichte Ida nach Venedig und Wien. Im Herbst nach Branitz zurückgekehrt, hatte er dort den Besuch seines Fideikomißnachfolgers, seines jungen Vetters, Graf Heinrich von Pückler, dem Sohne des Grafen Sylvius von Pückler, der ihm seine liebenswürdige junge Frau vorstellte, deren Anmuth, Ausbildung und Verstand auf Pückler einen sehr angenehmen Eindruck machte. Im Oktober reiste er zur Krönungsfeier des Prinzen von Preußen, der unterdessen als König Wilhelm der Erste den preußischen Thron bestiegen hatte, nach Königsberg. Bei diesem Anlaß erhielt er auch endlich den Titel Durchlaucht offiziell bestätigt, den man ihm in der Welt zwar allgemein beigelegt hatte, aber zu seinem großen Verdruß unter König Friedrich Wilhelm dem Vierten, von dessen Ministerium ihm und allen Fürsten preußischer Ernennung abgesprochen wurde. Und weil endlich, wenn man nur warten kann, alles kommt, was man sich früher gewünscht, so erhielt auch Pückler zugleich den neuen Orden der preußischen Krone erster Klasse; es war dies der siebente Stern, den er empfing, und der auf seiner Brust keinen Platz mehr hatte. Er selbst gestand, daß der neue Orden, selbst zur Toilette, für die heutzutage Orden nur noch Wichtigkeit hätten, zu viel für seinen Galarock sei, und fügte in seinem Tagebuch die Bemerkung hinzu: „Wie manches giebt's dieser Art, was einen in der Jugend entzückt, und im Alter als unnütz und zum Theil lächerlich, beinahe verdrießt."

Nachdem Pückler die Krönungsfeste in Glanz und Fülle genossen, schützte er einen Grippeanfall vor, um die Feierlich= keiten in Berlin nicht auch mitmachen zu dürfen, und machte anstatt dessen lieber einen Ausflug nach Marienburg und Danzig.

Dann hatte er wieder in Branitz die Befriedigung des Schaffens. Außer der ersten Pyramide legte er noch eine zweite mit Stufen daneben an, die 1862 fertig wurde. Er empfing den Besuch des Königs und der Königin in Branitz, sowie den des Großherzogs von Weimar, die alle seine Schö= pfung bewunderten. Mehrmals erfreute ihn die wohlwollende, ihm stets gütig gesinnte Prinzessin Karl durch ihre Gegen= wart, sowie ihr Sohn der Prinz Friedrich Karl.

Im Januar 1863 ging Pückler inkognito, von dem Zwerg Billy begleitet, nach Muskau, weil in ihm der Wunsch auf= gestiegen war, zu sehen, wie sich dort seine Anlagen entfaltet hätten. Doch wurde er bald im Jagdschloß vom Förster erkannt, und viele Beweise alter Liebe und Anhänglichkeit wurden ihm zu Theil. Die Einwohner der Stadt empfingen ihn glänzend, mit Schützenaufzügen, Illumination und end= losem Fackelzug. Diese uneigennützige Verehrung nach acht= zehnjähriger Abwesenheit war ihm wohlthuender, als wenn er noch der Besitzer gewesen wäre. Auch in ihm wachte alle alte Liebe für Muskau lebhaft auf, und er war unendlich erfreut, daß der gegenwärtige Eigenthümer, der Prinz Friedrich der Niederlande, mit größeren Mitteln versehen, als sie ihm jemals zu Gebote gestanden, die Pläne unter Petzold's geschickter Hand vollends zu verwirklichen suchte, die Pückler bereits sehr weit ausgeführt hatte. Nachdem der Prinz von seinem Erscheinen vernommen, ließ er ihn nun dringend nach Muskau zum Besuch einladen, und Pückler folgte der Einladung, wenn auch nur auf zwei Tage; man überschüttete ihn mit Artigkeiten und Ehrenbezeigungen. „Muskau mußte ich von neuem", schrieb er darüber in sein Tagebuch, „in seiner Pracht und Schönheit der allerdings von mir selbst geschaffenen Natur bewundern, die freilich Zeit gehabt hat, sich in länger als sechzig Jahren auszubilden, in dieser Zeit aber ein Ganzes geworden, das ich selbst nie vorher geahnt. Auch erweckt es in hohem Grade den Neid und die Eifersucht aller Berliner Gärtner. Ich wünschte mein kleines Branitz, wo in zwölf Jahren Zeit nur geradezu alles aus Nichts geschaffen werden mußte, hätte auch schon dies respektable Alter, und ich könnte es so sehen. Denn als ich in Muskau arbeitete, sah ich nur immer was fehlte — jetzt erst genieße ich es."

Um den Satz zu beweisen, daß man, was man in der Jugend gewünscht, im Alter die Fülle habe, möge auch hier erwähnt werden, daß Pückler im Jahre 1865 der zweithöchste Orden Preußens, das bei der Krönung in Königsberg geschaffene goldene Großkreuz des rothen Adlerordens verliehen wurde. „Wer weiß, ob ich noch lange leben werde," rief er aus, „um dieses letzte Spielzeug noch einmal im Dienst der Eitelkeit benutzen zu können, die leider auch bei mir ausstirbt. Kinder bleiben allerdings auch die Alten bis an's Lebensende, aber doch nur als Schattenkarikaturen der Jungen, widerwärtig statt hinreißend, ernste Narren, statt naiver Närrchen."

Nachdem Pückler wieder eine Zeit lang gepflanzt, fühlte er im Sommer 1865 neue Wandersehnsucht, und reiste „in die Welt" ab, das heißt von Ort zu Ort, ohne sich vorher einen Plan zu machen. So ging er zuerst nach Leipzig, wo ein Liebesabentheuer ihn festhielt, dann weiter in die Rhein= gegend, nach Koblenz, und endlich nach dem Bad Neuenahr das ihm die Aerzte empfohlen hatten. Trotz seiner achtzig Jahre machte er überall mehrere Stunden lange Ausflüge zu Fuß und zu Pferde. Einmal stürzte sein Pferd, aber mit der Geschicklichkeit und Uebung im vom Pferd Stürzen, die er sich in England auf der Fuchsjagd erworben, stand er unverletzt wieder auf, und die Leute, die Zeugen dieses Vor= ganges waren, wunderten sich über den weißhaarigen Herrn, der kaum wieder im Sattel, wie ein Jüngling davongaloppirte. Doch sollte er bald noch größere Strapatzen bestehen.

Im Herbst ging Pückler nach Botzen, wo er im Gebirge in größter Einsamkeit, lesend und schreibend und nachdenkend — denn müßig war er nie — den ganzen Winter zubrachte. War er eine Zeit lang in der großen Welt gewesen, so zog er sich immer gern in das bunte Reich der Phantasie zurück. Er las hunderte von Romanen mit frischem Antheil und ge= spanntem Interesse, neben allen den ernsten wissenschaftlichen Werken, denen er seine eifrigste Aufmerksamkeit zuwandte.

Im Frühjahr 1866 ging er über München und Frank= furt nach Stuttgart, wo ihn die Kriegsnachrichten trafen. So= viel Vorliebe er sonst auch wohl für Oesterreich gehabt hatte, so entzündete sich nun doch sein Patriotismus, und er konnte es kaum erwarten, mit in den Kampf zu ziehen. Er schrieb daher sogleich an den König, und bat ihn, seinem Haupt= quartier sich als Freiwilliger anschließen zu dürfen, was zu seiner Freude ihm gewährt wurde, eine Gunst übrigens, die außer ihm nur der Prinz Reuß und der Herzog von Ujest erlangten. Seine Freunde waren besorgt, den Einundachtzig= jährigen, der in der letzten Zeit sehr kränklich geworden, sich so vielen Anstrengungen und Gefahren aussetzen zu sehen, aber er ließ sich durch nichts zurückhalten. „Wenn nichts anderes," sagte er, „so wollte er doch wenigstens seinen guten Willen zeigen, und bliebe er im Kriege, so verlöre er ja höchstens nur einige Jahre eines alten, abgenutzten Menschen= lebens."

Auf dem Kriegsschauplatz begegnete Pückler seinem Lehens= nachfolger, dem Grafen Heinrich von Pückler, denn bei diesem ruhmvollen Feldzug war in diesen Beiden der Namen Pückler durch das schneeweise Alter, wie durch die frische Jugend vertreten. Dem Grafen Heinrich, tapfer und begabt, ward so früh schon die Gelegenheit, sich glänzend auszuzeichnen. Er hatte mit seinem Regiment einen sehr brillanten Angriff auf ein Regiment Uhlanen unter den Augen des Königs gemacht, worauf der König nachher eine schmeichelhafte Anrede an dasselbe hielt, und hinzufügte, er werde der Königin schreiben, wie brav ihr Regiment die Uhlanen über den Haufen geworfen habe.

Pückler selbst war ganz untröstlich, daß er bei der Schlacht von Königsgräz nicht gegenwärtig war. Seine Stimmung hierüber schildert merkwürdig ein Brief aus Berlin, den 19. Oktober 1866, an die Verfasserin dieser Blätter, in welchem er zuerst über einen Sturm klagt, der in Branitz viel Schaden angerichtet hatte, und dann fortfährt: „Das zweite Unglück war mir das Empfindlichste. Denken Sie sich, daß ich, obgleich im Hauptquartier, um die ganze Schlacht von Königsgräz gekommen bin, durch eine frühere Disposition des Königs. Freilich also nicht durch meine Schuld, auch nicht ohne mehrere, und darunter sehr bedeu= tende Leidensgefährten aus dem Hauptquartier, als zum Bei= spiel dem Herzog von Ujest, den zwei Militairgesandten von Rußland und Italien, selbst dem General von Hindersin, General=Inspektor der ganzen preußischen Artillerie, und vielen Anderen, aber was hilft das, wenn man nur einige Stationen davon entfernt einer Schlacht n i c h t beigewohnt hat, noch konnte, die ohne Zweifel eine der bedeutendsten in der Welt=

geschichte bleiben wird, und deren ganze Folgen noch gar nicht zu berechnen sind. Der König in seiner Herzensgüte hat mich lebhaft bedauert, und mir jetzt sogar zum Trost das Großkreuz mit der Kette des Hausordens der Hohenzollern verliehen. Ich bin innig dankbar dafür, aber eine selbst schwere Wunde, bei Königsgrätz erhalten, wäre mir doch viel lieber! — Es ist mir im Leben vielfach schon ähnlich gegangen durch der Götter Zorn. Die schönsten Gelegenheiten wurden durch die eigenthümlichsten Hazards des Schicksals, ohne mein Zuthun, verloren, wahrhaft Verdientes blieb unbekannt oder unberücksichtigt, oder durch Intrigue angeschwärzt; große, ja ich darf sagen, edle Opfer hatte ich gebracht, und ihr Erfolg blieb so traurig, daß sie mir entweder nur Schmerz oder die falscheste Auslegung verursacht haben. Dagegen bin ich für eine Menge Nichts mit Schein behangen werden, Schein verschiedener Art, entstanden durch mir nur ironisch, nicht günstig erscheinende Zufälle, weil dies aufregt und täuscht, aber keine bleibende Folge zurücklassen kann."

Außer dem hier erwähnten Orden erhielt Pückler auch noch das Erinnerungskreuz für den vierzehntägigen Feldzug. In Berlin war er beim feierlichen Einzug gegenwärtig. Seinen einundachtzigsten Geburtstag brachte er ganz allein einige Meilen weit von Berlin in der sogenannten Fischerhütte am Plattensee in einem weiten Kiefernwald zu, und befand sich wohl, in der lieblichen Einsamkeit, fern von der großen Welt, die er so oft aufgesucht, und die ihm stets so schnell langweilig und lästig wurde. Bald darauf zog er sich wieder nach Branitz zurück.

Neunundvierzigster Abschnitt.

Schwere Erkrankung. Gedanken über den Tod. Besserung. Bad Wil=
bungen. Besuch der Prinzessin Karl. Pückler's Lebensweise in Branitz.
Hausordnung daselbst. Der deutsch=französische Krieg von 1870. Pückler
will wieder als Freiwilliger mitziehen. Kummer darüber, daß der
König es ihm abschlägt. Beabsichtigte Reise nach Florenz. Abnahme
der Kräfte. Tod. Letzter Besuch von Mad. Berthalba Crüger. Graf
Heinrich von Pückler. Begräbniß. Frau Marie von Pachelbl=Gehag.
Graf Heinrich von Pückler, Erbe von Branitz und Erbe von Pückler's
Talent für die Gartenkunst. Drei Wünsche. Mitglied des Herren=
hauses. Vizepräsident der preußischen Abtheilung für die Garten=
kunst auf der Pariser Ausstellung. Pücklera pulchella. Pücklereis.
Bildnisse von Pückler. Die Begünstigten des Geschickes.

Im Juli 1867 wurde Pückler von einer so schweren
Krankheit befallen, daß man den Zeitpunkt seines Lebens=
endes herangenaht glaubte. Sein Zustand war ein so unge=
wöhnlicher, daß er die Aerzte in Verwunderung setzte, die
erklärten, Herz, Leber, Lunge und Gehirn seien vollkommen
gesund, auch das Blut in ganz natürlichem Zustande, und
nur der Magen schiene in vollständige Unthätigkeit verfallen
zu sein, so daß ihm alle Speise zuwider war, und er beinahe
sieben Wochen lang nur von Medizin und Getränken lebte,
wodurch er in die größte Schwäche gerieth. Trotz seines
hohen Alters überwand er aber auch diese Krankheit, die er
mit größter Geistesruhe ertrug. Von seinem Bette aus er=
theilte er täglich seine Befehle für die Anlagen und die Ver=
waltung von Branitz. Todesfurcht kannte er nicht. „Wie
ausnehmend gleichgültig mir der Tod ist," schrieb er den

30. Juli 1867 an die Verfasserin dieser Blätter, „habe ich vorher selbst kaum geglaubt, seit er mir jetzt nahe tritt. Im Gegentheil, ich schäme mich fast es zu sagen, wünsche ich ihn herbei; denn es ist wahrlich eine schöne Perspektive, ein abgenutztes, ausgebrauchtes Alter mit einer frischen, neuen Jugend, es sei wo und wie es wolle, zu vertauschen, ohne Erinnerung oder mit Erinnerung, wie es in den Weltgesetzen bestimmt ist. Ich sehe mich nicht mehr im Einzelnen, sondern im Ganzen, und das ist eine mehr beruhigende und freudige Ansicht, als alle die vielfachen kirchlichen Mährchen. Ich könnte hier fast zu schwärmen anfangen, aber ich will meine Phantasieen lieber für mich behalten, denn sie sind ganz individueller Natur, und passen daher auch nur für mich, der überdies körperlich zu schwach geworden ist, um sie beredsam auszusprechen."

Zum allgemeinen Staunen erholte sich Pückler langsam, stand wieder auf, und bekümmerte sich thätig um die Anlagen. Die Stille und Einsamkeit um ihn her wurde ihm nie einförmig, da er in seiner Phantasiewelt Entschädigung und Anregung fand. Niemals langweilte er sich, und um so weniger, da er das seltene Glück hatte, mit seinen ungeschwächten Augen bei Sonnenlicht wie bei Lampenlicht bis spät in die Nacht ohne Ermüdung den kleinsten Druck der Zeitungen und die feinste Schrift ohne Brille lesen zu können.

Im Jahr 1868 brauchte er zwei Monate zur Stärkung die Kur in Wildungen, und noch immer, ein wahres Wunder für einen dreiundachtzigjährigen Greis, machte er lange und gefährliche Ritte, allein, ohne Begleitung, bis in die umliegenden Waldungen, von denen er erst im Dunkel der Nacht nach Hause zurückkehrte, so daß seine Leute und seine Bekannten oft in Sorge um ihn geriethen, und Boten ausschickten, um ihn aufzusuchen.

Nach diesem Aufenthalt lebte er wieder in Branitz, oft leidend, oft traurige Betrachtungen anstellend, aber immer gefaßten freien Geistes. Im Jahre 1869 erfreute ihn ein Besuch der Prinzessin Karl so sehr, daß, nachdem er krank zu Bette gelegen, er sich zu neuer Stärke und Gesundheit aufraffte, und die gutmüthige Prinzessin somit ihren Zweck vollkommen erreichte, den alten Mann aufzuheitern. „Freude ist immer wohlthuend," schrieb Pückler hierüber aus Branitz den 26. Juni 1869 an die Verfasserin dieser Blätter, „und stärkte mich zu allen nöthigen Vorbereitungen für diesen Besuch."

Pückler liebte sehr, wenn er sich wohl fühlte, einige ausgewählte Gäste in Branitz bei sich zu sehen, Fremde, die ihn interessirten, und ein paar Honoratioren aus Kottbus, die er im Wagen abholen, und in der bei ihm üblichen späten Nachtstunde wieder nach Hause fahren ließ. Er stand meist erst um zwölf oder 1 Uhr Mittags auf, frühstückte, schrieb, besorgte seine Geschäfte, arbeitete im Park. Erst zum Mittag, der meistens nicht vor 9 Uhr Abends stattfand, widmete er sich der Geselligkeit. Nach der Mahlzeit nahm man den Kaffee im Billardsaal ein, und die Herren rauchten Cigarren, Pückler selbst seine lange türkische Pfeife. Auch die türkische Kleidung trug er aus Gewohnheit und Bequemlichkeit fast immer zu Hause, und der blaue seidene Damastkaftan mit den rothen weiten Pantalons, und der rothe Fez auf den Silberhaaren, standen ihm gut. Pückler hatte ein besonderes Talent sich mit allen seinen Gästen liebenswürdig und ungezwungen zu unterhalten, und besaß eine einnehmende Freundlichkeit, die aus dem Herzen kam; mit großer Schärfe des Geistes verband er jene Milde des Urtheils, die aus einsichtsvoller Erfahrung, und aus Nachsicht gegen Andersdenkende entsprang; deßhalb verstand er es mit den verschiedensten Menschen in angenehmer Weise zu verkehren, und selbst der beschränkte Orthodoxe wurde von der Liebenswürdigkeit des freisinnigen, aufgeklärten, und für die Schönheit des griechischen Alterthums begeisterten Fürsten bezaubert. Seine Gespräche waren

immer anregend und geistvoll; wenn er eine Zeitlang mit
dem Gutsbesitzer von der Fasanenzucht und allen Einzelheiten
der Landwirthschaft, mit den Freunden einer guten Tafel
von der höheren Kochkunst, die er so meisterhaft verstand,
und zu der raffinirtesten Vortrefflichkeit zu steigern wußte,
sich unterhalten, wenn er mit den Damen artig gescherzt,
konnte man sicher sein, daß sein Geist plötzlich einen uner=
warteteten Aufschwung nahm, sei es, daß er von seinen
Reisen erzählte, sei es, daß er seinen pikanten Witz in Beur=
theilung von Lebensverhältnissen entfaltete, oder auch mit
Tiefe und Ernst Fragen der Geschichte, der Wissenschaft, der
Religion und Litteratur erörterte. Dann belebte sich sein
Auge in wunderbarem Glanz, und seine Züge verklärten sich.
Mochten die Oberflächlichen ihn zuweilen zu gewöhnlicher
Salonkonversation veranlassen, so blieb er dagegen, wenn er
mit den ersten und edelsten Geistern zusammen war, nie
hinter ihnen zurück, wurde nie von ihnen überflügelt; er war
empfänglich dafür wie eine Aeolsharfe, die bei dem leisesten
Windhauch ihre Harmonieen ausströmt.

Die Hausordnung, welche zu Branitz herrschte, die vielen
Schloßbewohnern als Muster aufgestellt zu werden verdiente,
schildert Pückler selbst sehr getreu in einem Brief an die
Verfasserin dieser Blätter vom 28. Mai 1867 wie folgt:

„Branitzer Hausordnung.

1) Vollständige Freiheit für Wirth und Gäste.

2) Jederman steht auf wann ihm beliebt, und früh=
stückt was er will und befiehlt, bequem auf seiner Stube.

3) Um 1 Uhr luncheon im Frühstückszimmer, dem jeder
Gast beiwohnt oder nicht, ganz nach seinem Belieben.

4) Wer ausfahren oder reiten will, bestellt es beim Hof=
marschall Billy. Acht Pferde stehen dazu bereit.

5) Der einzige Zwang besteht darin, zum Diner um
9 Uhr zu kommen, wenn der Tamtam zum zweitenmal don=

nert. Nur Krankheit, die der liebe Gott verhüte, dispensirt von dieser Pflicht. Nach dem Kaffee ist jedes Menschenkind wieder frei.

This is the custom of Branson-Hall."

Als 1870 der Krieg gegen Frankreich ausbrach, wollte Pückler trotz Alter und Leiden durchaus wieder mitziehen. Wie 1866 sein Patriotismus über seine bisherige Vorliebe für Oesterreich siegte, so diesmal über seine bisherige Vorliebe für Napoleon. Er wollte das Vaterland vertheidigen, um jeden Preis, und wenn er auch dabei den Tod fände. Er schrieb deshalb sogleich wieder an den König, um sich auf's neue als Freiwilliger anzubieten, und war ganz unglücklich und untröstlich, daß er nicht die ersehnte Erlaubniß erhielt. Er schrieb darüber, indem er über Sorgen und Verdruß klagte, wie folgt, aus Branitz den 24. Juli 1870 an die Verfasserin dieser Blätter: „Jetzt ist aber außerdem alles noch viel schlimmer geworden. Der ganz unerwartete Krieg mit Frankreich hat begonnen, und ich, der noch immer leidend bin, habe mich dennoch unserem so gnädigen König als Volontair im Hauptquartier angeboten, aber bei dem Trouble, der hier herrscht, und den enormen Geschäften, die unserem Heere jetzt obliegen, habe ich noch keine Antwort erhalten können. Ohne diese darf ich aber eigenmächtig nicht thätlich auftreten, und da ich viele Neider und deshalb Feinde am Hofe habe, und mancher Verläumdung ausgesetzt bin, so hat man mich als 85jährigen kranken Halbinvaliden mehr außer Acht gelassen als sonst. Dem Alter hängt sich gern das Unglück an, und ich empfinde dies bitter, gebe aber noch nicht alle Hoffnung auf, der ersten Schlacht mit Frankreich beizuwohnen, und lieber werde ich dort den Tod finden für König und Vaterland, als in der Langenweile des langsam absterbenden Alters zu vergehen."

Die nach einiger Zeit eintreffende eigenhändige Antwort des Königs lautete, daß er Pückler bei seinem hohen Alter

unmöglich in dem ausgebrochenen Kriege eine Anstellung zu=
weisen könne, da er in seinem Zustande den Anstrengungen
sofort unterliegen müßte.

Dem mußte Pückler sich denn freilich fügen, so schmerzlich
es ihm war; an den Siegen der deutschen Nation nahm er be=
geisterten Antheil. Nun aber wünschte er ein warmes Klima
aufzusuchen. Er wollte Italien wiedersehen, und Florenz
zum Ziel seiner Reise machen. Die Vorbereitungen und An=
stalten dazu ließ er bereits treffen, aber er war zu leidend,
um nicht die Ausführung beständig verschieben zu müssen.
Sein Gedächtniß begann abzunehmen; allmählig konnte auch
dieser seltene Geist, und dieser seltene, kräftige und elastische
Körper die zerstörenden Einwirkungen der Zeit nicht mehr
ganz besiegen. Eine der hartnäckigen Grippen, deren er schon
so viele bestanden, warf sich ihm auf die Brust. Anhaltende
Fieberanfälle kamen dazu, Phantasieen stellten sich zuweilen
ein, die Kräfte erschöpften sich.

In der Nacht vom 4. zum 5. Februar 1871 endlich
entschlummerte er sanft und schmerzlos im begonnenen
86. Lebensjahre. Oft hatte er gesagt, er möchte am liebsten
an langsamer, nicht zu schmerzhafter oder beängstigender
Krankheit, nicht gewaltsam, sondern ruhig und mit Grazie
sterben. Dieser Wunsch wurde ihm erfüllt. Seine Züge blieben
schön im Tode wie sie es im Leben stets gewesen waren.
Das leuchtende Silberhaar umkränzte die hohe Stirn; Milde
und Ruhe verklärten sein Antlitz.

Wenige Wochen vor seinem Tode besuchte ihn noch die
treue, vieljährige Dienerin und Pflegerin der Fürstin, Ma=
dame Berthalda Crüger, von Muskau aus; er empfing sie
stets wie eine ihm gleichstehende Freundin des Hauses, und
achtete sie, wie es die vortreffliche Frau verdiente. Er war
noch rüstig genug, um ihr, wie er stets zu thun pflegte, den
Arm zu geben, um sie zu Tische zu führen, und alle ver=
gangenen Zeiten wachten in ihm lebhaft auf, sobald er ihrer

ansichtig ward. So erschien er, angeregt dadurch, auch Madame Crüger frischen und klaren Geistes; aber als sie beide nach der Tafel sich in sein Arbeitszimmer zurückgezogen hatten, und in den Lehnstühlen sich beim Kaffee gegenüber saßen, da sagte er plötzlich zu ihr: „Sagen Sie mir, theure Freundin, sind wir eigentlich in Muskau?" —

Wann diese Phantasieen begonnen, ist schwer anzugeben.

Er starb allein, nur von seinem Geheimsekretair, dem Zwerg Billy Masser und seinen übrigen Leuten umgeben. Sein Nachfolger in Branitz, sein Vetter, der junge Reichsgraf Heinrich von Pückler, war im Dienste des Vaterlandes mit den deutschen Truppen in Frankreich. Auch hatte man Pückler von ihm in den letzten Jahren zu entfernen gesucht, obgleich er ihm ursprünglich wohlwollte, und er sowohl als Lucie den Eltern des Grafen Heinrich, dem Grafen Sylvius und dessen Gattin Louise, sehr zugethan gewesen waren. Manche Intriguen wurden in der Umgebung des alten und alleinstehenden Fürsten angesponnen; er selbst ahnte dies zuweilen schmerzlich, und konnte doch nicht alles durchschauen, nicht alle Fäden wahrnehmen, mit denen man ihn zu umstricken suchte. Er vertraute und mißtraute oft an der unrechten Stelle. Wer wollte ihn deshalb verurtheilen; es lag dies mehr in den Umständen und Verhältnissen, als in seinem Karakter.

Pückler's Vorschrift gemäß, war sein Begräbniß einfach. Er hatte bestimmt, daß man sogleich nach seinem Tode seinen Körper verbrennen, und nur seine Asche in dem Pyramidengrabe beigesetzt werden solle. Die Testamentsvollstrecker glaubten dieser Bestimmung nachzukommen, indem sie den Tag vor seiner Bestattung auf chemischem Wege seinen Leichnam zerstörten; sie ließen ihn mit Kalk, Schwefel- und Salzsäure begießen. Diese Substanzen waren so stark, daß Augenzeugen bemerken wollten, die Palmen, die als Ausschmückung seinen Sarg umgaben, hätten von der giftigen

Ausströmung gelitten. Ehe diese Zerstörung bewirkt wurde, nahmen die Aerzte die Leichenöffnung vor, und erklärten, daß alle Organe in vorzüglichster Ausbildung befunden worden, und ganz besonders das Gehirn. Von einigen Seiten wird behauptet, Pückler habe auch befohlen, daß seine Bestattung ohne Zuziehung eines Geistlichen stattfände, was mit seinen Ueberzeugungen ganz übereingestimmt hätte. Aber die Geist= lichen waren dabei gegenwärtig. Seinem Willen gemäß wurde er in seiner selbst erbauten Pyramide beigesetzt. Es war am 9. Februar, an einem eisigkalten Tage, daß sich um halb 11 Uhr Vormittags der Trauerzug in Bewegung setzte. Die gute Madame Crüger, die mit Pückler's treuem Schüler, dem Garteninspektor Petzold, auf die Todesbotschaft von Muskau herbeigeeilt, war die erste, die mit herzlicher Pietät einen Kranz auf den Sarg niederlegte. Einige Verwandte, der Zwerg Billy Masser, die Deputationen des Magistrats und der Stadtverordnetenversammlung, so wie der Handels= kammer zu Kottbus, ferner die Deputationen der Stadt Muskau, die Deputirten der Berliner Universität, die ganze Geistlichkeit von Kottbus, und viele Beamte und Bürger von dort und von Muskau, hatten sich in Branitz eingefunden so wie eine Landwehrkompagnie. Auch viele Landleute waren von nah und fern versammelt, um dem Fürsten die letzte Ehre zu erweisen. Einige französische Offiziere, die sich als Kriegsgefangene in Kottbus aufhielten, schlossen sich, mit dem Kreuz der Ehrenlegion geschmückt, dem Zuge an. Der ver= schlossene, silberbeschlagene Sarg von Eichenholz stand, von brennenden Kerzen und einer Blumenfülle umgeben, in der Mitte des prächtigen Gemaches; zu Füßen des Sarges, eben so mit Blumen geschmückt, 'eine Urne, in welcher sich das Herz des Verstorbenen befand. Auf einem schwarzen Sammet= kissen waren seine Orden ausgestellt. Auf dem Sarg lagen sein Helm, die Generalsepauletten, Schärpe und Säbel. Der Senior der Kottbusser Geistlichkeit hielt die Leichenrede.

Dann wurde die Hülle von den Gärtnern und Arbeitern, den wahren Genossen der Thätigkeit des Fürsten, aus dem Schlosse hinausgetragen; voraus ging die Landwehr unter dem Kommando eines Majors. Dicht dahinter folgte Pückler's Neffe, Graf William von Kospoth, welcher die Urne trug, die das Herz einschloß; ihm zur Seite ging Herr Karl von Pachelbl= Gehag mit den Orden. Dann folgte der lange, lange Trauer= zug, der bei Sturmwind und Schneegestöber durch die schnee= bedeckte Landschaft nach der Pyramide sich bewegte, die, im gefrorenen See liegend, durch eine eigends aufgeschlagene Brücke erreicht wurde. Dort angelangt, weihte der Geistliche die Pyramide, in die zur Aufnahme des Sarges ein Stollen wie in einem Bergwerk gegraben worden war. Nachdem die Bahre in dieser Höhle beigesetzt worden, schloß man die Oeff= nung, während gedämpfte Trommeln wirbelten, und drei Ehrensalven ertönten. Von der Pyramide und vom Schlosse wehten dreifarbige Fahnen. Viele der Anwesenden nahmen sich von den zahlreichen Lorbeerkränzen ein Blatt zum An= denken mit. Die Versammlung war ergriffen, manche Thräne floß, und man schien tief zu empfinden, daß ein edler und ausgezeichneter Geist die Welt verlassen hatte.

Durch ein kurz vor seinem Tode, im August 1870, ver= ändertes Testament hatte Pückler seine Nichte, Frau Marie von Pachelbl=Gehag, geborene Gräfin von Seydewitz, zur Uni= versalerbin eingesetzt, welche wenige Monate später, in schönstem Jugendglanz, ihrem Onkel in die Gruft folgte. Der Majo= ratsnachfolger von Branitz, Graf Heinrich von Pückler, nahm, wie schon oben erwähnt, am Vaterlandskrieg in Frankreich Theil. Erst als er von dort heimkehrte, trat er in den Besitz seines Erbes.

Graf Heinrich von Pückler ist geboren den 14. April 1835, in frischer, kräftiger Jugend, und voll Geist und ritter= lichem Sinn. Mit verehrungsvoller Sorgfalt hält er alles in Ehren, was zu dem Andenken seines berühmten Vetters

gehört; dessen Büste, in Marmor ausgeführt, steht in der herr=
lichen Bibliothek des Schlosses auf den werthvollen Albums,
die er in London anlegte, und — Graf Heinrich hat von dem
Fürsten auch die Neigung und den Geschmack für die Parkanlagen
und die Gartenkunst geerbt, und zeigt sich besonders befähigt
dazu, dessen letzte Schöpfung fortzuführen und zu unterhalten
so daß Pückler, könnte er wiederkehren und seine Pyramide
verlassen, sich herzlich freuen müßte zu sehen wie sein Nach=
folger, den man nebst den Seinigen in den letzten Jahren
seines Lebens von ihm entfernt hatte, in seinem Geiste würdig
und künstlerisch fortwirkt.

Kurz vor seinem Tode äußerte Pückler gegen einen Be=
sucher, daß er noch drei Wünsche habe; erstens: möchte er
noch zehn Jahre leben; zweitens: daß das von ihm in der
Gartenkunst geschaffene System, das wahrhaft deutsche, für
künstige Zeiten immer weiter verbessert und vervollkommnet
fortbestehen möchte; drittens: nach seinem Tode auf einen
schöneren Weltkörper versetzt zu werden, wo er auf's neue
als Kunstgärtner wirken könne.

Die letzten Worte, die er in sein Tagebuch einschrieb,
waren: „Kunst ist das Höchste und Edelste im Leben, denn
es ist Schaffen zum Nutzen der Menschheit. Nach
Kräften habe ich dies mein langes Leben hindurch im Reiche
der Natur geübt."

Wir haben hier noch anzuführen, daß Pückler im Jahre
1863 zum Mitglied des Herrenhauses ernannt wurde, doch
blieb dies eigentlich nur ein Ehrentitel für ihn, da er an
den Sitzungen sich nicht betheiligte. Als von preußischer
Seite eine Abtheilung eingesetzt wurde, welche das Fach der
Gartenkunst in allen Zweigen auf der Pariser Ausstellung
von 1867 vertreten, und als Jury die zu vertheilenden
Prämien bestätigen sollte, wurde Pückler zum Vizepräsidenten
derselben ernannt. Eine Pflanze erhielt nach ihm den
Namen: **Pücklera Pulchella.** Eine besondere Art Ge=

frorenes wurde Pücklereis genannt. Sein Bildniß erschien in
Taschenbüchern und Zeitschriften, ja sogar auf Pfeifenköpfen
von Porzelan, und als Wasserzeichen des Papiers der Mus=
kauer Fabrik. Seiner Marmorbüste, in Berlin gemacht, ist
schon früher Erwähnung geschehen. Das beste Bildniß, das
von ihm vorhanden, ist von dem Berliner Maler Krüger ge=
macht, und stellt Pückler im vierunddreißigsten Jahre dar, in
militairischer Kleidung, mit Sternen und Orden bereits
reichlich geschmückt. Schöne, regelmäßige, edle, feine, geist=
volle Züge treten uns daraus entgegen; die hohe, gewölbte,
von dunklen Haaren beschattete Stirn erinnert an Byron;
die wunderbar leuchtenden Augen sind scharf und durch=
dringend, und zugleich heiter und zärtlich, der Blick hat den
unwiderstehlichen Zauber der Genialität und der dichterischen
Begeisterung. Die längliche Nase ist tadellos geformt; ein
kleiner Schnurrbart bedeckt die Oberlippe; um die feinen
Lippen spielt ein halb sarkastisches, halb schmerzliches Lächeln.
Das Kinn ist anmuthig gerundet.

Spätere Portraits und Photographieen sind aus des
Fürsten hohem Alter vorhanden; da umkränzte ein voller,
silberweißer Bart Kinn und Oberlippe. Die blauen Augen
bewahrten ihre schöne Farbe und ihre geistige Beweglichkeit
und Lebhaftigkeit bis zuletzt, bald in dunklem Feuer strahlend,
bald durch einschmeichelndste Milde bezaubernd. Seine Hände
hatten die schönste Form, und waren weiß wie Schnee. Seine
Haltung blieb bis zuletzt stattlich; die hohe, schlanke, impo=
nirende Gestalt beugte sich nicht durch die Last der Jahre.

„Das Geschick,“ sagt Varnhagen von Ense irgendwo in
seinen Schriften, „ruft seine Begünstigten auf zweierlei Art
hinweg, als Jünglinge oder als Greise; den traurigsten Tod,
den des mittleren Alters, ihnen ersparend oder umgehend.“
Für Pückler war das letztere beschieden.

Fünfzigster Abschnitt.

Ueberblick auf Pückler's Karakter und Eigenart. Alexander Dumas über Pückler. Lucie über Pückler. Gall über Pückler. Heinrich Laube über Pückler. Paul Wesenfeld über Pückler. Varnhagen über Pückler. Briefwechsel. Andenken.

Wir haben Pückler nun getreu auf seinem Lebenswege begleitet, und keinen seiner Fehler verschwiegen und beschönigt. Mit um so größerem Rechte dürfen wir hier noch einmal das Bild seiner vielen und seltenen Vorzüge zusammenstellen. Als ein Künstler und ein Dichter wird er stets durch seine Schöpfungen glänzen, als Schriftsteller unvergessen bleiben. An Geist und Originalität steht er groß da; das Höchste und Edelste wußte seine Seele zu erfassen und zu würdigen. Die Schönheit und die Unabhängigkeit waren seine Geliebten, und das Reich der Phantasie seine eigentliche Heimath, in der er weit mehr wurzelte als in der Wirklichkeit; viele innere Gegensätze in sich bergend, wechselte er stets mit Weltrücksichten und Weltgleichgültigkeit. Eine der herrlichsten Eigenschaften seines Karakters war jene schonungslose Wahrheit und Aufrichtigkeit, die er gegen Andere wie gegen sich selbst ausübte, so wie seine unwandelbare Treue und Dankbarkeit, Edelmuth, Herzensgüte und bezaubernde Liebenswürdigkeit im Umgang. Die Eitelkeit, die er besaß, ging doch immer zugleich wieder Hand in Hand mit einem Mangel an Selbstvertrauen, das sich als liebenswürdig anmuthige Schüchternheit äußerte, welche die Fremden in dem berühmten und vielgefeierten

Manne schwerlich ahnten. Eine naive Kindlichkeit bewahrte
er lebenslänglich; mit voller Wahrheit konnte er an Varn=
hagen über sich schreiben: „Ich bin ein Kind — wenn auch
ein altes, und manchmal sogar ein böses, doch nie ein
schlechtes.“ Nichts Kleinliches war in seinem Wesen; ein
edles, großmüthiges Betragen zeigte er häufig gegen die=
jenigen, die ihm am Feindlichsten begegnet waren, unter
anderem gegen den Schriftsteller Alexander von Sternberg,
der ihn in seinem Mährchen „Tutu“ lächerlich zu machen gesucht
hatte, durch Zeichnungen, die böswillige Karikaturen darstellten.
Hülfreich war Pückler wo er konnte, und dabei am Liebsten in
anspruchsloser Stille. Einer Dichterin, die ihn durchaus nicht
durch Schönheit und Jugend interessiren konnte, verschaffte er
aus bloßem litterarischem und menschlichem Interesse und aus
reiner Gutmüthigkeit einen Verleger, und ließ ihr durch diesen
auf seine Kosten, ohne daß sie es ahnte, ein anständiges Honorar
auszahlen, bloß weil er fürchtete, es könnte sie betrüben, daß der
Buchhändler ihre Gedichte keines Honorars werth fand. Ein
Offizier, der für die Freiheit Griechenlands kämpfen wollte,
bat Pückler, während des Krieges seine Familie bei sich auf=
zunehmen, und für sie zu sorgen, und Pückler that es. Für
die Schauspielerin Madame Charlotte Birch=Pfeiffer, die
sich wegen seiner Fürsprache an ihn gewandt, und für die er
sich interessirte, da er ihren Gatten, Dr. Birch, beim Staats=
kanzler Hardenberg kennen gelernt hatte, bat er bringend den
Grafen Redern, den damaligen Intendanten der Königlichen
Schauspiele in Berlin, er möge sie doch die Johanna von
Montfaucon spielen lassen, was sie sehnlichst wünsche. „Thun
Sie es, lieber Graf,“ schrieb Pückler an Redern, „denn der
Gerechte muß seine Sonne aufgehen lassen über Hübsche —
und auch über Häßliche!“

In seinem letzten Lebensjahre noch bemühte er sich für
die Anstellung einer Soubrette für das Wiener Theater bei
seinem Freund Laube, und bei dem Minister Mühler um

einen Orden für den Superintendenten Ebeling in Kottbus.
Es war eine unerschöpfliche Quelle hülfreicher Güte in ihm.
Er konnte aber auch scharf sein, wo es darauf ankam.
Während Heinrich Heine's letzter Krankheit, etwa drei Mo=
nate vor dessen Tode, erschien in der Augsburger Allge=
meinen Zeitung ein höchst unwürdiger, hämischer Angriff auf
ihn. Pückler empfand darüber den größten Unwillen, und
schrieb in seinem Zorn an den Redakteur der Zeitung, Herrn
Dr. Kolb, einen herben Brief, worin er ihm Vorwürfe machte,
daß man den kranken Dichter, der fast schon im Verscheiden
liege, gerade jetzt zum Gegenstand solcher Angriffe mache;
da komme recht wieder die Fabel vom kranken Löwen vor,
dem selbst ein Esel noch einen Tritt gebe, und zwar ein
Esel, der sich aus dem Cotta'schen Stalle losgerissen habe.
Herr von Cotta schwieg, und der Verkehr Pückler's mit ihm
hörte hiernach völlig auf. Heine bekam durch irgend einen
Freund aus dem Cotta'schen Kreise Nachricht von dem Vorgang,
wie großmüthig der Fürst sich benommen hatte, seine Freude an
der witzig=derben Art, und ließ ihm seinen wärmsten Dank sagen.

Wie vorurtheilslos in einem Kreise voll Vorurtheile
Pückler war, kann auch nicht genug anerkannt werden, und
es darf ihm deshalb wohl eher verziehen werden, wenn
er zuweilen, einen Schritt zu weit gehend, auch manche un=
antastbare Prinzipien nur als Vorurtheile betrachten wollte.
In religiösen Dingen machte er sich lustig über Pfaffendünkel
und Fanatismus, aber respektirte jede ehrliche Ueberzeugung.
Seine Lieblingshoffnung blieb stets, wenn er den Räthseln
des Todes nachsann, daß dieser nur der Uebergang zu einer
neuen Jugend sei. Die persönliche Fortdauer wagte er weder
bestimmt zu verneinen, noch als Gewißheit aufzustellen; an
Heine schrieb er den 30. Dezember 1854: er glaube an die
persönliche Fortdauer, wenn auch nicht als an eine unum=
stößliche Gewißheit, aber sie sei ihm wahrscheinlich aus dem
Gefühle, mit dem Alle sie begehrten, und weil man wohl

annehmen dürfe, daß kein Hunger vorhanden sein könnte, wenn es nicht etwas zu essen gäbe. Zoroaster sagt: „Beten ist löblich, aber wenn Du einen Baum pflanzest, so wird Dir das angerechnet werden als zehn Gebete, und erhältst Du einem solchen, der vor Dürre verschmachtet, das Leben durch Wasser, das Du herbeiträgst, so soll es Dir angerechnet werden als hundert Gebete." Pückler, der Millionen von Bäumen, ganze Waldungen gepflanzt und gepflegt, hätte dieser Lehre nach außerordentliche Belohnungen im Himmel zu erwarten. Von seiner Beurtheilung der heutigen Civilisation giebt die folgende Aufzeichnung Varnhagen's von Ense ein interessantes Zeugniß; sie ist vom 3. April 1843, und lautet: „Der Fürst von Pückler sagte mir heute ein bedeutendes Wort, das von seinem historischen Blicke zeugt. Er meinte, wie die hochgebildete Römerwelt durch rohe Barbarenvölker unterging, und aus diesen ein neuer, gesunder, höhere Bildung anstrebender Völkerzustand hervorging, so scheine unsere jetzige europäische Welt dem Untergange schon zugesprochen, und die Proletarier aller Länder dürften bestimmt sein, die Grundlagen eines ganz neuen, kräftigeren und reicheren gesellschaftlichen Zustandes zu werden. Wahrlich, nichts Geringes, daß der Fürst solche Anschauungen faßt und ausspricht!"

Eine merkwürdige Eigenthümlichkeit seines Wesens war, daß er allen Gegenständen, die das Leben darbot, gleichviel ob großen oder kleinen, dieselbe Aufmerksamkeit schenkte, indem er sie alle als einen künstlerischen Stoff betrachtete, der sein Recht verlangte, so daß man sich oft wundern konnte, wie er eben so eifrig und ausführlich über einen verfehlten Besuch, über die Bereitung eines Gerichtes, über einen neuen Möbelstoff, als über die höchsten Fragen der Gedankenwelt, über Gott und Unsterblichkeit, über die Schönheiten der Poesie und die Ergebnisse der Wissenschaft sich ergehen konnte. Auch das war seltsam an ihm, daß er sich selbst, seine Individualität wie ein Naturereigniß betrachtete, an dem sich nichts verändern und bilden ließe, während er an der ihn umgebenden Natur, an Park und Garten doch beständig bildete. Die Natur zu schildern hatte er ein Talent, das man dem von Alexander von Humboldt zur Seite setzen durfte, während sein Witz oft eine Verwandtschaft mit Heine und Voltaire hatte. Die Grazie, Originalität und Ursprünglichkeit seiner Briefe möchte schwerlich übertroffen werden; sei es, daß er über ernste und tiefe Gegenstände sich erging, oder auch nur daß er in artiger Wendung das Geschenk von Ananas oder Fasanen ankündigte, immer wußte er durch Anmuth und Geist in anmuthigster Form zu fesseln.

Als Schriftsteller wurde Pückler, außer, wie schon erwähnt, von Alexander von Sternberg, noch von zwei namhaften Dichtern angegriffen, nämlich von Karl Immermann in „Münchhausen", und von Georg Herwegh in den „Gedichten eines Lebendigen"; Heine dagegen hat Pückler laut seine Anerkennung ausgesprochen. Pückler besaß übrigens das glückliche Naturell, daß er sich über das ihm ertheilte Lob kindlich freute, und sich über den Tadel heiter und wohlgemuth hinwegsetzte. Oft sagte er aber, es sei vortheilhafter heutiges Tages, die Journalisten zu kultiviren, als die Könige. Ihm selbst imponirten eine Menge Schriftsteller, die in ihrer Begabung weit unter ihm standen, oft weit über ihren Werth; und wenn sie gar ein hohes Honorar erlangt hatten, bewunderte er sie noch mehr. Wie schon früher gesagt worden, jeder Erfolg riß ihn zur Begeisterung hin. Sein klarer Verstand, seine scharfe Einsicht in die Menschen und in menschliche Verhältnisse ließ ihn auch die Fehler der Anderen mit Milde und Nachsicht aufnehmen. Doch hatte er so viele traurige Erfahrungen gemacht, daß er leicht gewohnt war, Fehler in den Anderen vorauszusetzen, indem er sie zugleich leicht verzieh. Er that einmal den pikanten Ausspruch: „Alle Liebe ist egoistisch, wenigstens die irdische, und am Ende wird der liebe Gott sich selbst auch noch lieber haben als uns." Dieser Lehre des Egoismus steht siegreich Rahels schönes Wort gegenüber: erfährt man nur, daß man selbst existirt, sonst wüßten wir nur von Dingen und Gedanken, denn wir machen unser Ich kontinuirlich, und können es nur in der Vergangenheit betrachten, wenn auch in der nächsten; als Ganzes sehen wir nur den Anderen. Wir lieben nur Andere, nicht uns." Die Wahrheit dieser Worte hat auch Pückler sicher einmal in seinem Leben empfunden. Möge übrigens zwischen diesen beiden Anschauungen als dritte der Satz von Goethe stehen, der lautet: "Wer wahrhaft liebt, kann sein Glück nur in dem Glücke des geliebten Gegenstandes finden, wer eigensüchtig liebt, verlangt des Anderen Glück im eigenen Glück aufgehen zu sehen." Liebte Pückler zwar oft in der letzteren Art, so blieb auch die erstere seinem Herzen nicht fremd. Seine rastlose Thätigkeit, sein Fleiß und seine Ausdauer in derselben, trotz einer Neigung zur unstätesten, launenhaftesten Veränderlichkeit, der Geschmack, die sorgfältigste, musterhafteste Ordnung und Genauigkeit, die soignirte Reinlichkeit in allem und jedem, und dies ohne einen Schatten von Pedanterie, ja stets mit deren anmuthigstem Gegentheil begleitet, verdienen auch zu seinen Tugenden gerechnet zu werden. Er wußte, daß ein wahres Genie durchaus nicht unordentlich zu sein nöthig hat, was die genielosen Unordentlichen uns so gern einreden möchten. Seine Liebe zur Natur hat wie eine wohlthuende Flamme sein ganzes Leben erleuchtet und erwärmt. Nur selten und ausnahmsweise konzentrirte er seine ganze Leidenschaft auf Eine Person, auf Einen Gegenstand, auf Einen Gedanken, auf Eine Beschäftigung; seine harmonische Lebenskunst vertheilte sich gleichmäßig oder auch abwechselnd in die verschiedensten Gebiete. Sein Muth und seine Unerschrockenheit können nicht übertroffen werden. Wie oft er Gefahren getrotzt, und dem Tode in's Auge geschaut, kann nicht aufgezählt werden; im Kriege, in Duellen, auf

halsbrechenden Ritten, auf seinen Reisen in der Wüste, im
Gebirge, zur See, in Hitze und Kälte, im Kampf mit wilden
Thieren, von Räubern bedroht, im Luftballon aufsteigend,
in kühnen Liebesabentheuern und wilden Jagden, u. s. w. u. s. w.
hat er nichts gescheut, was Andere vorsichtig zu vermeiden
suchen. Wie oft er mit dem Pferde gestürzt, wie oft er mit
dem Wagen umgeworfen worden, ist nicht herzuzählen.

Alexander Dumas, der in Paris Pückler's Bekanntschaft
machte, entwirft von ihm das folgende Bild: „En voyant
le Prince Pückler, on sent une de ces organisations
puissantes, que souvent la nature comme par caprice
s'amuse à enfermer dans un corps, qui semble trop
faible pour la contenir. Aussi le Prince paraît-il com-
posé de contrastes. Pour ceux qui ne le connaissent
pas, il a l'apparence languissante. Pour ses amis et
ses compagnons, c'est un homme de fer, et résiste à
toutes les fatigues, surmonte toutes les émotions. Il
paraît beaucoup plus jeune qu'il ne l'est. Sa taille est
élégante, son teint est pâle."

Die Fürstin Pückler hat hiezu noch die folgenden Zusätze gemacht: „Ses mains sont blanches et éffilées. Dans
son regard, la douceur et la force. Rien de plus admirable que ses beaux yeux, d'un bleu foncé; lorsque
quelque objet l'aura impressionné, vivement, ils de-
viennent humides et scintillantes. Quel front! La
majesté, le génie y résident. Et sa bouche sérieuse;
un léger sourire de dédain l'effleure quelque fois! Mais,
quelles sont éloquentes ou grazieuses, les paroles qu'elle
exprime! Que d'esprit, que de finesse, que d'originalité
dans chaque observation! En mesurant ces grandeurs
immenses et éternelles, qui nous environnent, ces
beautés incomparables de la nature — puis un retour
sublime de candeur et d'innocence pour jouir tel qu'un

enfant, avec ce qu'on pourrait nommer: les bouquets de son imagination fleurie!"

Gall, der einmal Pückler's Schädel untersuchte, erklärte, ihm fehle das Organ der Sachlichkeit, welches hauptsächlich auch die Neugierde und die diplomatischen Fähigkeiten bedinge.

Heinrich Laube sagt von Pückler: „Wenn auch nicht ein trojanischer Held — was er bei richtiger Gelegenheit ganz gut hätte werden können — ein starker Mann im Sinne der Alten war er wohl. Er hatte einen unerschütterlichen, kaltblütigen Muth und einen unverwüstlichen Leib, welcher die größten Anstrengungen überdauerte. Und diesen Muth wie diesen Leib beherrschte ein abentheuerlicher, starker Geist. Der ganze Mann hätte eine große Rolle spielen können, wenn er an richtiger Stelle hätte gebraucht werden können."

Paul Wesenfeld, der mit einem Freunde Pückler im Jahre 1863 auf Schloß Branitz besuchte, schildert sehr anschaulich in der Gartenlaube den ersten Eindruck, den er ihm gemacht, wie folgt: „Wir waren in ein kleines Gemach getreten. Eine tropische Hitze umwirbelte uns. Trotz des sonnigen Wetters draußen war das Zimmer stark geheizt. Zu Anfang glaubten wir uns in den Orient entrückt, so fremd war die ganze Szene, welche sich uns darbot. Wohin das Auge fiel, traf es die sonderbarsten Gegenstände, meist orientalischen Ursprungs. Dicke Teppiche von bunten Farben und merkwürdigen Zeichnungen brachen das leiseste Geräusch des Fußes. Schwere, dunkle Jalousieen vor den Fenstern wehrten den Sonnenstrahlen. An den Wänden überall Vorhänge und kostbares, fremdländisches Geräth, Möbel aus überseeischen Hölzern, kunstvoll geschnitzt, vergoldet. Hinter einer Portiere ein schräges Feldbett, in Lanzenstangen hängend, mit rothseidenen Decken, davor eine Löwenhaut, darüber ein großer Sombrero mit niederhängenden Straußenfedern, türkische krumme Säbel, indische Yatagans, Flinten,

Revolver und Pistolen aus allen Reichen der Welt und von
den erdenklichsten Konstruktionen; Oelgemälde, Miniatur= und
Pastellbilder, Aquarellen von Studien im Orient. Wenn jetzt
Scheherazade mit ihrem Gefolge von Odalisken aus irgend
einer Wandtäfelung lautlos eingetreten wäre, um uns ein
neues Mährchen zu erzählen, es hätte mich nicht befremdet.
Auch mein Begleiter schien von diesen Betrachtungen noch
ganz befangen, da winkte uns der Fürst freundlich, näher zu
treten und auf einem Divan ihm gegenüber Platz zu nehmen.
Er selbst saß auf einer Ottomane am Fenster, neben ihm
stand ein Tisch von herrlicher Mosaikarbeit, auf welchem die
verschiedensten Gegenstände zum bequemen Gebrauch bereit
lagen. Seine Kleidung war ganz orientalisch: ein schwarz=
seidener Kaftan, rothseidene Pantalons, gelbe Maroquinpan=
toffeln. — Wir hatten ein Gespräch über die verschiedensten
Gegenstände, aber schon nach wenigen Minuten fühlte ich
mein Herz weniger heftig pochen, als ich immer wieder in
des Fürsten wundervolle blaue Augen blickte, welche, je länger
wir uns unterhielten, ich weiß nicht wovon mehr strahlten,
ob von Freude und Erinnerungsseligkeit, oder von Güte,
oder von Sanftmuth, oder von dem Feuer der Jugend. Auf
seiner hohen, faltenlosen Stirn lag der ächteste Seelenadel,
seine Stimme hatte einen außerordentlich weichen, melodisch
lieblichen Klang, seine Gedanken waren so originell wie
genial, und was er sprach, zeugte von Wärme und Empfin-
dungsfülle einer edlen Brust, wie von der philosophischen
Gelassenheit seines Gemüths. Er hatte so eben Schopen=
hauer gelesen, und das Buch aus der Hand gelegt. — „Sie
sehen," sagte er, meinem auf das Buch gehefteten Auge
folgend, „ich rüste mich zu der letzten Reise — es wird Zeit.
Aber ich bin gefaßt und ruhig, ich habe nichts mehr auf
unserer Mutter Erde zu vollbringen, ich habe sie gründlich
studirt, und bis auf das letzte Geheimniß überall die Winke
der Allmacht verstanden — bald werde ich auch dieses ver-

stehen. Das Leben an sich" — äußerte er im weiteren Ver=
lauf — „ist nichts Werthvolles, ich habe mich mit ihm ab=
gefunden, ich habe es betrachtet wie ein angenehmes Geschenk
von einer unbekannten freundlichen Hand — aber es ist
doch im Ganzen sehr eintönig und für den Forscher in seinen
Hauptbedeutungen stumm und verschlossen. Ich habe recht
viel zwar in ihm erfahren, aber umkehren möchte ich nicht,
es wäre denn, daß ich es in seinen besten Phasen noch ein=
mal mit der Geschwindigkeit eines Vogels oder Fisches durch=
messen könnte."

Dieses Bruchstück möge hier genügen, doch sei der ganze
Aufsatz Wesenfeld's den Lesern bestens empfohlen.

Varnhagen rühmt an Pückler die freie Weltanschauung,
den hellen, durchdringenden Verstand, die Anmuth des
Scherzes und die Kühnheit und Eleganz der satyrischen Laune,
die lebhafte Gelassenheit, die seltenen Gaben des Umgangs,
und überhaupt die geniale Eigenart, ja auch inmitten der
weltlichen Kälte den doch warmen Herzschlag. Sein Erscheinen
habe immer etwas Angenehmes, man denke, nun müsse was
Besonderes vorgehen; es sei in ihm etwas Hohes und Tüch=
tiges, das sei unläugbar, und die Fehler verzeihe man dann
mit allem Recht, wenn man sie auch nicht unbemerkt noch
ungerügt ließe.

Giuseppe Mazzini äußerte über Pückler, was er von
ihm gehört, gebe ihm die Vorstellung eines schönen, launen=
haften Geistes (d'un bello ghiribizzoso ingegno), der die
Schönheit liebte.

Pückler's reicher und unermüdlicher Geistesverkehr mit
seinen Freundinnen und Freunden, mit der ganzen Republik
der deutschen Litteratur kann hier nicht einmal in gedrängter
Kürze angegeben werden, so unendlich ausgebreitet war er;
die noch zu veröffentlichenden Briefwechsel und Tagebücher
werden in reicher Fülle und Mannigfaltigkeit ihn von dieser

Seite zeigen, und müssen überhaupt diese Darstellung seines Wesens und seiner Eigenart vervollständigen.

Er wird unvergessen bleiben, sowohl durch das Gute und Schöne, das er gewirkt, als auch als psychologisches Studium einer seltenen Persönlichkeit, zu dem man häufig wieder zurückkehren wird. Pückler sagt einmal in den Briefen eines Verstorbenen: „Es ist ein so süßes Gefühl, beim Tode zu wissen, daß man auch jetzt noch Jemand zurückläßt, der unser Andenken mit Liebe pflegen wird, und auf diese Art, so lange Jenes Augen sich dem Lichte öffnen, noch gleichsam fortzuleben in und mit ihm."

Dieses liebende Andenken fehlt Pückler nicht; und mögen diese Blätter dazu beitragen, daß es auch ferner gepflegt und bewahrt werde.